마이크로컨트롤러 AVR ATmega128

: 상태도를 이용한 시스템 설계

이상설 지음

한빛아카데미
Hanbit Academy, Inc.

지은이 **이상설** slee@wku.ac.kr

고려대학교 전자공학과에서 학사를 취득하고, 삼성전자에서 3년간 근무하였다. 한국과학기술원 전기 및 전자공학과에서 공학석사와 공학박사 학위를 취득하였다. 현재 원광대학교 전기공학과 교수로 재직 중이다.

마이크로컨트롤러 AVR ATmega128 : 상태도를 이용한 시스템 설계

초판발행 2013년 8월 5일
5쇄발행 2020년 4월 30일

지은이 이상설 / **펴낸이** 전태호
펴낸곳 한빛아카데미(주) / **주소** 서울시 서대문구 연희로2길 62 한빛아카데미(주) 2층
전화 02-336-7112 / **팩스** 02-336-7199
등록 2013년 1월 14일 제2017-000063호 / **ISBN** 978-89-98756-37-6 98560

총괄 김현용 / **책임편집** 박현진 / **기획** 문선미 / **편집** 고지연 / **진행** 강다인
디자인 표지 여동일 / **전산편집** 임희남 / **제작** 박성우, 김정우
영업 이윤형, 길진철, 김태진, 김성삼, 이정훈, 임현기, 이성훈, 김주성 / **마케팅** 김호철, 주희

이 책에 대한 의견이나 오탈자 및 잘못된 내용에 대한 수정 정보는 아래 이메일로 알려주십시오.
잘못된 책은 구입하신 서점에서 교환해 드립니다. 책값은 뒤표지에 표시되어 있습니다.

홈페이지 www.hanbit.co.kr / 이메일 question@hanbit.co.kr

Published by HANBIT Academy, Inc. Printed in Korea

원리를 알면 IT가 맛있다
IT COOKBOOK

1시간 강의를 위해 3시간을 준비하는 마음!

:: 군더더기 없는 핵심 원리 + 말랑말랑 쉬운 컨텐츠

핵심 원리 하나만 제대로 알면 열 가지 상황도 해결할 수 있습니다.
친절한 설명과 명확한 기승전결식 내용 전개로 학습 의욕을 배가시켜줍니다.

:: 핵심 원리 → 풍부한 예제와 연습문제 → 프로젝트로 이어지는 계단 학습법

기본 원리를 다져주는 예제, 본문에서 배운 내용을 촘촘하게 점검해볼 수 있는 연습문제,
현장에서 바로 응용할 수 있는 프로젝트를 단계별로 구성해 학습의 완성도를 높였습니다.

:: 학습욕구를 높여주는 현장 이야기가 담긴 IT 교과서

필드 어드바이저의 인터뷰와 주옥 같은 현업 이야기를 담았습니다.
강의실 밖 현장의 요구를 접하는 기회를 제공하고,
학생들 스스로 필요한 공부를 할 수 있도록 방향을 제시합니다.

저자 머리말

Preface

기본 이론을 실무에 적용하기 위한 능력을 키운다

진공관 컴퓨터가 등장한 지 100년도 되지 않았지만, 우리 생활 주변에는 TV, 냉장고, 자동차 등 헤아릴 수 없이 많은 영역에 컴퓨터를 이용한 디지털시스템이 사용되고 있다. 지금 이 순간에도 인간의 생활을 좀더 편리하게 하기 위해 IC와 소자들을 생산하고 있다.

프로그래밍 기능을 내장한 마이크로컨트롤러는 디지털시스템을 쉽게 구현하기 위해 개발된 것으로, 전기, 전자, 기계 분야에서 광범위하게 적용되고 있다. 최근에는 마이크로프로세서의 프로그래밍 연산 기능과 전기, 전자, 기계 분야의 장치를 손쉽게 제어할 수 있는 기능, 통신 기능이 포함되면서 단일 칩화된 마이크로컨트롤러의 응용 분야가 날로 다양해지고 있다.

단일 칩 마이크로컨트롤러를 사용하는 디지털시스템 개발자는 먼저 단일 칩 마이크로컨트롤러의 기능과 성능을 이해해야 한다. 또 응용 분야에 사용되는 장치의 입출력 신호를 마이크로컨트롤러와 연동할 수 있어야 하고, 마이크로컨트롤러 기능과 성능을 이용하여 응용 분야에서 장치가 목적하는 동작을 수행하기 위한 알고리즘도 구성할 수 있어야 한다. 이렇게 작성된 알고리즘을 단일 칩 마이크로컨트롤러에서 프로그램으로 변환시켜 목적에 맞게 장치를 구동시킬 수 있어야 한다.

이러한 관점에서, AVR ATmega128 단일 칩 마이크로컨트롤러를 중심으로 응용 분야의 장치를 제어하여 목적에 맞게 작동하기 위한 설계 능력을 배양할 수 있도록 이 책을 집필하려고 노력하였다.

이 책의 특징

필자는 다음 항목에 초점을 맞춰 집필하였다.

■ **상태도에 기반을 둔 프로그래밍 능력을 키우도록 하였다**

AVR ATmega128 단일 칩 마이크로컨트롤러의 기능과 성능을 소개하는 것에 그치지 않고, 상태도에 기반을 둔 프로그래밍 방법을 소개하고자 하였다. 상태도를 작성한 후, ASM 차트로 변환하고, ASM 차트를 C 프로그램으로 변환하는 과정을 통해 프로그래밍 능력을 향상할 수 있게 하였다. 특히, 인터럽트와 주 프로그램 사이를 요청/응답 인터페이스로 연결함으로써 인터럽트를 활용한 프로그래밍 능력을 키울 수 있게 하였다.

■ **습득한 이론을 브레드 보드에서, 실험을 통해 간단히 확인할 수 있게 하였다**

ATmega128의 성능을 이용한 다양한 외부 인터페이스를 브레드 보드에서 쉽게 꾸며 확인할 수 있도록 회로와 프로그램을 제시하였다. 제시된 실험을 통해 일차적으로는 ATmega128의 성능을 확인할 수 있으며, 이차적으로는 다양한 응용 분야에 적용할 수 있다. 특히, 브레드 보드에서 작성된 회로의 전압, 전류 특성을 관찰함으로써 외부 장치와의 전기적인 인터페이스 능력을 향상시키고자 노력하였다.

■ **PCB와 작품 사례를 제공하여, 개별 또는 팀 작품을 제작할 수 있게 지원하였다**

브레드 보드에서 ATmega128을 이용한 시스템 동작을 확인하는 것에 그치지 않고, 개별 또는 팀을 구성하여 창의적인 작품을 제작하는 데 도움을 주는 15종의 PCB와 부품 리스트를 제공하였다. 12장에서 소개한 세 가지 작품 '컨베이어 이송 시스템', 'PID 제어에 의한 속도 조절 시스템', '검정띠 추적 모형 자동차'는 이전 장에서 학습한 내용을 바탕으로, 마이크로컨트롤러 응용 사례를 PCB에 활용하여 제시하였다. 이 사례를 참고하여 다양하고 창의적인 작품을 만들어보기 바란다.

이 책을 읽는 독자가 기본 이론을 학습한 후 개별 또는 팀을 구성하여 실험하고, 작품을 만드는 과정을 통해 실무 능력을 강화하는 계기가 될 수 있기를 바란다.

지은이 이상설

강의 계획

무엇을 배우나?

이 책은 12개 장으로 구성되어 있다. 장 별 목차에서 표시가 있는 절은 실험실습 내용을 포함한다.

❶ 마이크로프로세서와 ATmega128(1장, 2장)
마이크로프로세서의 내부 동작과 ATmega128의 특징을 소개한다.

❷ 개발 환경과 C 프로그래밍(3장)
ATmega128 개발을 위한 C 프로그래밍 기초와 ISP 다운로드를 위한 통합 개발 환경을 소개한다.

❸ 디지털 I/O 인터페이스(4장, 5장)
ATmega128에 대한 디지털 전압레벨을 소개하고, 디지털 I/O를 위한 직접 구동과 간접 구동을 응용 사례와 함께 소개한다.

❹ 인터럽트와 요청/응답 인터페이스(6장)
내장된 장치와 외부 장치 인터페이스를 위한 인터럽트 메커니즘과 요청/응답을 이용한 주 프로그램 및 인터페이스를 소개한다.

❺ 상태도에 기반을 둔 프로그래밍(7장)
상태도에 기반을 둔 ASM 차트를 이용하여, 프로그램을 완성하는 방법을 소개한다.

❻ 타이머/카운터(8장, 9장)
PWM 제어 신호를 만들기 위해 사용하는 8비트 타이머/카운터와 16비트 타이머/카운터를 소개하고, 상태도에 기반을 둔 프로그래밍 방법 사례를 제시한다.

❼ 아날로그 비교기와 A/D 변환기(10장)
임의의 전압레벨을 논리값으로 입력시키기 위한 아날로그 비교기와 A/D 변환기 사용 방법을 응용 사례와 함께 소개하고, 상태도에 기반을 둔 프로그래밍 방법 사례를 제시한다.

❽ 시리얼 통신(11장)
USART 통신과 SPI 통신을 소개한다. USART 통신에서는 인터럽트와 큐를 이용한 문자 송수신 방법을 소개한다.

❾ 작품 제작을 위한 PCB와 작품 소개(12장)
책에 포함된 PCB에 대해 소개하고, 세 가지 작품 사례를 제시한다.

표준 스케줄 표

주	해당 장	주제
1	1장	마이크로프로세서의 원리
2	2장	AVR ATmega128 소개
	3장	개발 환경과 C 프로그래밍(3.1 ~ 3.2)
3	3장	개발 환경과 C 프로그래밍(3.3 ~ 3.9)
4	4장	ATmega128 디지털 I/O 인터페이스(4.1 ~ 4.4)
5	4장	ATmega128 디지털 I/O 인터페이스(4.5 ~ 4.6)
	5장	ATmega128 디지털 I/O의 활용(5.1 ~ 5.5)
6	5장	ATmega128 디지털 I/O의 활용(5.6 ~ 5.10)
	6장	폴링과 인터럽트를 이용한 장치 인터페이스(6.1 ~ 6.3)
7	6장	폴링과 인터럽트를 이용한 장치 인터페이스(6.4 ~ 6.8)
8		**중간고사**
9	7장	상태도와 ASM 차트를 이용한 프로그래밍
10	8장	8비트 타이머/카운터(8.1 ~ 8.6)
11	8장	8비트 타이머/카운터(8.7 ~ 8.10)
	9장	16비트 타이머/카운터(9.1 ~ 9.2)
12	9장	16비트 타이머/카운터(9.3 ~ 9.5)
13	10장	아날로그 비교기와 A/D 변환기
14	11장	시리얼 통신
15	12장	작품 제작을 위한 PCB와 작품 소개
16		**기말고사**

강의 보조 자료

PPT 자료와 연습문제 해답

- 한빛아카데미에서는 교수/강사님들의 효율적인 강의 준비를 위해 온라인과 오프라인으로 강의 보조 자료를 제공합니다.
- 다음 사이트에서 회원으로 가입하신 교수/강사님께는 교수용 PPT 자료와 연습문제 해답을 제공합니다.
  http://www.hanbit.co.kr
- 온라인에서 자료를 다운받으시려면 교수/강사 회원으로 가입한 후 인증을 거쳐야 합니다.

동영상, 사진, 예제 소스

- 동영상 : 일부 실험실습 작동 결과를 볼 수 있도록 동영상으로 제공합니다.
- 사진 : 책에서 소개하지 못한 일부 실험실습에 대한 결과를 사진으로 제공합니다.
- 예제 소스 : 본문 실험실습에서 사용한 C 언어 프로그램 소스 파일을 제공합니다.
- 동영상, 사진, 예제 소스는 아래 웹사이트 주소에서 다운받을 수 있습니다.
  http://www.hanbit.co.kr/exam/4037

참고 문헌 및 웹사이트

- 『Computer Systems Design and Architecture』(Addison Wesley, V. P. Heuring, H.R. Jordan, 1997)
- 『Digital Design』(Prentice Hall, M. M. Mano, 2002)
- 『Electronic Devices』(Prentice Hall, T. L. Floyd, 1996)
- 『Digital Electronics(A Practical Approach)』(Prentice Hall, W. Kleitz, 1996)
- 『Digital Systems Design using VHDL』(PWS Publishing Company, C. H. Roth,Jr, 1998)
- 『C 언어 Express』(생능출판사, 천인국, 2007)
- 『WinAVR 컴파일러를 사용한 AVR ATmega128 마이크로컨트롤러 활용』(홍릉과학출판사, 이인석, 2010)
- 『AVR ATmega128 마이크로컨트롤러 프로그래밍과 인터페이싱』(ITC, 이응혁 · 장문석 · 장영건, 2009)
- 『Embedded C Programming and the Atmel AVR』(Thomson Delmar Learning, R. Barnett, L. O'Cull, S. Cox, 2003)
- http://www.atmel.com
- http://winavr.sourceforge.net
- http://www.acriche.com.kr
- http://www.auk.co.kr
- http://www.ni.com
- http://www.avrmall.com

응용 작품

무엇을 만들 수 있나?

12장에서 소개한 작품 외에도 제공되는 PCB를 사용하여 몇 가지 기타 응용 작품을 설계할 수 있다.

<table>
<tr><th>장</th><th>작품 목록</th></tr>
<tr><td rowspan="3">12장</td><td>12.2 작품 A : 컨베이어 이송 시스템</td></tr>
<tr><td>12.3 작품 B : PID 제어에 의한 속도 조절 시스템</td></tr>
<tr><td>12.4 작품 C : 검정 띠 추적 모형 자동차</td></tr>
<tr><td rowspan="5">기타
응용
작품</td><td>연기 감지와 환기 시스템
화재가 발생했을 때, 연기에 의해 질식하지 않도록 환기를 시키는 작품을 생각해볼 수 있다. 비상구에 발광부와 수광부 적외선 센서를 설치하고, 연기에 의해 수광부에 도달되는 빛의 세기를 판단할 수 있는 회로를 구성한다. 연기가 많아 수광부의 전압이 달라지면, 릴레이를 ON으로 놓고 팬을 작동시킨다.</td></tr>
<tr><td>3층 엘리베이터
3층짜리 엘리베이터를 DC 모터로 상승 또는 하강하게 하는 작품을 생각해볼 수 있다. 엘리베이터의 운행 층수는 7-세그먼트 LED로 디스플레이한다. 각 층에 엘리베이터가 도달되면, 엘리베이터 문을 열었다 닫는 동작을 DC 모터로 구성할 수 있다. 우리가 사용하는 엘리베이터와 유사하게 시스템을 구성하는 것이다.</td></tr>
<tr><td>교통량을 고려한 사거리 신호등
보통 사거리 신호등은 일정한 시간 주기로 신호가 바뀐다. 만일 한쪽에 차가 많이 몰리면, 해당 방향의 통행 시간을 늘려 교통의 흐름을 원활하게 할 필요가 있다. 적외선 센서를 설치하면, 진입하는 자동차의 수를 파악할 수 있다. 대기하는 자동차 수를 교통 신호등의 절체 주기에 반영하는 시스템을 작품화할 수 있다.</td></tr>
<tr><td>PID를 이용한 온도 제어 시스템
온도센서와 히터를 이용하여 온도 제어 시스템을 구성할 수 있다. 히터에 공급되는 전류를 PWM으로 조절하고, 온도센서로 변화되는 온도를 측정한다. 비례상수, 적분상수, 미분상수를 조절하여 PID를 이용한 온도 제어 시스템을 만든다.</td></tr>
<tr><td>PWM을 이용한 조명 제어 시스템
고휘도 LED에 저항을 연결하거나, 일정한 직류전류를 흐르게 하면 저항에서 열에너지에 의한 전력 소모가 발생한다. 저항에서의 전력 소모를 최소화하기 위해 저항값을 최소화하고, PWM을 이용하여 고휘도 LED의 평균 전력을 만족하게 하는 작품을 생각해볼 수 있다. 이는 저항에서 열로 소비되는 에너지를 절감할 수 있는 효과가 있다.</td></tr>
</table>

PCB

이 책 뒷부분에는 PCB가 있다. 각 PCB는 V-컷팅되어 있으며, 하나로 연결되어 있다(V-컷팅 부분은 불량이 아니라 양손으로 힘을 가해 분리하여 사용할 수 있도록 홈을 낸 것이다). 아래와 같이 15종의 PCB를 제공하고 있으며, 그중 12종은 부품을 장착하여 작품에 사용할 수 있다. 이 밖의 자세한 내용은 12장에서 언급한 각 PCB의 사용 방법과 부품 리스트, 사용 시 주의사항 등을 참고하기 바란다.

※ 배송 중에 책이 휘어 V-컷팅된 PCB가 분리될 수 있다. 분리된 PCB는 불량이 아니므로, 교환 사유가 되지 않는다.

구성 요소

번호	PCB 목록	수량	기능
1	PWR B/D	1	5[V] 어댑터를 브레드 보드에 연결하기 위한 보드
2	LED B/D	2	1개의 LED를 연결
3	SW B/D	2	스위치를 연결하기 위한 보드
4	Micro DC Motor B/D	2	H-브리지 회로가 포함된 보드
5	LCD Module B/D	1	LCD를 연결하기 위한 보드
6	LED Holder B/D	3	LED, 적외선 다이오드, 포토트랜지스터 덮개 보드
7	Relay B/D	1	릴레이와 터미널을 고정하기 위한 보드
8	Dual 7-Segement LED B/D	1	두 자리 7-세그먼트 LED를 디스플레이하기 위한 보드
9	Ph. TR/VR B/D	2	포토트랜지스터 또는 가변저항을 연결하기 위한 보드
10	Ph. Int. B/D	1	포토인터럽터를 연결하기 위한 보드
11	High-Flux LED B/D	1	고휘도 LED 4개를 병렬로 연결하기 위한 보드
12	Micro Geared Motor Support	2	소형 DC 기어드 모터를 지지하기 위한 보드
13	만능 기판	1	필요한 회로를 구성하여 사용하기 위한 보드
14	커넥터 보드 6핀	3	6핀 듀얼 커넥터를 연결하기 위한 보드
15	커넥터 보드 14핀	3	14핀 듀얼 커넥터를 연결하기 위한 보드

목차 Contents

Chapter 03 개발 환경과 C 프로그래밍

Chapter 04 ATmega128 디지털 I/O 인터페이스

>>

목차 Contents

Chapter 07 | 상태도와 ASM 차트를 이용한 프로그래밍

Chapter 08 | 8비트 타이머/카운터

>>
목차 Contents

Chapter 09 | 16비트 타이머/카운터

>> 목차 Contents

Chapter 01

마이크로프로세서의 원리

Principles of Microprocessor

학습목표

- 마이크로프로세서와 마이크로컨트롤러의 차이를 알 수 있다.
- 마이크로프로세서에서 프로그램이 수행되기 위한 명령어 형식과 명령어 실행 절차를 알 수 있다.
- 프로그램을 수행하려면 어떤 종류의 명령어가 필요한지 알 수 있다.
- 현대 컴퓨터의 기본 모델인 저장형 프로그램 컴퓨터의 한계점과 그 한계를 완화하려는 방법을 알 수 있다.
- CISC와 상대되는 RISC의 발전 계기와 RISC형 마이크로프로세서의 특징을 알 수 있다.

'마이크로프로세서', '마이크로컨트롤러', '마이크로컴퓨터'라는 용어들은 서로 유사해 보이지만 조금씩 다르다. 이 장에서는 이 용어들에 대해 간단히 설명한 후, 연산 처리 기능을 향상하기 위한 마이크로프로세서 기술을 중심으로 살펴본다. 연산을 처리하기 위한 마이크로프로세서의 내부 구조는 어떻게 이루어져 있는지, 명령어와 주소 방식은 어떠한 관계를 맺고 있는지, RISC형 마이크로프로세서와 CISC형 마이크로프로세서는 어떤 차이가 있는지, 메모리 계층 구조가 필요한 이유는 무엇인지 등을 중심으로 간단히 살펴본다.

Section

1.1 마이크로프로세서, 마이크로컨트롤러, 마이크로컴퓨터

마이크로프로세서

마이크로프로세서(microprocessor)는 마이크로(micro)와 프로세서(processor)가 결합된 용어로서 '매우 작은'(micro)이라는 의미와 '처리기'(processor)라는 의미를 포함하고 있다. 마이크로프로세서는 크기가 매우 작고, 뛰어난 계산 능력을 가진 장치로서, IC 집적기술, 컴퓨터 구조기술, 시스템 프로그래밍 기술을 함께 묶어 단일 칩으로 집적화한 반도체 소자다.

메모리, 디스크 메모리, 키보드, 모니터, 전원 장치 등과 같은 부가적인 부품들과 장치를 PCB(Printed Circuit Board)에 결합하여 만든 개인용 컴퓨터와 노트북의 마이크로프로세서는 자동차의 엔진과 같은 중요한 부품이다. 데스크톱 컴퓨터, 휴대용 노트북 등은 게임 수행, 문서 작성, 이미지 처리, 웹서핑 등과 같은 응용프로그램의 빠른 처리를 요구한다.

마이크로프로세서는 빠른 산술연산, 논리연산, 데이터 처리를 위한 구조로 최적화된 기술이 집약된 소자다. 1940년대 말 ENIAC의 진공관과 릴레이를 사용한 전기적인 컴퓨터가 개발된 이래 재료, 수학적 개념, 전자 집약기술, 사회적 요구를 수렴한 다양한 마이크로프로세서가 사용되고 있으며, 앞으로도 꾸준한 연구를 통해 더욱 향상된 마이크로프로세서가 등장할 것이다.

마이크로컨트롤러

마이크로컨트롤러(microcontroller)는 마이크로(micro)와 컨트롤러(controller)가 결합된 용어로서 '매우 작은'(micro)이라는 의미와 '제어기'(controller)라는 의미를 포함하고 있다. 마이크로컨트롤러는 크기가 매우 작고, 여러 가지 기능들을 쉽게 제어할 수 있는 장치로서 IC 집적기술, 컴퓨터 구조기술, 시스템 프로그래밍 기술, 손쉬운 제어 처리 기능을 함께 묶어 단일 칩으로 집적화한 반도체 소자다.

마이크로컨트롤러는 마이크로프로세서의 연산 처리 기능에 제어 기능을 추가한 것을 말한다. 하드웨어 측면에서 보면 산술 및 논리연산의 성능을 향상시키기 위한 회로와 제어에 필요한 회로를 포함한다. 또 외부 디지털 전압에 대한 입출력 기능, 메모리 기능, 타이머 기능, PWM(Pulse Width Modulation) 펄스 생성 기능, 입력신호 캡처 기능, A/D(Analog Digital) 변환 기능, 통신 기능 등도 포함될 수 있다. 이렇게 단일 칩에 많은 기능을 포함하면 외부 부가 장치 연결이 줄어들기 때문에 소형 제어시스템을 쉽게 만들 수 있다.

마이크로컨트롤러는 마이크로프로세서보다 더 많은 기능이 요구되지만, 값싼 장난감에서부터 산업용 장치에 이르기까지 넓은 범주를 대상으로 제어할 수 있다는 특징을 가지고 있다. 마이크로컨트롤러 제조 회사는 넓은 제어 범주를 가격과 기능별로 분류하고, 내부에 포함하는 제어 기능을 차별화하여 공급하고 있다. 또 부가 제어 기능에 따라 가격을 달리하여 응용 분야에 적합한 마이크로컨트롤러를 선택할 수 있도록 시리즈 형태로 제공하고 있다.

이상에서 살펴본 마이크로프로세서와 마이크로컨트롤러의 주요한 차이를 간단히 요약하면 다음과 같다.

■ **마이크로프로세서**

프로그램을 신속하게 실행하기 위한 목적으로, 내부 구조를 최적화한 것이다. 다양한 입출력 장치를 추가로 연결하고 자원을 효율적으로 관리하는 운영체제와 연동하면 마이크로컴퓨터가 된다.

■ **마이크로컨트롤러**

프로그램을 실행하면서 장치를 효과적으로 제어하기 위한 목적으로, 내부 구조를 최적화한 것이다. 다양한 입출력 장치를 내부에 포함하고 있기 때문에 외부에서 추가되는 장치를 줄일 수 있고, 제어 장치를 소형화할 수 있으며, 가격까지 낮출 수 있다는 장점이 있다.

마이크로컴퓨터

마이크로컴퓨터(microcomputer)는 '마이크로(micro)'와 '컴퓨터(computer)'가 결합된 용어로서 '매우 작은(micro)' 컴퓨터 시스템을 의미한다. 마이크로프로세서 또는 마이크로컨트롤러만으로는 프로그램을 실행할 수 없다. PCB에 있는 마이크로프로세서나 마이크로컨트롤러에 입출력 소자 또는 장치를 연결하면 매우 작은 컴퓨터, 즉 마이크로컴퓨터가 완성된다. 마이크로컴퓨터는 상대적으로 대형 슈퍼컴퓨터와 대비되는 용어로서, 그 대표적인 예로는 데스크톱 컴퓨터, 휴대용 노트북, 간단한 제어용 컴퓨터 및 PMP, 스마트폰을 들 수 있다.

1.2 고급 언어와 저급 언어

1.2.1 번역기의 필요성

사람과 사람은 말을 통해 의사를 전달한다. 서로 다른 말을 쓰는 사람들이 의사전달을 할 때는 공통 언어를 사용한다. 만약 어느 한 쪽이 공통 언어를 모른다면, 통역사를 통해 의사를 전달해야 한다. 그렇다면 사람은 컴퓨터에 어떻게 의사를 전달할까?

컴퓨터에 내장된 마이크로프로세서는 2진(0 또는 1)값을 갖는 명령어가 차례대로 실행되면서 작업을 처리한다. 여기서 명령어란, 컴퓨터 시스템이 수행할 연산과 이에 사용될 데이터를 정의한 단위를 뜻하며, 원하는 작업을 처리하기 위해 이들 명령어를 차례로 배열한 것을 '프로그램'이라고 한다.

[그림 1-1]은 프로그래머(Programmer)가 작성한 프로그램을 마이크로프로세서가 수행할 수 있는 실행프로그램으로 변환하는 과정을 나타낸 것이다. 하지만 프로그래머가 2진 명령어로 프로그램을 직접 나열하는 것은 매우 번거로운 일이다. 프로그래머는 특별한 경우를 제외하고 사람의 말과 유사한 형식을 갖고 있기 때문에 논리적으로 프로그래밍하기 쉬운 고급 언어(High level language)를 이용하여 원하는 작업을 원시프로그램(Source Program)으로 작성한다. 원시프로그램은 통역사에 해당되는 번역기(Translator)에 의해, 저급 언어(Low level language)인 2진 명령어로 변환된 후 컴퓨터가 인식할 수 있는 기계어(Machine language)의 실행프로그램(Executable Program)으로 다시 변환된다.

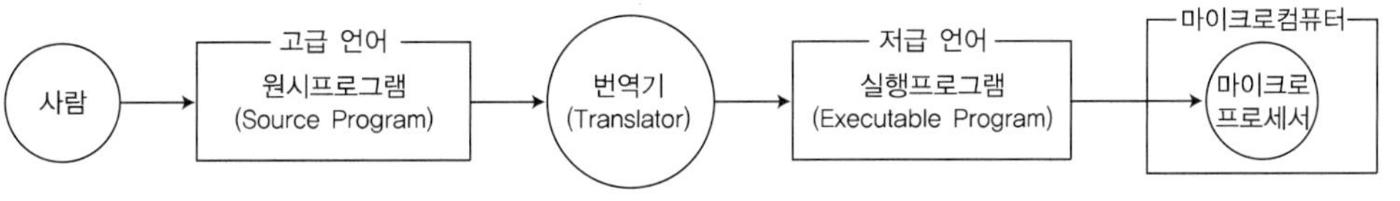

[그림 1-1] 사람의 의사를 마이크로프로세서로 전달하는 과정

기계어는 마이크로프로세서 내부의 실행 동작을 명령어 단위로 표현한 것이기 때문에 이 명령어를 이해하면 마이크로프로세서 내부 구조를 쉽게 이해할 수 있다.

1.2.2 기계어와 어셈블리어

기계어와 어셈블리어는 마이크로프로세서 구조에 근거하여 구성된 컴퓨터 언어로서, 사람의 언어 형식과 거리가 멀고, 컴퓨터 구조와 밀접하므로 저급 언어로 분류된다.

기계어(Machine Language)는 특정 비트에, 특정 의미가 있는 2진값을 설정하는 명령어를 나열한 것으로, 원하는 동작을 프로그래밍하여 기계에 직접 사용할 수 있다는 특징이 있다. 기계어의 명령어 길이는 명령어 셋 구조(Instruction Set Architecture)에 따라 8비트, 16비트 또는 32비트로 이루어져 있다.

어셈블리어(Assembly Language)는 0과 1로 나열되는 기계어를 사람이 연상하기 쉬운 니모닉(Mnemonic)과 연산 대상이라는 영문 단어로 바꿔 표현한 것을 말한다. 이는 명령 동작을 대표하는 단어 또는 연산 대상을 대표하는 단어를 이용하여 기계어를 효과적으로 표현할 수 있다. 어셈블리어로 작성된 원시프로그램은 어셈블러(Assembler)라는 번역기(Translator)를 이용하여 기계어로 변환한다. 아래 [표 1-1]은 어셈블리어로 작성된 원시프로그램을 기계어로 변환한 명령어를 나타낸 것이다.

[표 1-1] 어셈블리어와 변환된 기계어

어셈블리어	기계어
movw r30, r22 subi r30, 0x00	1111 1101 0000 0001 1110 0000 0101 0000

1.2.3 원시프로그램에서 실행 파일 생성

프로그래머는 특별한 경우를 제외하고 C 언어와 같이 사람이 다루기에 편리한 논리적인 체계와 예약된 단어를 사용하는 고급 언어를 이용하여 원시프로그램을 작성한다. 특별히 하드웨어 정밀 제어가 필요한 부분은 어셈블리어로도 작성할 수 있다. [그림 1-2]는 여러 개의 원시프로그램에서 실행 파일이 생성되는 과정을 나타낸 것이다.

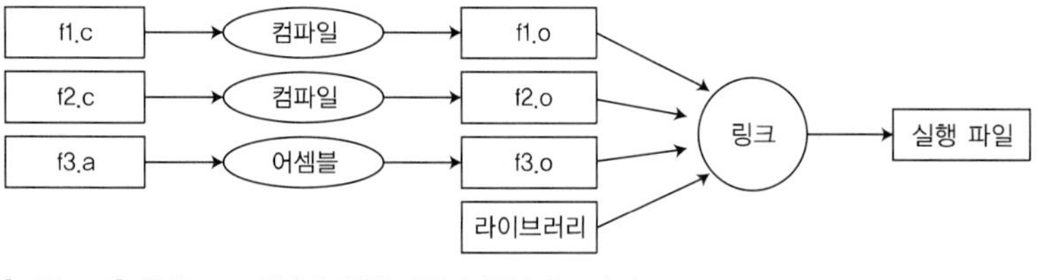

[그림 1-2] 원시프로그램에서 실행 파일이 생성되는 과정

컴파일과 어셈블

컴파일은 고급 언어로 작성된 원시프로그램을 기계어의 목적 파일(Object File)로 번역하는 과정을 말하는데, 이 번역 과정을 전담하는 프로그램을 '컴파일러(Compiler)'라 한다. 어셈블리어로 작성된 원시프로그램을 어셈블러(Assembler)를 이용하여 어셈블하면 목적 파일이 생성된다. 여기서 어셈블(assemble)이란, 어셈블리어로 작성된 프로그램을 기계어로 변환하는 것을 말한다.

링크

여러 개의 파일로 구성된 원시프로그램을 하나의 실행 파일로 만들기 위해서는 원시프로그램의 다른 파일 사이에 변수 또는 함수를 참조할 수 있어야 한다. [그림 1-2]에서 f1.o와 f2.o 목적 파일은 f1.c와 f2.c에서 표현된 다른 파일 간의 변수 및 함수 참조가 연결될 수 있는 정보를 저장한 채 기계어로 변환된 상태다. 이를 연결하여 통합된 실행 파일로 만드는 과정을 '링크(link)'라 한다. 링크를 전담하는 프로그램을 '링커(linker)'라 한다.

라이브러리

프로그래머는 실행을 위한 프로그램을 모두 작성할 수 있지만 같은 기능을 매번 다시 작성해야 하는 불편함이 있다. 따라서 공통으로 자주 사용하는 기능은 표준화된 이름과 매개 변수가 있는 함수로 작성한 후, 컴파일하여 목적 파일을 생성하고 링크 과정에서 이를 연결하여 사용한다. 컴파일된 목적 파일을 모아놓은 파일을 '라이브러리 파일'이라 한다. 보통 sin, cos, tan, printf 등과 같은 함수는 컴파일러를 제공하는 회사에서 공급한다.

실행 파일과 로딩

원시프로그램이 컴파일되어 완성된 실행 파일은 디스크 메모리에 존재한다. 실행 파일이 중앙 처리 장치(CPU, Central Processing Unit)에서 실행되기 위해서는 주 메모리에 탑재되어야 하는데, 이 과정을 '로딩(Loading)'이라 하고, 이를 전담하는 프로그램을 '로더(Loader)'라 한다. [그림 1-3]은 디스크 메모리에 있는 실행 파일을 주 메모리로 로딩하고, CPU에서 인출하여 실행하는 경로를 나타낸 것이다.

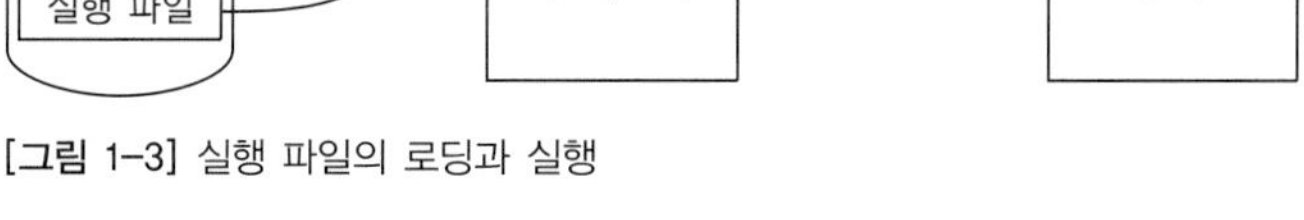

[그림 1-3] 실행 파일의 로딩과 실행

1.3 프로그램 실행 원리

프로그램은 마이크로프로세서에서 명령어가 차례대로 실행하면서 수행된다. [그림 1-4]는 3개의 버스 구조를 갖는 CPU에서 데이터를 연산 처리하는 구조를 나타낸 것이다. 특수 레지스터, 범용 레지스터 그리고 CPU 외부의 메모리 사이에 ALU(Arithmetic Logic Unit)를 통한 연산을 통해 명령어가 실행된다.

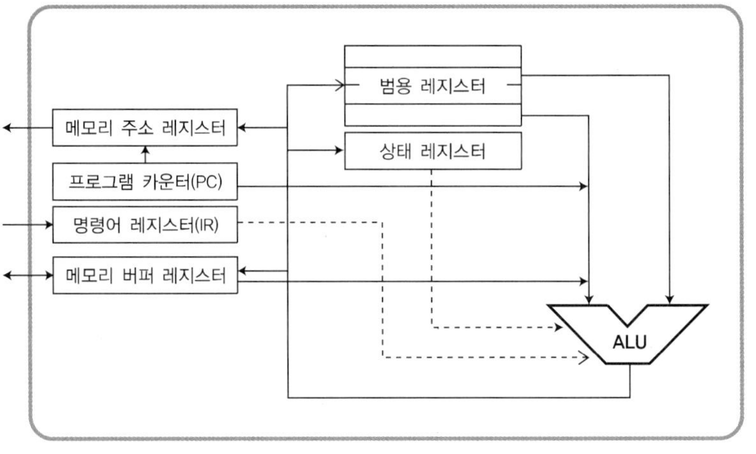

[그림 1-4] CPU 내부 구조

1.3.1 특수 레지스터와 범용 레지스터

마이크로프로세서 내부에는 데이터 연산을 위해 사용되는 범용 레지스터(General register)와 특수 레지스터(Special register)가 있다.

범용 레지스터

CPU 연산을 빠르게 처리하기 위해 ALU와 직접 연결되어 있으며, 연산 대상이 되는 오퍼랜드값을 가진다.

특수 레지스터

마이크로프로세서에서 명령어를 실행할 때 필요한 범용 데이터가 아닌 특수한 데이터를 처리하기 위한 레지스터를 말한다. [그림 1-4]에 나타낸 프로그램 카운터, 명령어 레지스터, 상태 레지스터, 메모리 주소 레지스터, 메모리 버퍼 레지스터가 이에 해당한다.

■ 프로그램 카운터(PC, Program Counter)

인출할 명령어가 있는 메모리의 주소를 갖는 특수 레지스터를 말한다. 프로그램 메모리에서 한 개의 명령어 인출이 끝나면, 그 명령어의 크기가 더해진 값으로 자동 변경되어 다음 명령어 인출을 위한 주소를 갖게 된다.

■ 명령어 레지스터(IR, Instruction Register)

프로그램 메모리에서 인출된 명령어를 기억하고 있는 특수 레지스터를 말한다. 인출된 명령어에는 특정 비트에 연산 동작(opcode), 연산 대상(operand), 연산 결과(result) 어드레싱 모드 등의 정보를 설정하고 있기 때문에 명령어를 실행하는 과정에 사용된다.

■ 상태 레지스터(SR, Status Register)

명령어를 실행한 후의 연산 결과 정보는 상태 레지스터에 기록된다. 기록된 상태 레지스터의 각 비트는 연속되는 다음 명령어 실행에 영향을 끼친다. 예를 들어, 아래의 간단한 C 언어 프로그램을 살펴보자. 오른쪽은 어셈블리어로 번역된 코드다.

[프로그램 1-1] C 언어 프로그램의 예

1	`if(a >= 100)`	`cpi    r24, 0x64`
2	`  a = 0x10;`	`brcs   .+6`
3		`ldi    r24, 0x10`

(1) cpi(compare immediate) 명령을 수행하고, 결과는 상태 레지스터의 캐리 비트(carry bit)에 저장된다. cpi 명령을 수행하면, 변수 a가 저장된 레지스터 r24에서 100(16진수로 0x64에 해당되는 값)을 빼고 그 과정에서 오버플로가 발생하면 캐리 비트값은 1로 변한다.

(2) brcs .+6 명령은 상태 레지스터의 캐리 비트값이 1이면, 현재의 프로그램 카운터보다 6바이트 후의 분기된 곳을 실행한다(연산 결과에 따라 실행되는 위치가 달라진다).

(3) 2번 라인에서 캐리 비트값이 0이면, 연속된 ldi 명령을 수행한다.

■ 메모리 주소 레지스터(MAR)와 메모리 버퍼 레지스터(MBR)

명령어 실행 과정에 필요한 특수 레지스터라기보다는 데이터 또는 주소를 임시로 저장하기 위한 특수 레지스터다. 외부 메모리와 데이터를 입출력하기 위해서 메모리 주소 레지스터(MAR, Memory Address Register)에 메모리 주소를 놓고 메모리에서 출력되는 데이터를 임시로 메모리 버퍼 레지스터(MBR, Memory Buffer Register)에 넣어 사용한다.

1.3.2 명령어 실행

프로그램은 명령어의 집합으로서 메모리에 있고, 데이터는 연산 대상(operand) 또는 연산 결과(result)로서 다른 메모리 공간에 있게 된다. 이를 각각 '프로그램 메모리'와 '데이터 메모리'라 한다.

명령어 실행 단계

마이크로프로세서에서 명령어가 실행되는 단계는 다음과 같다.

❶ 명령어 인출 단계

프로그램 카운터(PC)가 지시하고 있는 프로그램 메모리에 있는 명령어를 인출(Fetch)하여 명령어 레지스터(IR)에 넣는 단계다. 명령어는 연산 동작(opcode), 연산 대상(operand), 연산 결과(result)를 지칭하는 비트 정보로 구성되어 있다.

❷ 명령어 분석 단계

명령어 레지스터(IR)에 저장된 정보를 디코딩하여 레지스터 파일, 버스 라인 등에 필요한 신호를 생성한다. CPU에서는 여러 개의 범용 레지스터를 사용하는데, 이를 '레지스터 파일(Register file)'이라 한다.

❸ 오퍼랜드 인출 단계

디코딩 결과에 따라 연산에 사용될 오퍼랜드(operand)의 위치가 결정된다. 오퍼랜드는 명령어 자체에 포함되어 있거나, CPU 내부의 범용 레지스터에 있거나, 메모리에 있을 수 있다. 메모리에 있는 경우 오퍼랜드를 메모리로부터 인출하여 CPU 내부의 메모리 버퍼 레지스터로 옮기는 단계가 오퍼랜드 인출 단계다. 메모리로부터 데이터를 CPU 내부로 옮기기 위해서는 부가의 클록이 요구되고 명령어 실행 시간이 길어진다. 오퍼랜드가 명령어에 포함되어 있거나 레지스터에 있는 경우, 이 단계는 생략된다.

❹ 연산 실행 및 결과 생성 단계

명령어 레지스터의 연산 동작(opcode)에 따라 조합 논리 회로로 구성된 ALU에서 범용 레지스스터값, 명령어에 포함된 연산 대상값 또는 메모리에서 읽은 오퍼랜드값 등을 사용하여 산술 또는 논리연산한 값을 어큐뮤레이터(Accumulator) 또는 범용 레지스터로 결과를 기록하는 단계다.

❺ 결과 기록 단계

명령어를 디코딩한 결과 연산된 결과를 저장하는 위치가 메모리이면, 이 단계가 수행된다. 모든 명령어에 이 단계가 포함되지는 않는다.

명령어 인출-실행 사이클

명령어 실행 단계 중에서 오퍼랜드 인출 단계를 별도의 명령어 load, 결과 기록 단계를 별도의 명령어 store로 두면 명령어의 길이를 짧게 할 수 있다. 또 명령어 유형에 따라 실행 단계를 단축할 수 있다. 이런 특징을 활용한 것이 RISC(Reduced Instruction Set Computer) 구조다. RISC에 대해서는 1.6절을 참고하기 바란다.

프로그램은 명령어가 메모리에서 인출(Fetch)되어 실행(Execution)되는 사이클이 반복되면서 수행된다. 이를 '명령어 인출-실행 사이클(Fetch-execute cycle)'이라 한다.

1.4 명령어 셋

명령어 셋은 명령어의 집합으로서 마이크로프로세서의 특징을 대표적으로 나타낸다. 명령어에 많은 내용이 포함될수록 다양한 기능을 수행할 수 있지만 명령어의 길이와 명령어 인출 시간 또한 길어지게 된다. 반대로 명령어 길이를 짧게 하면 같은 기능을 위해 여러 명령어를 수행시켜야 하는 단점이 발생한다.

1.4.1 3주소, 2주소, 1주소, 0주소 마이크로프로세서

명령어에 포함되는 비트 필드(bit field)는 [그림 1-5]와 같이 명령코드(opcode), 오퍼랜드(operand), 연산 결과(result)로 이루어져 있다.

명령코드 (opcode)	오퍼랜드 (operand)	연산 결과 (result)

[그림 1-5] 명령어 형식

명령코드는 해당 명령어로 실행되어야 할 연산 동작을 나타낸다. 산술연산 또는 논리연산에 해당하는 연산 동작은 조합 논리 회로로 구성된 ALU에서 수행된다. 명령코드 필드의 비트는 ALU에서 수행될 연산 회로를 결정하는 값으로, ALU의 동작을 선택하는 입력 신호에 해당된다. 한편, 오퍼랜드는 연산에 필요한 데이터를 나타낸다. [그림 1-5]의 연산 결과(result)는 명령코드와 오퍼랜드로 얻은 값을 저장할 위치를 나타낸다. 마이크로프로세서는 연산 대상인 오퍼랜드 인출과 연산 결과 저장을 위한 3주소, 2주소, 1주소, 0주소 필드를 갖는 명령어 유형으로 구분할 수 있다.

3주소 마이크로프로세서 명령어

'ADD a, b, c'는 3개의 오퍼랜드 주소 a, b, c로 주소 a의 데이터와 주소 b의 데이터를 ADD한 후 주소 c에 결과를 기록한다. 하나의 주소가 10비트를 차지하면 3개의 주소는 30비트가 필요하다. CPU는 아래와 같이 메모리에서 a, b 오퍼랜드를 인출하여 ADD한 뒤 결과 오퍼랜드 c를 메모리에 저장한다.

```
c ← a + b
```

2주소 마이크로프로세서 명령어

'ADD a, b'는 2개의 오퍼랜드 주소 a, b로 주소 a의 데이터와 주소 b의 데이터를 ADD하여 주소 b에 결과를 기록한다. 3주소 방식보다 명령어의 길이가 짧다. CPU는 아래와 같이 메모리에서 a, b 오퍼랜드를 인출하여 ADD한 뒤 결과를 오퍼랜드 b 메모리에 저장한다.

```
b ← a + b
```

1주소 마이크로프로세서 명령어

'ADD a'는 특수 레지스터 어큐뮤레이터(Accumulator)를 묵시적으로 이용하여 연산을 수행한다. 어큐뮤레이터에 연산의 중간 결과값을 갖게 하여 명령어에 언급되는 주소 수를 줄이는 효과가 있다. CPU는 아래와 같이 메모리에서 a 오퍼랜드를 인출하여 AC와 ADD한 뒤 결과를 AC에 저장한다.

```
AC ← a + AC
```

0주소 마이크로프로세서 명령어

0주소 마이크로프로세서 명령어 'ADD'는 오퍼랜드용 주소를 따로 두지 않는다. 그러나 스택(stack)이라는 곳에 연산 대상의 데이터를 미리 가져다 놓아야 한다. ADD 연산은 Push되어 있는 2개의 오퍼랜드가 필요하므로 묵시적으로 스택의 Top에서 2개의 데이터를 꺼내(Pop) 연산한 후, 결과를 스택의 Top에 넣는다(Push).

스택에서 오퍼랜드를 읽는 주소를 '스택 포인터(SP)'라 한다. 여기서 [SP]는 스택 포인터 주소 SP에 있는 메모리의 데이터를 나타낸다. CPU는 아래 절차에 의해 연산된다. #a는 명령어에 기록되어 있는 데이터를 나타낸다.

명령 순서	연산 동작
PUSH #a	SP ← SP + 1, [SP] ← #a
PUSH #b	SP ← SP + 1, [SP] ← #b
ADD	AC ← [SP], SP ← SP − 1 AC ← AC + [SP] [SP] ← AC

1.4.2 어드레싱 모드

마이크로프로세서에서 연산을 위한 오퍼랜드를 지칭하는 방법인 어드레싱 모드(Addressing mode)는 아래와 같이 구분할 수 있다.

즉시 주소방식

명령어에 연산 대상이 되는 데이터값을 갖고 있다. 이때 명령어 레지스터(IR)의 데이터 비트는 ALU의 연산 데이터 경로로 연결되어 즉시 사용된다. 아래 명령은 명령어에 포함된 2진 데이터 23을 오퍼랜드로 즉시 사용하는 즉시 주소방식을 나타낸 것이다.

명령어 예시	연산 동작
ADD #23	AC ← AC + 23

직접 주소방식

명령어에 포함된 주소는 주 메모리의 연산 대상 데이터에 대한 주소를 갖는다. 명령어 주소 필드의 비트에 메모리 주소가 있기 때문에 메모리에서 직접 오퍼랜드를 인출할 수 있다. [a]는 주소 a에 있는 메모리 데이터를 나타낸다.

명령어 예시	연산 동작
ADD a	AC ← AC + [a]

간접 주소방식

명령어에 포함된 주소는 오퍼랜드를 직접 인출할 수 있는 주소가 아니다. 명령어에 기록된 주소로 인출한 값은 실제 오퍼랜드를 인출할 수 있는 주소다. 즉, 명령어에 포함된 메모리 주소는 오퍼랜드의 간접 주소가 된다. 주소 a의 메모리 데이터를 MAR이라는 임시 주소 레지스터에 넣은 후, 다시 MAR 주소를 사용하여 메모리에서 오퍼랜드를 인출한다.

명령어 예시	연산 동작
ADD [a]	MAR ← [a], AC ← AC + [MAR]

레지스터 직접 주소방식

명령어에 포함된 주소는 주 메모리의 주소가 아닌 레지스터 파일 중 하나를 가리킨다. 레지스터 파일의 레지스터가 32개면 5비트로 특정 레지스터를 가리킬 수 있으므로 주 메모리의 주소를 지칭하는 직접 주소방식(Direct addressing)보다 적은 비트가 사용된다. 또 CPU 내부에 레지스터 파일이 있으므로 오퍼랜드의 ALU에 도달하는 시간이 매우 빨라 연산을 신속하게 할 수 있다. 아래 사례는 레지스터 R1에 있는 데이터를 오퍼랜드로 사용한다.

명령어 예시	연산 동작
ADD R1	AC ← AC + R1

레지스터 간접 주소방식

명령어에 포함된 주소는 레지스터 파일의 특정 레지스터를 가리킨다. 그 레지스터에 들어 있는 값은 주 메모리의 주소로서, 오퍼랜드는 이 주소로부터 인출된다. 따라서 명령어에 포함된 레지스터 파일의 주소는 주 메모리의 오퍼랜드에 대한 간접 주소다. 명령어에 표시된 레지스터값을 MAR이라는 임시 주소 레지스터에 넣은 후, 다시 MAR 주소를 사용하여 메모리에서 오퍼랜드를 인출한다.

명령어 예시	연산 동작
ADD [R1]	MAR ← R1, AC ← AC + [MAR]

변위 주소방식

명령어에 두 개의 주소 필드를 가진다. 하나는 베이스(또는 인덱스) 레지스터를 가리키는 주소이고, 다른 하나는 변위(displacement)다. 배열 또는 메모리의 특정 위치를 베이스(또는 인덱스) 레지스터를 기준으로 하고, 변위 차에 해당되는 메모리 주소가 된다.

변위 주소방식은 배열 또는 스택에서 데이터를 참조할 때 많이 사용한다. 배열의 시작 주소를 베이스(또는 인덱스) 레지스터에 두고 변위값 거리에 있는 배열 원소를 참조하는 데 사용한다. 또 스택 포인터를 기준으로 함수 호출 복귀 주소, 매개 변수 전달에 사용되는 메모리 주소를 생성하는 데 사용한다. 명령어에 표시된 레지스터값과 변위값 disp를 MAR이라는 임시 주소 레지스터에 넣은 후, 다시 MAR 주소를 사용하여 메모리에서 오퍼랜드를 인출한다.

명령어 예시	연산 동작
ADD R1, disp	MAR ← R1 + disp, AC ← AC + [MAR]

상대 주소방식

변위 주소방식과 유사하지만, 기준되는 레지스터로 프로그램 카운터를 사용한다는 점이 다르다. C 언어 프로그램에서 if() 조건문, while() 반복문이 사용되면 명령어의 인출이 항상 순차적이지는 않다. 상대 주소방식은 조건이 만족되었을 때와 프로그램 카운터의 값을 특정 변위값 차이만큼의 프로그램 메모리 주소로 갱신해야 할 때 주로 사용된다. 명령어에 표시된 변위값 disp로 프로그램 카운터값을 갱신하는 사례는 아래와 같다.

명령어 예시	연산 동작
BNE disp	if Not_Zero then PC ← PC + disp

1.4.3 명령코드 동작

명령코드 필드에 의해 결정되는 명령어 동작은 연산, 데이터 이동, 프로그램 흐름제어와 함께 동작해야 한다.

연산

산술연산은 덧셈, 뺄셈, 곱셈, 나눗셈과 같은 산술연산 동작을 포함한다. 덧셈과 뺄셈은 ALU에서 회로로 쉽게 구현할 수 있지만, 곱셈과 나눗셈은 다소 복잡한 회로로 구현된다.

성능이 좋은 마이크로프로세서일수록 ALU에서 한 번에 수행되는 연산 비트가 크다. 덧셈과 뺄셈을 사용하면 소프트웨어적으로 곱셈과 나눗셈 연산을 수행할 수 있다. 그러나 여러 명령어를 실행해야 하므로 많은 시간이 소요된다. 곱셈 또는 나눗셈 연산을 ALU에서 하드웨어 회로로 구현하면 CPU는 복잡해지지만, 하나의 명령어만을 실행하기 때문에 연산을 빠르게 수행할 수 있다. 부동소수점 수에 대한 산술연산은 정수형 수의 연산에 비해 과정이 복잡하다. 부동소수점 연산을 하드웨어적으로 구현하여 CPU에 포함하면 빠른 연산을 수행할 수 있고, CPU 성능이 향상된다.

논리연산은 OR, AND, XOR, 좌로 비트천이, 우로 비트천이, 보수 변환 등의 논리연산 동작을 포함한다.

데이터 이동

메모리의 데이터가 산술 또는 논리연산이 되기 위해서는 CPU 안으로 값이 이동해야 한다. CPU 안에서는 레지스터와 레지스터 사이의 데이터가 이동할 수 있다. 이때 연산된 결과는

CPU에서 메모리로 이동되어야 한다. CPU에서는 논리값에 해당되는 디지털 전압으로 출력 신호를 출력할 수 있을 뿐만 아니라 메모리에서 다른 메모리로 정보를 이동할 수도 있다.

프로그램 흐름제어

프로그램 메모리에 차례대로 저장된 명령어는 일반적으로 프로그램 카운터(PC)가 차례로 증가하면서 인출되어 실행된다. 조건부 분기 명령 또는 반복 명령은 조건을 검사한 결과에 따라 실행되는 명령어의 위치가 순차적이지 않을 수 있다.

프로그램의 흐름을 바꾸는 분기 명령으로 프로그램 카운터(PC)값이 변경되면 명령어 인출 위치가 바뀌고 프로그램의 흐름이 달라진다. 상대 주소방식(Relative Addressing)은 이러한 프로그램 흐름제어 명령어에 많이 사용된다.

1.5 저장형 프로그램 컴퓨터

폰 노이만 아키텍처(von Neumann architecture)로 설계된 컴퓨터 모델을 '저장형 프로그램(Stored Program) 컴퓨터'라 한다. 저장형 프로그램 컴퓨터는 [그림 1-6]과 같이 구성되며, 메모리에 명령어와 데이터를 저장하고 읽기와 쓰기 동작을 반복하면서 원하는 연산을 수행한다. 굵은 선은 데이터 경로(Data path)를, 가는 신호선은 제어 신호를 나타낸다. CPU 내부에서 제어 신호는 명령어 인출-실행 사이클(Fetch-execution cycle) 과정에 필요한 데이터와 제어 신호가 된다. ALU와 제어 장치는 CPU(Centeral Processing Unit)의 기본 요소가 된다. CPU 외부에 메모리를 비롯한 입출력 장치를 연결하면 외부와 인터페이스하는 컴퓨터 시스템으로 확장된다.

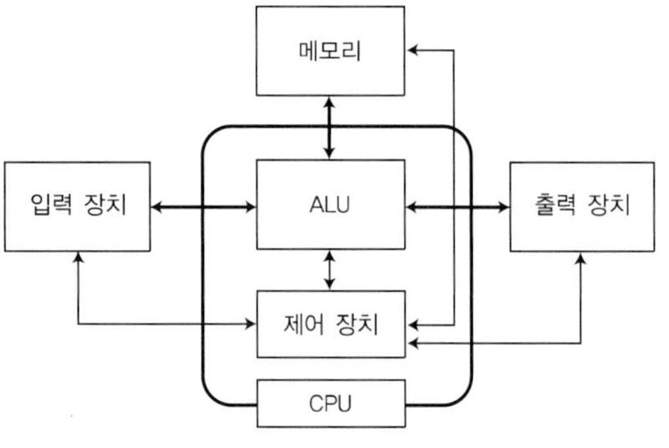

[그림 1-6] 저장형 프로그램 컴퓨터 개념도

1.5.1 저장형 프로그램 컴퓨터의 한계

반도체와 컴퓨터 기술이 발전하면서 메모리 용량이 증가되고, CPU 속도도 향상되고 있다. CPU 구조 기술이 발달할수록, 처리되는 데이터가 많아질수록 메모리와 CPU 사이에는 더 많은 데이터가 왕래한다. CPU는 명령어와 데이터를 메모리로부터 가져와야만 연산을 수행할 수 있다. 그러나 단일 CPU의 저장형 프로그램 컴퓨터는 정해진 연결선만을 통해 명령어와 데이터를 메모리로부터 전송할 수 있다. 따라서 CPU와 메모리 사이의 한정된 데이터 전송 속도에 의해 병목 현상(Bottle-neck)이 나타나게 되고, 이로 인해 CPU 안에서 연산 능력이 향상된다고 하더라도 연산 속도의 향상에는 한계가 드러난다. 이 한계를 연장하기 위해 메모리 계층을 이용하거나 병렬 처리 컴퓨터를 이용하기도 한다.

1.5.2 메모리 계층

저장형 프로그램 컴퓨터에서는 메모리의 병목 현상과 메모리 속도, 속도 대비 가격을 고려하여 메모리를 계층적으로 배치한다. [그림 1-7]과 같이 CPU 가까이에 빠른 데이터 인출과 저장을 할 수 있는 메모리를 배치하고, 멀리에는 데이터 인출 속도는 늦지만 많은 용량을 저장할 수 있는 메모리를 배치한다. 캐시(Cache)처럼 개별 데이터 인출과 저장이 빠른 메모리는 비트당 가격이 비싸지만, CD/DVD와 같은 보조 기억 장치는 블록 단위로 인출과 저장을 해야 하므로 비트당 가격이 상대적으로 싸다.

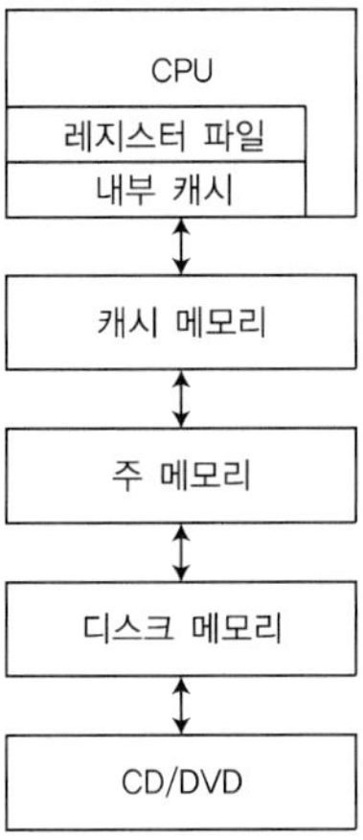

[그림 1-7] 메모리 계층(Memory Hierarchy)

CPU 연산에 사용되는 데이터는 범용 레지스터(General register)에 두고 명령어의 각 비트값 설정에 따라 신속하게 시스템 버스(System bus)를 오가면서 산술연산, 논리연산, 데이터 이동 등의 명령을 처리한다.

명령어의 집합인 프로그램과 데이터는 저장형 프로그램 컴퓨터 개념에 따라 메모리에 위치한다. 지역성 원리(Principle of locality)에 따라 곧 처리될 프로그램과 데이터 일부를 CPU 근처의 속도가 빠른 메모리에 놓고 처리한다.

지역성은 시간과 공간 두 관점에서 성립된다. 시간적 지역성(Temporal locality)은 한번 참조된 데이터는 다시 참조될 가능성이 크다는 것을 의미하고, 공간적 지역성(Spatial locality)은 참조된 데이터에 인접된 위치가 참조될 가능성이 크다는 것을 의미한다. 지역성(locality)에 의해 참조되는 데이터 영역은 특정 부위에 확률적으로 집중되기 때문에 메모리 계층 구조를 두고, 자주 참조되는 데이터를 빠른 캐시에 놓고 사용한다.

1.5.3 가상 메모리

실행될 프로그램 또는 데이터는 디스크 메모리에 두었다가 실행이 시작되면 주 메모리(Main memory)로 이동시킨다. 이때 모든 프로그램과 데이터를 이동시키지 않고 사용되는 일부만을 이동하여 사용하다가 프로그램 또는 데이터가 더 요구되는 상황이 발생하면 그때 추가로 이동하여 사용한다. 가상 메모리(Virtual Memory)로 확장된 메모리 공간은 운영체제(Operation System)가 관리한다. 가상 메모리는 주 메모리의 크기와는 상관없이 명목적으로 사용자의 메모리가 확장된 것처럼 주 메모리와 디스크 메모리를 연동하여 논리 주소를 가진다.

논리 주소를 물리 주소로(하드웨어적으로) 빠르게 변환하기 위해서는 [그림 1-8]과 같이 메모리 관리 장치(MMU, Memory Management Unit)를 사용한다. CPU는 논리 주소로 프로그램 또는 데이터에 접근하지만, MMU에서는 논리 주소를 주 메모리에 적재된 물리 주소로 TLB(Translation Lookaside Block)라는 테이블을 이용하여 빠르게 변환시킨다.

주 메모리와 디스크 메모리 사이는 페이지 테이블(Page Table)이라는 것이 있는데, 이는 데이터의 일관성을 유지하는 역할을 한다. TLB에서 요구하는 데이터가 주 메모리에 적재되어 있지 않으면 페이지 폴트(Page Fault)가 발생하고, 운영체제의 도움으로 적재되지 않은 데이터는 페이지 단위로 디스크 메모리에서 주 메모리로 옮겨진다.

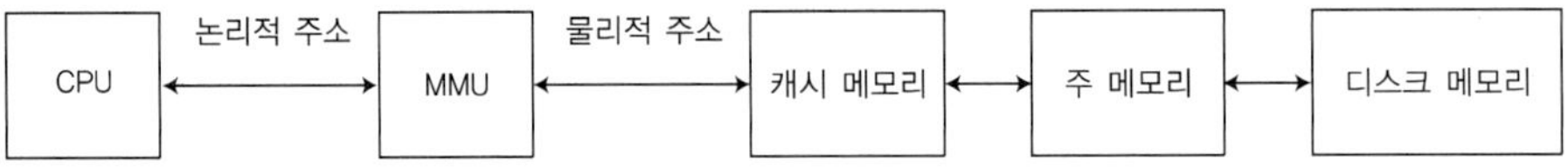

[그림 1-8] MMU를 이용한 메모리 계층

1.6 RISC와 CISC

컴퓨터 구조는 발전 단계에서 CPU 성능을 향상시키기 위해 다양한 기능을 포함해 왔다. 상황이 이렇다 보니 다양한 어드레싱 모드(Addressing Mode)가 제공되었고, 프로그래머는 마이크로프로세서의 특징을 잘 활용하여 CPU 성능을 크게 개선할 수 있게 되었다.

어떤 회사는 특정 기능을 개선하여 하드웨어에 포함하고, 구동을 위한 특수 명령어를 제공하기도 했다. 그러나 역설적이게도 프로그래머는 CPU 구조를 샅샅이 공부하여 프로그래밍하지 않고 알고리즘을 구체화할 수 있는 고급 언어로 손쉽게 작성하는 것을 선호한다. 즉, CPU 성능 향상을 위해 포함된 다양한 기능이 기대한 만큼 활용되지 못하는 결과를 갖는 일이 많아진 것이다.

과거에는 제공되는 특징을 최적화할 수 있는 컴파일러를 만들면 성능을 더 높일 수 있을 것으로 생각했다. 하지만 컴파일러 설계자 또한 고급 언어의 일반적인 경우를 최적화된 어셈블 코드로 생성하기가 쉽지 않다. 고급 언어를 이용한 일반적인 프로그래밍 기법이 아닌 특정한 형태로 작성된 경우에는 최적화에 가까운 코드를 생성할 수는 있지만, 범용으로 사용하기는 어렵다.

이 절에서는 RISC형 마이크로프로세서를 중심으로 설명하고, 이와 상반되는 구조의 CISC형 마이크로세서는 간단히 의미만 설명하기로 한다.

1.6.1 RISC

RISC(Reduced Instruction Set Computer)는 기존의 컴퓨터 구조를 CISC(Complex Instruction Set Computer)로 규정하고, 이와 상대되는 개념으로 발전했다. 이는 명령어 셋(Instruction Set)을 줄임으로써 CPU 하드웨어 구조를 CISC와 비교하여 간단히 만들 수 있다는 취지에서 시작되었다.

단순한 어드레싱 모드를 사용하고 명령어 길이를 짧게 하면, 프로그램 메모리에서 인출되는 명령어 크기를 줄일 수 있기 때문에 명령어 인출 시간이 줄어든다.

RISC형 마이크로프로세서의 특징은 다음과 같다.

파이프라인 기법(Pipelining)을 이용하여 한 사이클에 한 명령어 실행

명령어 인출(Instruction fetch), 명령어 판독(Decoding), 연산(Execution), 결과 저장(Writing back) 단계를 한 클록 사이클에 처리될 수 있는 구조로 설계하면 [그림 1-9]와 같이 파이프라인으로 처리할 수 있다. 실행되는 명령어의 단계별 결과 정보는 사각형으로 표시된 플립플롭에 저장되어 연속된 클록 사이클에 의해 다음 단계로 넘겨진다.

i+2번째 클록 사이클에서 명령어가 실행되고 있는 상황을 스냅샷(snapshot)으로 관찰해보면, 명령어 i+2는 명령어 인출 단계를, 명령어 i+1은 명령 판독 단계를, 명령어 i는 연산 단계를, 명령어 i-1은 결과 저장 단계를 수행하고 있다는 것을 알 수 있다.

프로그램의 수행 순서를 바꾸는 흐름제어 명령어가 아니고 각 단계마다 한 클록이 소요되면, 평균 한 사이클마다 한 개의 명령어가 된다. 따라서 16[MHz]를 사용하는 파이프라인에서 한 사이클에 한 명령어가 실행되는 마이크로프로세서는 최대 평균 16[MIPS]의 속도를 낼 수 있다.

여기서 잠깐!

+ MIPS

가장 널리 알려진 마이크로프로세서의 성능 측정 단위 중 하나는 MIPS(Million Instructions per Second)다. 초당 실행되는 명령어 개수는 백만 개 단위로 표시한다. 그런데 같은 작업을 서로 다른 마이크로프로세서로 처리하기 위한 명령어 개수는 같지 않으므로, MIPS가 크다고 해서 성능이 우수하다고 말할 수는 없다.

+ FLOPS

과학 연산에 많이 사용되는 부동소수점 연산은 복잡하기 때문에 하드웨어를 사용하지 않고 정수형 연산만으로 처리할 경우, 명령어가 많이 필요하다. MIPS가 크더라도 생성되는 명령어 개수가 많아지면 프로그램 실행 시간은 여전히 길어지게 된다.

명령어 i가 흐름제어 명령어이면, 다음에 수행될 명령어는 연속으로 인출되어 이전 단계에 수행되고 있는 명령어 i+1이 아닐 수 있으므로 파이프라인에서 얻어진 결과는 무시된다. 이때는 처음부터 명령어를 인출해야 하므로 추가 클록이 필요하다.

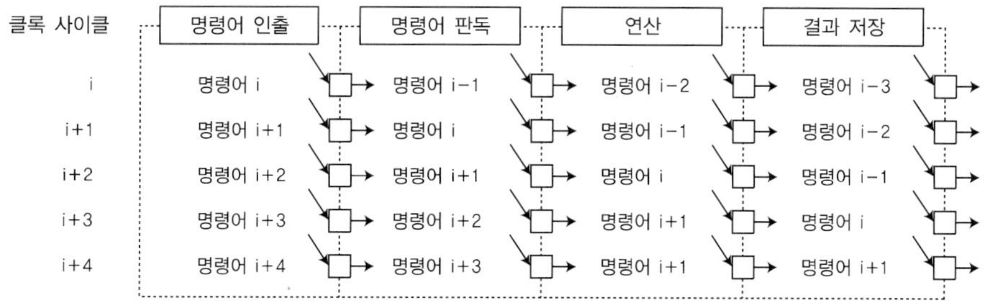

[그림 1-9] 각 단계에서 클록 사이클에 따라 수행되는 명령어

고정된 짧은 길이의 명령어

[그림 1-9]에 나타낸 각 파이프라인 단계에서는 시간 지연이 가장 오래 걸리는 임계 경로를 기준으로 클록 사이클의 주기를 결정한다. 메모리 또는 캐시에서 명령어 인출 시간을 단축하기 위해서는 한 번의 클록 주기에 명령어를 인출해야 한다. CPU 시스템 버스 크기와 같게 명령어의 크기를 고정해야만 단일 클록에서 명령어 레지스터로 옮길 수 있다.

단순한 어드레싱 모드 사용

CISC형 마이크로프로세서의 어드레싱 모드에는 직접 주소방식, 간접 주소방식, 레지스터 간접 주소방식, 변위 주소방식과 같이 명령어에서 메모리를 직접 참조할 수 있는 필드가 있다. 이때는 명령어의 길이가 길어진다. 메모리에 저장된 오퍼랜드를 인출하는 명령어와 인출하지 않는 명령어가 같이 있기 때문에 경우에 따라 메모리를 참조할 수도 있고, 그렇지 않을 수도 있다. 단계별로 같은 시간을 보장하여 파이프라인화하기에는 적합하지 않다. 파이프라인 구조를 활용하는 데는 일반 명령어의 어드레싱 모드로 메모리에서 오퍼랜드를 가져오는 직접 주소방식, 간접 주소방식, 레지스터 간접 주소방식, 변위 주소방식을 사용하지 않는다. 즉, CPU 내부의 레지스터를 오퍼랜드로 이용하거나 명령어에 포함된 데이터를 오퍼랜드로 이용한다.

RISC형 마이크로프로세서에서는 메모리 참조를 위한 명령어를 따로 두어 명령어의 길이와 파이프라인의 각 단계에서 요구되는 시간 지연을 줄임으로써 클록 사이클의 주기를 줄인다. 메모리에서 데이터를 인출할 때는 load 명령어를, CPU 내부의 값을 저장할 때는 store 명령어를 사용한다.

load와 store 메모리 참조 명령에 단순한 어드레싱 모드를 사용하면, CPU 내부 하드웨어 복잡도를 줄이고 명령어의 길이를 동일하게 유지할 수 있다. 가장 많이 사용하는 어드레싱 모드에는 즉시 주소방식, 레지스터 간접 주소방식, 변위 주소방식이 있다.

간단한 연산 동작의 적은 명령어 셋

명령어에서 산술과 논리와 관련된 간단한 연산 동작을 사용하면, [그림 1-9]의 연산 단계에서 짧은 시간에 수행될 수 있다. 즉, 짧은 주기의 클록 사이클을 사용할 수 있기 때문에 파이프라인을 이용한 명령어 실행 시간을 줄일 수 있다. 구현되는 명령어 개수가 적으면 각 명령어의 기능을 만족하기 위한 하드웨어 복잡도를 줄일 수 있다.

데이터 종속 보장을 위한 nop 명령 삽입 기능

아래와 같은 연속된 명령을 생각해보자. 100번지 주소의 오퍼랜드를 r1에 옮기고 r1과 r0 값을 더해 r0에 넣는 연산이다.

```
load r1, 100
add r0, r1
```

[그림 1-9]의 파이프라인 구조에서 load 명령의 결과 저장 단계가 끝나야만 r1에 주소 100의 오퍼랜드값이 옮겨진다. 연속된 add 명령어의 연산 단계에서는 아직 직전 명령의 결과가 r1에 종속된 데이터로 갱신되지 않았기 때문에 연산을 계속할 수 없다. 컴파일러는 이러한 문제 해결을 위해 nop 명령을 삽입하여 r1에 값이 갱신될 때까지 시간을 지연할 수 있는 코드를 생성해야 한다.

```
load r1, 100
nop
add r0, r1
```

선인출(Pre-fetch)과 예측 실행

조건 검사에 따라 프로그램의 흐름이 달라질 수 있는 branch 명령은 파이프라인의 최종 단계까지 실행되어야만 다음 명령어의 위치를 확신할 수 있다. branch 명령의 분기 위치는 연속된 다음 명령어 또는 다른 위치가 될 수 있다.

다음에 실행될 명령어 위치가 늦게 결정되면 연속된 명령어가 결정될 것으로 예측하기 때문에 선인출하여 실행한다. 연속된 명령어로 분기 위치가 결정되면 수행된 파이프라인 단계만큼 시간을 절약한 효과가 나타난다. 만일 다른 곳에 분기 위치가 결정되면 현재까지 예측 실행된 파이프라인 실행 결과를 모두 무시하고 새 위치부터 명령어를 인출하기 시작한다.

RISC형 마이크로프로세서에 적합한 컴파일러

RISC형 마이크로프로세서는 짧은 명령어 길이, 파이프라인 구조, 간단한 어드레싱 모드, 데이터 종속 보장을 위한 nop 명령어 삽입 등의 특징을 고려한 컴파일러 설계가 필요하다. CISC형 마이크로프로세서보다 작은 명령어 셋을 이용하여 고급 언어를 어셈블리어로 번역한다.

1.6.2 CISC

CISC(Complex Instruction Set Computer)는 RISC(Reduced Instruction Set Computer)와 상대되는 단어로, RISC 개념이 만들어지면서 CISC 용어가 자연스럽게 만들어졌다. CISC는 여러 단계의 동작을 실행시킬 수 있는 구조를 가지고 있으며, 다양한 어드레싱 모드를 사용하여 하나의 명령어로 복잡한 동작을 실행할 수 있다는 특징이 있다. 하나의 명령으로 복잡한 명령을 수행할 수 있기 때문에 편리해 보이지만, 복잡한 하드웨어가 필요하다는 단점이 있다.

RISC와 비교하여 CISC형 마이크로프로세서의 특징을 간단히 설명하면 다음과 같다.

- 가변 길이의 명령어 형식을 가진다.
- 명령어의 길이가 길다.
- 다양한 어드레싱 모드를 사용한다.
- 복잡한 연산 동작을 수행할 수 있는 다양한 명령어로 구성된 명령어 셋을 가진다.

현대에는 IC 집적기술과 컴퓨터 구조기술을 바탕으로 RISC에서 사용한 파이프라인 구조 등의 개념을 CISC에서도 채택하여 성능을 향상시키는 데 이용하고 있다. 즉, 마이크로프로세서가 고성능화되면서 RISC와 CISC의 구별이 점점 모호해지고 있는 것이다.

Chapter_01 연습문제

1.1 마이크로프로세서, 마이크로컨트롤러, 마이크로컴퓨터의 차이는 무엇인가?

1.2 사람은 어떤 과정을 거쳐 마이크로프로세서가 인식할 수 있는 기계어로 작성한 실행프로그램을 생성할 수 있는가?

1.3 고급 언어와 저급 언어의 차이는 무엇인가?

1.4 컴파일러, 어셈블러, 링커, 로더를 설명하라.

1.5 여러 개의 원시프로그램에서 실행 파일이 생성되기까지 과정을 설명하라.

1.6 다음 특수 레지스터의 용도를 설명하라.

프로그램 카운터, 명령어 레지스터, 상태 레지스터

1.7 명령어의 실행 절차를 설명하라.

1.8 명령어 인출–실행 사이클이란 무엇인가?

1.9 명령어에 포함되는 비트 필드를 설명하라.

1.10 3주소, 2주소, 1주소, 0주소 마이크로프로세서의 특징을 각각 설명하라.

1.11 다음의 어드레싱 모드(Addressing mode)를 설명하라.

(a) 즉시 주소방식
(b) 직접 주소방식
(c) 간접 주소방식

(d) 레지스터 직접 주소방식
(e) 변위 주소방식
(f) 상대 주소방식

1.12 명령어 셋에 포함되는 명령어 종류를 나열하고 설명하라.

1.13 저장형 프로그램 컴퓨터의 개념을 설명하라.

1.14 저장형 프로그램 컴퓨터의 한계는 무엇 때문에 발생하는가?

1.15 메모리 계층은 왜 필요하며, 어떻게 동작하는지를 설명하라.

1.16 마이크로프로세서의 성능을 간단하게 언급할 수 있는 다음 단어를 설명하라.

```
MIPS, FLOPS
```

1.17 RISC형 마이크로프로세서와 CISC형 마이크로프로세서의 차이를 설명하라.

1.18 RISC형 마이크로프로세서에 사용되는 기술을 나열하고 설명하라.

1.19 명령어가 고정된 짧은 길이를 가지면 명령어가 처리되는 속도가 향상될 수 있다. 그 이유를 설명하라.

1.20 단순한 어드레싱 모드를 사용하면 하드웨어의 복잡도를 줄일 수 있다. 그 이유를 설명하라.

1.21 선인출(Pre-fetch)과 예측 실행이 갖는 장점을 설명하라.

Chapter

02

AVR ATmega128 소개

Introduction to AVR ATmega128

학습목표

- 다양한 AVR 패밀리와 소자 특징을 알아보고, 제어 환경에 따라 AVR 소자를 선택하여 개발할 수 있는 융통성을 이해할 수 있다.
- ATmega128 내부 구조에서 메모리 공간, I/O 공간의 프로그램과 데이터를 처리하기 위한 특수 레지스터, 범용 레지스터의 역할을 이해할 수 있다.
- ATmega128 내부에 포함된 명령어 인출과 실행 절차를 알아보고, 명령어 유형을 통해 동작을 이해할 수 있다.
- ATmega128이 장치를 쉽게 제어할 수 있도록 하기 위해 내장한 메모리와 주변 장치의 특징을 개략적으로 이해할 수 있다.

이 장에서 설명할 AVR ATmega128은 AVR 시리즈의 한 종류로, 128Kbyte의 플래시 프로그램 메모리, 4Kbyte의 SRAM, 기타 다양한 주변 장치를 포함하고 있다. 이는 다양한 분야의 제어에 적합하며, 특히 주변 장치가 많기 때문에 교육용으로도 바람직한 소자다.

마이크로컨트롤러는 마이크로프로세서의 기능을 포함하고 있으며, 제어를 쉽게 하기 위해 다양한 장치를 내장하고 있다. 이 장에서는 ATmega128 내부에 포함된 CPU에서 마이크로프로세서의 핵심 기능인 명령어 인출과 실행 절차에 대해 알아본다. 또 장치를 쉽게 제어할 수 있도록 하기 위해 포함된 메모리, 타이머, 아날로그 디지털 변환 장치 등에 대해서도 알아본다. 단, 내장된 장치를 구동하는 방법과 실험은 다른 장에서 자세하게 설명한다.

Section

2.1 AVR 개요

AVR은 ATMEL사에서 개발하여 판매되고 있는 마이크로컨트롤러를 나타내는 등록상표다.

2.1.1 AVR 패밀리

AVR은 응용분야에 따라 성능, 전력소모 정도, 설계 융통성 등을 고려하여 [표 2-1]과 같이 몇 가지 패밀리로 분류하고 있다.

[표 2-1] AVR 패밀리 분류 기준

패밀리	장점	응용분야	주요 특징
32비트 AVR UC3	32비트 고성능 마이크로컨트롤러	범용	• 16~512[Kbyte]의 플래시 프로그램 메모리 • 48~144핀 • 66[MHz]까지 CPU 클록 사용 • 1[MHz]당 최대 1.5[MIPS] 연산 속도 • 부동소수점 연산 장치 포함
8/16비트 AVR XMEGA	우수한 성능의 8 비트 마이크로컨트롤러	범용	• 16~384[Kbyte]의 플래시 프로그램 메모리 • 44~100핀 • 32[MHz]까지 CPU 클록 사용 • 1[MHz]당 최대 1[MIPS] 연산 속도
8비트 megaAVR	풍부한 주변 장치가 포함된 마이크로컨트롤러	범용, 조명, LCD	• 4~256[Kbyte]의 플래시 프로그램 메모리 • 28~100핀 • 20[MHz]까지 CPU 클록 사용 • 1[MHz]당 최대 1[MIPS] 연산 속도
8비트 tinyAVR	소형 마이크로컨트롤러	범용 소형 제어 장치	• 0.5~8[Kbyte]의 플래시 프로그램 메모리 • 6~32핀 • 20[MHz]까지 CPU 클록 사용 • 1[MHz]당 최대 1[MIPS] 연산 속도
배터리 관리형 AVR	Li-Ion 배터리 관리형 마이크로컨트롤러	가스 측정, 인증, 회로 보호	• 1.8[V]~25[V]에서 동작 • 8~40[Kbyte]의 플래시 프로그램 메모리 • 28~48핀 • 8[MHz]까지 CPU 클록 사용 • 1[MHz]당 최대 1[MIPS] 연산 속도
자동차형 AVR	지능형 제어	자동차	• 자동차 환경에 맞는 견고한 설계

32비트 AVR UC3 패밀리

고성능 연산 능력과 낮은 전력 소모를 위해 설계되었다. 다소 복잡하고 다양한 응용분야에 적합하며, 네트워크를 통한 연결성도 뛰어나다는 특징을 갖고 있다. USB, 인터넷, SDRAM

등과도 쉽게 연결될 수 있으며, 부동소수점 연산을 위한 FPU(Floating Point Unit)를 내장하고 있기 때문에 정밀도가 높은 과학 계산과 디지털 신호처리에 적합하다.

8/16비트 AVR XMEGA 패밀리

실시간으로 성능을 향상할 수 있는 기능이 있으며, 주변기기 사이의 빠른 신호처리 응용에 적합하게 설계되었다. 12비트 ADC(Analog to Digital Converter)와 DAC(Digital to Analog Converter) 기능이 있기 때문에 외부의 아날로그 신호를 이용한 응용분야에 유리하다. 이와 아울러 DMA(Direct Memory Access) 기능도 포함하고 있기 때문에 CPU 간섭 없이 주변기기 사이에 빠른 데이터 전송을 할 수 있다.

8비트 megaAVR 패밀리

8비트 megaAVR 패밀리는 메모리, 입출력 핀, 내부에 포함된 다양한 주변 장치를 약간씩 달리하는 다양한 소자를 제공하고 있기 때문에 개발을 목적으로 한 응용분야에 적합한 소자를 선택하기가 쉽다.

[표 2-2]는 8비트 megaAVR 패밀리 중 몇 개의 소자에 대한 내부 기능을 요약한 것이다.

[표 2-2] 8비트 megaAVR 패밀리 소자의 기능

소자명	Flash [KB]	ISP	EEP ROM [Byte]	SRAM [Byte]	8비트 타이머	16비트 타이머	PWM	SPI	TWI	USART	CAN	10 비트 A/D	10 비트 D/A	인터럽트 + 리셋 벡터	외부 인터럽트	MIPS	Vcc [V]	최대 I/O 핀
ATmega8	8	Yes	512	1K	2	1	3	1	1	1	0	8	0	19	2	16	2.7~5.5	23
ATmega128	**128**	**Yes**	**4K**	**4K**	**2**	**2**	**7**	**1**	**1**	**2**	**0**	**8**	**0**	**35**	**8**	**16**	**2.7~5.5**	**53**
AT90CAN128	128	Yes	4K	4K	2	2	7	1	1	2	1	8	0	37	8	16	2.7~5.5	53
AT90PWM3B	8	Yes	512	512	1	1	12	1	0	1	0	11	1	29	4	16	2.7~5.5	27

여기서 잠깐!

+ CAN 통신

CAN(Controller Area Network) 통신은 최근 자동차의 다양한 전자기기 사이의 정보 전달을 위해 많이 사용된다. 트랜스미션, 에어백, 브레이크 시스템, 크루즈 컨트롤, 오디오 시스템 등에 버스 형태로 공통 연결된 기기들 사이에 우선순위 메시지를 방송 방식(Broadcast communication)으로 주고받으며 정보를 전달한다.

AT90CAN128 소자는 ATmega128과 유사한 구조이며, CAN 통신 제어기 기능을 갖고 있다. AT90PWM3B 소자는 12개의 PWM(Pulse Width Modulation) 동작 신호를 만들 수 있으며, PWM 기능이 강화되었다.

8비트 tinyAVR 패밀리

8비트 tinyAVR 패밀리는 크기가 작고, 가격이 저렴한 응용분야에 적합하게 설계되었다. ATtiny4의 핀 수는 Vcc와 GND를 포함하여 6핀이고, I/O 핀은 4개 사용할 수 있다. 0.5Kbyte의 플래시 프로그램 메모리와 32byte의 SRAM을 포함하고 있기 때문에 크기가 매우 작으며, 저가형 모델로서 단순하고 소형의 대량 생산이 요구되는 간단한 제어 장치에 활용된다. 16비트 타이머/카운터를 1개 갖고 있어 PWM 동작을 만들 수 있다. A/D 변환기는 없지만 D/A 변환기가 있다. 전원은 1.8~5.5V로 동작된다.

[표 2-3]은 8비트 tinyAVR 패밀리 중 몇 개의 소자에 대한 내부 기능을 요약한 것이다.

[표 2-3] 8비트 tinyAVR 패밀리 소자의 기능

소자명	Flash [KB]	ISP	EEP ROM [Byte]	SRAM [Byte]	8비트 타이머	16비트 타이머	PWM	SPI	TWI	USART	10 비트 A/D	10 비트 D/A	온도 센서	인터 럽트 + 리셋 벡터	외부 인터 럽트	MIPS	Vcc [V]	최대 I/O 핀
ATtiny85	8	Yes	512	512	2	no	4	1 USI	1 USI	0	4	1	있음	15	6	20	1.8~5.5	6
ATtiny4	0.5	Yes	0	32	–	1	2	0	0	0	0	1	–	11	4	12	1.8~5.5	4
ATtiny9	1	Yes	0	32	–	1	2	0	0	0	0	1	–	11	4	12	1.8~5.5	4
ATtiny40	4	Yes	0	256	1	1	2	1	1 slave	0	12	1	있음	18	18	12	1.8~5.5	18

배터리 관리형 AVR 패밀리

최근 많이 사용되는 휴대용 Li-ion 배터리를 관리하는 제품을 위해 설계되었다. 배터리 셀 전압, 전류, 온도를 추적하고 안전한 범위에서 동작하게 함으로써 배터리 수명을 늘리고 에너지를 효율적으로 사용하게 할 수 있다.

자동차 AVR 패밀리

빠르게 성장하는 전기 자동차를 위해 설계되었다. 복잡한 기능의 자동차 전장 소자부터 독립적으로 동작하는 소형 분야에 이르기까지 사용할 수 있도록 ATMEL사의 다양한 패밀리 특징을 이용하여 구성했다. 자동차는 진동과 충격 그리고 혹독한 온도 환경에서도 잘 동작해야 하므로, 패키징과 동작 온도를 개선하고 있다.

2.2 ATmega128 특징

시스템 개발자는 여러 종류의 AVR 계열에 속한 소자 중에서 응용 개발 분야에 적합한 패밀리와 소자를 선택하여 시스템을 개발할 수 있는 능력이 있어야 한다. AVR ATmega128(이하 ATmega128)은 8비트 megaAVR 패밀리에 속한 소자로서, 다양한 주변 장치를 내장하고 있는 대표적인 범용 마이크로컨트롤러로, 장치 제어를 위한 프로그래밍에 매우 적합하다. 따라서 ATmega128을 이용한 개발 능력을 갖추면 많은 응용분야에 ATmega128을 이용한 제어장치를 개발할 수 있고, 환경이 달라 선택된 다른 소자를 이용하여 제어시스템 구성을 변경할 경우에도 ATmega128과 유사한 내부 구조와 개발 절차를 쉽게 적용할 수 있다.

ATmega128 데이터시트에서 제공하는 주요 특징은 다음과 같다.

❶ 진보된 RISC 구조

- 133개의 강력한 명령어, 1클록 사이클에 실행
- 32개의 범용 레지스터와 주변 장치 제어 레지스터
- 16[MHz]에서 16[MIPS]까지 성능이 나올 수 있음
- 2클록 사이클이 소요되는 곱셈기를 칩에 내장

❷ 비휘발성 프로그램과 데이터 메모리

- 128[Kbyte]의 ISP(In System Programming)로 재프로그램 가능한 플래시 메모리 내장 : 10,000회 읽기/쓰기 가능
- 4[Kbyte] EEPROM : 100,000회 읽기/쓰기 가능
- 4[Kbyte] SRAM 내장
- 64[Kbyte]까지 외부에 추가하여 사용할 수 있는 메모리 공간
- SPI 인터페이스를 이용한 ISP(In System Programming)

❸ JTAG(IEEE 표준 1149.1 준수) 인터페이스

- JTAG 표준에 따른 바운더리 스캔 기능 보유
- 온칩 디버깅 지원
- JTAG 인터페이스를 이용한 플래시 프로그램 메모리, EEPROM, 퓨즈 및 록 비트 프로그래밍 기능

❹ 주변 장치

- 2개의 8비트 타이머/카운터 : 별도의 프리스케일러와 비교 모드 동작
- 2개의 16비트 타이머/카운터 : 별도의 프리스케일러, 비교 모드, 캡처 모드 동작
- 실시간 타이머 카운터
- 6개의 PWM 채널
- 출력 비교 모듈레이터
- 아날로그 비교기
- 10비트 A/D 변환기
- TWI(Two-wire Serial Interface) 직렬 인터페이스
- 2개의 USART
- SPI 직렬 인터페이스
- 와치독 타이머

❺ 동작 전압

- 2.7~5.5[V], ATmega128L
- 4.5~5.5[V], ATmega128

❻ 동작 속도

- 0~8[MHz], ATmega128L
- 0~16[MHz], ATmega128

❼ 64핀 구성

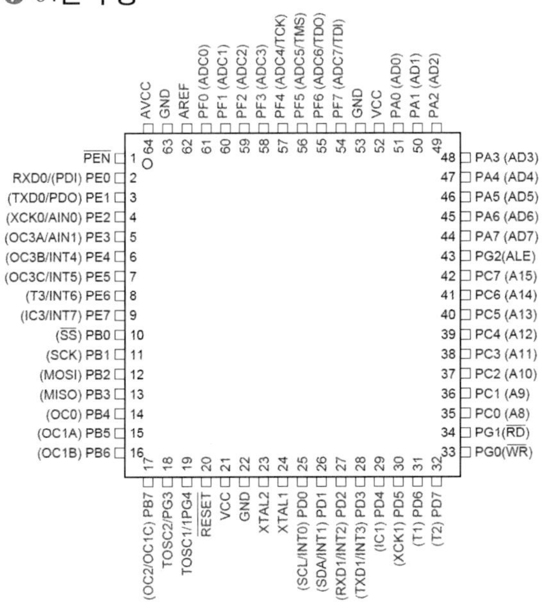

2.3 ATmega128 내부 구조

ATmega128은 8비트 마이크로컨트롤러로, RISC형 마이크로프로세서 구조로 구성되어 있으며, [그림 2-1]과 같이 작은 크기로 제어시스템을 만들 수 있도록 플래시 프로그램 메모리와 데이터 메모리(SRAM)를 포함하고 있다. 또 제어에 유용한 각종 장치를 단일 칩 마이크로컨트롤러 안에 내장하고 있다. 플래시 프로그램 메모리와 데이터 메모리(SRAM)에 대해서는 2.5.1절을 참고하기 바란다.

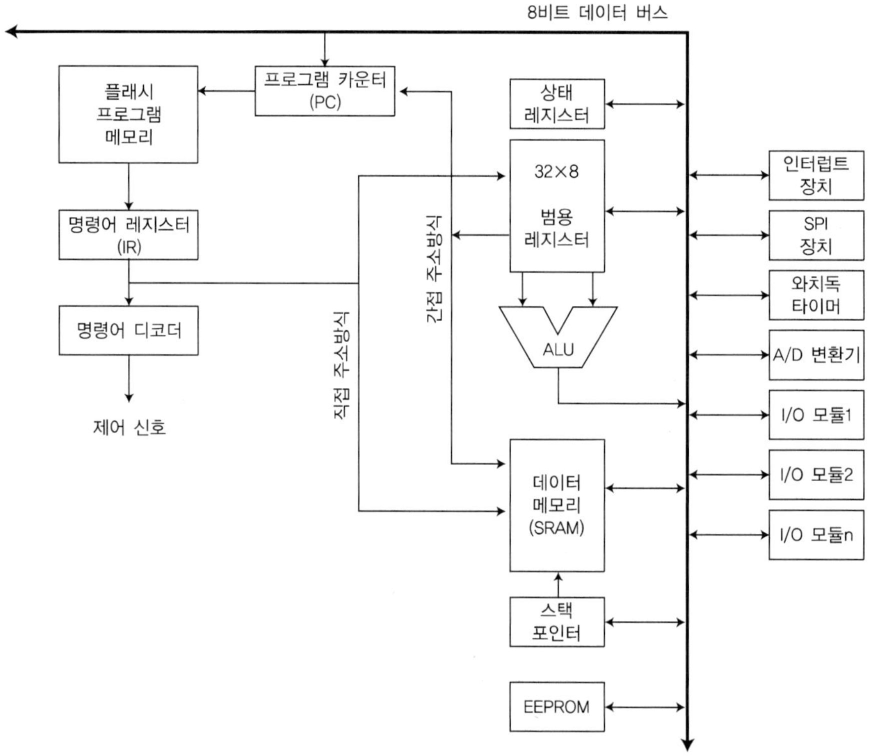

[그림 2-1] ATmega128의 내부 구조

[그림 2-1]의 ATmega128에서 명령어가 실행되기 위한 주요 부분의 역할과 동작은 다음과 같다.

플래시 프로그램 메모리

플래시 프로그램 메모리(Flash Program Memory)는 프로그램이 저장되는 비휘발성(Non-volatile) 메모리로, 전원이 없어도, 저장된 데이터는 변경되지 않는다. ATmega128은 제어 프로그램을 미리 플래시 프로그램 메모리에 저장하며, 전원을 켜면 시스템이 작동한다. 상수 값으로 정의된 배열도 플래시 프로그램 메모리에 저장된다. 플래시 프로그램 메모리는 페이지 단위로 데이터가 갱신된다.

ATmega128에는 64[Kword](128[Kbyte]) 크기의 플래시 프로그램 메모리가 내장되어 있으며, 약 10,000회 쓰고 지우는 동작을 프로그래밍할 수 있기 때문에 개발하기가 매우 쉽다는 특징을 가지고 있다. 통합 개발 환경(IDE, Integrated Development Environment)에서 작성된 원시프로그램은 컴파일과 링크 과정을 통해 만들어진 실행 가능한 기계어 프로그램을 다운로더 장치를 이용하여 플래시 프로그램 메모리에 다운로드함으로써 시스템을 작동시킨다.

플래시 프로그램 메모리는 부트 프로그램부와 응용프로그램부로 나누어진다.

- 부트 프로그램부 : 부팅에 필요한 기본 정보가 있다.
- 응용프로그램부 : 워드 단위(16비트 크기)의 명령어로 구성된 프로그램이 있다.

[그림 2-2]는 64[Kword] 크기의 플래시 프로그램 메모리 맵을 나타낸 것이다.

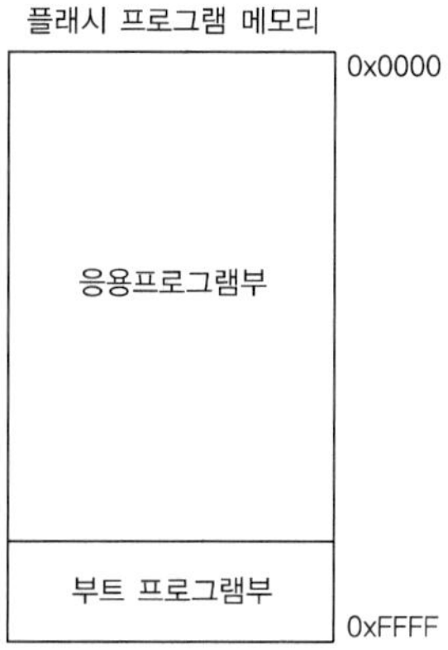

[그림 2-2] 플래시 프로그램 메모리 맵

프로그램 카운터

프로그래머가 작성한 원시프로그램으로부터 생성된 실행 파일은 응용프로그램부에 다운로드된다. 프로그램 카운터(Program Counter, PC)가 가리키는 명령어를 차례로 인출하면서 응용프로그램을 실행한다. PC의 크기는 16비트이고, 64[Kword](2×64[Kbyte] = 128[Kbyte])의 플래시 프로그램 메모리 공간을 가리킬 수 있다.

명령어 레지스터

명령어 실행을 위해 프로그램 카운터가 가리키고 있는 플래시 프로그램 메모리에 저장된 명령어를 명령어 레지스터(Instruction register)로 인출한다. 인출된 명령어는 명령코드(opcode), 오퍼랜드(operand), 연산 결과(result)가 저장될 위치 필드를 갖고 있다.

명령어 디코더

명령어 레지스터에서 인출된 명령코드(opcode)를 디코딩하여 명령코드에 해당하는 제어 신호를 만든다. 즉, 명령어 디코더(Instruction decoder)로 제어 신호를 만든다. 제어 신호는 연산 대상이 되는 오퍼랜드가 ALU에 전달될 수 있거나 연산 결과가 저장될 수 있도록 만들어야 한다.

스택 포인터

스택은 임시 데이터, 로컬 변수, 호출된 함수의 복귀 주소 등을 저장한다. 스택 포인터(Stack Pointer)는 스택의 TOP을 가리킨다. 스택에 데이터가 저장되면, 스택 공간은 커진다. 이때 스택 포인터의 주소는 높은 값에서 낮은 값으로 감소하게 된다. 스택은 함수 호출 또는 인터럽트 발생 전에 미리 0x0060 이상의 데이터 메모리(SRAM) 영역에 설정되어 있어야 한다.

스택 포인터는 PUSH와 POP 명령어로 각각 다음과 같이 변화한다.

- PUSH
  데이터가 스택에 저장된다. 이때 스택 포인터는 1씩 감소한다. 만일 PUSH되는 값이 함수 호출에 의해 다시 돌아올 복귀 주소이거나, 인터럽트 서비스 루틴이 종료되어 돌아올 복귀 주소라면 스택 포인터가 2씩 감소한다.
- POP
  데이터를 스택의 TOP에서 꺼낸다. 이때 스택 포인터는 1씩 증가한다. RET 또는 IRET 명령어로 스택에서 서브루틴이 종료한 후 복귀할 주소 또는 인터럽트 서비스 루틴이 종료한 후 복귀할 주소를 꺼내는 경우에는 스택 포인터가 2씩 증가한다.

범용 레지스터

[그림 2-3]은 ATmega128의 범용 레지스터 파일을 나타낸 것이다. 레지스터 R0~R25는 데이터 레지스터로 사용되고 데이터 메모리 주소 0x00~0x19에 해당된다. 레지스터 R26~R31은 간접 주소방식을 위한 주소를 저장하는 주소 레지스터로서 데이터 메모리 주소 0x1A~0x1F에 해당된다.

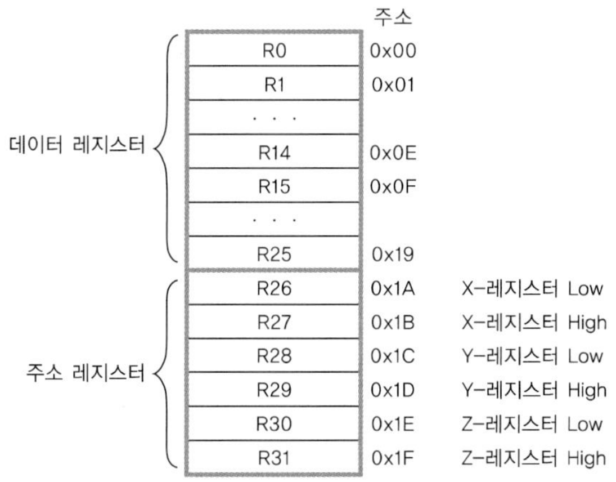

[그림 2-3] 범용 레지스터 파일

레지스터는 명령어 실행 과정에서 ALU와 직접 연결되어 한 클록에 연산을 수행하고, 그 결과를 다시 기록할 수 있는 가장 빠른 저장 장소다. 명령어에서 대부분의 데이터 연산은 레지스터를 이용한다. C 언어로 작성된 원시프로그램은 선언된 변수라 하더라도 빠른 연산을 위해 최적화 과정을 거치면 데이터 메모리(SRAM)가 아닌 범용 데이터 레지스터에 할당되어 기계어로 변환되는 경우가 많다.

[프로그램 2-1]은 C 언어로 작성된 프로그램을 기계어 명령어와 그에 대응되는 어셈블리어로 변환한 것이다. 변환된 프로그램은 범용 데이터 레지스터 r24를 많이 사용하고 있다. [그림 2-1]의 I/O 모듈에 해당되는 DDRA, PORTA 레지스터에 값을 설정할 때는 r24를 이용하고, unsigned char x로 선언된 변수 x가 메모리가 아닌 레지스터 r24를 이용하고 있다.

[프로그램 2-1] C 언어 프로그램에서 선언된 변수의 레지스터 할당

번호	C 언어 프로그램	주소	명령어	어셈블리 프로그램	
1	`int main(void)`	<생략>			
2	`{`				
3	`  unsigned char   x;`				
4		d0:	8f ef	ldi	r24, 0xFF
5	**`DDRA = 0xFF;`**	**d2:**	**8a bb**	**out**	**0x1A, r24**
6					
7	**`x = 0xAB;`**	**d4:**	**8b ea**	**ldi**	**r24, 0xAB**
8	**`PORTA = x;`**	**d6:**	**8b bb**	**out**	**0x1B, r24**
9					
10	`return 0;`	d8:	80 e0	ldi	r24, 0x00
11	`}`	da:	90 e0	ldi	r25, 0x00
12		dc:	08 95	ret	

주소 레지스터 X, Y, Z

주소 레지스터 X, Y, Z는 16비트 데이터 메모리 주소값을 가지는 레지스터다. [그림 2-4]와 같이 16비트 레지스터를 만들기 위해 R27과 R26을 묶어 X-레지스터, R29와 R28을 묶어 Y-레지스터, R31과 R30을 묶어 Z-레지스터를 이용한다.

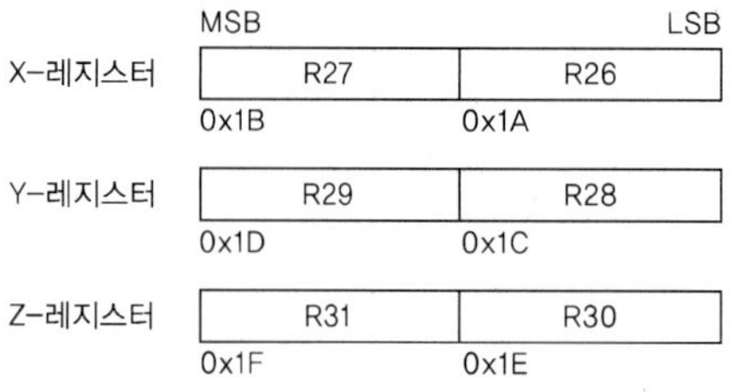

[그림 2-4] 주소 레지스터 X, Y, Z

여기서 잠깐!

+ **MSB(Most Significant Bit)**

2진수로 표현된 여러 자리의 비트 중 가장 왼쪽에 있는 2진 자리로서, 가장 큰 값의 자리다.

+ **LSB(Least Significant Bit)**

2진수로 표현된 여러 자리의 비트 중 가장 오른쪽에 있는 2진 자리로서, 가장 작은 값의 자리다.

[프로그램 2-2]는 Z-레지스터를 이용하여 16진값 0xAB를 데이터 메모리 주소 0x0100 위치에 저장하는 어셈블리 프로그램이다. Z-레지스터의 상위 주소에 해당되는 R31 레지스터에 0x01을, 하위 주소에 해당하는 R30에 0x00을 즉시 주소방식으로 설정한다. Z-레지스터는 데이터 메모리 주소 0x0100을 가지며, st 명령어를 저장한다.

[프로그램 2-2] Z-레지스터를 이용한 내부 SRAM 저장 사례

번호	주소	명령어	어셈블리 프로그램	
1	ce:	e0 e0	ldi	r30, 0x00
2	d0:	f1 e0	ldi	r31, 0x01
3	d2:	8b ea	ldi	r24, 0xAB
4	d4:	81 93	st	Z+, r24

(1, 2) Z-레지스터의 하부에 (r30) 0x00을 할당하고, 상부에 (r31) 0x01을 할당한다.

(3) r24에 저장할 값 0xAB를 할당한다.

(4) st Z+, r24 명령으로 r24 값을 Z-레지스터가 가리키는 0x0100 데이터 메모리(SRAM) 위치에 저장한 후, Z-레지스터를 1씩 증가하는 명령을 수행한다.

데이터 메모리(SRAM)

일반적으로 프로그램은 수행 과정에서 내용이 변경되지 않지만, 데이터는 프로그램이 수행되면서 변경된다. 프로그램 수행 코드는 플래시 프로그램 메모리의 응용프로그램부에 다운로드되고, 수행 중에 변경될 수 없지만, 변수는 프로그램 수행 중에 변경될 수 있고, 데이터 메모리(SRAM)에 저장된다. 데이터 메모리(SRAM)는 ATmega103과 호환되지 않는 일반 모드와 ATmega103 호환모드의 서로 다른 구성으로 사용할 수 있다. 일반 모드에서서는 내부 SRAM을 4,096[byte]까지 모두 사용할 수 있지만, ATmega103 호환모드에서는 내부 SRAM을 4,000[byte]만 사용할 수 있다. [그림 2-5]는 ATmega103 비호환모드에 해당되는 일반 모드와 ATmega103 호환모드일 경우의 데이터 메모리(SRAM) 구성을 나타낸 것이다.

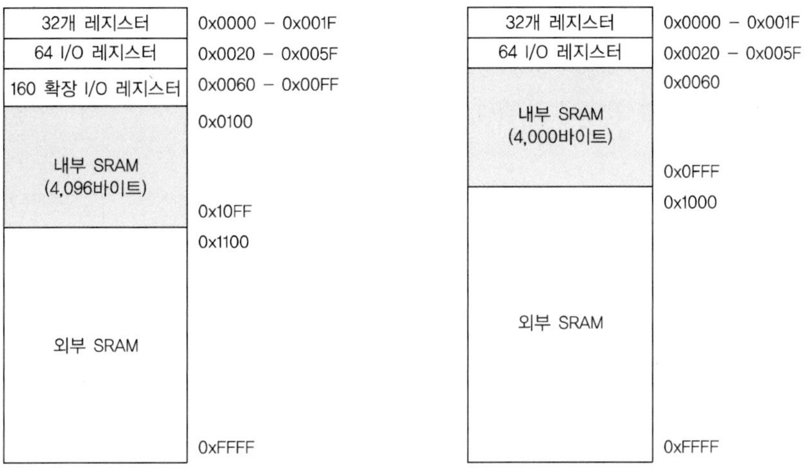

(a) 일반 모드 (b) ATmega103 호환모드

[그림 2-5] ATmega128 데이터 메모리(SRAM) 구성

명령어 중 in, out과 같은 I/O 명령어로 [그림 2-5]의 64개 I/O 레지스터를 사용한다. I/O 명령어에는 6비트를 이용하여 64개의 I/O 레지스터를 가리킬 수 있다. 그러나 확장된 160개의 I/O 레지스터를 가리키기에는 6비트로 부족하다. 따라서 메모리 참조 명령인 ld, st 명령어로 확장된 I/O 레지스터를 사용한다. [그림 2-5(a)]의 일반 모드에서는 [그림 2-5(b)]의 ATmega103 호환모드와는 달리 확장 I/O 레지스터가 있다.

I/O 공간

in, out의 I/O 명령어가 가리키는 주소는 I/O 공간의 주소이고 ld, st 명령어가 사용하는 주소는 데이터 메모리 공간의 주소다. in, out 명령은 64개의 I/O 레지스터를 사용하여 입출력을 수행하고, 64개 I/O 레지스터의 I/O 공간은 0x00~0x3F다. 64개 I/O 레지스터를 ld, st와 같은 명령을 사용하여 참조할 때는 데이터 메모리 공간에서의 주소로 간주하여 0x20~0x5F가 된다.

데이터 메모리 공간의 0번지부터 32개의 범용 레지스터 0x00~0x1F에 위치하고, 인접한 64개 I/O 레지스터는 0x20~0x5F에 위치한다. 따라서 ld, st 명령으로 I/O 공간의 레지스터를 참조할 때는 0x20을 더해야 한다. [그림 2-5]는 데이터 메모리 공간의 주소를 나타낸 것이다.

ATmega128은 다양한 외부 장치를 내부에 포함하고 있는 마이크로컨트롤러다. 주소 0x20~0x5F의 64개 I/O 레지스터와 주소 0x60~0xFF의 160개 확장 I/O 레지스터를 사용하여 내장된 I/O 장치를 적절하게 제어할 수 있다.

확장된 I/O 공간은 in, out 명령이 아닌 ld, st 명령으로만 참조할 수 있다. ATmega103 호환 모드에서 확장된 I/O 공간에 해당되는 0x60~0xFF 주소를 ld, st 명령으로 참조하면 I/O 공간이 아닌 내부 SRAM 영역을 참조하게 된다.

EEPROM

ATmega128에는 4Kbyte의 EEPROM을 내장하고 있다. EEPROM(Electrically Erasable and Programmable ROM)은 SRAM과 별개의 데이터 영역에서 읽고 쓸 수 있다. EEPROM은 비휘발성 메모리로서 전원이 공급되지 않아도 데이터는 계속 값을 유지한다.

플래시 프로그램 메모리는 프로그램이 다운로드되는 비휘발성 메모리이지만, EEPROM은 프로그램이 수행되는 동안에 데이터를 기록할 수 있는 메모리다. 휘발성 SRAM은 데이터 기록 시간이 2 클록 정도 소요되지만, EEPROM에 데이터를 기록하기 위해서는 더 많은 클록이 요구된다.

상태 레지스터

상태 레지스터(SREG, Status Register)는 가장 최근에 실행된 산술연산의 결과 정보를 저장한다. 이 결과에 따라 다음에 실행되는 프로그램의 흐름을 제어하는 명령어로 이용되기도 한다. 즉, 곧이어 실행되는 명령어에 영향을 끼친다. ATmega128 마이크로컨트롤러는 인터럽트가 발생했을 때, 상태 레지스터를 하드웨어가 자동으로 저장하지 않는다. IRET 명령어를 이용하여 인터럽트 발생 전으로 복귀할 때도 자동으로 상태 레지스터를 복원시키지 않는다. 따라서 인터럽트 발생으로 인터럽트 서비스 루틴에 진입할 때는 소프트웨어적으로 반드시 상태 레지스터를 저장해야 하고, IRET 명령어로 복귀하기 전에도 상태 레지스터를 복원해야 한다. 상태 레지스터 SREG는 [표 2-4]와 같은 비트 구성을 갖는다.

[표 2-4] SREG

	비트	7	6	5	4	3	2	1	0
SREG		I	T	H	S	V	N	Z	C
	읽기/쓰기	R/W	R/W	R/W	R/W	R/W	R/W	R/W	R/W
	초깃값	0	0	0	0	0	0	0	0

비트명	읽기/쓰기	초깃값	설명
I	R/W	0	**전역 인터럽트 활성화 비트** • 이 비트가 1이고, 개별적인 인터럽트 활성화 비트가 1이 되어야 인터럽트가 작동한다. • 인터럽트 서비스 루틴이 실행되면 자동으로 0이 되고, IRET 명령으로 인터럽트 서비스 루틴이 종료되면 자동으로 1이 된다. • SEI 명령으로 1, CLI 명령으로 0을 만들 수 있다.
T	R/W	0	**비트 복사/저장 비트** • BST 명령으로 레지스터의 한 비트를 T 비트에 복사한다. • BLD 명령으로 T 비트를 레지스터의 한 비트에 복사한다.
H	R/W	0	**반캐리(Half Carry) 비트** • 연산 결과 비트 3에서 비트 4로 캐리가 발생하면 1이 된다. • BCD(Binary-Coded Decimal) 연산에 유용하다.
S	R/W	0	**부호 비트** • N⊕V, 음수 플래그와 2의 보수 오버플로 플래그의 배타적 OR
V	R/W	0	**2의 보수 오버플로 플래그** • 연산 결과 b7⊕b6, 비트 7과 비트 6의 배타적 OR
N	R/W	0	**음수 플래그** • 연산 결과 MSB가 1이면 음수 플래그가 1이 된다.
Z	R/W	0	**제로 플래그** • 연산 결과 모든 비트가 0이면 제로 플래그가 1이 된다.
C	R/W	0	**캐리 플래그** • 연산 결과 MSB에서 캐리가 발생하면 1이 된다.

여기서 잠깐!

+ 인터럽트(interrupt)

ATmega128은 내장된 I/O 장치와 연동한 여러 개의 인터럽트를 사용할 수 있다. 일반적인 프로그램은 명령어를 나열한 순서에 따라 수행되지만, 인터럽트는 특정 사건이 발생한 순간에 하드웨어의 지원으로 프로그램의 수행 위치가 바뀌고, 인터럽트에 해당되는 서비스 루틴이 실행된다. 특정 인터럽트 발생을 위해서는 특정 인터럽트의 활성화 비트를 1로 설정해야 한다.

+ 상태 레지스터의 I 비트(전역 인터럽트 활성화 비트)

활성화된 모든 인터럽트 기능을 시작되게 한다. 따라서 어느 인터럽트 사용을 위해서는 그 인터럽트의 인터럽트 활성화 비트를 개별적으로 1로 설정하고, 상태 레지스터의 전역 인터럽트 활성화 비트도 1로 설정해야 한다. sei 명령으로 상태 레지스터의 I 비트를 1로, cli 명령으로 0을 만든다.

2.4 ATmega128 명령어 실행

ATmega128은 '명령어 인출'과 '명령어 실행' 2개의 파이프라인 단계로 프로그램을 수행한다. 명령어 실행 위치가 연속적이고, 메모리에 있는 오퍼랜드가 요구하지 않는 이상적인 프로그램은 평균 한 클록에 한 명령어를 실행하는 최대 성능을 가진다.

2.4.1 명령어 인출과 실행

ATmega128에서 산술 또는 논리연산 명령이 실행되는 과정은 다음과 같다. 2개의 CPU 클록에 의해 레지스터 중심의 산술 및 논리연산이 실행된다.

명령어 인출

플래시 프로그램 메모리에 저장된 명령어 중 프로그램 카운터(PC)가 가리키는 주소가 인가되면 현재 실행될 명령어가 인출되어 명령어 레지스터(IR)로 인출된다. 명령어 인출(Instruction Fetch) 후에 프로그램 카운터의 값은 명령어 레지스터 크기만큼 증가된다.

명령어 실행

명령어 실행(Instruction Execution) 단계는 세부적으로 다음과 같이 실행된다.

❶ 명령어 분석

ATmega128 명령어 각 비트 위치에 미리 정해진 역할에 따라 신호를 디코딩한다. CPU 내부의 해당 회로를 작동시키기 위해 활성화 또는 비활성화 신호를 만든다.

❷ ALU에 오퍼랜드 인가

명령어 레지스터(IR)에서 지정한 어드레싱 모드에서 레지스터의 데이터 신호가 ALU 좌, 우에 입력되어 인가된다. ATmega128 CPU 구조에서는 버스를 거치지 않고 2개의 오퍼랜드가 동시에 ALU에 인가될 수 있다.

❸ ALU 연산 실행 및 결과 기록

명령어 레지스터(IR)의 명령코드(opcode)를 디코딩한 제어 신호가 ALU에 인가되어 연산 회로가 작동되고, 버스로 결과가 전달되어 목적지 범용 레지스터에 기록된다.

[그림 2-6]은 연속된 명령어가 있는 파이프라인에서 실행되는 '한 클록에 한 명령어'의 수행 효과를 나타내는 타이밍도(timing diagram)다. 한 명령어가 실행되는 동안 다음 명령어가 인출된다.

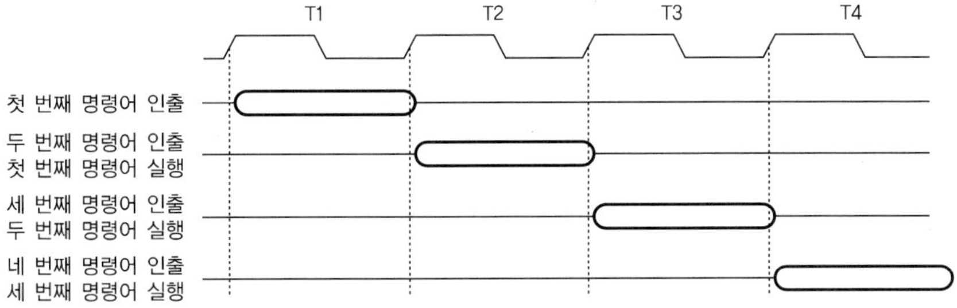

[그림 2-6] 명령어 인출과 실행

한 명령어가 실행되는 세부 동작은 [그림 2-7]과 같이 명령어를 분석한 후에 (a) ALU에 오퍼랜드 인가, (b) ALU 연산 실행, (c) 결과 기록을 한 클록에 수행한다.

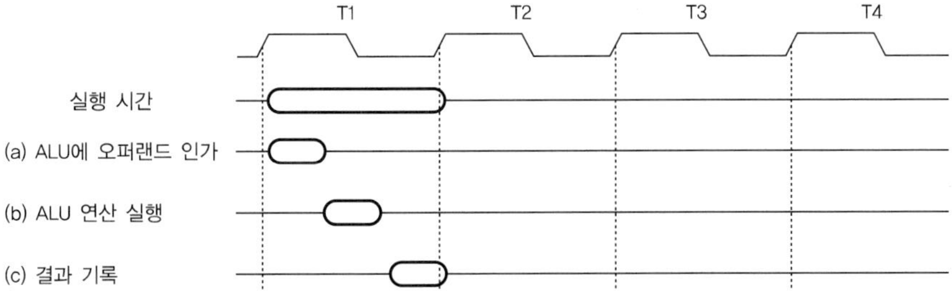

[그림 2-7] 한 클록에 수행되는 명령어 실행 동작

2.4.2 명령어 유형

ATmega128 명령어 유형은 크게 산술 및 논리연산, 데이터 이동, 프로그램 흐름제어 명령으로 구분된다. 프로그램 흐름제어 중 서브루틴 호출과 복귀는 스택과 스택 포인터를 이용하여 하드웨어적으로 동작한다.

산술연산 및 논리연산 명령어

산술 또는 논리연산에 해당되는 몇 가지 명령어 사례는 [표 2-5]와 같다. 다른 명령어들은 결과를 저장하기 위해 한 개의 8비트 레지스터가 사용되지만, ADIW 명령어는 16비트 워드 단위의 2개의 레지스터에 결과를 기록해야 하므로 2 클록이 소요된다.

[표 2-5] 산술 및 논리연산 명령어와 동작

명령어		레지스터 천이 동작	플래그	클록
명령	동작 설명			
ADD Rd, Rr	캐리 없는 덧셈	Rd ← Rd + Rr	Z,C,N,V,S,H	1
ADC Rd, Rr	캐리와 덧셈	Rd ← Rd + Rr + C	Z,C,N,V,S,H	1
ADIW Rd+1:Rd, K	워드 단위 즉시 덧셈	Rd+1:Rd←Rd+1:Rd + K	Z,C,N,V,S,H	2
SUB Rd, Rr	캐리 없는 뺄셈	Rd ← Rd − Rr	Z,C,N,V,S,H	1
AND Rd, Rr	논리적인 AND	Rd ← Rd • Rr	Z,N,V,Z	1
ASR Rd	산술적 우로 천이	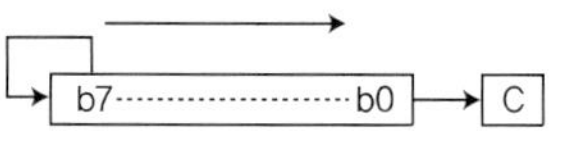	Z,C,N,V,S,H	1

데이터 이동 명령어

데이터 이동에 해당되는 명령어에는 레지스터와 레지스터, 레지스터에 즉시 값, 레지스터와 메모리, 레지스터와 I/O 사이의 데이터 이동이 있다. [표 2-6]은 주요 데이터 이동 명령어의 동작을 설명하고 있다. ATMEL사의 디바이스 종류에 따라 소요되는 클록 사이클이 다소 다를 수 있다.

[표 2-6] 데이터 이동 명령어와 동작

명령어		레지스터 천이 동작	클록
명령	동작 설명		
MOV Rd, Rr	레지스터에 복사	Rd ← Rr	1
LDI Rd, K	레지스터에 즉시 값 로드	Rd ← K	1
LDS Rd, k	데이터 로드(직접 주소방식)	Rd ← (k)	2
LD Rd, Z	데이터 로드(간접 주소방식)	Rd ← (Z)	2
STS k, Rr	데이터 저장(직접 주소방식)	(k) ← Rr	2
ST Z, Rr	데이터 저장(간접 주소방식)	(Z) ← Rr	2
IN Rd, A	I/O 포트에서 입력	Rd ← I/O(A)	1
OUT A, Rr	I/O 포트로 출력	I/O(A) ← Rr	1
PUSH Rr	스택에 저장	STACK ← Rr, SP ← SP−1	2
POP Rd	스택에서 인출	Rd ← STACK, SP ← SP + 1	2

ATmega128의 경우 레지스터와 레지스터 사이의 데이터 이동은 1 클록, 칩 내부의 메모리와 레지스터 사이의 데이터 이동은 2 클록이 소요된다. 레지스터의 데이터는 ALU에 직접 연결

되어 있기 때문에 데이터 인출을 위한 추가 클록이 필요 없지만 메모리의 데이터는 인출을 위해 메모리 주소를 지정해야 하는 추가 클록이 필요하다. 이때는 2 클록이 소요된다.

프로그램 흐름제어 명령어

ATmega128의 프로그램 진행은 분기 명령을 제외하고 프로그램 카운터(PC)가 가리키는 플래시 프로그램 메모리의 명령어 주소에서 명령어 레지스터(IR)로 인출하고, PC는 1씩 하드웨어적으로 증가하면서 연속적으로 명령어를 수행한다. PC에 대한 명령어 길이는 바이트 기준이 아닌 워드 기준이므로 1씩 증가한다. 분기 명령은 PC에서 가리키는 주소를 변경하여 연속적인 명령어의 수행 흐름을 바뀌게 한다.

[표 2-7] 프로그램 흐름제어 명령어와 동작

명령어			레지스터 천이 동작	클록
명령	동작 설명	길이(워드)		
BREQ k	이전 연산 결과 플래그 Z가 1이면 분기	1	PC ← PC + 1	1
			PC ← PC + k + 1, if Z = 1	2
RJMP k	PC 주소 기반 k 변위로 점프	1	PC ← PC + k + 1	2
JMP k	k 위치로 점프	2	PC ← k	3
RCALL k	PC 주소 기반 k 변위 서브루틴 호출	1	STACK ← PC + 1 SP ← SP − 2 PC ← PC + k + 1	3
CALL k	주소 k 서브루틴 호출	2	STACK ← PC + 2 SP ← SP − 2 PC ← k	4
RET	서브루틴에서 복귀	1	PC ← STACK SP ← SP + 2	4
RETI	인터럽트에서 복귀	1	PC ← STACK SP ← SP + 2 SREG I 비트 ← 1	4

변위 주소방식을 사용하면 워드 단위의 명령어 길이는 1이지만, 즉시 어드레싱 모드를 사용하면 주소가 한 워드를 차지하므로, 명령어 길이는 2로 늘어난다. 명령어 길이가 늘어나면 명령어 인출은 두 번해야 하므로 소요 클록도 늘어난다.

[표 2-7]에서 PC값이 바뀌는 경우에는 새로운 명령어 인출을 위해 미리 인출된 명령어를 무시하고 다시 인출해야 하므로 2 클록 이상이 요구된다. BREQ k 명령은 명령어 길이가 1워드이고 예측-인출, 예측-실행 과정에서 분기인 Z=1이 만족되지 않으면 명령어 인출-실행 파이프라인 연산이 지속되어 1 클록에 완료되고, 분기 조건이 만족되면 PC+k+1 주소로 분기하므로, 2 클록이 필요하다.

2.4.3 서브루틴 호출과 복귀

서브루틴을 호출하는 RCALL, CALL 명령어는 PC, 명령어 레지스터(IR), 스택(STACK), 스택 포인터(SP)와 연계된 동작을 수행한다. 서브루틴이 호출되어 실행되기 전에 명령어의 종료 시점에서 되돌아올 명령어 주소를 스택에 저장하면 PC의 값은 서브루틴의 시작 주소 k로 바뀐다. 함수의 마지막에서 서브루틴의 종료를 알리는 RET 또는 IRET 명령을 만나면 스택에 저장한 주소로 PC를 복귀시켜 서브루틴 호출 이후의 명령어 실행이 계속된다. ATmega128에서 데이터를 스택에 PUSH할 때 스택 포인터값이 감소하고, POP할 때는 증가한다. 스택의 TOP은 낮은 주소 방향으로 PUSH할 때마다 이동한다.

[그림 2-8]은 서브루틴을 호출하는 과정을 나타낸 것이다.

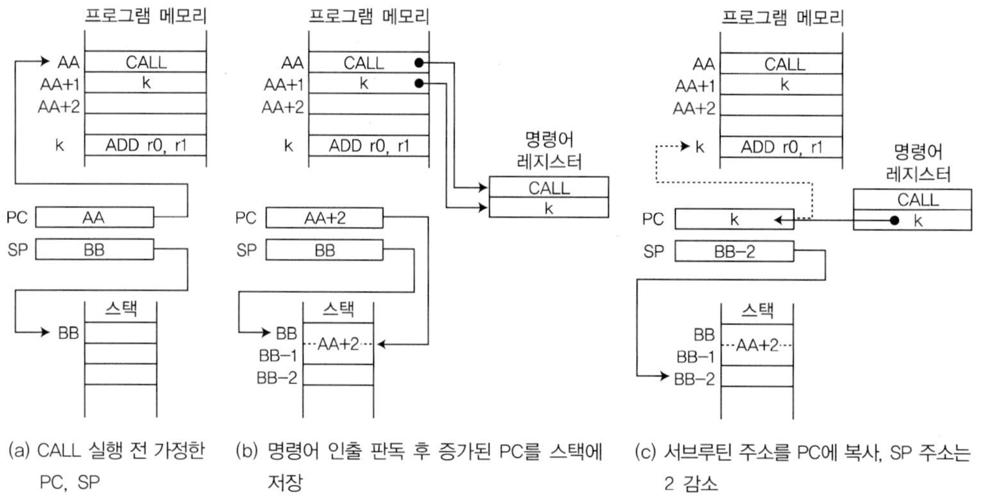

[그림 2-8] CALL 명령어 실행 과정

위 그림을 과정별로 설명하면 다음과 같다.

❶ [그림 2-8(a)]에서 서브루틴 호출명령 CALL k가 실행되기 전에 PC값을 AA, SP값을 BB라 가정하자.

❷ [그림 2-8(b)]에서 2워드 CALL 명령어를 명령어 레지스터로 인출하고, PC는 2워드 증가한다. 다음에 실행될 명령어의 위치는 AA+2가 된다. 명령어 인출 판독 결과 CALL 명령어이므로 스택 포인터(SP)가 가리키는 스택 BB에 증가된 PC값을 저장한다. 스택 BB에 저장된 값 AA+2는 서브루틴 종료 후 복귀 주소가 된다.

❸ [그림 2-8(c)]에서 인출된 서브루틴 즉시 주소 k를 PC에 복사하여 실행될 명령어 위치를 서브루틴 주소로 바꾼다. SP는 2가 감소하여 스택의 저장 위치를 변경한다. 함수 호

출과 호출된 함수에서 복귀 명령어는 PC의 스택에 저장 또는 스택에 저장된 PC값을 회복시키기 위한 16비트 메모리 액세스 동작으로 평소 명령보다 3개 클록이 더 요구된다.

[그림 2-9]는 RET 명령어로 서브루틴을 호출할 때, 저장된 프로그램으로 복귀하는 과정을 나타낸 것이다.

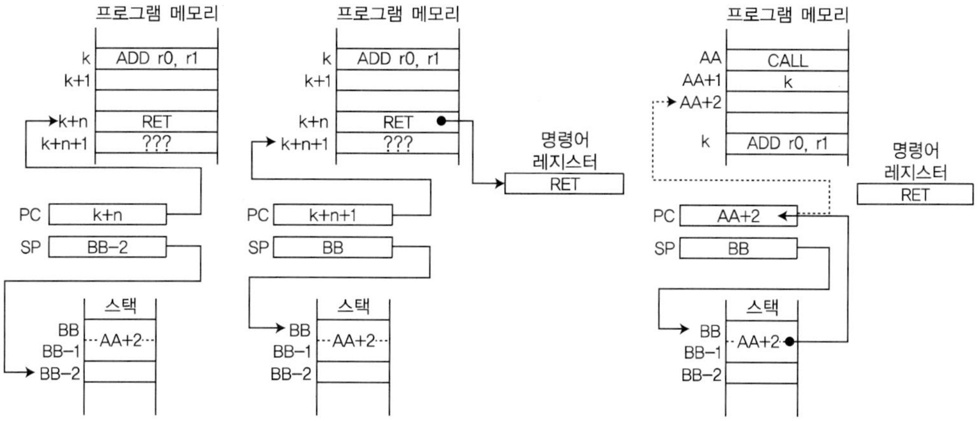

(a) RET 실행 전 가정한 PC, SP (b) 명령어 인출 판독 후, SP를 감소하여 마지막 STACK값 지칭 (c) 스택에 저장된 복귀 주소를 PC로 복원시켜 CALL 명령어 다음을 수행

[그림 2-9] RET 명령어 실행 과정

위 그림을 과정별로 설명하면 다음과 같다.

❶ [그림 2-9(a)]에서 PC가 k+n 주소의 RET 명령어를 실행시켜 서브루틴을 종료하려 하고 있다. 복귀할 주소 AA+2를 PC로 복원시켜야 한다.

❷ [그림 2-9(b)]에서 PC가 가리키는 명령어를 명령어 레지스터로 인출한 후, PC는 1이 증가된다. 명령어 판독 결과 RET 서브루틴 복귀 명령으로 판단되어 SP 주소는 2가 증가되고 스택에 저장된 복귀 주소를 가리키게 된다.

❸ [그림 2-9(c)]에서 PC는 스택에서 복원된 복귀 주소 AA+2가 된다. 복귀된 주소는 CALL 다음 명령어를 가리키는 플래시 프로그램 메모리 주소다.

ATmega128은 플래시 프로그램 메모리에서 16비트 워드 단위로 명령어가 인출된다. 이때 PC가 지칭하는 주소는 워드 단위의 주소다. 따라서 1워드 길이의 명령어를 인출하면, PC는 1씩 증가한다. 반면 SP가 가리키는 스택은 데이터 메모리 공간으로서 바이트 단위로 버스를 거쳐 데이터가 이동한다. 따라서 만일 1워드의 프로그램 카운터를 스택에 저장한다면, 16비트에 해당되는 2바이트 공간이 필요하므로 스택 포인터는 2가 감소한다.

2.5 ATmega128 메모리와 주변 장치

마이크로컨트롤러는 간단한 부품으로 제어기를 설계할 때 편리하게 사용하기 위한 장치를 많이 내장하고 있다. 이 밖에도 저장형 프로그램 컴퓨터의 필수 구조인 플래시 프로그램 메모리와 데이터 메모리를 내장하고 있고, 제어에 유용한 다양한 주변 장치 기능을 칩 안에 내장하고 있다. 이 때문에 제어기 설계 시간을 단축할 수 있고, 제어기의 크기 또한 줄일 수 있다. 이는 주로 저전력 휴대용 제어기에 사용된다.

2.5.1 메모리

플래시 프로그램 메모리

비휘발성 메모리이기 때문에 전원이 없어도 데이터를 계속 유지할 수 있다. 128[Kbyte] 크기의 플래시 프로그램 메모리가 내장되어 있으므로, 제어기 설계를 위해 외부에 플래시 프로그램 메모리를 구성할 필요가 없다. 개인용 컴퓨터의 통합 개발 환경에서 프로그램의 개발, 컴파일, 다운로드를 수행하고, 플래시 프로그램 메모리에 실행 코드를 다운로드한다. 10,000회까지 플래시 프로그램 메모리에 쓰기, 지우기를 반복할 수 있기 때문에 제어기 시스템에 장착된 마이크로컨트롤러의 프로그램을 직접 변경하면서 ISP(In System Programming) 방법으로 개발할 수 있다. ISP에 대해서는 2.6절을 참고하기 바란다.

데이터 메모리(SRAM)

프로그램에서 선언한 변수와 스택을 위해 읽고, 쓰기를 빠르게 수행할 수 있는 주 메모리다. SRAM 4[Kbyte]를 내장하고 있다. 휘발성 메모리이므로 전원이 없으면 데이터가 소멸된다.

EEPROM

내장된 SRAM은 전원이 없으면 데이터가 소멸되므로, 프로그램 실행 중 생성된 데이터를 유지시키기 위해서는 EEPROM을 사용해야 한다. 4[Kbyte]의 EEPROM은 기록하는 데는 많은 시간이 소요된다. 100,000회까지 쓰고, 지우기를 반복할 수 있다.

외부 메모리

내장된 4[Kbyte] SRAM이 부족할 경우 외부 메모리를 추가로 장착할 수 있다. 외부에 연결된 메모리가 ATmega103 비호환모드일 때는 주소 0x1100부터, ATmega103 호환모드일 때는 주소 0x1000부터 0xFFFF까지 사용할 수 있다.

2.5.2 양방향 I/O 포트

ATmega128은 최대 53개의 I/O 핀을 사용하여 마이크로컨트롤러 외부의 디지털 전압레벨과 내부의 논리값을 대응시킨다.

핀의 신호 방향을 출력으로 설정하고 I/O 레지스터인 PORTx(x는 A~G) 레지스터에 0 또는 1에 해당하는 논리값을 기록하면 핀 Pxn(x는 A~G, n은 0~7)은 디지털 전압레벨로 변환되어 출력된다. 1을 기록하면 HIGH 디지털 전압레벨이 출력되고, 0을 기록하면 LOW 디지털 전압레벨이 출력된다. 핀의 신호 방향을 입력으로 설정하고 PINx 레지스터로 핀 Pxn에 인가되고 있는 디지털 전압레벨을 논리값으로 변환하여 읽을 수 있다.

ATmega128에서 변환시킨 디지털 전압레벨은 간단한 스위칭 소자를 구동할 수 있는 전류로 공급 또는 흡수할 수 있게 설계되었다. ATmega128 단독으로 구동하기 어려운 고전력 장치는 스위칭 소자를 추가하여 구동할 수 있다. [그림 2-10(a)]의 PD4번 핀은 LED 점멸을 직접 구동하고 있고, [그림 2-10(b)]는 릴레이를 소형 트랜지스터로 간접 구동하고 있다.

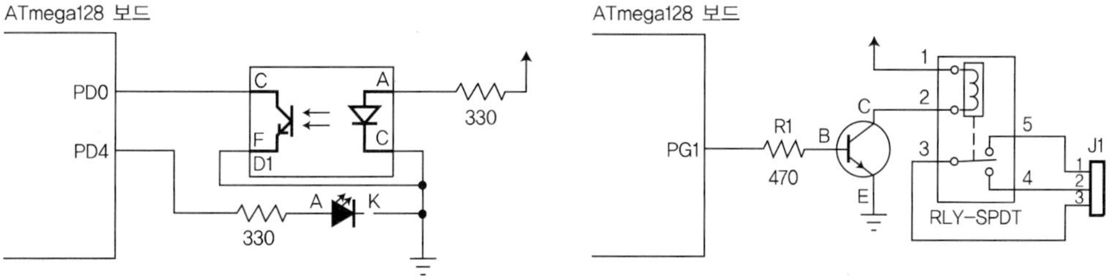

(a) 직접 구동 (b) 간접 구동

[그림 2-10] I/O 핀을 이용한 직접 구동과 간접 구동

ATmega128에는 8개 I/O 핀을 갖는 A포트, B포트, C포트, D포트, E포트, F포트와 5개 I/O 핀을 갖는 G포트가 있기 때문에 8비트 단위로 내부의 논리값을 외부의 디지털 전압레벨로 변환할 수 있다.

8개 I/O 핀의 데이터 이동 방향을 결정하는 8비트 DDRx(x는 A~G, A포트의 경우 DDRA) 레지스터에 방향을 먼저 설정한다(비트 단위). 비트가 1이면 출력 핀, 0이면 입력 핀이 된다.

출력으로 설정된 포트의 8비트 PORTx(x는 A~G, A포트의 경우 PORTA) 레지스터에 비트 단위로 1을 기록하여 해당 핀에 HIGH 디지털 전압레벨이, 0을 기록하면 LOW 디지털 전압레벨이 인가된다. 입력으로 설정된 포트의 8비트 PINx(x는 A~G, A포트의 경우 PINA) 레지스터를 읽으면 핀에 인가된 디지털 전압레벨이 디지털 논리값으로 읽힌다.

어느 포트의 DDRx(x는 A~G, A포트의 경우 DDRA) 레지스터의 특정 비트가 0으로 설정되어 입력 방향으로 정해진 경우, PORTx(x는 A~G, A포트의 경우 PORTA) 레지스터의 해당 비트를 1로 설정하면, 핀 내부에 풀업저항이 연결되어 외부에 연결해야 하는 풀업저항을 생략할 수 있다.

2.5.3 타이머/카운터

타이머/카운터는 CPU 명령어 실행과 상관없이 하드웨어적으로 증가하므로 정확한 시간을 측정할 때 사용한다. 또, 주기적인 펄스를 이용한 외부 장치 제어에도 많이 이용된다.

ATmega128에는 8비트 타이머/카운터와 16비트 타이머/카운터가 있다.

8비트 타이머/카운터

ATmega128의 종류에는 타이머/카운터0과 타이머/카운터2의 8비트 타이머/카운터가 있다. 자동 카운팅 동작과 비교일치 출력 동작을 활용하여 타이머/카운터 장치를 잘 제어할 수 있다.

■ 자동 카운팅 동작

타이머/카운터n(n은 0 또는 2)의 8비트 TCNTn 레지스터는 카운터에 인가되는 매 클록마다 1씩 증가한다. 최댓값인 255에 도달하면 0부터 다시 카운팅하거나 값이 다시 감소하는 주기적인 카운팅 동작을 한다. 이때 오버플로가 발생되고 인터럽트를 발생하게 할 수 있다. 타이머 변수를 두고 증가시키면 장시간 시간 경과를 측정할 수 있다. TCNTn 레지스터에 공급되는 클록 속도는 프리스케일 분주 기능을 이용하여 조절될 수 있다.

카운터의 파형 발생은 설정에 따라 정상모드, CTC(Clear Timer on Compare Match) 모드, 고속 PWM 모드, 위상 정정 PWM 모드의 4가지 동작이 있다.

■ 비교일치 출력 동작

자동 카운팅되는 TCNTn 레지스터와 OCRn(n은 0 또는 2) 레지스터값을 비교하여 일치된 값으로 판명되면 OCn(n은 0 또는 2) 출력 핀의 펄스값을 바꿀 수 있다. 따라서 OCRn 레지스터값을 변경하면 OCn 핀으로 출력되는 주기적인 펄스의 듀티비가 조절된다. 이 신호로 스위칭 트랜지스터의 개폐 구간을 바꿔 전류의 흐름을 조절하면 평균 전류를 조절할 수 있고 결국 공급 전력을 조절할 수 있다. 모터, 조명 등 다양한 기기에 공급되는 전력을 조절하여 기기를 제어할 수 있다.

[그림 2-11]은 TCNTn과 OCRn을 비교하여 OCn 핀으로 출력하는 펄스 발생 사례를 나타낸 것이다. TCNTn 카운터의 값이 OCRn 이상일 때 1을 출력하는 사례를 보이고 있다.

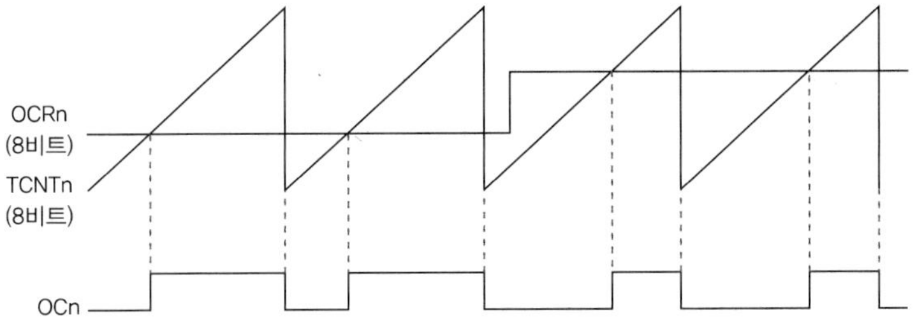

[그림 2-11] 8비트 TCNTn, OCRn 비교와 OCn 펄스 발생

16비트 타이머/카운터

2개의 16비트 타이머/카운터는 8비트 타이머/카운터와 유사하지만, 좀 더 다양한 파형 발생과 펄스를 생성할 수 있다. 즉, 외부의 스위칭 소자를 효과적으로 이용할 수 있다. 정상모드에서 2^{16}에 해당되는 카운터 클록이 인가되면 오버플로가 발생하고 10비트의 프리스케일 분주 기능을 이용해 카운터에 인가되는 클록 속도를 조절할 수 있다.

16비트 타이머/카운터의 종류에는 타이머/카운터1, 타이머/카운터3이 있으며, 각 타이머/카운터에 A, B, C 세 개의 출력 비교 OCRnx(n은 1 또는 3, x는 A~C) 레지스터가 있기 때문에 TCNTn(n은 1 또는 3) 카운터와 16비트 비교에 의해 조절할 수 있는 듀티비의 출력 펄스를 OCnx(n은 1 또는 3, x는 A~C) 핀에 만들 수 있다. 스위칭 트랜지스터를 구동하여 전류흐름 조절에 의한 모터, 조명 등 다양한 기기를 제어할 수 있다.

[그림 2-12]는 TCNTn과 OCRnx을 비교하여 OCnx 핀으로 출력하는 펄스 발생 사례를 나타낸 것이다. TCNTn 카운터의 값이 OCRnx 이상일 때 1을 출력하는 사례를 보이고 있다. n은 1 또는 3이고, x는 A, B, C 중 하나다.

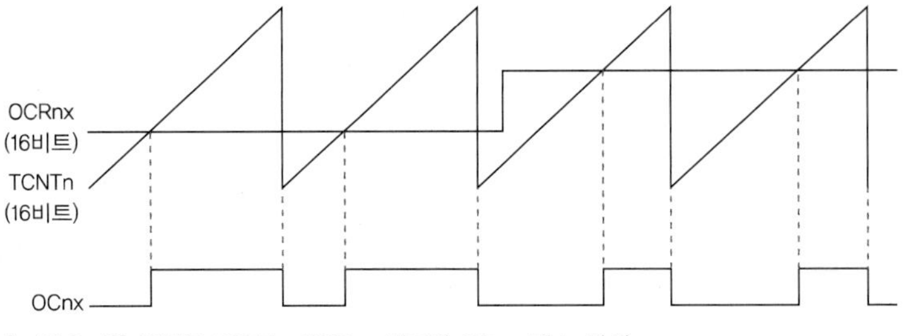

[그림 2-12] 16비트 TCNTn, OCRnx 비교와 OCnx 펄스 발생

정상모드, CTC 모드, 고속 PWM 모드, 위상 정정 PWM 모드, 위상 및 주파수 정정 PWM 모드의 서로 다른 파형은 TCNTn 계수의 비트 수에 따라 모두 15개의 파형 발생 모드를 가진다.

2.5.4 직렬 통신 장치

직렬 통신 장치는 송신과 수신 장치 사이에 한 개의 데이터 신호선을 사용하여 연속적으로 데이터를 전달하는 통신 장치를 말한다.

USART

USART(Uinversal Synchronous and Asynchronous Serial Receiver and Transmitter, 범용 동기/비동기 수신 및 송신기)는 주로 많이 사용되는 간소화된 RS-232 직렬 통신 방식으로서, 다음과 같은 특징이 있다.

- 데이터 송수신을 동시에 진행할 수 있는 양방향 통신을 할 수 있다.
- 데이터 프레임을 수신할 때는 반드시 시작 비트(Start bit)부터 시작된다.
- CPU 클록에 따라 정해진 값을 레지스터에 기록하면, 통신 속도를 바꿀 수 있다.
- 한 프레임의 비트 수를 5, 6, 7, 8, 9 중 하나로 정할 수 있다. 보통 8비트를 사용한다.
- 프레임과 프레임 사이의 전송이 중지된 정지 비트는 1 또는 2 중 하나를 선택할 수 있다.
- 짝수 또는 홀수 패리티를 송신 장치에서 발생, 수신 장치에서 검사하는 기능이 하드웨어로 제공된다.
- 수신된 데이터를 사용자가 읽기 전에 또 다른 데이터를 수신하여 이전 데이터를 사용할 수 없게 하는 데이터 오버런(Data OverRun) 검사 기능이 있다.
- 시작 비트, 데이터 비트, 패리티 비트, 정지 비트로 구성된 프레임 수신 에러를 감지하는 프레임 에러 기능이 있다.
- 시작 비트 검사를 위한 잡음 필터링과 저역 통과 필터 기능이 있다.

- ATmega128에는 2개의 독립된 USART 장치가 있다.
- 송신 완료, 수신 완료, 송신 데이터 비어 있음 인터럽트 기능이 있다.

SPI 통신

직렬 주변 장치 인터페이스(SPI, Serial Peripheral Interface)는 동기식 데이터 전송 방식으로, SCK 신호에 동기되어 마스터와 슬레이브 사이에서 데이터를 주고받는다. 다음과 같은 특징이 있다.

- 마스터와 슬레이브를 정하여 통신한다.
- MOSI(Master Out Slave Input), MISO(Master Input Slave Output), SCK, /SS 신호를 이용한다.
- SCK 신호는 CPU 클록을 7개 비트로 분주한 클록 중 하나로 사용하므로 매우 빠르다.
- 8비트 시프트 레지스터를 이용하여 LSB를 먼저, MSB를 나중에 전송한다.
- 마스터 주관 아래 양방향 통신의 전이중(Full Duplex) 통신 기능을 갖는다.
- 전송이 완료되면 인터럽트가 발생한다.

여기서 잠깐!

+ 전이중 통신과 반이중 통신

전이중 통신(Full Duplex)은 송수신이 양방향으로 동시에 하나의 전송선에 전송될 수 있는 통신 방식을 말하며, 반이중 통신(Half Duplex)은 한 쪽이 송신하는 동안 다른 쪽은 수신만 할 수 있는 통신 방식을 말한다. 반대 방향으로 데이터를 전송하려면 송수신을 바꿔 수행해야 한다.

TWI 시리얼 통신

단 2개의 선을 이용하여 여러 개의 통신 장치와 연결시켜 데이터를 주고받는다.

- 마스터와 슬레이브로 단 2가닥 선만을 이용하여 데이터를 전송하므로, 장치 사이에 연결되는 선이 간단하다.
- 최대 128개 장치 사이에 데이터 전송이 진행되고, 클록에 해당되는 SCL(Serial CLock) 신호와 데이터가 이동하는 SDA(Serial DAta) 신호를 이용한다.
- TWI 통신에 사용되는 장치는 고유의 주소를 가지며, 데이터를 송수신할 때 송신기 또는 수신기 중 하나의 역할을 한다.
- 최대 400[KHz]의 속도로 데이터를 전송할 수 있다.

2.5.5 JTAG 인터페이스

JTAG(Joint Test Action Group)은 1990년에 IEEE Std. 1149.1로 표준화된 바운더리스캔(Boundary-Scan) 규격을 개발했다. 디지털시스템은 보통 한 개 또는 여러 개의 PCB가 연결되어 동작된다. PCB 내부에는 여러 디지털 IC가 연결되어 있다. 바운더리스캔은 PCB 또는 PCB 내의 IC 내부를 테스트하는 방법을 말한다. 바운더리스캔은 IC 내부를 관찰하거나 디버깅할 때도 광범위하게 사용된다.

- JTAG 인터페이스는 TDI(Test Data In), TDO(Test Data Out), TCK(Test Clock), TMS(Test Mode Select) 아래 4개의 신호선을 IC 핀으로 사용한다.
- JTAG 인터페이스를 이용하면, 비휘발성 메모리와 퓨즈와 잠금(Lock) 비트를 프로그래밍할 수 있으며, 칩 내부도 디버깅할 수 있다. PCB를 JTAG에 맞춰 설계하면, 위 4개의 신호선을 이용하여 PCB를 테스트할 수 있다.
- ATmega128은 JTAG 인터페이스를 사용하여 아래 정보를 추출, 관찰, 수정하면서 디버깅을 수행할 수 있다.
  - 프로그램 카운터, 스택 포인터, 상태 레지스터 등 특수 레지스터
  - 범용 레지스터
  - 내부 주변 장치 레지스터 정보
  - SRAM 데이터
  - EEPROM과 플래시 프로그램 메모리 데이터

Section

2.6 ISP(In System Programming)

약 10년 전까지만 하더라도 플래시 메모리를 이용한 ISP 개발과 디버깅은 마이크로컨트롤러를 이용하는 개발자에게 생소한 것이었다. 당시에는 플래시 프로그램 메모리를 단일 칩에 내장하기가 쉽지 않기 때문에 외부에 [그림 2-13]과 같은 EPROM을 장착하고, 롬라이터(ROM Writer)라는 장비를 이용하여 실용프로그램을 프로그래밍하였다.

[그림 2-13] 자외선으로 데이터가 소거되는 EPROM

개발된 프로그램에 오류가 있으면 ROM을 뽑아낸 후 롬이레이저(ROM Eraser)에 넣어 개방된 창에 한 시간 이상 자외선을 쬐게 한 다음 내부 데이터를 지워 다시 사용해야 했다. 개발 중인 PCB에서는 ROM에 수정된 실행 코드를 프로그램하기 위해 뽑거나 꼽는 과정에서 핀이 휘고 소켓의 접촉 상태가 좋지 않아 오동작하는 등 에러가 쉽게 발생하였다. 또 롬이 레이저에서 데이터를 지우기 위해서는 한 시간 이상 개발이 지연되므로, 여러 개의 ROM을 번갈아 가며 사용해야 했으며 EPROM을 내장한 단일 칩 마이크로컨트롤러의 크기가 지금보다 크기가 컸기 때문에 재프로그래밍 과정에서 파손되기가 쉬웠다.

ISP는 마이크로컨트롤러를 장착한 PCB에 직접 장착하여 시스템을 개발하는 방법으로, 프로그램 개발과 하드웨어 디버깅 과정을 한꺼번에 처리할 수 있다.
플래시 메모리를 이용한 단일 칩 마이크로컨트롤러가 활성화되면서 ISP에 의한 개발 환경이 널리 이용되기 시작했다. 수정되는 프로그램은 내장된 플래시 메모리에 실행 코드를 직접 다운로드함으로써, 기존 ROM 프로그래밍 과정을 없앴다. 이 때문에 개발 단계 시간을 많이 줄임으로써 제품 개발에서 생산까지 소요되는 시간을 단축할 수 있게 되었다.

ATmega128을 포함한 ATMEL사의 마이크로컨트롤러는 내장된 플래시 메모리에 프로그램을 ISP로 개발할 수 있도록 제공하고 있기 때문에 현재 다양한 분야에 활용되고 있다.

Chapter_02 연습문제

2.1 플래시 프로그램 메모리와 데이터 메모리(SRAM)의 차이점을 설명하라.

2.2 프로그램 카운터, 스택 포인터, 범용 레지스터를 설명하라.

2.3 ATmega128에서 주소 레지스터의 구성 방법과 역할을 설명하라.

2.4 ATmega128의 비휘발성 메모리를 모두 나열하고, 차이점을 설명하라.

2.5 상태 레지스터의 다음 I, T, H, S, V, N, Z 비트의 역할을 설명하라.

2.6 ATmega128의 파이프라인에 의한 명령어 실행 방법을 설명하라.

2.7 산술 및 논리연산 명령어 중 다음 덧셈 명령어의 차이를 설명하라.

```
ADD Rd, Rr
ADC Rd, Rr
```

2.8 데이터 이동 명령어 중 MOV Rd, Rr는 1 클록이 소요되지만 LDS Rd, k는 2 클록이 소요되는 이유를 설명하라.

2.9 프로그램 흐름제어 명령어 중 CALL k 명령어는 2 워드 길이를 갖는다. 그 이유를 설명하라.

2.10 서브루틴을 호출할 때 복귀 주소인 PC+1을 스택에 저장하고, 호출 주소 위치부터 프로그램이 시작된다. 그 이유를 설명하라.

2.11 ATmega128에 주변 장치를 내장하는 이유를 설명하고, 내장된 주변 장치를 나열하라.

2.12 외부와 디지털 인터페이스를 위한 I/O 포트의 전기적 특성은 데이터 정보를 교환하려는 IC와 차이가 있다. 타당한 이유를 설명하라.

2.13 마이크로컨트롤러에는 타이머/카운터 기능이 내장되어 있다. 타이머/카운터의 역할을 설명하라.

2.14 ATmega128의 8비트 타이머/카운터에서 비교 출력 핀 OCn에 펄스가 생성되는 원리를 레지스터 TCNTn, OCRn와 펄스 출력 핀 OCn을 이용하여 설명하라.

2.15 USART 직렬 통신 장치의 특징을 설명하라.

2.16 SPI 통신의 특징을 설명하라.

2.17 TWI 통신의 특징을 설명하라.

2.18 마이크로컨트롤러를 이용한 제어 장치를 개발할 때 ISP를 사용하여 개발하면 어떤 장점이 있는지 설명하라.

Chapter

03

개발 환경과 C 프로그래밍

Introduction of Development Environment and C Programming

학습목표

- 마이크로컨트롤러를 이용한 디지털시스템의 구성과 개발 과정을 이해할 수 있다.
- 통합 개발 환경에서 다운로드 파일이 생성되기까지 컴파일과 링크가 진행되는 과정을 이해할 수 있다.
- 통합 개발 환경에서 툴체인(AVR GCC)의 역할과 최적화, make와 Makefile에 대하여 알 수 있다.
- AVR 툴체인, AVR Studo 4를 설치하는 방법을 실험할 수 있다.
- ATmega128 프로그래밍을 위한 기본적인 C 언어 문법을 이해할 수 있다.
- AVR Studio 4에서 여러 파일로 구성된 LCD 디스플레이와 float(부동소수점 실수형 숫자)를 출력하는 프로젝트를 실험할 수 있다.

이 장에서는 통합 개발 환경(IDE : Integrated Development Environment)을 구축하는 방법과 각 장에 언급되는 실험을 원활하게 진행하기 위한 하드웨어 환경을 소개한다. 통합 개발 환경 구축에는 툴체인과 다운로더 또는 디버거가 필요하다. WinAVR에서 툴체인을 구성하고, AVR Studio를 설치하여 개발 환경을 구축한다. 실험을 통해 구축된 통합 개발 환경의 동작을 확인하고, 여러 개의 파일로 구성된 LCD 디스플레이 프로젝트를 시범적으로 수행하여 통합 개발 환경의 사용법을 숙지하기 바란다.

3.1 마이크로컨트롤러를 이용한 디지털시스템 개발

3.1.1 마이크로컨트롤러와 디지털시스템

디지털시스템(digital system)은 아날로그시스템(analog system)과 상대되는 용어로, 넓은 의미에서 이산값을 취급하는 데이터 기술이라고 할 수 있다. 이 책에서 디지털시스템은 [그림 3-1]과 같이 마이크로컨트롤러가 포함된 디지털 회로(digital circuit)로, 사용자의 목적에 맞게 장치를 제어하기 위한 시스템으로 제한한다.

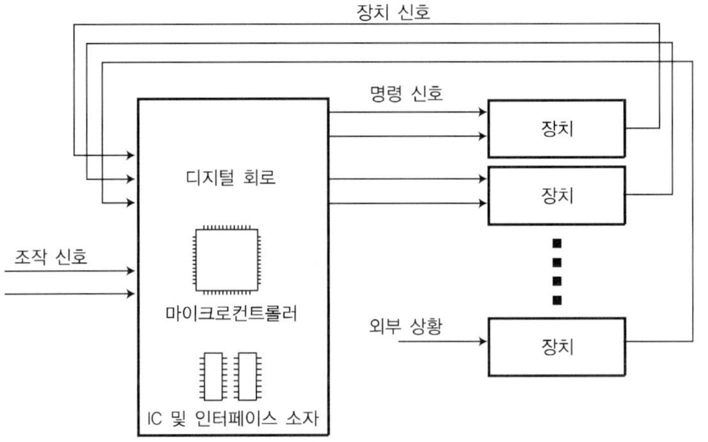

[그림 3-1] 디지털시스템과 디지털 회로

[그림 3-1]의 디지털시스템은 다음과 같은 동작을 반복하면서 원하는 작업을 수행한다.

❶ 마이크로컨트롤러에서 제어 프로그램은 장치 제어를 위해 명령 신호를 출력한다.

❷ 장치는 명령 신호를 입력받아 명령에 대한 동작을 수행한다.

❸ 마이크로컨트롤러를 포함한 디지털 회로는 아래 신호를 입력받는다.
- 명령 신호에 따라 장치가 작동되면서 출력되는 장치 신호
- 외부 상황을 측정하는 장치에서 출력되는 장치 신호
- 사람이 시스템 동작을 위해 인가하는 신호

❹ 마이크로컨트롤러는 입력 신호를 받아 제어 프로그램의 진행 상태를 변경하면서 장치 제어를 위해 필요한 출력을 결정한다.

장치

특정 동작을 수행하는 제품이거나 전자 소자 또는 부품으로 만든 장치다. 디지털 회로에서 명령 신호가 인가되면 작동한다.

디지털 회로

디지털 회로는 마이크로컨트롤러를 포함한 IC 및 인터페이스 소자들이 연결된 회로다. 마이크로컨트롤러의 제어 프로그램이 수행되면서 만들어진 명령 신호는 장치와 연결되어 장치를 작동시킨다.

마이크로컨트롤러

디지털시스템에서 마이크로컨트롤러는 제어 프로그램을 수행하면서 위의 작업 단계를 수행시키는 핵심 제어 부분에 속한다.

IC 및 인터페이스 소자

ATmega128과 외부 장치를 인터페이스하려면, IC를 추가하거나 인터페이스 회로를 설계하여 장치와 연결해야 한다.

3.1.2 ATmega128을 이용한 디지털시스템 개발 과정

ATmega128을 이용하여 프로그램을 개발하고, 디지털시스템의 정상적인 작동을 검증하기 위해서는 [그림 3-2]와 같은 과정을 거쳐야 한다. [그림 3-2]는 이 장에서 소개할 ASM 차트를 기준으로 제어 프로그램을 설계하고, 제작하는 방법을 나타낸 것이다.

❶ 요구 분석

디지털시스템의 요구 사항을 정의하기 위해서는 어떤 기능이 필요하고, 어떤 동작을 수행할 것인지를 확인하는 과정이다. 이 단계에서는 개발될 디지털시스템이 해결할 수 있는 범위를 결정한다.

❷ 디지털시스템 구성 결정

- 요구 사항을 만족시키기 위해 [그림 3-1]과 같은 디지털시스템을 구성한다.
- 규격, 성능, 가격 등을 고려하여 사용할 장치 또는 부품을 결정한다.

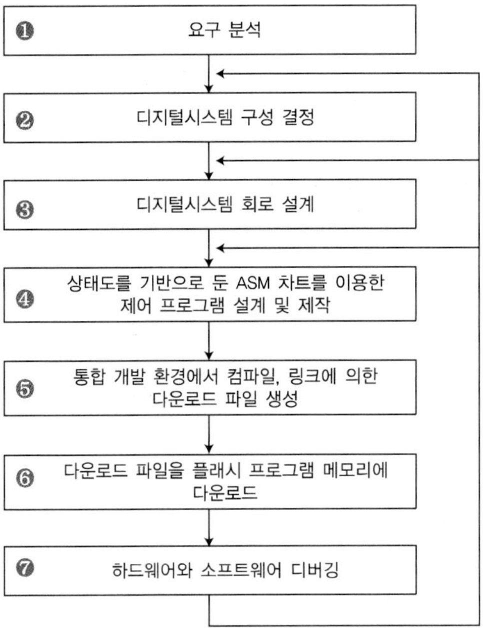

[그림 3-2] ATmega128을 이용한 디지털시스템 개발 과정

❸ 디지털시스템 회로 설계

- 결정된 디지털시스템의 구성 요소를 이용하여 회로도를 작성한다.
- 부품 사이에 정보 전달과 장치 구동을 위해 적합한 전기 신호가 전달될 수 있도록 회로를 설계한다.
- 작성된 회로도에 따라 준비된 부품을 사용하여 하드웨어를 완성한다.

❹ 상태도를 기반으로 둔 ASM 차트를 이용한 제어 프로그램 설계 및 제작

- 디지털시스템의 동작을 제어하기 위해 제어부의 동작을 개략적인 상태도로 표현한다.
- ❸단계에서(결정된 회로에서) 마이크로컨트롤러와 연결된 출력 및 입력 신호 선으로 장치에 적절한 명령 신호를 전달하거나 정보를 입력하도록 구체적인 상태도로 바꾼다.
- 구체적인 상태도를 ASM(Algorithmic State Machine) 차트로 변환한다.
- ASM 차트를 while(1) 반복문에 포함된 switch( )-case 문으로 변환하여 제어 프로그램을 완성한다.

❺ 통합 개발 환경에서 컴파일, 링크에 의한 다운로드 파일 생성

- AVR Studio에서 프로젝트를 생성한다.
- 교차 컴파일러인 avr_gcc를 사용하여 목적 파일과 다운로드 파일을 만든다.

⑥ 다운로드 파일을 플래시 프로그램 메모리에 다운로드

- SPI(Serial Pheriperal Interface) 인터페이스로 ISP(In-System Programming)를 다운로드할 수 있다.
- JTAG 인터페이스로 다운로드할 수 있다.

⑦ 하드웨어와 소프트웨어 디버깅

- JTAG 에뮬레이터(하드웨어 디버거)를 사용하여 프로그램 동작 상태를 점검하면서 소프트웨어를 디버깅할 수 있다.
- 외부 장치에 오실로스코프 또는 테스터기 등을 이용하여 신호를 측정하며, 하드웨어를 디버깅할 수 있다.
- 디버깅 과정에서 오류가 발견되면 이전 과정에서 오류를 수정하고, 이 과정을 반복하면서 디지털시스템을 완성한다.

3.2 다운로드 파일 생성과 교차 컴파일러

통합 개발 환경은 프로그래머가 한 자리에서 프로그램 편집, 컴파일, 링크, ISP 다운로드, 디버깅까지 모두 수행할 수 있는 개발 환경이다. 이 절에서는 통합 개발 환경 내부에서 ATmega128로 다운로드될 파일을 생성하는 과정에 대해 알아본다.

PC 환경에서 운영되는 통합 개발 환경은 펜티엄 CPU를 갖는 PC로 동작되지만, 통합 개발 환경에서 만든 다운로드 파일은 전혀 다른 CPU인 ATmega128에서 실행된다. 이처럼 통합 개발 환경 CPU와 다른 타깃 CPU를 위해 컴파일하는 교차 컴파일러에 대해서도 알아본다.

3.2.1 다운로드 파일 생성

C 언어 또는 어셈블리 언어로 작성된 원시프로그램은 3.1.2절에서 설명한 ❺단계에서 다운로드하기 위한 파일로 변환된다. 이때 다운로드 파일은 [그림 3-3] 과정을 거쳐 생성된다. 즉, 여러 개의 원시프로그램이 번역과 링크 과정을 거쳐 하나의 다운로드 파일로 생성되는 것이다.

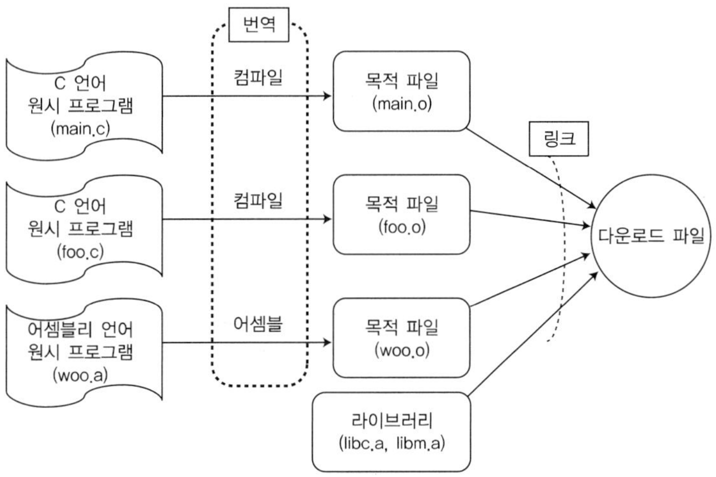

[그림 3-3] 다운로드 파일 생성 과정

번역

C 언어로 작성한 각각의 원시프로그램은 컴파일러(compiler)에 의해, **컴파일**(compile) 과정을 거쳐 기계어로 번역(translation)된 서로 다른 목적 파일을 만든다. 어셈블리 언어로 작성한 원시프로그램은 어셈블러(assembler)에 의해 **어셈블**(assemble) 과정을 거쳐 기계어로 번역된 목적 파일을 만든다.

과학 연산에 자주 사용되는 수학 함수, 입출력에 자주 사용되는 printf( ), scanf( )와 같은 함수는 미리 기계어로 번역된 목적 파일의 집합인 라이브러리(Library)에 제공된다.

링크

다른 원시프로그램에 있는 함수와 변수를 사용할 때 extrern 제시어로 미리 선언한다. 프로그래머의 생각 속에서 extern 제시어로 선언한 함수와 변수는 논리적으로 연결되어 있지만 개별적으로 컴파일 또는 어셈블되어 기계어로 번역된 목적 파일은 함수와 변수의 주소 필드가 연결되지 않은 채 번역된다.

목적 파일에는 원시프로그램에서 같은 이름으로 정의된 함수명과 변수명의 정보가 테이블 형태로 남아 있다. 링커(linker)는 링크(link) 과정에서 여러 개의 목적 파일을 탐색하여 같은 이름의 함수와 변수를 찾아 주소를 확정하여 연결시킨다. 링크 과정에서 라이브러리를 포함한 여러 목적 파일을 묶으면서 다운로드될 명령어 주소 필드에 확정된 주소를 넣는 작업을 수행하여 함수와 변수를 연결한다.

다운로드 파일

플래시 프로그램 메모리, EEPROM에 다운로드될 파일은 AVR Studio에서 인텔(사)의 HEX 파일 형식을 사용한다. [그림 3-4]는 플래시 프로그램 메모리에 다운로드될 HEX 파일 형식의 다운로드 파일을 나타낸 것이다.

[그림 3-4]는 플래시 프로그램 메모리 0x0000~0x00E8번지 위치에 다운로드될 다운로드 파일의 내용이다. ‘ : ’로 구분된 시작 코드부터 각 레코드에는 다운로드될 byte 수(데이터 크기), 다운로드될 주소, 레코드 타입, 다운로드될 데이터, 체크섬을 포함하고 있다.

레코드 타입은 다운로드되는 레코드의 유형을 나타낸다. 00은 데이터 레코드임을 표시하고, 01은 파일 끝(End of File)의 레코드임을 표시한다. 체크섬은 byte 수 위치부터 데이터 끝까지 8비트씩 합을 구한 후, 2의 보수를 취한 값이다.

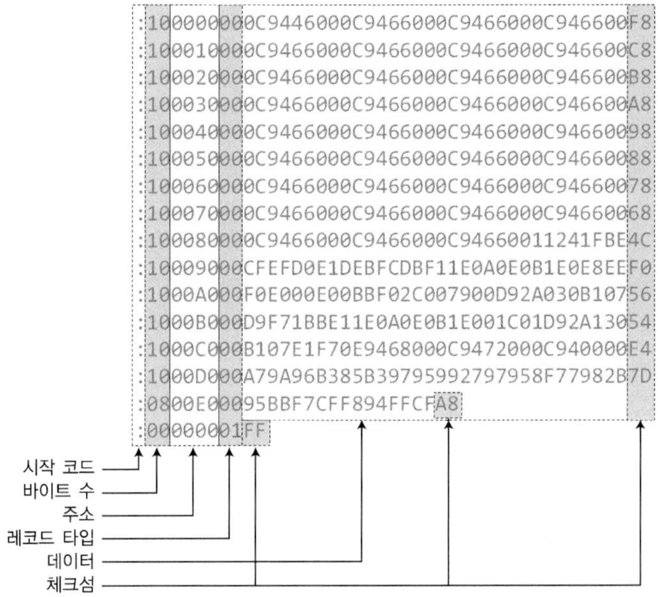

[그림 3-4] 인텔 HEX 파일 형식으로 구성된 다운로드 파일

디버깅에 사용되는 ELF(Executable and Linkable Format) 파일 형식은 실행 코드, 목적 코드, 공유 라이브러리를 포함하는 표준 파일 형식으로서 JTAG 인터페이스로 AVR Studio에서 디버깅할 때 이 형식의 파일을 사용할 수 있다.

여기서 잠깐!

+ 2의 보수와 2의 보수 수 체계

n비트를 갖는 2진수 X의 2의 보수(2's complement)는 아래와 같이 정의할 수 있다.

$$2\text{의 보수}(X) = 2^n - X$$

8비트로 표현된 16진수 58의 2의 보수는 아래와 같다.

2^8	1	0	0	0	0	0	0	0	0
- 0x58		0	1	0	1	1	0	0	0
0xA8		1	0	1	0	1	0	0	0

컴퓨터나 디지털 회로에서 정보를 표현하는 기호는 1 또는 0, 단 2개밖에 없다. 양수로 표현된 값을 같은 크기의 음수로 바꾸기 위해서는 양수를 2의 보수로 변환해야 한다. 이와 반대로, 음수로 표현된 값을 2의 보수로 취하면 양수가 된다. 이처럼 음수를 같은 크기의 양수에 대한 2의 보수로 나타내는 숫자 체계를 '2의 보수 수 체계(2's complement number system)'라 한다. 대부분 컴퓨터와 통신에서 정수는 2의 보수 수 체계를 사용한다.

3.2.2 툴체인과 교차 컴파일러

툴체인

프로그래머가 통합 개발 환경에서 프로그램을 개발하려면 컴파일러, 어셈블러, 링커, 라이브러리언(라이브러리를 만드는 프로그램), 파일 변환기, C 라이브러리, 프로그래밍 소프트웨어, 디버거, 인서키트 에뮬레이션 소프트웨어, 편집기 등과 같이 매우 다양하고 많은 소프트웨어 툴이 필요하다. 하지만 통합 개발 환경이 동작하는 CPU와 최종 생산되는 파일이 수행될 타깃 CPU가 서로 다른 경우 교차 컴파일러를 이용하면 다른 CPU에서 실행될 기계어 프로그램을 만들 수 있다.

툴체인은 작업 중인 컴퓨터에서 다른 CPU에서 실행될 기계어 프로그램을 생성하기 위한 프로그래밍 툴의 집합을 말한다. 예를 들어, [그림 3-5]와 같이 툴체인을 이용하면, 작업은 펜티엄 CPU를 가진 PC에서 실행되지만, 다운로드되는 기계어 프로그램은 타깃 CPU인 ATmega128에서 실행된다.

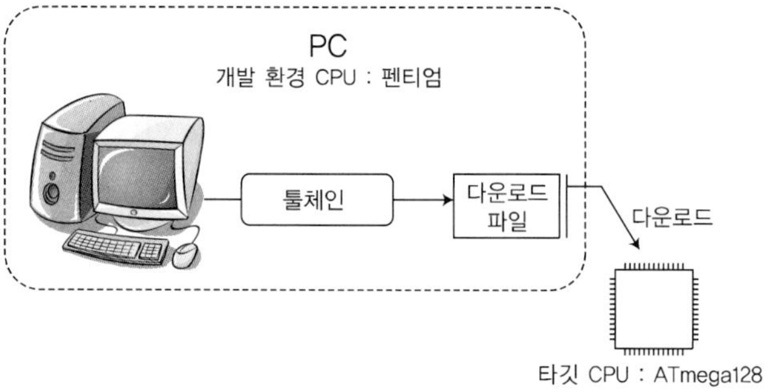

[그림 3-5] PC의 CPU와 타깃 CPU 사이에서의 툴체인 역할

AVR용 툴체인으로는 GNU에서 무상으로 제공하는 WinAVR이 많이 사용되고 있다. WinAVR은 http://sourceforge.net/projects/winavr/files/WinAVR에서 다운로드할 수 있으며, 계속 최신 버전으로 갱신되면서 제공되고 있다.

교차 컴파일러

보통 C 언어로 ATmega128에 다운로드될 프로그램을 개발하므로, 펜티엄 CPU을 가진 PC에서 타깃 CPU인 ATmega128로 교차시켜 컴파일하는 교차 컴파일러(Cross Compiler)가 반드시 필요하다.

- WinAVR에 포함된 교차 컴파일러 : avr-gcc.exe 파일
- C++ 언어로 프로그래밍할 경우 : avr-g++.exe 파일

3.3 통합 개발 환경과 make, Makefile

AVR Studio 통합 개발 환경(IDE : Integrated Development Environment)에서 모양의 아이콘을 클릭하면 자동으로 목적하는 최종 파일이 생성된다. 통합 개발 환경에서 make 명령과 Makefile을 이용하면 최종 파일이 자동으로 생성된다.

make

make는 의존 관계가 있는 여러 개의 소스 파일로부터 자동으로 목적 파일을 만들 수 있도록 의존 관계와 파일 갱신 시간 정보로 특정 프로그램의 실행을 지정한다. make는 Makefile에 나열된 파일 간 의존 관계에 따라 조건이 만족되었을 때 실행할 프로그램을 수행시킨다.

통합 개발 환경에서는 make와 Makefile을 이용하여 프로그래머에 의해 변경된 소스 프로그램을 자동으로 찾아 필요한 컴파일러, 어셈블러, 링커 등의 프로그램을 실행시킨다. 프로그래머는 자신이 수정한 파일을 찾아 수작업으로 툴체인 프로그램을 실행시키지 않아도 되므로, 프로그램을 쉽게 개발할 수 있다.

이 절에서는 make와 Makefile이 연결된 기본 동작만을 소개한다. 자세한 내용은 GNU 웹사이트에 있는 make 자료(http://www.gnu.org/software/make/manual/make.pdf)를 참조하기 바란다.

Makefile

Makefile의 구조는 아래와 같이 타깃, 선행 조건, 명령으로 구성된다.

```
타깃 ... : 선행 조건 ...
  〈탭〉   명령
  〈탭〉   .
  〈탭〉   .
```

Makefile의 실행 규칙은 타깃 파일과 선행 조건 파일의 갱신 시간을 비교하여 선행 조건이 더 최근이면 아래 줄에서 〈탭〉 문자 뒤에 있는 명령을 실행시킨다.

다음 예를 통해, Makefile에 의한 명령 수행 절차를 알아보자. main.c, foo.c, def.h가 모두 최근에 갱신된 파일이고, 처음 make 명령을 수행한다고 가정해보자.

```
1	all: main.elf main.hex
2
3	main.o: main.c def.h
4		avr-gcc -c main.c
5
6	foo.o: foo.c def.h
7		avr-gcc -c foo.c
8
9	main.elf: main.o foo.o
10		avr-gcc -o main.elf main.o foo.o
11
12	main.hex: main.elf
13		avr-objcopy -O ihex main.elf main.hex
14
15	clean:
16		-rm -rf main.o foo.o main.elf
```

위 절차는 깊이 우선 탐색(Depth first search)으로 명령이 실행된다.

❶ make 명령이 실행되면 처음 등장하는 1번 라인의 타깃 all 파일을 만들기 위해 선행 조건 main.elf, main.hex 파일의 갱신 시간을 확인하려고 한다. 하지만, 아직 파일이 없으므로 main.elf의 생성 시간을 알기 위해 all → main.elf(편의상 타깃이 정해진 순서를 기록하기 위해 →로 표시한다.)가 새로운 타깃이 되어 main.elf에 대한 규칙을 찾는다.

❷ 9번 라인에서 main.elf에 대한 선행 조건 main.o와 foo.o에 대한 생성 시간을 확인하려고 한다. 그러나 이 두 파일도 아직 존재하지 않으므로 main.o가 다시 새로운 타깃 all → main.elf → main.o가 되어 main.o에 대한 규칙을 찾는다.

❸ 3번 라인에서 main.o에 대한 선행 조건 main.c와 def.h 파일이 최근에 갱신되었으므로, 4번 라인의 〈탭〉으로 분리된 avr-gcc -c main.c 명령을 실행한다. 그 결과 main.o 파일이 새롭게 생성된다. 선행 조건 foo.c, def.h에 대한 규칙이 Makefile에 정의되지 않았으므로 all → main.elf → main.o 타깃은 종료되고, 상위의 타깃 all → main.elf의 규칙에 의한 작업이 계속된다.

❹ 다시 9번 라인으로 되돌아와 main.o 옆의 foo.o가 새로운 타깃 all → main.elf → foo.o로 되어 foo.o에 대한 규칙을 찾는다.

❺ 6번 라인에서 foo.o에 대한 선행 조건이 최근에 생성된 것이므로, 7번 라인의 avr-gcc -c foo.c 명령을 실행하여 foo.o 파일을 생성하고, 상위의 타깃 all → main.elf 규칙에 대한 작업을 계속한다.

❻ 다시 9번 라인의 규칙에서 선행 조건 main.o와 foo.o가 모두 새롭게 생성되었으므로,

10번 라인의 avr-gcc -o main.elf main.o foo.o 명령을 실행하여 main.elf 파일을 생성한다. 타깃 all → main.elf의 마지막 타깃을 종료하고 상위 타깃 all로 되돌아가 all 규칙에 대한 작업을 계속한다.

❼ 1번 라인에서 새로운 타깃 all → main.hex에 대한 규칙을 찾는다.

❽ 12번 라인에서 main.elf가 최근에 생성되었으므로 13번 라인의 avr-objcopy -O ihex main.elf main.hex 명령을 실행하여 main.hex 파일을 생성한다. 타깃 all → main.hex의 마지막 타깃을 종료하고, 상위 타깃 all로 되돌아가 all 규칙에 대한 작업을 계속한다.

❾ 1번 라인에서 타깃 all에 대한 선행 조건이 모두 최근 파일이므로 명령을 실행하려 하지만, 적힌 '〈탭〉 명령'이 없기 때문에 아무런 실행 없이 최초의 타깃 all을 종료하며 Makefile에 의한 동작을 완료한다.

결국 실행된 명령은 다음과 같은 순서로 진행되어 main.elf 파일과 다운로드 파일(main.hex)을 자동으로 생성하게 된다.

```
avr-gcc -c main.c
avr-gcc -c foo.c
avr-gcc -o main.elf main.o foo.o
avr-objcopy -O ihex main.elf main.hex
```

make clean 명령을 실행하면, 타깃을 clean으로 지정하여 Makefile을 사용한다. 타깃이 clean으로 지정되어 있고, 16번 라인에서 선행 조건이 없으므로 곧바로 -rm -rf main.o foo.o main.elf 명령으로 main.o foo.o main.elf를 삭제하는 동작을 수행한다.

위 절차를 도식화하면, 다음 그림과 같다.

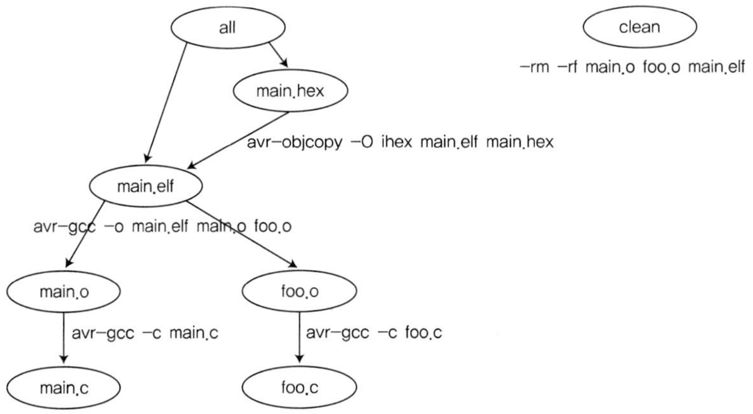

[그림 3-6] 타깃을 찾아가며 명령이 실행되는 흐름

3.4 컴파일러 최적화 옵션과 라이브러리 링크

프로그래머가 작성한 원시프로그램은 컴파일러에 의해 같은 기능을 유지하면서 크기는 작고, 실행 속도는 빠른 기계어 코드로 변환되는 것이 바람직하다. 이 과정을 '최적화'라 하며 옵션에 따라 크기와 실행 속도가 달라진다.

3.4.1 최적화 옵션과 volatile 지시어

마이크로컨트롤러용 원시프로그램은 컴파일할 때 아래와 같이 최적화 옵션 -Os를 선택할 수 있다. 생성되는 타깃 코드의 크기를 작게 하는 것을 우선으로 하여 실행 속도를 빠르게 하는 최적화를 수행한다.

```
avr_gcc -Os main.c
```

최적화 옵션의 특징

■ -O0

최적화를 하지 않은 상태다. 최적화 옵션을 선택하지 않았다면, 이 옵션을 선택한 것과 같다. 컴파일에 걸리는 시간을 줄이고, 소스 프로그램을 그대로 대응되는 명령어로 변환한다. JTAG 인터페이스를 사용하여 디버깅하고자 한다면, 예측된 값을 정확히 관찰할 수 있어야 하므로, 오히려 최적화하지 않는 것이 좋다.

■ -O 또는 -O1

가장 기본적인 최적화 옵션이다. 컴파일 시간과 컴파일할 때 사용되는 메모리는 더 많이 필요하다. 단, 컴파일러에 의해 생성되는 코드의 크기와 코드의 실행 시간은 줄어든다.

■ -O2

-O1 옵션보다 더욱 많은 최적화를 수행한다. gcc 컴파일러는 메모리-속도 절충은 하지 않지만, 가능한 모든 최적화 기법을 수행한다. 컴파일 과정에 시간은 더 많이 소요되지만, 코드의 크기는 줄어들기 때문에 실행 코드를 배포하기 위해서는 이 옵션이 바람직하다.

■ −O3

최고의 최적화 옵션이다. 모든 최적과 옵션을 활성화하고, 최적화를 진행한다. inline 기능을 수행하여 간단한 함수 호출은 없애고, 프로그램 내부로 포함시킨다. 크기는 커질 수 있지만, 속도를 높이기 위해 시도하는 최적화 옵션이다. 단, 마이크로컨트롤러에서는 플래시 프로그램 메모리에 실행 코드가 다운로드되어야 하는데, 다운로드할 파일이 너무 커져서 바람직하지 않을 수 있다.

■ −Os

이 옵션은 코드의 크기를 줄이는 목적으로 수행된다. 코드의 크기를 줄이면 속도도 향상될 수 있다. 대부분의 마이크로컨트롤러는 한정된 크기의 플래시 프로그램 메모리를 사용하고 있으므로, 이 옵션을 사용하는 것이 바람직하다.

아래의 간단한 C 프로그램이 기계어로 컴파일된 결과를 관찰하자.

[프로그램 3-1]

```
unsigned char     sum;
unsigned char     x;

int       main(void)
{         unsigned char     i;

          i = 10;
          x = 5;

          return x + 2;
}
```

(a) 간단한 C 프로그램

```
int       main(void)
{         unsigned char     i;

          i = 10;
          x = 5;
  d0:     85 e0       ldi   r24, 0x05; 5
  d2:     80 93 00 01 sts   0x0100, r24

          return x + 2;
}
  d6:     87 e0       ldi   r24, 0x07; 7
  d8:     90 e0       ldi   r25, 0x00; 0
  da:     08 95       ret
```

```
unsigned char     sum;
unsigned char     x;

int       main(void)
{         unsigned char     i;
  d0:     df 93       push  r29
  d2:     cf 93       push  r28
  d4:     0f 92       push  r0
  d6:     cd b7       in    r28, 0x3d; 61
  d8:     de b7       in    r29, 0x3e; 62

          i = 10;
  da:     8a e0       ldi   r24, 0x0A; 10
  dc:     89 83       std   Y+1, r24 ; 0x01
```

줄	(b) 최적화된 기계어 코드(옵션 -Os)	(c) 최적화되지 않은 기계어 코드(옵션 -O0)
15		`x = 5;`
16		`de:  85 e0        ldi   r24, 0x05; 5`
17		`e0:  80 93 00 01 sts   0x0100, r24`
18		
19		`return x + 2;`
20		`e4:  80 91 00 01 lds   r24, 0x0100`
21		`e8:  88 2f        mov   r24, r24`
22		`ea:  90 e0        ldi   r25, 0x00; 0`
23		`ec:  02 96        adiw  r24, 0x02; 2`
24		`}`
25		`ee:  0f 90        pop   r0`
26		`f0:  cf 91        pop   r28`
27		`f2:  df 91        pop   r29`
28		`f4:  08 95        ret`
29		
-	AVR Memory Usage ---------------- Device: atmega128 Program: 224 bytes (0.2% Full) (.text + .data + .bootloader) Data: 2 bytes (0.0% Full) (.data + .bss + .noinit)	AVR Memory Usage ---------------- Device: atmega128 Program: 250 bytes (0.2% Full) (.text + .data + .bootloader) Data: 2 bytes (0.0% Full) (.data + .bss + .noinit)

(b) 최적화된 기계어 코드(옵션 -Os)　　(c) 최적화되지 않은 기계어 코드(옵션 -O0)

[프로그램 3-1(a)]의 C 프로그램을 살펴보면 i=10; 명령은 후에 사용되지 않으므로, 없어도 프로그램 수행에는 지장이 없다. [프로그램 3-1(b)]는 -Os 옵션으로 컴파일된 기계어 코드에서 i=10; 할당 동작이 생략되었고, 타깃 파일의 크기가 224[byte]인 반면 최적화하지 않은 [프로그램 3-1(c)]는 13, 14번 라인에 남아 있으며, 타깃 파일의 크기가 250[byte]로서 더 크다. 최적화 하지 않은 다운로드 파일은 플래시 프로그램 메모리 공간도 많이 차지하며, 프로그램의 실행 시간도 길어질 것이다.

volatile 지시어 선언으로 최적화 제외

최적화가 항상 바람직한 것만은 아니다. 최적화는 속도를 빠르게 하고 메모리 사용량을 줄이기 위해 수행하지만, 인터럽트를 사용하는 경우에는 자칫 원하지 않는 최적화로 인해 프로그램이 설계와 다르게 작동할 수 있다. 이러한 오류를 막기 위해서는 인터럽트 서비스 루틴에서 사용할 변수에 volatile 지시어를 선언해야 한다.

[**프로그램 3-2**] volatile 지시어를 이용한 최적화 방지 변수 적용 사례

```c
#include <avr/io.h>
#include <avr/interrupt.h>

volatile unsigned char     count=0;

ISR(INT7_vect)
{ count++; }

int       main(void)
{
          DDRC = 0xFF;
          EIMSK |= 1<<INT7;

          while(1)
                    if(count == 100)
                              PORTC = PORTB;

          return 0;
}
```

```
          // 생략

          while(1)
              if(count == 100)
 fc:      80 91 00 01 lds     r24, 0x0100
100:      84 36       cpi     r24, 0x64; 100
102:      e1 f7       brne    .-8        ; 0xfc
                    PORTC = PORTB;
104:      88 b3       in      r24, 0x18; 24
106:      85 bb       out     0x15, r24; 21
108:      f9 cf       rjmp    .-14       ; 0xfc
```

(a) volatile 지시어를 사용한 사례

```c
#include <avr/io.h>
#include <avr/interrupt.h>

unsigned char     count=0;

ISR(INT7_vect)
{ count++; }

int       main(void)
{
          DDRC = 0xFF;
          EIMSK |= 1<<INT7;

          while(1)
                    if(count == 100)
                              PORTC = PORTB;

          return 0;
}
```

```
          // 생략

          while(1)
              if(count == 100)
 fc:      80 91 00 01 lds     r24, 0x0100
100:      84 36       cpi     r24, 0x64; 100
102:      19 f4       brne    .+6        ; 0x10a
                    PORTC = PORTB;
104:      88 b3       in      r24, 0x18; 24
106:      85 bb       out     0x15, r24; 21
108:      fd cf       rjmp    .-6        ; 0x104
10a:      ff cf       rjmp    .-2        ; 0x10a
```

(b) volatile 지시어를 사용하지 않은 사례

[프로그램 3-2]에서 변수 count는 인터럽트 서비스 루틴과 main( ) 함수 두 곳에서 모두 사용하고 있다. [프로그램 3-2(a)]에서는 volatile 지시어를 선언하였고, [프로그램 3-2(b)]에서는 volatile 지시어를 선언하지 않았다.

[프로그램 3-2(a)]의 기계어에서는 반복 구간이 0xfc~0x108이므로 0x100 번지에 저장된 count 변수를 꺼내 비교하여 조건이 만족할 때만 PORTC에 PORTB를 출력할 수 있다. 그러나 [프로그램 3-2(b)]는 volatile 없이 간소화된 기계어 결과로서 짧은 반복구간인 0x104~0x108 또는 0x10a~0x10a가 되어 인터럽트 서비스 루틴에서 변경하는 count값을 꺼내 비교하는 동작을 하지 않는다. 반복 구간이 짧아 속도는 향상되지만, 인터럽트와 연동한 정상적인 프로그램으로 작동하지 못하는 결과가 된다.

인터럽트 서비스 루틴은 주 프로그램에서 호출되는 것이 아니고, 인터럽트가 발생될 때 하드웨어적으로 수행되기 시작한다. 이 때문에 컴파일러가 최적화 과정에서 인터럽트 서비스 루틴에서 사용하는 변수와 다른 함수와의 연결 여부를 고려하지 못한다. 컴파일러는 타깃 코드의 크기와 속도를 향상시키기 위해 최적화를 하기 때문에 인터럽트 서비스 루틴과 주 프로그램과의 변수에 의해 연결 동작이 왜곡될 수 있다.

volatile 지시어를 사용하여 선언된 변수는 선언 본래의 속성을 변경하지 말라는 의미를 갖는다. 따라서 컴파일러가 최적화할 때도 본래의 속성을 유지해야 하므로 타깃 코드의 크기 축소, 속도 향상을 위한 기법 적용에서 volatile 지시어로 선언된 변수는 제외시킨다.

인터럽트 서비스 루틴에서 사용하는 변수는 컴파일러 최적화에 의한 예기치 않은 오동작을 방지하기 위해 volatile 지시어를 사용하여 최적화에서 제외되도록 선언해야 한다.

3.4.2 라이브러리와 링커 옵션

라이브러리

링커는 여러 개의 목적 파일과 여러 개의 라이브러리로 함수의 연결을 수행한다. 목적 파일에서 호출하는 함수는 동일한 또는 다른 목적 파일에 있을 수 있다. 링커는 이들을 찾아 호출할 절대 또는 상대 주소를 결정한 후, 기계어 명령어의 위치에 기록한다.

sin( ), tan( ), printf( ) 등과 같은 함수는 프로그래머가 직접 작성한 함수가 아니라 GNU에서 컴파일된 형태로 묶어 라이브러리 모듈로 제공하고 있다. 이 라이브러리 모듈을 '라이브러리 아카이브(Library Archive)'라고도 한다. 호출된 라이브러리 함수는 링크 과정에서 라이브러리 아카이브에서 찾아 연결되어야 한다.

라이브러리(또는 라이브러리 아카이브)는 미리 컴파일된 목적 파일의 집합이다. 파일명은 보통 lib로 시작하고 마지막 확장자는 .a를 갖는다. 일반 프로그래머도 [그림 3-7]과 같이 GNU 아카이버 ar 명령으로 라이브러리를 만들어 사용할 수 있다.

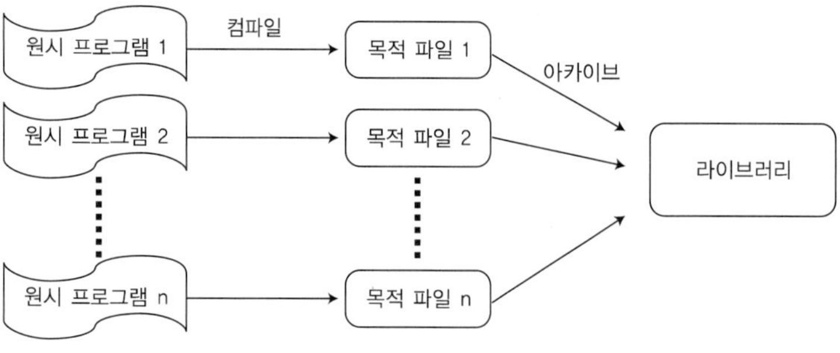

[그림 3-7] 아카이브(ar)를 이용한 라이브러리 생성

C 언어의 표준 함수에 대한 라이브러리 파일은 libc.a로서, 웬만한 C 언어에서 사용하는 함수를 기계어로 변환한 내용이 포함되어 있다.

수학 계산을 위한 sin( ), cos( ), tan( ), sqrt( ) 등의 함수에 대한 라이브러리 파일은 libm.a에 포함되어 있다. 수학 함수를 사용하기 위해서는 원시프로그램의 앞 부분에 #include 〈math.h〉를 적어주어야 한다. WinAVR이 설치된 라이브러리 디렉터리에서 math.h 파일을 열어 프로그램에서 사용된 함수의 프로토타입을 사용할 수 있게 한다. 링커 옵션에 -lm이 추가되어야 한다. 링크 과정에서 libm.a 라이브러리를 탐색하여 주 프로그램에서 호출한 sin( ), cos( ) 함수 등의 기계어와 연결시킨다.

printf( ), scanf( ) 함수의 부동소수점 사용

printf( ) 함수는 C 언어를 배울 때 가장 먼저 등장하는 잘 알려진 표준 함수다. printf( ) 함수는 vfprintf( ) 함수를 기본으로 하는 같은 계열에서 변형된 함수다. vfprintf( ) 함수는 % 문자 뒤에 d, c, u, f, o, x 등 매우 다양한 출력 기능을 갖고 있다.

vfprintf( ) 함수를 모두 구현하게 되면 타깃 코드의 크기는 꽤 커진다. 따라서 AVR 개발 환경에서는 vfprintf( ) 함수를 사용할 때, 링커 옵션으로 [표 3-1]과 같이 3가지 서로 다른 선택을 할 수 있도록 하고 있다.

AVR Studio에서 별도 지정이 없으면 기본형의 라이브러리와 링크되므로, %f 형식으로 부동소수점 숫자를 정상적으로 출력할 수 없다. %f 형식으로 출력하려면 충족형 링커 옵션을 선택해야 한다.

[표 3-1] AVR 개발 환경에서 vfprintf( ) 함수의 링커 옵션

구분	기능	라이브러리	링커 옵션	파일 크기
기본형	부동소수점에 대한 출력을 제외하고, 모든 % 형식의 출력 지원	libc.a	없음	보통
최소형	매우 기본적인 정수형과 문자형에 대한 % 형식의 출력만을 지원	libpritnf_min.a	-Wl,-u,vfprintf -lprintf_min	작아짐
충족형	부동소수점에 대한 출력까지 포함한 모든 % 형식의 출력 지원	libprintf_flt.a	-Wl,-u,vfprintf -lprintf_flt	커짐

scanf( ) 함수는 vfscantf( ) 함수를 기본으로 하는 같은 계열에서 변형된 함수다. vfscanf( ) 함수는 % 문자 뒤에 d, c, u, f, o, x 등 매우 다양한 입력 기능을 갖고 있다. vfscanf( ) 함수를 모두 구현하게 되면 타깃 코드의 크기는 꽤 커진다. 따라서 AVR 개발 환경에서는 vfscanf( ) 함수를 사용할 때, 링커 옵션으로 [표 3-2]와 같이 3가지 서로 다른 선택을 할 수 있게 하고 있다.

AVR Studio에서 별도 지정이 없으면 기본형의 라이브러리와 링크되므로, %f 형식으로 부동소수점 숫자를 입력할 수 없다. %f 형식으로 입력하려면 충족형 링커 옵션을 선택해야 한다.

[표 3-2] AVR 개발 환경에서 vfscanf( ) 함수의 링커 옵션

구분	기능	라이브러리	링커 옵션	파일 크기
기본형	부동소수점을 제외하고 모든 % 형식의 입력 지원. 255 문자만 검색	libc.a	없음	보통
최소형	기본형과 유사하고 [ ] 매칭 기능 제공 안 됨	libscan_min.a	-Wl,-u,vfscanf -lscanf_min	작아짐
충족형	기본형에 부동소수점까지 % 형식의 입력 지원. 문자 검색 길이 제한 없음	libscan_flt.a	-Wl,-u,vfscanf -lscanf_flt -lm	커짐

ATmega128에서 실행될 프로그램은 플래시 프로그램 메모리에 다운로드된다. 다운로드 파일의 크기를 작게 하는 것이 바람직하지만 부동소수점을 출력하거나 입력하지 못해 제어 프로그램의 성능을 저하하는 것은 바람직하지 않다. 따라서 적당한 링커 옵션의 선택은 개발자의 몫이다.

3.5 개발 환경 구축

ATMEL사에서 무료로 제공하고 있는 AVR Studio는 한 자리에서 프로그램 편집, 컴파일, 링크, ISP 다운로드, 디버깅까지 할 수 있는 통합 개발 환경(IDE, Integrated Development Environment)이다. 전통적으로 많이 사용되는 AVR Studio 4와 최근(2011년 3월)에 발표된 AVR Studio 5가 있다. 이 절에서는 AVR Studio 4를 기준으로 개발 환경을 구축하는 방법을 설명하기로 한다.

3.5.1 통합 개발 환경

AVR Studio 4

AVR Studio 4는 8비트 AVR을 지원하는 통합 개발 환경으로, [그림 3-8]과 같이 프로그램 편집, 컴파일, 링크, ISP 다운로드, 디버깅까지 할 수 있다.

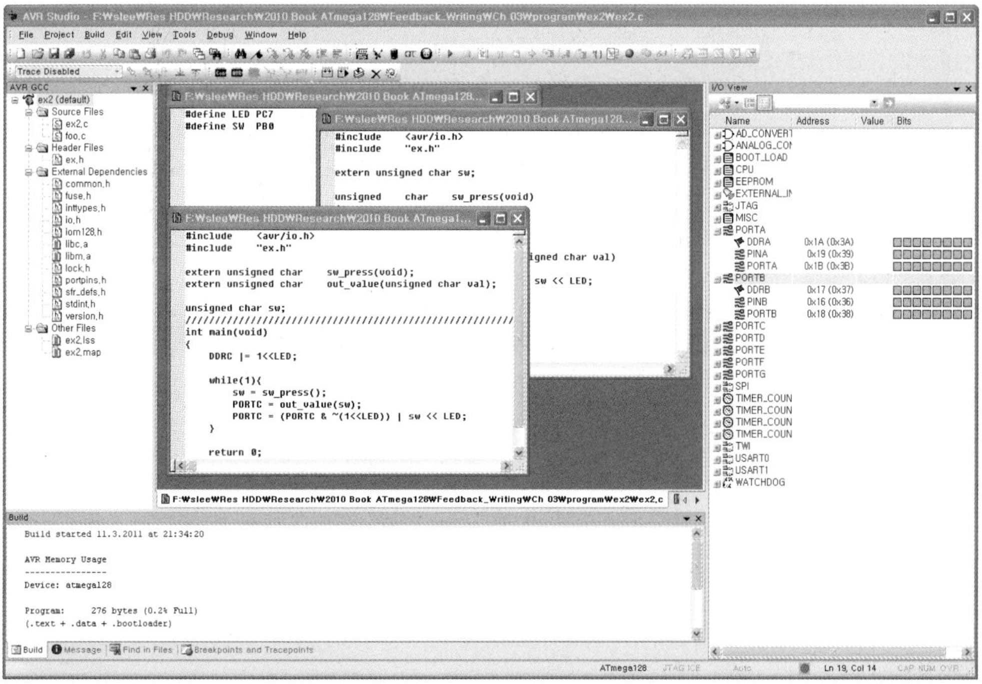

[그림 3-8] AVR Studio 4 통합 개발 환경

여기서 잠깐!

+ AVR Studio 5

[그림 3-9]의 AVR Studio 5는 8비트 AVR과 32비트 AVR을 모두 지원하는 통합 개발 환경이다. Visual C++ 프로그래밍 개발 환경과 유사하게 작업할 수 있도록 개선되었으며, 사용자가 편집하는 데 특히 유리하다. AVR Studio 4에서는 툴체인 설치를 위해 먼저 WinAVR 또는 AVR 툴체인 인스톨러(http://www.atmel.com)를 먼저 설치하고, 컴파일러와 링커를 연결해야 하지만, AVR Studio 5에서는 설치 프로그램에 이미 툴체인(AVR GCC)이 포함되어 있기 때문에 한번에 설치할 수 있다.

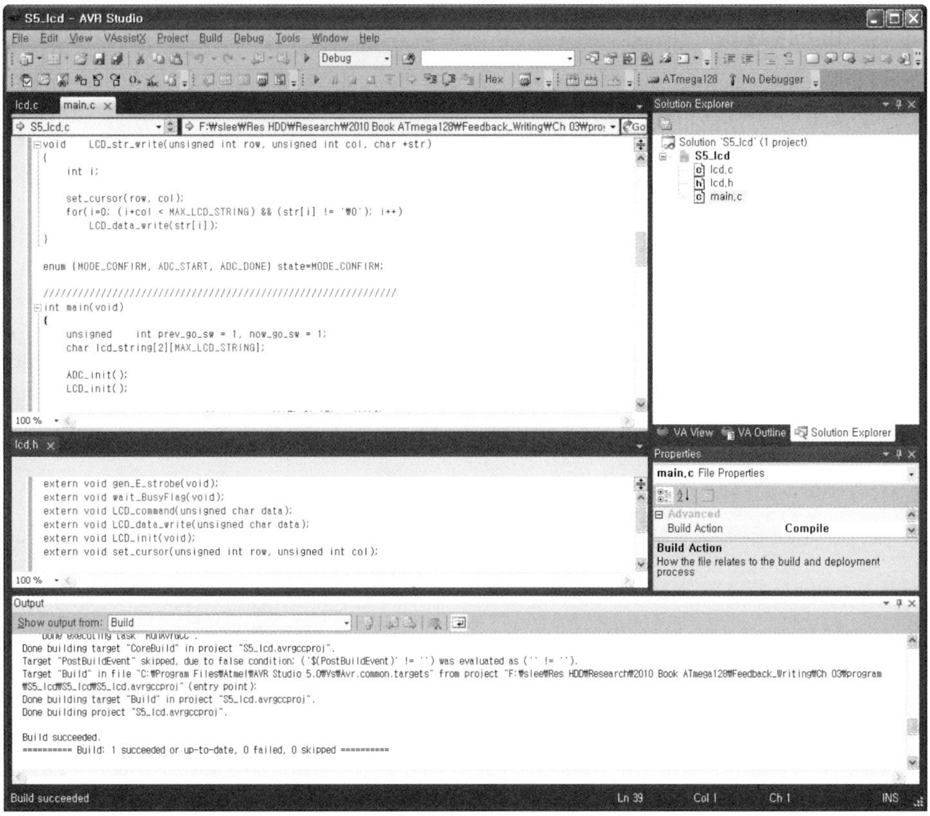

[그림 3-9] AVR Studio 5 통합 개발 환경

AVR Studio 4(버전 : 4.18)에서 사용 가능한 ISP 다운로딩, 디버깅 장비로는 아래와 같은 제품 또는 이와 호환되는 제품을 사용할 수 있다.

• 다운로딩 가능한 장비

AVR Dragon　AVR ONE!　JTAGICE mkII
AVRISP mkII　STK600　QT600
STK500　AVRISP　JTAG ICE

• 디버깅이 가능한 장비

AVR Dragon　AVR ONE!　ICE200　ICE40
ICE50　JTAG ICE　JTAGICE mkII

AVR Studio 4 통합 개발 환경은 [그림 3-10]과 같은 절차를 이용하여 구축할 수 있다.

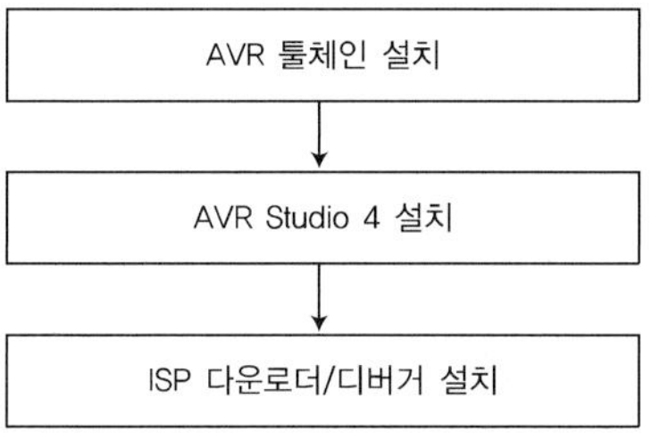

[그림 3-10] 통합 개발 환경 구축 절차

툴체인(AVR GCC)

AVR Studio는 GNU에서 제공하는 타깃을 AVR로 하는 툴체인을 사용한다. AVR GCC는 타깃을 AVR로 하는 GNU 컴파일러의 모음을 말한다. AVR GCC는 WinAVR 설치 프로그램을 다운로드받아 설치할 수 있다.

3.5.2 AVR 툴체인과 AVR Studio 4 설치

AVR 툴체인 설치

AVR Studio 4의 툴체인(AVR GCC)을 설치하기 위해 WinAVR을 실행해보자. WinAVR은 http://sourceforge.net/projects/winavr/files/WinAVR에서 다운로드하여 설치할 수 있다. WinAVR은 ATMEL사의 AVR 시리즈의 RISC형 마이크로컨트롤러와 AVR32 시리즈 마이크로컨트롤러를 Windows 환경에서 개발하기 위한 개방형 소스 소프트웨어 툴의 모음이다.

WinAVR 설치가 종료되면 [그림 3-11]과 같이 C:\WinAVR-20100110 폴더에 실행 파일과 다양한 파일의 툴체인이 설치된 것을 확인할 수 있다. 폴더명의 날짜는 버전을 나타내고 새로운 버전이 출시될 때마다 설치 폴더명도 바뀐다.

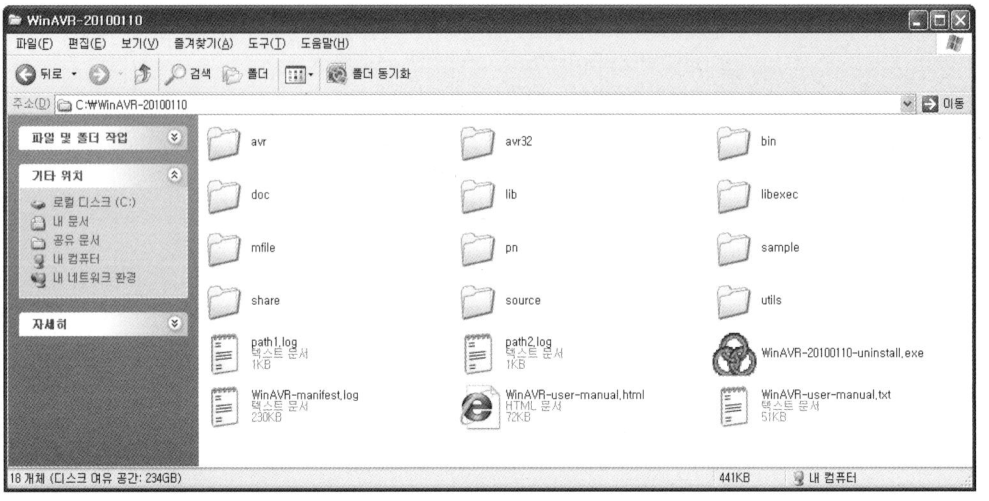

[그림 3-11] WinAVR 설치 폴더

WinAVR을 설치한 후 Notepad를 이용하여 make 명령과 Makefile을 연동시키면, 통합 개발 환경으로 사용할 수 있다. Notepad를 이용한 통합 개발 환경은 최초 Makefile 템플릿을 이용하되, 개발 상황이 변경되면 Makefile을 수정한 후에 사용해야 한다.

AVR Studio는 통합 개발 환경에서 Makefile을 자동 생성한 후, make 명령을 처리하기 때문에 Makefile에 익숙하지 않은 개발자가 사용하기에 매우 편리하다.

AVR Studio 4 **설치**

http://www.atmel.com에서 AVR Studio 4를 다운로드하면 아래와 같이 설치 프로그램 아이콘이 나타난다.

위 아이콘을 더블클릭하면 설치가 시작되고, [그림 3-12(a)]와 같은 설치 위치를 알리는 창이 나타난다. 그 후 [그림 3-12(b)]와 같이 몇 가지 USB 드라이버 설치를 알리는 창이 나타나는데, [Next] 버튼을 계속 클릭하면 설치가 종료된다.

(a) 설치 폴더

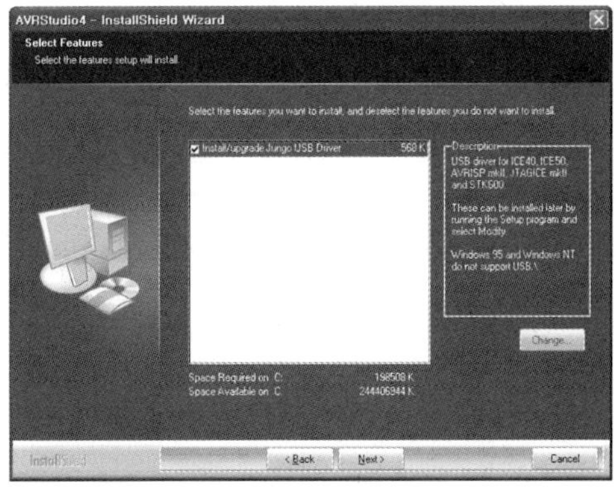

(b) USB 다운로드 드라이버 설치

[그림 3-12] AVR Studio 4 설치 창

3.5.3 ISP 다운로더/디버거 설치

ISP(In System Programming) 방식은 디지털시스템이 개발되는 마이크로컨트롤러가 장착된 PCB에 개발 환경 장치를 직접 연결하여 플래시 프로그램 메모리, 퓨즈, EEPROM 등을 지우거나 프로그래밍하는 방법을 말한다. 이는 과거 마이크로컨트롤러 칩을 따로 분리한 후 별도의 장치를 이용하여 내용을 지우고 프로그램하는 방법과 비교되는 개발 절차다.

AVR Studio를 사용하여 ATmega128이 탑재된 디지털시스템을 개발할 때 주로 이용하는 ISP 다운로딩/디버깅 방법으로는 SPI 채널을 이용한 다운로더와 JTAG 인터페이스 방식을 이용한 디버거가 있다.

SPI 채널을 이용한 다운로더

마스터와 슬레이브 사이에 통신을 위한 SPI(Serial Peripheral Interface)는 MOSI, MISO, SCK의 3가지 신호선을 이용한 시리얼 통신 방식이다. 단순히 데이터를 전송하는 방법이므로 다운로드 파일을 다운로드하는 목적으로 사용한다.

[그림 3-13]과 같이 SPI 채널을 이용한 ISP 인터페이스는 6핀 또는 10핀의 다운로드 핀으로 구성된다.

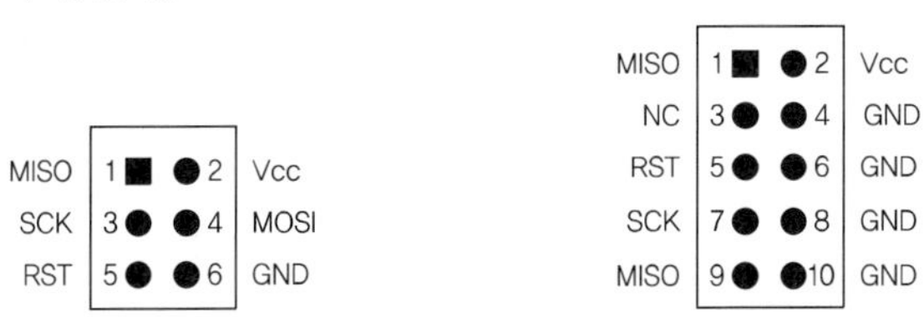

(a) ISP 6핀 구성　　(b) ISP 10핀 구성

[그림 3-13] SPI 채널을 이용한 ISP 인터페이스 핀 구성

일반적으로 주변 장치와 SPI 채널을 이용하여 인터페이스할 때 PB1(SCK), PB2(MOSI), PB3(MISO) 핀을 사용하지만, SPI 채널을 이용한 ISP 다운로드 프로그래밍 인터페이스 동작에서는 MOSI, MISO 대신 PE0(PDI), PE2(PDO) 핀을 사용한다.

만일 ISP 다운로드할 때 일반적인 SPI 핀 PB2(MOSI), PB3(MISO)을 사용한다면, 다운로드 동작할 때 마이크로컨트롤러와 연결된 다른 장치도 같이 SPI 동작이 시작되어 신호가 충돌되고, ISP 다운로드가 실패할 수 있다. 같은 이유에서 PE0(PDI), PE2(PDO) 핀을 설계에 사용할 때는 ISP 다운로드가 진행되는 동안 신호가 충돌되지 않도록 유의해야 한다.

[그림 3-14(a)]의 AVRISP mkII 드라이버는 AVR Studio 설치 과정([그림 3-12(b)])에서 자동으로 설치된다. [그림 3-14(b)]는 STK500 호환 다운로더로서 USB를 이용한 시리얼 포트로 인터페이스되므로 제조사에서 제공하는 드라이버를 설치한 후에 사용해야 한다.

(a) AVRISP mkII (b) STK500 호환

[그림 3-14] SPI 채널을 이용한 ISP 다운로더 예시

JTAG 인터페이스 방식을 이용한 디버거

JTAG 인터페이스는 ICE(In Circuit Emulator) 기능을 수행할 수 있는 디버깅 인터페이스에 이용된다. JTAG 인터페이스의 바운더리 스캔(Boundary Scan) 방식을 이용하여 IC 내부를 모니터링하고, 내용을 변경할 수 있다. 플래시 프로그램 메모리에 다운로드 기능은 물론 명령어 진행을 정지시키고 내부 레지스터 및 SRAM 데이터를 관찰할 수 있다. JTAG 인터페이스 핀으로 마이크로컨트롤러에 연결하여 IC 내부의 동작을 제어하고 모니터링할 수 있기 때문에 'ICE' 또는 '디버거'라고도 한다.

[그림 3-15]와 같이 JTAG 인터페이스는 10핀으로 구성된다. 만일 어느 ATmega128 보드에서 ISP를 위해 10핀 SPI 커넥터를 사용하는 경우, 핀 수가 같기 때문에 JTAG 인터페이스 핀과 혼동하여 잘못 연결할 수 있으므로 주의해야 한다.

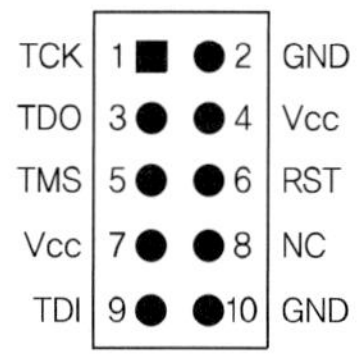

[그림 3-15] JTAG 인터페이스 신호

ATmega128에서는 PF4(TCK), PF5(TMS), PF6(TDO), PF7(TDI) 핀을 JTAG 인터페이스 핀으로 사용하고 있다. 따라서 JTAG 인터페이스로 디버깅 기능을 수행하고자 할 때는 PF4~PF7 핀을 이용한 시스템 설계로 디버깅 신호 전달에 방해받지 않게 해야 한다. 시스템 설계에서는 PF4~PF7 핀을 사용하지 않는 것이 바람직하다.

[그림 3-16]은 JTAG 인터페이스를 사용하여 디버깅이 가능한 몇 가지 디버거를 보이고 있다.

(a) JTAGICE mkII (b) JTAG ICE 호환 (c) AVR ONE!

[그림 3-16] JTAG 인터페이스 방식을 이용한 디버거 종류

Section

3.6 프로그램 개발과 실행

A 실험 목적

이 실험에서는 3.5절에서 설치한 AVR Studio 4를 기준으로 프로그램 개발과 실행 과정을 설명한다.

(1) 프로젝트 생성 절차를 알아본다.
(2) 컴파일러, 링커의 환경 설정을 알아본다.
(3) 다운로드 파일 생성 과정을 알아본다.
(4) 다운로더를 설정하고, 연결하는 방법을 알아본다.
(5) 디버깅 방법을 알아본다.

B 실험 부품 및 장치

부품명	규격	수량	비고
핵심(기본) 부품		1개	[표 3-17] 참조
스위치	푸시버튼	1개	
LED		1개	
저항	330[Ω], 15[kΩ]	각 1개	

C 실험 절차

(1) WinAVR 툴체인 WinAVR-20100110-install.exe 또는 그 이후 버전을 클릭하여 설치한다.

(2) AVR Studio 4(버전 : 4.18)에 해당되는 AvrStudio4Setup.exe을 더블클릭하여 AVR Studio 4를 설치한다.

(3) ISP 다운로더 또는 JTAG 디버거 디바이스 드라이버를 설치한다. 만일 USB를 이용한 STK500 또는 JTAG ICE 호환 제품을 사용한다면, 설치된 USB 시리얼 포트 번호를 기억해야 한다.

(4) [그림 3-17]과 같이 AVR Studio 4에서 프로그램 실행을 위한 실험 회로를 구성한다.

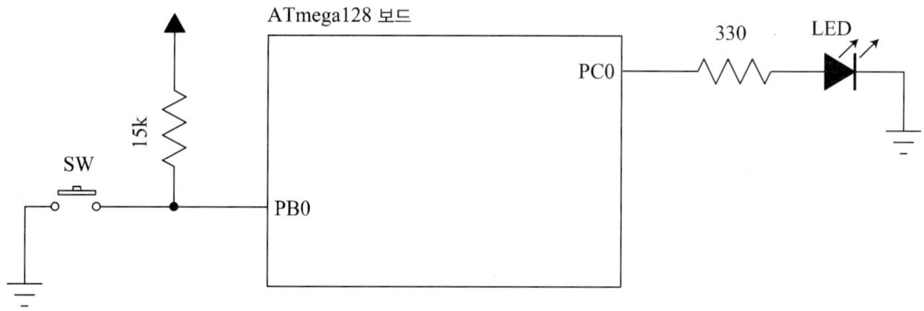

[그림 3-17] AVR Studio 4에서 프로그램 실행을 위한 실험 회로

(5) AVR Studio 4를 실행하면 새로운 프로젝트를 작성할 것인지, 기존의 프로젝트를 열 것인지를 묻는 창이 나타난다. [New Project] 버튼을 클릭한다.

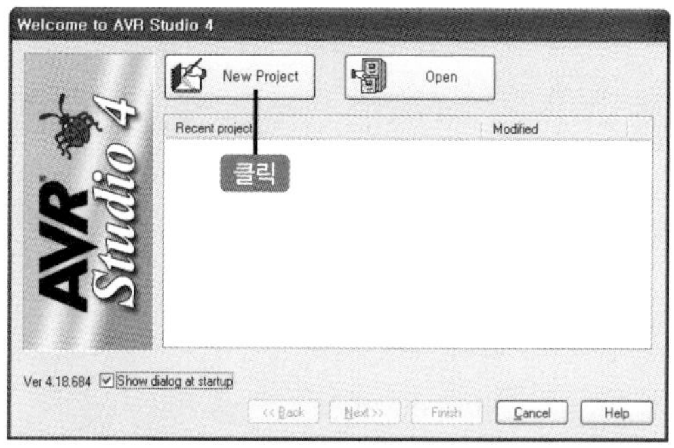

(6) ① Project Type 영역에서 AVR GCC를 선택한 후, Project name 영역에 프로젝트 이름을 입력한다.

② Create folder 체크 박스를 클릭하여 새로운 프로젝트마다 폴더를 하나씩 생성하게 한다.

③ Location 영역에서 프로그램이 저장될 폴더를 선택한다. 이때 한글 폴더명은 사용하지 않는다.

④ [Finish] 버튼을 클릭한다.

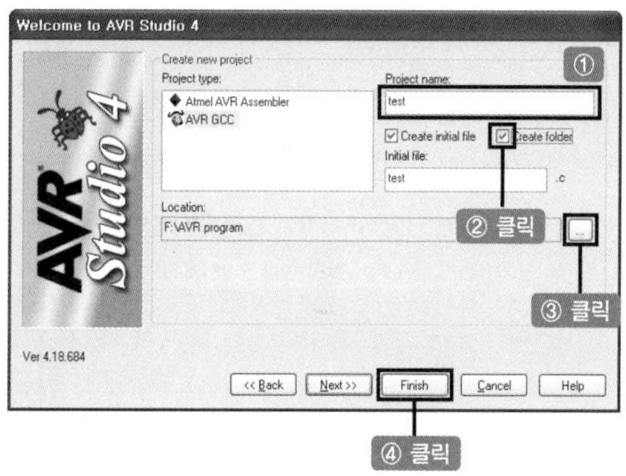

(7) Project → Configuration Options 메뉴를 클릭하면, Project Options 창이 나타난다.

① Device를 atmega128로 선택한다.

② Frequencey는 ATmega128의 주파수로서 ATmega128 보드에 오실레이터의 주파수값을 입력한다. 이곳에 주파수를 입력하

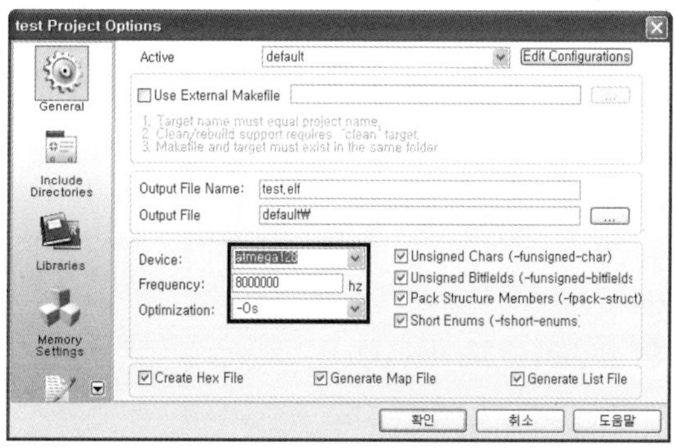

지 않고, 프로그램 상단부에 #define F_CPU 8000000L를 입력해도 된다(8MHz 오실레이터의 경우).

③ 최적화를 표시하는 Optimization은 코드의 크기를 작게 하는 -Os를 선택한다.

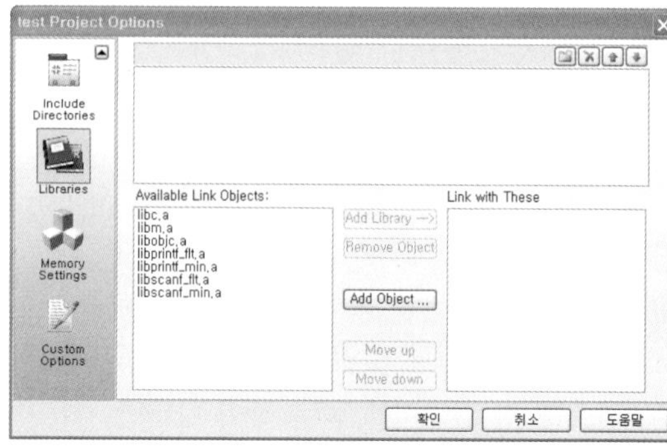

(8) Project Options 창에서 Libraries를 클릭한다. 이 창은 라이브러리 설정 창이다. 링크 시 포함시킬 라이브러리를 지정한다.
sin( ), cos( ) 수학 함수를 사용하는 경우, libm.a를 Link with These 영역으로 옮긴다.
printf( ) 함수에서 부동소수점을 출력하는 경우, libprintf_flt.a를 옮긴다.
scanf( ) 함수에서 부동소수점을 입력하는 경우, libscanf_flt.a를 옮긴다.
printf, scanf에서 정수형만을 사용하고, 다운로드 파일의 크기를 최소화하려면 libprintf_min.a, libscanf_min.a를 옮긴다.

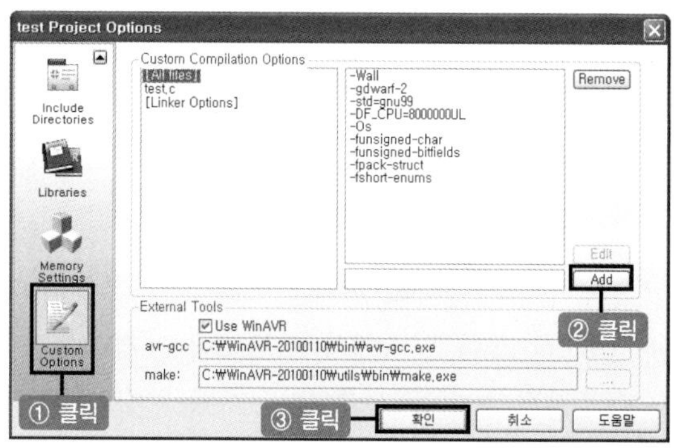

(9) Project Options 창에서 Custom Options을 클릭하면, (6) ~ (8)까지 설정된 컴파일과 링크를 위한 옵션이 나타난다. 추가로 필요한 옵션이 있으면 빈 영역에 입력하고, [Add] 버튼을 클릭한다.

WinAVR 툴체인을 (1) 단계에서 설치했으면, 오른쪽 그림과 같이 External Tools 영역에 나타난다.

(10) [그림 3-18]과 같이 test.c 편집 영역에 프로그램을 작성한다. B포트의 스위치가 눌릴 때 읽힌 디지털 전압레벨을 C포트로 출력하는 간단한 프로그램이다.

Build → Build 메뉴를 클릭하거나, 메뉴 아이콘 을 눌러 자동으로 생성된 Makefile의 규칙에 따라 앞에서 설정된 컴파일과 링크를 수행한다. Build 정보 출력 영역을 보면, 빌드 작업이 성공적으로 수행되었음을 알 수 있다.

(6)단계에서 지정한 폴더에 자동 생성된 Makefile과 다운로드할 파일 test.hex, test.elf, test.lss, test.map을 확인한다.

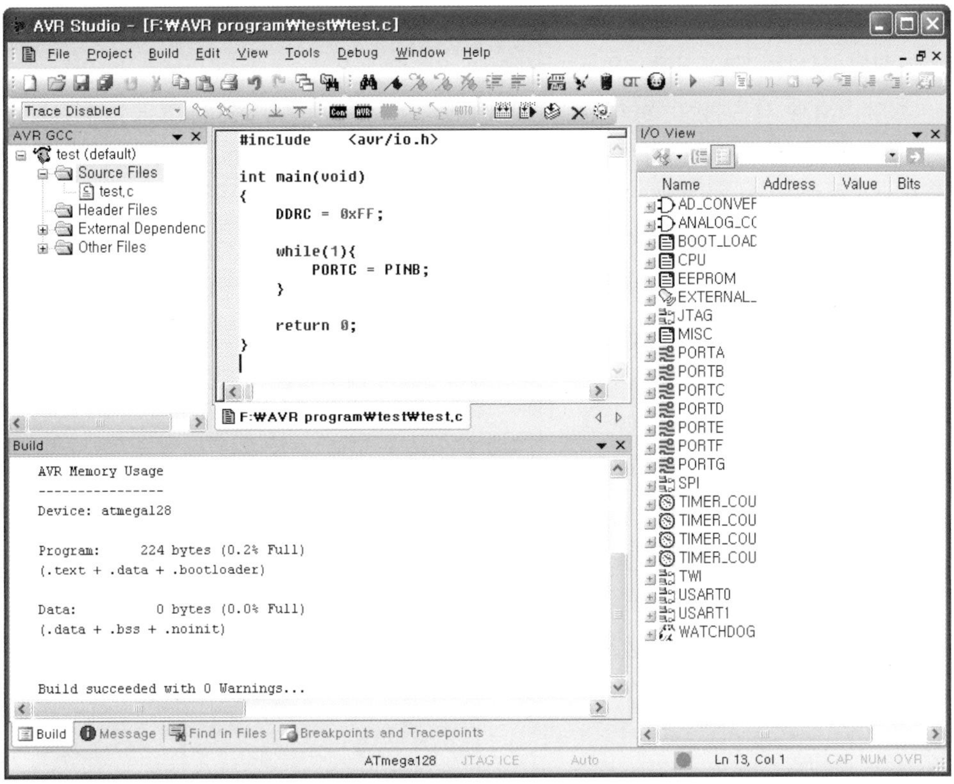

[그림 3-18] 프로그램 작성과 빌드 결과 출력

- test.hex : 타깃인 ATmega128에 다운로드될 파일
- test.elf : 디버깅에 사용될 파일
- test.lss : 어셈블리 코드와 주소가 포함된 파일
- test.map : 함수, 변수, 인터럽트 서비스 루틴의 위치 등의 정보가 포함된 파일

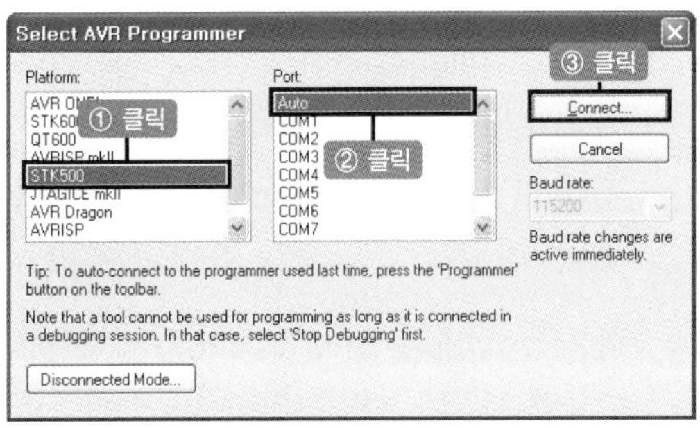

(11) Tools → Program AVR → Connect... 메뉴를 클릭한다. 이 경우는 STK500 호환 다운로더를 이용하여 SPI 채널을 **이용한 다운로드를 수행하는 절차다.**
단계 (3)에서 설치한 다운로더 유형을 Platform 영역에서 선택한 후, Port는 Auto 또는 드라이버를 설치할 때 설정된 포트 번호를 선택하고 [Connect...] 버튼을 클릭한다.

(12) 다운로드 장치는 자동으로 탐색된 포트로 연결되고, 오른쪽 그림과 같은 창이 열린다. Program 탭의 Flash 영역에서 다운로드 파일을 찾아 input HEX File로 지정한다. 다운로더의 보드 연결 케이블을 ISP 컨넥터에 연결한다.

[Program] 버튼을 클릭하면, 다운로드 파일을 읽어 창 아래쪽 영역에 ATmega128로 다운로드되는 절차가 출력된다. 단계별 동작이 'OK!'로 출력되면 다운로드가 성공적으로 완료된 것이다.

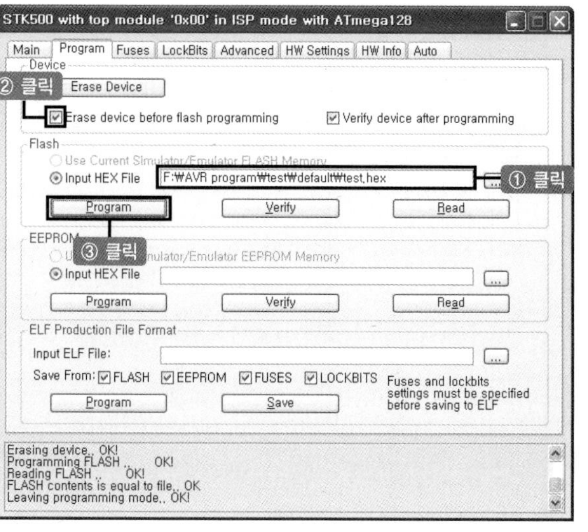

(13) 만일 **JTAG 인터페이스 장치를 사용하는 경우**라면 Tools → Program AVR → Connect... 메뉴를 클릭하고, 오른쪽 그림과 같이 장치에 해당되는 Platform과 Port를 선택하고 [Connect...] 버튼을 클릭한다. 오른쪽 그림은 JTAG ICE 호환 장치를 이용하여 다운로드와 디버깅을 하는 경우다.

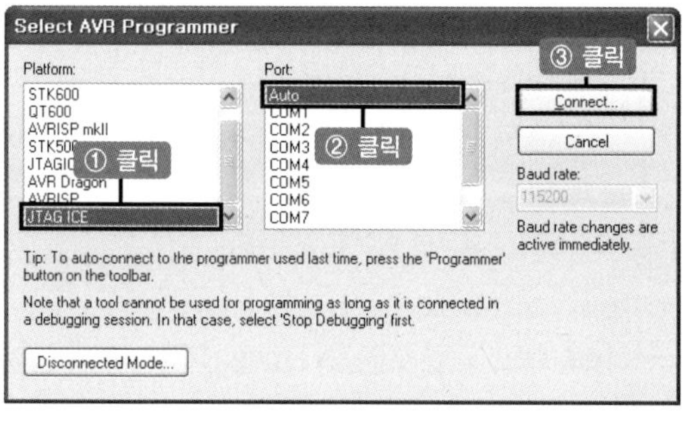

(14) 자동으로 탐색된 포트로 연결되면서, 아래와 같은 창이 열린다. 단, JTAG 인터페이스 장치를 사용하는 경우라면 퓨즈비트의 JTAGEN 비트가 활성화되어 있어야 연결된다. [그림 3-19(a)]와 같이 응답하지 않는다면 SPI 핀을 사용하는 ISP 다운로더를 이용하여 JTAGEN 비트를 활성화한 후, 사용할 수 있다. [그림 3-19(b)]는 퓨즈비트를 활성화한 후에 연결한 경우다. 다운로드할 파일을 선택한 후, [Program] 버튼을 클릭하면 프로그램할 수 있다.

다운로드 파일을 읽어 창 아래쪽 영역에 ATmega128로 다운로드되는 절차가 출력된다. 단계별 동작이 'OK!'로 출력되면 다운로드가 성공적으로 완료된 것이다.

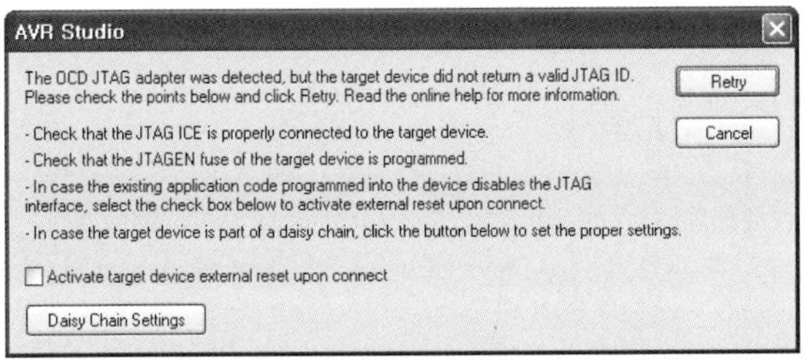

(a) JTAGEN 퓨즈비트 : 활성화되지 않은 경우

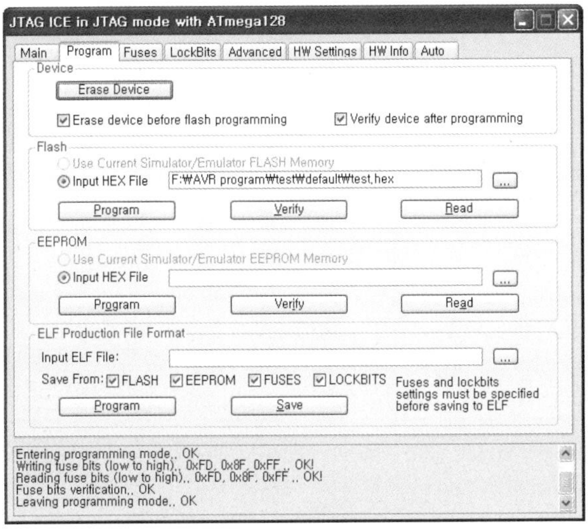

(b) JTAGEN 퓨즈비트 : 활성화된 경우

[그림 3-19] JTAG 퓨즈비트의 활성화와 디버거 연결

(15) JTAG 인터페이스를 이용하여 디버깅 하려면, Debug → Start Debugging 메뉴를 클릭하여 디버거 선택창이 나타나게 한다. 해당되는 Debug platform과 Device를 선택한다.
오른쪽 그림은 JTAG ICE 플랫폼으로 ATmega128 소자를 디버깅하기 위한 선택이다.

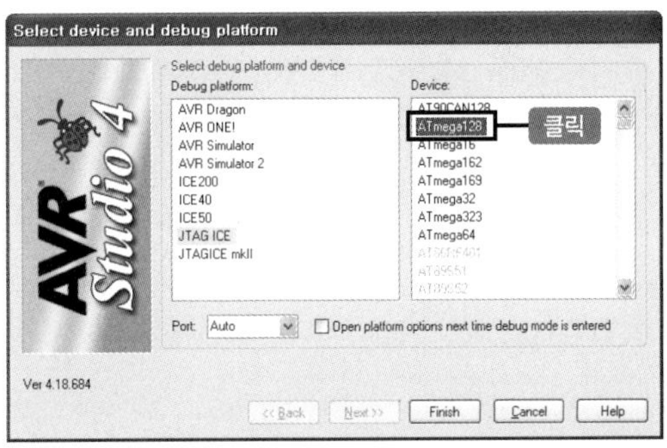

(16) 디버깅 메뉴에서 Step 동작을 선택하여 명령어 단위로 프로그램을 수행시킬 수 있다. [그림 3-20]과 같이 ATmega128 내부의 범용 레지스터, 특수 레지스터, 메모리값을 관찰하거나 필요한 경우 갱신하여 프로그램 동작을 디버깅할 수 있다.

- Processor 영역 : 프로그램 카운터, 스택 포인터, SREG값을 관찰하거나 설정할 수 있다.

- I/O View 영역 : I/O 레지스터의 비트값을 관찰하거나 설정할 수 있다.
- Memory 영역 : 메모리 상태를 관찰하거나 설정할 수 있다.

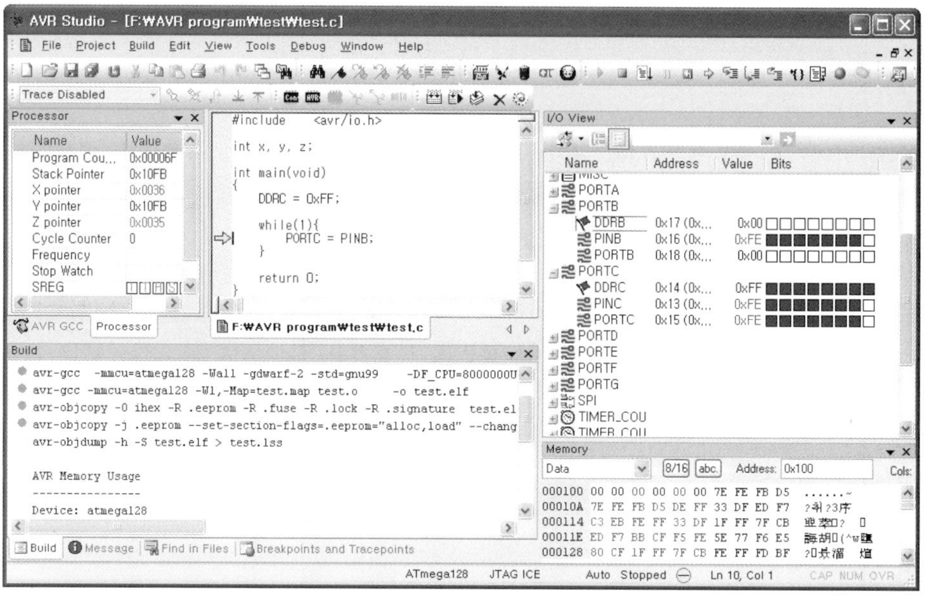

[그림 3-20] ATmega128 디버깅 창

D 실험 결과 및 고찰

(1) [그림 3-21(a)]는 작성된 회로에 SPI 채널을 이용하여 ISP 다운로딩한 후, 스위치를 누를 때 LED가 꺼지는 동작을 나타낸 것이다.

(2) [그림 3-21(b)]는 JTAG 인터페이스를 이용한 다운로드와 디버깅을 수행하기 위해 연결된 장치를 보이고 있다. 이 동작을 위해서는 퓨즈비트 중에서 JTAGEN 비트가 활성화되어 있어야 한다.

(3) [그림 3-20]은 디버깅 과정의 스냅샷이다. 이 스냅샷으로 ATmega128은 다음 상태에 있음을 알 수 있다.

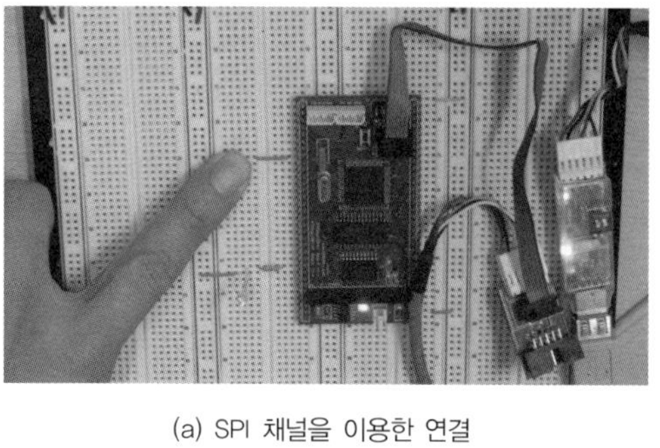

(a) SPI 채널을 이용한 연결

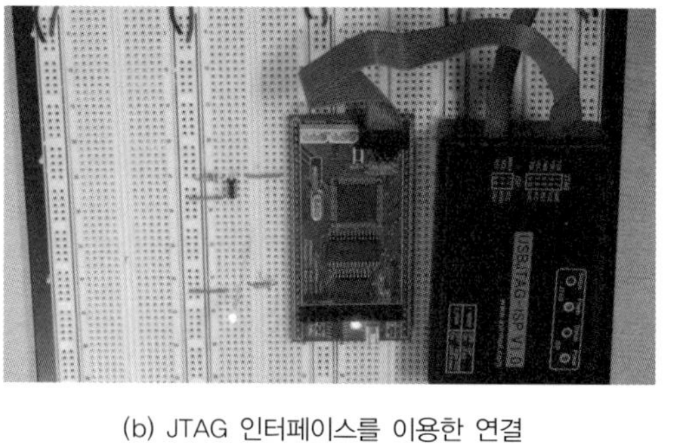

(b) JTAG 인터페이스를 이용한 연결

[그림 3-21] SPI 채널을 이용한 연결과 JTAG 인터페이스를 이용한 연결

- test.c 영역 : PORTC = PINB 명령이 곧 수행될 예정이다.
- Processor 영역 : 프로그램 카운터는 0x006F 위치를 수행하고 있고, 스택 포인터는 0x10FB를 가리키고 있음을 알 수 있다. SREG의 비트값도 알 수 있다.
- I/O View 영역 : 현재 PINB의 PB0 핀에 0의 값이 입력되었고, PORTC의 PC0 핀에 1의 값이 출력되고 있다.
- 변수 x, y, z : x의 위치는 데이터 메모리(SRAM) 주소 0x100 ~0x101이고, y의 위치는 0x102~103, z의 위치는 0x104~0x105이다.
- Memory 영역 : 모두 0의 값을 갖고 있음을 알 수 있다.

(4) JTAG 인터페이스를 이용한 디버깅은 특정 위치에서의 프로그램 수행이 논리 동작에서 벗어나는 경우 원인을 알아내는 데 유용하다. 의심나는 프로그램 위치의 명령어를 하나씩 추적하면서 레지스터값, 프로그램 카운터의 동작, 외부 입출력 상황 등을 모니터링하면서 원인을 찾아 디버깅할 수 있다.

3.7 ATmega128을 위한 C 언어

마이크로컨트롤러를 이용한 제어 프로그램 개발은 주로 C 언어를 이용하여 개발된다. 이 절에서는 ATmega128을 이용한 디지털시스템 개발 과정에 필요한 C 언어를 간략히 소개한다.

3.7.1 C 언어 프로그램의 구성

[그림 3-22]는 3.8절의 LCD 디스플레이 프로젝트를 위해 부록 A에 포함한 main.c, lcd.c, lcd.h 파일의 주요 내용이다. 이 사례를 통해 C 프로그램 작성에 필요한 변수와 함수의 위치와 구성을 알아보자.

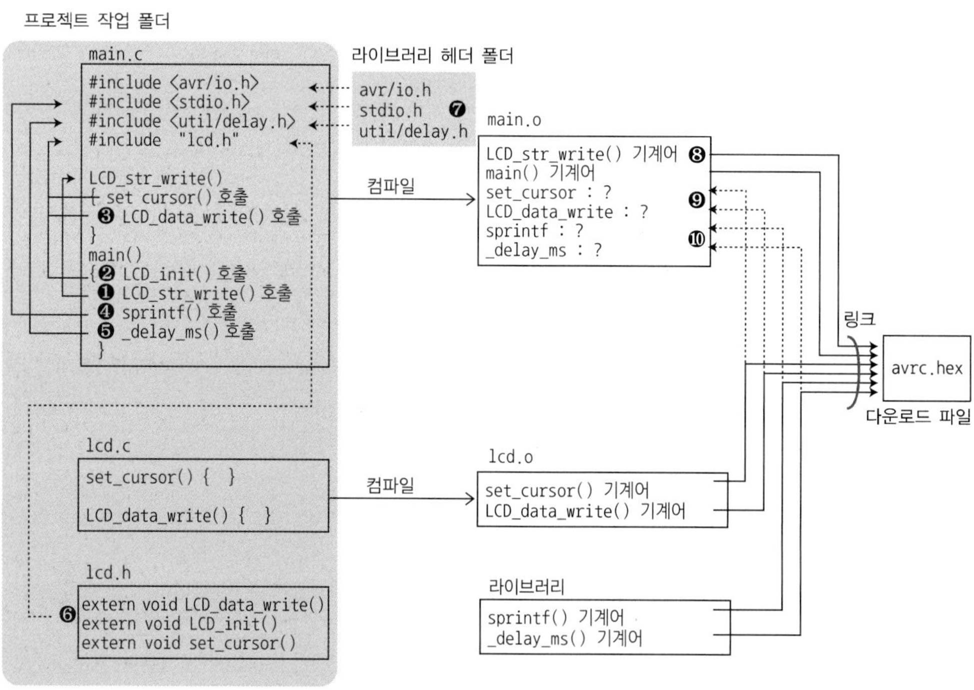

[그림 3-22] 여러 파일이 연결된 프로그램의 다운로드 파일 생성

■ 전역 변수와 지역 변수, 변수는 사용하기 전에 선언되어야 한다

전역 변수는 함수 밖에서 선언된 변수다. 이 변수는 선언된 위치 아래에 있는 함수에서만 사용할 수 있으며, 프로그램이 종료될 때까지 유효하다. 지역 변수는 중괄호로 내부에 해당되는 블록에 선언된 변수다. 프로그램의 실행 위치가 블록 안으로 진입될 때 자동으로 생성되고, 블록을 벗어나면 소멸된다.

■ 함수는 선언 또는 정의한 후에 사용할 수 있다

C 언어 프로그램을 작성할 때 함수를 호출하려면 그 파일의 앞에서 반드시 선언 또는 정의한 후에 사용해야 한다. main.c 파일의 ① 위치에서 LCD_str_write( ) 함수를 호출하고 있다. 에러가 발생하지 않으려면 호출하기 전에 LCD_str_write( ) 함수에 대한 정의 또는 선언이 되어 있어야 한다. main.c 파일 내부에 LCD_str_write( ) 함수의 동작이 정의되어 있다.

■ #include 지시어는 그 위치에 파일의 내용이 펼쳐 있는 것과 같다

#include "lcd.h" 지시어는 그 위치에 lcd.h 파일을 끼워 펼쳐놓은 것과 같다. 이렇게 프로그램 안에 끼워 넣는 파일을 헤더 파일이라고 한다. ②, ③ 위치에서 LCD_init( )와 LCD_data_write( ) 함수를 호출하고 있다. main.c 파일에는 LCD_init( ), LCD_data_write( ) 함수의 행동이 정의되어 있지 않지만, lcd.h 파일 내용 중 ⑥ 위치에는 함수 LCD_init( )와 LCD_data_write( )에 대한 반환 자료형과 매개 변수에 대한 자료형이 선언되어 있다. 앞에서 선언되었으므로 호출하여 사용할 수 있다.

■ #include 〈stdio.h〉는 stdio.h 파일을 라이브러리 헤더 폴더에서 찾는다

" " 안에 적힌 파일은 현재 작업 폴더에서 찾지만, 〈 〉 안에 적힌 파일은 이미 정해진 라이브러리 헤더 폴더에서 찾아 그 위치에 펼쳐 놓는다. ④ 위치에서 호출하는 sprintf( ) 함수는 특정하게 정해진 라이브러리 헤더 폴더인 ⑦ 폴더의 stdio.h 파일에서 찾을 수 있다. ⑤ 위치에서 호출하는 _delay_ms( ) 함수는 ⑦ 폴더의 하위 폴더인 util/delay.h 파일에서 찾을 수 있다. 포함된 파일을 펼치면 sprintf( ), _delay_ms( ) 함수에 대한 반환 자료형과 매개 변수에 대한 자료형이 ④, ⑤ 위치에 앞서 선언되어 있으므로 호출하여 사용할 수 있다.

■ 링크할 때 다른 파일에서 선언 또는 정의된 변수와 함수의 주소가 연결된다

main.c 파일은 컴파일되어 main.o가 만들어지고, lcd.c는 컴파일되어 lcd.o가 만들어진다. main.o에서 호출하는 LCD_str_write( ) 함수의 주소는 같은 파일에 있으므로 알 수 있다. 그러나 set_cursor( ), LCD_data_write( ), sprintf( ), _delay_ms( ) main.c 파일 밖에 있으므로 함수의 주소는 main.c 컴파일만으로는 알 수 없다.

링크가 진행될 때 main.o, lcd.o, libc.a(라이브러리)가 같이 결합되므로 각 함수의 시작 주소를 알아낼 수 있다. main.o 파일의 set_cursor( ), LCD_init( ), LCD_data_write( ) 함수의 시작 주소는 lcd.o 파일에서 알아낼 수 있다. sprintf( ), _delay_ms( ) 함수의 위치는 라이브러리에서 위치를 알아낼 수 있다. 알아낸 주소를 이용하여 기계어 프로그램의 주소 필드를 결정한 후 avrc.hex(다운로드 파일)를 생성한다.

■ #define 매크로로 상수 또는 복잡한 식을 레이블로 대응시켜 사용할 수 있다

상수 또는 복잡한 식에 레이블을 대응시켜 사용할 수 있다. 아래 매크로 명령은 MAX_LCD_STRING 레이블이 등장하면 0x40으로 대치시킨다.

```
#define MAX_LCD_STRING 0x40
```

[그림 3-23]은 [그림 3-22]의 3개 파일을 AVR Studio 4의 편집 영역에 보이고 있다. 전역 변수 a, b, x, y를 사용하기 전에 main( ) 함수 밖에서 선언되었다. 지역 변수 lcd_string[2][MAX_LEC_STRING]은 main( ) 함수 안에서 선언된 후 그 아래에서 사용한다. LCD_str_write( ) 함수는 호출되기 전에 main.c 파일 안에서 정의되었다. LCD_int( ), set_cursor( ),

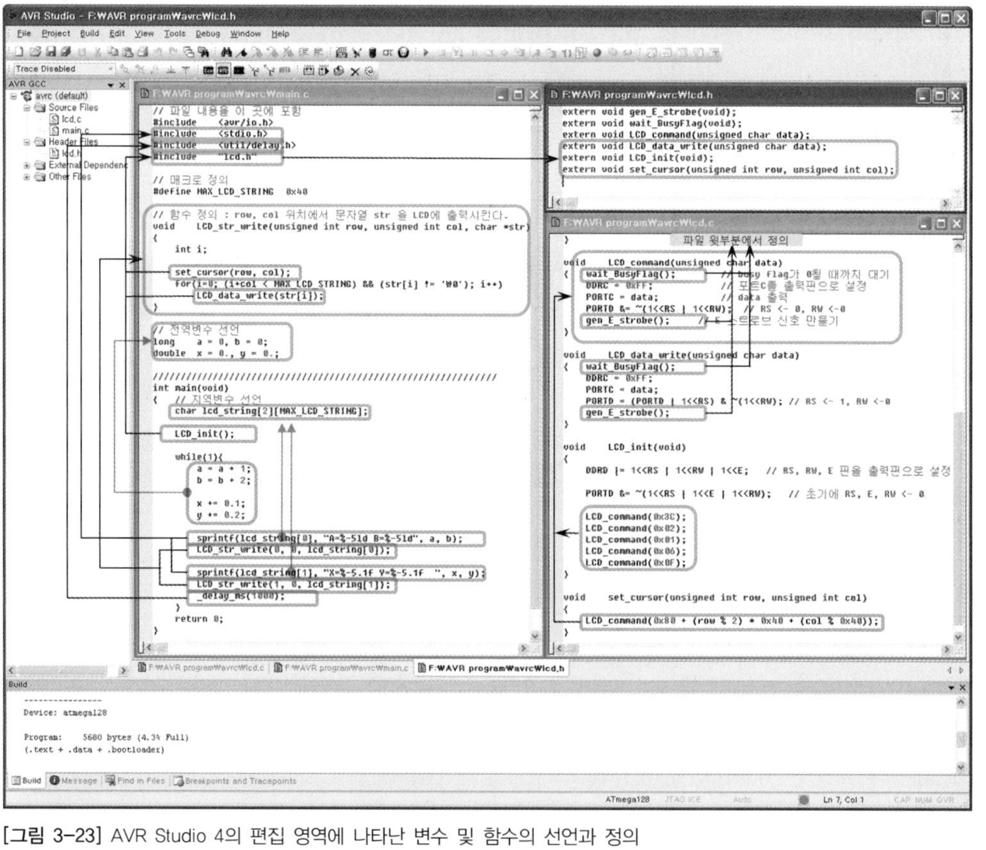

[그림 3-23] AVR Studio 4의 편집 영역에 나타난 변수 및 함수의 선언과 정의

LCD_data_write( ) 함수는 앞부분 #include "lcd.h" 위치에 읽히므로 lcd.h에서 앞부분에 선언된다. sprintf( ) 함수는 〈stdio.h〉 파일 안에 있으므로 main.c 파일 앞부분에서 선언된다. _delay_ms( ) 함수도 〈util/delay.h〉 안에 있으므로 main.c 앞부분에서 선언된다.

3.7.2 타깃이 ATmega128인 AVR GCC 컴파일러 자료형

ATmega128의 AVR GCC 컴파일러는 기본 자료형으로 char, int, float, double을 갖는다. char, int 자료형 앞에 short, long이 붙어 변수의 크기가 달라진다. [표 3-3]은 타깃 프로세서를 ATmega128로 하는 AVR GCC와 펜티엄 CPU로 하는 Visual C++ 컴파일러에서 할당하는 각 자료형의 byte 크기를 비교하였다. 같은 자료형에 대한 크기는 AVR GCC 컴파일러가 Visual C++ 컴파일러에 의한 것보다 작다. 특히 int형은 ATmega128를 타깃 프로세서로 하는 AVR GCC에서 2byte임을 기억해야 한다.

[표 3-3] ATmega128과 PC에서 자료형의 크기

자료형	크기(byte)	
	AVR GCC (ATmega128)	Visual C++ (펜티엄 CPU)
char	1	1
int	2	4
short int	2	2
long int	4	4
long long int	8	–
float	4	4
double	4	8
long double	4	8

[표 3-3]에서 char, int와 관련된 자료형 앞에 [표 3-4]와 같이 부호 지시어를 적을 수 있다. 보통 부호 지시어를 표시하지 않은 경우 signed 지시어를 적은 것으로 간주한다. 단, 3.6절 실험 절차 (7)의 Project → Configuration Options에서 -funsigned-char를 선택하였다면 char를 unsigned char로 간주한다.

[표 3-4] 부호 지시어

지시어	비고
unsigned	양수와 0 값만 가질 수 있음
signed	양수, 0, 음수 모두 가질 수 있음

[표 3-5]는 [표 3-4] 앞에 지시어로 적을 수 있는 기타 지시어다. volatile 지시어는 컴파일러

가 -Os, -O3, -O2, -O1으로 최적화하더라도 volatile 지시어로 선언된 변수는 예외로 한다. static 지시어는 지역 변수 앞에 붙어 함수가 종료되더라도 남아 있게 된다. 해당 함수로 진입되면 마지막 값을 다시 사용할 수 있다.

[표 3-5] 기타 지시어

지시어	비고
register	컴파일러에게 선언되는 변수를 레지스터로 할당 요청
volatile	컴파일 시 최적화를 하지 않음
static	함수가 종료되어도 변수값을 유지함
const	초기화된 변수는 상수로 취급하며, 수정할 수 없음

[표 3-6]은 AVR GCC 컴파일러에서 인식하는 숫자 상수 표현이다. 10진수, 16진수, 8진수는 다른 C 컴파일러와 같다. 타 컴파일러에서 허락하지 않는 2진수에 대한 표현이 가능한 것이 AVR GCC의 특징이다. 0b 또는 0B 다음에 0과 1을 연속으로 붙여 2진수 숫자 상수를 표현할 수 있다.

float로 선언한 변수에 소수점이 있다면, 상수 뒤에 f를 붙여야 한다. f를 붙이지 않으면 double형 상수로 간주한다.

[표 3-6] AVR GCC에서 숫자 상수 표현

AVR 숫자 상수 표현	내 용
12	10진수 상수 표현
0x12	16진수 상수 표현
0b1010	2진수 '1010' 상수 표현
012	8진수 상수 표현
12L	10진수 long형 상수 표현
12U	10진수 unsigned형 상수 표현
1.23f	float형 상수 표현
1.23	double 또는 long double형 상수 표현
1.	1.0과 동일한 표현
.1	0.1과 동일한 표현

[표 3-7]은 printf( ) 함수의 % 포맷을 나타내고 있다. %에 연속된 - 기호는 왼쪽 맞춤을 나타낸다. %에 연속되는 숫자는 출력되는 전체 자릿수를 나타낸다.

AVR GCC는 마이크로컨트롤러용 C 컴파일러이므로, 타깃 코드의 크기를 키우지 않으려고 한다. printf( )의 기본형인 vfprintf( )는 매우 복잡한 기능을 갖고 있기 때문에 라이브러리에 포함되면 적지 않은 크기가 된다.

[표 3-7] printf( ) 함수의 % 포맷

구분	내용	비고
%c	문자형 출력	
%s	문자열의 시작 위치에서 '\0' 문자가 나타날 때까지 출력	
%d	10진수 출력	int형 출력
%ld	10진수 출력	long int형 출력
%3d	10진수 3자리로 오른쪽에 맞춰 출력 만일 숫자가 3자리를 초과하면 초과된 숫자가 출력	
%-3d	10진수 3자리로 왼쪽에 맞춰 출력	
%x	16진수 출력	
%o	8진수 출력	
%u	unsigned 변수로 간주하고 10진수 양수값으로 출력	
%lud	10진수 출력	unsigned long int형으로 출력
%f	소수점이 등장하는 형태로 출력 예) 1.200000	
%6.2f	소수점을 포함한 전체 6자리로 오른쪽에 맞춰 출력하되, 소수점 이하 2자리로 한다. 출력값이 소수점 이하 2자리를 포함하여 6자리를 초과하면 초과된 숫자를 출력	링커 옵션 -Wl,-u,vfprintf -lprintf_flt
%e	과학 계산용으로 출력 예) 1.200000e+000	

링커 옵션을 별도로 지정하지 않으면, 부동소수점형인 float와 double에 대한 기능을 지원하지 않고, 정수형만을 출력할 수 있다. printf( ) 함수에서 float와 double형을 출력시키려면 링커 옵션에 다음을 추가해야 한다.

```
-Wl,-u,vfprintf -lprintf_flt
```

같은 이유에서 scanf( ) 함수에서 float와 double형 데이터를 입력받으려면 링커 옵션에 다음을 추가해야 한다.

```
-Wl,-u,vfscanf -lscanf_flt -lm
```

enum 열거 자료형

enum 지시어로 정수형값을 갖는 열거 자료형을 레이블로 만들어 사용할 수 있다. [표 3-8]의 형식 1은 {레이블1, 레이블2, ..., 레이블n}을 갖는 자료형을 state_t로 정의하고 정의된 enum state_t 자료형으로 변수를 선언하는 경우다. 형식 2는 한 줄에 레이블을 나열하고 변수를 직접 선언하는 방식이다. 사례 1은 state 변수에 가질 수 있는 값은 READY, WAIT, WALK, RUN, STOP 레이블 중 하나를 가질 수 있다. 처음 레이블 READY는 정수 0에 해당되고 WAIT, WALK는 1, 2 순서로 정수값을 갖는다.

[표 3-8] enum 열거 자료형 선언 형식과 사례

형식 1	enum state_t {레이블1, 레이블2, …, 레이블n}; enum state_t state;
형식 2	enum {레이블1, 레이블2, …, 레이블n} state;
사례 1	enum { READY, WAIT, WALK, RUN, STOP} state;

3.7.3 프로그램 흐름제어 명령어

if( ) 조건문

조건식을 계산하여 참 또는 거짓일 때 실행하는 위치가 달라진다. [표 3-9]의 if( ) 조건문의 형식 1의 경우 조건식이 참일 때 A 부분이 실행된다. 형식 2의 경우 참이면 A 부분, 거짓이면 B 부분을 실행한다. 조건식의 계산 결과가 0이면 거짓이고, 0이 아니면 참이다. 사례 1은 a와 b 중 큰 값을 변수 max에 대입하는 사례다. 즉, 큰 값을 취하는 동작이다.

[표 3-9] if( ) 조건문 형식 및 사례

형식 1	형식 2	사례 1

`if(조건식){`
`A`
`}`
	`if(조건식){`
	`A`
	`}else{`
	`B`
	`}`
		`if( a > b)`
		`max = a;`
		`else`
		`max = b;`

삼항 조건 연산자 ? :

조건식에 따라 실행하는 위치를 달리하고 결과를 변수에 대입하는 3개 항이 필요한 연산이다. [표 3-10]의 형식에서 조건식이 참이면 ① 위치를 실행하고 거짓이면 ② 위치를 실행한 결과값을 변수에 대입한다. 사례 1은 a가 b 보다 크면 max는 a값을 대입하고 그렇지 않으면 b값을 대입한다. 큰 값을 취하는 동작으로 [표 3-9]의 사례 1과 같은 동작이다.

[표 3-10] 삼항 조건 연산자 ? : 형식 및 사례

형식	사례 1
변수 = 조건식 ? ① : ②	`max = a > b ? a : b;`

while( ) 반복문

조건식이 참인 동안 A 부분을 반복한다. [표 3-11] while( ) 반복문 형식에서 조건식 → A 순서로 반복한다. while( ) 반복문을 빠져나오기 위해서는 반드시 조건식이 거짓이 되는 결과

가 있어야 한다. 사례 1은 10회 반복한 후 while( ) 문을 종료하지만 사례 2는 무한 반복되는 경우다. 단, break 명령이 실행되면 조건식에 관계없이 즉시 while( ) 문이 종료된다.

[표 3-11] while( ) 반복문 형식 및 사례

형식	사례 1	사례 2

while(조건식){
        A
}
	sum = 0;
	i = 0;
	while(i < 10){
	        sum = sum + i;
	        i++;
	}
		while(1){
		        A
		}

for(;;) 반복문

[표 3-12]의 형식에서 조건식이 참인 동안 A 부분을 반복한다. for(;;) 반복문 형식에서 ① 위치를 처음 실행하고 나서 조건식 → A → ② 순서로 반복 실행한다. 반복 중에 조건식의 계산 결과가 거짓으로 판명되면 for(;;) 반복문을 종료한다. ① 위치는 초기화로 사용하고, ② 위치는 조건 검사에 사용되는 변수를 갱신하는 용도로 많이 사용한다. 사례 1은 while( ) 반복문의 사례 2와 같은 동작이며 한 줄로 간단히 작성되었다. 사례 2는 무한 반복되는 경우다. break 명령이 실행되면 조건식에 관계없이 즉시 for(;;) 문이 종료된다.

[표 3-12] for(;;) 반복문 형식 및 사례

형식	사례 1	사례 2

for(①; 조건식; ②){
        A
}
	for(sum = i = 0; i < 10; i++)
	        sum = sum + i;
		for(;1;){
		        A
		}

switch(식)-case 분기문

식의 계산 결과는 반드시 정수형이어야 한다. [표 3-13] switch(식)-case 분기문 형식에서 식의 연산 결과와 정수값이 일치하는 위치의 case 부분이 수행된다. 식의 결과값과 case 정수 n의 일치값이 없을 때 default : 위치의 Z 부분이 수행된다. break 명령을 만나면 switch (식)-case 분기문을 종료한다. break 명령을 만나지 않으면 이어진 명령이 계속 수행된다.

사례 1은 state 변수와 일치하는 case 부분을 반복적으로 수행하게 된다. while(1) 무한 반복문에 진입하기 전에 state는 100이므로 A를 수행하고 state값을 200으로 바꾼다. switch (state)에 의해 B가 수행되고 state를 다시 100으로 바꾼다. 상태 100과 200 위치의 A와 B가 번갈아가며 실행된다. 7장에서 다루는 ASM 차트를 프로그램으로 변환할 때 사용하면 편리하다.

[표 3-13] swtich(식)-case 분기문 형식 및 사례

형식	사례 1

switch(식){
case 정수1:
        A
        break;
case 정수2:
        B
        break;
...
case 정수n:
        Y
        break;
default:
        Z
}
	state = 100;
	while(1){
	    switch(state){
	    case 100:
	       A
	       state = 200;
	       break;
	
	    case 200:
	       B
	       state = 100;
	       break;
	
	    default:
	    }
	}

3.7.4 비트 연산

ATmega128을 이용한 연산 중에서는 비트 연산이 많이 사용된다. 이 절에서는 이를 간단하게 소개한다.

비트 OR 연산자 |

| 는 비트끼리 OR 연산을 수행한다. 비트에 대한 | 연산은 아래와 같이 4가지 경우가 있다. 둘 중 하나가 1이면 결과는 1이다. 다시 말해서 둘 다 0일 때만 0이다.

```
   0       0       1       1
 | 0     | 1     | 0     | 1
 ---     ---     ---     ---
   0       1       1       1
```

a | control로 비트 연산을 수행할 때 control 비트값에 따라 아래와 같은 결과를 갖는다.

비트 연산	control값	결과	결과 해석
a | control	0	a	a값이 그대로 남는다.
	1	1	무조건 1로 설정된다.

비트 XOR 연산자 ^

^는 비트끼리 XOR 연산을 수행한다. 비트에 대한 ^ 연산은 아래와 같이 4가지 경우가 있다. 둘이 서로 다르면 결과는 1이다. 다시 말해서 둘 다 같으면 0이다.

```
    0        0        1        1
  ^ 0      ^ 1      ^ 0      ^ 1
  ---      ---      ---      ---
    0        1        1        0
```

a ^ control로 비트 연산을 수행할 때 control 비트값에 따라 아래와 같은 결과를 갖는다.

비트 연산	control값	결과	결과 해석
a ^ control	0	a	a값이 그대로 남는다.
	1	$\bar{a}$	a값이 반전된다.

비트 AND 연산자 &

&는 비트끼리 AND 연산을 수행한다. 비트에 대한 & 연산은 아래와 같이 4가지 경우가 있다. 둘 중 하나가 0이면 결과는 0이다. 다시 말해서 둘 다 1일 때만 1이다.

```
    0        0        1        1
  & 0      & 1      & 0      & 1
  ---      ---      ---      ---
    0        0        0        1
```

a & control로 비트 연산을 수행할 때 control 비트값에 따라 아래와 같은 결과를 갖는다.

비트 연산	control값	결과	결과 해석
a & control	0	0	무조건 0으로 클리어된다. 0으로 매스크된다.
	1	a	a값이 그대로 남는다.

왼쪽 비트 천이 연산자 <<

<<는 자료를 좌측으로 비트 천이하는 연산자다. 좌측으로 천이될 때 1의 자리는 0으로 채워진다. [표 3-14]의 형식에서 변수를 좌측으로 n비트만큼 천이시킨다. 천이되면서 우측 비트는 0값이 채워진다. 1비트 왼쪽으로 천이할 때 MSB값이 변하지 않는다면 2를 곱한 결과가 된다. 아래 표의 사례 1은 변수 a값을 2비트 왼쪽으로 이동시킨 값이다.

[표 3-14] 왼쪽 비트 천이 연산자 << 형식 및 사례

형식	사례 1
변수 << n	`a = a << 2;`

오른쪽 비트 천이 연산자 >>

>>는 자료를 오른쪽으로 n비트 천이하는 연산자다. 우측으로 천이될 때 MSB의 위치는 signed int 또는 signed char의 경우, 부호값이 유지된다. unsigned int 또는 unsigned char의 경우는 0이 된다. [표 3-15]의 형식에서 변수를 우측으로 n비트만큼 천이시킨다. 1비트 오른쪽으로 천이하면 2로 나눈 결과가 된다.

사례 1은 변수 a값을 1비트 오른쪽으로 이동시킨 값이다. a값이 음수이므로 부호 비트인 MSB를 1로 유지하면서 오른쪽으로 천이되어 2로 나눈 값에 해당되는 -32가 된다. 사례 2는 unsigned int이므로 1비트 우측으로 이동할 때 MSB는 0이 되고, 결과는 32가 된다.

[표 3-15] 왼쪽 비트 천이 연산자 << 형식 및 사례

형식	사례 1	사례 2
변수 >> n	`signed int a = -64` `a = a >> 1;`	`unsigned int a = 64;` `a = a >> 1;`

3.7.5 연산자의 우선순위

연산식의 계산 순서에 따라 결과가 달라질 수 있다. C 언어는 [표 3-16] 우선순위에 따라 연산 순서가 정해진다. 번호가 작은 연산자가 먼저 실행된다. 아래 식의 경우 <<와 >>의 우선순위가 가장 높지만, 좌 → 우 순서에 따라 2 >> 1이 먼저 수행된다. 그 후 2 >> 1이 수행된다. 그 다음 높은 우선순위 연산자는 |이고, 마지막 연산자는 대입 연산자인 =가 수행된다. 결과값은 5가 된다.

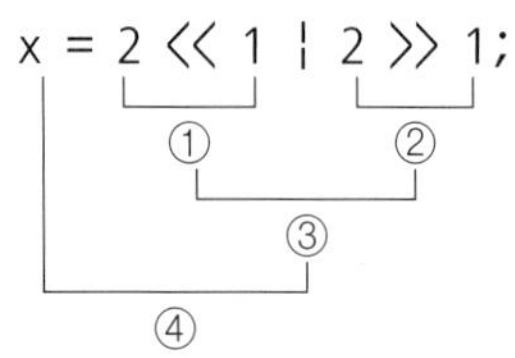

[표 3-16] 연산자 우선순위

<table>
<tr><th>번호</th><th>종류</th><th>연산자</th><th>연산 방향</th></tr>
<tr><td>1</td><td>괄호, 배열, 구조체</td><td>( ) . [ ] -></td><td>좌 → 우</td></tr>
<tr><td>2</td><td>단항 연산자</td><td>* & ! - ++ -- + - sizeof</td><td>우 → 좌</td></tr>
<tr><td>3</td><td>승제 연산자</td><td>* / %</td><td>좌 → 우</td></tr>
<tr><td>4</td><td>가감 연산자</td><td>+ -</td><td>좌 → 우</td></tr>
<tr><td>5</td><td>비트 천이 연산자</td><td><< >></td><td>좌 → 우</td></tr>
<tr><td>6</td><td>비교 연산자</td><td>< <= > >=</td><td>좌 → 우</td></tr>
<tr><td>7</td><td>등가 연산자</td><td>== !=</td><td>좌 → 우</td></tr>
<tr><td>8</td><td>비트 연산자 AND</td><td>&</td><td>좌 → 우</td></tr>
<tr><td>9</td><td>비트 연산자 XOR</td><td>^</td><td>좌 → 우</td></tr>
<tr><td>10</td><td>비트 연산자 OR</td><td>|</td><td>좌 → 우</td></tr>
<tr><td>11</td><td>논리 연산자 AND</td><td>&&</td><td>좌 → 우</td></tr>
<tr><td>12</td><td>논리 연산자 OR</td><td>||</td><td>좌 → 우</td></tr>
<tr><td>13</td><td>삼항 조건 연산자</td><td>? :</td><td>우 → 좌</td></tr>
<tr><td>14</td><td>대입 연산자</td><td>= *= /= += -= %= <<= >>= &= ^= |=</td><td>우 → 좌</td></tr>
<tr><td>15</td><td>나열 연산자</td><td>,</td><td>좌 → 우</td></tr>
</table>

3.8 LCD 디스플레이와 float 출력 프로젝트

A 실험 목적

(1) 여러 개의 파일로 구성된 프로젝트의 컴파일과 링크에 의한 다운로드 파일 생성을 확인한다.
(2) 변수와 함수는 참조와 호출에 앞서 선언 또는 정의되어야 함을 확인한다.
(3) LCD 디스플레이에 sprintf( ) 함수를 이용하여 변수값을 출력한다.
(4) double형 출력을 위해 링커 옵션 변경 방법을 확인한다.
(5) sizeof( ) 명령으로 자료형의 크기를 확인한다.

B 실험 부품 및 장치

부품명	규격	수량	비고
핵심(기본) 부품		1개	[표 3-17] 참조
LCD	2 x 16 라인	1개	
가변저항	50[kΩ]	각 1개	

C 실험 절차

(1) [그림 3-24]와 같이 LCD 디스플레이가 있는 회로를 완성한다.

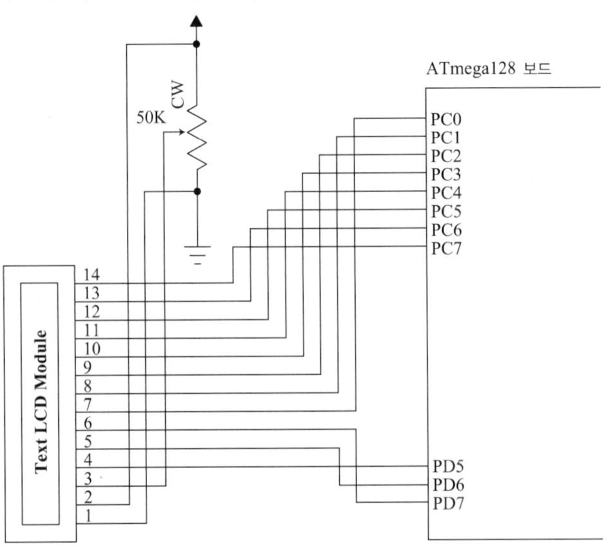

[그림 3-24] 실험 회로

(2) AVR Studio 4를 실행한 후, 새로운 프로젝트를 만든다.

(3) 부록에 제공된 lcd.h, main_3_8.c, lcd.c 파일을 이용하여 [그림 3-23]과 같이 Souce Files와 Header Files에 추가한다.

(4) [그림 3-25]와 같이 링커 옵션에 -Wl,-u,vfprintf -lprintf_flt를 추가하고 [Add] 버튼을 클릭한다.

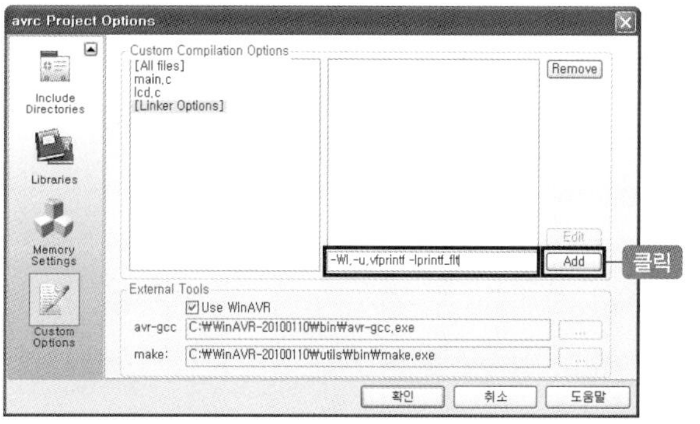

[그림 3-25] 링커 옵션

(5) Build 메뉴를 선택한 후, 프로그램의 실행을 LCD창을 통해 관찰한다.

D 실험 결과 및 고찰

(1) sprintf(lcd_string[0], “A=%-5d B=%-5d”, a, b); 함수는 lcd_string[0][ ] 배열에 정수값 a, b를 5자리 10진수로 출력한다.

(2) LCD_str_write(0, 0, lcd_string[0]); 함수는 sprintf( )로 (1)에서 출력한 문자열을 2 × 16 LCD창의 (0, 0) 위치에 디스플레이시킨다.

(3) sprintf(lcd_string[1], “X=%-5.1f Y=%-5.1f”, x, y); 함수는 double형 변수 x, y를 lcd_string[1][ ] 배열에 5자리 소수 1자리로 출력한다.

(4) LCD_str_write(1, 0, lcd_string[1]); 함수는 sprintf( )로 (3)에서 출력한 문자열을 2 × 16 LCD창의 (1, 0) 위치에 디스플레이시킨다.

(5) _delay_ms(1000); 함수는 1초간 지연시키고 while(1)에 의해 무한 반복된다.

(6) [그림 3-26]은 실험 결과를 나타낸 것이다. LCD 디스플레이 (0, 0) 위치부터 첫째 줄에는 1초마다 1과 2씩 증가하는 a, b 정수형 숫자가 보이고 (1, 0) 위치부터 둘째 줄에는 0.1과 0.2씩 증가하는 x, y double형 숫자가 디스플레이되고 있다.

[그림 3-26] LCD 디스플레이 프로젝트 실행 결과

(7) sizeof( ) 명령을 이용하여 char, int, long, float, double, long long 자료형의 byte 크기를 LCD에 출력하라.

3.9 하드웨어 환경 구축

실험 실습을 위한 하드웨어 환경

[그림 3-27]은 실험 실습을 위한 회로 구성 사례다. ATmega128을 이용한 이론을 실험 실습으로 확인하기 위해서는 주요 부품이 필요하다.

[그림 3-27] 실험 실습을 위한 회로 구성 사례

실험 실습을 위해 필요한 핵심 부품은 [그림 3-27]과 같이 ATmega128 보드, 5[V] 전원 어댑터, 브레드 보드, ISP 다운로더가 필요하다. ATmega128 보드는 가능하면 외부 입출력 핀이 많이 있고, 브레드 보드에 직접 꽂아 사용할 수 있는 것이 바람직하다.

[그림 3-28]은 실험 실습에 필요한 공구 및 부품을 담을 수 있는 보관 가방이다. 2~3명이 함께 팀을 이루어 실험 · 실습을 수행할 때, 함께 PC가 있는 곳으로 이동하여 작업을 할 수 있기 때문에 효과적이다.

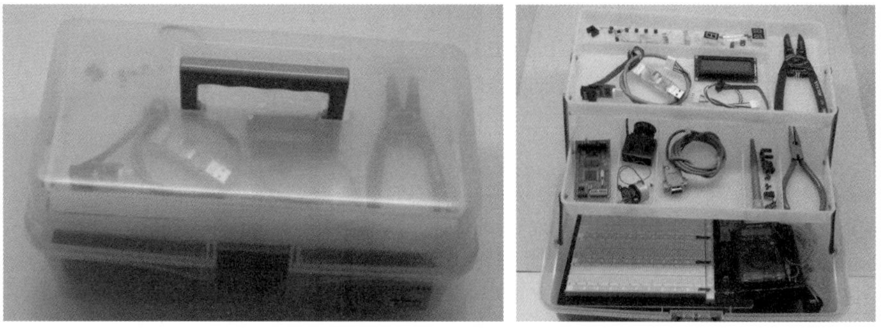

[그림 3-28] 실험 실습 부품 보관 가방

[표 3-17]은 부품 보관 가방에 구성할 수 있는 핵심 부품과 기본 부품 구성표다. 1~5번까지는 ATmega128 프로그래밍과 실행에 꼭 필요한 핵심 부품이고, 나머지는 실험 실습을 진행할 때 작업을 쉽게 할 수 있도록 도와주는 기본 부품들이다.

각 장의 실험 절에서 필요한 '실험 부품 및 장치' 중 핵심 부품과 기본 부품은 [표 3-17]로 대치한다.

[표 3-17] 핵심(기본) 부품 구성

번호	부품명	규격	수량	비고
1	브레드 보드	IC 영역 3개 이상	1	핵심 부품
2	ATmega128 보드	8MHz 또는 16MHz 브레드 보드용 3핀 USART 포트	1	핵심 부품
3	DC 어댑터	SMPS, 5[V]/2[A], 안지름 2mm	1	핵심 부품
4	PWR B/D	DC 어댑터와 브레드 보드 연결 (PCB 제공)	1	핵심 부품
5	ISP 다운로더	JTAG 인터페이스 또는 SPI 인터페이스	1	핵심 부품
6	와이어 스트리퍼	0.65mm	1	
7	롱노즈 플라이어	125mm	1	
8	테스터기	직류전압, 직류전류, 저항 측정	1	
9	조정 드라이버	- 또는 +	1	
10	보관 가방	사물함 보관 가능한 크기	1	

PWR B/D는 이 책의 뒷면에 PCB로 제공하고 있으며 콘덴서, 저항, LED, 핀헤더를 연결하여 [그림 3-29]와 같이 제작하여 사용할 수 있다. [그림 3-27]의 상단과 같이 어댑터를 연결한 후 브레드 보드에 꽂아 사용한다. 어댑터 연결보드를 꽂을 때는 극성이 바뀌지 않도록 주의한다. 특히, 연결보드의 아래쪽 패턴과 브레드 보드에 배선한 피복이 벗겨진 선과 단락되지 않도록 해야 한다.

[그림 3-29] 어댑터 연결보드

작품 제작을 위한 PCB

이 책에서 다루는 일부 내용을 [그림 3-30(a)]와 같이 여러 종류의 PCB로 제공하여 독자가 다양한 프로젝트에 활용할 수 있게 하였다. PCB는 V-컷되어 있으므로 필요한 보드를 잘라 부품을 조립한 후, 다른 기구물과 연결하여 구성함으로써 작품의 완성도를 높일 수 있다. 연결되는 기구물이 도체인 경우, PCB의 부품면이 기구물과 쇼트되지 않도록 해야 한다.

[그림 3-30(b)]는 일부 PCB에 대한 부품으로 조립 제작하여 ATmega128 보드와 연결한 사례다. 브레드 보드에서 만든 회로와 제공된 PCB에서 만든 회로를 결합하면, 현장감 있는 프로젝트 수행에 활용할 수 있다. 12장에서 몇 가지 작품 사례를 소개한다.

(a) PCB

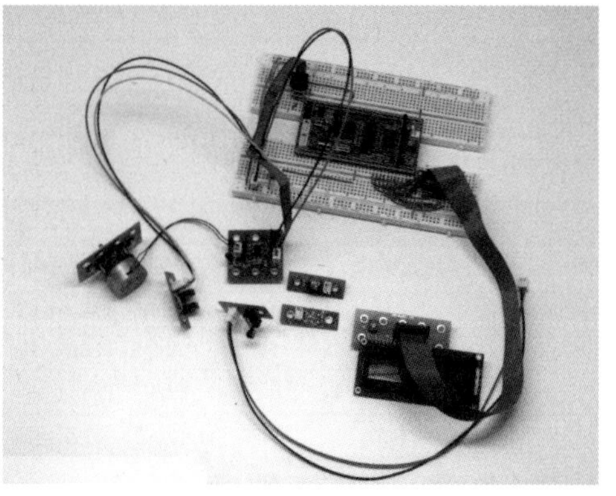

(b) 제공되는 보드와 연결

[그림 3-30] 다양한 프로젝트 활용을 위한 PCB

Chapter_03 연습문제

3.1 다운로드 파일이 생성되는 절차를 설명하라.

3.2 SPI를 이용한 ISP 다운로드와 JTAG 인터페이스를 이용한 디버깅의 차이를 설명하라.

3.3 make 명령과 Makefile의 역할을 설명하라.

3.4 컴파일러 최적화를 수행하는 이유를 설명하라.

3.5 AVR GCC를 이용한 printf( ) 함수에서 %f를 이용하여 double형을 출력하려 한다. 무엇을 설정해야 하는가?

3.6 인터럽트 서비스 루틴에서 사용하는 변수는 volatile 지시어를 사용해야 한다. 그 이유를 설명하라.

3.7 컴파일러 옵션으로 −funsigned−char가 설정된 상황에서 다음 프로그램을 실행하니 x=255가 출력되었다. 왜 −1이 출력되지 않았는지 그 이유를 설명하라.

```
#include <stdio.h>

int     main(void)
{
        char    x;

        x = -1;
        printf("x = %d", x);

        return 0;
}
```

3.8 프로그램 개발 과정에서 [그림 3-31]과 같이 3번 라인과 6번 라인에서 에러가 발생했다. 그 이유를 설명하고 수정하라.

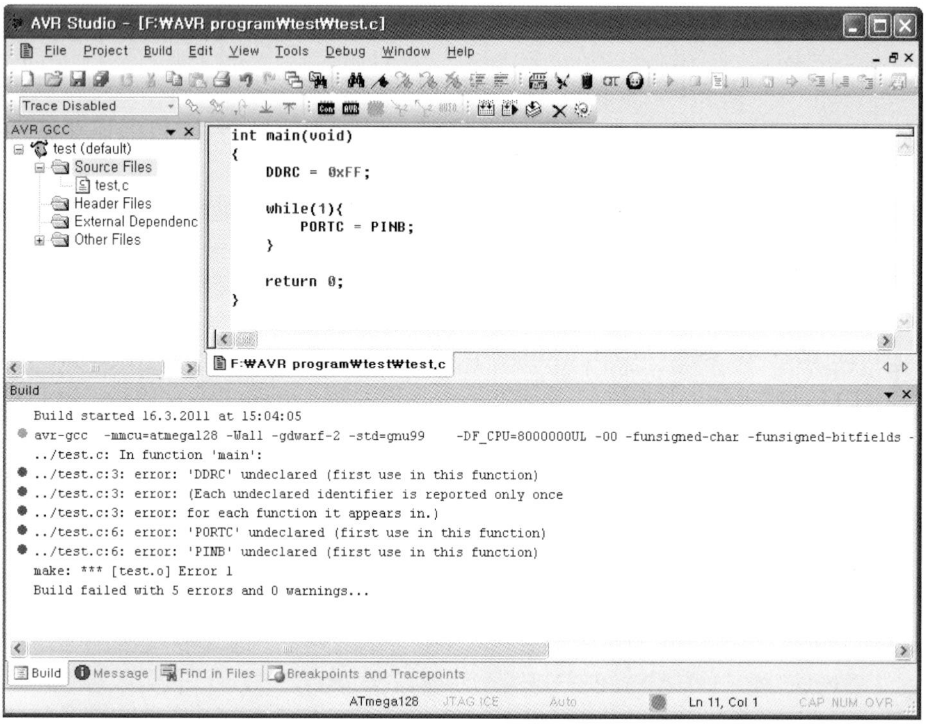

[그림 3-31] 컴파일 중 발생된 에러 증상

3.9 프로그램 개발 과정에서 [그림 3-32]와 같이 19번 라인과 27번 라인에서 LCD_str_write( ) 함수에 대한 경고 문구가 출력되었다. 그 이유와 어떻게 수정되어야 하는지를 설명하라.

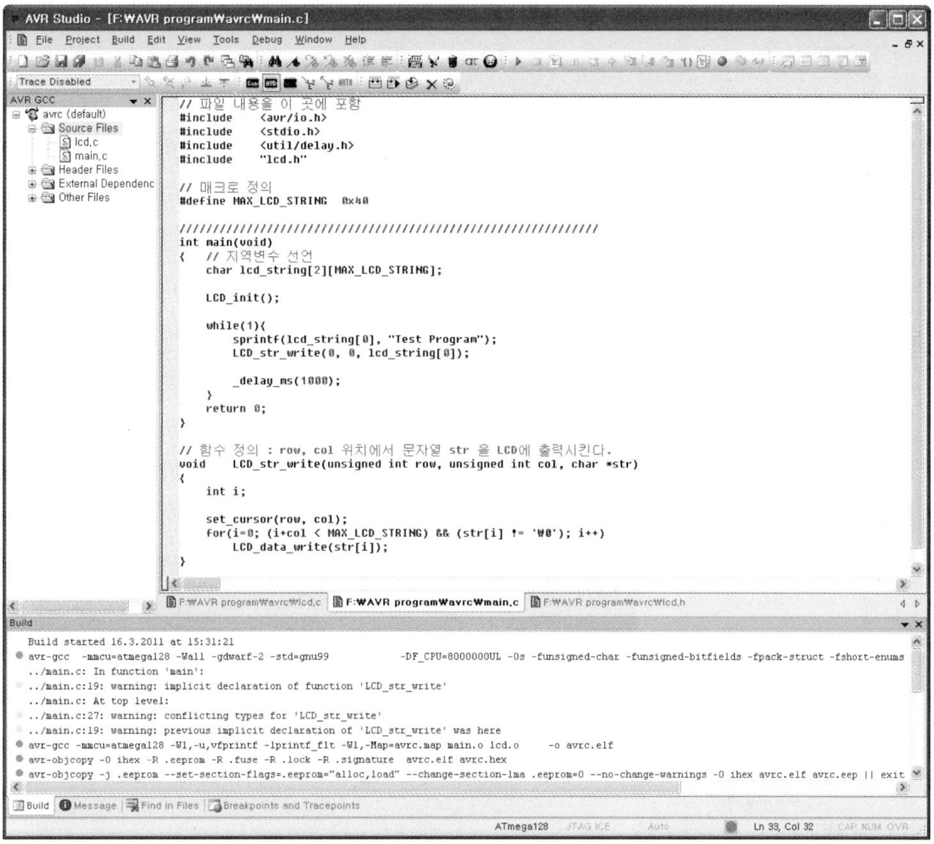

[그림 3-32] LCD_str_write( ) 함수에 대한 경고 문구 출력

Chapter

04

ATmega128 디지털 I/O 인터페이스

Digital I/O Interface on ATmega128

학습목표

- 디지털 정보 전달을 위한 전기신호와 외부 장치 구동을 위한 구동 전기신호의 차이를 알 수 있다.
- TTL(Transistor-Transistor-Logic) IC를 이용하여 LED를 구동하기 위한 전기적·광학적 특성을 알 수 있다.
- ATmega128의 디지털 I/O 핀으로 논리값을 외부로 입출력할 때 디지털 전압레벨과의 관계를 알 수 있다.
- ATmega128의 디지털 I/O 핀의 전기적 특성을 이해하고, LED를 연결하여 광속 발산을 위한 구동 방법을 알 수 있다.
- ATmega128의 디지털 I/O 핀을 이용한 레지스터 설정 방법을 이해하고, B포트의 LED 점멸 방법을 실험을 통해 알 수 있다.
- 디지털 I/O의 특정 핀을 통해 논리값을 입출력하기 위한 비트 매스킹 방법을 알 수 있다.

ATmega128은 전력 소비가 적은 외부 장치는 직접 구동하고 전력 소비가 큰 장치는 간접 구동할 수 있다. 구동되는 외부 장치는 디지털 I/O로 인터페이스되고, 8비트 단위로 구성된 포트를 사용한다. 이 장에서는 외부 장치를 구동할 때 하드웨어적으로 ATmega128의 디지털 전압레벨, 전류, 전력의 전기적 특성을 고려한 회로 설계 방법을 배운다. 소프트웨어적으로는 디지털 I/O 핀의 방향 설정과 내부 논리값을 디지털 전압레벨로 변환하는 방법에 대해 알아본다. 또 프로그램의 가독성을 높이기 위해 C 언어의 비트 연산을 이용하여 디지털 I/O 핀의 설정 방법에 대해서도 알아본다.

4.1 디지털 IC와 외부 인터페이스

4.1.1 디지털 정보와 디지털 IC

수학은 생활 자연 속의 일에 숫자를 대입하고, 사칙연산과 같은 방법으로 계산한 후, 이를 다시 생활 자연으로 환원시킬 수 있어 연산 결과를 예측하는 매우 유용한 도구다. 예를 들면 A인승, 버스 B대에 승차할 수 있는 최대 인원은 다음과 같이 수식화할 수 있다.

Z = A × B
A : 버스의 최대 탑승 인원
B : 버스 대수
Z : 최대 승차인원

(**사례**) 40인승 버스 8대에 승차할 수 있는 최대 인원은 320명이다. 이 계산은 숫자와 곱셈 연산자 ×를 사용하여 식 A×B와 A값과 B값을 대입한 연산 결과 320을 얻는다. 이는 버스 한 대당 최대 탑승 인원을 A에, 버스 수를 B에 대응하여 계산한 것이다.

논리는 참(True)과 거짓(False)을 2진 논리화하여 1과 0에 대응하여 사용하고 있다. 디지털 논리의 대표적인 스위칭 대수는 참(True, 1), 거짓(False, 0)과, OR, AND, NOT 연산을 이용한다. OR은 '또는'이라는 의미를, AND는 '그리고'라는 의미를, NOT은 '반대'라는 의미를 갖는다. 이처럼 논리를 사용하려면 1과 0을 어떤 상황에 대응시킬 것인지를 항상 고민해야 한다. 예를 들면 방범창살과 유리창에 센서를 붙였다고 가정했을 때, 도둑의 침입이 감지되는 경우는 다음과 같이 수식화할 수 있다.

Z = X AND Y
X : 방범창살의 파손 여부 (파손 : 1, 정상 : 0)
Y : 유리창 열림 여부 (열림 : 1, 닫힘 : 0)
Z : 침입 감지 여부 (감지 : 1, 감지되지 않음 : 0)

(**사례**) 방범창살이 정상이고 유리창이 열려 있다면, 침입은 감지되지 않는다. 방범창살이 정상이므로 X에 0, 유리창이 열려 있으므로 Y에 1을 대입하면, 0 AND 1=0이 된다. Z값이 0이므로 침입이 감지되지 않은 것으로 판단하게 된다.

디지털 정보

디지털시스템에서는 숫자, 문자, 영상, 음성, 논리 등을 각각 다음과 같은 디지털 정보로 처리한다.

- **숫자** : 2진수 체계를 갖는 한정된 비트의 디지털값으로 변환된 정보
- **문자** : 한정된 비트 크기의 2진화된 코드로 변환된 정보
- **영상, 음성** : 샘플링 단위를 중심으로 해상도에 의해 제한된 비트 크기의 코딩 기법으로 변환된 정보
- **논리** : 1과 0의 2진 논리 정보(참일 때 1, 거짓일 때 0)

디지털 IC

디지털시스템은 제한된 비트로 표현되는 숫자, 문자, 영상, 음성, 논리 등을 디지털 정보화하고 디지털 IC 내부에서 전기신호로 빠르게 처리하여 결과를 얻는다. 숫자, 문자, 영상, 음성, 논리의 정보 처리를 디지털 IC로 수행하기 위해서는 [그림 4-1]과 같이 생활 자연현상에서 나타나는 다양한 물리 · 화학 · 생물학적 자연신호를 전기신호로 변환하여 디지털 정보화한 후, 디지털시스템에서 처리하여 결과를 얻고, 이를 다시 자연신호를 통해 생활 자연현상으로 환원한다.

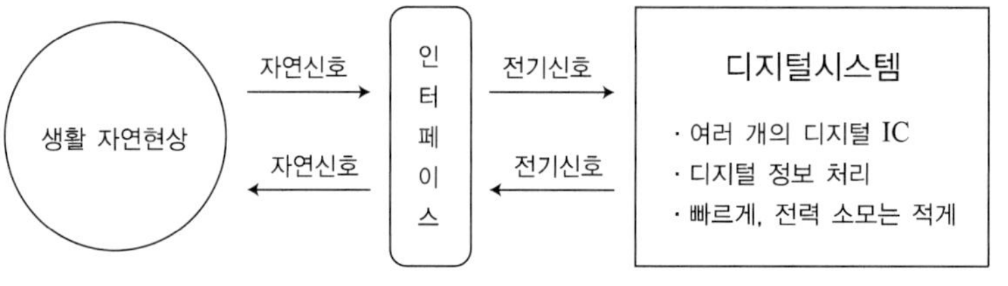

[그림 4-1] 디지털 정보화하여 디지털 IC에서 처리하기 위한 인터페이스

디지털 정보를 처리하는 디지털시스템은 보통 여러 디지털 IC로 구성된다. 디지털 정보를 표현하는 소자인 전기신호가 디지털 IC 사이를 오가면서 프로그래밍 절차에 따라 정보를 처리하거나 결과를 얻는다.

4.1.2 정보처리용 디지털 IC의 I/O 장치 인터페이스

[그림 4-2]는 자연신호에서 변환된 전기신호와 자연신호의 생성을 위한 구동 전기신호의 흐름을 나타낸다. 디지털시스템 내부에서 디지털 IC 사이는 빠른 디지털 정보 연산과 정보 전달을 위한 전기신호와 고속의 저전력 신호가 사용된다.

디지털시스템의 계산 결과를 자연신호로 변환할 수 있는 구동 전기신호는 전기에너지를 자연신호에 해당하는 에너지로 변환시키기에 충분한 전력으로 장치를 구동할 수 있어야 한다.

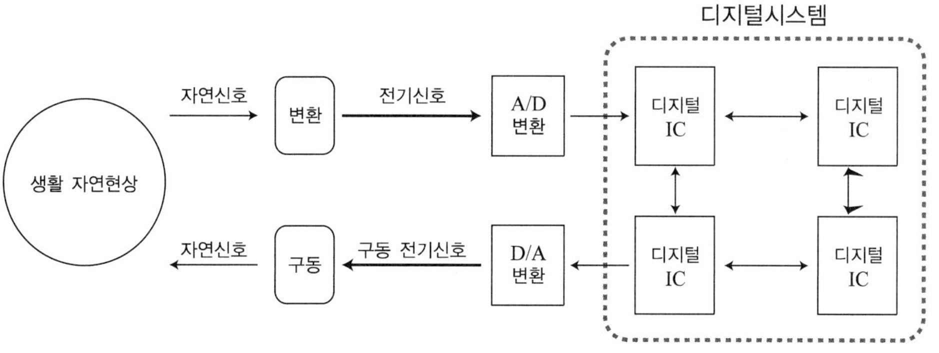

[그림 4-2] 디지털 정보 전달을 위한 전기신호와 구동 전기신호

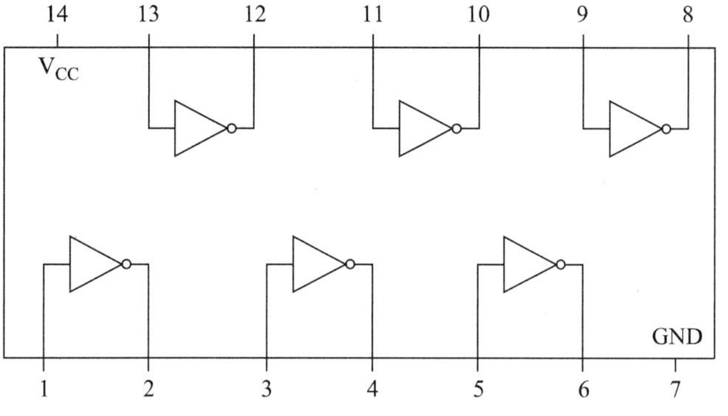

[그림 4-3] NOT 연산을 위한 디지털 IC의 I/O 핀 구성

[그림 4-3]은 디지털 정보를 전기신호로 주고받기 위해 NOT 연산을 하는 디지털 IC다. 따라서 적은 전력으로 정보를 처리하는 전기적 특성이 있다. [표 4-1]은 [그림 4-3]의 5[V]에서 동작하는 NOT 연산용 TTL IC 74LS04의 전기적 특성을 나타내는 표다.

[표 4-1] Ti사의 TTL IC 74LS04의 정상 동작을 위한 전기적 특성

심볼	매개 변수	최솟값	정상값	최댓값	단위
V_{CC}	공급전압	4.75	5	5.25	V
V_{IH}	HIGH 입력전압	2			V
V_{IL}	LOW 입력전압			0.8	V
I_{OH}	HIGH 출력 전류			-0.4	mA
I_{OL}	LOW 출력 전류			8	mA
T_A	공기 동작온도	0		70	℃

[표 4-1]에 의하면 74LS00 IC의 V_{CC} 전압을 통상 5[V]로 공급시킨다. 출력 핀에서 HIGH 전압이 출력되면 디지털 IC에서 최대 0.4[mA] 전류가 IC 밖으로 흘러나갈 수 있음을 I_{OH} 기호 최댓값의 위치를 보고 알 수 있다. 반대로 출력 핀에서 LOW 전압이 출력되면 전류가 밖에서 디지털 IC 안으로 최대 8[mA]가 흘러들어올 수 있음을 I_{OL} 기호 최댓값의 위치를 보고 알 수 있다. 디지털 IC 74LS00의 출력이 HIGH일 때 5[V]×−0.4[mA] = −2[mW]다. 즉, 2[mW]의 전력으로 장치를 구동할 수 있고, 출력이 LOW일 때 최대 5[V]×8[mA] = 40[mW]다. 즉, 40[mW] 전력으로 장치를 구동할 수 있다. 출력이 HIGH일 때는 다른 디지털 IC를 구동하기에 충분하지만, 일반 장치를 구동하기에는 전력이 부족하다. 다만, LOW일 때의 전력은 HIGH일 때 전력의 20배가 크고 40[mW]로 구동될 수 있는 소형 장치에 사용할 수 있다.

ATmega128은 디지털 IC 사이의 정보 교환을 위한 신호는 물론 외부 장치를 구동할 수 있는 두 가지 특징을 모두 갖추고 있어야 한다. 마이크로컨트롤러 디지털 I/O 핀은 생활 자연현상에 영향을 줄 수 있는 장치와 직접 또는 간단하게라도 인터페이스가 가능해야만 응용성을 높일 수 있다.

AND 연산을 수행하는 디지털 IC 74LS08은 출력이 LOW일 때 최대 8[mA]까지 전류를 흡수할 수 있다. [그림 4-4]와 같이 구성된 회로에서 3번 출력 핀이 LOW가 되면 LED에 순방향으로 전류가 흘러 ON된다. V_{CC}에서 직렬연결된 LED와 저항을 통해 LOW인 IC의 3번 출력 핀으로 8[mA]의 전류가 흐를 수 있게 된다.

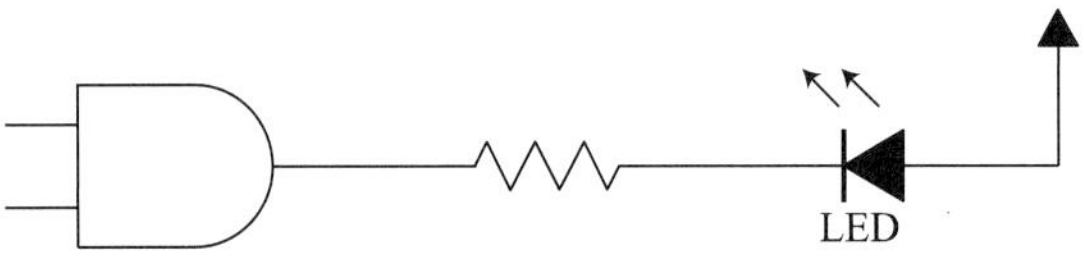

[그림 4-4] LED를 구동하기 위한 회로

여기서 잠깐!

+ 전압의 양수, 음수값은?

전압이란 '전위차'라고도 하는데, 이는 두 위치 사이의 전압차를 의미한다. 기준 위치에 − 기호를 붙이고 − 위치에 대한 + 위치의 전압값을 표시한다. 만일 어느 데이터시트에서 − 위치를 따로 표시하지 않았다면 묵시적으로 0[V] 또는 GND 위치를 − 위치로 간주한다.

[그림 4-5]에서 전압 V_x는 위치 b보다 위치 a의 높은 전압 정도를 나타낸다. 만일 전압 V_x가 −2[V]라 하면 + 위치 a의 전압이 − 위치 b의 전압보다 2[V] 낮다는 것을 의미한다.

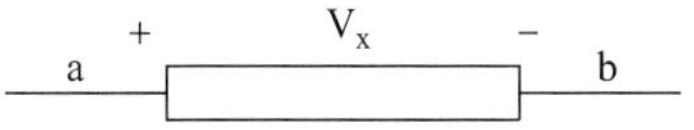

[그림 4-5] 전압 V_x

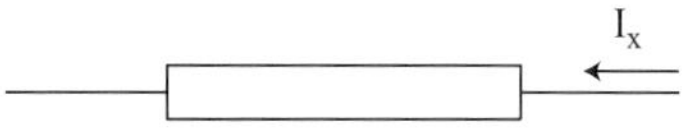

[그림 4-6] 전류 I_x

+ 전류의 양수, 음수값은?

전류는 화살표로 전류가 흐르는 방향을 나타내고 숫자로 전류의 크기를 나타낸다. 만일 어느 데이터시트에서 소자에서 분기되는 경로에 화살표를 표시하지 않고 크기만 사용하면 묵시적으로 소자 안쪽 방향으로 흐르는 전류의 크기를 나타낸다. [그림 4-6]에서 전류 I_x는 소자 안쪽으로 흘러들어가는 전류를 나타낸다. 만일 전류 I_x가 −10[mA]라면 화살표 반대 방향인 소자 바깥쪽으로 10[mA] 전류가 흐른다는 것을 의미한다.

+ TTL IC란?

TTL은 Transistor−Transistor−Logic의 약자다. 이는 트랜지스터를 많이 사용한 논리회로라는 뜻으로, IC 내부를 트랜지스터를 이용하여 만든 부품을 말한다.

4.2 디지털 IC를 이용한 LED 구동

A 실험 목적

(1) 디지털 정보 전달과 처리에 적합한 디지털 IC를 이용하여 LED 소자를 구동할 수 있는지를 확인한다.

(2) 정보처리용 디지털 IC의 디지털 I/O 핀의 공급 전류, 전압 특성을 확인하여 구동할 수 있는 회로를 구성한다.

B 실험 부품 및 장치

부품명	규격	수량	비고
핵심(기본) 부품		1개	3장 [표 3-17] 참조
LED	지름 3[mm]	4개	
스위치	DIP 4극 이상	1개	
TTL IC	74LS04 또는 7404	1개	NOT 게이트
저항	330[Ω], 1[KΩ]	각 2개	1/8[W] 이상

여기서 잠깐!

+ 디지털 멀티미터를 이용한 전압과 전류 측정

직류전압은 구성회로를 유지한 상태에서 [그림 4-7]과 같이 직류전압 모드로 설정하고 테스터기에 연결되는 리드를 전압측정 위치에 꽂는다. [그림 4-8]과 같이 소자 양단에 리드선으로 멀티미터와 병렬로 연결하여 측정한다. 검은색 리드 위치에 대한 빨간색 리드 위치의 전압이 측정된다.

[그림 4-7] 전압측정 회로

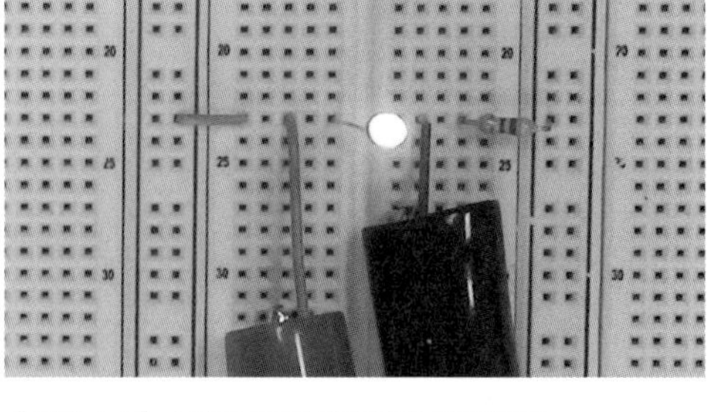

[그림 4-8] 소자와 병렬 연결하여 전압측정

전류측정을 위해 [그림 4-9]와 같이 직류전류 측정모드로 측정단자 설정을 변경하고 테스터기에 연결되는 리드를 전류측정 위치에 꼽는다. 전류가 흐르는 경로를 끊고 [그림 4-10]과 같이 리드선으로 멀티미터와 직렬로 연결하여 전류가 흐르는 경로를 다시 만든다. 빨간색 리드에서부터 검은색 리드로 흐르는 전류가 측정된다.

[그림 4-9] 전류측정 회로

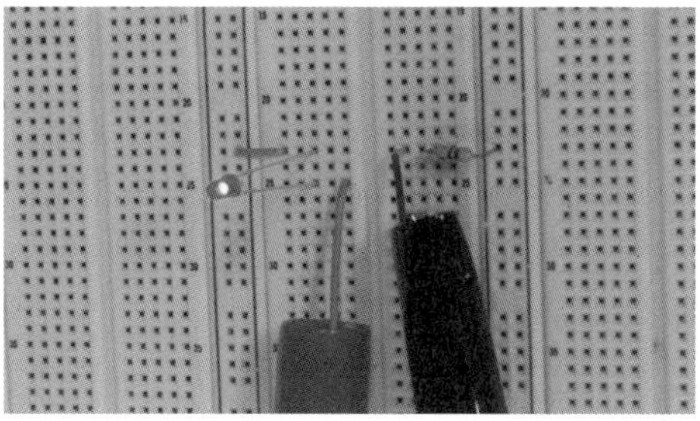

[그림 4-10] 소자와 직렬 연결하여 전류측정

C 실험 절차

(1) [그림 4-11]과 같이 브레드 보드 위에 NOT 게이트인 TTL IC 74LS04를 이용하여 회로를 구성한다. 이때 IC의 14번 핀은 V_{CC}에, 7번 핀은 0[V]인 GND에 연결한다.

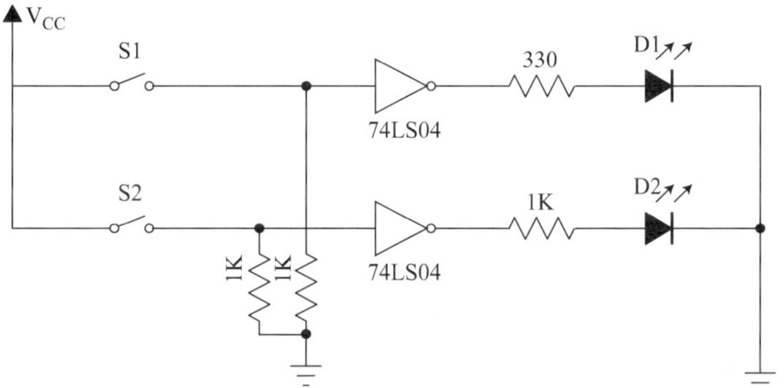

[그림 4-11] LED 구동을 위한 회로 1

(2) NOT 게이트 IC인 74LS04 출력 핀에 HIGH 전압 출력을 위해 스위치 S1, S2를 개방할 때와 LOW 전압 출력을 위해 닫을 때의 게이트 출력전압, LED 양단의 전압과 전류값을 측정하여 기록한다.

[표 4-2] [그림 4-11] 회로에 대한 측정값

LED	저항값	스위치 개방				스위치 연결			
		NOT 게이트 출력전압 [V]	LED 양단전압 [V]	저항 양단전압 [V]	전류 [mA]	NOT 게이트 출력전압 [V]	LED 양단전압 [V]	저항 양단전압 [V]	전류 [mA]
D1	330[Ω]								
D2	1[kΩ]								

(3) [그림 4-12]와 같이 회로를 변경하여 연결한다.

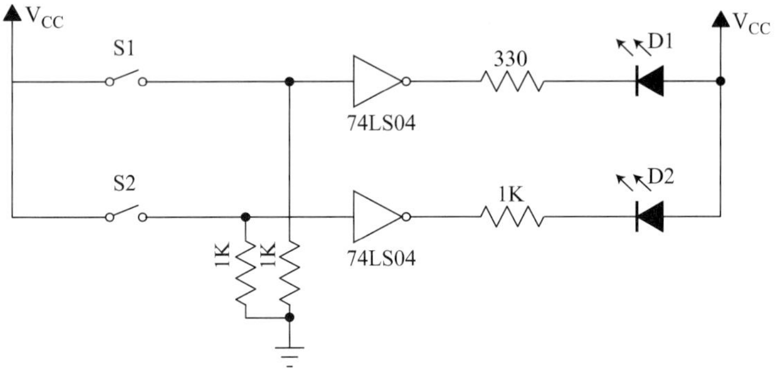

[그림 4-12] LED 구동을 위한 회로 2

(4) NOT 게이트 IC인 74LS04 출력 핀에 HIGH 전압 출력을 위해 스위치 S1, S2를 닫을 때와 LOW 전압 출력을 위해 개방할 때의 게이트 출력전압, LED 양단의 전압과 전류값을 측정하여 기록한다.

[표 4-3] [그림 4-12] 회로에 대한 측정값

LED	저항값	스위치 개방				스위치 연결			
		NOT 게이트 출력전압 [V]	LED 양단전압 [V]	저항 양단전압 [V]	전류 [mA]	NOT 게이트 출력전압 [V]	LED 양단전압 [V]	저항 양단전압 [V]	전류 [mA]
D1	330[Ω]								
D2	1[kΩ]								

D 실험 결과 및 고찰

(1) 지름이 3[mm]인 어느 적색 LED의 전기적 · 광학적 특성은 [표 4-4]와 같다. [표 4-2]와 [표 4-3]에서 측정된 LED의 전압, 전류, LED의 밝기 정도를 관찰한 내용과 특성표, 유사점, 차이점을 적어보자.

[표 4-4] LED 전기적 · 광학적 특성

매개 변수	기호	최솟값	정상값	최댓값	단위	조건
조도	I_V	1.2	2.0	–	[mcd]	I_F = 20[mA]
순방향 전압	V_F	–	2.2	2.5	[V]	I_F = 20[mA]
역방향 전류	I_R	–	–	50	[uA]	V_R = 5[V]
피크 파장	λ_F	–	700	–	[nm]	I_F = 20[mA]
시야각	–		35		[deg]	I_F = 20[mA]

(2) [표 4-4]의 LED 전기적 · 광학적 특성과 [표 4-1]의 TTL IC의 전기적 특성을 고려하여 [표 4-2]의 측정값과 [표 4-3]의 측정값을 비교하고, 이유를 설명하라. LED 밝기를 관찰하기에 [표 4-2]의 회로가 적당한가? 아니면 [표 4-3]의 회로가 적당한가? 타당하다고 생각되는 이유를 토론한 후에 적어보자.

Section

4.3 ATmega128 핀을 이용한 논리값의 외부 입출력

ATmega128은 [그림 4-13]에 표시된 PA0~PA7, PB0 ~PB7, PC0~PC7, PD0~PD7, PE0~PE7, PF0~PF7, PG0~PG4에 해당하는 53개의 I/O 핀으로 외부와 8비트 단위로 인터페이스한다. 외부와 인터페이스하는 회로를 설계할 때는 외부 신호를 논리값(1 또는 0)으로 입력시키기 위한 입력 핀의 디지털 입력 전압레벨과 논리값을 출력할 때 출력 핀에 나타나는 디지털 출력 전압 및 전류의 규격을 이해해야 한다.

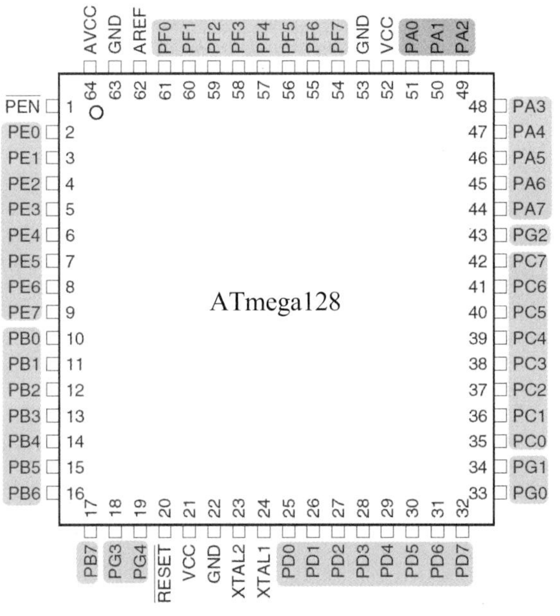

[그림 4-13] ATmega128의 53개 I/O 핀

4.3.1 논리값과 I/O 핀의 디지털 전압레벨

외부 신호는 회로에서 디지털 전압레벨로 변환시킨 후, ATmega128 입력 핀을 통해 내부 논리값(1 또는 0)으로 읽힌다. 프로그램 수행 결과로 얻은 논리값은 디지털 전압레벨로 출력 핀을 통해 출력된다. 이 출력 신호로 적은 전력이 필요한 외부 장치를 ATmega128이 직접 구동할 수 있다.

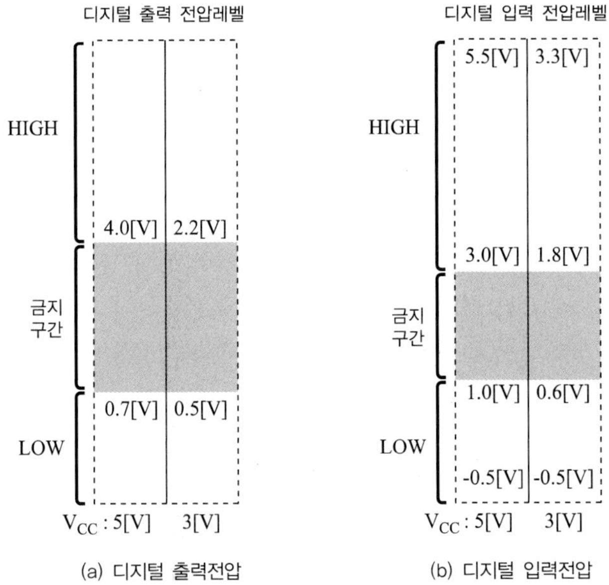

[그림 4-14] ATmega128의 논리값과 디지털 출력 및 입력전압

[그림 4-14(a)]는 ATmega128 디지털 I/O 핀이 출력으로 사용될 때 V_{CC}로 5[V] 또는 3[V] 전원을 사용하는 ATmega128의 출력 핀에서 논리값을 핀 밖으로 출력하는 HIGH와 LOW에 대한 디지털 전압레벨을 나타낸다. 5[V] 전원을 사용하는 ATmega128이 논리값 1을 출력 핀으로 내보낼 때는 적어도 4.0[V] 이상의 HIGH 디지털 전압레벨로 출력되고, 논리값 0을 내보낼 때는 아무리 높아도 0.7[V] 전압을 넘지 않는 LOW 디지털 전압레벨로 출력된다. 3[V] 전원을 사용하는 경우 논리값 1을 출력 핀으로 내보낼 때 적어도 2.2[V] 이상의 HIGH 디지털 전압레벨로 출력되고, 논리값 0을 내보낼 때는 아무리 높아도 0.5[V] 전압을 넘지 않는 LOW 디지털 전압레벨로 출력된다.

[그림 4-14(b)]는 ATmega128 디지털 I/O 핀이 입력으로 사용될 때 V_{CC}로 5[V] 또는 3[V] 전원을 사용하는 ATmega128의 입력 핀에서 논리값으로 인식되기 위한 HIGH와 LOW에 대한 디지털 전압레벨을 나타내고 있다. 5[V] 전원을 사용하는 ATmega128의 입력 핀이 적어도 3.0[V] 이상의 전압일 때는 입력 HIGH 디지털 전압레벨에 해당되는 논리값 1로 인식되는 것을 보장하고, 아무리 커도 1.0[V] 이하의 전압일 때 입력 LOW 전압레벨에 해당되는 논리값 0으로 인식되는 것을 보장한다. 3[V] 전원을 사용하는 경우는 적어도 1.8[V] 이상일 때 안전하게 HIGH 디지털 전압레벨에 해당되는 논리값 1로 인식되는 것을 보장하고, 아무리 커도 0.6[V] 미만일 때 LOW 디지털 전압레벨에 해당되는 논리값 0으로 인식되는 것을 보장한다.

출력 핀 또는 입력 핀으로서 외부 장치와 인터페이스할 때 금지 구간 전압이 만들어지지 않도록 주의하여 회로를 설계해야 한다. 5[V] 전원을 사용할 때 만일 1.0[V]에서 3.0[V] 사이의 전압이 인가되면 입력 HIGH와 LOW의 디지털 전압레벨에 해당되지 않으므로, 논리값이 0이 될 것인지, 1이 될 것인지를 보장할 수는 없다.

[그림 4-14]에서 1이 출력될 때의 최소전압과 1로 인식되기 위한 최소전압은 다르다. 그 차를 1에 대한 '**잡음여유**'라 한다. 인가전원이 5[V]이면, 1을 출력하는 핀은 4.0[V] 이하로 출력하지 않는다. 이 신호를 받는 입력 핀은 5[V] 이상이면 1로 인식할 수 있으므로, 핀 사이에는 4.0-3.0=1.0[V]의 HIGH에 대한 잡음여유를 가진다. 또 0을 출력할 때의 최대전압과 0으로 인식될 수 있는 최대전압도 다르다. 이 차를 '0에 대한 잡음여유'라 한다. 0을 출력하는 핀은 0.7[V] 이상으로 출력하지 않는다. 이 신호를 받는 입력 핀은 1.0[V] 이하면 0으로 인식할 수 있으므로, 핀 사이에는 1.0-0.7=0.3[V]의 LOW에 대한 잡음여유를 가진다.

4.3.2 ATmega128 디지털 I/O 핀의 전기적 특성

디지털시스템에서 어느 디지털 IC의 I/O 핀과 연결된 다른 디지털 IC의 I/O 핀은 논리값을 디지털 전압레벨로 오류 없이 주고받기 위해 디지털 전압레벨에 해당되는 전기적 규격을 만족해야 한다. ATmega128 I/O 핀은 일반 디지털 IC와 논리값을 오류 없이 주고받기 위한 규격을 만족한다.

ATmega128이 외부 장치 구동을 위해서는 일반 IC보다 더 큰 전류를 공급하거나 흡수할 수 있어야만 디지털 정보 교환을 위한 일반 IC보다 큰 전력이 요구되는 소자나 장치를 제어할 수 있다.

ATmega128 I/O 핀과 일반 디지털 IC의 전기적 특성을 비교하면 다음과 같다.

전류 특성 비교

[표 4-5]에서 일반 디지털 IC인 TTL IC 출력 핀이 HIGH일 때 최대 공급전류는 0.4[mA]임에 비해 ATmega128이 HIGH를 출력할 때 최대 공급전류는 100배인 40[mA]나 된다. TTL IC 출력 핀이 LOW일 때 최대 8[mA]를 흡수할 수 있음에 비해 ATmega128은 5배인 40[mA]까지 흡수할 수 있다. 따라서 TTL IC는 HIGH를 출력할 때 순방향으로 10[mA] 전류를 흘려 일반 LED를 ON시키기에 부적합하지만 ATmega128은 충분한 전류를 공급할 수 있다.

[표 4-5] 일반 디지털 IC인 TTL IC와 ATmega128 I/O 핀에 대한 전류 특성 비교

심볼	내용	최소	적정	최대	단위
V_{CC}	공급전압	4.75	5	5.25	[V]
I_{OH}	디지털 High 레벨 출력전류			-0.4	[mA]
I_{OL}	디지털 Low 레벨 흡수전류			8	[mA]

(a) TTL I/O 핀의 전류 특성

심볼	내용	최소	적정	최대	단위
V_{CC}	공급전압		5	5.5	[V]
I_{OH}	디지털 High 레벨 출력전류			-40	[mA]
I_{OL}	디지털 Low 레벨 흡수전류			40	[mA]

(b) ATmega128 I/O 핀의 전류 특성

[그림 4-15(a)]는 ATmega128이 LED 구동을 위해 충분한 전류를 공급하여 LED를 ON/OFF하기에 적당한 회로지만, [그림 4-15(b)]는 TTL IC인 74LS08이 HIGH일 때 0.4[mA]밖에 전류를 공급하지 못하므로 LED를 켜기에는 부족한 회로다. [그림 4-15(a)] 회로에서 선택된 저항에 의해 LED에 순방향 전류를 40[mA] 내에서 흐르게 할 수 있다. [표 4-5]의 (a) 규격에 의하면 [그림 4-15(b)] TTL IC를 이용한 회로에서는 출력이 HIGH일 때 어떤 저항을 선택해도 0.4[mA] 이상의 전류를 흐르게 할 수 없다. 0.4[mA]는 LED를 ON하기에는 너무 적은 전류이기 때문에 원하는 동작을 만들 수 없다.

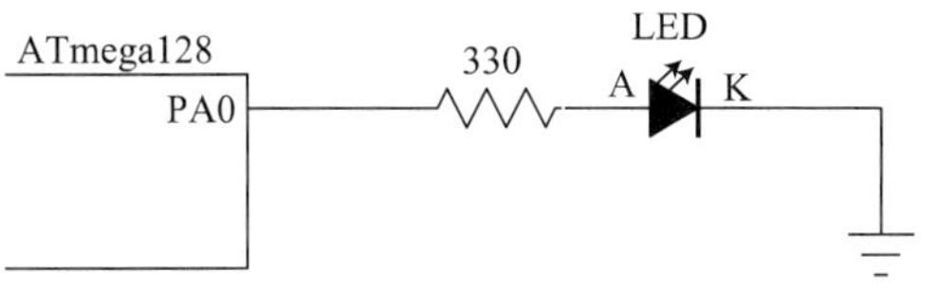

(a) ATmega128을 이용한 LED 구동이 가능한 회로

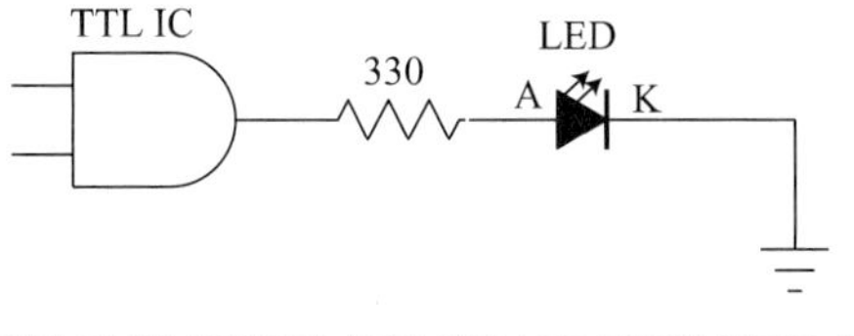

(b) 일반 디지털 IC인 TTL IC에 의한 LED 구동이 어려운 회로

[그림 4-15] LED 구동을 위한 ATmega128 회로와 TTL IC 회로

출력 핀 모델링 특성과 실제 특성

ATmega128의 출력 핀을 회로시스템으로 간단히 모델링할 때, [그림 4-16]과 같이 내부 전원 V_{th}와 내부 저항 Z_{th}가 있는 테브낭 등가회로를 사용할 수 있다.

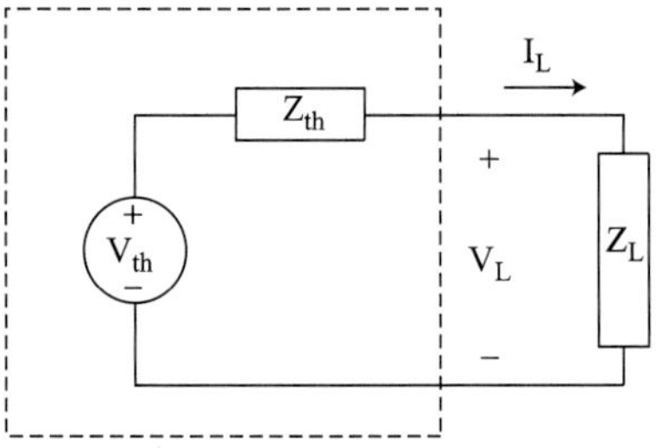

[그림 4-16] 테브낭 등가회로로 모델링된 ATmega128 출력 핀

외부 부하 Z_L에 따라 부하 양단전압 V_L과 부하에 흐르는 전류 I_L과의 관계는 아래 식과 같다.

$$V_L = V_{th} - I_L \times Z_{th}$$

I_L을 위해 정리하면 식 (4.1)이 된다.

$$I_L = \frac{V_{th} - V_L}{Z_{th}} = \frac{V_{th}}{Z_{th}} - \frac{V_L}{Z_{th}} \tag{4.1}$$

외부 부하 Z_L과 양단전압 V_L은 식 (4.2)와 같다.

$$V_L = \frac{Z_L}{Z_{th} + Z_L} \times V_{th} \tag{4.2}$$

식 (4.1)과 식 (4.2)를 이용하여 부하와 연결된 출력 핀의 전압 V_L과 전류 I_L의 특성곡선을 유추하기 위해 V_{th}는 5[V], Z_{th}를 25[Ω]으로 하고, 부하 Z_L은 100[KΩ]에서 10[Ω]까지 변화시키면서 계산한다. 이 결과를 그래프로 나타내면 [그림 4-17]과 같다.

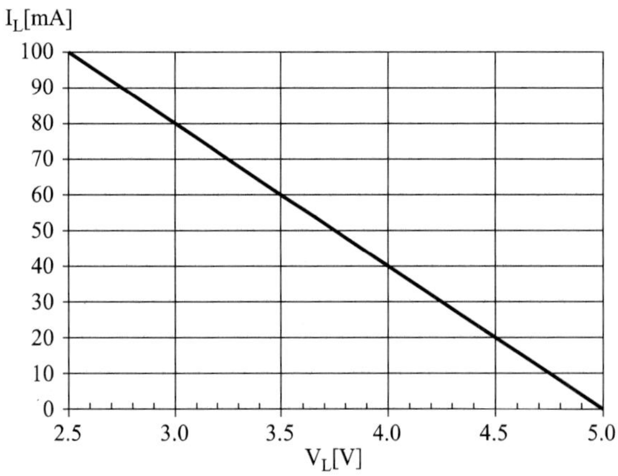

[그림 4-17] 테브낭 등가회로를 이용한 ATmega128 출력 핀의 모델링된 특성곡선

[그림 4-18]은 실제 ATmega128 출력 핀의 부하에 따라 전류·전압의 변화를 나타낸 특성 그래프다. [그림 4-16] 등가회로에 대한 모델링 결과, 그래프 [그림 4-17]과 유사한 특성인 것을 알 수 있다. 온도 25[℃]에서 출력 핀에 연결된 부하로 흐르는 전류가 10[mA]이면, HIGH에 해당되는 디지털 출력 전압레벨은 4.75[V]이지만, 부하가 커져 전류 40[mA]가 흐를 때는 4[V] 이하로 떨어진다.

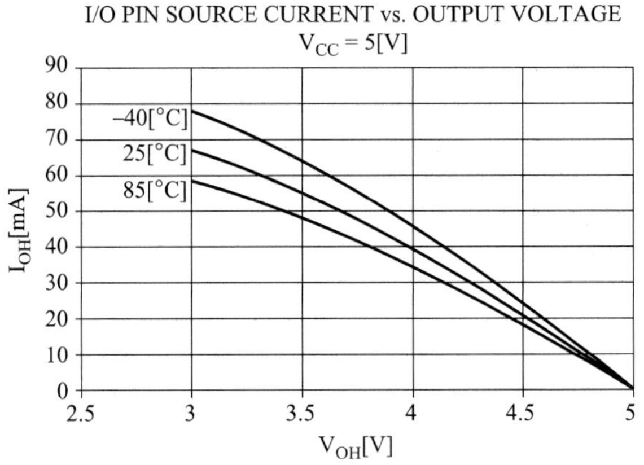

[그림 4-18] ATmega128 출력 핀의 전압 · 전류 특성곡선

최대 절대 정격

[표 4-6]에서 ATmega128의 최대 절대 정격은 40[mA] 이상의 전류 출력을 권고하지 않고 있다. 더욱이 전원인 V_{CC}와 GND 핀 사이의 공급 전류가 최대 200[mA]인 것을 고려한다면 ATmega128 출력 핀으로 40[mA] 구동하는 장치가 5개를 넘지 않는 것이 바람직하다. 안정적인 사용을 위해서는 10[mA] 이하의 전류로 구동될 수 있도록 회로를 설계하여 장치를 연결하는 것이 바람직하다.

[표 4-6] ATmega128의 최대 절대 정격

구분	최대 절대 정격
동작 온도	-55[℃]~+125[℃]
보관 온도	-65[℃]~+150[℃]
/RESET 핀을 제외한 핀 전압	-1.0[V]~V_{CC}+0.5[V]
/RESET 핀 전압	-1.0[V]~+13[V]
최대 동작 전압	6.0[V]
I/O 핀당 직류 전류	40.0[mA]
V_{CC}와 GND 핀 사이의 직류 전류	200.0[mA]

여기서 잠깐!

+ 최대 절대 정격

정격(Rating)으로 제시하는 값은 그 범위 안에서 사용할 수 있으며, 제조 회사에서 제공하는 값이다. 최대 절대 정격은 꼭 지켜야 한다는 표현으로 정상 동작을 보장하지 못함은 물론 소자 파손 또는 다른 문제가 야기될 수 있으므로 꼭 지켜야한다는 우려까지 포함되어 있다.

4.3.3 고휘도 LED의 전기적 특성

고휘도 LED는 약 500[mW] 이하 소비전력에서 일반 LED보다 밝은 빛을 방출할 수 있는 LED다. 500[mW] 이상 전력을 소비하는 LED는 보통 전력 LED로 분류하고 있다. [그림 4-19]는 고휘도 LED HW321A를 나타낸 것이다.

[그림 4-19] 고휘도 LED HW321A [출처 : 서울반도체(주) HW321A 데이터시트]

고휘도 LED의 전기적 특성을 자세히 살펴보면 다음과 같다.

최대 절대 정격

[표 4-7]은 고휘도 LED HW321A의 최대 절대 정격을 나타낸다. 이는 2개의 순방향 전류 정격 I_F와 I_{FP}를 제시하고 있다. 직류 순방향 전류(DC Forward Current) I_F는 지속적으로 흐르는 전류 30[mA]를 넘기지 말아야 하는 전류값이다. I_{FP}는 100[mA] 전류를 흐르게 하려면 펄스 0.1[msec] 주기를 갖고 듀티비가 10%를 넘지 않는 범위에서 사용할 수 있다는 뜻으로 표시되어 있다.

소자에 전류가 흐르면 전압이 인가되고, 소비전력은 전류와 전압의 곱이 된다. 고휘도 LED에 흐를 수 있는 전류와 전압 관계를 조절하여 소비전력 P_D는 120[mW]를 넘지 않게 해야 한다. PCB에 부품을 고정할 때 인두기로 납을 녹여 핀과 PCB 패드에 부착시키는 과정을

'납땜' 또는 '솔더링(Soldering) 작업'이라 한다. 이때 핀에 닿는 납 또는 인두 온도가 260℃에서 5초 이상 지속하지 말아야 한다고 표시되어 있다.

[표 4-7] 절대 최대 정격(* 주기 0.1[msec], 듀티 = 1/10)

심볼	매개 변수	값	단위
I_F	직류 순방향 전류	30	[mA]
I_{FP}*	순방향 피크 펄스 전류	100	[mA]
V_R	역방향 전압	5	[V]
P_D	소비 전력	120	[mW]
T_{opr}	동작 온도	-40~100	[℃]
T_{str}	저장 온도	-40~100	[℃]
T_S	납땜 온도	260[℃]에서 5초	[℃]

[출처 : 서울반도체(주) HW321A 데이터시트]

전기와 광학 특성

[표 4-8]은 고휘도 LED HW321A 동작 범위에서 대표적인 전기 및 광학 특성을 나타낸 표다. 순방향으로 30[mA] 전류가 흐르는 조건에서 약 6[lm]의 광속을 방출한다. 광속(Luminous Flux)은 단위 면적당 비치는 빛의 양을 나타내고, 루멘(lm) 단위를 사용한다. 이때는 약 3.4[V]의 전압강하가 발생한다.

[표 4-8] 전기와 광학 특성

심볼	매개 변수	조건	최소	보통	최대	단위
Φ_V	광속	I_F = 30[mA]	4.4	6		[lm]
x, y	크로마 좌표계	I_F = 30[mA]	x = 0.31, y = 0.31			-
$2\theta_{1/2}$	시야각	I_F = 30[mA]	70			[Deg]
V_F	역방향 전압	I_F = 30[mA]	-	3.4	4.0	[V]
I_R	역방향 전류	-	-	-	5	[μA]

[출처 : 서울반도체(주) HW321A 데이터시트]

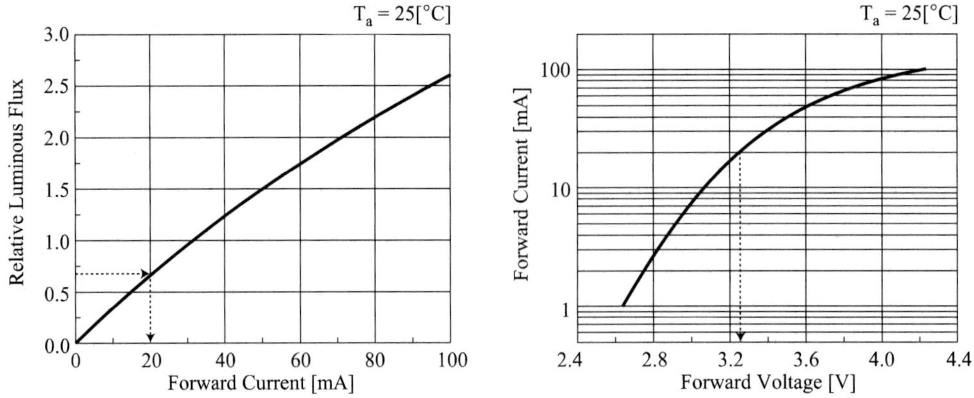

(a) 전류-상대광속 특성 (b) 순방향 전압-전류 특성

[그림 4-20] 고휘도 LED HW321A의 전기적 특성 곡선 [출처 : 서울반도체(주) HW321A 데이터시트]

4.3.4 ATmega128 디지털 I/O 핀을 이용한 고휘도 LED 구동 저항값 결정

[그림 4-21]은 ATmega128 출력 핀으로 고휘도 LED HW321A에서 4.2[lm]의 광속을 발산하기 위한 회로를 나타낸 것이다. [그림 4-21]의 특성곡선을 이용하여 저항값 R의 크기와 회로에서 소비되는 전력을 알아보자.

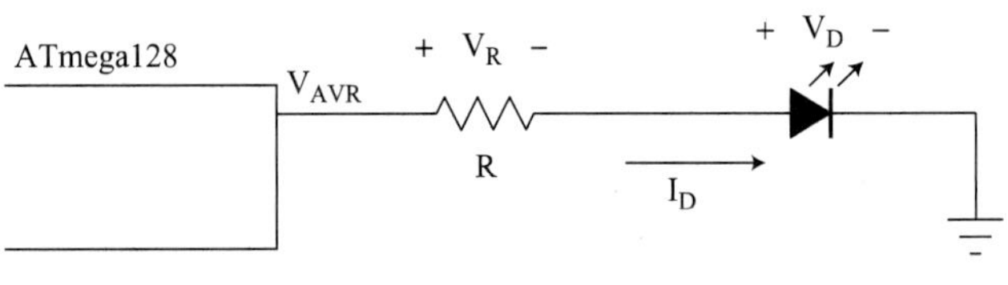

[그림 4-21] 고휘도 LED 구동회로

[그림 4-21] 회로에서 아래 식을 구성한 후, I_D와 V_D값을 알아보자. 참고로 V_{AVR}은 ATmega128에서 출력되는 디지털 전압레벨이다.

$$V_{AVR} = V_R + V_D = I_D \times R + V_D$$

원하는 밝기를 내기 위해 LED에 흘러야 할 전류 I_D 결정

고휘도 LED HW321A가 4.2[lm]의 광속을 내기 위해 순방향으로 흐르는 전류를 알아야 한다. [그림 4-20(a)]의 전류와 상대광속과의 특성 그래프에서 원하는 전류를 확인할 수 있다.

4.2[lm]은 [표 4-8]의 30[mA]를 기준으로 한 6[lm]의 0.7배에 해당되므로 [그림 4-20(a)]에서 상대광속(Relative Luminous Flux) 0.7에 해당되는 20[mA] 전류가 LED에 흘러야 한다.

LED의 전압강하 V_D 결정

다이오드는 순방향 전류값에 따라 애노드와 캐소드 사이의 전압이 달라진다. [그림 4-20(b)]에서 순방향 전류 20[mA]가 흐를 때, 다이오드 양단간 순방향으로 약 3.25[V]의 전압강하가 발생한다.

ATmega128 출력 핀의 전압 V_{AVR} 결정

ATmega128 출력 핀에서 전류가 방출되면 핀 전압이 감소한다. [그림 4-18]에서 20[mA]가 방출될 때 출력 핀의 디지털 전압레벨은 약 4.5[V]임을 알 수 있다.

저항 양단의 전압강하 V_R과 저항값 R 계산

$V_R = V_{AVR} - V_D = 4.5 - 3.25 = 1.25[V]$이고, 저항값 R은 다음과 같다.

$$R = \frac{V_R}{I_D} = \frac{1.25[V]}{20[mA]} = 62.5[\Omega]$$

꼭 맞는 저항이 없으므로, 근사한 저항을 사용한다. 만일 60[Ω] 저항을 사용하면 계산값과 $\frac{62.5-60}{62.6} \times 100\% = 4.0\%$ 오차가 발생한다. 이 사례는 정밀 응용분야가 아니므로, 이 오차는 무시할 수 있다.

이 회로의 소비전력을 저항의 소비전력과 LED의 소비전력으로 나타내면 각각 다음과 같으며, 회로의 소비전력은 $P_R + P_D = 25 + 65 = 90[mW]$다.

$$P_R = V_R \times I_R = 1.25 \times 20 = 25[mW]$$
$$P_D = V_D \times I_D = 3.25 \times 20 = 65[mW]$$

LED의 소비전력은 65[mW]로서 [표 4-7]의 최대 절대 정격의 소비전력 범위 안에 있으므로, 안정적인 설계가 된다. 저항의 소비전력은 25[mW]이므로, 정격이 1/8[W]에 해당하는 저항소자를 선택해도 안정적이다.

Section 4.4 ATmega128의 포트 구성과 레지스터를 이용한 인터페이스

ATmega128은 8비트 마이크로컨트롤러이고, 데이터 버스는 8비트로 구성된다. 디지털 I/O는 8비트 단위로 그룹화된 디지털 I/O 핀을 통해 수행된다. 이렇게 그룹화된 I/O 핀을 '포트'라고 한다.

그룹화된 I/O 핀인 포트와 관계된 레지스터를 참조 또는 조작함으로써 포트에 대한 입출력 동작을 할 수 있다. 우선, 포트의 구성 요소인 핀을 이해하자.

4.4.1 ATmega128 I/O 핀의 구조

[그림 4-22]는 ATmega128의 디지털 입출력을 위한 핀 구조다. Pxn(x는 A~G, n은 0~7) 핀은 입력 또는 출력으로 설정할 수 있다. 전원을 켠 후에 설정되는 초깃값은 입력 핀이다.

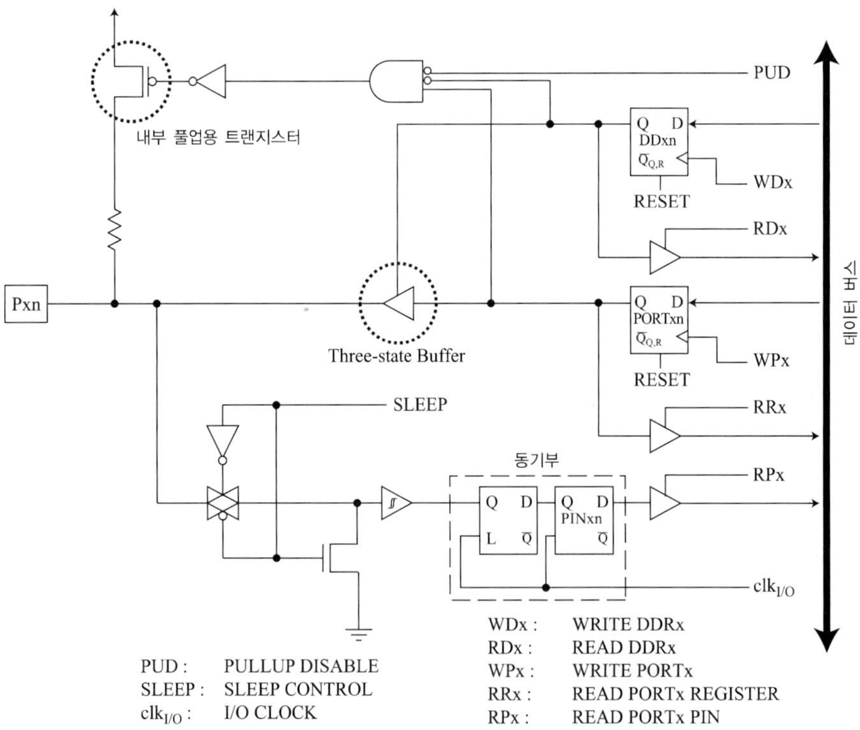

[그림 4-22] 일반적인 ATmega128 I/O 핀의 구조

[그림 4-22] 회로에 의해 Pxn 핀의 입출력 방향 설정과 관련 레지스터 비트명과 신호를 요약하면 [표 4-9]와 같다.

[표 4-9] Pxn 핀 방향 설정을 위한 레지스터 비트명과 신호

핀 방향 설정				출력 레벨/내부 풀업 설정			
방향	레지스터	비트명	값	출력 레벨/내부 풀업	레지스터	비트명	값
Pxn 핀 출력 설정	DDRX	DDxn	1	HIGH 출력	PORTx	PORTxn	1
				LOW 출력		PORTxn	0
Pxn 핀 입력 설정	DDRx	DDxn	0	내부 풀업 있음	PORTx	PORTxn	1
					SFIOR	PUD	0
				내부 풀업 없음	PORTx	PORTxn	0

[그림 4-22]의 DDxn(x는 A~G, n은 0~7) 플립플롭에 1을 기록하면 Three-state Buffer는 정상적으로 동작하여 PORTxn(x는 A~ G, n은 0~7) 플립플롭값이 Pxn 핀으로 출력된다. 내부 풀업용 스위치 역할을 하는 트랜지스터 게이트에 1이 인가되어 개방되므로 풀업저항 없이 PORTxn 플립플롭값이 출력된다.

Pxn이 입력 핀으로 동작하려면 Three-state Buffer를 고저항(High-impedance) 상태로 만들어야 하므로 DDxn 플립플롭에 0을 기록하고 아날로그 스위치 신호를 ON해야 한다. 따라서 SLEEP 제어 신호는 0이어야 한다. Pxn 핀의 디지털 전압레벨은 슈미트 트리거 버퍼를 통해 잡음에 둔감해진 신호가 된다. 이 신호는 PINx 레지스터의 PINxn 비트를 읽는 순간, 래치와 플립플롭으로 구성된 동기부(SYNCHRONIZER)를 통해 ATmega128 내부에 있는 데이터 버스로 들어온다.

DDxn이 0인 입력 상황에서 PUD는 0이고, PORTxn이 1이면 내부 풀업용 스위칭 트랜지스터가 ON이 되고, 저항이 V_{CC}로 연결되어 ATmega128 내부에서 풀업저항을 연결한 효과를 가진다.

DDxn 비트나 PORTxn 비트는 플립플롭으로 한 번만 기록하면 기록한 값이 계속 지속되고 플립플롭의 출력이 데이터 버스와 연결되어 있어 DDxn 비트와 PORTxn 비트에 기록한 값을 읽을 수도 있다. 반면 PINxn 비트는 읽는 순간 Pxn 핀에 대한 디지털 전압레벨이 논리값으로 읽힌다.

4.4.2 ATmega128 디지털 I/O 레지스터 역할과 포트 구성

레지스터 역할

[표 4-9]와 같은 설정 모드에서 Pxn 핀을 통해 디지털 전압레벨로 입출력 기능을 설정하기

위해 사용되는 주요 레지스터에는 DDRx, PORTx, 그리고 PINx 레지스터가 있다. 각 레지스터의 역할은 아래와 같다.

- DDRx 레지스터
  데이터 방향 레지스터(Data Direction Register)로서, 포트에 포함된 핀의 입출력 방향을 결정할 때 사용되는 레지스터다. [그림 4-22]의 DDxn 플립플롭의 집합이다.
- PORTx 레지스터
  데이터 레지스터(Data Register)로서, 포트에 포함된 핀이 출력 방향일 때, 논리값을 디지털 전압레벨로 출력할 때 사용하는 레지스터다. [그림 4-22]는 PORTxn 플립플롭의 집합이다. 단, DDRx 레지스터의 DDxn 비트가 0이 되어 핀이 입력 방향일 때, PORTxn값이 1로 설정되면 ATmega128 내부에서 Pxn 핀에 풀업저항이 연결되고, 0이면 풀업저항이 연결되지 않는다.
- PINx 레지스터
  입력 핀 레지스터로서, 포트에 포함된 핀이 입력 방향이고, 핀의 디지털 전압레벨을 논리값으로 읽을 때 사용하는 레지스터다. [그림 4-22]의 PINxn 플립플롭의 집합이다.

레지스터와 포트 구성

[그림 4-23]은 53개 핀 Pxn과 연결된 DDRx, PORTx, PINx 레지스터가 8비트 버스와 연결되는 블록도다.

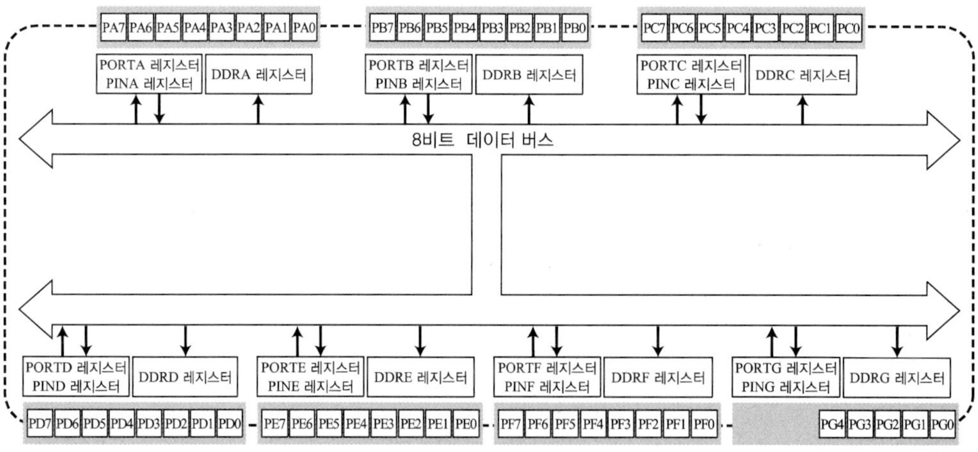

[그림 4-23] ATmega128 마이크로컨트롤러 8비트 경로와 포트 인터페이스

A포트에서 F포트까지는 DDRx 레지스터, PORTx 레지스터, PINx 레지스터가 8비트로 구성되고, G포트는 하위 5비트만 사용할 수 있게 구성되어 있다.

[그림 4-24]는 DDRx 레지스터, PORTx 레지스터, PINx 레지스터의 비트 위치에 대한 비트 명칭, 읽기/쓰기 권한, 초깃값을 나타내고 있다. 읽기/쓰기에 R/W가 기록된 비트는 읽기와 쓰기 동작이 모두 가능하지만, R이 기록된 비트는 읽기 동작만 할 수 있다.

	비트	7	6	5	4	3	2	1	0
DDRx		DDx7	DDx6	DDx5	DDx4	DDx3	DDx2	DDx1	DDx0
	읽기/쓰기	R/W	R/W	R/W	R/W	R/W	R/W	R/W	R/W
	초깃값	0	0	0	0	0	0	0	0

	비트	7	6	5	4	3	2	1	0
PORTx		Px7	Px6	Px5	Px4	Px3	Px2	Px1	Px0
	읽기/쓰기	R/W	R/W	R/W	R/W	R/W	R/W	R/W	R/W
	초깃값	0	0	0	0	0	0	0	0

	비트	7	6	5	4	3	2	1	0
PINx		PINx7	PINx6	PINx5	PINx4	PINx3	PINx2	PINx1	PINx0
	읽기/쓰기	R	R	R	R	R	R	R	R
	초깃값	N/A	N/A	N/A	N/A	N/A	N/A	N/A	N/A

(a) A~F포트 DDRx 레지스터, PORTx 레지스터, PINx 레지스터

	비트	7	6	5	4	3	2	1	0
DDRG		–	–	–	DDG4	DDG3	DDG2	DDG1	DDG0
	읽기/쓰기	R	R	R	R/W	R/W	R/W	R/W	R/W
	초깃값	0	0	0	0	0	0	0	0

	비트	7	6	5	4	3	2	1	0
PORTG		–	–	–	PG4	PG3	PG2	PG1	PG0
	읽기/쓰기	R	R	R	R/W	R/W	R/W	R/W	R/W
	초깃값	0	0	0	0	0	0	0	0

	비트	7	6	5	4	3	2	1	0
PING		–	–	–	PING4	PING3	PING2	PING1	PING0
	읽기/쓰기	R	R	R	R	R	R	R	R
	초깃값	0	0	0	N/A	N/A	N/A	N/A	N/A

(b) G포트 DDRG 레지스터, PORTG 레지스터, PING 레지스터

[그림 4-24] I/O 동작을 위한 레지스터 구성

초깃값은 전원이 처음 공급되거나 리셋에 의해 ATmega128이 처음부터 시작될 때 갖는 논리값이다. DDRx 레지스터의 초깃값이 0이므로 최초 설정은 모두 입력이다. 입력인 상황에서 PORTx 레지스터의 초깃값이 0이므로 [표 4-9]의 비트 설정에 따라 Pxn 핀은 풀업저항이 연결되지 않은 내부저항은 고저항(High-impedance)인 입력 핀으로 동작된다. PINx 레지스터는 읽는 순간 핀에 인가되는 디지털 전압레벨을 논리값으로 취한다. Pxn 핀에 인가되는 초기전압은 예측할 수 없기 때문에 초깃값이 N/A로 표시된다.

4.5 논리값과 I/O 핀의 디지털 전압레벨과 변환

4.5.1 입출력 방향 설정과 논리값 출력 방법

출력 핀 설정과 논리값을 디지털 전압레벨로 출력

ATmega128 내부의 논리값을 외부의 디지털 전압레벨로 Pxn 핀을 통해 출력하는 절차는 [그림 4-25]와 같다. DDRx(x는 A~G) 레지스터의 n번째(n은 0~7) 출력 핀 위치에 해당되는 DDxn 비트에 1을 기록하면 Pxn 핀은 출력 방향으로 설정된다.

Pxn 핀에 HIGH에 해당되는 디지털 전압레벨을 출력하려면 PORTx 레지스터의 Pxn 비트에 논리값 1을 기록하고, LOW에 해당되는 디지털 전압레벨을 출력하려면 0을 기록한다. 기록된 값은 [그림 4-22]의 PORTxn 플립플롭에 저장되며, 값이 변경될 때까지 계속 기록된 논리값에 해당되는 디지털 전압레벨이 Pxn 핀으로 출력된다.

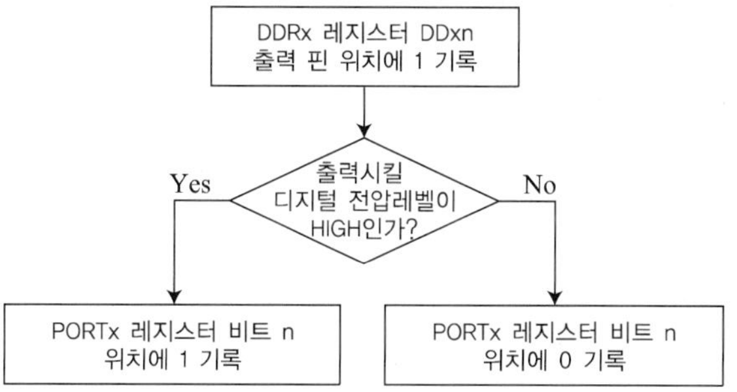

[그림 4-25] 출력 핀 설정과 논리값의 디지털 전압레벨 출력

입력 핀 설정과 I/O 핀의 디지털 전압레벨을 논리값으로 입력

ATmega128의 Pxn 핀에 인가되는 디지털 전압레벨을 내부 논리값으로 입력하는 절차는 [그림 4-26]과 같다. DDRx(x는 A~G) 레지스터의 n번째(0~7) 핀 위치에 해당되는 DDxn 비트에 0을 기록하면 Pxn 핀은 입력 방향으로 설정된다. Pxn 핀 내부에서 풀업저항을 연결하려면 PORTx 레지스터의 Pxn 비트에 1을 기록한다. 0을 기록하면 풀업저항이 연결되지 않는다. 초깃값이 0이므로 초기에 풀업저항은 연결되어 있지 않다.

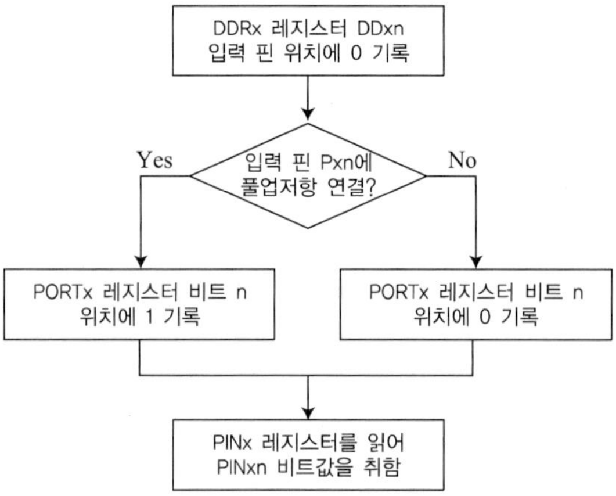

[그림 4-26] 입력 핀 설정과 외부 디지털 전압레벨의 논리값 입력

PINx 레지스터를 읽으면 8개의 Pxn 핀에 대한 디지털 전압레벨이 모두 읽힌다. 출력 방향으로 설정된 핀은 출력 중인 디지털 전압레벨에 의해 논리값이 읽힌다. PINx 레지스터에서 디지털 전압레벨을 알고자 하는 입력 핀 위치 PINxn은 아래와 같이 C 언어 매스킹 연산을 이용하여 논리값으로 변환할 수 있다. Pxn 핀의 전압이 HIGH 디지털 전압레벨이면 아래 식은 TRUE에 해당되는 0이 아닌 값을 갖고, LOW 디지털 전압레벨이면 FALSE에 해당되는 0인 값을 가진다.

```
PINx & (1<<PINxn)
```

[표 4-10]은 B포트에 대한 DDRB, PORTB, PINB 레지스터의 각 비트명을 C 언어 #define 매크로로 정의한 것이다. 프로그램 앞부분에 #include <avr/io.h>를 삽입하면 정의된 매크로가 포함된다. DDxn, Pxn, PINxn값은 x포트에 상관없이 모두 n값과 일치하므로 Pxn으로 사용해도 무방하다. 이 책에서는 간편한 사용을 위해 Pxn을 사용하자.

[표 4-10] B포트의 DDRB, PORTB, PINB 레지스터와 비트명

/* DDRB */	/* PORTB */	/* PINB */
#define DDB7 7	#define PB7 7	#define PINB7 7
#define DDB6 6	#define PB6 6	#define PINB6 6
#define DDB5 5	#define PB5 5	#define PINB5 5
#define DDB4 4	#define PB4 4	#define PINB4 4
#define DDB3 3	#define PB3 3	#define PINB3 3
#define DDB2 2	#define PB2 2	#define PINB2 2
#define DDB1 1	#define PB1 1	#define PINB1 1
#define DDB0 0	#define PB0 0	#define PINB0 0

B포트의 핀 방향 설정과 입출력

핀 방향 설정과 입출력은 다음과 같이 간단히 두 단계로 동작한다.

❶ 핀 방향 설정 단계

핀 외부의 디지털 전압레벨을 내부 논리값으로 입력시킬 것인지 또는 내부 논리값을 외부에 출력시킬 것인지를 결정하는 단계로서 DDRx 레지스터를 이용한다. Pxn 위치가 0이면 입력, 1이면 출력 방향이 된다. 단, 입력 설정의 경우 내부에 풀업저항을 연결하려면 PORTx 레지스터의 Pxn 위치를 1로 해야 한다.

❷ 입출력 명령 단계

핀 방향을 설정한 후 논리값을 디지털 전압레벨로 입력 또는 출력시키는 명령 단계로, 출력시킬 때는 PORTx 레지스터의 Pxn 위치에 논리값을 쓰고, 입력시킬 때는 PINx 레지스터의 Pxn 위치를 읽어 논리값을 얻는다.

4.5.2 디지털 I/O 핀의 입출력을 위한 비트 매스킹

ATmega128 디지털 I/O 핀을 통해 논리값을 I/O 핀의 디지털 전압레벨로 변환시키는 디지털 입출력 동작을 C 언어 환경에서 알아보자. DDRx 레지스터, PORTx 레지스터, PINx 레지스터의 비트 설정을 위해 16진 상수를 사용하거나 비트 레이블과 비트 연산을 사용한다.

상수를 사용한 핀 방향 설정

C 언어에서 정수 상수 표현은 10진수, 16진수, 8진수 중 하나를 사용한다. 입출력 포트가 8비트로 구성되어 있으므로, 16진수 표현을 사용할 수 있다. C 언어에서 16진수값은 16진값 앞에 0x 기호를 붙여 표현한다. WinAVR 컴파일러는 0b로 시작되는 2진수 표현도 가능하다. 상수를 이용하여 A포트 8핀의 방향을 설정한 사례는 다음과 같다.

```
DDRA = 0xF0;
DDRA = 0b11110000;
```

16진수 0xF0는 2진수로 '1 1 1 1 0 0 0 0'이므로 A포트의 8개 핀 중에서 PA7, PA6, PA5, PA4 핀은 출력 방향으로, PA3, PA2, PA1, PA0 핀은 입력 방향으로 설정된다. 상수를 사용하는 방법은 하나 또는 두 핀만의 방향을 설정하려고 해도 8비트 모두 1 또는 0으로 설정해야 한다. 다른 비트들의 앞서 설정된 정보를 추적해야 하고, 가독성이 떨어지는 단점이 있다.

비트 명칭과 비트 연산을 사용한 핀 방향 설정

프로그램 첫 라인에 iom128.h 헤더 파일을 #include 명령으로 포함하면 iom128.h에서 정의된 모든 매크로 단어를 사용할 수 있다. 매크로 단어와 천이 연산자 <<, >> 그리고 비트 연산자 |, &, ^, ~를 사용한다. 사례를 들어 설명하면 다음과 같다.

■ 출력 방향 설정

다음은 DDRA의 다른 비트와 상관없이 비트 7과 비트 6만을 1로 만들 수 있기 때문에 PA7, PA6 핀이 출력 방향으로 설정되는 사례다.

```
DDRA = DDRA | (1<<PA7) | (1<<PA6);
```

이 사례를 C 언어의 실행 순서에 따라 연산하면 다음과 같다.

❶ 1<< PA7

C 언어는 괄호부터 처리된다. PA7 핀은 정수형 숫자 7과 같으며, 1을 왼쪽으로 7비트 이동시킨 값으로 아래와 같다.

	7	6	5	4	3	2	1	0
1<< PA7	1	0	0	0	0	0	0	0

❷ 1<< PA6

1을 왼쪽으로 6비트 이동시킨 값으로 아래와 같다.

	7	6	5	4	3	2	1	0
1<< PA6	0	1	0	0	0	0	0	0

❸ DDRA | (1<< PA7)

C 언어에서 | 연산은 좌에서 우로 실행된다. DDRA와 ①에서 얻은 1 << PA7 결과를 같은 비트 위치끼리 OR 연산하여 결과를 얻는다.

	7	6	5	4	3	2	1	0
DDRA	DDA7	DDA6	DDA5	DDA4	DDA3	DDA2	DDA1	DDA0
1<< PA7	1	0	0	0	0	0	0	0
DDRA | (1<< PA7)	1	DDA6	DDA5	DDA4	DDA3	DDA2	DDA1	DDA0

❹ DDRA | (1 << PA7) | (1 << PA6)

C 언어에서 | 연산은 좌에서 우로 실행된다. ③에서 얻은 DDRA | (1 << PA7) 결과와 ②에서 얻은 1 << PA6 결과를 같은 비트 위치끼리 OR 연산하여 결과를 얻는다.

<table>
<tr><th></th><th>7</th><th>6</th><th>5</th><th>4</th><th>3</th><th>2</th><th>1</th><th>0</th></tr>
<tr><td>DDRA | (1<< PA7)</td><td>1</td><td>DDA6</td><td>DDA5</td><td>DDA4</td><td>DDA3</td><td>DDA2</td><td>DDA1</td><td>DDA0</td></tr>
<tr><td>1<< PA6</td><td>0</td><td>1</td><td>0</td><td>0</td><td>0</td><td>0</td><td>0</td><td>0</td></tr>
<tr><td>DDRA | (1<< PA7) | (1<< PA6)</td><td>1</td><td>1</td><td>DDA5</td><td>DDA4</td><td>DDA3</td><td>DDA2</td><td>DDA1</td><td>DDA0</td></tr>
</table>

■ 입력 방향 설정

다음은 DDRA의 다른 비트와 상관없이 비트 7과 비트 6만을 0으로 만들 수 있기 때문에 PA7, PA6 핀이 입력 방향으로 설정되는 사례다.

```
DDRA = DDRA & ~(1 << PA7) & ~(1 << PA6);
```

이 사례를 C 언어의 순서에 따라 연산하면 다음과 같다.

❶ ~(1 << PA7)

~(1 << PA7) 명령은 1을 좌로 7번 이동시킨 후, 모든 비트를 NOT으로 반전시킨다.

	7	6	5	4	3	2	1	0
~(1<< PA7)	0	1	1	1	1	1	1	1

❷ ~(1 << PA6)

~(1 << PA6) 명령은 1을 좌로 6번 이동시킨 후, 모든 비트를 NOT으로 반전시킨다.

	7	6	5	4	3	2	1	0
~(1<< PA6)	1	0	1	1	1	1	1	1

❸ DDRA & ~(1 << PA7)

C 언어에서 & 연산은 좌에서 우로 실행된다. DDRA와 ①에서 얻은 ~(1 << PA7) 결과를 같은 비트 위치끼리 AND 연산하여 결과를 얻는다.

	7	6	5	4	3	2	1	0
DDRA	DDA7	DDA6	DDA5	DDA4	DDA3	DDA2	DDA1	DDA0
~(1<< PA7)	0	1	1	1	1	1	1	1
DDRA & ~(1<< PA7)	0	DDA6	DDA5	DDA4	DDA3	DDA2	DDA1	DDA0

❹ DDRA & ~(1 << PA7) & ~(1 << PA6)

C 언어에서 & 연산은 좌에서 우로 실행된다. ③에서 얻은 DDRA & ~(1 << PA7) 결과와 ②에서 얻은 ~(1 << PA6) 결과를 같은 비트 위치끼리 AND 연산하여 결과를 얻는다.

	7	6	5	4	3	2	1	0
DDRA & ~(1<< PA7)	0	DDA6	DDA5	DDA4	DDA3	DDA2	DDA1	DDA0
~(1<< PA6)	1	0	1	1	1	1	1	1
DDRA & ~(1<< PA7) & ~(1<< PA6)	0	0	DDA5	DDA4	DDA3	DDA2	DDA1	DDA0

설정값 변경

이번에는 프로그램 초기에 DDRx 또는 PORTx 레지스터를 이용하여 설정했던 핀 방향 또는 출력 디지털 전압레벨을 변경하는 방법에 대해 알아보자. 몇 비트만을 1로 설정하기 위해 설정 영역을 & 비트 연산으로 지운 후 | 연산을 이용하여 필요한 비트만을 1로 설정할 수 있다.

다음은 PORTA 레지스터의 상위 4비트를 지운 후, 그 중 PA7과 PA6 핀을 1로 설정함으로써 PA7과 PA6 핀에 HIGH, PA5와 PA4 핀에 LOW 디지털 전압레벨을 출력시킬 수 있는 사례다.

```
DDRA=0xFF;

… 생략 …

PORTA = (PORTA & 0xF) | 1<<PA7 | 1<<PA6;
```

이 사례를 C 언어의 순서에 따라 연산하면 다음과 같다.

❶ PORTA & 0xF

C 언어는 괄호부터 처리된다. PORTA 레지스터와 16진수 0xF와 같은 위치의 비트끼리 AND되므로 0으로 AND된 곳은 지워진다.

	7	6	5	4	3	2	1	0
PORTA	PA7	PA6	PA5	PA4	PA3	PA2	PA1	PA0
0xF	0	0	0	0	1	1	1	1
PORTA & 0xF	0	0	0	0	PA3	PA2	PA1	PA0

❷ 1 << PA7

C 언어에서는 << 연산은 | 연산보다 먼저 처리된다. PA7 핀은 정수형 숫자 7과 같으므로, 1을 왼쪽으로 7비트 이동시킨 값으로 아래와 같다.

	7	6	5	4	3	2	1	0
1 << PA7	1	0	0	0	0	0	0	0

❸ 1 << PA6

1을 왼쪽으로 6비트 이동시킨 값으로 아래와 같다.

	7	6	5	4	3	2	1	0
1 << PA6	0	1	0	0	0	0	0	0

❹ (PORTA & 0xF) | 1 << PA7 | 1 << PA6

C 언어의 | 연산은 좌에서 우로 진행된다. PORTA & 0xF, 1 << PA7, 1 << PA6 연산은 앞의 ①, ②, ③에서 얻은 결과가 사용된다.

	7	6	5	4	3	2	1	0
PORTA & 0xF	0	0	0	0	PA3	PA2	PA1	PA0
1 << PA7	1	0	0	0	0	0	0	0
1 << PA6	0	1	0	0	0	0	0	0
(PORTA & 0xF) | 1 << PA7 | 1 << PA6	1	1	0	0	PA3	PA2	PA1	PA0

PINx 레지스터로 특정 핀의 논리값을 입력하는 방법

핀 방향이 입력으로 설정된 마이크로컨트롤러 외부의 디지털 전압레벨을 내부 논리값으로 읽어들이기 위해 PINx 레지스터를 사용한다. PINx 레지스터로 읽은 8비트값 중 Pxn 핀이 0이면, 해당 위치 핀의 디지털 전압레벨은 LOW, 1이면 HIGH다.

다음은 A포트의 입력으로 설정된 PA7, PA6 두 핀의 디지털 전압레벨을 정수 변수 value의 하위 두 비트로 입력하는 사례다.

```
DDRA = DDRA & ~(1<<PA7) & ~(1<<PA6);
value = PINA >> PA6;
```

이 사례를 C 언어의 순서에 따라 연산하면 다음과 같다.

❶ DDRA = DDRA & ~(1 << PA7) & ~(1 << PA6);

이전 사례에서 DDRA 레지스터의 PA7과 PA6 핀에 0이 설정되는 과정을 관찰하였다. A포트의 PA7과 PA6 핀은 입력 방향으로 설정된다.

	7	6	5	4	3	2	1	0
DDRA	0	0	DDA5	DDA4	DDA3	DDA2	DDA1	DDA0

❷ PINA >> PA6

PINA 레지스터는 입력 방향으로 설정된 핀의 디지털 전압레벨에 따라 논리값 0 또는 1을 가진다. ①에서 PA7과 PA6 핀은 입력 방향으로 설정되었으므로 아래와 같이 비트 7과 6은 PINA7, PINA6 핀의 디지털 전압레벨에 대한 논리값이다. PA5~PA0 핀의 입출력 방향을 알 수 없으므로 비트 5~비트 0의 논리값도 알 수 없다.

	7	6	5	4	3	2	1	0
PINA	PINA7	PINA6	?	?	?	?	?	?
PINA >> PA6	0	0	0	0	0	0	PIN7	PIN6

>>의 논리 천이 동작이 PA6회, 즉 6회 수행될 때마다 최상위 비트는 0으로 채워진다. 결국, value 변수는 PA7, PA6 핀의 디지털 전압레벨을 논리값으로 변환한 값을 하위 비트에 갖게 된다.

PINx 레지스터로 특정 핀의 디지털 전압레벨 판정

입력 방향으로 설정된 Pxn 핀의 디지털 전압레벨을 검사하기 위해 C 언어의 연산 결과값이 0이면 FALSE, 0이 아니면 TRUE가 되는 특징을 이용한다. 상수 1을 비트 위치 Pxn까지 왼쪽으로 천이시킨 후 PINx 레지스터와 비트 AND 연산(&)하여 연산 결과를 얻는다.

```
if( PINA & (1<<PA6) )
        // PA6 핀의 디지털 전압레벨이 HIGH일 때
else
        // PA6 핀의 디지털 전압레벨이 LOW일 때
```

이 사례를 C 언어의 순서에 따라 연산하면 다음과 같다.

❶ PINA

A포트가 모두 입력 방향으로 설정되었다고 가정하면, PINA 레지스터를 통해 읽은 8비트값은 아래와 같이 표시된다.

	7	6	5	4	3	2	1	0
PINA	PINA7	PINA6	PINA5	PINA4	PINA3	PINA2	PINA1	PINA0

❷ 1 《 PA6

PA6 핀은 정수형 숫자 6과 같다. 1을 왼쪽으로 6비트 이동시킨 값으로 아래와 같다.

	7	6	5	4	3	2	1	0
1<< PA6	0	1	0	0	0	0	0	0

❸ PINA & (1 《 PA6)

앞의 두 결과를 같은 위치의 비트끼리 AND 연산하면 아래와 같은 결과를 얻는다.

	7	6	5	4	3	2	1	0
PINA	PINA7	PINA6	PINA5	PINA4	PINA3	PINA2	PINA1	PINA0
1<< PA6	0	1	0	0	0	0	0	0
PINA & (1<< PA6)	0	PINA6	0	0	0	0	0	0

PA6 핀의 디지털 전압레벨이 HIGH면, PINA6이 1로 인식된다. 연산 결과는 '0 1 0 0 0 0 0 0'이 되어 0이 아니므로 TRUE가 된다. LOW라면 PINA6이 0으로 인식된다. 연산 결과는 '0 0 0 0 0 0 0 0'이 되어 0에 해당되는 FALSE가 된다.

4.5.3 ATmega128에 연결된 회로의 디지털 입출력 설정 사례

[그림 4-27]에서 B포트의 상위 3개 핀 PB7, PB6, PB5는 입력 핀으로, 하위 5개 핀 PB4, PB3, PB2, PB1, PB0은 LED를 ON/OFF시키기 위한 출력 핀으로 사용된다.

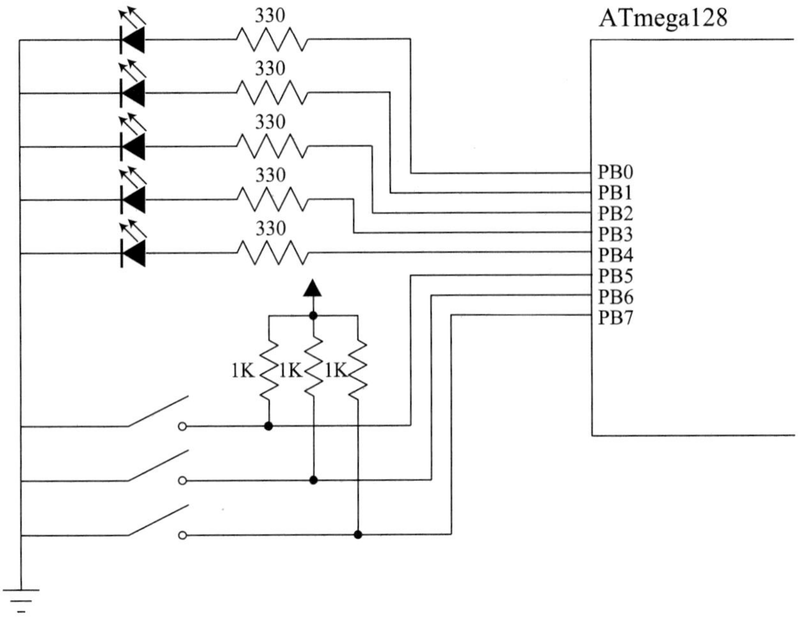

[그림 4-27] B포트의 사용 예

16진 상수를 사용한 방법

B포트를 PB7 위치부터 PB0 위치까지 2진수값을 '0 0 0 1 1 1 1 1'로 설정해야 한다. 16진 상수로 변환한 명령은 아래와 같다.

```
DDRB = 0x1F;
```

[그림 4-27]의 회로는 DDRx 레지스터의 비트 위치와 핀 위치가 쉽게 대응되어 위치 판독이 상대적으로 쉽지만, 복잡해지면 혼동하기 쉽다.

비트 레이블을 사용한 방법

비트 레이블과 비트 연산자를 사용한 비트 처리 방법은 아래 명령과 같다.

```
DDRB = 1<<DDB4 | 1<<DDB3 | 1<<DDB2 | 1<<DDB1 | 1<<DDB0;
```

이 방법은 DDRB 레지스터의 DDB4, DDB3, DDB2, DDB1, DDB0 레이블을 갖는 비트 위치로 1을 각각 이동시켜 비트 OR하는 방법이다. 레지스터의 레이블을 알면 비트 위치를 몰라도 프로그램 동작을 이해하기 쉽다는 장점이 있다.

Section

4.6 B포트를 이용한 LED 점멸

A 실험 목적

(1) ATmega128의 B포트에 연결된 스위치와 LED를 이용하여 입출력 동작을 수행할 수 있게 한다.

(2) 스위치 S0가 눌릴 때 LED D0, D1을 ON시키고, S1이 눌릴 때는 D2를 ON시키고, S2가 눌릴 때 LED D3, D4을 ON시키는 프로그램을 작성할 수 있게 한다.

B 실험 부품 및 장치

부품명	규격	수량	비고
핵심(기본) 부품		1개	3장 [표 3-17] 참조
LED	지름 3[mm]	5개	
스위치	DIP 4극 이상	1개	
저항	330[Ω]	5개	1/8[W]
	1[KΩ]	3개	

C 실험 절차

(1) 브레드 보드 위에 [그림 4-27] 회로를 구성한다.

(2) 아래와 같이 프로그램을 완성한다.

[프로그램 4-1] B포트의 S2, S1 스위치 신호를 LED D2, D1에 디스플레이

```
#include    <avr/io.h>

#define S0 PB5
#define S1 PB6
#define S2 PB7

#define D0 PB0
#define D1 PB1
#define D2 PB2
#define D3 PB3
#define D4 PB4
```

```
12
13 int main(void)
14 {
15     DDRB = 1<<D0 | 1<<D1 | 1<<D2 | 1<<D3 | 1<<D4;
16 
17     while(1){
18         if( !(PINB & (1<<S0)) )
19             PORTB |= 1<<D0 | 1<<D1;
20         else
21             PORTB &= ~(1<<D0 | 1<<D1);
22 
23         if( !(PINB & (1<<S1)) )
24             PORTB |= 1<<D2;
25         else
26             PORTB &= ~(1<<D2);
27 
28         if( !(PINB & (1<<S2)) )
29             PORTB |= 1<<D3 | 1<<D4;
30         else
31             PORTB &= ~(1<<D3 | 1<<D4);
32     }
33 
34     return 0;
35 }
```

(3) 3~5번 라인에서 레이블 S0, S1, S2를 PB5, PB6, PB7로 정의하고, 7~11번 라인에서 레이블 D0~D4를 PB0~PB4로 정의한다. 15번 라인에서 D0~D4 레이블에 해당되는 PB0~PB4 핀을 출력으로 설정한다. 출력으로 설정되지 않은 나머지 비트는 자동으로 입력으로 설정된다.

(4) [그림 4-27]의 스위치가 눌려 닫혔을 경우 핀에 GND 전압이 연결되므로 LOW에 해당되는 디지털 전압레벨이 인가된다. 열릴 경우 핀 내부는 고저항 상태가 되어 전류가 흐르지 않으므로 HIGH 디지털 전압레벨이 인가된다. 따라서 스위치가 눌리면 논리값 0이 인식되고, 스위치가 개방되면 HIGH 디지털 전압레벨로 인식된다.

(5) 18번 라인의 'PINB & (1 << S0)' 명령은 S0에 해당되는 PB5 핀 위치에 1을 천이시켜 PINB 레지스터와 비트 AND 연산한다. PB5 핀의 디지털 전압레벨이 LOW이면 전체 연산값은 0에 해당되는 C 언어의 FALSE이지만, 논리 NOT 연산인 ! 연산으로 반전되므로 TRUE가 되게 한다. 따라서 S0가 눌렸다면 19번 라인의 명령으로 D0, D1 LED를 ON시키고 눌리지 않았다면 OFF시킨다.

(6) 23번 라인에서는 S1 스위치에 대한 검사와 28번 라인에서는 S2 스위치에 대한 검사를 수행하고 TRUE, FALSE 결과에 따라 LED D2의 ON/OFF, D3, D4의 ON/OFF 동작

을 실행시킨다. while(1)에 의해 무한 반복되므로 스위치가 눌리거나 떨어지는 즉시 응답을 LED를 통해 확인할 수 있다.

D 실험 결과 및 고찰

(1) 스위치 S0, S1, S2가 눌릴 때 LED D0, D1, D2가 ON되게 한다. 세 스위치가 모두 눌렸을 때는 LED D3을 ON시키고, 하나도 눌리지 않았을 때는 LED D4를 ON시키는 프로그램을 작성하라.

(2) (1)에서 작성된 프로그램을 설명하라.

(3) 처음 작성된 프로그램이 성공적이지 못했다면, 그 이유가 무엇인지 설명하라.

Chapter_04 연습문제

4.1 다음 논리식에 적합한 명제 A, B, C를 정의하고 Z를 서술하라.

```
Z = A OR ( B AND C)
```

4.2 디지털시스템 내부에서는 전력 소비가 적은 신호로 디지털 IC 사이에 정보를 전달하는 이유를 설명하라.

4.3 ATmega128 출력 핀의 전기적 특성은 일반 IC 출력 핀의 전기적인 특성과 다르다. 그 이유를 설명하라.

4.4 [그림 4-14]에서 논리값 1로 출력되는 HIGH 디지털 출력전압레벨 구간과 1로 인식되기 위한 HIGH 디지털 입력레벨 구간이 서로 다른 이유를 설명하라.

4.5 [그림 4-14]에서 인가전원이 3[V]일 때 HIGH에 대한 잡음여유와 LOW에 대한 잡음여유는 얼마인가?

4.6 [그림 4-18]에서 ATmega128 출력 핀의 전압이 일정하지 않고 변화하는 이유를 설명하라.

4.7 [그림 4-21]의 고휘도 LED HW321A를 이용한 회로에서 6[lm]의 광속 발산을 위해 저항값 R을 결정하라. 이때 LED에서 소비하는 전력과 저항이 소비하는 전력을 구하라. 이때 저항은 1/8[W] 소자와 1/4[W] 소자 중 어느 것을 사용하는 것이 좋은가?

4.8 다음 명령이 실행되면 A포트, B포트, C포트의 핀 방향은 어떻게 설정되는가?

```
DDRA = 0x56;

DDRB = 1<<PB5 | 1<<PB2;

DDRC = DDRC | 1<<PC5 | 1<<PC2;
```

4.9 다음 두 명령의 차이를 설명하라.

(a) PORTD = 1<<PD3 | 1<<PD5;
(b) PORTD = PORTD | 1<<PD3 | 1<<PD5;

4.10 ATmega128 내부에는 풀업저항을 연결할 수 있는 기능이 있다. 풀업저항을 내부에 연결하여 사용하면 편리한 경우를 예를 들어 설명하라.

4.11 [그림 4-27]의 스위치를 눌러 연결시킬 때 핀의 디지털 전압레벨은 LOW, 개방했을 때 HIGH인 이유를 설명하라.

4.12 [그림 4-27] 회로에서 스위치 S0, S1, S2에 연결된 3개의 저항을 연결하지 않고 4.6절과 같은 결과를 만들려고 한다. [프로그램 4-1]을 수정하고, 수정한 부분을 설명하라.

Chapter

05

ATmega128 디지털 I/O의 활용

Using Digital I/O on ATmega128

학습목표

- 디지털 I/O 핀을 이용하여 외부 장치를 직접 또는 간접으로 구동하는 방법을 알 수 있다.
- 직접 구동 방식을 이용하여 7-세그먼트 LED에 숫자를 디스플레이하는 방법을 알 수 있다.
- 트랜지스터로 스위칭 동작을 만들고, 동작 원리를 이해할 수 있다.
- 트랜지스터의 스위칭 동작으로 ATmega128에서 직접 구동이 어려운 장치를 간접 구동하는 방법을 알 수 있다.
- 시간 지연 함수로 스위치 바운싱 문제를 해결할 수 있다.
- H-브리지 회로를 이용하여 소형 DC 모터의 정·역회전 회로와 구동 프로그램을 이해할 수 있다.

ATmega128에는 적은 전기에너지로 작동하는 외부 장치를 디지털 I/O 핀으로 직접 구동할 수 있는 기능이 있다. 디지털 I/O 핀의 정격을 초과하여 전기에너지가 필요한 외부장치의 간접구동도 많이 필요하다. 트랜지스터를 이용하여 간접 구동 방식에 대해 이해하자. 또 외부 장치의 상태 관찰을 위해 7-세그먼트 LED에 숫자를 디스플레이하기 위한 핀과의 연결 방법을 실험을 통해 알아보자.

외부 장치는 시간에 따라 구동 결과가 변하므로 시간 지연을 할 수 있어야 한다. 강제 시간 지연을 위한 라이브러리 함수와 그 사용법에 대해 알아보고, 7-세그먼트 LED에 숫자가 1초마다 하나씩 증가하는 동작을 실험을 통해 구현해보자. 스위치 바운싱 문제 또한 시간 지연 함수를 사용하여 소프트웨어적으로 해결하는 방법을 실험을 통해 확인해보자.

생활에서 사용되는 많은 장치가 회전하는 모터를 응용하고 있다. 소형 DC 모터를 H-브리지 회로를 이용하여 정방향과 역방향으로 회전시키는 방법을 이해하고, 실험을 통해 구동하는 방법을 학습해보자.

5.1 디지털 I/O 개요

마이크로컨트롤러의 디지털 I/O 핀을 이용하면, ON/OFF로 작동하는 외부 장치를 쉽게 제어할 수 있다. 디지털 I/O 핀은 HIGH 또는 LOW 디지털 전압레벨로 외부와 인터페이스한다.

5.1.1 디지털 I/O는 왜 많이 사용될까?

사람은 일상생활에서 많은 순간을 둘 중 하나로 의사 선택하고, 선택에 따라 동작시킬 대상도 둘 중 하나의 결과로 반응하기를 원한다. 예를 들면, 다음과 같은 상황들이다.

- 날이 저물어 어두워지면?
  스위치를 눌러 방의 불을 켜는 선택을 한다.
- 라면 요리를 하려면?
  가스레인지의 스위치를 돌려 가스를 주입함으로써 불이 붙게 하고, 요리가 완성되면 반대로 돌려 가스를 차단시킴으로써 불이 꺼지게 한다.
- 엘리베이터를 타려면?
  스위치를 눌러 엘리베이터의 모터를 내가 있는 방향으로 회전시켜 이동하게 한다. 도착층의 센서가 감지되면 모터가 정지하고, 엘리베이터가 도착한다. 문과 연결된 모터가 회전하여 문이 열리고, 일정 시간이 지나 모터가 반대로 회전하면 문이 닫힌다. 사람이 안으로 들어가는 순간이면 센서가 이를 감지하여 닫히던 문은 다시 열린 후에 닫힌다.

이처럼 사람은 의사 선택을 하기 위해 2진 논리 형태(0과 1, True와 False, ON과 OFF 등)의 행동을 하고, 생활 장치에 2진 동작을 요구한다. 이때 장치는 2진 응답을 한다. 일부는 결과를 눈으로 확인하기도 하고, 일부는 보이지 않더라도 바람직한 동작을 하리라고 묵시적으로 알고 있다. 이런 유형의 사람의 의사 선택과 응답은 인지되든 또는 인지되지 못하든 많은 소규모 2진 논리 형태의 요구와 응답의 조합으로 생활 속에 산재되어 있다. 생활이 디지털화되면서 디지털 I/O 기능을 갖는 주변 장치 또한 빠르게 제공되고 있다.

마이크로컨트롤러는 논리 처리를 할 수 있는 장치로서 외부 반응 신호를 디지털 I/O 핀과 직접 또는 간접으로 쉽게 인터페이스할 수 있다.

5.1.2 포트 단위 디지털 I/O 입출력

ATmega128은 포트라는 이름으로 8개씩 구성한 디지털 I/O 핀으로 저전력 논리 입출력 장치와는 직접 인터페이스할 수 있고, ATmega128로 구동이 어려운 출력 장치와는 디지털 I/O 핀에 트랜지스터를 연결하여 간접 구동할 수 있다.

ATmega128에는 8개 디지털 I/O 핀으로 구성한 A포트, B포트, C포트, D포트, E포트, F포트와 5개의 디지털 I/O 핀으로 구성되어 있는 G포트를 이용하여 외부와 53개 디지털 I/O 핀으로 입출력 인터페이스를 할 수 있다.

4장에서 언급했듯이 x포트(x는 A~G)를 이용하여 디지털 입출력을 하려면 [그림 5-1]과 같이 DDRx 레지스터, PORTx 레지스터, PINx 레지스터를 사용해야 한다.

	비트	7	6	5	4	3	2	1	0
DDRx		DDx7	DDx6	DDx5	DDx4	DDx3	DDx2	DDx1	DDx0
	읽기/쓰기	R/W	R/W	R/W	R/W	R/W	R/W	R/W	R/W
	초깃값	0	0	0	0	0	0	0	0

	비트	7	6	5	4	3	2	1	0
PORTx		Px7	Px6	Px5	Px4	Px3	Px2	Px1	Px0
	읽기/쓰기	R/W	R/W	R/W	R/W	R/W	R/W	R/W	R/W
	초깃값	0	0	0	0	0	0	0	0

	비트	7	6	5	4	3	2	1	0
PINx		PINx7	PINx6	PINx5	PINx4	PINx3	PINx2	PINx1	PINx0
	읽기/쓰기	R	R	R	R	R	R	R	R
	초깃값	N/A	N/A	N/A	N/A	N/A	N/A	N/A	N/A

[그림 5-1] 디지털 I/O를 위한 레지스터

ATmega128에서는 포트를 조작할 수 있는 DDRx, PORTx, PINx 레지스터를 이용하여 다음과 같이 디지털 I/O 핀과 입출력한다.

논리값을 디지털 전압레벨로 출력

ATmega128 내부 논리값을 x포트 Pxn(x는 A~G, n은 0~7) 핀을 이용하여 디지털 전압레벨로 출력하는 과정을 요약하면 다음과 같다.

❶ DDRx 레지스터의 출력 핀에 해당되는 Pxn 위치의 비트값을 1로 만든다.

❷ PORTx 레지스터의 출력 핀에 해당되는 Pxn 위치의 비트값을 1로 기록하면 HIGH 디지털 전압레벨이 출력되고, 0으로 기록하면 LOW 디지털 전압레벨이 출력된다.

이처럼 PORTx 레지스터의 출력 핀에 해당되는 Pxn 위치에 비트값을 기록하면, 새로운 값이 갱신될 때까지는 기록된 논리값의 디지털 전압레벨이 유지된다. PORTx 레지스터를 읽으면 이전에 기록한 값이 읽힌다.

디지털 전압레벨을 논리값으로 입력

디지털 전압레벨을 ATmega128 내부 논리값으로 입력하는 과정을 요약하면 다음과 같다.

❶ DDRx 레지스터의 입력 핀에 해당되는 Pxn 위치의 비트값을 0으로 만든다.

❷ (입력 핀에 내부 저항을 연결하지 않을 때) PORTx 레지스터의 입력 핀에 해당되는 Pxn 위치의 비트값을 0으로 만든다(입력 핀에 내부 저항을 연결할 때). PORTx 레지스터의 입력 핀에 해당되는 Pxn 위치의 비트값을 1로 만든다.

❸ PINx 레지스터의 입력 핀에 해당되는 Pxn 위치의 비트값을 읽으면, 그 순간 Pxn 핀의 디지털 전압레벨이 논리값으로 읽힌다.

여기서 잠깐!

오른쪽 그림과 같이 PUD=0, DDxn=0, PORTxn=1이면 PINxn 핀과 V_{CC} 사이에 풀업저항이 연결된 디지털 입력 핀으로 설정된다. PINxn 핀에 연결된 스위치의 다른 단자를 GND에 연결하면 누른 여부를 PINxn 핀을 읽어 감지할 수 있다.

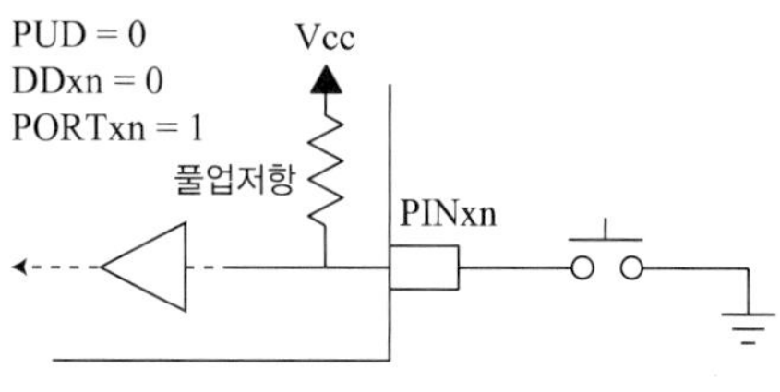

스위치를 누르면 PINxn 핀이 LOW 디지털 전압레벨이므로 논리값 0으로 읽히고, 누르지 않으면 내부의 풀업저항을 통해 HIGH 디지털 전압레벨이 되므로 논리값 1로 읽힌다. 즉 PINxn을 읽은 값이 0이면 스위치를 누른 상태이고, 1이면 누르지 않은 상태다.

특수 레지스터(SFIOR)의 PUD 비트가 0일 때만 내부 풀업저항을 연결할 수 있다. 1이면 풀업저항이 연결되지 않는다. PUD 초깃값은 0이다.

입력 핀에 해당되는 PORTx 레지스터를 읽으면 내부에 풀업저항을 연결했는지, 연결하지 않았는지를 알 수 있다. 읽은 값이 1이면 연결된 것이고, 0이면 연결되지 않은 것이다.

+ WinAVR 또는 AVR Studio에서 DDxn, Pxn, PINxn 사용

AVR 개발 환경인 WinAVR 또는 AVR Studio는 GNU gcc 크로스 컴파일러를 이용한다. ATmega128의 헤더 파일 iom128.h에서 Pxn, DDxn, PINxn 핀을 모두 매크로로 정의하고 있다. Pxn, DDxn, PINxn 핀은 0~7까지 정수형 상수로서 n이 같으면 모두 같은 상숫값이다.

예를 들면, DDA4와 PA4는 정수형 상수 4다. 따라서 프로그램 작성의 편리를 위해 PINA4 대신 PA4를 사용해도 무방하다. 이는 필자가 DDRA 레지스터 비트 설정을 위해 DDA4 대신 PA4로 적을 경우가 있음을 알리고자 하는 것이다.

5.1.3 디지털 I/O 핀을 이용한 직접 및 간접 구동

직접 구동

V_{CC}를 5[V]로 사용하는 ATmega128 디지털 I/O 핀에서 감당할 수 있는 최대 정격전류는 [표 5-1]에서 40[mA]임을 알 수 있다. 그러나 53개 모든 디지털 I/O 핀이 한꺼번에 40[mA]로 외부 장치를 구동할 수는 없다. ATmega128의 정격은 V_{CC}와 GND 사이에 공급되는 DC 전류가 400[mA] 이하이므로, 40[mA] 부하가 있는 핀을 10개 이상 넘지 못한다.

정격전류란 열악한 경우에도 동작할 수 있는 값을 표시한 것으로, 40[mA]보다 작은 전류로 외부 장치를 구동해야 한다. 또 구동한다 하더라도 소수 핀만 이용하는 것이 바람직하다.

[표 5-1] 디지털 I/O 인터페이스의 정격전류

ATmega128 정격전류	값
I/O 핀당 DC 전류	40[mA]
V_{CC}와 GND 사이의 DC 전류	200~400[mA]

[표 5-1]에 따르면 5[mA] 전류로 외부 장치를 구동할 경우에는 40개 이하 핀을 구동할 수 있다. 일반적으로 20[mA] 이하의 전류가 요구되는 외부 장치는 ATmega128로 직접 구동할 수 있다. 단, 이때 전체 구동하는 개수를 고려하여 ATmega128에 정격을 초과하는 과부하가 발생하지 않도록 주의해야 한다. 디지털 I/O 핀을 이용하여 직접 구동하는 실험은 5.2절을 참고하기 바란다.

간접 구동

외부 장치가 필요로 하는 전류 또는 전압이 ATmega128의 정격을 초과하여 직접 구동이 어려울 때는 간접 구동 방법을 선택한다. 이 방법을 선택했을 때 고려해야 할 사항은 구동해야 할 장치의 전기적 특성을 미리 살펴보아야 한다는 것이다. 이때는 보통 트랜지스터를 이용하여 전류의 흐르는 양을 크게 하여 다른 소자를 작동시킨다. 디지털 I/O 핀을 이용하여 간접 구동하는 실험은 5.5절을 참고하기 바란다.

Section 5.2 디지털 I/O 핀을 이용한 7-세그먼트 LED 구동

A 사전 지식

먼저 7-세그먼트 LED의 디스플레이 원리를 이해해 보자. 7-세그먼트 LED는 [그림 5-2]와 같이 공통 캐소드 또는 공통 애노드 구조를 갖는 8개의 LED가 연결되어 있기 때문에 점을 포함한 숫자를 디스플레이하기에 적합한 소자다. [그림 5-2(a)]에 표시된 영대문자 LED는 [그림 5-2(b)]와 [그림 5-2(c)]에 적혀진 영대문자 위치의 핀에 의해 ON/OFF된다.

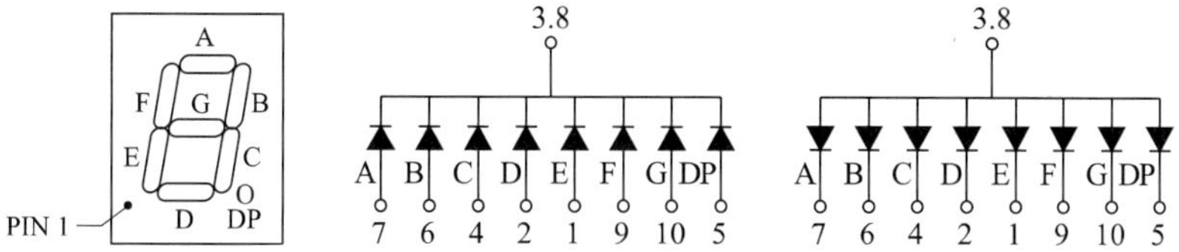

(a) LED 위치 (b) 공통 캐소드 (c) 공통 애노드

[그림 5-2] 7-세그먼트 LED 구조

7-세그먼트 LED 안에 있는 8개의 LED는 보통 10[mA] 전류가 흐를 때 1~2[mcd] 광원의 밝기를 방출하고 약 2[V] 전압강하가 된다. 5[V]를 V_{CC}로 사용하는 ATmega128 출력 핀에 약 330[Ω]의 저항을 LED와 직렬연결하면 HIGH 디지털 전압레벨일 때 약 9[mA]의 전류를 LED에 흐르게 할 수 있다.

■ 공통 캐소드 7-세그먼트 LED

공통 캐소드 7-세그먼트 LED는 [그림 5-2(b)]와 같은 내부 구조를 가진다. 각 LED의 ON/OFF를 위해 [그림 5-3]과 같이 ATmega128의 디지털 출력 핀은 저항을 통해 서로 다른 애노드에 연결하고, 3번 또는 8번 캐소드는 GND에 연결한다. 각 출력 핀에서 HIGH 디지털 전압레벨을 출력하면 LED는 켜지고 LOW 디지털 전압레벨을 출력하면 LED에 전류가 흐르지 않으므로 켜지지 않는다.

■ 공통 애노드 7-세그먼트 LED

공통 애노드 7-세그먼트 LED는 [그림 5-2(c)]와 같은 내부 구조를 가진다. 3번 또는 8번 공통 애노드 핀에 V_{CC}를 연결하고, ATmega128의 디지털 출력 핀은 각 LED의 ON/ OFF를 위해 [그림 5-5]와 같이 저항을 통해 서로 다른 캐소드에 연결하며, 3번 또는 8번 애노드는 V_{CC}에 연결한다. 각 출력 핀에서 LOW 디지털 전압레벨을 출력하면 LED는 켜지고 HIGH 디지털 전압레벨을 출력하면 LED에 전류가 흐르지 않으므로 켜지지 않는다.

B 실험 목적

(1) 디지털 I/O 핀을 이용하여 7-세그먼트 LED에 숫자를 직접 디스플레이하는 방법을 알아본다.

(2) C포트에 연결된 8개 핀과 7-세그먼트 LED의 ON/OFF를 위한 전압값을 논리값의 배열로 선언한다. 배열을 출력함으로써 숫자를 디스플레이하는 과정을 확인한다.

C 실험 부품 및 장치

부품명	규격	수량	비고
핵심(기본) 부품		1개	3장 [표 3-17] 참조
7-세그먼트 LED	5101CSR, 공통 캐소드	1개	
	5101ASR, 공통 애노드	1개	
저항	330[Ω]	8개	1/8[W]

D 실험 절차

(1) 브레드 보드 위에 [그림 5-3]과 같은 회로를 구성한다. 이 회로는 공통 캐소드 7-세그먼트 LED를 이용하여 숫자를 디스플레이한다.

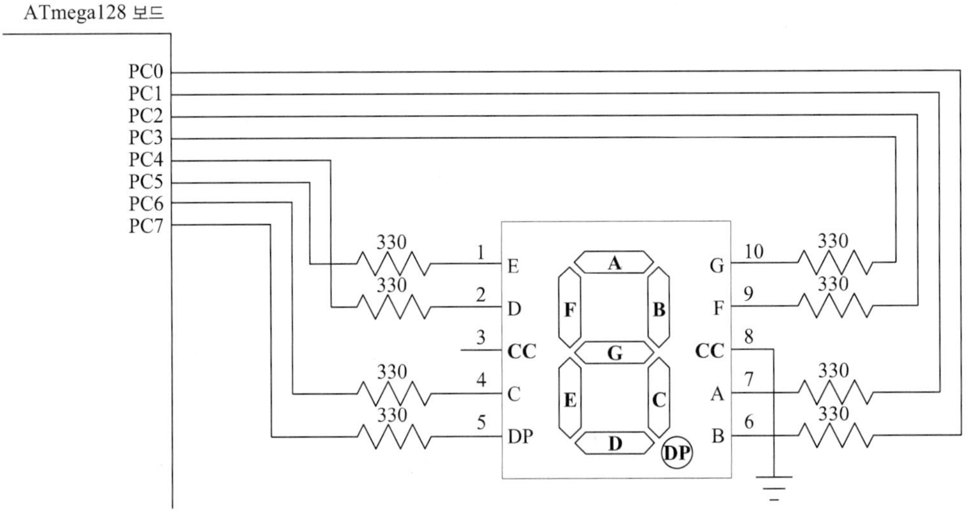

[그림 5-3] 공통 캐소드 7-세그먼트 LED 구동 회로

(2) 위 회로에서 [그림 5-2(b)]의 공통 캐소드로 구성된 7-세그먼트 LED 안의 8개 LED A, B, C, D, E, F, G, DP와 ATmega128 핀과의 연결 관계는 [표 5-2]와 같다.

[표 5-2] 7-세그먼트 LED의 내부 LED와 ATmega128 C포트의 핀 연결 관계

ATmega128 C포트의 핀 이름	PC7	PC6	PC5	PC4	PC3	PC2	PC1	PC0
7-세그먼트 LED의 내부 LED	DP	C	E	D	G	F	A	B

(3) 0~9 숫자 모양을 공통 캐소드 7-세그먼트 LED에 디스플레이하기 위해 출력되어야 하는 값은 [표 5-3]과 같다.

[표 5-3] 공통 캐소드 7-세그먼트 LED에 숫자를 디스플레이하기 위한 C포트 출력값

			디스플레이 숫자									
			0	1	2	3	4	5	6	7	8	9
		LED 위치	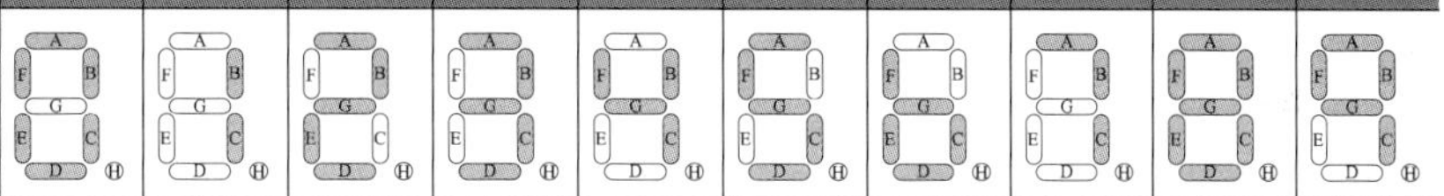									
포트 출력값	PC7	DP	0	0	0	0	0	0	0	0	0	0
	PC6	C	1	1	0	1	1	1	1	1	1	1
	PC5	E	1	0	1	0	0	0	1	0	1	0
	PC4	D	1	0	1	1	0	1	1	0	1	0
	PC3	G	0	0	1	1	1	1	1	0	1	1
	PC2	F	1	0	0	0	1	1	1	0	1	1
	PC1	A	1	0	1	1	0	1	0	1	1	1
	PC0	B	1	1	1	1	1	0	0	1	1	
16진수값			77	41	3B	5B	4D	5E	7C	43	7F	4F

(4) [표 5-3]에서 결정한 숫자를 디스플레이하기 위해 출력되는 값을 배열로 선언하면 아래와 같다. 배열의 인덱스는 디스플레이할 숫자와 일치한다.

```
unsigned char digit[] = {0x77, 0x41, 0x3B, 0x5B, 0x4D, 0x5E, 0x7C, 0x43, 0x7F, 0x4F};
```

E 실험 결과 및 고찰

(1) 배열의 위치와 디스플레이할 숫자를 매개 변수로 하는 7-세그먼트 디스플레이 함수를 작성한다.

```
void  display_7segled(unsigned char led[], unsigned int number)
{
    PORTC = led[number];
}
```

display_7segled( ) 함수에서는 디스플레이할 숫자(0~9) number에 해당되는 출력값 led[number]를 디지털 출력 핀인 C포트의 PORTC 레지스터에 기록한다. 7-세그먼트 LED에 number에 해당되는 숫자가 디스플레이된다.

(2) [프로그램 5-1]의 12번 라인에서는 DDRC 레지스터를 이용하여 C포트를 모두 출력 방향으로 설정한다.

[프로그램 5-1] 7-세그먼트 LED 출력

```
1   #include    <avr/io.h>
2
3   unsigned char digit[] = {0x77, 0x41, 0x3B, 0x5B, 0x4D, 0x5E, 0x7C, 0x43, 0x7F, 0x4F};
4
5   void  display_7segled(unsigned char led[], unsigned int number)
6   {
7           PORTC = led[number];
8   }
9
10  int main(void)
11  {
12          DDRC = 0xFF;
13
14          display_7segled(digit, 4);
15          return 0;
16  }
```

(3) 14번 라인에서 display_7segled( ) 함수를 호출하여 숫자 4를 디스플레이하는 프로그램을 완성하여 실행하라.

(4) 실행되는 프로그램을 확인하고, LED 한 개에 흐르는 전류를 측정하자. [그림 5-4(a)]는 숫자 4를 디스플레이하는 모습이고, [그림 5-4(b)]는 숫자 8이 디스플레이될 때 흐르는 전류의 합을 나타낸 것이다. 숫자 8은 7개의 LED에 전류를 흐르게 하므로, LED 한 개에 흐르는 전류는 약 7[mA] 임을 알 수 있다.

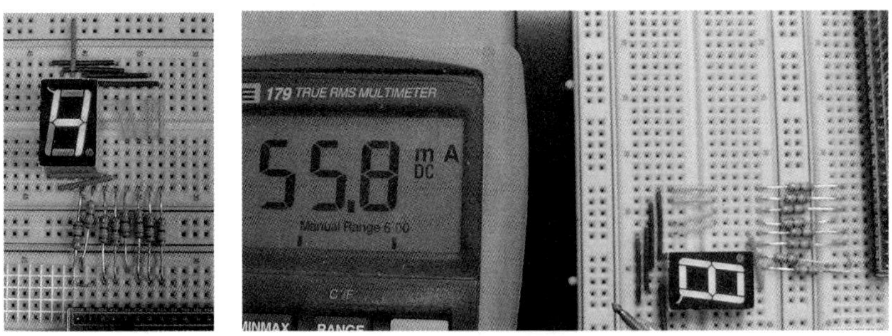

(a) 숫자 4　　　(b) 숫자 8일 때 7-세그먼트 LED를 통해 흐르는 전류

[그림 5-4] C포트를 이용한 7-세그먼트 LED 디스플레이 결과

(5) [그림 5-5]와 같이 연결된 공통 애노드 7-세그먼트 LED 회로를 이용하여 숫자 7을 디스플레이하는 함수를 만들려고 한다. 배열 digit[ ]값을 새롭게 정하고, [프로그램 5-1]과 같은 프로그램으로 완성하라.

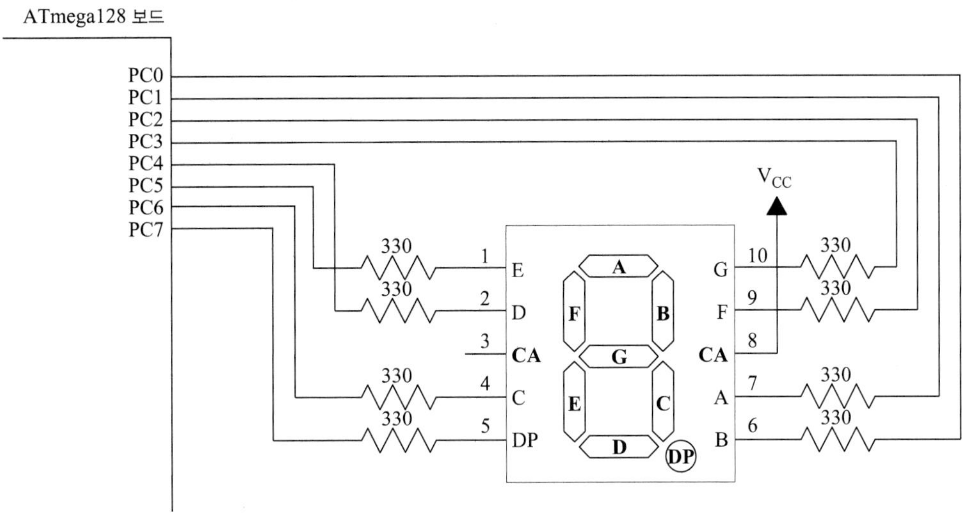

[그림 5-5] 공통 애노드 7-세그먼트 LED 구동 회로

5.3 트랜지스터를 이용한 스위칭 동작

5.3.1 스위치 ON/OFF의 전기적 특성

트랜지스터를 이용하여 컬렉터와 이미터 사이의 스위칭 동작을 만들어낼 수 있다. [그림 5-6(a)]는 NPN 트랜지스터가 연결된 LED이고, [그림 5-6(b)]는 기계적인 스위치가 연결된 LED다. [그림 5-6(b)]의 회로는 사람이 스위치를 누를 때 켜지고, [그림 5-6(a)]는 트랜지스터의 컬렉터와 이미터 사이의 스위칭 동작이 ON되면 켜진다.

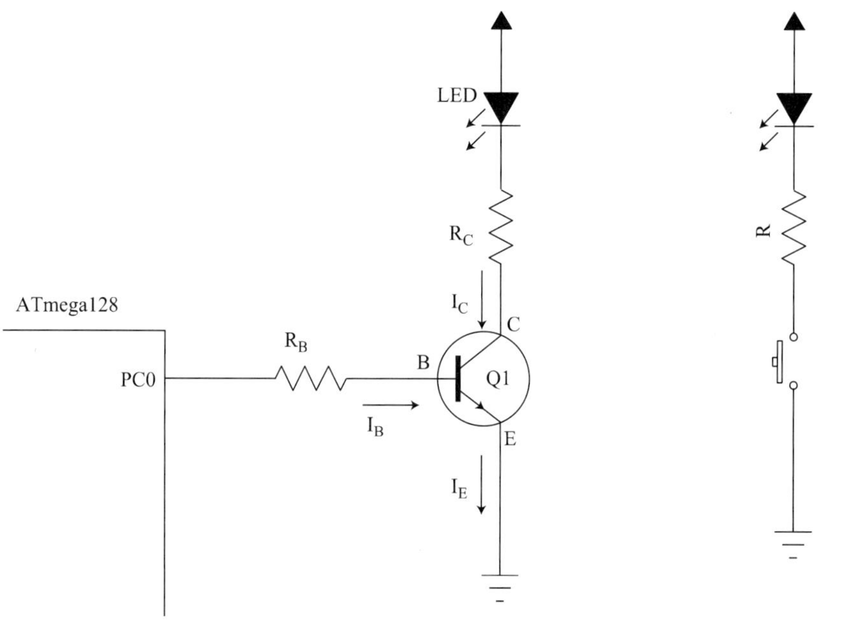

(a) 트랜지스터가 연결된 LED (b) 기계적인 스위치가 연결된 LED

[그림 5-6] LED를 켜기 위한 회로

기계적인 스위치가 ON/OFF되었을 때 전기적 특성은 [표 5-4]와 같다. 스위칭 상태가 ON일 때는 스위치 양단에 전류가 흐르고 양단의 전압차는 0[V]에 가깝다. 저항은 거의 0[Ω]에 가깝다.

[표 5-4] 기계적인 스위칭 상태(ON/OFF)에 따른 전류, 전압, 저항 특성

스위칭 상태	전류	스위치 양단 전압차	저항
ON	흐른다(≠0[A]).	없다(0[V]).	거의 0[Ω]
OFF	흐르지 않는다(0[A]).	있다(≠0[V]).	고저항

5.3.2 트랜지스터의 직류 특성

[그림 5-7]은 NPN 트랜지스터 동작에 대한 전압, 전류를 나타낸 것이다.

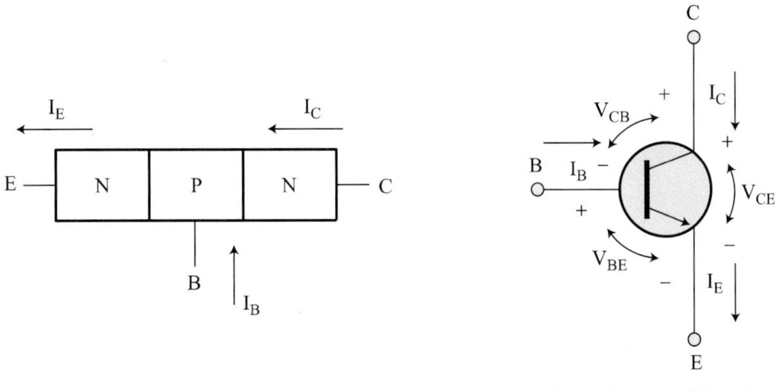

(a) NPN 트랜지스터 접합 (b) 트랜지스터 전압 · 전류

[그림 5-7] NPN 트랜지스터의 동작

트랜지스터가 증폭 작용을 하기 위해서는 아래 조건을 만족해야 한다.

> 베이스와 이미터가 순방향으로 바이어스되고, 컬렉터와 베이스가 역방향으로 바이어스되면 직류 상황에서 전류 I_C는 전류 I_B보다 h_{FE}배만큼 더 많은 전류가 흐른다.

활성 영역

위 조건이 만족되면 h_{FE}를 직류에 대한 전류이득이라 하고, 아래 관계식을 갖는다. 이 관계식이 성립되면 트랜지스터는 활성 영역(Active Region)에서 동작한다.

$$I_C = h_{FE} \times I_B$$

[그림 5-7]의 NPN 트랜지스터에서 증폭 작용을 위한 조건은 아래와 같다.

❶ 베이스와 이미터 사이는 순방향 바이어스가 되게 한다. 순방향 전류가 흐르기 위해 베이스 전압이 이미터 전압보다 다이오드의 문턱전압인 0.7[V] 이상 되게 한다.

❷ 컬렉터와 베이스 사이는 역방향 바이어스가 되게 한다. 순방향 전류가 흐르지 못하게 베이스 전압이 컬렉터 전압 이하가 되게 한다.

위 조건을 만족하는 상황에서 특성 곡선을 표시하면 [그림 5-8]과 같다. 베이스 전류 I_B가 증가하면서 DC load line을 따라 I_C가 비례하여 증가한다. [그림 5-8]에서 h_{FE}는 약 100배임을 알 수 있다.

[그림 5-6(a)] 회로의 경우 [그림 5-8]의 DC load line을 따라 베이스 전류에 비례하여 컬렉터 전류가 변하게 된다.

차단 영역

만일 I_B가 0[A]이면 컬렉터 전류 I_C는 거의 0[A]가 되고, 트랜지스터는 차단 영역(Cutoff Region)에 있게 된다. [그림 5-6(a)] 회로에서 I_B가 0[A]이면 전류 I_C는 거의 0[A]가 된다. [그림 5-6(a)] 회로의 경우 [그림 5-8]의 DC load line의 하단에 있는 차단에 있게 된다.

포화 영역

베이스와 이미터, 컬렉터와 베이스가 모두 순방향이 되면 I_B가 계속 증가하더라도 회로에서 최대로 흐를 수 있는 이상 I_C는 증가하지 않는다. [그림 5-6(a)] 회로에서 I_B가 증가해도 아래 식을 만족하는 범위에서만 증가한다.

$$V_{CC} = V_{LED} + I_C \times R_C + V_{CE(sat)}$$

I_B가 증가해도 I_C가 증가하지 않는 이 영역을 포화 영역(Saturation Region)이라 한다. 포화 영역에서의 $V_{CE(sat)}$는 매우 작은 전압으로 약 0.3[V] 이하가 된다. [그림 5-6(a)] 회로에서 베이스 전류가 많이 증가하면 [그림 5-8]의 DC load line의 상단에 있는 포화에 있게 된다.

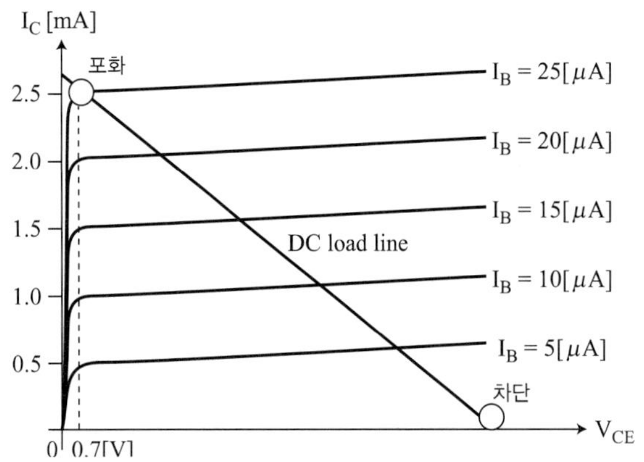

[그림 5-8] 트랜지스터의 특성 곡선

5.3.3 트랜지스터 포화/차단과 스위치 ON/OFF 관계

트랜지스터의 컬렉터와 이미터 사이를 스위치 두 단자라 하자. 포화 상태면 스위치 ON 동작과 같고, 차단 상태면 OFF 동작과 같다.

트랜지스터의 포화 상태와 차단 상태를 컬렉터와 이미터 사이의 전류, 전압차, 저항 관계로 나타내면 [표 5-5]와 같다.

[표 5-5] 트랜지스터 포화/차단 상태의 전류, 전압, 저항 특성

트랜지스터 상태	컬렉터 전류 I_C	컬렉터와 이미터 양단 전압차 V_{CE}	컬렉터에서 본 저항(V_{CE}/I_C)
포화	흐른다($\neq 0$[A]).	매우 작다(0.3[V] 이하).	매우 작다.
차단	거의 흐르지 않는다($\cong 0$[A]).	있다($\neq 0$[V]).	고저항

[표 5-4]의 기계적인 스위칭과 [표 5-5]의 트랜지스터 포화/차단을 비교하면 포화 상태는 스위치 ON 동작과 유사하고, 차단 상태는 스위치 OFF 동작과 유사하므로, 스위치 동작으로 사용할 수 있다.

5.3.4 ATmega128 디지털 I/O 핀을 이용한 트랜지스터 스위치 ON/OFF

[그림 5-6(a)] 회로의 트랜지스터 **스위치를 ON시키기 위해서** PC0 출력 핀에 HIGH 디지털 전압레벨을 출력한다. PC0 핀에서 HIGH 디지털 전압레벨인 V_{CC} 전압이 출력된다. 베이스 전압과 이미터 전압차 V_{BE}가 문턱전압 0.7[V] 이상인 순방향 바이어스고, 컬렉터 베이스는 역방향 바이어스 상태가 된다. R_B에 따라 베이스 전류 I_B가 결정되고 컬렉터 전류 I_C는 $h_{FE} \times I_B$인 활성 영역에 있게 된다. 그런데 R_B를 작게 하면 베이스 전류 I_B가 커지고 컬렉터 전류 I_C는 더는 $h_{FE} \times I_B$ 관계로 증가하지 않는 포화 영역에 있게 된다. 포화 영역에 있으므로 [표 5-5]의 트랜지스터는 스위치 ON 동작과 같게 된다. 컬렉터에 포화된 전류가 흐르고, 컬렉터와 이미터 사이의 전압차 V_{CE}는 0.7[V] 미만의 매우 작은 전압이 된다. 컬렉터와 이미터 두 단자 사이는 스위치 ON 동작을 하고 LED는 켜진다.

이와 반대로 **스위치를 OFF시키기 위해서는** PC0 출력 핀에 LOW 디지털 전압레벨을 출력한다. PC0 핀에 0[V] 전압이 출력되면, V_{BE}가 0[V]이므로 베이스와 이미터 사이의 전압은 문턱전압을 넘지 못하는 역방향 바이어스 상태가 된다. 베이스 전류가 거의 0[A]이고, 컬렉터 전류도 따라서 거의 0[A]가 된다. 이때 트랜지스터는 차단 영역에 있게 된다. 컬렉터 전류가 흐르지 않으므로 컬렉터와 이미터 두 단자 사이는 스위치 OFF 동작을 하고 LED는 켜지지 않는다. 이때 V_{CE}는 거의 V_{CC} 전압이 걸리게 된다.

5.4 트랜지스터를 이용한 ATmega128 정격 초과전류 공급

평판 고휘도 LED 4개를 병렬로 연결한 경우를 관찰하자. [그림 4-20(b)]에서 고휘도 LED HW321A는 20[mA] 전류가 흐를 때 전압강하는 약 3.2[V]가 된다. 병렬로 연결된 평판 LED 4개가 ON되면 약 80[mA]가 필요할 것으로 예측되는데, [표 5-1]의 ATmega128의 I/O 핀에 대한 정격전류인 40[mA]를 초과하므로 출력 핀에서 직접 공급하기 어렵다. 트랜지스터를 이용하면 40[mA] 이상의 전류를 공급할 수 있다.

5.4.1 NPN 트랜지스터를 이용한 구동 회로

[그림 5-9]는 NPN 트랜지스터를 이용하여 ATmega128 정격을 초과하는 전류가 요구되는 장치에 전류를 공급하는 회로다. ATmega128의 출력 핀이 HIGH 디지털 전압레벨일 때 트랜지스터의 스위칭 동작은 ON이 된다.

PC0에 HIGH 디지털 전압레벨이 출력되면 트랜지스터 Q1의 스위칭 동작은 ON이 되어 4개의 LED에 전류가 흐르고 LED를 모두 켜게 된다. LOW 디지털 전압레벨이 출력되면 트랜지스터 Q1의 스위칭 동작은 OFF가 되어 전류가 흐르지 않으므로 LED가 모두 꺼진다.

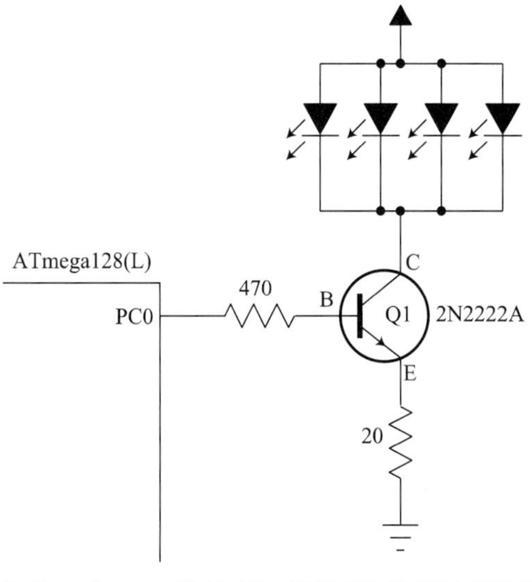

[그림 5-9] NPN 트랜지스터를 이용한 정격 초과전류 공급 회로

[그림 5-9] 회로에 사용되는 트랜지스터는 저가형 범용 NPN 트랜지스터 2N2222A를 사용할 수 있다. [표 5-6]은 2N2222A의 규격표다.

[표 5-6] 범용 NPN 트랜지스터 2N2222A의 포화, 차단 스위칭 특성(Philips datasheet 참조)

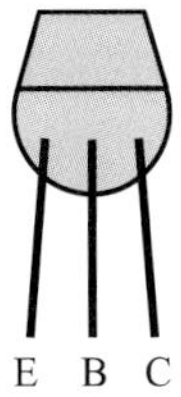

심볼	매개 변수		값	단위
	내용	테스트 조건		
I_{CBO}	컬렉터 차단 전류	$V_{CE}=60[V]$, $V_{EB(off)}=3.0[V]$	최대 10	[nA]
$V_{CE(sat)}$	컬렉터-이미터 포화 전압	$I_C=150[mA]$	최대 0.3	[V]
$V_{BE(sat)}$	베이스-이미터 포화 전압	$I_C=150[mA]$	0.6~1.2	[V]
I_C	컬렉터 정격 전류		1.0	[A]

[그림 5-9] 회로에서 PC0에 HIGH 디지털 전압레벨이 출력되면 NPN 트랜지스터 Q1의 베이스와 이미터 사이는 순방향이 되고, 컬렉터와 베이스는 역방향이 된다. 베이스 전류가 충분히 크므로 Q1 트랜지스터의 스위칭 동작은 ON이 된다.

$V_{CC}=5[V]$, [표 5-6]에 근거하여 $V_{CE(sat)}=0.3[V]$, [그림 5-9]에서 LED 전압강하가 3.2[V]라 하면 고휘도 LED에 흐르는 전류 합은 아래 식과 같이 약 75[mA]가 된다.

$$5[V] = 3.2[V] + 0.3[V] + 20\,I_C$$

$$I_C = \frac{5[V] - 3.5[V]}{20} = 75[mA]$$

고휘도 LED 4개가 병렬로 연결되어 있으므로 1개에 약 75/4 = 18.8[mA] 전류가 흐른다. LED 소비 전력은 75[mA] × 3.2[V] = 240[mW]이고, 20[Ω] 저항에서 소비되는 전력은 75[mA] × (5.0 − 3.5)[V] = 112.5[mW]다.

[그림 5-10]은 고휘도 LED HW321A와 유사한 특성의 LED 4개를 병렬연결하여 동작시켰다. 측정된 전류는 계산된 값과 큰 오차 없이 77[mA]가 흐르는 것을 보여주고 있다.

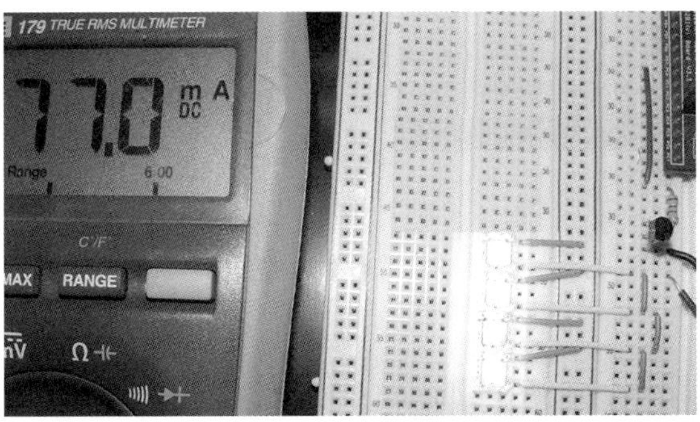

[그림 5-10] 고휘도 조명 회로에서 트랜지스터로 구동되는 전류

PC0 핀에서 HIGH 디지털 전압레벨이 출력될 때 트랜지스터를 구동하기 위해 출력되는 전류를 계산해보자. PC0 핀에서 베이스로 연결되는 베이스 전류는 470[Ω] 저항에 흐르는 전류를 계산하면 된다. 이미터 저항 20[Ω] 양단의 전압강하는 5 − 3.5 = 1.5[V], 베이스와 이미터 사이의 전압은 0.7[V], PC0 핀의 전압은 5[V]를 이용하면 베이스 전류 I_B는 아래와 같이 6.0[mA]가 된다. 6.0[mA]는 ATmega128 출력 핀으로 충분히 출력할 수 있다.

$$I_B = \frac{5 - 1.5 - 0.7}{470} = 6.0[mA]$$

5.4.2 PNP 트랜지스터를 이용한 구동 회로

[그림 5-11]은 PNP 트랜지스터를 이용하여 ATmega128 정격을 초과하는 전류가 요구되는 장치에 전류를 공급하는 회로다. ATmega128의 출력 핀이 LOW 디지털 전압레벨일 때 트랜지스터의 스위칭 동작은 ON이 된다.

PC1에 LOW 디지털 전압레벨이 출력되면 트랜지스터 Q1의 스위칭 동작은 ON이 되어 4개의 고휘도 LED에 약 80[mA]의 전류가 흐른다. HIGH 디지털 전압레벨이 출력되면 트랜지스터 Q1의 스위칭 동작은 OFF가 되어 전류가 흐르지 않으므로 LED가 모두 꺼진다.

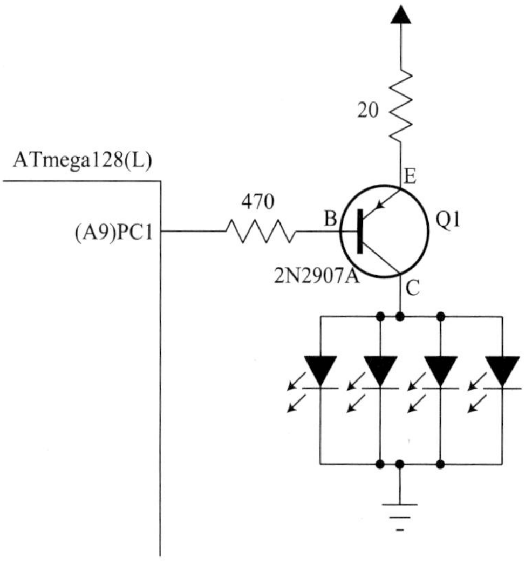

[그림 5-11] PNP 트랜지스터를 이용한 정격 초과전류 공급 회로

[표 5-7]은 2N2907A의 규격표다. 2N2907A는 PNP 트랜지스터로서 NPN 트랜지스터 2N2222A와 대응되어 쌍으로 많이 사용한다. 2N2907A는 이미터를 V_{CC} 쪽에 연결하여 사용한다. 베이스 쪽에 LOW 디지털 전압레벨로 스위칭 동작을 ON시킨다.

[표 5-7] 범용 PNP 트랜지스터 2N2907A의 포화, 차단 스위칭 특성(Philips datasheet 참조)

심볼	매개 변수		값	단위
	내용	테스트 조건		
I_{CBO}	컬렉터 차단 전류	V_{CE} = 50[V]	최대 10	[nA]
$V_{CE(sat)}$	컬렉터-이미터 포화 전압	I_C = 150[mA]	최대 0.4	[V]
$V_{BE(sat)}$	베이스-이미터 포화 전압	I_C = 150[mA]	최대 1.3	[V]
I_C	컬렉터 정격 전류		0.6	[A]

[그림 5-11] 회로에서 PC1에 LOW 디지털 전압레벨이 출력되면 PNP 트랜지스터 Q1의 베이스와 이미터 사이는 순방향이 되고, 컬렉터와 이미터는 역방향이 된다. 베이스 전류가 충분히 크므로 Q1 트랜지스터의 스위칭 동작은 ON이 된다.

4개의 고휘도 LED에 흐르는 전류와 PC1에서 LOW 디지털 전압레벨이 출력될 때, ATmega128 핀으로 입력되는 전류 계산은 NPN 트랜지스터의 계산 방법과 같다.

5.5 디지털 I/O 핀을 이용한 릴레이 구동

A 사전 지식

실험에 앞서 릴레이의 구동 원리를 이해한다. 릴레이는 전자석 원리를 이용하여 기계적인 구조로 두 접점 사이를 단락시켜 전류가 흐르는 경로를 만들어 기기를 작동시키거나 개방시켜 기기의 작동을 멈추게 하는 목적으로 사용된다. [그림 5-12]는 DC 릴레이의 외관과 내부 구조 그리고 접점을 보이고 있다.

소형 릴레이 JS1F-5V는 [그림 5-12(a)]의 외관과 [그림 5-12(c)]와 같은 접점 구조를 갖는다. [그림 5-12(b)]와 같이 코일에 전류가 흐르면 코일은 전자석이 되어 위의 판을 끌어당겨 접점의 접촉 위치를 변경시킨다.

코일 양단에 DC 전압이 인가되지 않을 때는 COM 접점과 N.C.(Normal Close) 접점이 붙어 있다가, 코일 양단에 DC 5[V]전압이 인가되면 전자석이 구동되고 COM 접점과 N.O.(Normal Open) 접점을 연결시킨다.

(a) 외관 (b) 내부 구조 (c) 접점 구조

[그림 5-12] 소형 릴레이 JS1F-5V 구조 [출처 : NAIS JS Relay 데이터시트(c)]

JS1F-5V를 구동시키기 위해서는 5[V] 조건에서 72[mA]가 필요하다. ATmega128은 정격 전류가 최대 40[mA]이므로, 72[mA]를 디지털 I/O 핀으로 구동하기 어렵다.

ATmega128의 출력 핀으로 트랜지스터를 구동한 컬렉터 전류를 릴레이에 흐르게 할 수 있으므로 릴레이를 간접적으로 구동할 수 있다.

B 실험 목적

(1) ATmega128의 디지털 I/O 핀에서는 공급할 수 있는 전류를 초과하는 장치를 구동하기 위해 간접적으로 트랜지스터를 먼저 구동한다.

(2) 트랜지스터의 ON 작동으로 충분한 전류를 공급하여 릴레이를 구동하는 방법을 알아본다.

C 실험 부품 및 장치

부품명	규격	수량	비고
핵심(기본) 부품		1개	3장 [표 3-17] 참조
릴레이	JS1F-5V	1개	
3핀 터미널	BR-500SL	1개	
트랜지스터	2N2222A	1개	
스위치	푸시버튼	2개	
저항	470[Ω] / 330[Ω]	1개 / 2개	1/8[W]
LED	지름 3[mm]	2개	빨강, 녹색
다이오드	IN4002	1개	

D 실험 절차

(1) 브레드 보드 위에 릴레이 JS1F-5V와 스위치, 트랜지스터 2N2222A를 이용하여 [그림 5-13] 회로를 구성한다.

(2) G포트의 PG1, PG2 핀은 입력으로 사용하고, PG0 핀은 출력으로 사용한다.

(3) PG1과 PG2 핀 내부에 풀업저항이 연결되도록 한다.

(4) 스위치 S1, S2에 의한 PG2, PG1 핀은 평상시는 5[V], 눌리면 0[V]가 ATmega128로 인가된다.

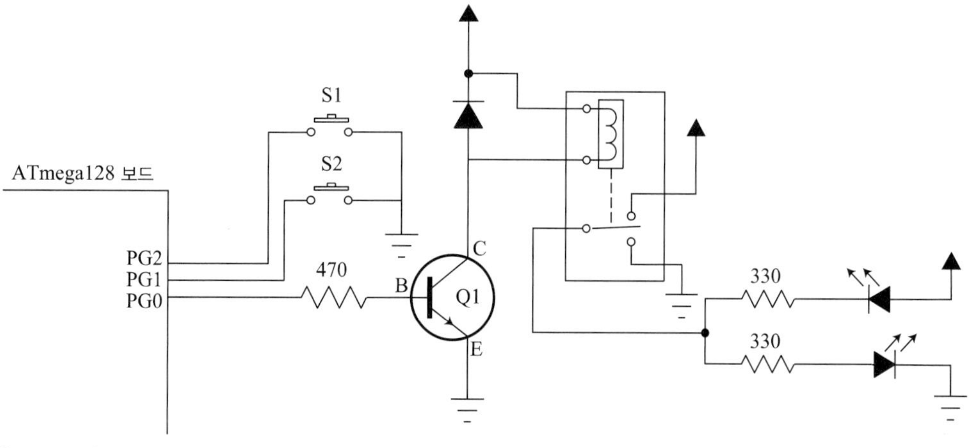

[그림 5-13] 릴레이 구동을 위한 회로

E 실험 결과 및 고찰

(1) 릴레이 구동을 위해 [프로그램 5-2]를 작성한다. 5번 라인에서는 DDRG 레지스터의 PG1, PG2 비트값을 0으로 만들어, PG1, PG2 핀을 입력 방향으로 설정한다. PG0 비트값은 1로 만들어, PG0 핀을 출력 핀으로 설정한다.

[프로그램 5-2] 릴레이 구동을 위한 프로그램

```
1  #include   <avr/io.h>
2
3  int main(void)
4  {
5      DDRG = (DDRG & ~(1<<PG1 | 1<<PG2)) | 1<<PG0;
6      PORTG = PORTG | 1<<PG1 | 1<<PG2;
7
8      while(1){
9          if( !(PING & 1<<PG1))
10             PORTG = PORTG | 1<<PG0;
11
12         if( !(PING & 1<<PG2))
13             PORTG = PORTG & ~(1<<PG0);
14     }
15
16     return 0;
17 }
```

(2) 6번 라인에서는 입력 핀에 해당하는 PORTG 레지스터의 PG1, PG2 핀값을 비트 OR 연산하여 1로 만들었으므로 내부에 풀업저항이 연결된다. ATmega128 내부의 풀업저항을 사용하므로 [그림 5-13]의 스위치에 풀업저항을 연결하지 않았다.

(3) 9번 라인에서 if 문은 PING 레지스터의 PG1 핀 위치만을 비트 AND 연산한 후, 논리 NOT을 취하면 PG1 핀의 전압이 0[V]일 때 참이 된다. 이때 스위치가 눌리면 감지되며, 10번 라인에서 PG0 핀에 5[V]를 출력하는 명령을 수행한다.

(4) PG0 핀을 HIGH 디지털 전압레벨로 출력하면 [그림 5-13]의 트랜지스터 베이스와 이미터 사이가 순방향이 되고 전류가 충분히 높아 트랜지스터를 포화 영역에 이르게 한다.

(5) 릴레이에서 흐르는 전류가 트랜지스터를 경유하므로, 릴레이와 컬렉터 사이의 전류를 측정하면, 약 70[mA]가 된다.

(6) [그림 5-14]는 서로 다른 스위치를 누를 때마다 릴레이의 스위치 방향이 바뀌며, 다른 LED를 ON/OFF하는 동작을 보여주고 있다.

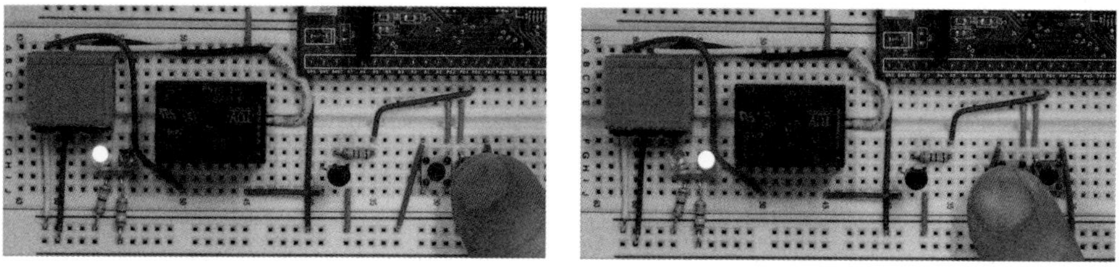

(a) 릴레이 ON　　　(b) 릴레이 OFF

[그림 5-14] 릴레이 ON/OFF 작동

(7) 릴레이 정격에 맞는 교류로 동작하는 가정용 장치인 선풍기를 연결하면, 스위칭 동작을 제어할 수 있다.

5.6 프로세서 연산에 의한 강제 시간 지연

CPU는 외부 장치의 동작 속도보다 빠르므로 외부 장치에 명령을 보낸 후, 적절한 동작이 완성되기까지는 시간을 더 기다려야 하는 경우가 많다. 따라서 마이크로컨트롤러는 시간 지연 기능을 제공할 수 있어야 한다.

시간 지연 방법에는 CPU가 임의의 명령어를 수행하도록 함으로써 시간을 허비하게 하는 방법과 타이머 인터럽트를 사용하는 방법이 있다. 이 중에서 타이머 인터럽트를 사용하는 방법이 CPU 부하를 줄이는 더 효과적인 방법이다. 타이머 인터럽트에 의한 시간 지연 방법은 8장에서 알아보고, 이 절에서는 CPU가 임의의 명령어를 수행시키면서 시간을 지연하는 방법에 대해 알아본다.

ATmega128은 CPU 동작에 의해 명령어 인출 단계, 명령어 분석 단계, 오퍼랜드 인출 단계, 연산 실행 및 결과 생성 단계(경우에 따라 생략될 수 있음.)를 실행하는 명령어 실행 단계를 거치면서 프로그램이 수행된다. 파이프라인 구조인 ATmega128의 명령어 사이클은 실행 단계마다 한 주기의 CPU 클록을 사용하고 한 클록에 1개의 명령어를 종료하는 효과가 있다.

5.6.1 GNU gcc 컴파일러의 라이브러리 시간 지연 함수

GNU(GNU's Not Unix)에서는 강제 시간 지연을 위한 두 개의 함수를 제공하고 있다. 이 함수를 사용하기 위해서는 AVR Studio 개발 환경에서 F_CPU 매크로를 정의해야 한다. Project 메뉴 → Configuration Options → General → Frequencey 항에 CPU 클록 주파수를 입력하면 된다. 또는 프로그램 앞부분에 CPU 클록 주파수가 16[MHz]일 경우 #define F_CPU 16000000UL을 추가해도 된다.

함수 안의 매개 변수인 __us값을 감소시키는 어셈블러 명령을 수행시켜, F_CPU값에 비례하여 일정 횟수 동안 반복함으로써 시간 지연 효과를 낸다.

```
void _delay_us(double __us)
void _delay_ms(double __ms)
```

_delay_us(double __us) 함수는 마이크로초(microsecond, μs) 단위로 시간을 지연할 수 있으

며, _delay_ms(double __ms) 함수는 밀리초(millisecond, ms) 단위로 시간을 지연할 수 있다. 이 함수를 실행하여 시간 지연되는 동안 다른 인터럽트가 발생하면, 인터럽트 서비스 함수가 수행되는 동안 시간 지연이 연장된다.

5.6.2 스위치 디바운싱 현상과 소프트웨어적인 해결 방법

ATmega128의 입력으로 자주 사용하는 것이 스위치다. [그림 5-15(a)]는 스위치를 누르면 입력 핀 위치의 전압이 0[V]가 되고, [그림 5-15(b)]는 스위치를 누를 때 V_{CC}가 된다.

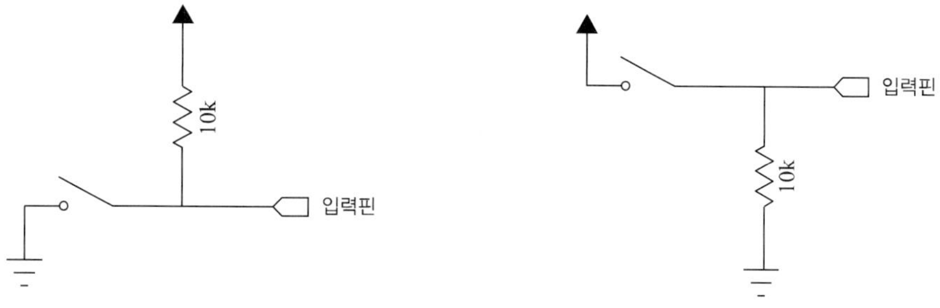

(a) 누르면 0[V]　　(b) 누르면 V_{CC}

[그림 5-15] 통상적인 푸시버튼 스위치 입력 회로

그런데 스위치의 기계적인 특성으로 스위치를 누르거나 떼는 순간 한 번에 전압이 바뀌어 일정한 값을 유지하는 것이 아니라, [그림 5-16]과 같이 짧은 시간에 **스위치 바운싱** 현상이 나타나기 쉽다. 즉, 스위치를 여러 번 누른 동작으로 오동작할 수 있다.

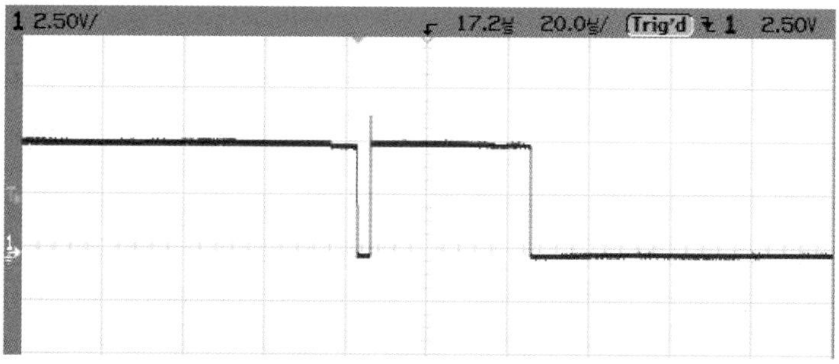

[그림 5-16] 스위치 바운싱에 의한 전압 변화

스위치 바운싱 현상을 막기 위해서는(**스위치 디바운싱**) 스위치 주변에 회로를 추가하여 완화할 수 있지만 가격이 상승하고 크기가 커지는 단점이 있다. 이러한 현상은 시간 지연 함수를 이용하여 소프트웨어적으로 해결할 수 있다.

처음 스위치의 변화를 감지한 후부터 일정 시간이 지난 후의 스위치 변화를 감지할 수 있다면, 스위치 바운싱 문제를 간단하게 해결할 수 있다. 단, 프로세서 연산에 의한 강제 시간 지연은 프로그램의 수행까지 느리게 하는 단점이 있다. 하지만, 8장에서 소개할 타이머 인터럽트를 사용하면 다른 프로그램의 수행을 느리게 하는 단점을 없앨 수 있다.

5.7 시간 지연 함수를 이용한 1초마다 숫자 증가

A 실험 목적

시간 지연 함수를 호출하여 1초마다 숫자가 증가되는 동작을 이해한다.

B 실험 부품 및 장치

부품명	규격	수량	비고
핵심(기본) 부품		1개	3장 [표 3-17] 참조
7-세그먼트 LED	5101CSR, 공통 캐소드	1개	
저항	330[Ω]	8개	

C 실험 절차

(1) 브레드 보드 위에 [그림 5-3]과 같은 회로를 구성한다. 이 회로는 7-세그먼트 LED를 이용하여 숫자를 디스플레이한다.

(2) 5.2절에서 실험한 7-세그먼트 LED 디스플레이를 위한 배열을 사용한다.

(3) [프로그램 5-3]을 작성한다. 이때 #include <util/delay.h>를 포함하고, AVR Studio 통합 개발 환경에서 F_CPU 매크로를 정의하거나, 프로그램 앞부분에서 CPU 클록 주파수가 16[MHz]일 경우 #define F_CPU 16000000UL를 추가한다. unsigned long 자료형 상수인 F_CPU 레이블은 _delay_ms( ) 라이브러리 함수에서 사용된다.

[프로그램 5-3] _delay_ms( ) 함수를 이용한 1초 지연

```
#define F_CPU    16000000UL

#include    <avr/io.h>
#include    <util/delay.h>

unsigned char digit[] = {0x77, 0x41, 0x3B, 0x5B, 0x4D, 0x5E, 0x7C, 0x43, 0x7F, 0x4F};

void    display_7segled(unsigned char led[], unsigned int number)
{   PORTC = led[number];    }
```

```
10
11  int main(void)
12  {   int sec;
13
14      DDRC = 0xFF;
15
16      sec = 0;
17      while(1){
18          sec++;
19
20          display_7segled(digit, sec % 10);
21
22          _delay_ms(1000);
23      }
24
25      return 0;
26  }
```

D 실험 결과 및 고찰

(1) 20번 라인에서 'sec % 10' 연산은 정수 sec을 10으로 나눈 후, 나머지 값을 취하므로 0부터 9까지 값이 바뀌는 효과가 있다.

(2) 22번 라인에서 _delay_ms(1000) 함수는 1,000[msec]에 해당하는 1초의 시간 지연을 만든다.

(3) 0.5초마다 숫자가 3씩 증가할 수 있도록 프로그램을 변경하여 실행해보자.

5.8 시간 지연 함수를 이용한 스위치 디바운싱

A 실험 목적

(1) 시간 지연 함수를 이용하여 스위치 바운싱 현상에 의한 오동작을 확인한다.

(2) 시간 지연을 이용한 스위치 디바운싱 현상을 확인한다.

B 실험 부품 및 장치

부품명	규격	수량	비고
핵심(기본) 부품		1개	3장 [표 3-17] 참조
7-세그먼트 LED	공통 캐소드	1개	
저항	330[Ω]	8개	
스위치	푸시버튼	1개	

C 실험 절차

(1) [그림 5-17]과 같이 스위치 디바운싱을 위한 회로를 구성한다. 푸시버튼 스위치는 내부의 풀업저항 기능을 사용하기 위해 외부에 풀업저항을 연결하지 않는다.

(2) 스위치를 누르면 PD0 핀에 0[V]가 인가되고, PD0 핀의 논리값은 0으로 감지된다.

(3) 공통 캐소드 7-세그먼트 LED 디스플레이를 위한 C포트 출력값은 [표 5-3]에서 결정된 값을 배열로 만들어 이용한다.

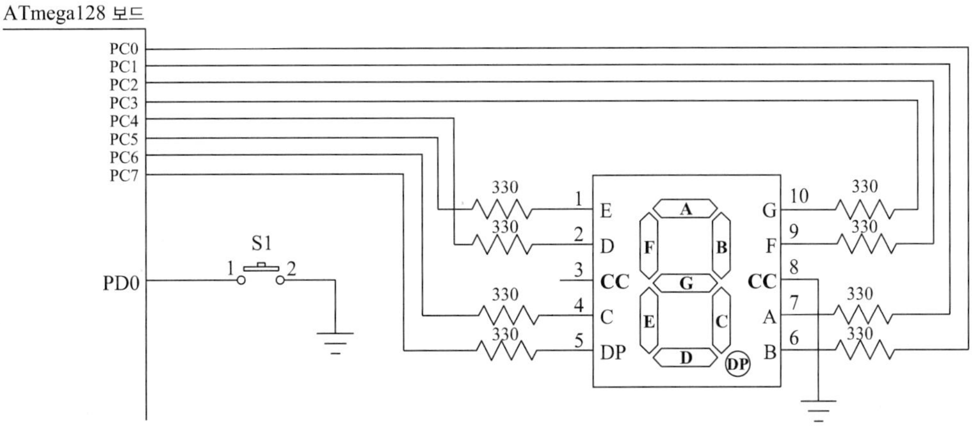

[그림 5-17] 스위치 디바운싱을 위한 회로

D 실험 결과 및 고찰

(1) [프로그램 5-4]는 스위치가 눌리는 순간과 떨어지는 순간을 감지하여 눌리는 순간에만 변수 number값을 증가한다.

[프로그램 5-4] 바운싱 현상을 제거하지 못한 프로그램

```
1   #include      <avr/io.h>
2
3   #define PRESSED     1
4   #define RELEASED    0
5
6   unsigned char digit[] = {0x77, 0x41, 0x3B, 0x5B, 0x4D, 0x5E, 0x7C, 0x43, 0x7F, 0x4F};
7
8   void   display_7segled(unsigned char led[], unsigned int number)
9   {   PORTC = led[number];    }
10
11  int main(void)
12  {
13      int number;
14      int before;
15
16      DDRC = 0xFF;
17      DDRD = DDRD & ~(1<<PD0);            // PD0를 입력 핀으로 설정
18      PORTD = PORTD | 1<<PD0;             // 입력 핀 PD0를 내부 풀업저항으로 연결
19
20      number = 0;
21      before = RELEASED;
22
23      while(1){
24          display_7segled(digit, number % 10);
25
26          if( before == RELEASED && !(PIND & 1<<PD0) ){  // 전에 눌리지 않은 상태에서 처음으로 눌림
27              number++;
28              before = PRESSED;
29          }else if( before == PRESSED && (PIND & 1<<PD0) ){  // 전에 눌린 상태에서 처음으로 떨어짐
30              before = RELEASED;
31          }
32      }
33      return 0;
34  }
```

(2) 28번, 30번 라인에서 before 변숫값을 현재 while( ) 문에서 스위치의 눌림(PRESSED) 또는 떨어짐(RELEASED)으로 변경하면, 다음 while( ) 문에서 before 변수로 스위치의 상태를 알 수 있다.

(3) 26번 라인은 before에 스위치가 눌리지 않은 상태이고, 현재 while( ) 문에서 스위치가

눌린 값으로 읽히면 변수 number가 1이 증가하면서 다음 while( ) 문에서 before를 눌린 상태(PRESSED)로 변경한다.

(4) 29번 라인은 before에 스위치가 눌린 상태이고, 현재 while( ) 문에서 스위치가 떨어짐 값으로 읽히면 before 변수를 떨어진 상태(RELEASED)로 변경한다.

(5) 이 실험에서는 스위치가 눌릴 때, 2 이상 숫자가 증가하는 상황이 보이면 바운싱 현상이 발생한 것이다.

(6) [프로그램 5-5]는 바운싱 현상을 제거한 프로그램이다. [프로그램 5-4]와 같은 방법으로 스위치가 눌리는 순간과 떨어지는 순간을 30번 라인과 34번 라인에서 검사한다.

(7) 눌리거나 떨어지는 순간이 감지되면 약 100[msec] 동안 강제로 시간을 지연하여 바운싱 하는 동안 CPU가 스위치를 검사하지 못하게 한다.

(8) 스위치를 누를 때마다 1씩 증가한다면 바운싱 현상이 제거되었음을 확인할 수 있을 것이다. 만일 그래도 2 이상 숫자가 증가한다면 바운싱 시간이 100[msec]을 넘었기 때문이다. 8번 라인의 DEBOUNCE_MS 매크로값을 100보다 크게 설정하면 이런 문제를 해결할 수 있다.

(9) 바운싱 현상은 해결했지만 강제로 시간 지연을 하고 있으므로, 프로그램의 처리 속도가 늦어지는 단점이 있다.

[프로그램 5-5] 바운싱 현상을 제거한 프로그램

```
1   #define F_CPU    16000000UL
2
3   #include    <avr/io.h>
4   #include    <util/delay.h>
5
6   #define PRESSED         1
7   #define RELEASED        0
8   #define DEBOUNCE_MS     100
9
10  unsigned char digit[] = {0x77, 0x41, 0x3B, 0x5B, 0x4D, 0x5E, 0x7C, 0x43, 0x7F, 0x4F};
11
12  void    display_7segled(unsigned char led[], unsigned int number)
13  {   PORTC = led[number];    }
14
15  int main(void)
16  {
17      int number;
18      int before;
19
20      DDRC = 0xFF;
21      DDRD = DDRD & ~(1<<PD0);            // PD0를 입력 핀으로 설정
```

```
    PORTD = PORTD | 1<<PD0;              // 입력 핀 PD0를 내부 풀업저항으로 연결

    number = 0;
    before = RELEASED;

    while(1){
        display_7segled(digit, number % 10);

        if( before == RELEASED && !(PIND & 1<<PD0) ){   // 전에 눌리지 않은 상태에서 처음 눌림
            number++;
            _delay_ms(DEBOUNCE_MS);
            before = PRESSED;
        }else if( before == PRESSED && (PIND & 1<<PD0) ){ // 전에 눌렸으나 처음으로 떨어짐
            _delay_ms(DEBOUNCE_MS);
            before = RELEASED;
        }
    }
    return 0;
}
```

5.9 H-브리지 회로를 이용한 소형 DC 모터 정·역 회전

5.9.1 DC 모터의 정회전과 역회전을 위한 H-브리지 회로

모터는 전기에너지를 회전하는 기계에너지로 변환하는 장치다. DC 모터는 전류가 흐르는 방향에 따라 회전 방향이 결정된다. 역회전은 정회전일 때 DC 모터에 흐르는 전류의 방향과 반대가 되도록 스위칭 소자의 동작 경로를 바꿔야 한다. H-브리지 회로를 이용하여 모터에 흐르는 전류의 방향을 바꿀 수 있다.

[그림 5-18]은 스위치를 이용한 전형적인 H-브리지 회로를 나타내고 있다. DC 모터에 전류의 방향을 좌에서 우로 흐르게 하기 위해서는 스위치 A, D는 단락시키고, 스위치 B, C는 개방해야 한다. 반대로 전류의 방향을 우에서 좌로 흐르게 하기 위해서는 스위치 B, C를 단락시키고, 스위치 A, D는 개방시켜야 한다.

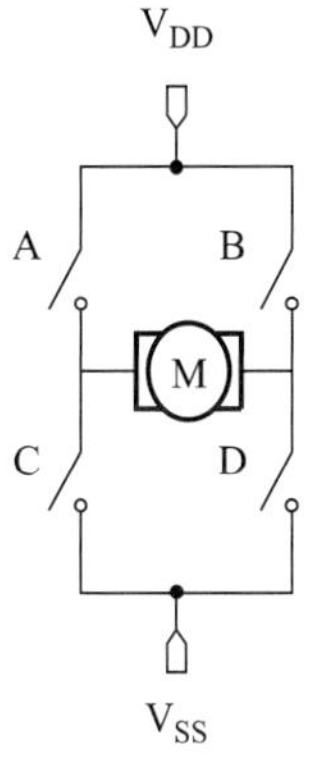

[그림 5-18] H-브리지 회로와 스위치

DC 모터의 용량에 따라 스위칭 소자의 전기적 특성이 고려되어야 한다. 모터에 흐르는 전류는 모터에 걸리는 부하에 따라 변한다.

5.9.2 소형 모터 구동을 위한 H-브리지 회로

[그림 5-19] 회로는 PNP 트랜지스터 2N2907A와 NPN 트랜지스터 2N2222A를 이용한 H-

브리지 회로다. DC 모터를 M+와 M- 사이에 연결하여 정방향과 역방향 회전을 ATmega128로 제어한다.

PNP 트랜지스터 A와 NPN 트랜지스터 D를 스위칭 ON시키면 M+와 M- 사이에 연결된 DC 모터의 전류는 좌에서 우로 전류가 흐르게 된다. 이때 각 트랜지스터에 인가되는 전압, 전류 특성을 고려하여 트랜지스터를 베이스에 연결되는 저항값을 결정하자.

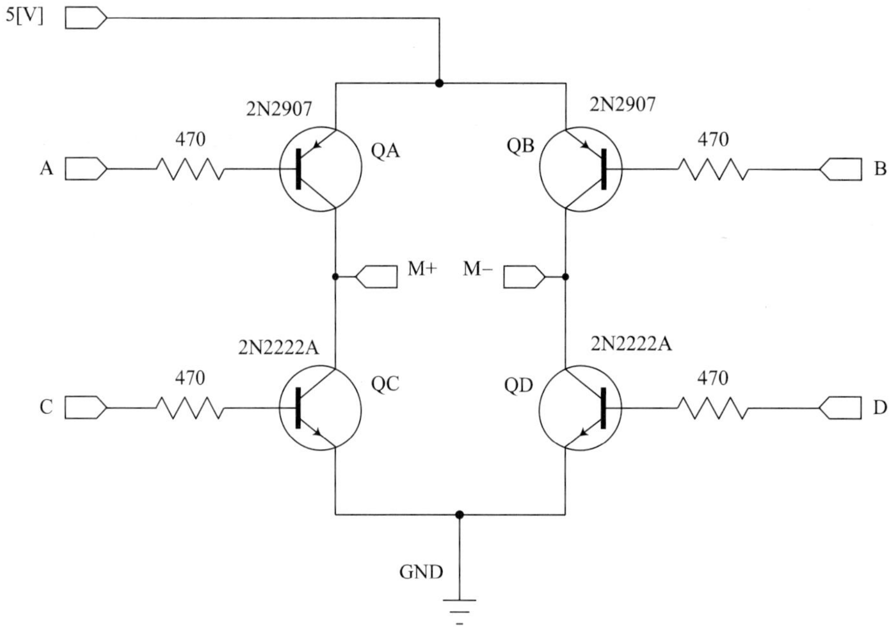

[그림 5-19] H-브리지 회로를 이용한 DC 모터 정·역방향 제어 회로

PNP 트랜지스터는 2N2907A와 NPN 트랜지스터 2N2222A는 양의 전압과 음의 전압에서 상호 보완적인 특성을 갖는다. [그림 5-21]의 하단에 있는 2N2222A가 스위칭 ON 되었을 때의 호환 소자 2N2222A의 전기적 특성은 [표 5-8]과 같다.

[표 5-8] 2N222A의 스위칭 ON 되었을 때의 전기적 특성

기호	매개 변수	테스트 조건 (V_{CE} = 10[V])	최소	최대	단위
h_{FE}	직류에 대한 전류 이득	I_C = 0.1[mA] I_C = 1.1[mA] I_C = 10[mA] I_C = 150[mA] *	35 50 75 100	 300	
$V_{CE(sat)}$	컬렉터-이미터 포화 전압*	I_C = 150[mA]		0.3	[V]
$V_{BE(sat)}$	베이스-이미터 포화 전압*	I_C = 150[mA]	0.6	1.2	[V]

* 펄스 테스트 : 펄스 폭 ≤ 300[usec], 듀티비 : 2.0%
[출처 : Philips 2N2222A 데이터시트]

베이스 저항값 결정

[표 5-8]에 나타낸 바와 같이 컬렉터 전류가 10[mA] 이상에서 동작하면 스위칭 ON되었을 때 직류 전류 이득 h_{FE}를 100배 정도로 생각할 수 있다.

베이스 전류 I_B를 5~10[mA]로 공급하면 펄스에 의한 순간 전류 500[mA] 이하의 장치에 적용할 수 있다. ATmega128 디지털 출력 핀에서 [그림 5-19] H-브리지 회로에서 하단부 2N2222A의 베이스로 연결되는 470[Ω] 저항을 통해 공급하는 전류는 아래 식과 같이 약 8.5[mA]가 된다. HIGH 디지털 전압레벨을 5[V], $V_{BE(sat)}$을 1.0[V]로 이용하였다.

$$I_B = \frac{V_{CC} - V_{BE(sat)}}{R_B} = \frac{5 - 1.0}{470} = 8.5[mA]$$

[그림 5-19]에서 V_{CC}를 5[V]로 동일한 전압을 사용하므로 상호 보완적인 전기적 특성을 갖는 2N2907A의 베이스 저항도 470[Ω]이면 적당하다.

I_B가 8.5[mA] 상태에서 직류 전류에 대한 이득을 50이라 보더라도 R_B값을 470[Ω]으로 하면 부하 425[mA]를 만족시킬 수 있다. 425[mA]이하의 전류로 동작하는 소형 또는 마이크로 DC 모터 구동에 적당하다.

DC 모터 양단에 걸리는 전압

트랜지스터 QA, QD는 스위치 ON 되고 QB, QC는 스위치 OFF되면 전류는 5[V] → QA → M+ → 모터 → M- → QD → GND 방향으로 전류가 흐르게 된다. 따라서 M+, M- 단자 사이에 걸리는 전압은 5[V]에서 포화영역 트랜지스터 QA, QD의 $V_{CE(sat)}$를 제하면 된다. [표 5-8] 2N2222A의 $V_{CE(sat),\ 2N2222A}$는 최대 0.3[V]이고 보완적인 전기적 특성을 갖는 2N2907A도 같은 전압을 가지므로 4.4[V]가 계산된다.

$$V_{모터양단} = 5[V] - V_{CE(sat),\ 2N2907A} - V_{CE(sat)2N2222A} = 5 - 0.3 - 0.3 = 4.4[V]$$

4.4[V]로 구동될 수 있는 소형 모터를 연결하여 사용할 수 있다.
따라서, 전류와 전압을 고려하면 [그림 5-19] 회로는 4.4[V], 425[mA] 범위의 소형 또는 마이크로 DC 모터를 구동할 수 있다.

DC 모터 정회전, 역회전을 위한 디지털 전압레벨

[그림 5-21]회로에서 소형 모터의 정회전과 역회전을 위해 A, B, C, D 입력으로 인가시키는 디지털 전압레벨은 [표 5-9]와 같다. 윗단의 두 트랜지스터가 OFF 되거나 아랫단의 두 트랜지스터가 OFF 되면 전류가 모터를 통해 흐를 수 없으므로 모터는 정지한다.

[표 5-9] [그림 5-21]회로의 DC 모터 회전을 위한 A, B, C, D 입력 신호

회전 방향	트랜지스터 스위칭				디지털 전압레벨			
	QA	QB	QC	QD	A	B	C	D
정방향	ON	OFF	OFF	ON	LOW	HIGH	LOW	HIGH
역방향	OFF	ON	ON	OFF	HIGH	LOW	HIGH	LOW
정지	OFF	OFF	–	–	HIGH	HIGH	–	–
	–	–	OFF	OFF	–	–	LOW	LOW

[표 5-9]를 관찰하면 A와 C를 묶어 동일한 신호 AC로 사용하고, B와 D를 묶어 동일한 신호 BD로 사용할 수 있다. [그림 5-20]은 소형 모터의 경우 4개의 방향 제어신호를 2개로 간소화한 회로다.

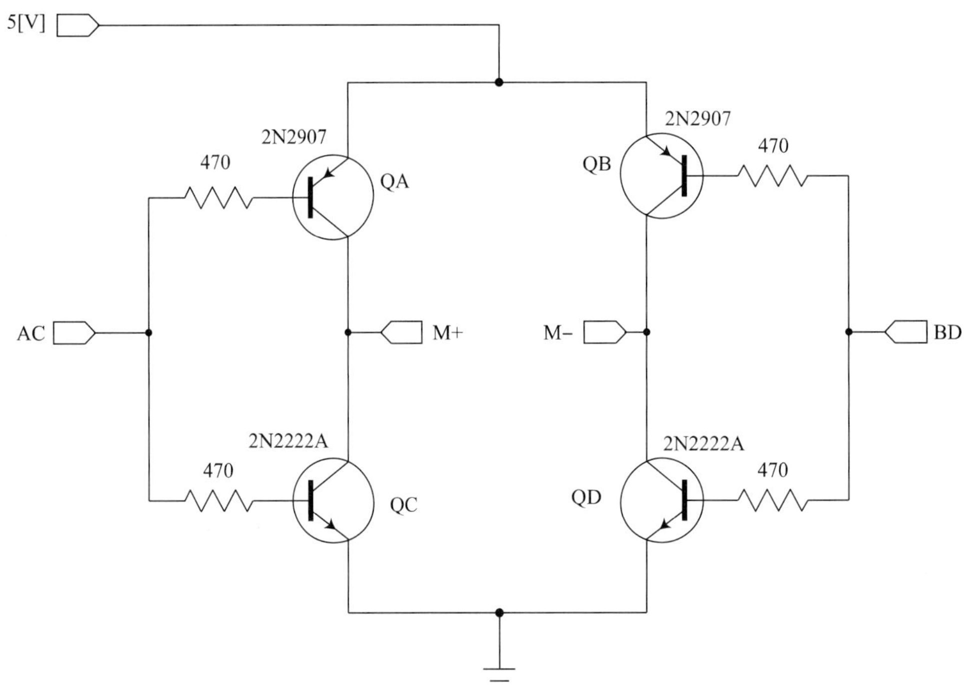

[그림 5-20] 소형 모터를 위한 간소화된 회로

[표 5-10]은 AC, BD 두 개의 입력 신호로 모터의 방향을 제어하는 디지털 전압레벨이다. 위쪽 트랜지스터 또는 아래쪽 트랜지스터가 모두 OFF되면 모터를 통한 전류 이동 경로가 차단되어 모터가 정지한다.

[표 5-10] [그림 5-22]회로 DC 모터 회전을 위한 AC, BD 입력 신호

회전 방향	트랜지스터 스위칭				디지털 전압레벨	
	QA	QB	QC	QD	AC	BD
정방향	ON	OFF	OFF	ON	LOW	HIGH
역방향	OFF	ON	ON	OFF	HIGH	LOW
정지	OFF	OFF	ON	ON	HIGH	HIGH
	ON	ON	OFF	OFF	LOW	LOW

[그림 5-20] 회로에서 주의할 점은 AC, BD 신호가 개방되거나 ATmega128의 입력으로 설정된 핀과 연결되지 않게 한다. ATmega128에 타깃 코드가 다운로드되지 않으면 AC, BD 연결핀은 입력으로 초기화되어 있으므로 고저항의 개방된 핀과 같다. 이 경우 QA, QC의 베이스와 이미터 사이가 순방향이 되고, 두 트랜지스터가 동시에 ON 된다. 5[V]와 GND 사이를 이 두 트랜지스터가 쇼트시켜 과전류를 흐르게 한다. QB, QD에서도 같은 상황이 발생된다. 따라서 타깃 코드를 다운로드하여 AC, BD 신호가 출력으로 구동될 때까지 [그림 5-20] 회로에 5[V]가 연결되지 않게 한다.

5.10 H-브리지 회로를 이용한 소형 DC 모터 정·역회전

A 실험 목적

(1) 트랜지스터를 이용한 H-브리지 회로 동작을 구현하여 확인한다.

(2) 시간 지연 함수를 이용한 스위칭 디바운싱 기능과 H-브리지 회로의 정 · 역회전 구동을 연계하여 스위치로 제어하는 프로그래밍을 이해한다.

(3) 한 개의 스위치로 정지, 정회전, 역회전 동작을 구현한다.

B 실험 부품 및 장치

부품명	규격	수량	비고
핵심(기본) 부품		1개	3장 [표 3-17] 참조
7-세그먼트 LED	공통 캐소드	1개	
저항	470[Ω]	12개	1/8[W]
스위치	푸시버튼	1개	
PNP 트랜지스터	2N2907A	2개	QA, QB
NPN 트랜지스터	2N2222A	2개	QC, QD
소형 기어드 모터	1.2~4.7[V]	1개	정격토크 700[g · cm]

C 실험 절차

(1) [그림 5-20] H-브리지 회로와 [그림 5-17]의 공통 캐소드 7-세그먼트 LED 디스플레이 회로를 결합한다.

(2) [그림 5-21]의 결합된 회로를 완성한다. H-브리지 회로의 QA, QB 이미터에 연결되는 V_{CC}는 실행 코드를 다운로드한 후에 연결시킨다. PB6, PB7 핀의 초기값이 입력이면 내부 저항이 매우 커서 4개의 트랜지스터가 모두 ON시키게 되어 과전류가 흐른다.

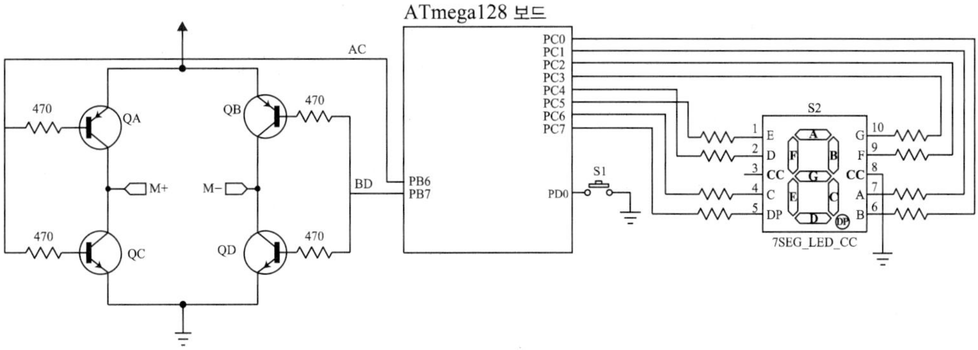

[그림 5-21] DC 모터 정 · 역회전, 공통 캐소드 7-세그먼트 LED 디스플레이 결합 회로

(3) PB6, PB7 핀을 AC, BD 신호로 하고 H-브리지 회로를 제어한다.

(4) 스위치를 누를 때마다 숫자를 증가하게 하고, 디스플레이된 값이 1일 때는 순방향으로 회전시키고 3일 때는 역방향으로 회전시킨다. 이 밖에는 DC 모터의 회전을 멈추게 한다.

(5) AVR Studio 개발환경의 Project 메뉴→Configuration Options→General→Frequencey 항에 CPU 클록 주파수를 입력하여 F_CPU 매크로가 정의되게 한다.

(6) [프로그램 5-6]을 작성하여 컴파일한 후, 실행 프로그램을 ISP 다운로드한다.

[프로그램 5-6] DC 모터의 정회전과 역회전

```
#include    <avr/io.h>
#include    <util/delay.h>

#define  PRESSED       1
#define  RELEASED      0
#define  DEBOUNCE_MS   100

#define AC   PB6
#define BD   PB7
#define MOTOR_PORT  PORTB
#define MOTOR_DDR   DDRB
#define CLAER   (MOTOR_PORT & 0x3F)

#define MOTOR_STOP  (1<<AC | 1<<BD)
#define MOTOR_FORE  (1<<BD)
#define MOTOR_BACK  (1<<AC)

unsigned char digit[] = {0x77, 0x41, 0x3B, 0x5B, 0x4D, 0x5E, 0x7C, 0x43, 0x7F, 0x4F};

void   display_7segled(unsigned char led[], unsigned int number)
{   PORTC = led[number];    }

int main(void)
```

```
24 {
25     int number;
26     int before;
27 
28     DDRC = 0xFF;                                    // 7-세그먼트 LED 포트
29     DDRD = DDRD & ~(1<<PD0);                        // 스위치 입력 핀
30     PORTD = PORTD | 1<<PD0;                         // 스위치 입력 핀 풀업저항 연결
31 
32     MOTOR_DDR |= 1<<AC | 1<<BD;                              // 트랜지스터 제어신호 출력 방향
33     MOTOR_PORT = (MOTOR_PORT & CLAER) | MOTOR_STOP;          // 초기 STOP
34 
35     number = 0;
36     before = RELEASED;
37 
38     while(1){
39         display_7segled(digit, number % 10);
40 
41         if( before == RELEASED && !(PIND & 1<<PD0) ){
42             number++;
43             _delay_ms(DEBOUNCE_MS);
44             before = PRESSED;
45         }else if( before == PRESSED && (PIND & 1<<PD0) ){
46             _delay_ms(DEBOUNCE_MS);
47             before = RELEASED;
48         }
49 
50         if( number % 10 == 1)
51             MOTOR_PORT = (MOTOR_PORT & CLAER) | MOTOR_FORE;
52         else if(number % 10 == 3)
53             MOTOR_PORT = (MOTOR_PORT & CLAER) | MOTOR_BACK;
54         else
55             MOTOR_PORT = (MOTOR_PORT & CLAER) | MOTOR_STOP;
56     }
57     return 0;
58 }
```

D 실험 결과 및 고찰

(1) 8~11번 라인의 #define 매크로를 이용하여 모터 제어신호 AC, BD를 PB6, PB7로 대응시킨다. 가독성을 높이기 위해 B포트에 대한 DDRB, PORTB 레지스터를 MOTOR_PORT, MOTOR_DDR 매크로를 정의한다.

(2) AC, BD 제어신호를 다시 설정할 때 그 비트를 쉽게 클리어할 수 있도록 매크로 CLEAR를 정의하여 사용한다.

(3) 8~11번에서 정의된 용어로 14~16번 라인에서 모터에 대한 정방향, 역방향, 정지에 해당되는 디지털 전압레벨을 출력시키는 매크로 MOTOR_FORE, MOTOR_BACK,

MOTOR_STOP을 정의한다.

(4) 33번 라인에서 AC, BD 핀 출력을 CLEAR 매크로로 클리어시킨 후, MOTOR_STOP 신호를 출력시킨다.

(5) 41번~48번 라인에서 스위치가 눌릴 때마다 시간 지연 함수를 이용하여 바운싱 방지가 적용된 변수 number값을 1씩 증가시킨다.

(6) 50~56번 라인에서 10으로 나눈 나머지가 1일 때 정방향 회전, 3일 때 역방향 회전되며, 이 밖에는 정지하는 동작을 하게 한다.

(7) [그림 5-22]는 스위치를 누르면 디스플레이값이 1일 때는 정방향, 3일 때는 역방향으로, H-브리지회로를 사용하여 마이크로 DC 모터를 회전시키는 결과를 보이고 있다.

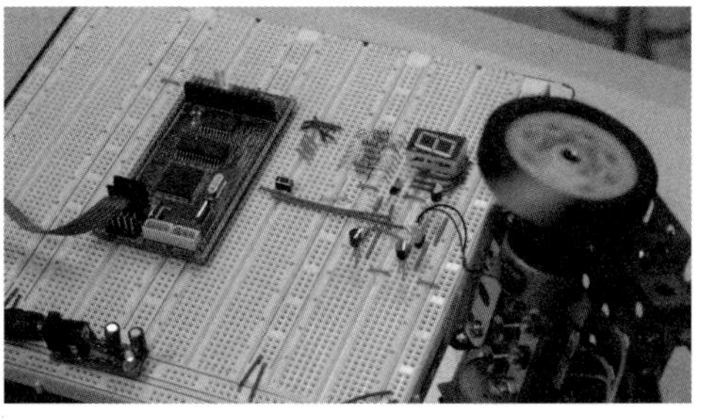

(a) DC 모터 정회전

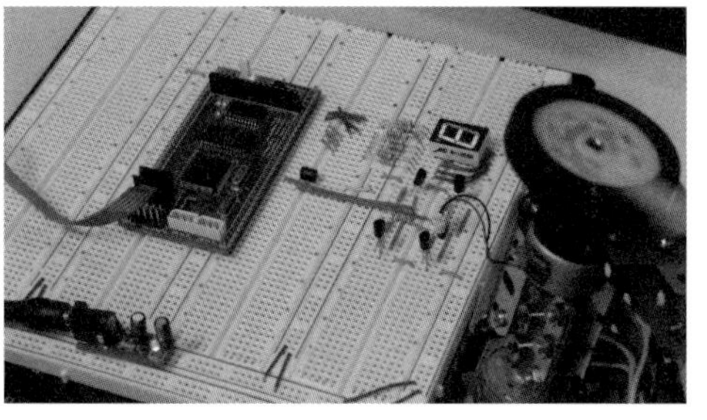

(b) DC 모터 역회전

[그림 5-22] H-브리지 회로를 이용한 DC 모터의 회전

Chapter_05 연습문제

5.1 [그림 5-5]와 같이 C포트에 연결된 공통 애노드 7-세그먼트 LED의 위치와 디스플레이 출력을 위한 C포트의 디지털 16진수값을 [표 5-11]에 적어라.

[표 5-11] 문제 1의 표

	LED 위치	디스플레이 숫자									
		0	1	2	3	4	5	6	7	8	9
		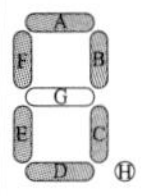	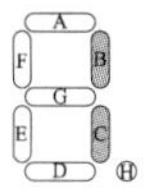	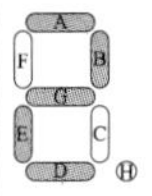	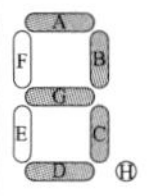	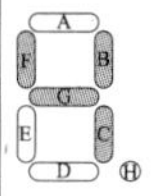	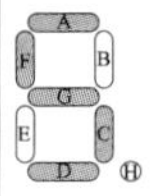	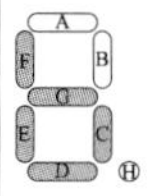	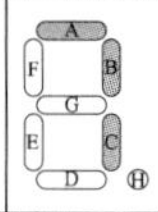	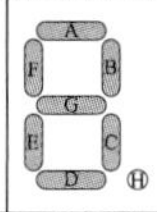	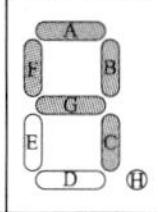
포트 핀 논리값	PC7										
	PC6										
	PC5										
	PC4										
	PC3										
	PC2										
	PC1										
	PC0										
16진수값											

5.2 문제 1에서 공통 애노드 7-세그먼트 LED에 숫자(0~9)를 디스플레이하기 위한 데이터를 [표 5-11]을 이용하여 배열 digit[ ]에 초기화하여라.

```
unsigned char digit[] = {                                    };
```

5.3 소형 릴레이 JS1F-5V를 구동할 때(5.5절 참고) 범용 트랜지스터를 사용하는 이유를 설명하라.

5.4 [그림 5-13]의 릴레이 구동 회로에서는 푸시버튼 스위치에 풀업저항을 연결하지 않고, ATmega128의 입력 핀에 직접 연결하였다. 스위치를 눌렀을 때와 뗐을 때 ATmega128 내부의 논리값을 정상으로 읽기 위해 풀업저항을 내부에 연결하는 방법을 설명하라.

5.5 [프로그램 5-2]에서 PG2 핀에 연결된 스위치의 누름 여부를 아래 조건문으로 판단하고 있다. 그 이유를 설명하라.

```
if( !(PING & 1<<PG2))
```

5.6 CPU가 임의의 명령어를 실행시키면서 강제 시간 지연을 하는 경우, 16[MHz]의 클록 CPU를 사용할 때 프로그램에서 오류로 F_CPU값을 4000000UL로 정의했다. _delay_ms( ) 함수를 호출했을 때 어떤 현상이 발생하는지 설명하라.

5.7 바운싱 현상을 제거한 [프로그램 5-6]에서 스위치 누름 여부를 검사하는 부분을 아래와 같이 number++ 위치로 수정한 경우, 어떻게 동작하는지 설명하라.

```
… 중략 …
if( before == RELEASED && !(PIND & 1<<PD0) )
{
    _delay_ms(DEBOUNCE_MS);
    before = PRESSED;
} else if( before == PRESSED && (PIND & 1<<PD0) ) {
    number++;
    _delay_ms(DEBOUNCE_MS);
    before = RELEASED;
}
… 중략 …
```

5.8 [그림 5-19]에 대한 모터의 정·역회전 프로그램을 잘못 작성하여 QA, QC 스위칭을 ON하게 하고 QB, QD 스위칭을 OFF시켰다. 어떤 현상이 발생하는지 설명하라.

5.9 [프로그램 5-6]에서 7-세그먼트 LED에 디스플레이되는 값이 5보다 작을 때는 정회전, 5일 때는 정지, 6 이상일 때는 역회전할 수 있게 프로그램을 수정하라.

5.10 [프로그램 5-6]에서 모터 회전을 결정하는 명령문을 아래와 같이 작성한 이유를 설명하라.

```
MOTOR_PORT = (MOTOR_PORT & CLAER) | MOROR_FORE:
```

Chapter

06

폴링과 인터럽트를 이용한 장치 인터페이스

Device Interface by Polling and Interrupt

학습목표

- 폴링과 인터럽트를 이해하고 폴링으로 에지를 검출할 수 있는 능력을 가질 수 있다.
- 폴링을 이용하여 EEPROM을 쓰고 읽는 방법을 이해할 수 있다.
- 외부 인터럽트를 사용하는 방법을 이해하고 사용할 수 있는 능력을 키울 수 있다.
- 주 프로그램과 인터럽트 서비스 루틴 사이를 요청/응답 인터페이스로 연결함으로써 상태도 기반 알고리즘 구성을 이해할 수 있다.
- 포토인터럽터, LCD 디스플레이 인터페이스에 폴링과 인터럽트를 적용할 수 있다.

CPU의 주 프로그램은 주기적으로 장치의 상태를 관찰하고 그 상태에 적합한 작업을 수행하기 위해 폴링을 수행할 수 있다. 다른 방법으로 주 프로그램의 요청이 있고 인터럽트가 발생된 인터럽트 서비스 루틴은 요청에 대한 응답으로 결과를 기록하여 주 프로그램에서 그 결과를 사용하면 폴링과 동일한 효과를 가지면서 CPU를 효율적으로 사용할 수 있다. 그러므로 장치와 연결된 인터럽트 서비스 루틴을 주 프로그램과 요청/응답으로 연결하여 프로그래밍 훈련을 하는 것이 바람직하다.

6.1 폴링을 이용한 장치 인터페이스

마이크로컨트롤러는 CPU 명령어의 순차적인 배치로 장치를 구동하는 알고리즘을 구현시켜 시스템이 원하는 작업을 달성하게 한다. ATmega128은 다양한 연결 장치를 구동시키면서 시스템을 쉽게 제어할 수 있도록 많은 주변 장치를 포함한 단일칩으로 만들어졌다. ATmega128 내부에 포함된 장치에는 [그림 6-1]과 같이 메모리, 타이머/카운터, 아날로그 비교기, ADC, 와치독 타이머, 시리얼 통신, SPI 통신, 2선 직렬통신, JTAG 등이 있다.

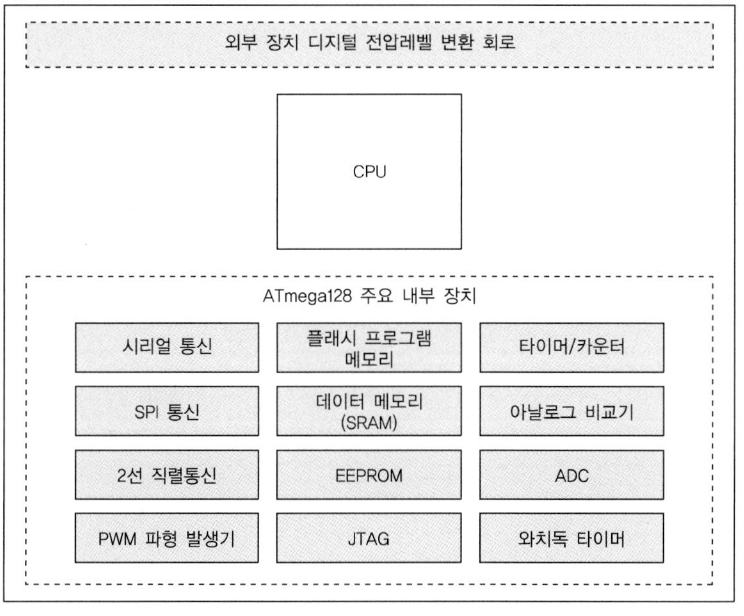

[그림 6-1] ATmega128 주요 내부 장치

마이크로컨트롤러 내부 또는 외부의 장치의 동작은 제어 프로그램에 의해 통제된다. CPU 알고리즘에서 작동 중인 장치의 상태를 입력받아 감지하고 상태에 따라 동작 명령을 달리 출력시켜야 하므로 장치의 상태를 효과적으로 알아낼 필요가 있다. 장치 상태를 알아내는 방법에는 폴링과 인터럽트가 있다.

폴링은 주 프로그램 안에서 CPU 명령어를 이용하여 알고리즘에서 반복적으로 장치의 상태를 관찰하기 위해 검사하는 방법이다. 이 절에서는 폴링을 이용하여 장치를 인터페이스하는 방법에 대해 설명한다.

6.1.1 폴링을 이용한 외부 장치 인터페이스

마이크로컨트롤러 외부에 장치가 연결된 경우, 폴링의 전형적인 방법은 CPU 프로그램에서 장치 연결 포트 핀의 디지털 전압레벨에 대한 논리값을 반복적으로 읽고, 원하는 상태로 값이 감지된 시점에서 알고리즘의 수행 단계를 변경하는 것이다. 이때 장치의 상태를 감지하기 위해 디지털 전압레벨값을 감지하거나 디지털 전압레벨값의 변경, 즉 에지(edge)를 감지한다. 외부 장치의 작업 상태를 검사하여 알고리즘에 반영하기 위해서는 전압레벨로 감지할 것인지, 에지로 감지할 것인지를 결정해야 한다.

CPU가 폴링으로 레벨 또는 에지를 감지하기 위한 방법과 특징은 아래와 같다.

- **레벨감지 폴링** : 반복문에서 원하는 레벨값까지 읽기를 반복한다. 읽을 때마다 1 또는 0이 감지되므로 장치에 의한 사건 발생 순간을 감지하기보다는 사건이 발생되어 있는 상황을 감지한다. [표 6-1]에서 폴링할 때마다 감지하고자 하는 디지털 전압레벨이 장치 신호와 일치하면 여러 번 감지될 수 있음을 알 수 있다.
- **에지감지 폴링** : 현재 반복에서 읽은 값과 전 반복에서 읽은 값이 다를 때까지 읽기를 반복한다. 상승 또는 하강에지 사건 발생 여부를 감지할 수 있으므로, 장치에 의한 사건 발생 순간을 감지할 수 있다. [표 6-1]에서 하강에지 또는 상승에지 순간을 알 수 있다.

[표 6-1] 폴링할 때 감지되는 상황과 감지 시점

감지 구분	CPU 폴링에 의한 감지 상황	사건 감지 시점
레벨감지	장치 신호 폴링 시점 감지 논리값 1 1 0 0 1 1 0 0	읽을 때마다 감지 레벨값 확인
하강에지 (↓) 감지	장치 신호 폴링 시점 감지 논리값 유지 유지 ↓ 유지 유지 유지 ↓ 유지	현재 읽은 값이 0, 직전 값이 1일 때 하강에지 감지
상승에지 (↑) 감지	장치 신호 폴링 시점 감지 논리값 유지 유지 유지 유지 ↑ 유지 유지 유지	현재 읽은 값이 1, 직전 값이 0일 때 상승에지 감지

레벨감지 폴링

장치 신호에서 희망하는 디지털 전압레벨을 감지하기 위해서는 아래 [그림 6-2]와 같이 반복적으로 장치에 대한 논리값을 읽어 감지하고자 하는 값이 나타날 때까지 폴링한다.

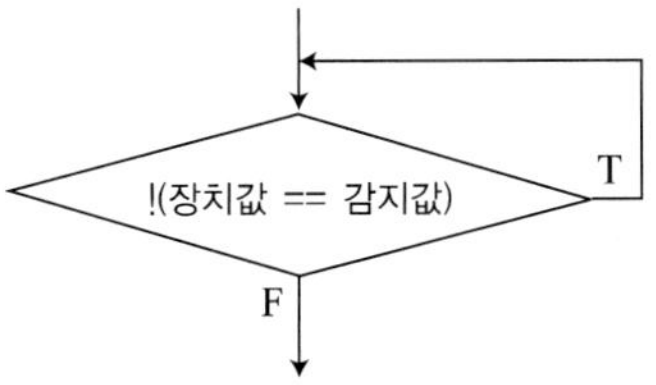

[그림 6-2] 레벨감지 조건 검사

[그림 6-2]는 while 반복문으로 표현할 수 있다.

```
while(!(장치값 == 감지값));
```

C 언어에서 0일 때를 거짓(False), 0이 아닐 때를 참(True)로 판단하기 때문에 감지하고자 하는 장치의 디지털 전압레벨에 대한 논리값이 1일 때는 아래와 같이 간단히 표현할 수 있다.

```
while(!장치값);
```

감지하고자 하는 논리값이 0일 때는 아래와 같이 표현할 수 있다.

```
while(장치값);
```

에지감지 폴링

하강에지 또는 상승에지 감지는 장치 신호의 디지털 전압레벨에 대한 논리값이 직전과 현재가 서로 다를 경우에 알 수 있다. 현재 읽은 장치의 논리값이 0이고 직전의 논리값이 1이면 현재 읽은 시점을 하강에지로 감지하고, 현재 읽은 논리값이 1이고 직전 논리값이 0이면 현재 읽은 시점을 상승에지로 감지한다. [그림 6-3]의 차트와 같이 검사를 반복할 때마다 마지막 위치에서 장치값을 이전 장치값으로 할당하면 다음 반복의 조건 검사에서 이전 장치값을 이용할 수 있다. [그림 6-3]은 상승에지를 감지하기 위한 검사를 나타낸 것이다.

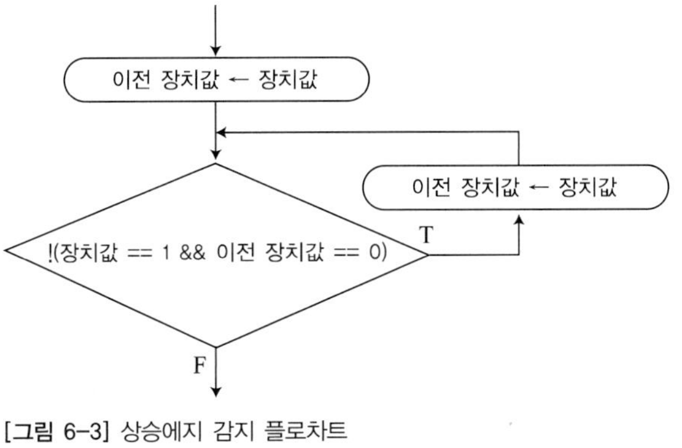

[그림 6-3] 상승에지 감지 플로차트

for 반복문과 임시 변수 now와 prev를 이용하여 상승에지를 감지할 수 있다. 하강에지는 now와 perv의 검사 논리값만 서로 바꾸어 감지할 수 있다.

```
for(prev = now = 장치값; !(now == 1 && prev == 0); now=장치값)
        prev = now;
```

6.1.2 폴링을 이용한 내부 장치 EEPROM 인터페이스

[그림 6-1]과 같이 ATmega128은 여러 장치를 내장하고 있다. 내부 장치는 특수레지스터에 값을 쓰거나 읽음으로써 명령을 내리거나 상태를 읽어 제어할 수 있도록 하드웨어가 구성되어 있다.

ATmega128에 포함된 내부 장치는 마이크로컨트롤러의 제어 기능을 풍부하게 하기 위하여 필요한 장치를 내장시킨 것이다. 내부 장치 중 플래시 프로그램 메모리, 데이터 메모리(SRAM)를 제외하고 나머지 대부분의 내부 장치는 장치와 관계된 특수 레지스터를 CPU가 읽고 쓰면서 장치와 인터페이스한다. [그림 6-4]와 같이 특수 레지스터의 특정 비트 위치에 값을 쓰는 동작은 내부 장치에 동작 명령을 출력시키는 동작에 해당하고, 특정 상태 비트를 폴링으로 읽는 동작은 내부 장치의 작동 상태를 검사하는 동작에 해당한다.

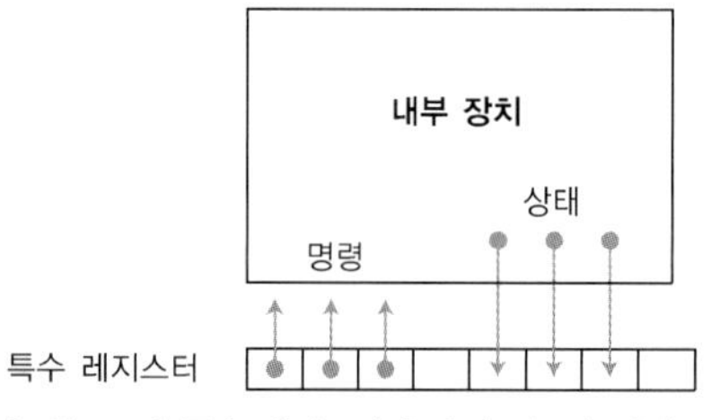

[그림 6-4] 특수 레지스터의 명령 비트와 상태 비트를 이용한 인터페이스

내장된 장치 중 EEPROM(Electrically Erasable and Programmable ROM)은 전기적으로 지우고 다시 기록할 수 있으며, 전원 공급이 되지 않아도 기록된 데이터가 소멸되지 않는 메모리다. 이 기능을 가정용 텔레비전에 사용한다면 텔레비전을 안방에서 전원을 분리하여 거실로 이동하여도 가족이 설정한 값을 그대로 유지할 수 있을 것이다.

ATmega128에서 EEPROM은 데이터 메모리에 해당되고, 4K바이트의 크기를 가지며, 100,000회 이상 읽기/쓰기가 가능하다. EEPROM 주소 공간은 SRAM 주소 공간과 일치하지 않으며, EEPROM용 주소를 지칭하는 특수 레지스터 EEARH, EEARL을 사용하는 별도의 I/O 공간에 위치한다.

EEPROM 쓰기와 읽기 동작에 필요한 주된 특수레지스터에는 EEARH, EEARL, EEDR, EECR 레지스터가 있다.

EEAR : EEPROM **주소 레지스터**(EEPROM Address Register)

- EEPROM에 데이터 읽기와 쓰기 주소를 지정하기 위한 12비트 설정 레지스터다.
- 초깃값은 알 수 없다. 사용하기 전에 주소를 설정해야 한다.
- 4K바이트 0x000부터 0x3FF 사이로 지정한다.
- 소스 프로그램 앞부분에 #include <avr/io.h>를 적으면 unsigned int 자료형 EEAR로 사용할 수 있다.

	비트	15	14	13	12	11	10	9	8
EEARH	비트명	0	0	0	0	EEAR11	EEAR10	EEAR9	EEAR8
EEARL	비트명	EEAR7	EEAR6	EEAR5	EEAR4	EEAR3	EEAR2	EEAR1	EEAR0
		7	6	5	4	3	2	1	0

EEDR : EEPROM **데이터 레지스터**(EEPROM Data Register)

- EEPROM의 특정 주소 EEAR에 기록할 8비트 데이터를 설정한다.
- EEPROM의 특정 주소 EEAR에서 읽은 8비트 데이터를 보관한다.
- 소스 프로그램 앞부분에 #include <avr/io.h>를 적으면 unsigned char 자료형 EEDR로 사용할 수 있다.

	비트	7	6	5	4	3	2	1	0
EEDR	비트명	MSB							LSB
	읽기/쓰기	R/W	R/W	R/W	R/W	R/W	R/W	R/W	R/W
	초깃값	0	0	0	0	0	0	0	0

EECR : EEPROM **제어 레지스터**(EEPROM Control Register)

	비트	7	6	5	4	3	2	1	0
EECR	비트명	-	-	-	-	EERIE	EEMWE	EEWE	EERE
	읽기/쓰기	R	R	R	R	R/W	R/W	R/W	R/W
	초깃값	0	0	0	0	0	0	0	0

- EECR 레지스터와 관련된 비트는 다음과 같다.

[표 6-2] EECR 레지스터와 비트

비트명	속성	초깃값	비 고
EERIE	R/W	0	EEPROM Ready 인터럽트 활성 비트 이 비트와 SREG의 I-비트가 1이 되면 EEPROM Ready 인터럽트가 활성화된다. EEPROM Ready 인터럽트가 활성화된 상태에서 EEWE가 0이면 인터럽트가 발생한다.
EEMWE	R/W	0	EEPROM Master Write 활성 비트 이 비트를 1로 한 후, 4 클록 사이클 내에 EEWE를 1로 하여 EEAR이 지정한 주소에 EEDR값을 기록한다. 4 클록 사이클이 지나면 다시 0으로 클리어된다.
EEWE	R/W	0	EEPROM Write 활성 비트 EEAR에 주소, EEDR에 데이터가 바르게 준비된 상태에서 EEWE 신호가 1로 인가될 때는 EEMWE는 미리 1이 되어 있어야 한다. 그렇지 않으면 EEPROM에 데이터가 기록되지 않는다. EEPROM 쓰기 동작 후 2 클록 사이클 동안 CPU는 중지된다. **주의** EEMWE의 1에서 4 클록 사이클 이내에 EEWE를 1로 해야 기록이 가능하다. 가능하면 인터럽트가 이 사이에 허용되지 않도록 하는 것이 좋다.
EERE	R/W	0	EEPROM Read 활성 비트 EEAR에 주소가 준비된 상태에서 EERE 신호가 1이면 EEDR로 EEPROM의 주소에서 값을 가져다 놓는다. 읽기 동작 후 4 클록 사이클 동안 CPU는 중지된다.

폴링을 이용한 EEPROM 쓰기 동작

플래시 프로그램 메모리는 프로그램이 다운로드되는 비휘발성 메모리이지만, EEPROM은 프로그램이 수행되는 동안에 데이터를 기록할 수 있는 비휘발성 메모리다. 휘발성 SRAM은 데이터 기록 시간이 2 클록이 소요되지만, 비휘발성 메모리 EEPROM에 데이터를 기록하기 위해서는 다음 단계에 따라 기록이 진행되어야 하기 때문에 많은 시간이 소요된다.

❶ EECR(EEPROM Control Register) 레지스터의 EEWE(EEPROM Write Enable) 비트가 0이 될 때까지 기다린다.

❷ SPMCSR(Store Program Memory Control and Status Register) 레지스터의 SPMEN (Store Program Memory Enable) 비트가 0이 될 때까지 기다린다. 이 단계는 부트로더에서 CPU가 플래시 프로그램 메모리에 쓰기 동작을 하는 경우에만 검사가 필요하다.

❸ EEPROM 주소를 EEAR(EEPROM Address Register) 레지스터에 기록한다.

❹ 기록할 EEPROM 데이터를 EEDR(EEPROM Data Register) 레지스터에 기록한다.

❺ EECR(EEPROM Control Register) 레지스터의 EEWE 비트에 0을 쓰고, EEMWE (EEPROM Master Write Enable) 비트에 1을 기록한다.

❻ EEMWE를 1로 설정한 후, 4 클록 사이클 안에서 EEWE(EEPROM Write Enable)에 1을 기록한다. ⑤와 ⑥ 단계 사이에 인터럽트가 발생하면, 쓰기 동작이 실패한다. 이를 보장하기 위해서는 ③~⑥ 단계 동안 cli( ) 명령으로 전체 인터럽트를 비활성화하는 것이 바람직하다.

부트로더를 사용하지 않는다면 단계 ②를 생략할 수 있다. 내부 장치 EEPROM에 데이터를 쓰는 절차는 [그림 6-5]와 같다.

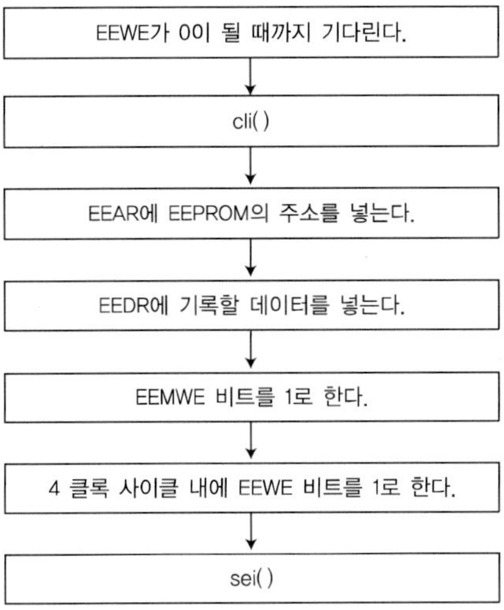

[그림 6-5] EEPROM에 데이터 쓰기 절차

[프로그램 6-1]의 함수 eeprom_write_byte( )는 [그림 6-5] 절차에 따라 작성된 함수다. 5번 라인에서 EEWE가 0이 될 때까지 기다리기 위해 EECR 레지스터의 EEWE 비트가 0이 될 때까지 폴링으로 검사한다.

[프로그램 6-1] EEPROM 쓰기 함수

```
1   void   eeprom_write_byte(unsigned int address, unsigned char data)
2   {
3       while(EECR & (1<<EEWE));
4   
5       cli();
6       EEAR = address;
7       EEDR = data;
8   
9       EECR |= (1<<EEMWE);
10      EECR |= (1<<EEWE);
11      sei();
12  }
```

폴링을 이용한 EEPROM 읽기 동작

내부 장치 EEPROM의 EEAR 주소에서 데이터를 프로그램으로 읽어내는 절차는 [그림 6-6]과 같다. 쓰기 동작과 마찬가지로 EEWE가 0이 될 때까지 폴링으로 기다린다. [프로그램 6-2]는 [그림 6-6] 절차에 따라 작성된 함수다. EEDR에서 읽힌 값은 unsigned char 자료형으로 반환시킨다.

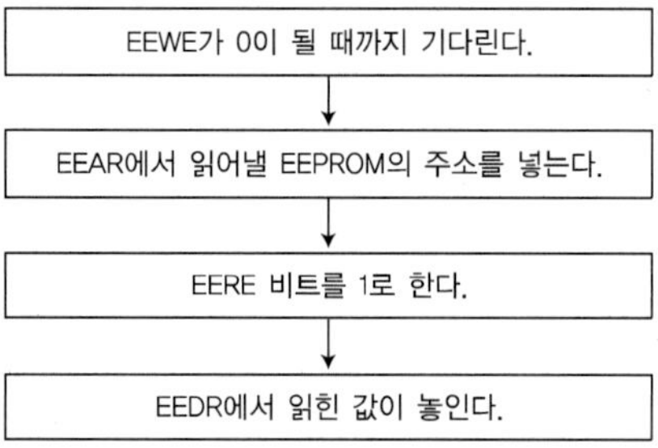

[그림 6-6] EEPROM에서 데이터 읽기 절차

[프로그램 6-2] EEPROM 읽기 함수

```
unsigned char  eeprom_read_byte(unsigned int address)
{
    while(EECR & (1<<EEWE));
    EEAR = address;
    EECR |= (1<<EERE);

    return EEDR;
}
```

Section

6.2 인터럽트를 이용한 장치 인터페이스

인터럽트는 외부 또는 내부에서 발생되는 사건에 대하여 CPU 하드웨어의 도움을 받아 자동으로 감지되고, 인터럽트 서비스 루틴이 자동으로 실행되는 메커니즘을 갖는다. 인터럽트는 폴링처럼 반복적으로 주 프로그램이 특수 레지스터의 상태를 검사하지 않아도 된다.

[그림 6-7]은 내부 장치의 개별 인터럽트 활성화 비트와 전역 인터럽트 활성화 비트를 1로 한 후 사건이 감지되면 인터럽트 플래그가 셋되고 인터럽트 서비스 루틴이 자동으로 실행되는 모습을 상징적으로 나타내고 있다. 인터럽트 서비스 루틴이 실행되면 인터럽트 플래그는 클리어된다.

주 프로그램과 인터럽트 서비스 루틴을 요청/응답 인터페이스로 연결하면 제어시스템을 위한 모듈화된 알고리즘을 설계할 수 있다. 주 프로그램과 인터럽트의 요청/응답 인터페이스는 다음 절에서 알아보자.

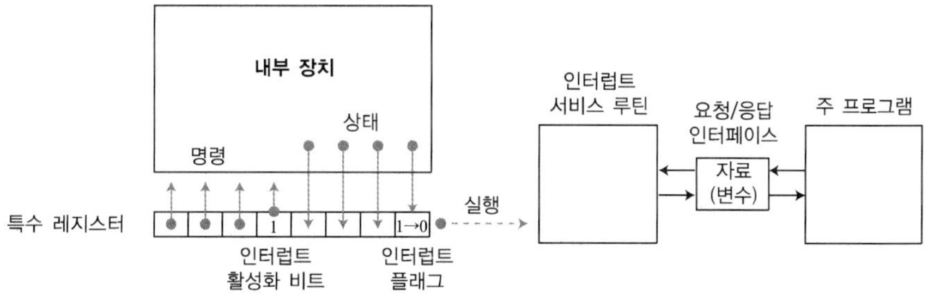

[그림 6-7] 내부 장치의 인터럽트 활성화, 인터럽트 플래그, 인터럽트 서비스 루틴

6.2.1 ATmega128 인터럽트 발생 유형 및 원인

CPU가 정상적인 프로그램을 수행하는 과정에서 고의적 또는 타의적으로 프로세서 내부 또는 외부에서 예기치 않은 상황이 발생할 수 있다. 마이크로프로세서는 이러한 발생에 적절하게 자동으로 반응하고, 특정 위치에서 프로그램을 새롭게 시작하는 예외 처리 하드웨어를 갖고 있다.

인터럽트 발생 유형

범용 마이크로프로세서에서 예기치 않게 발생하는 인터럽트 유형은 아래와 같다.

- 내부 또는 외부 요인에 의한 리셋이 발생하는 경우
- 0으로 나누는 등 불가능한 연산을 방지하기 위한 경우
- 멀티프로그래밍 지원을 위한 명령어 예외 처리의 경우
- 멀티프로그래밍 지원을 위한 메모리 보호 또는 가상 메모리를 위한 경우
- I/O 장치 처리를 위한 장치의 상태 변화로 유발되는 경우
- 타이머를 이용한 자원 관리를 위한 경우

ATmega128은 범용 마이크로프로세서가 아닌 장치 제어를 통해 장치 시스템을 효과적으로 관리하는 목적이 더 크기 때문에 I/O 장치 처리를 강화하기 위한 인터럽트를 많이 제공하고 있다. ATmega128은 현장에서 자주 사용되는 특정 장치를 내장하고 이 장치와 인터페이스하기 위한 인터럽트가 정의되고 있다. 외부에 연결될 장치와의 인터럽트 인터페이스를 위해 외부 장치 인터페이스용 인터럽트로서 8개의 외부핀 인터럽트를 사용한다. ATmega128에서 제공하는 35개의 유형별 인터럽트는 [표 6-3]과 같다.

[표 6-3] 유형별 ATmega128 인터럽트 및 수

유형 분류	수
외부 장치 인터페이스	8
내부 장치 인터페이스	14
타이머 인터페이스	11

유형 분류	수
리셋	1
메모리 인터페이스	1

인터럽트 발생 원인

ATmega128에서 처리하는 인터럽트는 위와 같이 35개이고, 인터럽트 벡터에 따른 명칭과 발생 원인은 [표 6-4]와 같다.

[표 6-4] 유형별 ATmega128 인터럽트와 발생 원인

유형	발생 원인	인터럽트 벡터
리셋	• 핀 리셋 • 전원 공급 시작 • 전압 미달 • 와치독 • JTAG 리셋	0
외부 장치 인터페이스	• 전압레벨 Low • 상승에지 • 하강에지 • 외부 인터럽트 0~3	1
		2
		3
		4

<table>
<thead>
<tr><th>유형</th><th>발생 원인</th><th>인터럽트 벡터</th></tr>
</thead>
<tbody>
<tr><td rowspan="4"></td><td rowspan="4">• 전압레벨 Low
• 상승에지
• 하강에지
• 상승 또는 하강에지
• 외부 인터럽트 4~7</td><td>5</td></tr>
<tr><td>6</td></tr>
<tr><td>7</td></tr>
<tr><td>8</td></tr>
<tr><td rowspan="8">타이머
인터페이스</td><td>• 타이머/카운터2 PWM</td><td>9</td></tr>
<tr><td>• 타이머/카운터2 오버플로</td><td>10</td></tr>
<tr><td>• 타이머/카운터1 신호 입력 순간</td><td>11</td></tr>
<tr><td>• 타이머/카운터1 PWM A</td><td>12</td></tr>
<tr><td>• 타이머/카운터1 PWM B</td><td>13</td></tr>
<tr><td>• 타이머/카운터1 오버플로</td><td>14</td></tr>
<tr><td>• 타미머/카운터0 PWM</td><td>15</td></tr>
<tr><td>• 타이머/카운터0 오버플로</td><td>16</td></tr>
<tr><td rowspan="7">내부 장치
인터페이스</td><td>• SPI 장치 전송 완료</td><td>17</td></tr>
<tr><td>• USART0 수신 완료</td><td>18</td></tr>
<tr><td>• USART0 데이터 쓰기 가능</td><td>19</td></tr>
<tr><td>• USART0 송신 완료</td><td>20</td></tr>
<tr><td>• A/D 변환 완료</td><td>21</td></tr>
<tr><td>• EEPROM 쓰기 가능</td><td>22</td></tr>
<tr><td>• 비교기값 변화 알림</td><td>23</td></tr>
<tr><td rowspan="6">타이머
인터페이스</td><td>• 타이머/카운터1 PWM C</td><td>24</td></tr>
<tr><td>• 타이머/카운터3 신호 입력 순간</td><td>25</td></tr>
<tr><td>• 타이머/카운터3 PWM A</td><td>26</td></tr>
<tr><td>• 타이머/카운터3 PWM B</td><td>27</td></tr>
<tr><td>• 타이머/카운터3 PWM C</td><td>28</td></tr>
<tr><td>• 타이머/카운터3 오버플로</td><td>29</td></tr>
<tr><td rowspan="4">내부 장치
인터페이스</td><td>• USART1 수신 완료</td><td>30</td></tr>
<tr><td>• USART1 데이터 쓰기 가능</td><td>31</td></tr>
<tr><td>• USART1 송신 완료</td><td>32</td></tr>
<tr><td>• 2선 직렬 장치 작업 완료</td><td>33</td></tr>
<tr><td>메모리 인터페이스</td><td>• SPM 완료</td><td>34</td></tr>
</tbody>
</table>

6.2.2 인터럽트 발생과 인터럽트 서비스 루틴 실행

전역 인터럽트와 개별 인터럽트가 활성화된 상태에서 인터럽트를 위한 사건이 발생하면 해당 인터럽트 플래그가 셋된다. 해당 인터럽트 서비스 루틴이 실행되기까지 아래 과정이 자동으로 처리된다.

① 상태 레지스터(SREG)의 I-비트를 0으로 클리어하고, 명령어 레지스터(IR)에서 현재 실행 중인 명령어를 끝까지 실행하여 완료한다.

② 스택 포인터(SP)를 감소시킨다.

③ 프로그램 카운터(PC)를 스택 포인터가 가리키는 스택(Stack)에 보관한다. 저장되는 PC는 인터럽트가 발생되지 않았을 때 실행될 명령어가 저장된 플래시 프로그램 메모리 주소다.

④ 프로그램 카운터(PC)에 발생된 인터럽트 벡터 주소를 넣고 인터럽트 발생 플래그를 0으로 만든다.

⑤ 변경된 프로그램 카운터(PC)에서부터 프로그램이 수행된다.

자동 처리 과정

CPU가 프로그램 메모리 P-1번지의 SUB 명령을 실행하고 있고, 스택 포인터(SP)가 스택 주소 S를 가리키고 있을 때 인터럽트가 발생했다. 해당 인터럽트 서비스 프로그램의 인터럽트 벡터 주소가 V1이라 가정하면 자동 처리 과정은 다음과 같다.

■ 1단계

상태레지스터(SREG)의 전역 인터럽트 허용을 위한 MSB인 I-비트를 0으로 클리어시킨다. 다른 인터럽트가 요청되어도 서비스되지 않도록 하는 동작이다. 현재 실행 중인 SUB 명령을 완료시킨다. 다음 실행할 명령은 프로그램 메모리 번지 P의 ADD 명령이다. 만일 인터럽트가 발생되지 않는다면 프로그램 카운터(PC)가 가리키는 번지 P의 ADD를 명령어 레지스터(IR)에 옮겨놓고 실행할 것이다.

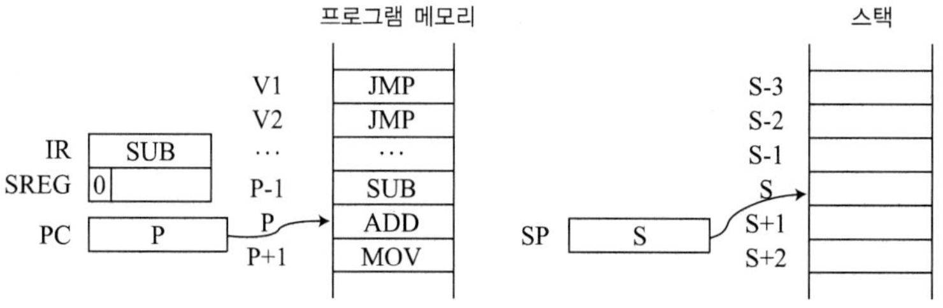

■ 2단계

다음 실행될 명령어 주소를 간직한 프로그램 카운터(PC)를 보관하기 위한 스택 주소를 가리키는 스택 포인터(SP)를 감소시켜 S-1이 되게 한다.

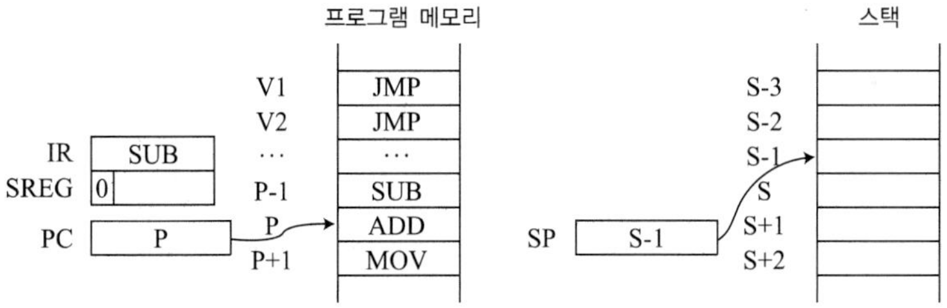

■ 3단계

프로그램 카운터(PC)가 가지고 있는 실행 주소 P를 스택 포인터(SP)가 가리키는 스택 주소 S-1번지에 보관한다. 스택 포인터(SP)가 가리키는 스택은 인터럽트 서비스 프로그램이 종료되면 돌아갈 주소를 간직하고 있게 된다.

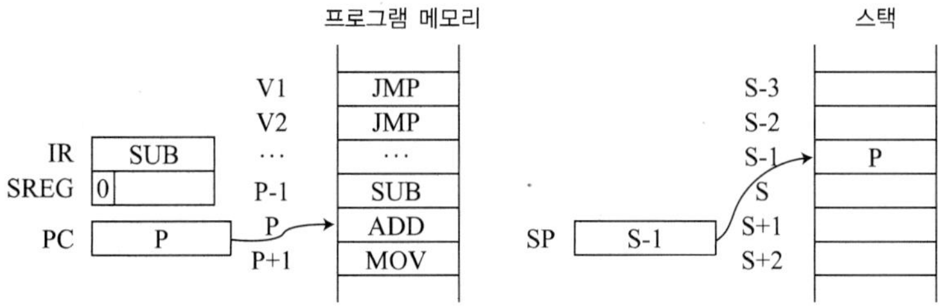

■ 4단계

프로그램 카운터(PC)에 발생된 인터럽트 벡터 주소 V1을 넣는다. 개별 인터럽트 발생 플래그를 0으로 만든다.

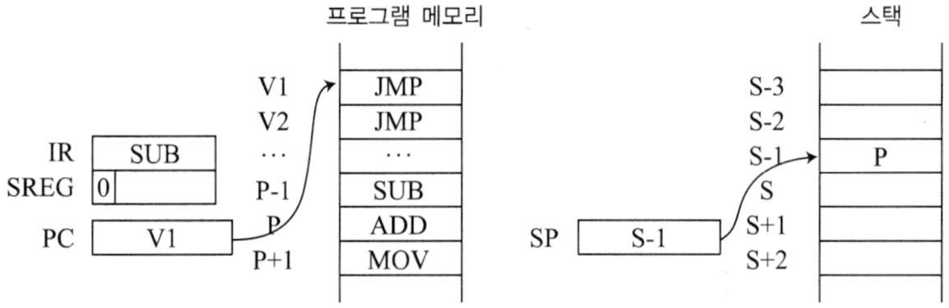

■ 5단계

프로그램 카운터(PC)가 V1으로 변경되었으므로, 주소 V1에서 명령어 JMP를 명령어 레지스터(IR)에 인출하면서 JMP 명령을 실행하여 인터럽트 서비스 프로그램을 수행한다.

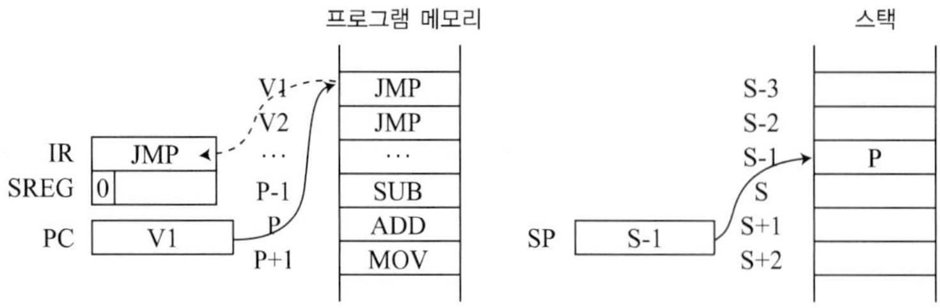

ATmega128은 35개의 인터럽트가 있고, 프로그램 메모리 0번지부터 인터럽트 벡터순으로 JMP 명령을 놓아 해당 서비스 루틴으로 JMP한다.

일반 범용 마이크로프로세서에서는 인터럽트 서비스 프로그램으로 JMP하기 전 마지막 실행 명령어의 연산 결과가 반영된 상태 레지스터를 자동 처리 과정에서 저장한다. 그렇지만, ATmega128은 상태 레지스터를 인터럽트 발생 처리 과정에서 자동 저장하지 않고 프로그래머가 소프트웨어적으로 저장해야 한다. 하지만 너무 걱정하지 않아도 된다. 그 이유는 타깃 CPU가 ATmega128인 GNU의 gcc 컴파일러가 컴파일 과정에서 소프트웨어적으로 상태 레지스터와 인터럽트 발생 시에 사용 중인 범용 레지스터를 저장해 주기 때문이다.

6.2.3 인터럽트 서비스 루틴에서 주 프로그램으로 복귀

IRET 명령어가 실행되면 인터럽트 서비스 루틴이 종료되고, 인터럽트 서비스 실행 절차에서 저장해 둔 프로그램 카운터(PC)값을 복원시켜, 중단되었던 주 프로그램으로 아래 절차에 따라 복귀한다.

① IRET 명령을 명령어 레지스터(IR)로 인출하여 디코딩한다.

② 스택 포인터(SP)가 가리키는 스택 주소에서 값을 읽어 프로그램 카운터(PC)로 옮겨놓고, 스택 포인터(SP)를 증가시킨다. 상태 레지스터(SREG)의 MSB인 전역 인터럽트 허용을 위한 I-비트를 1로 한다.

③ 변경된 프로그램 카운터(PC)에서부터 프로그램이 수행된다.

IRET 명령어를 이용한 복귀 처리 과정

인터럽트 서비스 프로그램이 진행되다가 프로그램 메모리 M번지에서 IRET 명령을 실행하게 되어 인터럽트 처리 전의 프로그램 수행으로 복귀하도록 해보자. 자동 처리되는 복귀 과정은 다음과 같다.

■ 1단계

프로그램 카운터(PC)가 주소 M을 가리키고 있고, 이 곳의 IRET 명령어를 인출하여 명령어 레지스터(IR)로 넣는다. 인출된 명령어를 디코딩하여 IRET에 해당되는 다음 단계의 작업을 수행한다.

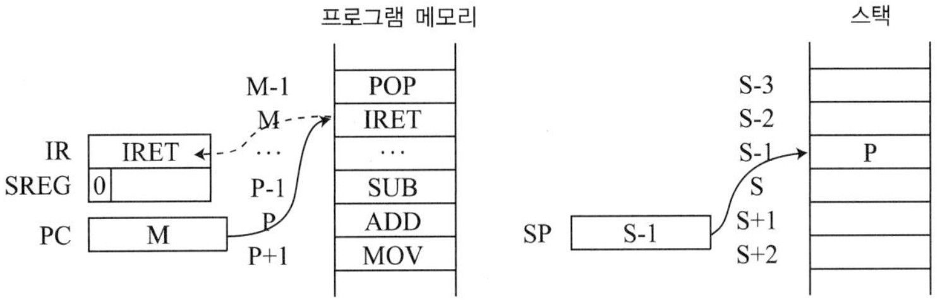

■ 2단계

스택 포인터(SP)가 가리키는 스택 주소에서 값을 읽어 프로그램 카운터(PC)로 옮겨놓는다. 스택에 보관된 프로그램 카운터 내용을 뽑아냈으므로, 스택 포인터(SP)는 증가한다. 인터럽트가 발생되면 다른 인터럽트 처리가 되지 않도록 상태 레지스터(SREG)의 MSB인 전역 인터럽트 I-비트가 0이었으나 이를 1로 만들어 다시 인터럽트 발생을 허용하는 동작을 한다.

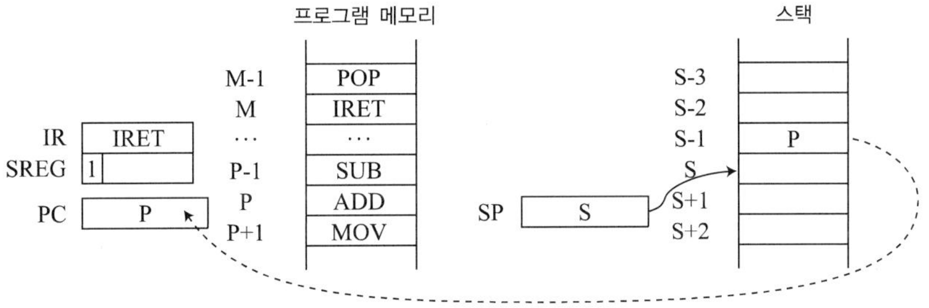

■ 3단계

프로그램 카운터(PC)에 인터럽트가 발생되지 않았을 때 처리하던 번지 P로 복원되었으므로 주소 P에서 명령어 ADD를 명령어 레지스터(IR)에 인출하여 중단되었던 프로그램을 계속 수행한다.

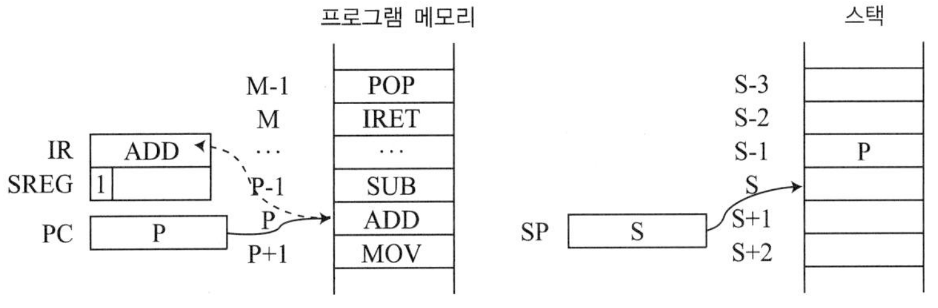

ATmega128에서 프로그램 카운터(PC)는 인터럽트 처리 과정에서 자동 보관되지만, 상태 레지스터(SREG)와 범용 레지스터는 PUSH 명령을 이용하여 소프트웨어적으로 보관된다. 인터럽트 서비스 프로그램이 종료되면 IRET 명령으로 프로그램 카운터(PC)가 로드되기 전에 스택에 보관되어 있던 범용 레지스터와 상태 레지스터(SREG)를 POP 명령으로 보관시킨 역순으로 꺼내어 인터럽트 발생 직전의 레지스터 모습으로 복원시킨다. 최종으로 IRET 명령을 실행함으로써 프로그램 카운터(PC)를 복원하여 인터럽트 처리 전과 동일한 CPU 상황이 만들어져 진행되던 프로그램으로 복귀할 수 있게 된다. [그림 6-8]은 인터럽트와 CPU 레지스터의 보관과 복구 과정을 나타낸 것이다.

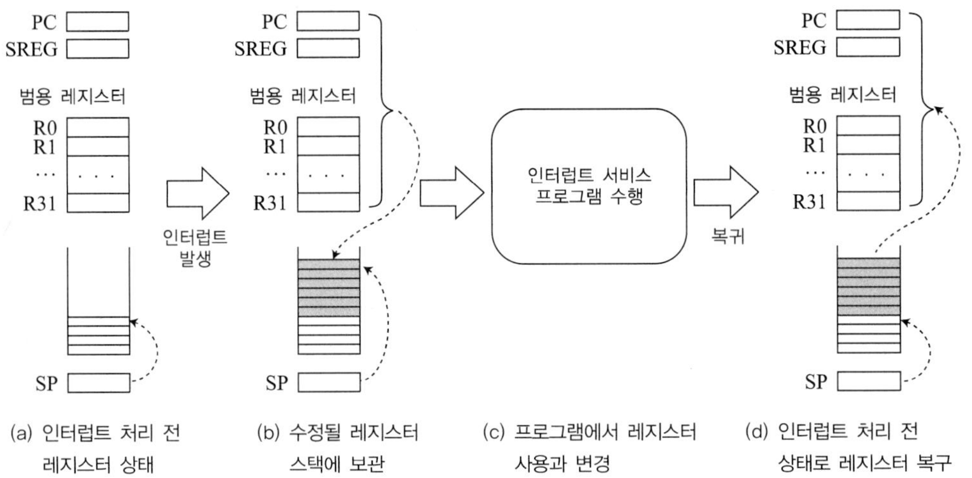

[그림 6-8] 인터럽트와 CPU 레지스터의 보관과 복구

6.3 인터럽트 활성화와 인터럽트 서비스 루틴 연결

6.3.1 인터럽트 설정과 활성화

내부 장치의 경우, [그림 6-9]와 같이 main( ) 함수의 초기화 부분에서 장치 동작 활성화를 포함하여 개별 인터럽트 설정과 활성화, 전역 인터럽트 비트(SREG의 I-비트)를 1로 설정하여 활성화해야만 인터럽트가 발생한다. 외부 장치의 경우, 외부와 연결된 핀을 통해 인터럽트가 발생되므로 장치에 대한 동작 활성화 과정이 필요없다.

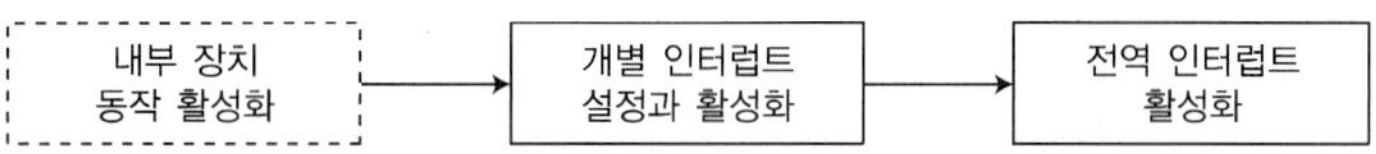

[그림 6-9] 인터럽트 활성화

내부 장치 동작 활성화

내부 장치 중 시리얼 통신, SPI 통신, 2선 직렬통신, 아날로그 비교기, ADC 장치는 활성화되어야 동작된다. 배터리를 이용하는 휴대 제품을 개발할 때는 사용 전력 최소화를 위해 사용하지 않는 장치의 전원 공급을 중단하는 것이 바람직하다. ATmega128은 처음 시작될 때 아날로그 비교기를 제외한 위의 내부 장치의 동작은 활성화되어 있지 않다. 내부 장치의 인터럽트를 사용하려면 장치 관련 특수 레지스터의 활성화 비트를 1로 활성화해야 한다. [표 6-5]는 내부 장치 동작 활성화를 담당하는 레지스터와 비트를 나타낸 것이다.

[표 6-5] 내부 장치 활성화 레지스터와 비트명

내부 장치	레지스터명	비트명	초깃값(활성 상태)
시리얼 통신*	USARTnB	RXENn TXENn	0(비활성) 0(비활성)
SPI 통신	SPCR	SPE	0(비활성)
2선 직렬통신	TWCR	TWEN	0(비활성)
아날로그 비교기	ACSR	ACD	0(활성)
ADC	ADCSRA	ADEN	0(비활성)

* 시리얼 통신 장치는 2개가 있고, n은 0 또는 1

장치에 대한 인터럽트 설정과 활성화

ATmega128은 특수 레지스터를 통해 내부 장치와 인터페이스한다. 8비트 크기의 [그림 6-7]과 같이 내부 장치에 대한 특수 레지스터는 장치의 특성을 반영한 동작 설정용 또는 상태 관찰용 비트로 구성되어 있다. 특수 레지스터의 동작 설정은 내부 장치에 대한 명령에 해당되고, 내부 장치의 상태는 특수 레지스터의 상태 비트를 읽어 알 수 있다. 인터럽트 사건의 발생 패턴을 특수 레지스터에서 정해진 특정 비트를 사용하여 먼저 인터럽트 설정한 후 인터럽트를 활성화시킨다.

인터럽트 발생 패턴에 대한 동작 설정과 상태 관찰이 간단한 장치는 한 개의 8비트 특수 레지스터 중 일부 비트만을 사용한다. 복잡한 장치는 8비트만으로 동작 설정과 상태 관찰이 부족하기 때문에 여러 개의 장치용 특수 레지스터를 두고 있다. 내부 장치를 효과적으로 제어하기 위해서는 장치의 동작과 대응되는 특수 레지스터 각 비트의 명칭과 역할을 이해해야 한다. 장치별 개별 인터럽트를 활성화하기 위한 레지스터와 개별 인터럽트 활성화 비트 명칭은 [표 6-6]과 같다. 초깃값은 모두 0으로, 인터럽트가 비활성화되어 있다.

[표 6-6] ATmega128 인터럽트 서비스, 개별 인터럽트 활성화 비트 및 레지스터

장치와 연결핀		인터럽트 벡터	인터럽트 루틴 명칭	레지스터	활성화 비트
장치	연결핀				
핀에 연결된 외부 장치	INT0	1	INT0_vect	EIMSK	INT0
	INT1	2	INT1_vect		INT1
	INT2	3	INT2_vect		INT2
	INT3	4	INT3_vect		INT3
	INT4	5	INT4_vect		INT4
	INT5	6	INT5_vect		INT5
	INT6	7	INT6_vect		INT6
	INT7	8	INT7_vect		INT7
타이머/카운터2	OC2	9	TIMER2_COMP_vect	TIMSK	OCIE2
	–	10	TIMER2_OVF_vect		TOIE2
타이머/카운터1	ICP1	11	TIMER1_CAPT_vect		TICIE1
	OC1A	12	TIMER1_COMPA_vect		OCIE1A
	OC1B	13	TIMER1_COMPB_vect		OCIE1B
	–	14	TIMER1_OVF_vect		TOIE1
타이머/카운터0	OC0	15	TIMER0_COMP_vect		OCIE0
	–	16	TIMER0_OVF_vect		TOIE0
SPI 통신 장치	MISO MOSI SCK /SS	17	SPI_STC_vect	SPCR	SPIE
시리얼 통신 장치(USART0)	RXD0	18	USART0_RX_vect	UCSR0B	RXCIE0
	TXD0	19	USART0_UDRE_vect		UDRIE0

장치와 연결핀		인터럽트 벡터	인터럽트 루틴 명칭	레지스터	활성화 비트
장치	연결핀				
		20	USART0_TX_vect		TXCIE0
ADC 장치	ADC0 ~ ADC7	21	ADC_vect	ADCSRA	ADIE
EEPROM	–	22	EE_READY_vect	EECR	EERIE
아날로그 비교기	AIN0 AIN1	23	ANALOG_COMP_vect	ACSR	ACIE
타이머/카운터1	OC1C	24	TIMER1_COMPC_vect	ETIMSK	OCIE1C
타이머/카운터3	ICP3	25	TIMER3_CAPT_vect		TICIE3
	OC3A	26	TIMER3_COMPA_vect		OCIE3A
	OC3B	27	TIMER3_COMPB_vect		OCIE3B
	OC3C	28	TIMER3_COMPC_vect		OCIE3C
	–	29	TIMER3_OVF_vect		TOIE3
시리얼 통신 장치(USART1)	RXD1	30	USART1_RX_vect	UCSR1B	RXCIE1
	TXD1	31	USART1_UDRE_vect		UDRIE1
		32	USART1_TX_vect		TXCIE1
2선 직렬통신	SDA SCL	33	TWI_vect	TWCR	TWIE
플래시 프로그램 메모리	–	34	SPM_READY_vect	SPMCSR	SPMIE

전역 인터럽트 I-비트 활성화

개별 인터럽트가 활성화되어 있더라도 전역 인터럽트 비트(SREG의 I-비트)가 1로 셋되어 있지 않으면 인터럽트 서비스 루틴 실행을 위한 자동 처리가 되지 않는다. 전역 인터럽트 활성화 비트와 개별 인터럽트 활성화 비트가 모두 1로 설정된 상황에서 인터럽트 사건이 발생하면 해당 인터럽트 플래그가 1로 설정되고, 인터럽트 서비스 루틴이 개시되면 인터럽트 플래그는 클리어된다.

인터럽트를 처리하는 절차 중에 SREG의 I-비트를 0으로 자동 클리어하여 하드웨어적으로 새로운 인터럽트 발생에 대한 처리를 정지시킨다. 동시에 요청된 여러 인터럽트가 있다면 우선순위가 높은 인터럽트를 먼저 처리하고, 나머지는 대기한다. IRET 명령어로 인터럽트 서비스 프로그램에서 복귀하면 클리어된 I-비트는 1로 환원되어 다시 인터럽트 발생에 대한 처리가 가능하게 된다. C 언어에서 sei() 명령으로 전역 인터럽트 비트를 활성화하고, cli() 명령으로 비활성화할 수 있다.

6.3.2 인터럽트 서비스 루틴의 연결

인터럽트 벡터와 연결된 인터럽트 서비스 루틴이 작성되어야 한다. avr_gcc 컴파일러를 사용하는 AVR Studio 통합 개발 환경에서 [프로그램 6-3]과 같이 #include <avr/interrupt.h>를 프로그램 앞부분에 적어 인터럽트에 관계된 레이블링과 매크로를 정의한다. ISR( ) 함수 인수 위치에 [표 6-6]의 인터럽트 서비스 루틴 명칭을 넣어 작성한다. ISR(INT0_vect) 함수는 외부 인터럽트 핀 INT0에서 인터럽트가 발생되었을 때 실행된다. ISR(ADC_vect)는 A/D 변환이 완료되었을 때 발생되어 수행된다.

[프로그램 6-3] 인터럽트 서비스 루틴

```
#include    <avr/io.h>
#include    <avr/interrupt.h>

void    ISR(INT0_vect)
{
  . . .
}

void    ISR(ADC_vect)
{
  . . .
}
```

6.3.3 인터럽트 대기와 실행

인터럽트 벡터 1에 해당되는 리셋을 포함하여 35개 인터럽트 발생의 자동처리에는 우선순위가 있다. 동시에 여러 인터럽트가 요청되었을 때는 작은 숫자의 벡터를 갖는 인터럽트가 높은 우선순위를 갖고 있기 때문에 먼저 처리된다.

일반적인 마이크로프로세서는 인터럽트 서비스 루틴을 수행하는 중에 현재보다 높은 우선순위의 인터럽트가 발생되면 현재 인터럽트 서비스 루틴을 중단하고, 새로운 인터럽트 서비스 루틴을 실행한다. 그러나 ATmega128은 우선순위가 더 높은 인터럽트가 발생하더라도 현재 인터럽트 서비스 루틴을 중단하지는 않는다. 요청된 인터럽트는 현재의 인터럽트 서비스 루틴이 종료될 때까지 대기한다. 인터럽트 서비스 루틴이 종료되면 대기하고 있던 인터럽트 중에서 우선순위가 높은 인터럽트 서비스 루틴이 수행된다.

[그림 6-10]은 인터럽트 진행 중에 새로운 인터럽트가 요청되었을 때의 처리 과정을 도식적으로 나타낸 것이다.

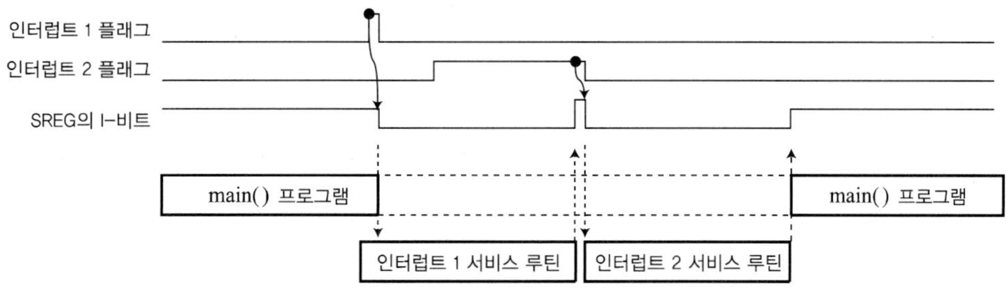

[그림 6-10] 인터럽트 서비스 프로그램 중 요청된 인터럽트의 처리

인터럽트가 요청되면 인터럽트 플래그는 1로 셋되어 인터럽트 서비스 루틴이 실행되기를 기다린다. 인터럽트 서비스 루틴 실행을 위한 처리가 시작되면서 SREG의 I-비트가 자동으로 0으로 비활성화되고 해당 인터럽트 서비스 루틴이 수행된다. 1로 셋되어 있던 인터럽트 플래그도 자동으로 클리어된다.

인터럽트 서비스 루틴의 수행 중에 다른 인터럽트 발생이 요청되더라도 SREG의 I-비트가 0이므로 해당 인터럽트 플래그를 1로 셋하고 인터럽트 실행을 대기한다. 진행 중이던 인터럽트 서비스 루틴이 종료되면 SREG의 I-비트가 1로 복원되어 전역 인터럽트가 활성화된다. 대기 중이던 인터럽트 중 높은 우선순위의 인터럽트 실행을 위한 자동처리가 시작되고 다시 SREG의 I-비트와 개별 인터럽트 플래그를 0으로 클리어시키면서 대기 중이던 인터럽트 서비스 루틴을 수행한다. 인터럽트 벡터 번호가 작은 인터럽트가 높은 우선순위를 가진다.

인터럽트 플래그가 1이 되어 대기하고 있는 대부분 인터럽트는 인터럽트 서비스 루틴이 실행되면 인터럽트 플래그는 자동으로 클리어된다. 만일 인터럽트 플래그에 소프트웨어적으로 1을 기록하면 인터럽트 플래그는 클리어되고 대기 중인 인터럽트를 해지시킨다. [표 6-7]은 개별 인터럽트 활성화 비트와 인터럽트 플래그의 관계를 나타낸 것이다.

[표 6-7] 개별 인터럽트 활성화 비트와 인터럽트 플래그 비트

인터럽트 벡터	개별 인터럽트 활성화		인터럽트 플래그		
	레지스터	활성화 비트	레지스터	플래그	대기 해지
1	EIMSK	INT0	EIFR	INTF0	1
2		INT1		INTF1	1
3		INT2		INTF2	1
4		INT3		INTF3	1
5		INT4		INTF4	1
6		INT5		INTF5	1
7		INT6		INTF6	1
8		INT7		INTF7	1
9	TIMSK	OCIE2	TIFR	OCF2	1
10		TOIE2		TOV2	1
11		TICIE1		ICF1	1

인터럽트 벡터	개별 인터럽트 활성화		인터럽트 플래그		
	레지스터	활성화 비트	레지스터	플래그	대기 해지
12		OCIE1A		OCF1A	1
13		OCIE1B		OCF1B	1
14		TOIE1		TOV1	1
15		OCIE0		OCF0	1
16		TOIE0		TOV0	1
17	SPCR	SPIE	SPSR	SPIF	*
18		RXCIE0	UCSR0A	RXC0	**
19	UCSR0B	UDRIE0	UCSR0A	UDRE0	–
20		TXCIE0	UCSR0A	TXC0	1
21	ADCSRA	ADIE	ADCSRA	ADIF	1
22	EECR	EERIE	–	–	–
23	ACSR	ACIE	ACSR	ACI	1
24		OCIE1C		OCF1C	1
25		TICIE3		ICF3	1
26		OCIE3A		OCF3A	1
27	ETIMSK	OCIE3B	ETIFR	OCF3B	1
28		OCIE3C		OC3C	1
29		TOIE3		TOV3	1
30		RXCIE1	UCSR1A	RXC1	**
31	UCSR1B	UDRIE1	UCSR1A	UDRE1	–
32		TXCIE1	UCSR1A	TXC1	1
33	TWCR	TWIE	TWCR	TWINT	1***
34	SPMCSR	SPMIE	–	–	–

* : 이 비트는 SPSR 레지스터를 읽고, SPDR 레지스터를 읽으면 클리어된다.
** : 이 비트는 UDRn을 읽어 수신 버퍼를 비우면 클리어된다.
*** : 이 비트는 프로그래머가 1을 기록해야 클리어된다.

6.4 외부 인터럽트

외부 장치의 상태 정보는 디지털 I/O, 아날로그 비교기, A/D 변환을 통해 ATmega128 내부로 읽어올 수 있다. ATmega128은 디지털 I/O 핀의 디지털 전압레벨을 외부 인터럽트로 감지하려는 8개 핀 PD0(INT0)~PD3(INT3), PE4(INT4)~PE7(INT7)을 제공한다. 외부 인터럽트 사용을 위해 특수 레지스터 설정과 해당 외부 인터럽트 서비스 루틴을 작성해야 한다.

6.4.1 외부 인터럽트 설정과 활성화

외부 인터럽트 설정과 활성화에 관계된 특수 레지스터에는 EIMSK 레지스터, EICRA 레지스터, EICRB 레지스터가 있다.

EIMSK : **외부 인터럽트 마스크 레지스터** (External Interrupt Mask Register)

외부 인터럽트 INT0~INT7은 EIMSK 레지스터를 사용하여 개별적으로 활성화시킬 수 있다.

	비트	7	6	5	4	3	2	1	0
EIMSK	비트명	INT7	INT6	INT5	INT4	INT3	INT2	INT1	INT0
	읽기/쓰기	R/W	R/W	R/W	R/W	R/W	R/W	R/W	R/W
	초깃값	0	0	0	0	0	0	0	0

비트명	속성	초깃값	비 고
INT0 ~ INT7	R/W	0	INT0~INT7 인터럽트 활성 비트 INT0(PE0)~INT7(PE7) 핀에 에지 또는 논리 변화가 있고, 전역 인터럽트 활성화 비트(SREG의 I-비트)가 1일 때 해당되는 개별 인터럽트가 활성화된다. EICRA와 EICRB의 인터럽트 감지 제어 비트 ISCnx(n은 0~7, x는 0~1) 설정에 따라 외부 인터럽트 감지되는 순간을 설정할 수 있다.

EICRA, EICRB : **외부 인터럽트 제어 레지스터** (External Interrupt Control Register)

활성화되는 외부 인터럽트 INTn(n은 0~7)의 인터럽트 발생 순간은 EICRA와 EICRB 레지스터의 ISCnx(n은 0~7, x는 0~1)(Interrupt Sense Control) 비트에 의해 설정된다.

	비트	7	6	5	4	3	2	1	0
EICRA	비트명	ISC31	ISC30	ISC21	ISC20	ISC11	ISC10	ISC01	ISC00
	읽기/쓰기	R/W	R/W	R/W	R/W	R/W	R/W	R/W	R/W
	초깃값	0	0	0	0	0	0	0	0

n : 0~3		설명
ISCn1	ISCn0	
0	0	INTn(PDn) 핀의 전압레벨이 LOW일 때 INTn 인터럽트가 요청된다.
0	1	–
1	0	INTn(PDn) 핀의 전압레벨이 하강 에지일 때 비동기적으로 INTn 인터럽트가 요청된다.
1	1	INTn(PDn) 핀의 전압레벨이 상승 에지일 때 비동기적으로 INTn 인터럽트가 요청된다.

	비트	7	6	5	4	3	2	1	0
EICRB	비트명	ISC71	ISC70	ISC61	ISC60	ISC51	ISC50	ISC41	ISC40
	읽기/쓰기	R/W	R/W	R/W	R/W	R/W	R/W	R/W	R/W
	초깃값	0	0	0	0	0	0	0	0

n : 4~7		설명
ISCn1	ISCn0	
0	0	INTn(PEn) 핀의 전압레벨이 LOW일 때 INTn 인터럽트가 요청된다.
0	1	INTn(PEn) 핀의 전압레벨이 바뀌면 INTn 인터럽트가 요청된다.
1	0	INTn(PEn) 핀의 전압레벨이 XTAL의 두 클록 샘플링 사이에 하강에지일 때 INTn 인터럽트가 요청된다.
1	1	INTn(PEn) 핀의 전압레벨이 XTAL의 두 클록 샘플링 사이에 상승에지일 때 INTn 인터럽트가 요청된다.

6.4.2 외부 인터럽트와 외부 인터럽트 서비스 루틴과의 연결

외부 인터럽트 설정과 활성화가 완료되면, 외부 인터럽트 서비스 루틴을 작성하여 주 프로그램과 인터럽트를 연결한다.

EIFR : **외부 인터럽트 플래그 레지스터** (External Interrupt Flag Register)

활성화된 외부 인터럽트는 전역 인터럽트가 활성화되어 있고, 설정된 발생 조건을 만족하면 외부 인터럽트 플래그 비트를 1로 셋하고 인터럽트 서비스 루틴 실행 절차가 수행된다.

	비트	7	6	5	4	3	2	1	0
EIFR	비트명	INTF7	INTF6	INTF5	INTF4	INTF3	INTF2	INTF1	INTF0
	읽기/쓰기	R/W	R/W	R/W	R/W	R/W	R/W	R/W	R/W
	초깃값	0	0	0	0	0	0	0	0

인터럽트 플래그를 중심으로 아래 절차에 따라 인터럽트 서비스 루틴이 실행된다.

❶ EIMSK 레지스터에서 활성화된 인터럽트는 EICRA, EICRB 레지스터에서 설정된 발생 조건이 만족되면 인터럽트 사건이 발생한다.

❷ EIFR 레지스터에 해당되는 인터럽트 플래그 비트(INTF0~INT7)가 1로 셋되어 인터럽트 서비스 루틴의 실행을 기다린다. 인터럽트 사건이 발생된 시점에 다른 인터럽트 서비스 루틴이 실행 중이면 그 인터럽트 서비스 루틴이 종료될 때까지 대기한다.

❸ 인터럽트 서비스 루틴이 실행되면 인터럽트 플래그 비트는 클리어된다.

❹ 만일 ②번 단계에서 대기 중인 상태에서 해당 인터럽트 플래그 비트를 1로 기록하면 ③번 단계를 수행하지 않고 인터럽트 플래그 비트는 클리어된다.

6.5 주 프로그램과 인터럽트 서비스 루틴의 요청/응답 인터페이스

6.5.1 인터럽트 서비스 루틴과 요청/응답 인터페이스 절차

ATmega128은 [그림 6-1]과 같이 외부 장치는 디지털 전압레벨 변환회로를 통해 연결되고, 내부의 다양한 장치는 [표 6-6]의 인터럽트 벡터로 특수 레지스터를 통해 인터럽트 루틴과 연결된다. 주 프로그램에서 주변 장치에 대한 상세 명령까지 수행하면 알고리즘이 모듈화되지 못하고 복잡해진다.

제어 알고리즘을 수행하는 주 프로그램과 장치 사이의 원활한 인터페이스를 위해 인터럽트 서비스 루틴을 매개자 역할로 하여 [그림 6-7]과 같이 요청/응답(Request/Reply) 인터페이스를 사용하면 모듈화된 프로그램을 작성할 수 있다.

주 프로그램과 인터럽트 서비스 루틴 사이는 다음과 같이 요청/응답 인터페이스를 수행할 수 있다.

❶ 주 프로그램은 인터럽트 서비스 루틴과 약속된 전역 변수에 요청을 기록한다.
❷ 인터럽트가 발생되고 인터럽트 서비스 루틴이 실행되면 요청에 따라 장치에 필요한 동작을 명령하거나 상태 정보를 얻어 전역 변수에 요청에 대한 응답을 기록한다.
❸ 주 프로그램은 응답을 확인하고 알고리즘의 진행 단계를 조정한다.

주 프로그램은 [그림 6-11]과 같이 상태도에 기반한 알고리즘을 요청과 응답에 따라 수행할 수 있다. 해당 장치에 대한 상세 제어는 해당 인터럽트 서비스 루틴에 위임한다.
상태 X에서 ①번 단계와 같이 장치 m에 대한 요청 변수 req_m에 y값을 기록하여 장치에 대한 제어 또는 상태 확인을 요청한다. ②번 단계와 같이 장치 m에 대한 인터럽트 서비스 루틴은 요청 req_m에 대한 결과 응답을 rep_m에 기록한다. ③번 단계와 같이 주 프로그램은 상태 Y에서 장치 m에 대한 응답 변수 rep_m의 결과에 따라 다음 상태로의 천이를 결정한다. 상태를 천이하면서 다른 장치 a, b에 새로운 req_a, req_b 등의 요청을 할 수 있다.

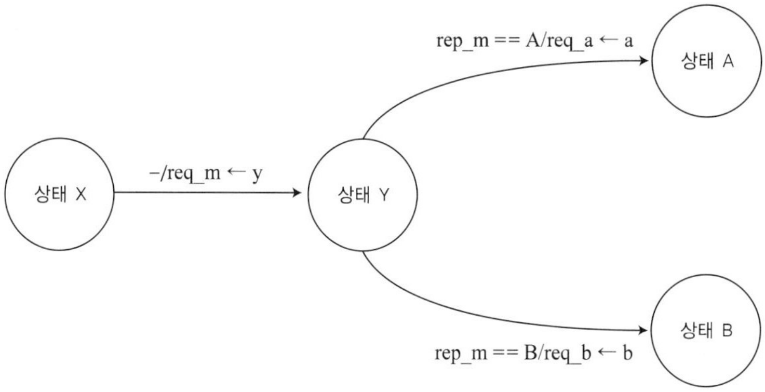

[그림 6-11] 인터럽트와 요청/응답에 의한 상태 천이

6.5.2 주 프로그램과 인터럽트 서비스 사이의 변수 공유

주 프로그램과 인터럽트 서비스 루틴이 공통으로 사용하는 변수는 volatile 지시어를 사용하여 전역 변수(Global variable)로 선언한다.

C 컴파일러는 최적화 과정에서 원시프로그램을 작은 크기와 빠르게 실행할 수 있는 목적 프로그램으로 간소화한다. 주 프로그램과 인터럽트 서비스 루틴 사이의 정보 교환용 변수에 volatile 지시어를 사용한다. 이 지시어를 선언하지 않으면 간소화시키므로, 상호 연관성이 끊어질 수 있다.

예제 6-1

volatile 지시어에 의한 변수 선언과 요청/응답 인터페이스

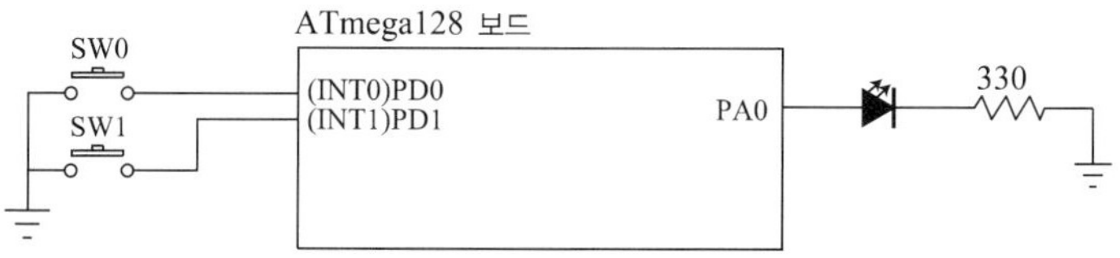

[그림 6-12] 요청/응답 인터페이스를 위한 회로

동작 설명

(1) [그림 6-12]는 스위치 SW0와 SW1이 번갈아 가면서 5회 이상 눌리면 LED를 반전시키는 회로다.

(2) SW0 스위치가 5회 이상 눌리면 LED를 반전시키고, SW1의 눌림을 감지하도록 요청한다.

(3) SW1 스위치가 5회 이상 눌리면 LED를 반전시키고, SW0의 눌림을 감지하도록 요청한다. (2)와 (3)을 반복하게 한다.

프로그램 설명

(1) [프로그램 6-4]는 주 프로그램과 인터럽트 서비스 루틴 사이에 공유 변수 req_INT0와 req_INT1을 컴파일 간소화에서 제외하기 위해 volatile 지시어로 선언하여 외부 인터럽트 0, 외부 인터럽트 1과 main( ) 함수가 인터페이스하는 사례다.

(2) main( ) 함수 38~39번 라인은 INT0, INT1의 인터럽트를 활성화하고, 인터럽트 발생 순간을 INT0는 하강에지, INT1은 상승에지로 설정하고 있다.

(3) 요청 변수 req_INT0 선언 과정에서 초깃값으로 요청한 상태다. 45, 49번 라인에서 요청 변수 req_INT0, req_INT1에 응답된 결과를 검사한다. 만일 NUM_EVENT 횟수만큼 외부 인터럽트 0, 외부 인터럽트 1가 발생되면 A포트의 PA0 비트를 반전시킨다.

(4) ISR(INT0_vect), ISR(INT1_vect) 인터럽트 서비스 루틴은 19, 31번 라인에서 요청변수 req_INT0, req_INT1에 의한 요청이 확인된다. event가 NUM_EVENT 배수일 경우 요청 변수와 동일한 req_INT0과 req_INT1 변수에 REPLY 상수를 기록하여 응답한다.

(5) 만일 volatile 지시어를 생략하면 컴파일러가 main( ) 함수와 ISR(INT0_vect), ISR(INT1_vect)의 관계를 인지하지 못하고 reqINT0, reqINT1 변수를 간소화시키므로, 프로그램이 동작하지 않는다.

(6) -Os 옵션으로 컴파일된 volatile 지시어로 요청/응답 변수가 선언된 경우는 프로그램의 크기가 554바이트지만, volatile 지시어로 선언되지 않은 경우는 532바이트로 간소화되었다. volatile 지시어를 사용하지 않고 요청/응답 변수를 선언한 프로그램은 main( ) 함수와 인터럽트 서비스 루틴이 연결되지 않기 때문에 정상적으로 작동되지 않는다.

[프로그램 6-4] volatile 지시어로 선언된 전역 변수로 요청/응답 인터페이스 사례

```
1   #include   <avr/io.h>
2   #include   <avr/interrupt.h>
3
4   #define    NUM_EVENT  5
5
6   #define    REQUEST     1
7   #define    NOT_REQUEST-1
8   #define    REPLY       0
9
10  volatile   int     req_INT0 = REQUEST, req_INT1 = NOT_REQUEST;
11
12  ISR(INT0_vect)
13  {   static  long  event = 0;
14
15      if(req_INT0 == REQUEST){
16          event++;
17          if(event>=NUM_EVENT){
18              event = 0;
19              req_INT0 = REPLY;
20          }
21      }
22  }
```

```
ISR(INT1_vect)
{   static  long  event = 0;

    if(req_INT1 == REQUEST){
        event++;
        if(event >= NUM_EVENT){
            event = 0;
            req_INT1 = REPLY;
        }
    }
}

int main(void)
{
    EIMSK |= 1<<INT0 | 1<<INT1;        // 외부 인터럽트0, 외부 인터럽트1 활성화
    PORTD |= 1<<INT0 | 1<<INT1;        // INT0, INT1 핀 내부에서 풀업 저항 연결
    EICRA = 2<<ISC00 | 3<<ISC10;       // INT0은 하강에지, INT1은 상승에지에 인터럽트
    DDRA |= 1<<PA0;                    // PA0 출력 방향 설정
    sei( );

    while(1){
        if(req_INT0 == REPLY){
            PORTA ^= 1<<PA0;           // INT0에서 응답하면 PA0 비트값 반전
            req_INT0 = NOT_REQUEST;    // req_INT0 요청 해지
            req_INT1 = REQUEST;        // req_INT1 요청
        }else if(req_INT1 == REPLY){
            PORTA ^= 1<<PA0;           // INT1에서 응답하면 PA0 비트값 반전
            req_INT0 = REQUEST;        // req_INT0 요청
            req_INT1 = NOT_REQUEST;    // req_INT1 요청 해지
        }
    }
}
```

결과 관찰

(1) 프로그램 설명과 같이 5회 이상 SW0 스위치를 누르면 LED가 켜지고 SW1을 5회 이상 눌렀다 떼면 LED가 꺼지면서 SW0의 누름에 따라 LED의 동작이 바뀐다.

(2) 스위치의 바운싱 효과로 2~3회밖에 누르지 않았지만 5회 이상 눌린 것으로 감지될 수 있다.

6.5.3 요청/응답 인터페이스와 인터럽트 과부하 절감

ATmega128은 리셋을 제외한 34개의 내부 또는 외부 장치와 관계된 인터럽트 기능을 제공하고 있다.

복잡한 설계일수록 인터럽트 발생 빈도가 높아지고, 인터럽트 발생 간격도 짧아질 수 있다. 만일 인터럽트 발생 빈도가 높아지면 대기하던 인터럽트 서비스 루틴만 실행되고 주 프로그램이 거의 수행되지 못하기 때문에 원하는 시스템 동작을 만들어내지 못할 수 있다. 인터럽트 서비스 루틴에 머무르는 시간을 가능한 짧게 하고 인터럽트의 발생 빈도를 적게 하는 것이 바람직하다. 인터럽트 발생 빈도가 적고 인터럽트 서비스 루틴이 수행되는 시간이 짧은 간단한 동작은 인터럽트 서비스 루틴에서 직접 수행할 수 있다.

인터럽트 서비스 루틴은 장치와 관계된 조작 명령, 상태 확인 등과 관련된 간단한 동작을 수행하고, 상태 결과에 따른 주된 동작은 요청/응답 인터페이스로 주 프로그램에서 수행하는 것이 바람직하다. 장치와 관련된 간단한 동작은 다른 프로그램에서 재사용하기도 쉽다.

요청/응답에 의한 주 프로그램과 인터럽트 서비스 루틴의 인터페이스는 인터럽트 서비스 루틴의 CPU를 차지 비율을 떨어뜨리고, 주 프로그램 알고리즘이 CPU를 차지하는 시간이 많아지게 한다.

예제 6-2

인터럽트 서비스 루틴의 과부하 절감을 위한 요청/응답 인터페이스

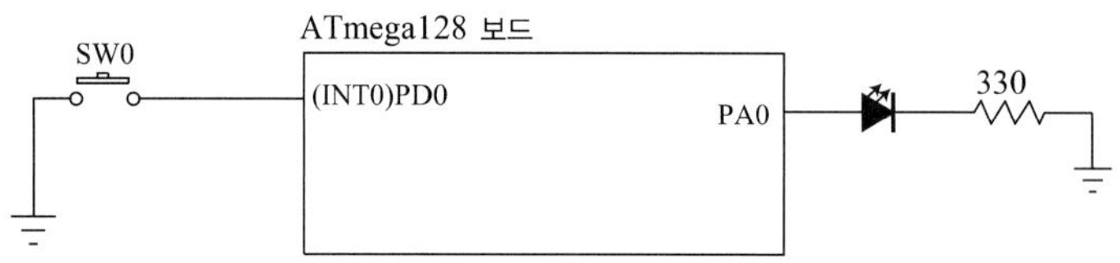

[그림 6-13] 인터럽트 과부하 예제 회로

동작 설명

(1) [그림 6-13]은 스위치가 눌렸을 때 입력되는 LOW 디지털 전압레벨에 대한 인터럽트 예제 회로다.

(2) 외부 인터럽트0(INT0) 입력 핀에 스위치를 연결하고 내부에 풀업저항을 연결한다.

(3) 인터럽트 감지 순간을 결정하는 비트가 ISC01 = 0, ISC00 = 0인 경우, LOW 디지털 전압레벨이면 인터럽트가 계속 발생한다.

(4) 강제 시간 지연을 인터럽트 서비스 루틴 안에서 실행하는 경우와 주 프로그램에서 실행하는 경우의 차이점을 확인한다.

프로그램 설명

(1) [프로그램 6-5]는 외부 인터럽트0(INT0)이 빈번히 발생할 때 지연 동작 delay( ) 함수를 인터럽트 서비스 루틴 안에서 실행하는 경우와 주 프로그램에서 실행하는 경우를 비교하기 위한 프로그램이다.

(2) #ifdef Ⓐ [A] #else [B] #endif 동작은 Ⓐ라는 이름의 레이블이 정의되어 있으면, [A]를 수행하고 그렇지 않으면 [B]를 수행하라는 매크로다.

(3) 4번 라인의 #define DELAY_IN_ISR 매크로가 있는 경우는 17번 라인이 수행되어 delay( ) 함수를 인터럽트 서비스 루틴에서 호출하여 수행한다.

(4) 4번 라인을 삭제하면 17번 라인은 수행되지 않고 8, 19, 34~37번 라인이 수행된다. 요청/응답에 의해 인터럽트가 발생되었음을 감지하고 주 프로그램에서 delay( ) 함수를 호출하여 수행한다.

[프로그램 6-5] 인터럽트 서비스 루틴의 CPU 독점에 의한 과부하 영향 비교 프로그램

```
1   #include    <avr/io.h>
2   #include    <avr/interrupt.h>
3
4   #define DELAY_IN_ISR
5
6   #ifdef  DELAY_IN_ISR
7   #else
8   volatile unsigned int req=1;
9   #endif
10
11  void    delay(volatile long count)
12  {   for(; count>0; count--);         }
13
14  ISR(INT0_vect)
15  {
16  #ifdef  DELAY_IN_ISR
17      delay(1000);
18  #else
19      req = 0;
20  #endif
21  }
22
23  int main(void)
24  {
25      EIMSK |= 1<<INT0;       // INT0 활성화
26      EICRA = 0x0;            // LOW일때 연속 인터럽트
27      PORTD |= 1<<INT0;       // 내부에 풀업저항 연결
28      DDRA |= 1<<PA0;         // PA0 출력 설정
29      sei( );                 // 전역 인터럽트 활성화
30
31      while(1){
32  #ifdef  DELAY_IN_ISR
33  #else
34          if(!req){
35              delay(1000);
36              req = 1;
37          }
38  #endif
```

```
39          delay(200);
40          PORTA ^= 1<<PA0;
41      }
42
43      return 0;
44  }
45
```

결과 관찰

(1) –Os 옵션으로 컴파일하여 실행시킨다.

(2) 스위치를 누르지 않으면, 매우 빠르게 PA0에 연결된 LED를 반전시킨다. 너무 빨라 LED가 항상 켜진 것처럼 보인다.

(3) 스위치 SW0을 누르면 지속적으로 인터럽트가 요청되어 인터럽트 서비스 루틴이 수행된다.

(4) DELAY_IN_ISR을 4번 라인 위치에 두고 매크로 정의하여 컴파일하면 인터럽트 서비스 루틴에서 delay( ) 함수를 실행시키게 되고, CPU를 인터럽트 서비스 루틴이 많이 차지하게 된다. 16[MHz] 크리스탈이 연결된 ATmeag128 보드에서 약 10회 깜박이는 데 약 20초가 소요되었다. while 문을 1회 수행할 때는 약 1초가 소요된다.

(5) DELAY_IN_ISR을 4번 라인에서 삭제한 경우 delay( ) 함수는 주 프로그램에서 실행시키게 되어 인터럽트 서비스 루틴이 CPU에서 실행되는 시간이 많이 줄어들게 된다. 육안으로 세기 어렵게 LED가 매우 빠르게 점멸되어 while 문이 훨씬 많이 수행되는 것을 확인할 수 있다.

6.6 포토인터럽터 인터페이스

A 사전 지식

(1) I/O 핀 방향 설정과 입력 핀 내부 풀업 기능

- 포토인터럽터 신호가 연결되는 ATmega128 핀 PE2의 신호 방향을 DDRE 레지스터를 이용하여 디지털 I/O 핀을 입력으로 설정하는 방법을 확인한다.
- 포토인터럽터의 광트랜지스터 컬렉터와 V_{CC} 사이에는 약 20[kΩ] 이상의 저항이 풀업되어 연결되어야 하는데, DDRE의 입력 방향으로 설정된 핀의 PORTE의 해당 비트를 1로 하여 내부 풀업하는 방법을 확인한다.

(2) 포토인터럽터 규격

포토인터럽터 SG-207[(주)광전자 제품]을 중심으로 주요 규격을 살펴보자. 포토인터럽터는 포토다이오드와 포토트랜지스터를 [그림 6-14]와 같이 일체형으로 만든 부품이다. 가운데 간격을 통해 약 940[nm]의 적외선이 포토트랜지스터의 베이스로 투과되면 베이스 단자에 전압이 생성이 되어 이미터로 충분한 순방향 전류가 흐르게 되기 때문에 컬렉터와 이미터 사이의 스위치를 ON하는 동작이 된다.

- 포토다이오드와 포토트랜지스터 사이의 간격에 불투명 소재로 적외선을 차단시킬 수 있다.

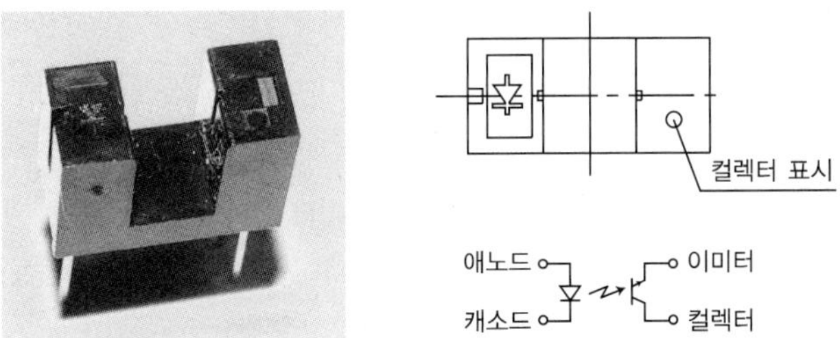

[그림 6-14] 포토인터럽터 모양 및 핀 배치

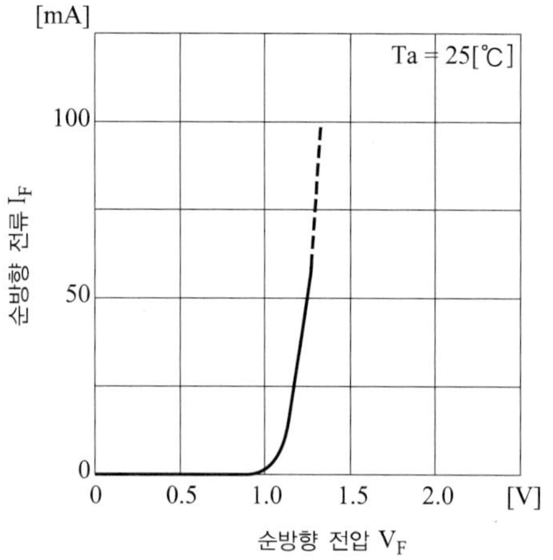

(a) 다이오드 순방향 전압과 전류의 특성 곡선

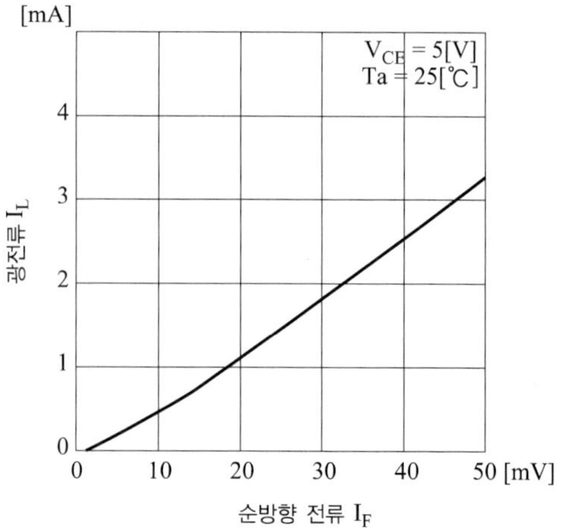

(b) 다이오드 전류와 트랜지스터 광전류와의 특성 곡선

[그림 6-15] 포토인터럽터의 다이오드와 트랜지스터의 전기적 특성 [출처: SG-207 데이터 시트]

- [그림 6-15(a)]는 다이오드 순방향 전압(V_F)와 순방향 전류(I_F)의 관계를 나타내고 있다. 순방향 전압이 약 1.2[V]를 넘으면서 순방향 전류가 크게 흐를 수 있게 된다.
- [그림 6-16]의 실험 연결 회로에서 V_{CC}가 5[V]이고, 다이오드가 330[Ω]의 저항과 직렬 연결되어 있다. 순방향 전압을 약 1.2[V]라 하면 순방향 전류는 아래 계산에 의해 약 12[mA]가 된다.

$$\frac{5-1.2}{330} \simeq 12[\text{mA}]$$

[그림 6-15(b)]에서 12[mA] 순방향 전류에 의한 포토다이오드의 적외선이 포토트랜지스터의 베이스로 여과 없이 전달되면 트랜지스터의 광전류 I_L은 약 0.5[mA]가 된다. [그림 6-16]에서 포토트랜지스터의 컬렉터가 입력 핀 PD0에 연결되고 내부에서 풀업저항이 연결된다.

- 적외선이 투과되었을 때 입력 핀에 대한 내부 풀업저항값이 약 20[kΩ] 이상이고, 광트랜지스터의 컬렉터와 이미터 사이의 광전류가 0.5[mA]로 예측되었으므로, 0.5[mA]× 20[kΩ] + $V_{CE(Sat)}$ > 5[V]을 만족하여 트랜지스터는 포화되고 컬렉터와 이미터 사이가 스위치 ON된다. 따라서 입력 핀 PD0는 전압 $V_{CE(Sat)}$이 되어 LOW 디지털 전압레벨에 해당되는 논리값 0으로 인식된다.
- 적외선이 차단되었을 때는 광전류 I_L이 0이 되므로, 입력 핀 PD0에는 전압 V_{CC}가 인가되고, HIGH 디지털 전압레벨에 해당되는 논리값 1로 인식된다.

B 실험 목적

(1) 포토인터럽터의 회로 동작을 이해한다.

(2) 빛 차단과 투과가 포토트랜지스터의 ON/OFF로 출력에 미치는 영향을 이해한다.

(3) 포토인터럽터 출력 신호가 상승하는 에지를 폴링으로 감지하는 방법을 알아본다.

C 실험 부품 및 장치

부품명	규격	수량	비고
핵심(기본) 부품		1개	3장 [표 3-17] 참조
저항	330[Ω]	2개	1/8[W]
LED	지름 3[mm]	1개	
포토인터럽터	SG-207	1개	

D 실험 절차

(1) PD0 핀에 연결된 포토인터럽터 간격에 특정 물체로 빛을 차단할 때 PA0에 연결된 LED를 반전하기 위한 회로다. 실험을 위한 회로 [그림 6-16]을 구성한다.

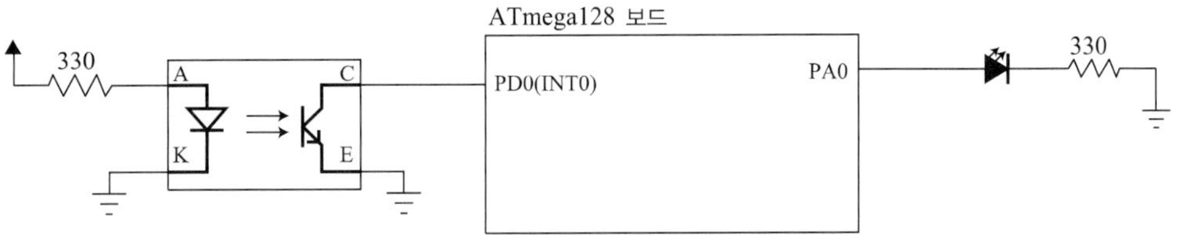

[그림 6-16] 외부 장치의 상태를 폴링으로 감지하기 위한 회로

(2) [프로그램 6-6]은 포토인터럽터에 연결된 신호에 대한 상승에지를 폴링으로 감지하는 프로그램이다.

(3) 포토다이오드와 포토트랜지스터 사이에 빛이 투과하면 베이스에 전압이 유기되어 이미터로 흐르게 되어 트랜지스터를 포화로 만들어 컬렉터와 이미터 사이를 스위칭 ON시킨다. PD0 핀에 LOW 전압레벨이 인가되어 논리값 0이 읽힌다.

(4) 장애물에 의해 빛의 투과를 막으면 베이스에서 이미터로 전류를 흐르게 하지 못해 트랜지스터를 차단(Cut-off) 동작으로 스위칭 OFF시킨다. PD0 핀은 9번 라인에서 내부 풀업 저항을 V_{CC}와 연결했으므로, HIGH 전압레벨이 인가되어 논리값 1이 읽힌다.

(5) 따라서 포토인터럽터 간격에 물체로 빛을 차단하면 상승에지 신호가 입력된다.

(6) PD0 입력 핀의 디지털 전압레벨을 3번 라인 매크로에서 논리값으로 변환한다.

(7) 12번 라인에서 now가 1이고 prev가 0인 상승에지를 폴링으로 반복하여 검사한다.

(8) 15번 라인에서 조건이 만족되었으면 PA0 핀의 LED를 반전시킨다.

[프로그램 6-6] 포토인터럽터 신호의 폴링에 의한 상승 에지 감지 프로그램

```
1   #include    <avr/io.h>
2
3   #define GET_NOW (PIND & 1<<PD0 ? 1 : 0)
4
5   int main(void)
6   {   int now, prev;
7
8       DDRA  = 1<<PA0;                  // PA0 출력, PD0 입력 설정
9       PORTD |= 1<<PD0;                 // PD0 내부에 풀업저항 설정
10
11      while(1){
12          for(prev = now = GET_NOW; !(now == 1 && prev == 0); now=GET_NOW)
13              prev = now;
14
15          PORTA ^= 1<<PA0;             // PA0 핀의 LED 반전
16      }
17      return 0;
18  }
```

(9) [프로그램 6-7]은 포토인터럽터에 연결된 신호에 대한 상승에지를 인터럽트로 감지하는 프로그램이다.

(10) 2번 라인에 interrupt.h 헤더 파일을 포함시킨다.

(11) volatile 지시어를 사용하여 선언된 req_INT0 변수로 요청/응답 인터페이스한다.

(12) 12번 라인에서 외부 인터럽트0을 활성화시킨다.

(13) 13번 라인에서 외부 인터럽트0의 발생 시점을 상승에지로 설정한다.

(14) 18번 라인에서 응답 변수 req_INT0값을 확인하고, 19번 라인에서 PA0값을 반전시킨다.

(15) 20번 라인에서 다시 req_INT0을 1로 만들어 요청함으로써, 상승에지를 반복하여 감지할 수 있게 한다.

[프로그램 6-7] 포토인터럽터 신호의 인터럽트에 의한 상승에지 감지 프로그램

```
1   #include       <avr/io.h>
2   #include       <avr/interrupt.h>
3
4   volatile    int   req_INT0 = 1;    // 최초 요청
```

```

ISR(INT0_vect)
{   req_INT0 = 0;  }                // 응답 변수 기록

int main(void)
{   DDRA  = 1<<PA0;                 // PA0 출력 방향 설정

    EIMSK |= 1<<INT0;               // INT0 인터럽트 활성화
    EICRA = 3<<ISC00;               // 상승에지 인터럽트로 설정
    PORTD |= 1<<PD0;                // PD0(INT0) 핀 내부에 풀업저항 설정
    sei( );                         // 전역 인터럽트 활성화

    while(1){
        if(req_INT0 == 0){
            PORTA ^= 1<<PA0;        // PA0 핀의 LED 반전
            req_INT0 = 1;           // 다시 요청함
        }
    }
    return 0;
}
```

E 실험 결과 및 고찰

(1) 포토트랜지스터의 광전류가 0.5[mA]로 예측되는 이유를 설명하라.

(2) [프로그램 6-6]에서 포토인터럽터 간격에 물체가 빛을 차단한 후, 물체를 없애면서 빛이 투과할 때를 폴링으로 감지할 수 있도록 프로그램을 수정하라.

(3) [프로그램 6-7]에서 포토인터럽터 간격에 물체가 빛을 차단한 후, 물체를 없애면서 빛이 투과할 때를 인터럽트로 감지할 수 있도록 수정하라.

6.7 LCD 문자 디스플레이 인터페이스

A 사전 지식

(1) LCD 문자 디스플레이 규격

[그림 6-17]의 16×2 문자 LCD는 2줄에 16글자의 문자를 디스플레이할 수 있다.

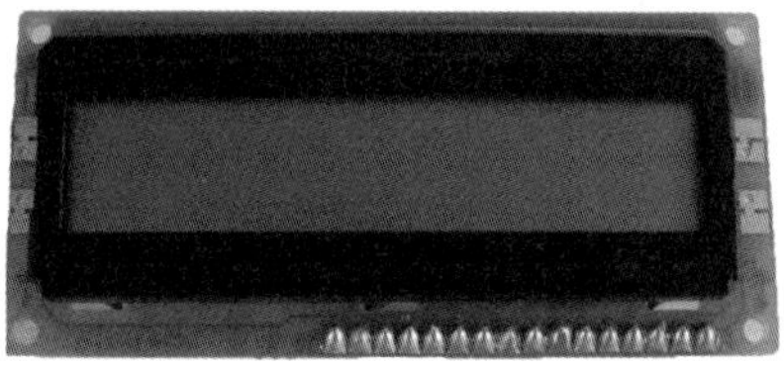

[그림 6-17] 16×2 LCD 문자 디스플레이

- [표 6-8]은 14개 장치 입출력 핀으로 LCD 문자 디스플레이와 인터페이스된다. LCD 문자 디스플레이는 입출력 핀과 특수 레지스터인 명령 레지스터, 데이터 레지스터, 디스플레이 데이터램 주소 카운터(AC)를 이용한다.

[표 6-8] LCD 문자 디스플레이 핀 인터페이스

핀 번호	명칭	I/O	기능
1	V_{SS}	–	Ground
2	V_{DD}	–	전원
3	Vo	I	LCD 밝기 조절
4	RS	I	레지스터 선택
5	R/W	I	읽기/쓰기
6	E	I	읽기/쓰기 가능 신호
7~14	D0~D7	I	데이터 입출력
15	BLA	I	백라이트 애노드
16	BLK	1	백라이트 캐소드

- 명령 레지스터와 데이터 레지스터는 RS 핀으로 구별하고 0일 때는 명령 레지스터, 1일 때는 데이터 레지스터가 선택된다.
- 주소 카운터(AC)로 문자 디스플레이 커서 위치를 정하고, 윗줄은 좌측부터 0x00~0x0F, 아랫줄의 주소는 좌측부터 0x40~0x4F 데이터값으로 결정된다.

(2) LCD 문자 디스플레이 동작

• [표 6-8]의 제어 신호 핀에 인가되는 동작 명령에 따른 LCD 디스플레이 동작은 아래 [표 6-9]와 같다.

[표 6-9] 동작 명령과 인터페이스 신호값

동작 명령	RS	R/W	D7~D0							
			D7	D6	D5	D4	D3	D2	D1	D0
화면 클리어	0	0	0	0	0	0	0	0	0	1
커서 초기 위치	0	0	0	0	0	0	0	0	1	–
문자 입력 모드	0	0	0	0	0	0	0	1	I/D	SH
디스플레이 On/Off 제어	0	0	0	0	0	0	1	D	C	B
커서 디스플레이 천이	0	0	0	0	0	1	S/C	R/L	–	–
인터페이스/디스플레이 설정	0	0	0	0	1	DL	N	F	–	–
CGRAM 주소 설정	0	0	0	1	CGRAM 주소(AC5~AC0)					
DDRAM 주소 설정	0	0	1	DDRAM 주소(AC6~AC0)						
BF과 AC 읽기	0	1	BF	주소 카운터(AC6~AC0)						
RAM 데이터 읽기	1	0	데이터(D7~D0)							
RAM 데이터 쓰기	1	1	데이터(D7~D0)							

• [표 6-9]의 각 동작 명령에서 레이블에 대한 비트 설정 동작은 [표 6-10]과 같다.

[표 6-10] 동작 명령의 비트 설정값

동작 명령	비트	동작
화면 클리어	–	스페이스에 해당되는 ASCII 문자 0x20 인가 커서 위치를 제1행 1열에 움직임
커서 초기 위치	–	커서 위치를 제1행 1열로 움직임
문자 입력 모드	(I/D, SH)	(1, 0) 커서를 오른쪽으로 이동하면서 문자 입력 (0, 0) 커서를 왼쪽으로 이동하면서 문자 입력 (–, 1) 커서 이동 없이 같은 자리에서 문자 입력
디스플레이 On/Off 제어	D	1 : 디스플레이 ON 0 : 디스플레이 OFF
	C	1 : 커서 ON 0 : 커서 OFF
	B	1 : 커서 깜박임 ON 0 : 커서 깜박임 OFF
커서 디스플레이 천이	(S/C, R/L)	(1, 0) 화면 전체 커서와 함께 왼쪽으로 스크롤 (1, 1) 화면 전체 커서와 함께 오른쪽으로 스크롤 (0, 0) 커서만 좌로 이동 (0, 1) 커서만 우로 이동
인터페이스/ 디스플레이 설정	DL	1 : 8비트 인터페이스 0 : 4비트 인터페이스
	N	1 : 두 줄 표시 0 : 한 줄 표시
	F	1 : 문자 5×10 도트 0 : 문자 5×7 도트
CGRAM 주소 설정	AC5~AC0	CGRAM 주소 카운터(AC) AC5~AC0값 설정
DDRAM 주소 설정	AC6~AC0	DDRAM 커서 위치 설정 AC6~AC0값 설정 0x00~0x0F : 제1행의 0열부터 15열까지 지정 0x40~0x4F : 제2행의 0열부터 15열까지 지정
BF과 AC 읽기	BF, AC6~AC0	내부 동작 여부에 따른 Busy Flag와 주소 카운터값을 읽음 BF : 1 내부 동작 진행 중 BF : 0 내부 동작 완료, 다음 동작 명령 수령 가능

- 동작 명령이 인가되고 다음 동작 명령을 연속 실행하려면, BF(Busy Flag)를 폴링 방식으로 읽어 0이 될 때까지 기다려야 한다.
- LCD 디스플레이 장치에 데이터를 쓰거나 읽을 때 [그림 6-18]의 파형 형태를 갖도록 한다. RS, R/W, Data는 E 신호 스트로브가 인가되는 동안 안정된 일정한 값을 유지해야 한다.
- E 신호 스트로브 HIGH 구간은 장치 내부에서 작업이 끝날 때까지 0.5[usec] 시간 동안 유지해야 한다.

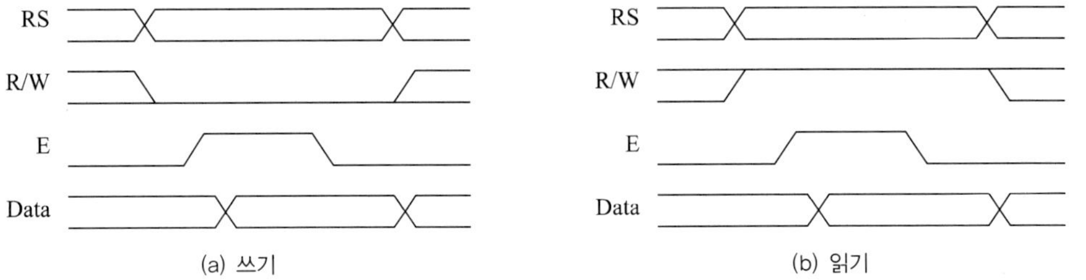

[그림 6-18] LCD 문자 디스플레이 장치의 E 스트로브 신호 파형

B 실험 목적

(1) LCD 문자 디스플레이의 특정 위치에 문자를 디스플레이하는 방법을 이해한다.
(2) 외부 장치의 핀을 통해 인터페이스하는 방법을 이해한다.
(3) 외부 장치의 busy 상태를 폴링으로 검사하는 방법을 이해한다.

C 실험 부품 및 장치

부품명	규격	수량	비고
핵심(기본) 부품	-	1개	3장 [표 3-17] 참조
LCD	2 × 16 문자형	1개	-
가변저항	50[kΩ]	1개	Bourns 3362P 시리즈

D 실험 절차

(1) 아래 [그림 6-19]와 같이 연결된 LCD 문자 디스플레이 모듈에 대한 인터페이스 회로를 완성하고, 함수는 [프로그램 6-8]의 LCD_command(unsigned char data)와 LCD_data_write(unsigned char data)를 작성한다.

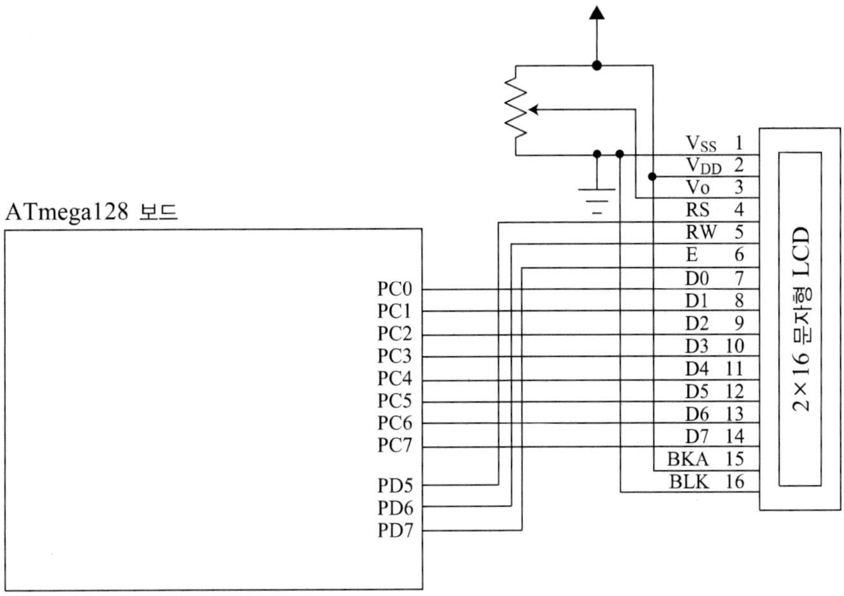

[그림 6-19] LCD 문자 디스플레이 장치와 ATmega128과의 연결 회로

(2) 함수 LCD_command(unsigned char data)는 동작 명령 함수다. C포트를 출력 방향으로 설정하고 인수값은 [표 6-9]와 [표 6-10]에 의한 명령 비트값이다. PD5에 연결된 RS 신호는 0, PD6에 연결된 R/W 신호도 0으로 출력시킨다. gen_E_strobe(void) 함수를 이용하여 [그림 6-18]과 같이 E의 스트로브 신호를 만든다.

(3) 함수 LCD_data_write(unsigned char data)는 문자 출력 함수다. C포트를 출력 방향으로 설정하고 인수값은 ASCII에서 정의된 문자값이다. PD5에 연결된 RS 신호는 1, PD6에 연결된 R/W 신호도 0으로 출력시킨다. gen_E_strobe(void) 함수를 이용하여 [그림 6-18]과 같이 E의 스트로브 신호를 만든다.

(4) 함수 wait_BusyFlag( )는 다음 동작이 가능한 상태인지를 폴링으로 검사한다. RS는 0, RW는 1로하고 E 신호를 1로 만들어 비트 D7을 BF값으로 읽어낸다. BF값이 1인 동안에는 LCD 모듈 내부에서 명령이 진행 중이므로 다음 동작을 명령할 수 없다. 0이면 완료된 상황이고, 다음 명령을 LCD 문자 디스플레이 장치에 줄 수 있다.

(5) 함수 gen_E_strobe( )는 E 신호의 스트로브를 생성시킨다. volatile 지시어를 이용한 변수로 for(;;) 반복문의 시간 지연을 하고 있다. volatile 지시어를 사용한 이유는 컴파일러 간소화 과정에서 의도적인 시간 지연을 간략화하지 못하게 한다.

(6) main( ) 함수를 완성하고 컴파일한 후 코드를 다운로드하여 실행시킨다.

(7) 아래 프로그램을 수행시키고 가변저항을 조절하여 LCD 문자 모듈의 글자를 선명하게 보이도록 한다.

[프로그램 6-8] LCD 문자 디스플레이 장치 프로그램

```
#include    <avr/io.h>

#define RS  PD5                    // LCD 문자 디스플레이에 연결된 D포트의 핀 번호
#define RW  PD6
#define E   PD7

void    gen_E_strobe(void)
{   volatile    int i;

    PORTD |= 1<<E;                 // E 신호를 High로
    for(i=0; i<10; i++);           // E 스트로브 신호를 일정 기간 High로 유지
    PORTD &= ~(1<<E);              // E 신호를 Low로
}

void    wait_BusyFlag(void)
{   volatile int        i;
    unsigned char       bf;

    DDRC = 0x0;                         // C포트를 입력 핀으로 설정
    PORTD = (PORTD & ~(1<<RS)) | 1<<RW; // RS <- Low, RW <- High
    do{
        PORTD |= 1<<E;             // E 신호를 High로
        for(i=0; i<10; i++);       // E 스트로브 신호를 일정 기간 High로 유지
        bf = PINC & 1<<PC7;        // busy flag를 읽어냄
        PORTD &= ~(1<<E);          // E 신호를 Low로
    }while( bf );                  // bf값이 0이 아니면 busy, 0일 때까지 반복
}

void    LCD_command(unsigned char data)
{   wait_BusyFlag( );              // busy flag가 0이 될 때까지 대기
    DDRC = 0xFF;                   // C포트를 출력 핀으로 설정
    PORTC = data;                  // data 출력
    PORTD &= ~(1<<RS | 1<<RW);     // RS <- 0, RW <-0
    gen_E_strobe( );               // E 스트로브 신호 만들기
}

void    LCD_data_write(unsigned char data)
{   wait_BusyFlag( );
    DDRC = 0xFF;
    PORTC = data;
    PORTD = (PORTD | 1<<RS) & ~(1<<RW); // RS <- 1, RW <-0
    gen_E_strobe( );
}

void    LCD_init(void)
{
    DDRD |= 1<<RS | 1<<RW | 1<<E;       // RS, RW, E 핀을 출력 핀으로 설정
    PORTD &= ~(1<<RS | 1<<E | 1<<RW);   // 초기에 RS, E, RW <- 0

```

```
    LCD_command(0x3C);
    LCD_command(0x02);
    LCD_command(0x01);
    LCD_command(0x06);
    LCD_command(0x0F);
}

char *string[] = {"ATmega128", "Microcontroller"};

int main(void)
{   int r, c;

    LCD_init( );

    for(r=0; r<2; r++){
        for(c=0; c<16; c++)
            if( string[r][c] == '\0' ){
                if( r == 0 )        LCD_command( 0xc0);
                break;
            }else
                LCD_data_write( string[r][c]);
    }

    while(1);
    return 0;
}
```

E 실험 결과 및 고찰

(1) [프로그램 6-8]을 수행하면 LCD 디스플레이 장치에 어떤 변화가 나타나는가? 이처럼 디스플레이되는 이유를 설명하라.

(2) main( ) 함수에서 호출한 LCD_init( ) 함수에서 동작 명령 0x3C, 0x02, 0x01, 0x06, 0x0F를 연속적으로 내고 있다. 어떤 명령 동작인가? 각각을 설명하라.

(3) 커서의 위치를 row 행과 col 열에 설정하기 위한 함수 void set_cursor(unsigned int row, unsigned int col)를 LCD_command( ) 함수를 이용하여 작성하라.

(4) 자신의 학번을 첫째 줄에, 영문 이름은 둘째 줄에 디스플레이할 수 있도록 프로그램을 수정하라.

(5) 문자열을 set_coursor( ) 함수를 이용하여 (0, 16) 위치와 (1, 16) 위치에 두 줄의 문자를 LCD에 기록한 후, 좌로 16글자 스크롤하면서 문자열이 등장할 수 있도록 프로그램을 수정하라.

6.8 EEPROM, 포토인터럽터, LCD 디스플레이 통합 인터페이스

A 실험 목적

(1) ATmega128에서 EEPROM의 읽기/쓰기 프로그램을 이해하고 사용한다.

(2) EEPROM 레지스터를 이용한 내부 장치 읽기/쓰기 폴링 작업을 이해하고 사용한다.

(3) 포토인터럽터의 에지 감지 폴링 동작을 확인하고 사용한다.

(4) LCD 문자 디스플레이 인터페이스 폴링 동작을 확인하고 사용한다.

(5) EEPROM 읽기와 쓰기 동작, 포토인터럽터 폴링 동작, LCD 문자 디스플레이 장치 인터페이스를 결합한 프로그램 이용 능력을 향상한다.

B 실험 부품 및 장치

부품명	규격	수량	비고
핵심(기본) 부품	–	1개	3장 [표 3-17] 참조
LCD	2 × 16 문자형	1개	–
가변저항	50[kΩ]	1개	Bourns 3362P 시리즈
포토인터럽터	SG-207	1개	–

C 실험 절차

(1) 실험 진행을 위해 포토인터럽터의 폴링을 위한 핀은 PD0 핀에 연결한다. LCD 문자 디스플레이 장치의 연결은 PD5, PD6, PD7에 RS, RW, E를 연결한다. 8개의 데이터 비트는 PORTC의 D0~D7 핀을 PC0~PC7 핀에 연결한다. 이와 같은 연결을 위한 회로는 [그림 -20]과 같이 구성한다.

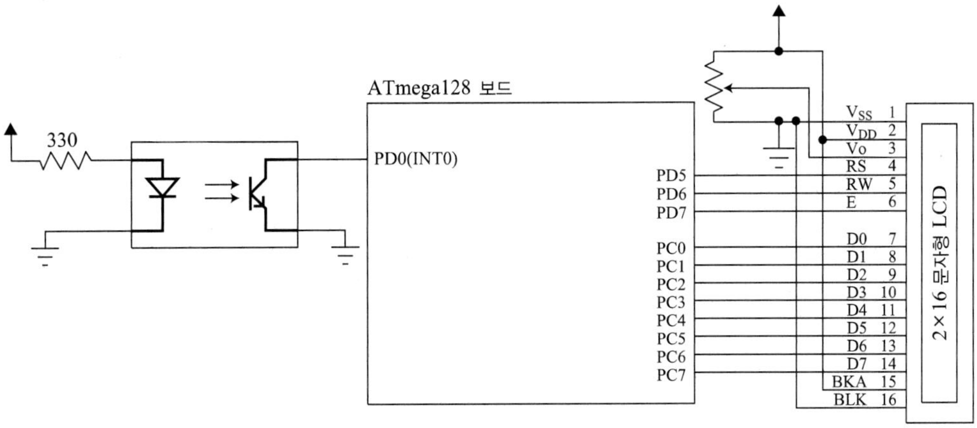

[그림 6-20] 포토인터럽터, LCD 모듈, EEPROM 통합 동작 회로

(2) 6.7절에서 활용한 함수 gen_E_strobe( ), wait_BusyFlag( ), LCD_init( ), LCD_data_write( ), LCD_data_write( ), set_cursor( ) 함수가 포함된 파일 lcd.c와 #define된 상수와 함수가 선언되어 있는 파일 lcd.h을 만들어 저장한다.

(3) 6.8절에서 활용한 EEPROM에 대한 eeprom_write_byte( ) 함수와 eeprom_read_byte( ) 함수를 이해한다.

<lcd.h>

```
#ifndef __LCD_H__
#define __LCD_H_

#define MAX_LCD_STRING 0x40

extern void    gen_E_strobe(void);
extern void    wait_BusyFlag(void);
extern void    LCD_command(unsigned char data);
extern void    LCD_data_write(unsigned char data);
extern void    LCD_init(void);
extern void    set_cursor(unsigned int row, unsigned int col);
extern void    LCD_str_write(unsigned int row, unsigned int col, char *str);
#endif
```

<lcd.c>

```
#include        <avr/io.h>
#include        "lcd.h"

#define RS  PD5     // LCD 문자 디스플레이에 연결된 D포트의 핀 번호
#define RW  PD6
```

```
#define E   PD7

void    gen_E_strobe(void)                                  // 코드 생략
void    wait_BusyFlag(void)                                 // 코드 생략
void    LCD_command(unsigned char data)                     // 코드 생략
void    LCD_data_write(unsigned char data)                  // 코드 생략
void    LCD_init(void)                                      // 코드 생략
void    set_cursor(unsigned int row, unsigned int col)      // 코드 생략
void    LCD_str_write(unsigned int row, unsigned int col, char *str) // 코드 생략
```

<eeprom.h>

```
#ifndef __EEPROM_H__
#define __EEPROM_H_

extern void             eeprom_write_byte(unsigned int address, unsigned char data);
extern unsigned char    eeprom_read_byte(unsigned int address);

#endif
```

<eeprom.c>

```
#include    <avr/io.h>
#include    <avr/interrupt.h>

void    eeprom_write_byte(unsigned int address, unsigned char data)
{
    while(EECR & (1<<EEWE));

    cli( );
    EEAR = address;
    EEDR = data;

    EECR |= (1<<EEMWE);
    EECR |= (1<<EEWE);
    sei( );
}

unsigned char   eeprom_read_byte(unsigned int address)
{
    while(EECR & (1<<EEWE));
    EEAR = address;
    EECR |= (1<<EERE);

    return EEDR;
}
```

(4) [프로그램 6-9]를 완성하여 EEPROM에 쓰기와 읽기를 하는 아래 프로그램을 작성한다.

[프로그램 6-9] EEPROM, 포토인터럽터, LCD 디스플레이 결합 프로그램

```
#include      <stdio.h>
#include      <avr/io.h>
#include      "lcd.h"
#include      "eeprom.h"

#define GET_NOW (PIND & 1<<PD0 ? 1 : 0)

int main(void)
{
    unsigned   int     ee_addr = 0;
    unsigned   char    ee_wdata = 0, ee_rdata;
    unsigned   char    now, prev;
    char lcd_string[2][MAX_LCD_STRING];

    PORTD |= 1<<PD0;

    LCD_init( );

    sprintf(lcd_string[0], "< EEPROM TEST > ");
    sprintf(lcd_string[1], "   W/R Verify   ");

    LCD_str_write(0, 0, lcd_string[0]);
    LCD_str_write(1, 0, lcd_string[1]);

    while(1){
        for(prev = now = GET_NOW; !(now == 1 && prev == 0); now=GET_NOW)
            prev = now;

        eeprom_write_byte(ee_addr, ee_wdata);
        ee_rdata = eeprom_read_byte(ee_addr);

        sprintf(lcd_string[0], "[EEPROM ADDR]%3X", ee_addr);
        sprintf(lcd_string[1], "[WR]%2X [RD]%2X", ee_wdata, ee_rdata);

        LCD_str_write(0, 0, lcd_string[0]);
        LCD_str_write(1, 0, lcd_string[1]);

        ee_addr++;
        ee_wdata--;
    }
    return 0;
}
```

D 실험 결과 및 고찰

(1) 15번 라인은 포토인터럽터의 컬렉터에 풀업저항을 연결하는 명령이다.

(2) 26, 27번 라인은 포토인터럽터의 현재값과 이전값을 비교하여 빛이 차단되어 컬렉터의 전압레벨의 상승 에지를 폴링으로 감지한다.

(3) 29번 라인은 EEPROM ee_addr 주소에 ee_wdata를 기록하고, 30번 라인은 동일한 주소에서 방금 저장한 값을 ee_rdata 변수로 읽어낸다.

(4) 38, 39번 라인은 EEPROM에 기록할 번지와 데이터를 갱신한다.

(5) 포토인터럽터에 빛이 차단되었다가 차단이 해지되는 순간을 감지하려면 어떻게 수정되어야 하는가?

(6) 위 프로그램은 EEPROM의 기록 위치 주소를 ee_addr 변수가 가리키고 있다. 100번지에서 110번지까지만 EEPROM에 기록할 수 있도록 프로그램을 수정하고 실행해 보자.

Chapter_06 연습문제

6.1 레벨감지 폴링과 에지감지 폴링을 설명하라.

6.2 레벨을 읽어 하강에지를 감지하려면 어떻게 하면 되는지 설명하라.

6.3 while(!(PINA << PA4)); 명령은 무엇을 감지하기 위한 명령인가?

6.4 아래 명령은 무엇을 감지하기 위한 명령인가?

```
for(prev = now = 장치값; !(now == 1 && prev == 0); now=장치값)
        prev = now;
```

6.5 아래 프로그램에서 cli( )와 sei( )가 있는 이유를 설명하라.

```
void    eeprom_write_byte(unsigned int address, unsigned char data)
{
    while(EECR & (1<<EEWE));

    cli( );
    EEAR = address;
    EEDR = data;

    EECR |= (1<<EEMWE);
    EECR |= (1<<EEWE);
    sei( );
}
```

6.6 인터럽트가 발생되었을 때 자동으로 실행되는 절차를 나열하라.

( ) 스택 포인터(SP)를 감소시킨다.
( ) 상태 레지스터(SREG)의 I-비트를 0으로 클리어하고, 명령어 레지스터(IR)에서 현재 실행 중인 명령어를 끝까지 실행하여 완료한다.
( ) 프로그램 카운터(PC)를 스택 포인터가 가리키는 스택(Stack)에 보관한다.
( ) 변경된 프로그램 카운터(PC)에서부터 프로그램이 수행된다.
( ) 프로그램 카운터(PC)에 발생된 인터럽트 벡터 주소를 넣고 인터럽트 발생 플래그를 0으로 만든다.

6.7 volatile 지시어를 사용하여 전역 변수를 선언했을 때와 그렇지 않았을 때의 차이점을 설명하라.

6.8 발생 빈도가 높은 인터럽트가 CPU를 차지하는 비율을 줄이기 위한 방법을 설명하라.

6.9 아래 그림에서 포토인터럽터 사이의 간격에 물체가 있어 빛이 차단되면 PD0에서 읽히는 논리값은 (　　)(이)다. 이유를 설명하라. 단 입력 PD0는 내부에 풀업저항이 V_{CC}와 연결되었다고 가정하자.

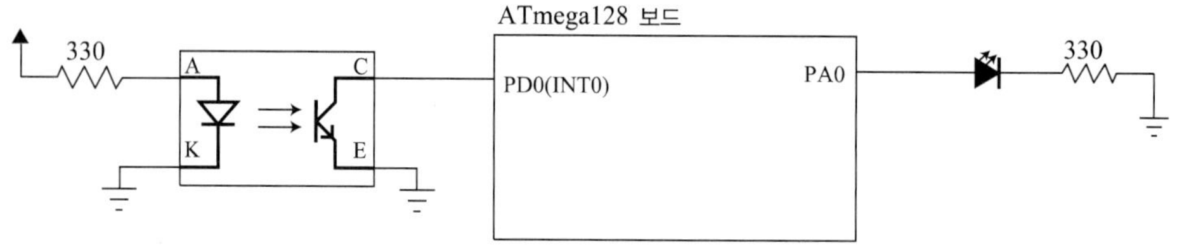

6.10 다음은 INT0의 상승에지를 감지하기 위한 인터럽트 설정이다. 하강에지를 감지하기 위해 수정하라.

```
EIMSK |= 1<<INT0;  // INT0 인터럽트 활성화
EICRA = 3<<ISC00;  // 상승에지 인터럽트로 설정
PORTD |= 1<<PD0;   // PD0(INT0) 핀 내부에 풀업저항 설정
sei( );            // 전역 인터럽트 활성화
```

Chapter 07

상태도와 ASM 차트를 이용한 프로그래밍

Programming using State diagram and ASM Chart

학습목표

- ATmega128을 이용한 디지털시스템의 핵심은 제어 프로그램이라는 것과 상태도를 이용하여 체계적인 제어 프로그램을 작성하는 방법을 알 수 있다.
- 상태 기계(State Machine)를 기반으로 하는 ASM(Algorithmic State Machine) 차트를 이용한 제어 프로그램의 타당성을 알아보기 위해 제어시스템의 구성, 상태 기계를 포함하는 ATmega128의 추상적인 구성, 상태 기계 구조의 구성 요소와 역할을 알 수 있다.
- 상태 기계와 상태도가 같음을 이해하고, 상태도를 C 언어로 작성할 수 있음을 이해할 수 있다.
- 상태 기계와 ATmega128의 인터럽트 서비스 루틴 사이에서 요청/응답 인터페이스를 이용한 상태 기계의 시스템 설계 개념을 알 수 있다.
- 상태도 개략 설계, 상태도 상세 설계(변수 정의와 상태도 구체화), 상태도의 ASM 차트 변환, 제어 프로그램 순서에 따른 제어 프로그램 작성 절차를 이해할 수 있다.
- 신호등 설계와 간단한 엘리베이터 설계 실험을 통해 ASM 차트를 이용한 제어 프로그램 작성을 이해할 수 있다.

디지털시스템은 상태 기계(State Machine)에 의해 제어된다. ATmega128에서 실행되는 프로그램은 상태 기계를 대신하는 제어 동작이다. 따라서 상태도로부터 ASM 차트(Algorithmic State Machine)를 작성하고 ASM 차트를 C 언어의 switch( )-case 문으로 변환시켜 제어 프로그램을 완성할 수 있다. 상태 기계와 인터럽트 서비스 사이에 요청/응답 인터페이스 방법은 디지털시스템을 개념적으로 단순화할 수 있으므로, 상태 기계에 의한 시스템 개발이 쉬워진다. 이 장에서는 상태도에서 제어 프로그램의 제작까지 자세히 알아본다.

7.1 플로차트를 이용한 프로그램 개발

많은 프로그램 개발자는 플로차트(flowchart)로 작업 중심의 흐름을 나열한 후, 프로그램으로 변환하는 과정을 거쳐 프로그램을 완성한다. 이는 즉흥적으로 프로그래밍하는 것보다 안정적이며, 자신의 생각을 정립할 수 있다는 장점이 있다.

플로차트는 시작에서 종료까지를 여러 개의 세부 작업으로 나누고 입력 조건에 따라 분기하면서 각 작업이 수행되는 프로그램의 흐름을 도식화하여 나타내는 것이기 때문에 입력에 따른 조건 판단이 적은 알고리즘을 완성할 때 효과적이다.

프로그램 개발자는 작업의 복잡성과 중요성 등을 고려하여 분할한 세부 작업을 각 상자에 임의로 정한다. 플로차트를 통해 프로그램의 개략적인 흐름이 설계되면, 프로그래밍 언어를 이용하여 변환한다.

C 언어를 이용하여 변환 과정을 살펴보자.

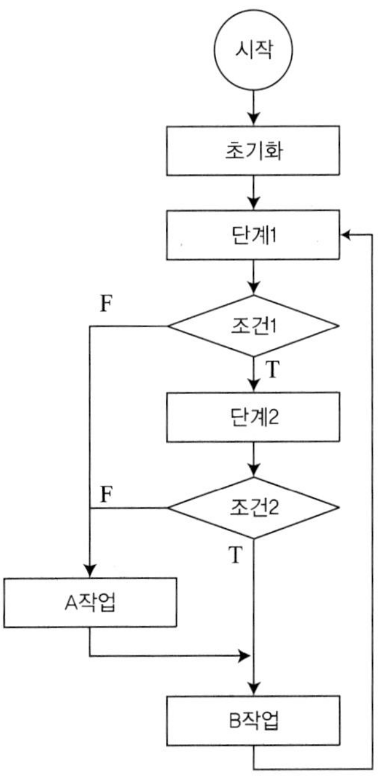

[그림 7-1] 프로그램 설계를 위한 플로차트 예시

플로차트의 상자로 표현되는 작업 중 일부는 main() 함수 안에서 명령어로 직접 실행하거나 함수화한 후 main() 함수에서 호출하여 실행하는 방식으로 프로그램을 완성한다. 만일 상자의 복잡도가 커서 몇 개의 명령어 또는 함수로 표현하기 불편할 때는 그 상자를 더 상세화하여 플로차트를 수정한다.

[프로그램 7-1]에서는 [그림 7-1]의 '초기화', '단계1', '단계2' 작업을 main() 함수 안에서 각각 구체화하여 몇 개의 명령어로 직접 실행하고, 'A작업'과 'B작업'을 함수로 호출하여 실행하고 있다.

[프로그램 7-1] [그림 7-1]에 대한 main() 함수 구성

```
void    A작업(void)
{ … 중략 … }

void    B작업(void)
{ … 중략 … }

int main(void)
{
    초기화_명령1;              // '초기화' 작업을 위한 명령어
    초기화_명령2;
    초기화_명령3;

    while(1){
      단계1_명령1;            // '단계1' 작업을 위한 명령어
      단계1_명령1;

      if( 조건1 ){
         단계2_명령1;         // '단계2' 작업을 위한 명령어
         단계2_명령2;
         단계2_명령3;

         if(조건2)
            A작업();          // A작업을 위한 함수 'A작업()' 호출
         else
            B작업();          // B작업을 위한 함수 'B작업()' 호출
      }else{
         A작업();             // A작업을 위한 함수 'A작업()' 호출
         B작업();             // B작업을 위한 함수 'B작업()' 호출
      }
    }
  return 0;
}
```

플로차트를 이용한 프로그램 설계가 즉흥적인 프로그램보다 유용하기는 하지만, 입력 조건이 많을 때는 번거로운 상황이 종종 발생한다는 단점이 있다. 따라서 각 작업을 나타내는 상자를

프로그램으로 변환하는 과정에서 플로차트의 수정이 필요하거나 새로운 입력 조건이 등장하기도 한다.

입력 조건이 많고 다소 복잡한 경우, 조건 판단을 해야 할 위치와 대상 개수를 결정하는 경우의 수가 많아지기 때문에 플로차트의 흐름이 처음 계획된 것과 차이가 나는 경우가 많다. 또 작성된 프로그램을 크게 수정해야 하는 경우가 발생하면, 대부분의 초급 개발자는 기존 프로그램을 유지하며 최소한의 수정으로 문제를 해결하려는 욕심 때문에 오히려 가독성이 떨어지거나 신뢰성이 낮아지게 된다.

이와 같은 문제는 상태도를 이용하면 해소할 수 있다. 상태도에 기반을 둔 디지털시스템 하드웨어 구조의 설계 개념을 프로그램 설계에 적용하면 장치 제어를 위한 AVR 마이크로컨트롤러 프로그래밍을 체계적으로 작성할 수 있다. 이 과정에서는 ASM 차트가 이용된다.

ASM 차트를 이용한 프로그래밍 절차는 다음과 같다.

❶ 제어할 동작을 상태도로 표현한다.
❷ 상태도를 ASM 차트로 변환한다.
❸ 완성된 ASM 차트를 C 언어의 while(1) 문과 switch( )–case 문으로 변환하여 프로그램을 완성한다.

7.2 ATmega128을 이용한 디지털시스템 제어부의 구성과 역할

이 절에서는 상태도에 기반을 둔 ASM 차트를 이용하여 디지털시스템에 대한 제어 프로그램을 작성하는 방법을 소개하고자 한다.

ASM 차트를 이용하여 제어 프로그램을 작성하기 위해 ATmega128가 포함된 디지털시스템 구성 요소에 대하여 먼저 알아보자. 그 구성 요소 중 ATmega128의 프로그램 실행 동작은 디지털시스템의 제어부의 수행에 해당하며, 상태 기계의 동작으로 대응시켜 생각할 수 있다. 상태 기계는 상태도와 1:1 대응 관계를 가진다. 따라서, 상태도를 구상하여 ASM 차트로 기술하고, ASM 차트를 C 언어로 작성된 프로그램으로 변환하면 디지털시스템에서 상태 기계에 해당되는 제어부를 완성할 수 있게 된다.

7.2.1 ATmega128을 이용한 디지털시스템 개요

[그림 7-2]는 마이크로컨트롤러(ATmega128)로 외부 장치를 제어하는 구성의 디지털시스템이다. 대부분 장치에는 고유한 특성이 있고, 이 장치들은 특정 신호에 의해 작동되므로 사람이 장치를 직접 조작하기는 쉽지 않다. 사람이 마이크로컨트롤러에 연결된 신호를 조작하면 마이크로컨트롤러는 명령 신호와 장치 신호로 외부 장치를 동작하게 한다.

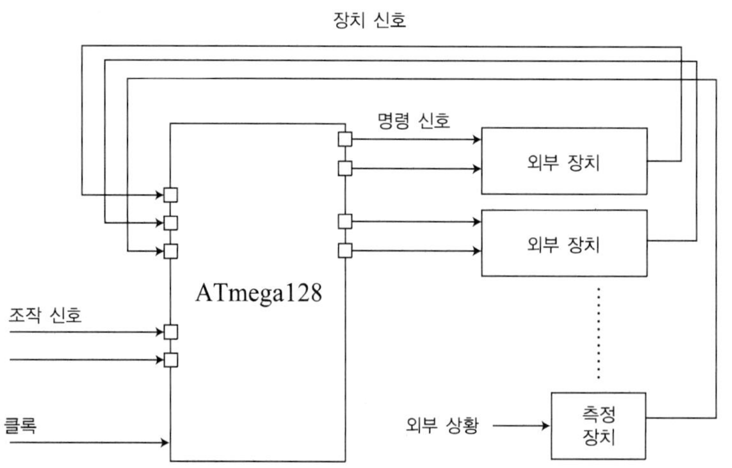

[그림 7-2] ATmega128을 이용한 디지털시스템 구성

각 구성 요소와 신호의 역할은 다음과 같다.

외부 장치 및 측정 장치

외부 장치는 마이크로컨트롤러(ATmega128)에 의해 제어되는 장치로, 응용 분야에 따라 LCD 디스플레이 장치, 모터 장치, 히터 장치, 통신 장치 등으로 나누어진다.
측정 장치는 제어되는 상황을 알려주는 장치로, 물리, 화학, 기계적인 신호를 전기신호 변환하여 마이크로컨트롤러 안으로 넘겨준다. 즉, 마이크로컨트롤러는 외부 장치를 작동시켜야 하며, 그 과정에서 측정 장치로 외부 상황을 관찰하면서 목적하는 결과를 얻는 과정을 처리해야 한다.

명령 신호

마이크로컨트롤러에서 명령 신호로 외부 장치를 구동할 수 있다. 명령 신호는 ATmega128의 출력 핀에서 디지털 전압레벨로 출력되는 전기 신호로서 직접 또는 간접적인 방법으로 외부 장치를 구동한다.

장치 신호

마이크로컨트롤러에서 명령 신호가 출력되면 외부 장치는 명령에 따라 작동한다. 외부 장치의 동작 상황은 마이크로컨트롤러를 통해 전기 신호로 관찰된다.
장치 신호는 명령 신호에 의해 구동되는 장치의 응답 신호와 외부 센서 장치의 신호를 포함한다. 예를 들어, 수조의 물을 특정 온도까지 데우려는 경우, 명령이 가해진 히터의 응답 신호와 수조에 들어 있는 물의 양, 수조에 있는 물 온도를 측정한 신호까지 포함한다. 장치 신호는 디지털 입력 핀, 아날로그 비교기 입력 핀, A/D 변환 입력 핀에 연결되어 마이크로컨트롤러(ATmega128) 안으로 입력된다.

조작 신호

디지털시스템은 결국 사람이 장치를 효과적으로 조절하기 위한 시스템이다. 사람은 조작 신호를 마이크로컨트롤러에 가해서 장치가 목적하는 동작을 할 수 있도록 정보를 전달한다. 마이크로컨트롤러는 현재의 동작 상태에서 조작 신호와 장치 신호에 따라 필요한 명령 신호를 장치에게 전달하고, 장치는 명령 신호에 따라 동작을 바꾸게 된다. ATmega128의 디지털 입력 핀, 아날로그 비교기 입력 핀, A/D 변환 입력 핀을 통해 사람이 조작한 신호가 전달된다.

마이크로컨트롤러(ATmega128)

마이크로컨트롤러는 마이크로프로세서와 같은 CPU와 메모리, 디지털 I/O 핀, 제어에 많이 사용되는 타이머/카운터, 아날로그 비교기, A/D 변환기, 통신 장치 등의 다양한 장치를 내장하고 있다.

CPU는 디지털시스템에서 상태 기계(State Machine) 동작을 수행하는 제어부가 된다. 내부 장치는 기존에는 [그림 7-2]의 외부 장치로 사용되던 것들 중에서 유용한 장치를 마이크로컨트롤러에 내장시킨 것으로서 외부 장치와 유사하다. 다만, 내부 장치에 대한 인터럽트와 인터럽트 서비스 루틴을 이용하여 요청/응답의 방법으로 상태 기계와 효과적인 인터페이스를 할 수 있다. 마이크로컨트롤러(ATmega128)의 상태 기계 역할과 인터럽트를 이용한 상태 기계 및 인터페이스는 다음 절에서 알아보기로 한다.

7.2.2 마이크로컨트롤러(ATmega128)와 상태 기계

[그림 7-2]의 디지털시스템 구성에서 마이크로컨트롤러(ATmega128) 부분을 자세히 알아보자. [그림 7-3]은 마이크로컨트롤러(ATmega128) 부분의 내부 구조를 상태 기계(State Machine) 관점에서 내부 장치, 자료(변수)와 함께 추상화하여 나타낸 블록도다.

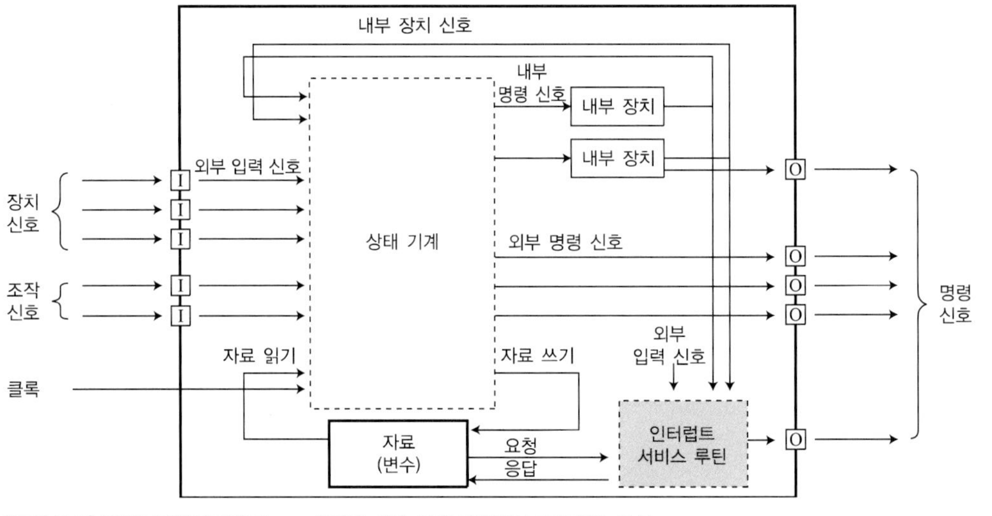

[그림 7-3] 마이크로컨트롤러(ATmega128)를 상태 기계 관점에서 추상화한 구성

[그림 7-3]과 같이 추상화된 마이크로컨트롤러(ATmega128) 내부의 각 구성 요소의 역할은 다음과 같다.

내부 장치

과거에 외부 장치로서 기능을 수행해야 했던 많은 IC 회로가 마이크로컨트롤러(ATmega128) 단일 칩에 내장되어 사용되고 있다. ATmega128이 단일 칩 안으로 내장한 내부 장치로는 타이머/카운터, A/D 변환기, PWM 펄스 발생 장치, 시리얼 통신 장치, 와치독 타이머 등을 들 수 있다. 이런 유용한 내부 장치들을 마이크로컨트롤러에 내장시키면 디지털시스템을 작게, 전력을 적게 소모한다는 장점이 있다. 이 때문에 마이크로컨트롤러를 이용한 제어의 응용분야와 활용성이 매우 커지게 되었다.

내부 명령 신호

내부 명령 신호는 상태 기계가 내부 장치에 명령을 하달할 수 있는 신호다. 내부 장치가 동작하도록 하기 위해서는 외부 장치에 대한 명령 신호와 유사한 내부 명령 신호가 필요하다. 이 명령에는 장치에 대한 특수 레지스터가 사용된다. 예를 들어 A/D 변환기의 ADCSRA 레지스터의 ADSC 비트를 1로 설정하면 A/D 변환이 시작된다.

내부 장치 신호

내부 장치에 대한 특수 레지스터의 특정 비트에 값을 설정하면 내부 명령 신호가 인가되고, 내부 장치는 그 신호에 따라 동작한다. 상태 기계에서 내부 장치의 동작 상황 관찰은 외부 장치에서 마이크로컨트롤러에 인가되는 장치 신호와 유사한 내부 장치 신호를 이용한다. 내부 장치 신호는 해당 장치의 특수 레지스터의 특정 비트를 읽으면 알 수 있다. 예를 들어 A/D 변환기의 ADCSRA 레지스터의 ADIF 비트를 읽어 1이 확인되면, A/D 변환 동작이 완료되어 A/D 변환 결과가 ADC 레지스터에 기록된다.

외부 입력 신호, 외부 명령 신호

외부 입력 신호는 상태 기계에서 외부 장치와 연결된 장치 신호와 조작 신호에 해당한다. ATmega128에서 입력되는 디지털 입력 핀, 아날로그 비교기 입력 핀, A/D 변환 입력 핀에 해당한다. 이 핀을 통해 장치 신호와 조작 신호 정보가 논리값으로 변환되어 들어온다.

외부 명령 신호는 상태 기계에서 외부 장치와 연결된 명령 신호다. ATmega128에서 외부 명령 신호는 디지털 출력 핀을 통해 디지털 전압레벨로 출력된다. [그림 7-3]에서 Ⓘ는 입력 핀을 나타내고, Ⓞ는 디지털 출력 핀을 나타낸다.

자료(변수)와 자료 쓰기, 자료 읽기

상태 기계에 의해 작업이 진행되는 동안 얻은 자료를 임시로 자료에 쓰거나 읽음으로써 다른 시간 또는 다른 상태에서 필요한 정보로 활용할 수 있다. ATmega128의 C 언어 개발 환경에서 자료는 데이터 메모리(SRAM) 또는 EEPROM에 변수로 저장하여 활용한다.

한편, 변수를 이용하면 인터럽트 서비스 루틴과 요청/응답 방식으로 내부 장치 신호, 장치 신호, 조작 신호를 상태 기계에서 효과적으로 이용할 수 있도록 재구성할 수 있다. 자세한 내용은 다음 절을 참고하기 바란다.

상태 기계

상태 기계는 상태도에 의해 동작하는 디지털시스템의 제어부에 해당된다. 제어부는 마이크로프로세서(ATmega128)에서 프로그램에 의해 제어 동작이 수행된다. 따라서 제어부 프로그램은 상태도로부터 완성될 수 있다. 상태가 천이되면서 장치에 명령 신호를 출력시켜 장치를 구동하게 된다.

상태 기계는 상태, 입력 신호, 출력 신호로 구성된다. [그림 7-3]에서 상태 기계의 입력은 내부 및 외부 장치 신호, 조작 신호, 메모리에 저장된 자료(변수)값이 이에 해당한다. 출력은 내부 및 외부 장치에 대한 명령 신호와 자료 쓰기에 해당한다.

상태 기계에 입력되는 신호와 현재 상태가 조합되어 내부 및 외부 장치를 제어하기 위한 명령 신호를 출력한다. 입력 신호와 현재 상태에 따라 천이될 다음 상태가 결정된다. 상태 기계에 대한 자세한 내용은 다음 절을 참고하기 바란다.

인터럽트 서비스 루틴

마이크로컨트롤러(ATmega128) 내부에서 인터럽트 서비스 루틴은 상태 기계와 변수를 이용한 요청/응답 인터페이스로, 제어 프로그램을 일관성 있게 작성할 수 있다.

7.2.3 상태 기계와 인터럽트 서비스 루틴의 요청/응답 인터페이스

활성화된 인터럽트 서비스는 인터럽트가 발생하면 곧바로 CPU로부터 제어권을 얻어 수행된다. ATmega128의 인터럽트는 주로 외부 핀 인터럽트와 내부 장치에 관련된 인터럽트로 구성되어 있다. 메모리의 변수를 이용하면 상태 기계와 인터럽트 서비스 루틴 사이의 명령과 정보 전달의 요청/응답 인터페이스를 효과적으로 수행할 수 있다.

상태 기계와 인터럽트 서비스 루틴의 요청/응답 인터페이스는 다음과 같은 절차로 수행된다.

❶ 상태 기계의 요청은 상태 기계와 인터럽트 서비스 루틴 사이에 약속된 자료에 해당하는 요청 변수에 기록된다.

❷ 인터럽트가 발생된 후, 인터럽트 서비스 루틴은 아래 동작을 수행한다.

- 상태 기계의 요청 변수, 기타 자료(변수), 외부 입력 신호, 내부 장치 신호의 조합된

조건을 검사한다.
- 신속한 출력이 요구되는 긴급한 동작은 인터럽트 서비스 루틴에서 요청 작업을 직접 실행하고, 긴급하지 않은 동작은 응답 변수를 수정하여 상태 기계에 결과를 반환한다.

❸ 상태 기계는 응답 결과에 따라 새로운 명령 신호 출력, 상태천이 등을 수행하면서 작업을 실행한다.

상태 기계와 인터럽트 서비스 루틴의 요청/응답 인터페이스 방식은 아래와 같은 장점이 있다.

상태 기계에서 바라보는 디지털시스템이 단순해진다

인터럽트 서비스 루틴은 발생된 인터럽트 사건과 관계된 상태 기계의 요청, 외부 장치 신호, 내부 장치 신호, 조작 신호, 변수 정보를 결합하여 상태 기계에 꼭 필요한 정보만을 제공할 수 있다. 또 상태 기계가 탐색해야 하는 복잡한 시간과 공간적인 영역(외부 장치 신호, 내부 장치 신호, 조작 신호, 변수 정보)이 줄어든다.

상태 기계는 디지털시스템의 외부 장치, 내부 장치, 조작 신호를 매번 점검하면서 검사할 필요가 없다. 관련된 인터럽트 서비스 루틴에 요청하면 인터럽트가 발생할 때만 요청 조건을 검사하여 그 결과를 상태 기계에 알려준다. 상태 기계 입장에서 디지털시스템을 바라보는 영역이 줄게 되어 디지털시스템이 단순해지는 효과를 가진다. 따라서, 상태도 중심의 시스템 설계를 효과적으로 수행할 수 있다.

상태 기계는 제어 동작의 주된 흐름을 관장할 수 있다

인터럽트 서비스 루틴은 내부 및 외부 장치 신호, 조작 신호, 자료(변수) 등이 조합된 조건이 만족될 때 응답 변수를 갱신하여 상태 기계로 돌려줄 수 있다. 상태 기계가 직접 내부, 외부 장치에 대한 조건 만족을 검사해야 하는 복잡함을 줄이는 효과를 갖는다. 상태 기계가 원하는 조건의 만족 여부를 인터럽트 서비스 루틴에서 검사하여 제공한다. 상태 기계는 제어 동작의 주된 흐름을 관장할 수 있고, 일관성 있는 프로그램을 작성할 수 있다.

인터럽트 서비스 루틴에 의한 CPU 독점을 줄일 수 있다

ATmega128이 인터럽트 서비스 루틴에 진입하면 자동적으로 SREG 레지스터의 I 비트가 0으로 클리어되고, 인터럽트 서비스 루틴이 종료될 때까지 CPU를 독점하게 된다. 따라서, 인터럽트 서비스 루틴의 수행 시간은 짧게 작성하는 것이 바람직하다.
만일, 인터럽트 서비스 루틴에서 필요한 서비스 동작을 모두 수행하면 CPU를 독점하는 시간이 길어진다. 인터럽트가 자주 발생하면 CPU 독점 시간이 길어지고, 주 프로그램의 수행 기회가 줄어든다. 심한 경우 주 프로그램이 전혀 수행되지 못해 디지털시스템이 중단되는 상황에 이를 수 있다.

상태 기계와 인터럽트 서비스 루틴의 요청/응답 인터페이스 방식은 특정 인터럽트 서비스 루틴이 CPU를 독점하는 문제를 완화시킬 수 있다. 인터럽트 서비스 루틴은 상태 기계가 요청한 조건의 만족 여부를 검사하고, 상태 기계에 그 결과를 알려주는 동작을 수행하게 한다. 인터럽트의 발생 빈도는 CPU 동작에 지장을 주지 않는 범위로 발생하게 한다.

7.2.4 상태 기계와 상태도

[그림 7-3]에 나타낸 마이크로컨트롤러(ATmega128)의 상태 기계는 CPU에서 수행되는 제어 프로그램을 추상화한 것이다. [그림 7-4]는 클록에 동기되어 동작하는 상태 기계 구성도다.

상태 기계(State Machine)와 상태도(State Diagram)는 1:1 대응 관계를 가지며, 상태 기계는 그래픽한 표현의 상태도를 논리적으로 표현한 것이다. 논리식을 디지털 소자로 치환하면 하드웨어로 동작을 만들 수 있다.

상태도와 논리적 표현의 상태 기계 구조가 같으므로, 상태도를 프로그램으로 구현하면 논리적 표현의 상태 기계와 같은 동작을 만들 수 있다.

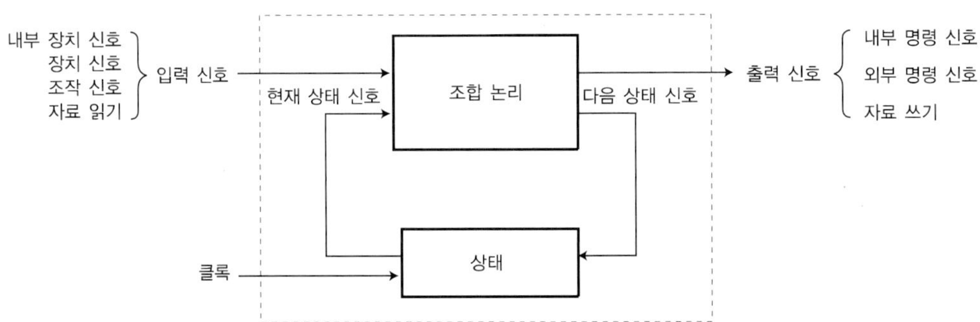

[그림 7-4] 상태 기계 구성도

상태 기계 내부의 각 구성 요소로는 입력 신호, 출력 신호, 상태가 있으며, 조합 논리에서 각 요소는 아래와 같은 관계를 가진다.

입력 신호

입력 신호는 [그림 7-4]에서 조합 논리로 연결되며, [그림 7-3]의 내부 및 외부 장치 신호, 조작 신호, 메모리에 저장된 자료로부터 읽은 값에 해당한다.

출력 신호

출력 신호는 조합 논리의 출력 신호로서 내부 및 외부 장치에 대한 명령 신호, 자료에 쓸 값에 해당한다. 출력 신호는 식 (7.1)과 같이 입력 신호와 현재 상태 신호의 조합 논리식으로 결정된다.

$$\text{출력 신호} = f(\text{입력 신호, 현재 상태 신호}) \tag{7.1}$$

현재 상태, 다음 상태 신호

상태는 기억 소자에 저장되며, 유한한 여러 상태 중 하나의 상태를 가진다. 마이크로컨트롤러(ATmega128)의 상태 기계에서 상태는 변수 형태로 데이터 메모리(SRAM)에 저장된다. 이후부터는 상태를 상태 변수라고 부르기로 한다.

[그림 7-4]에서 현재 상태 신호는 현재의 상태를 나타내는 상태 변수값에 해당되며, 조합 논리로 연결된다. 다음 상태 신호는 입력 신호와 현재 상태 신호의 조합에 의해 현재 결정된 다음 클록에 천이할 상태에 해당되는 신호를 나타낸다. 다음 상태 신호가 결정된 후 연이어 나타나는 클록에 동기되어 다음 상태로 천이된다. 식 (7.2)는 다음 상태 신호가 생성되는 조합식을 나타낸다.

$$\text{다음 상태 신호} = g(\text{입력 신호, 현재 상태 신호}) \tag{7.2}$$

[그림 7-2]의 디지털시스템 구성, [그림 7-3]의 마이크로컨트롤러(ATmega128) 구성, [그림 7-4]의 상태 기계 구성 상호 간의 신호는 아래의 [표 7-1]과 같은 관계를 가진다.

[표 7-1] 디지털시스템, ATmega128, 상태 기계 사이의 신호 대응 관계

<table>
<tr><th>디지털시스템 구성 [그림 7-2]</th><th>ATmega128 구성 [그림 7-3]</th><th>상태 기계 구성 [그림 7-4]</th></tr>
<tr><td>클록</td><td>클록[while(1) 문의 반복을 클록으로 간주]</td><td>클록</td></tr>
<tr><td>장치 신호</td><td rowspan="2">외부 입력 신호</td><td rowspan="4">입력 신호</td></tr>
<tr><td>조작 신호</td></tr>
<tr><td rowspan="2">-</td><td>내부 장치 신호</td></tr>
<tr><td>자료 읽기</td></tr>
<tr><td>명령 신호</td><td>외부 명령 신호</td><td rowspan="3">출력 신호</td></tr>
<tr><td rowspan="3">-</td><td>내부 명령 신호</td></tr>
<tr><td>자료 쓰기</td></tr>
<tr><td>-</td><td>상태 변수</td></tr>
</table>

상태 기계와 상태도의 1:1 대응

상태 기계는 디지털시스템의 핵심 제어부에 해당한다. 마이크로컨트롤러(ATmega128) 프로그램에서 [그림 7-2], [그림 7-3], [그림 7-4]의 연관성을 유지하면서 상태 기계를 완성하면 디지털시스템을 체계적으로 구현할 수 있다.

상태도와 상태 기계가 같은 역할을 수행하므로 [그림 7-5]의 상태도는 상태 기계에서 구현될 수 있다. 상태도를 프로그램으로 구현하면 논리적 표현의 상태 기계와 같은 동작이 구현된다.

[그림 7-5] 상태도

입력 신호와 현재 상태 신호가 정해지면 다음 상태천이 조건이 만족될 때 식 (7.2)에 해당하는 단 하나의 다음 상태 신호가 결정된다. [그림 7-5]의 상태도에서 / 기호 왼쪽의 다음 상태 천이 조건이 만족되면 화살표가 가리키는 원에 해당되는 다음 상태와 대응된다. 출력 신호는 식 (7.1)에 의해 결정되고, [그림 7-5] 상태도에서 / 기호 오른쪽에 기록한다.

결론적으로 상태 기계와 상태도는 같으므로, 상태도가 설계되고 상태도를 제어 프로그램으로 변환시키면 상태 기계가 구현된다. 변환된 제어 프로그램은 추상화된 마이크로컨트롤러(ATmega128)의 상태 기계로서 제어부 동작을 수행하게 되어 설계 목적에 맞는 장치를 제어할 수 있는 디지털시스템을 구현할 수 있다.

7.3 상태 기계의 제어 프로그램 변환 절차

디지털시스템을 원하는 동작으로 제어하기 위해서는 다음과 같은 절차를 이용하여 상태 기계에 해당하는 제어부의 프로그램을 작성하는 것이 편리하다.

❶ 상태도 개략 설계(7.4.1**절**)

구체화하지 않았지만 상태도를 이용하여 디지털시스템에 대한 상태천이를 중심으로 개략적인 상태도를 도식화하여 설계한다.

❷ 상태도 상세 설계(7.4.2**절**)

- 상태 기계 신호 정의
  상태 기계에서 사용되는 입력 신호, 출력 신호를 디지털시스템의 구성과 ATmega128의 구성에서 사용하는 신호로 정의하고, 상태 기계의 상태 변수를 열거형으로 정의한다.
- 상태도 구체화
  ①에서 간략하게 작성된 상태도를 직전 단계에서 정의한 변수를 이용하여 구체적으로 표현한다.

❸ ASM **차트 변환 및 제어 프로그램 완성**(7.5**절**)

- ASM 차트 변환(7.5.1절)
  구체화된 상태도를 ASM 차트로 변환한다.
- ASM 차트를 이용한 제어 프로그램 변환(7.5.2절)
  변환된 ASM 차트를 프로그램으로 변환한 후, 제어 프로그램을 완성한다.

이 절차에 익숙해지면 ASM 차트를 만드는 과정을 생략하고, 구체화된 상태도에서 직접 제어 프로그램으로 변환할 수 있다. 하드웨어 설계 도면을 작성하기 전에, 절차 ①에서 절차 ③을 수행하면 설계 도면 제작에서 발생할 수 있는 논리적 오류를 줄일 수 있기 때문에 개발 생산성도 향상된다.

다음 절부터는 이 절차를 상세히 설명하여 상태도 기반의 제어부 프로그래밍 방법을 소개한다. 상태도를 구체화하면 프로그램 소스 코드도 구체화된다.

7.4 상태도 개략 설계와 상세 설계

7.4.1 상태도 개략 설계

디지털시스템의 제어부 동작은 상태도를 도입하여 순차적인 수행 모형으로 표현한다. 상태도에 의한 제어부 동작은 [그림 7-3] ATmega128 추상화된 제어부의 상태 기계에서 동작한다.

디지털시스템 제어 프로그램을 완성하기 위해 우선 상태천이와 출력 신호 생성을 위한 개략적인 상태도를 설계한다. 숙련된 프로그래머라면 개략적인 상태도 설계 단계를 생략할 수 있을 뿐만 아니라 구체적인 상태도도 설계할 수 있다. 여기서 개략적인 상태도란, 입력 신호, 출력 신호, 자료에 해당되는 변수, 상태 변수와 상수 등이 아직 구체화되지 않은 단계를 말한다. 상태도를 그리면서 시스템의 설계 방향이 구체화되기도 한다.

[그림 7-6]은 [그림 7-1]의 플로차트 제어부 동작을 개략적인 상태도로 나타낸 것이다. 초기화 후 단계1, 단계2, A작업, B작업 상태를 조건1, 조건2의 만족 여부에 따라 상태를 천이해 가면서 각 상태에서 필요한 작업 동작을 명령으로 출력하게 된다.

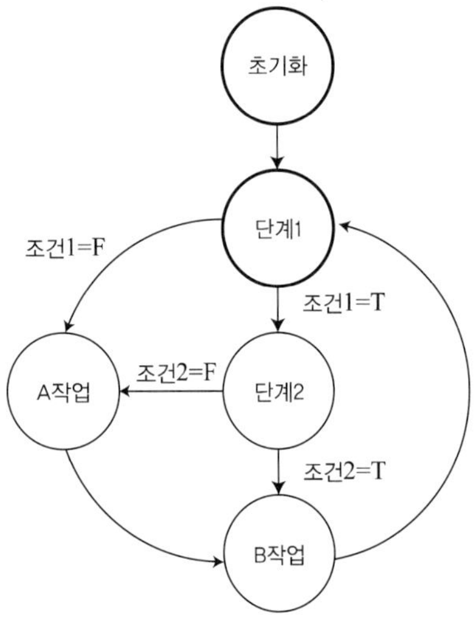

[그림 7-6] 플로차트 [그림 7-1]과 같은 상태도

이 상태도로 표현된 상태 기계는 [프로그램 7-2]와 같이 while(1) 문 안의 switch-case 문에 의해 프로그램으로 변환된다. while(1) 문의 1회 수행 시간은 [표 7-1] 클록 주기에 해당된다.

while(1){switch(state)−case} 반복문에서 상태 기계는 state 상태값이 변경되지 않으면 한 상태를 반복 수행한다. 현재 상태에서 천이 조건이 만족되어 state를 다른 상태값으로 변경되면, 다음번 while(1){switch(state)−case} 문이 실행될 때 state값이 변경된 상태로 천이되어 실행된다.

[프로그램 7-2] [그림 7-6]에 대한 main( ) 함수 구성

```
int main(void)
{
    초기화();

    while(1){
        switch( state ){
        case 단계1:
            단계1();
            if(조건1) state = 단계2;
            else     state = A작업;
            break;

        case 단계2:
            단계2();
            if(조건2) state = B작업;
            else     state = A작업;
            break;

        case A작업:
            A작업();
            state = B작업;
            break;

        case B작업:
            B작업();
            state = 단계1;
            break;

        default:
            break;
        }
    }
    return 0;
}
```

[프로그램 7-2]는 [그림 7-6]의 5개 상태와 상태 사이의 천이를 위한 코드를 while(1){switch-case} 문으로 나타내고 있다. switch(state) 문장은 상태 변수 state값과 일치하는 case 문으로 분기하여 실행된다. case 문에 상태명을 기록하여 5개의 상태가 한눈에 띄게 한다. 분기된 case 문에서는 해당 상태에서 수행해야 할 내부 명령, 외부 명령, 변수 갱신

명령 등이 실행된다. 분기된 case 문의 break되기 직전 마지막 부분에서, if 조건문으로 state를 갱신하면, 상태천이 동작이 실행된다. 다음번 while(1){switch-case} 문에서는 변경된 state에 해당되는 case 문으로 분기되어 천이된 상태가 실행된다.

[그림 7-6]의 상태도는 '조건1', '조건2', 단계1의 내용, 단계2의 내용, A작업의 내용, B작업의 내용이 구체화되어야 한다. 상태도가 구체화된 후 입력 변수가 많아지면, 상태천이를 위한 모든 조건을 나열하기가 쉽지 않으므로, 오류에 빠지기 쉽다. 이때는 ASM 차트를 이용하여 오류에 빠지지 않는 프로그램으로 변환할 수 있다.

상태도가 구체화된 [그림 7-7]은 IDLE에서 RUN 상태로 천이되는 상태도의 일부를 나타내고 있다. IDLE 상태일 때는 y 변수와 z 변수에 0을 할당한다. 상태천이는 IDLE 상태에서 조건 변수 x의 값이 20 이상일 때 발생한다.

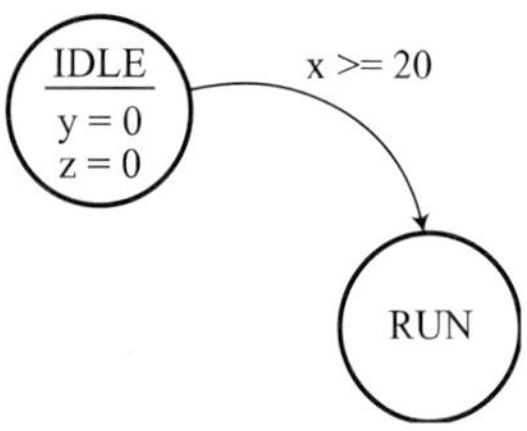

[그림 7-7] 상태도 천이

상태천이를 위한 입력 변수는 x뿐이므로 상태천이의 모호함이 없다. 따라서 간단히 프로그램으로 변환할 수 있다. [프로그램 7-3]은 IDLE 상태에서 RUN 상태로 천이되는 상태도 일부를 while(1){switch-case} 문으로 변환한 코드다. 조건 변수 x가 20 이상일 때 state를 RUN으로 갱신시킨다. 조건과 일치하지 않으면 state 변수는 수정되지 않으므로 현재 상태인 IDLE 상태를 유지한다.

[프로그램 7-3] [그림 7-7] 상태도를 while(1){switch-case} 문으로 변환

```
while(1)
{
    switch( state ){
        case IDLE:
            y = z = 0;
            if( x>=20 )
                state = RUN;
            break;

        case RUN:
            break;
    }
}
```

예제 7-1

[그림 7-8]에서 상태천이에 사용되는 입력 변수는 x뿐이고, 상태천이 조건이 모호하지 않게 작성된 아래 상태도를 while(1){switch-case} 문으로 변환하라.

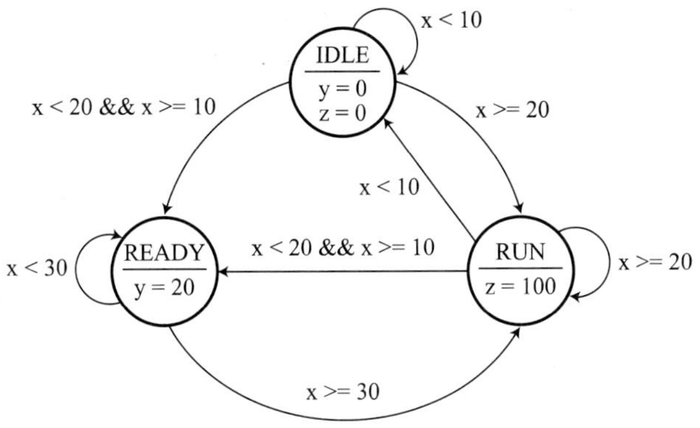

[그림 7-8] 상태도 예시

풀이

[프로그램 7-4]에 3개의 상태값 IDLE, READY, RUN을 가질 수 있는 state 변수를 enum 자료형으로 선언한다. while(1) 문에 의해 반복 수행되면서 state값과 같은 값의 case로 분기한다. 현재 state와 일치하는 case에서는 상태도에서 요구하는 신호 할당 또는 변수 할당을 실행한다. 상태의 작업이 종료되는 break 명령 앞에서 if 문 또는 ? : 문을 이용하여 조건에 일치하는 값으로 상태를 천이시키는 state 갱신 동작을 실행한다. case 문의 마지막에서 state값이 변경되기 때문에 곧바로 while(1){switch-case} 문에 의해 천이된 상태의 case 문이 실행된다.

[프로그램 7-4] [그림 7-8] 상태도를 switch-case 문으로 변환

```
enum {IDLE, READY, RUN} state = IDLE;

… 중략 …

   while(1){
      switch(state ){
      case IDLE:
         y = z = 0;
         state = x>=20 ? RUN : x>=10 ? READY : IDLE;
         break;

      case READY:
         y = 20;
         state = x>=30 ? RUN : IDLE;
         break;

      case RUN:
         z = 100;
         state = x<10 ? IDLE : x<20 ? READY : RUN;
         break;
      }
   }
```

7.4.2 상태도 상세 설계

상태 기계 신호 정의

[그림 7-6]의 상태도를 보면 개념적인 제어 동작은 파악할 수 있지만 코드로 완성하기에는 미흡하다. 제어부에 해당되는 상태 기계의 동작을 기술하는 상태도를 구체적으로 표현하려면 상태 기계의 입력 신호, 출력 신호, 상태 변수를 구체적으로 정의해야 한다.

상태 기계의 신호는 [표 7-1]에서처럼 디지털시스템 구성과 ATmega128의 추상화된 구성 신호에 대응되는 입력 신호, 출력 신호, 상태 변수로 구성된다.

- 입력 신호
  상태 기계의 입력 신호는 [표 7-1]과 같이 [그림 7-2]의 디지털시스템 구성에서 외부 장치와 연결된 장치 신호와 조작 신호, 그리고 [그림 7-3]의 ATmega128의 추상화된 구성에서 내부 장치와 연결된 내부 장치 신호, 그리고 읽기 가능한 자료로 정의된다.
- 출력 신호
  상태 기계의 출력 신호는 [표 7-1]과 같이 [그림 7-2]의 디지털시스템 구성에서 외부 장치에 대한 명령신호, 그리고 [그림 7-3]의 ATmega128의 추상화된 구성에서 내부 장치에 대한 내부 명령 신호, 그리고 쓰기 가능한 자료로 정의된다.
- 상태 변수
  상태 기계의 상태 변수는 상태도에서 정한 상태값이 되고, enum 자료형 선언으로 정의된다.

[그림 7-2]의 디지털시스템 구성에서 정의된 신호, [그림 7-3]의 ATmega128 내부 장치와 연결되면서 정의된 신호, 그리고 상태 변수를 구체화하면 앞의 개략적인 상태도는 자연스럽게 구체화된다.

이상에서 설명한 상태도의 개략 설계부터 상태 기계의 신호를 정의하는 절차까지 다음 **신호등 제어 사례**를 통해 자세히 알아보자.

[그림 7-9]와 같이 교차로에서 A 방향 LED 신호등과 B 방향 LED 신호등을 제어한다. A 방향에서 자동차를 통과시킨 후 30초가 지나면 자동차의 통과 방향을 바꾸기 위한 예비 신호인 노란 LED를 5초 동안 켠 후 B 방향으로 신호 방향을 바꾼다. B 방향에서 A 방향으로의 전환도 같은 과정을 거친다.

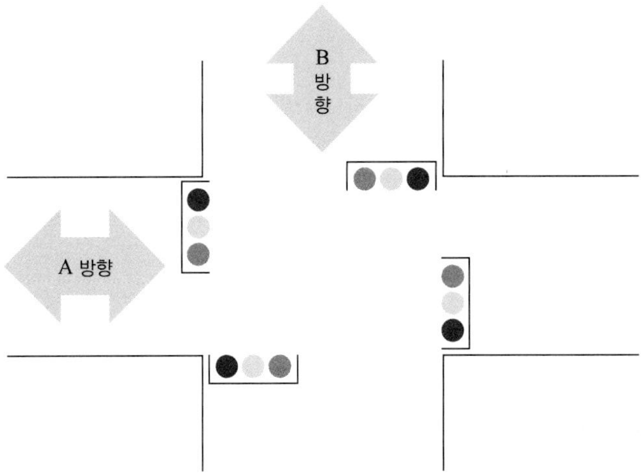

[그림 7-9] 교차로 신호등 제어

A 방향과 B 방향 LED 신호등은 빨강, 노랑, 녹색 3개의 LED로 구성된다. 6개의 신호등 LED는 [그림 7-10]과 같이 ATmega128의 디지털 출력 핀 PA0~PA5에 연결하였다.

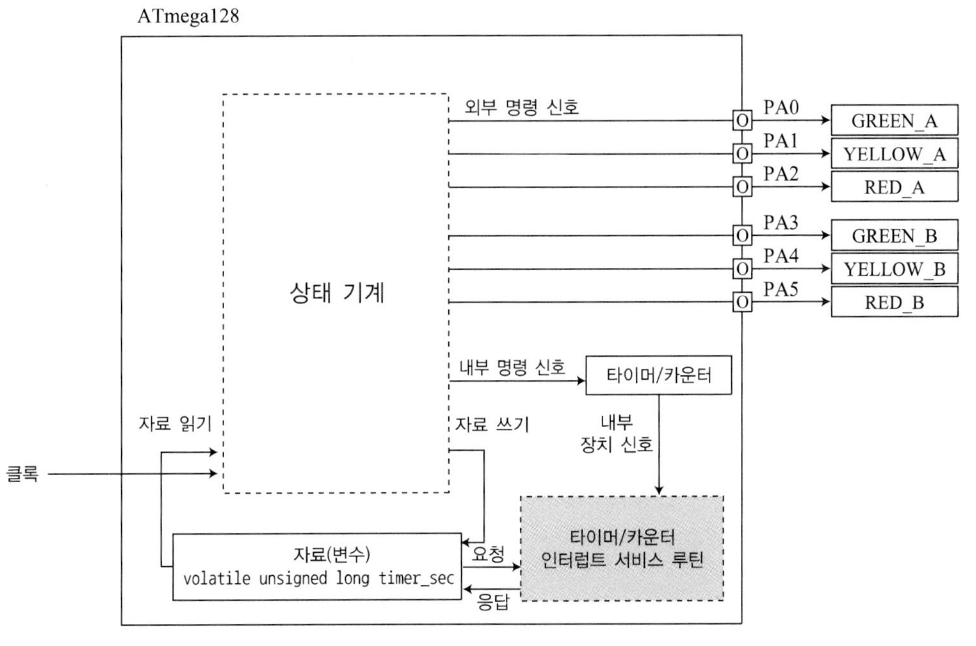

[그림 7-10] 신호등 제어를 위한 LED 연결

예제 7-2

신호등 제어 사례에 해당되는 제어부 동작을 상태도를 이용하여 개략적으로 설계하라.

풀이

(1) 상태도 개략 설계

설계자에 따라 개략적인 상태도는 달라질 수 있다. [그림 7-11]과 같이 개략적인 상태도를 설계하자. 처음에는 A 방향 상태로 하자.

A 방향 상태일 때는 A 방향 LED의 파랑 신호등과 B 방향 LED의 빨강 신호등을 켠다. 30초가 경과되면 A에서 B 방향 상태로 천이되고, A 방향 LED의 노랑 신호등과 B 방향 LED의 빨강 신호등을 켠다. 5초가 경과되면 B 방향 상태로 천이되고, A 방향 LED의 빨강 신호등과 B 방향 LED의 파랑 신호등을 켠다. 이와 같은 방법으로 30초가 경과되면 B에서 A 방향 상태, 5초가 경과하면 다시 A 방향 상태로 천이되며 A 방향 LED의 신호등과 B 방향 LED의 신호등을 상태도에 따라 켜는 동작이 수행된다.

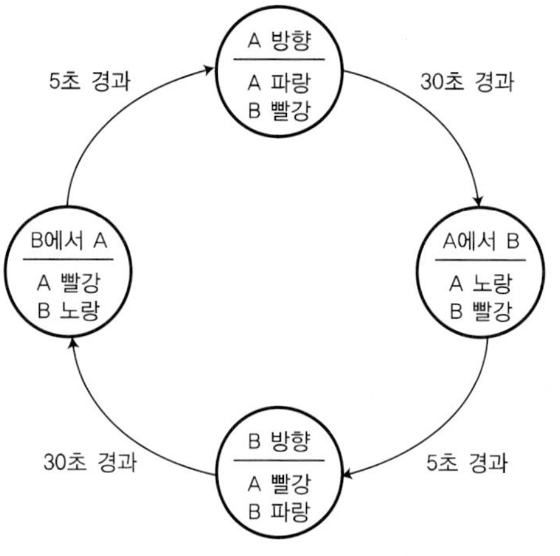

[그림 7-11] 신호등 제어를 위한 상태도 개략 설계

(2) 상태 기계 신호 정의

개략적인 상태도는 [그림 7-11]과 같이 만들어졌다. 상태도를 구체화하기 위해 상태 기계의 입력 신호, 출력 신호, 상태 변수에 대응되는 외부 입력 신호(장치 신호와 조작 신호), 내부 장치 신호, 외부 명령 신호, 내부 명령 신호, 자료에 해당되는 변수, 상태 기계의 상태 변수를 정의하자.

- 내부 장치 신호

이 예제에서 상태 기계로 직접 연결되는 내부 장치 신호는 없다. 타이머/카운터0 정보는 타이머/카운터 인터럽트 서비스 루틴과 변수를 이용한 요청/응답 인터페이스를 사용하고 있다.

- 내부 명령 신호

내부 장치로 사용되는 타이머/카운터0과 외부 장치로 명령 신호를 출력시키기 위해서는 디지털 I/O 핀을 출력 방향으로 만들어야 한다. 따라서, 타이머/카운터0을 설정하는 레지스터에 대한 특정 비트 설정 명령과 I/O 핀의 방향을 출력 방향으로 하기 위해 특정 레지스터에 대한 특정 비트 설정 명령이 내부 명령 신호에 해당된다.

- 외부 입력 신호

이 예제에서는 ATmega128 외부에서 입력되어 상태 기계로 연결되는 신호는 없다. 신호등의 상태천이가 발생되는 원인은 시간이며, 이는 내부 타이머/카운터0 장치에 의해 변경되므로 외부 입력 신호의 영향을 받지 않는다.

- 외부 명령 신호
ATmega128 외부 장치와 연결되고 그 장치에 인가되는 외부 명령 신호로서 A 방향의 LED 신호등을 GRE_A, YEL_A, RED_A로 하고, B 방향의 LED 신호등을 GRE_B, YEL_B, RED_B로 정의하자. 이 LED는 PORTA에 연결되어 있다.

[표 7-2] A 방향과 B 방향의 LED 신호등

명칭	ATmega128 핀	명칭	ATmega128 핀
GRE_A	PA0	GRE_B	PA3
YEL_A	PA1	YEL_B	PA4
RED_A	PA2	GRE_B	PA5

- 자료(변수)
상태 기계가 동작하면서 필요한 유용한 자료는 메모리에 변수를 사용하여 정보를 전달한다. 이 예제에는 아래와 같이 두 개의 변수가 선언되어 이용된다. 인터럽트 서비스 루틴과 주 프로그램 사이에 공유되는 변수 volatile 지시어를 사용해야 한다. 컴파일러가 컴파일할 때 최적화시키면서 자칫 의도하지 않은 간소화 처리로 자료 전달 기능이 없어지는 것을 막을 수 있다.

```
volatile  unsigned  long timer0 = 0, timer_sec = 0;
```

timer0 변수 : 내부 장치 타이머/카운터0에 의해 발생되는 오버플로 인터럽트는 일정한 시간이 경과할 때마다 발생한다. 인터럽트 서비스 루틴 ISR(TIMER_OVF_vect)이 발생할 때마다 1씩 증가시킨다.

timer_sec 변수 : 상태 기계와 인터럽트 서비스 루틴 사이의 요청/응답 인터페이스를 위한 변수다.

예를 들어 상태 기계에서 30을 기록하여 30초 경과를 인터럽트 서비스 루틴에게 요청한다. 인터럽트 서비스 루틴은 1초가 경과할 때마다 이 변수를 1씩 감소시킨다. 0이 되면 30초가 경과했음을 응답한 결과가 된다. 상태 기계에서는 timer_sec 변수값을 읽어 0이면 요청한 30초가 경과했음을 응답받아 알게 된다.

- 상태 변수명과 상태 상수
상태도에 나타난 4개의 상태를 저장하기 위한 상태 변수 state를 아래와 같이 정의하고 선언한다.

```
enum {A, AtoB, B, BtoA} state;
```

상태도 구체화

상태 기계 신호 정의 단계에서 정의된 신호와 변수를 사용하여 상태도를 구체화한다. 상태값은 enum 자료형에서 정의한 상수로 바꾼다. 상태에서 실행되는 동작은 외부 명령 신호와 내부 명령 신호 출력 또는 변수 쓰기에 해당되므로 정의된 신호를 이용하여 개략적인 상태도를 구체화한다. 상태천이 조건은 외부 입력 신호, 내부 장치 신호, 변수 읽기에 따라 구성되므로 정의된 신호를 이용하여 상태천이 조건을 구체화한다.

[예제 7-2]에서 정의한 외부 신호, 변수, 상태 상수를 이용하여 [그림 7-11]의 개략적인 상태도를 [그림 7-12]와 같이 구체화한다.

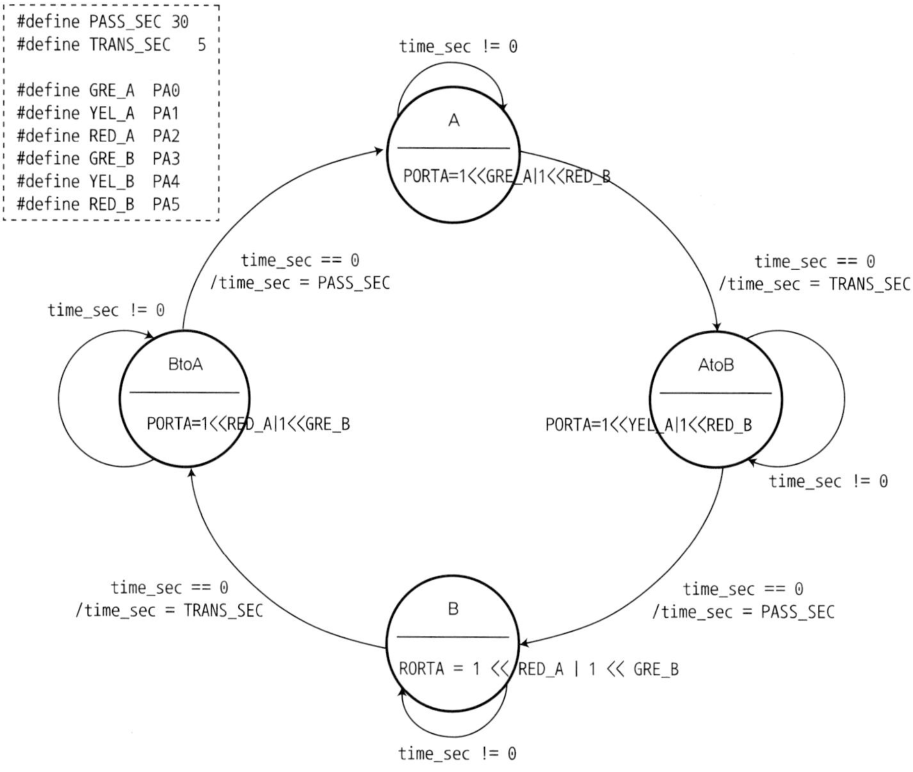

[그림 7-12] 신호등 제어를 위한 상태도 구체화

[그림 7-12]를 보면, 구체화된 상태도로 변환하면서 새로운 상태로 진입할 때 그 상태에 머물 시간을 초 단위로 요청하기 위해 time_sec 요청 변수를 사용한다. 다른 상태로의 천이는 요청 시간의 경과 여부를 time_sec 응답 변수 검사로 결정한다. time_sec 응답 변수가 0이면 요청 시간이 지난 것이고, 상태도의 화살표에 따라 다음 상태로 이동하면서 다시 그 상태에서 머물 시간을 time_sec 요청 변수에 기록하여 요청한다. time_sec 변수는 요청과 응답 두 가지를 한꺼번에 사용하는 요청/응답 변수로 사용하고 있다.

아래 타이머/카운터0 오버플로 인터럽트 서비스 루틴에서는 한 개의 timer_sec 변수를 이용하여 요청/응답 인터페이스를 수행하고 있다.

```
ISR(TIMER0_OVF_vect)
{  timer0++;
   if(time_sec)
     time_sec = (timer0 % SEC_INTERVAL == 0) ? time_sec - 1 : time_sec;
}
```

타이머/카운터0의 오버플로가 발생할 때마다 우선 timer0을 1씩 증가시킨다. timer0의 증가 횟수가 1초 시간에 해당되는 SEC_INTERVAL과 같아지면 time_sec를 1 감소시켜 0에 도달하게 한다. 상태 기계에서 요청한 time_sec 변수를 갱신함으로써 상태 기계에 1초마다 응답하는 인터페이스가 된다. 타이머/카운터0 오버플로 발생 주기에 대한 SEC_INTERVAL 배수가 정확히 1초가 되지 않아 약간의 오차가 있을 수 있다.

7.5 ASM 차트 변환과 제어 프로그램 완성

ASM(Algorithmic State Machine) 차트는 상태 기계를 플로차트와 유사하게 상태를 차례대로 표현하려는 방법을 말한다. ASM 차트에서는 **상태, 다음 상태 결정 조건, 조건부 출력**을 서로 다른 모양의 상자로 나타내고, 이들 간의 연결 구성은 상태도에 따라 만들어진다. 완성된 ASM 차트는 C 언어의 switch( )-case 문으로 대응시켜서 제어 프로그램으로 변환할 수 있다. 상태도와 ASM 차트에 대한 자세한 내용은 『Digital Design(M. Moris Mano)』을 참고하기 바란다.

7.5.1 ASM 차트 변환

[그림 7-12] 상태도는 [그림 7-4] 상태 기계에 대한 입력 신호와 출력 신호, 그리고 내부의 상태 변수를 [그림 7-3] ATmega128에 대한 추상화된 상태 기계 관점에서 나타낸 것이다. ATmega128를 추상화한 상태 기계에 대한 입력 신호는 [그림 7-3]의 외부 입력 신호, 내부 장치 신호, 내부 변수값(읽기)에 해당되고, 출력 신호는 내부 명령 신호, 외부 명령 신호, 내부 변수값(쓰기)값에 해당된다. 상태 기계 내부에는 상태를 나타내는 상태 변수를 갖게 된다.

구체화된 상태도를 ASM 차트로 변환하고 변환된 ASM 차트를 프로그램으로 변환하면 제어 프로그램이 완성된다. ASM 차트는 [표 7-3]과 같이 상태도를 세 가지 기본 요소인 상태, 다음 상태 결정 조건, 조건부 출력으로 구분하여 변환한다. ASM 차트로 변환할 때 현재 상태에서 다음 상태로의 천이 조건을 빠짐없이 열거해야 하므로, 조건 누락에 의해 천이될 상태의 애매한 판단, 즉 명령의 애매한 판단을 줄여 오류를 줄인다.

ASM 차트에서 프로그램으로의 변환은 단순 대응으로 쉽게 변환되기 때문에 제어 프로그램 완성이 쉽다. 상태도에서 ASM 차트 변환이 숙달되면, ASM 차트로 변환하지 않고, 제어 프로그램을 완성할 수 있다.

■ 상태

상태도에서 원으로 표현되는 상태는 ASM 차트에서는 네모 상자로 표현한다. 상태명은 네모 상자 위에 기록한다. 상태에서 무조건적인 출력이 필요한 경우 네모 상자 안에 기록한다.

조건부 출력을 이용하여 다음 상태 결정 조건을 거치지 않고 무조건적인 출력으로 표현할 수 있다. 출력은 [그림 7-3]에서 내부 명령 신호, 외부 명령 신호, 변수(쓰기)에 해당된다.

■ 다음 상태 결정 조건

상태도에서 화살표는 한 상태에서 다른 상태로 천이를 나타내고, 화살표 위의 기록은 상태로 천이되기 위한 조건을 나타낸다. ASM 차트에서는 마름모 안에 다음 상태를 결정하는 조건을 넣는다. 조건에 따라 분기되는 방향의 목적지인 네모 상자는 다음 상태가 된다. 조건은 [그림 7-3]의 내부 장치 신호, 외부 입력 신호, 변수(읽기)의 조합으로 결정된다.

■ 조건부 출력

상태도에서 상태 사이의 천이 화살표 위의 문구는 '다음 상태 결정 조건/조건부 출력'을 나타낸다. 조건부 출력은 다음 상태 결정 조건이 만족된 순간 결정되는 출력으로서 다음 상태에 도달되기 전에 출력된다. ASM 차트에서 조건부 출력은 상태에서의 출력과 구별하기 위해 타원형 안에 조건부 출력을 기록한다.

[표 7-3] 상태도와 ASM 차트와의 변환 표현

구분	상태도 표현	ASM 차트 표현
상태	 A 출력	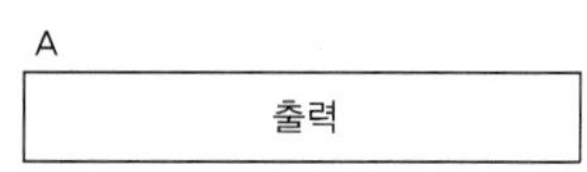 A 출력
다음 상태 결정 조건	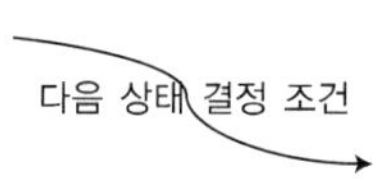 다음 상태 결정 조건	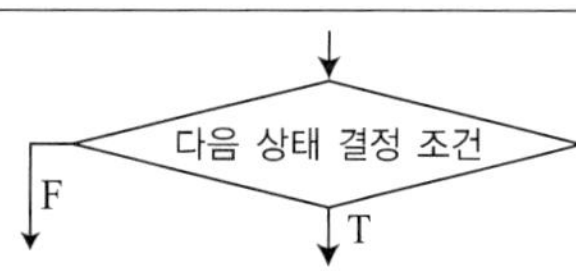 다음 상태 결정 조건 F T
조건부 출력	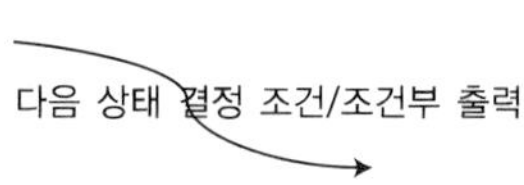 다음 상태 결정 조건/조건부 출력	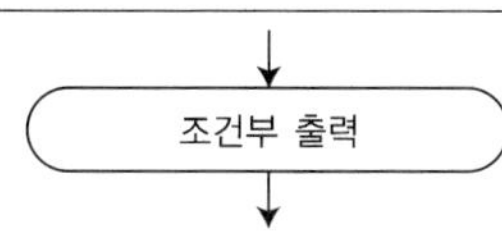 조건부 출력

상태에서의 출력과 조건부 출력은 차이가 있다. 조건부 출력은 현재 상태에서 다음 상태 결정 조건이 만족되면 1회 실행된다. 상태에서 출력은 그 상태가 유지되는 동안 반복하여 수행된다.

상태도에서 다음 상태를 결정하는 천이 조건은 화살표로 표시하고 조건 신호가 많을 때 편리를 위해 대표적인 상태천이 조건만을 기록하는 경우가 많다. 조건 신호가 많을수록 조건 조합식은 복잡해져 수작업으로 모든 천이 조건을 표기하기가 어렵게 된다. 상호 독립적인 조건 신호가 동시에 만족되면 어느 상태로 다음 상태를 결정해야 할 것인지가 애매해진다.

[그림 7-13]과 같이 천이 조건을 모두 표시하지 않은 경우 현재 상태가 A일 때 조건 신호 a, b 모두가 10 이상이면 어느 곳을 다음 상태로 결정해야 할 것인지가 애매해진다.

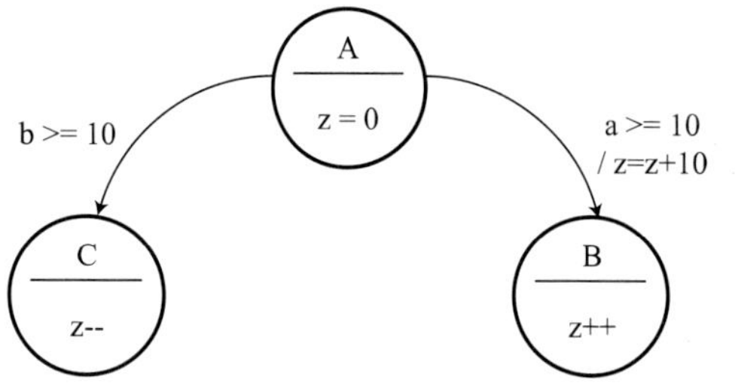

[그림 7-13] a, b값이 모두 10 이상일 때 애매한 상태천이

애매함을 없애고 a, b 두 개의 조건이 [그림 7-13] 조건을 만족했을 때 다음 상태를 B가 되도록 모든 조건을 나열한 것이 [그림 7-14]다. 다음 상태는 명확해졌지만 조건식이 복잡해지고 상태천이가 한눈에 쉽게 드러나지 않는다.

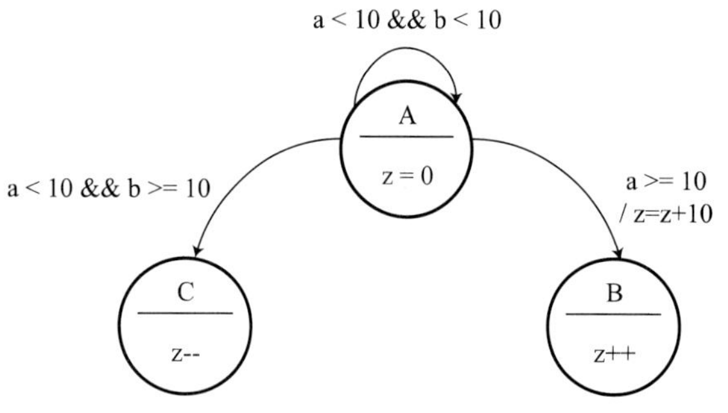

[그림 7-14] a, b값이 모두 10 이상일 때 B 상태로 천이

ASM 차트로 변환하는 과정에서 모든 조건을 나열하지 않은 경우 조건 순서를 정하게 되고 애매함은 사라지게 된다. [그림 7-15]는 [그림 7-14]에서 a, b값이 모두 10 이상일 때 다음 상태를 B로 천이하는 ASM 차트를 나타내고 있다. 상태천이 과정에서 a와 b값에 따른 다음 상태 결정 조건을 ASM 차트로 그리면 애매하지 않게 된다. 따라서 상태도에서 아직 표현하지 못했던 조건과 천이 상태를 모두 결정할 수 있다. 이 과정에서 설계자는 아직 생각하지 못했던 경우를 찾아낼 수 있다.

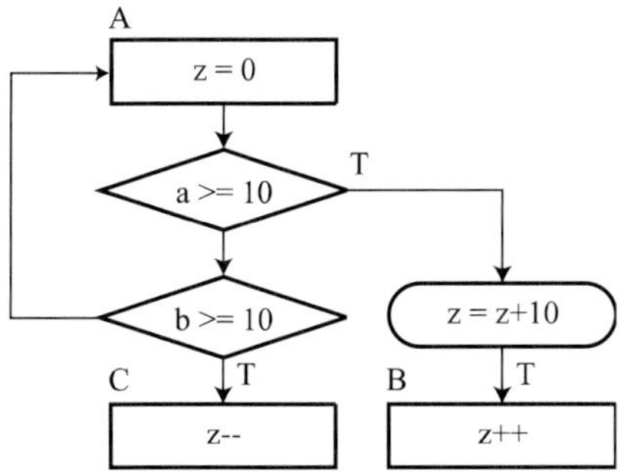

[그림 7-15] a, b값이 모두 10 이상일 때 B 상태로 천이되는 ASM 차트

예제 7-3

[그림 7-16]과 같이 모든 천이 조건이 표시되지 않고 구체화된 상태도를 ASM 차트로 변환하고, 단계별 동작을 설명하라.

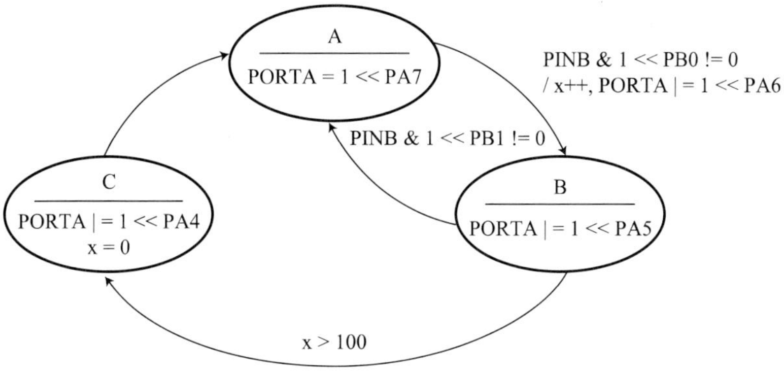

[그림 7-16] 상태도 예시

풀이

상태가 A인 동안 A포트의 PA7 핀에 디지털 전압레벨 HIGH를 출력한다. 상태 A에서는 B포트의 PB0 핀의 디지털 전압레벨을 검사하여 HIGH로 감지되면 상태 A에 계속 머물고, LOW로 감지되면 x++ 명령과 PORTA |= 1<<PA6 명령을 실행한 후 상태 B로 이동한다. [그림 7-3]의 ATmega128의 추상화된 구성 관점에서 x++ 명령은 내부에서 선언된 변수 x를 변경하는 명령이고, PORTA |= 1<<PA6 명령은 A포트의 PA6 핀에 디지털 전압레벨 HIGH를 외부 명령 신호로 출력하는 명령이다.

상태 B에서는 A포트의 PA5 핀에 HIGH를 출력하고 다른 상태로 천이되기 위한 두 조건 중 하나도 만족하지 못하면, 상태 B에 계속 머물면서 A포트의 PA5 핀에 HIGH를 출력한다. [그림 7-16] 상태도의 상태 B에서 두 조건을 검사하는 순서가 표시되지 않았기 때문에 검사 순서에 따라 상태천이 결과가 다를 수 있다. 상태천이 조건에 사용되는 모든 입력 신호에 대한 진리표 형식의 나열로 이 문제를 해결할 수 있지만, 입력 변수가 조금만 많아도 매우 많은 나열을 요구하게 되므로, 비효율적일 수 있다.

순서가 표현되지 않은 애매한 상황은 [그림 7-17]의 ASM 차트로 변환하면서 발견되고 프로그래머의 직관적 판단으로 해결할 수 있다. 이 예제의 ASM 차트 변환에서는 B포트의 PB1 핀을 먼저 검사하고, 그 다음 x의 크기를 검사하는 순서로 구현되도록 ASM 차트로 변환하였다.

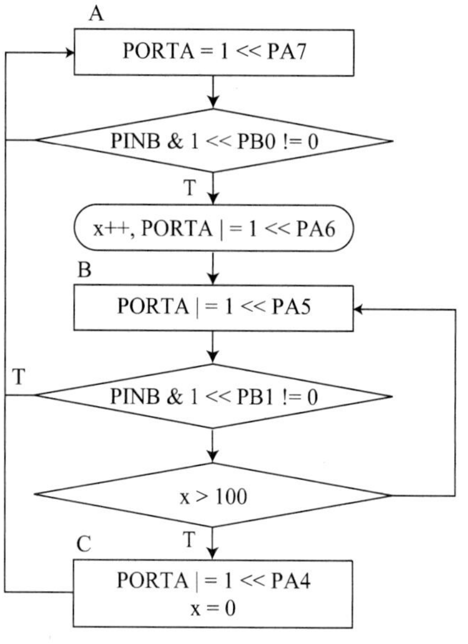

[그림 7-17] ASM 차트

예제 7-4

신호등 제어 사례에서 구체화된 상태도 [그림 7-12]를 ASM 차트로 변환하라.

풀이

상태 A에서 A포트의 GRE_A 핀과 RED_B 핀에 디지털 전압레벨 HIGH를 출력하여 방향 A의 녹색 LED와 방향 B의 빨간 LED를 켠다. 이 명령은 상태가 A인 동안은 반복해서 출력 명령이 실행된다.

오버플로 인터럽트에서 매초 갱신되는 초 시각 time_sec가 0이 되었는지 검사한다. 조건이 만족되지 않았으면 상태 A를 계속 유지한다. 조건이 만족되면 time_sec를 TRANS_SEC로 갱신하고 상태를 AtoB로 갱신한다. 상태도에서 상태 A, 상태 AtoB, 상태 B, 상태 BtoA 모두 유사한 방법으로 출력되고 상태가 천이되므로 ASM 차트는 상태 A에서 상태 AtoB로 천이되는 것과 유사하게 [그림 7-18]과 같이 변환된다.

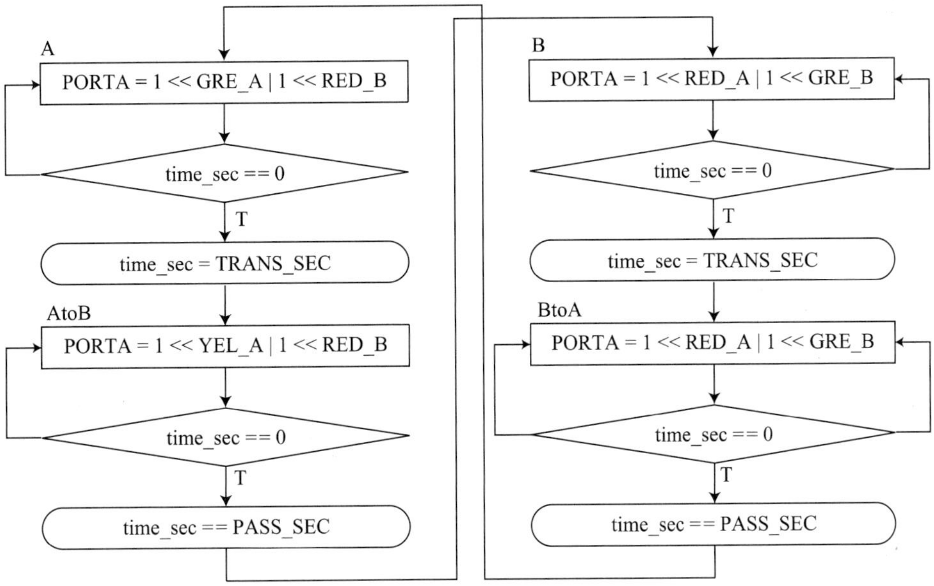

[그림 7-18] 신호등 제어 사례로 구체화된 상태도에 대한 ASM 차트

7.5.2 ASM 차트를 이용한 제어 프로그램 변환

ASM 차트를 이용한 프로그램 변환과 일반 플로차트를 이용한 프로그램 변환의 가장 큰 차이점은 ATmega128 동작을 추상적 구성으로 대응시킨 후 [그림 7-3] 상태 기계 기반의 제어 프로그램으로 변환한다는 것이다. 상태 기계를 구현하는 제어 프로그램에서는 상태천이를 위한 조건 검사를 반복적으로 수행하기 위해 while(1) 문 안에서 switch-case 문으로 ASM 차트의 3개 요소를 아래와 같이 프로그램으로 변환한다.

- 상태
  ASM 차트에서 상태로 정의된 변수를 switch( ) 문의 괄호 안에 넣는다. 상태로 정의된 변수가 state일 때 switch(state){ … } 문장을 수행한다. 상태 변수를 ASM 차트에서 나타나는 상태값의 열거형으로 정의하여 선언한다. 열거된 상태는 'case 상태값:'으로 구분한다. 상태에서 실행되는 출력은 'case 상태값:' 과 'break' 문장 사이에 수행시킨다.

- 다음 상태 결정 조건
  해당 'case 상태값:' 위치에서 명령을 먼저 실행한 후, if( ) 문으로 ASM 차트의 다음상태 결정 상자에 해당되는 분기를 결정하고 분기 화살표 방향에 등장하는 상태값으로 상태 변수를 갱신한다.

- 조건부 출력
  ASM 차트에서 다음 상태 결정 조건과 다음 상태 사이에 타원형의 조건부 출력이 있으면 조건을 만족시킨 if( ) 문 안에서 조건부 출력 명령을 먼저 수행하고 상태 변수를 다음 상태값으로 갱신한다.

while(1){ } 문에서 클럭이 상태 기계에 인가되는 것과 유사하게 반복적인 상태 동작을 수행하게 한다. switch(상태 변수)-case 문으로 현재 상태의 동작과 다음 상태천이 동작을 수행한다. 상태 변수는 상태도의 상태값을 나열한 'enum {상태값 나열} 상태변수;'를 이용하여 상태도의 상태값과 대응시킨다. 상태 변수를 state라 하면 switch(state)에서 state값과 같은 값을 갖는 'case 상태값:' 과 'break' 명령 사이에서 ASM 차트에 나타난 상태 출력, 다음 상태 결정 조건에 따른 조건부 출력과 다음 상태천이 동작을 수행한다. 다음 상태천이 동작은 상태 변수에 다음 상태값으로 값을 변경하면 다음번 while(1){ } 문 수행에서 반영된다.

[그림 7-19]는 ASM 차트의 3개 요소인 상태, 다음 상태 결정 조건, 조건부 출력을 while(1){ } 문 안의 switch( )-case 문으로 대응시키고 있다. 상태명과 일치되는 'case STATE_1:' 위치에 우선 '상태 출력1' 명령을 수행하게 하고, 다음 상태를 결정하기 위한 '다음 상태 결정 조건'을 if( ) 문의 조건문으로 사용한다. 참인 경우 '조건 출력1' 명령을 수행하게 하고, 도달되는 다음 상태가 STATE_2이므로 상태값 STATE_2를 상태 변수 state에 'state = STATE_2;' 명령으로 할당한다. 이렇게 변경된 state값에 의해 다음번 while(1) 문이 수행될 때는 'case STATE_2:' 부분이 실행된다. 이와 같은 방법으로 거짓일 때 else{ }에서 '조건 출력2'를 수행하고, 도달되는 상태가 STATE_3이므로 상태 변수 state는 STATE_3을 할당

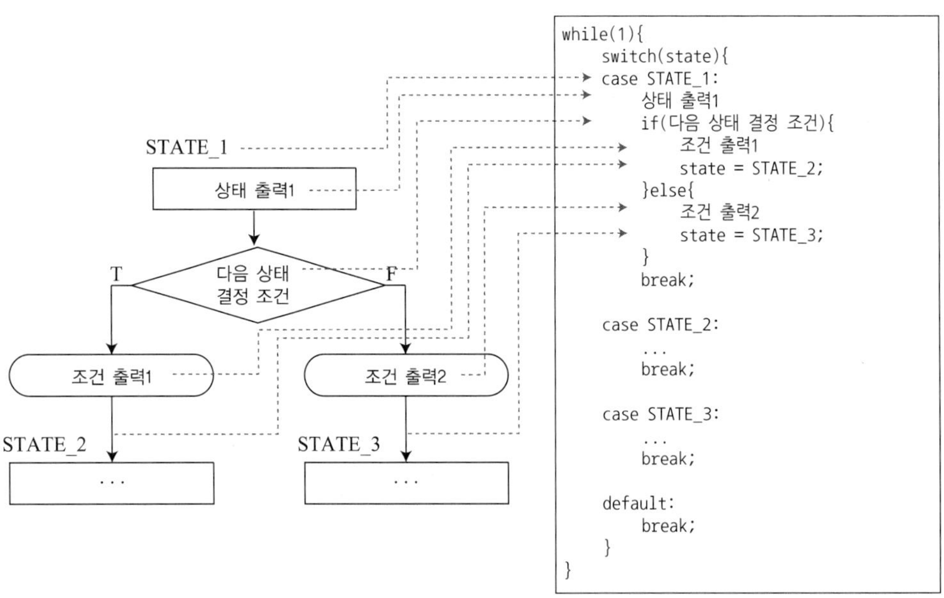

[그림 7-19] ASM 차트의 3개 요소에 대한 switch-case 문의 1:1 대응

한다. 변환된 프로그램에서 상태가 'default:'이면 열거된 상태가 아닌 다른 값을 예외로 가졌을 때 수행되는 프로그램이 위치하게 된다.

예제 7-5

[그림 7-17] ASM 차트를 while(1) 문 안의 switch-case 문으로 변환하라. 상태 변수 state는 'enum {A, B, C} state;'로 선언되었다고 가정하자.

풀이

[그림 7-17] ASM 차트는 상태 A, 상태 B, 상태 C를 번갈아 가며 순환되는 동작을 하므로, while(1) 문장 안의 switch-case 문으로 변환될 수 있다. 상태 A와 상태 B는 다음 상태 결정을 위한 조건이 만족될 때까지 해당 상태만 while(1) 문에 의해 반복된다. 이러면 상태 변수 state는 새로운 값으로 수정되지 않는다. 상태 C에서 다음 상태는 조건 없이 A로 향하므로, 다음 상태를 결정하는 if( ) 문에 의한 조건 없이 상태 출력을 한 다음 상태 변수 state에 상태 A값을 할당한다.

[프로그램 7-5] ASM 차트 [그림 7-17]를 while(1) 문 안의 switch-case 문으로 변환

```
while(1)
{
    switch(state){
    case A:
        PORTA = 1<<PA7;
        if( PINB & 1<<PB0 != 0){
            x++;
            PORTA |= 1<<PA6;
            state = B;
        }
        break;
    case B:
        PORTA = 1<<PA5;
        if(PINB & 1<<PB1 != 0)
            state = A;
        else if(x > 100)
            state = C;
        else
            state = B;
        break;

    case C:
        PORTA |= 1<<PA4;
        x = 0;
        state = A;
        break;
    default:
        break;
    }
}
```

예제 **7-6**

[그림 7-18]의 ASM 차트를 while(1) 문 안의 switch-case 문으로 변환하라. 상태 변수 state는 'enum {A, AtoB, B, BtoA} state;'로 선언되었고, ATmega128의 내부 장치 타이머/카운터0과 디지털 I/O 핀의 방향 설정 장치는 내부 명령 신호에 의해 초기화되었다고 가정하자.

풀이

ASM 차트에서 상태는 'switch(state)-case:' 문으로, 다음 상태를 결정하기 위한 조건은 if( ) 문장으로, 조건부 출력은 if( ) 문이 만족되었을 때 출력 명령문으로 구분된다.

상태를 천이하는 프로그램은 [프로그램 7-6(a)]와 같다. time_sec 변수는 요청 변수에 해당된다. 상태 기계와 time_sec 변수를 이용하여 요청/응답 인터페이스하는 타이머/카운터0 오버플로 인터럽트 서비스 루틴은 [프로그램 7-6(b)]와 같다. time_sec 변수값이 0이 아닌 경우, 1초가 경과하면 1씩 감소시키는 동작을 수행한다.

[프로그램 7-6]

```
while(1) {
    switch( state ) {
    case A:
        PORTA = 1<<GRE_A | 1<<RED_B;
        if(time_sec == 0) {
            time_sec = TRANS_SEC;
            state = AtoB;
        }
        break;

    case AtoB:
        PORTA = 1<<YEL_A | 1<<RED_B;
        if(time_sec == 0) {
            time_sec = PASS_SEC;
            state = B;
        }
        break;

    case B:
        PORTA = 1<<RED_A | 1<<GRE_B;
        if(time_sec == 0) {
            time_sec = TRANS_SEC;
            state = BtoA;
        }
        break;

    case BtoA:
        PORTA = 1<<YEL_B | 1<<RED_A;
        if(time_sec == 0) {
            time_sec = PASS_SEC;
            state = A;
```

```
        }
        break;

    default:
        break;
    }
}
```

(a) ASM 차트 [그림 7-18]을 while(1) 안의 switch-case 문으로 변환

```
ISR(TIMER0_OVF_vect)
{  timer0++;
   if(time_sec)
     time_sec = (timer0 % SEC_INTERVAL == 0) ? time_sec - 1 : time_sec;
}
```

(b) 상태 기계와 요청/응답 인터페이스를 위한 인터럽트 서비스 루틴

7.5.3 상태천이와 상태천이 지연 시간

ASM 차트의 상태 변화와 출력 결정을 위한 프로그램 수행 동작은 while(1) 반복문 안의 switch-case 문으로 변환된다. 상태의 실행은 switch 문의 state 변수값과 같은 값을 갖는 case 부분의 코드 실행으로 진행된다.

현재 상태에서 다음 상태로 천이하기 위해서는 case 문 끝부분의 if( ) 문에서 다음 상태 결정 조건이 만족될 때 상태 변수 state를 다음 상태값으로 변경시키면 된다. 다음 while(1) 문의 반복에서 switch(state) 문의 다음 상태값과 동일한 case 부분이 수행된다.

상태천이 검사 주기

다음 상태천이 결정을 검사하는 주기는 'while(1) → switch-case 분기 → if( ) 조건 검사'의 실행에 의해 결정된다. 이 검사 주기는 수 마이크로초 또는 프로그램의 분량에 따라 수 밀리초가 될 수 있다. 만일 B포트의 PB0 핀의 펄스 변화를 감지하여 상태천이를 결정해야 한다면 제어 프로그램에서 'while(1) → switch-case 분기 → if( ) 조건 검사'에 걸리는 시간보다 PB0 핀에 인가되는 펄스 폭이 더 길어야 한다.

펄스 폭이 짧다면 자칫 if( ) 조건 검사 시각이 펄스폭 구간을 비켜나게 되어 신호 변화 구간을 놓칠 수 있다. 검사 시간이 급박한 특수한 경우는 해당 신호의 펄스 변화를 while 문으로 빠르게 반복 검사하여 감지를 강화할 수 있다.

그러나 while 문의 반복 검사 주기보다 더 짧은 신호 변화인 경우라면 역시 감지할 수 없다. 이런 경우는 외부 인터럽트가 가능한 핀을 사용하고 상태 기계와 인터럽트 서비스 루틴 사이에 요청/응답 인터페이스를 이용한다.

while( ) 문을 이용하여 특정 조건만을 검사하고 있다면 다른 작업을 할 수 없는 단점이 있다. if( ) 조건 검사를 이용하면 while(1) 문 안의 switch( )-case 문을 반복하면서 다른 작업도 할 수 있는 융통성이 있다. [표 7-4]는 if( )에 의한 조건검사와 while( )에 의한 조건검사가 수행되는 구간을 나타내고 있다.

[표 7-4] if( ) 문과 while( ) 문의 조건 검사

<table>
<tr><th>if( ) 문에 의한 조건 검사</th><th>해당 신호의 while( ) 문 반복 검사</th></tr>
<tr><td><pre>while(1){
  switch(case){
  … 생략 …
  case AAA:
    if(PINB & 1<<PB0){
        state = B;
    }
    break;

  case BBB:
  … 생략 …
  }
}</pre></td><td><pre>while(PINB & 1<<PB0 == 0);
state = B;</pre></td></tr>
</table>

상태에 명령이 있을 때와 없을 때의 반복 주기와 코드 변환

ASM 차트에서 다음 상태 결정을 위해 반복적인 조건 검사의 유형 중 하나는 [그림 7-20]과 같다. [그림 7-20(a)]는 ST_1 상태 안에 출력이 있으므로 ST_1 상태에서 명령1을 실행한다. 분기 조건이 만족되어 상태가 바뀔 때까지 아래와 같이 프로그램 수행을 반복한다. [ST_1]은 현재 상태가 ST_1임을 나타낸다.

```
[ST_1]명령1 → [ST_1]분기 검사 → [ST_1]명령1 → [ST_1]분기 검사 → …
```

상태 ST_1에 진입할 때 한 번의 명령1 수행으로 외부 장치의 구동이 충분하면 [그림 7-20(b)]와 같은 ASM 차트로 ST_1 상태에 진입할 때 한 번만 명령1을 수행하게 한다. 분기 조건 검사를 위한 반복 주기가 [그림 7-20(a)]보다 짧아진다. [ST_?]은 ST_1 상태로 진입하기 전의 알 수 없는 상태를 말한다.

```
[ST_?]명령1 → [ST_1]분기 검사 → [ST_1]분기 검사 → [ST_1]분기 검사 → …
```

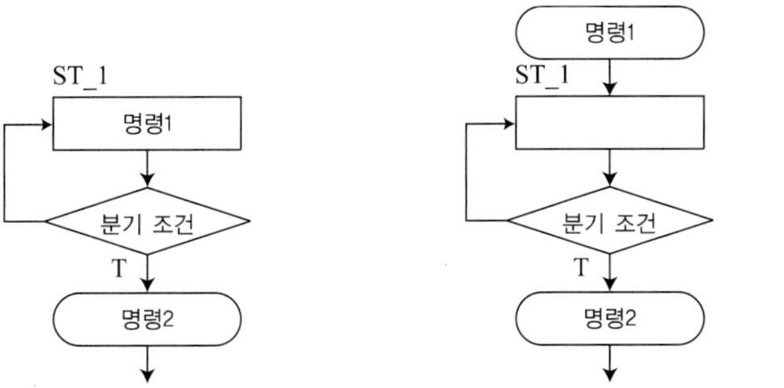

(a) 상태에 명령이 있는 ASM 차트 (b) 상태에 명령이 없는 ASM 차트

[그림 7-20] 상태의 명령 유무에 따른 ASM 차트의 비교

[프로그램 7-7]은 ASM 차트 [그림 7-20(a)], [그림 7-20(b)]를 각각 while(1) 문 안의 switch-case문으로 변환했다. [프로그램 7-7(a)]에서는 while(1) 반복문 안의 case ST_1:에서 명령1이 반복 수행된다. [프로그램 7-7(b)]에서는 상태 ST_1에 진입되는 조건문이 만족되는 곳에서 명령1이 1회 수행된다.

[프로그램 7-7] ASM 차트 [그림 7-20]을 while(1) 문 안의 switch-case문으로 변환

```
while(1) {
    switch( state ) {
        . . .
    case ST_1:
        명령1
        if(분기 조건) {
            명령2
            state = ???;
        }
        break;
        . . .
    }
}
```

(a) ASM 차트 [그림 7-20(a)]를 프로그램으로 변환

```
while(1) {
    switch( state ) {
        . . .
    case ???:
        if(???){
            명령1
            state = ST_1;
        }
        break;

```

```
    case ST_1:
        if(분기 조건) {
            명령2
            state = ???;
        }
        break;
         . . .
    }
}
```

(b) ASM 차트 [그림 7-19(b)]를 프로그램으로 변환

'if(분기 조건) 검사 → while(1) → switch(state)-case 분기' 사이클을 이용한 상태천이 조건 검사 대신 반복적인 while(!분기 조건)문을 이용하여 분기 검사를 할 수 있다. [프로그램 7-8]은 다음 상태 결정 조건 검사를 while(!분기조건); 문으로 이용한 사례다.

[프로그램 7-8] ASM 차트 [그림 7-20(b)]를 while(!분기 조건) 문으로 이용한 사례

```
while(1) {
    switch( state ) {
        … 생략 …

    case ST_1:
        while(!분기 조건);
        명령2
        state = ???;
        break;
        … 생략 …
    }
}
```

Section 7.6 ASM 차트를 이용한 간단한 엘리베이터 설계

이 절에서는 간단한 엘리베이터를 설계하기 위해 ASM 차트, 제어 프로그램 완성까지의 절차를 살펴본다. 디지털 입출력과 외부핀 인터럽트 설정은 정상적으로 되었다고 가정한다.

A 사전 지식

실험에 앞서 엘리베이터 시스템의 원리를 이해한다. DC 모터의 회전에 의해 1층과 2층을 오가는 엘리베이터가 있다고 가정하자. [그림 7-21]은 엘리베이터 이송을 위한 외부 장치 구성을 나타낸다. H-브리지 회로에 신호를 인가하여 DC 모터를 회전 또는 정지시켜 엘리베이터를 움직이면서 아래와 같이 동작하는 시스템을 설계한다.

- 엘리베이터가 1층에 머물고 있을 때, 2층에서 SW2를 누르면 모터를 정회전시켜 2층으로 상승시킨다.
- 2층으로 상승 중인 엘리베이터에 의해 SENSOR2가 감지되면 2층에 도달된 것이고, 모터를 정지시켜 2층에 머물게 한다.
- 엘리베이터가 2층에 머물고 있을 때, 1층에서 SW1을 누르면 모터를 역회전시켜 1층으로 하강시킨다.
- 1층으로 하강 중인 엘리베이터에 의해 SENSOR1이 감지되면 1층에 도달된 것이고, 모터를 정지시켜 1층에 머물게 한다.

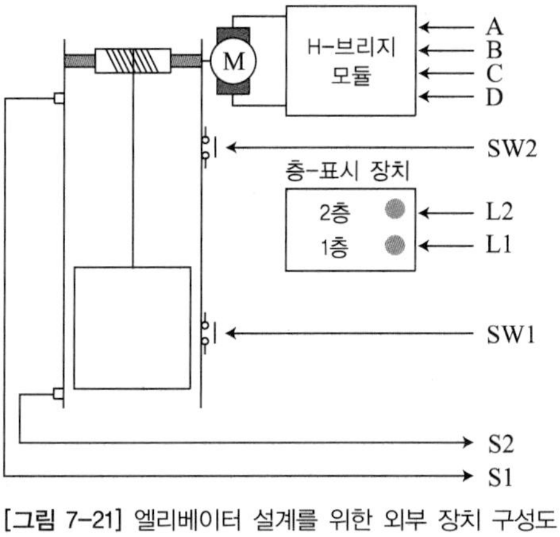

[그림 7-21] 엘리베이터 설계를 위한 외부 장치 구성도

- 층 표시램프는 엘리베이터의 위치를 외부에 알리는 역할을 한다. SENSOR1이 감지되면 1층에 도착했으므로 LED L1에 불을 켜고, SENSOR2가 감지되면 2층에 도착했으므로 LED L2에 불을 켠다.

B 실험 목적

상태도부터 제어 프로그램 작성까지 아래 절차에 따라 진행되는 과정을 확인한다.

(1) 개략적인 상태도를 만드는 과정을 학습한다.
(2) 상태 기계에서 사용되는 신호와 상태 변수를 정의한다.
(3) 상태도를 구체화한다.
(4) 상태 기계와 인터럽트 서비스 루틴 사이에서 요청/응답 인터페이스를 위한 변수를 정의한다.
(5) 인터럽트 서비스 루틴에서 할 일을 정한다.
(6) 상태도를 ASM 차트로 만든다.
(7) ASM 차트와 인터럽트 서비스 루틴 사이의 요청/응답 인터페이스를 프로그램화한다.

C 실험 부품 및 장치

부품명	규격	수량	비고
핵심(기본) 부품	–	1개	3장 [표 3-17] 참조

- 외부 장치와 관련된 부품

외부 장치	동작	입출력 신호		부품
		구분	설명	
DC 모터	H-브리지 회로에 연결되어 정회전, 역회전되고 엘리베이터를 올리거나 내린다.	출력	Motor+, Motor–	3~5[V] 소형 기어드 모터 예 KTX-OPEN GEAR MOTOR
H-브리지 회로	모터 구동을 위한 Motor+, Motor– 신호를 생성하는 모듈이다.	출력	A, B, C, D	2N2222A 2개, 2N2907A 2개 470[Ω] 저항 4개
도착 감지 센서	마이크로 리미트 스위치를 이용하여 엘리베이터 도착을 감지한다.	입력	S1 S2	마이크로 리미트 스위치 2개
엘리베이터 요청 스위치	2층 또는 1층에서 스위치가 눌리면 엘리베이터를 요청한다.	입력	SW1 SW2	푸시버튼 스위치 2개
층 표시 장치	엘리베이터가 어느 층에 있는지 표시하기 위한 장치다.	출력	L1 L2	LED 2개 330[Ω] 저항 2개

D 실험 절차

(1) [그림 7-22]와 같이 ATmega128과 외부 장치와의 인터페이스 회로를 구성한다.

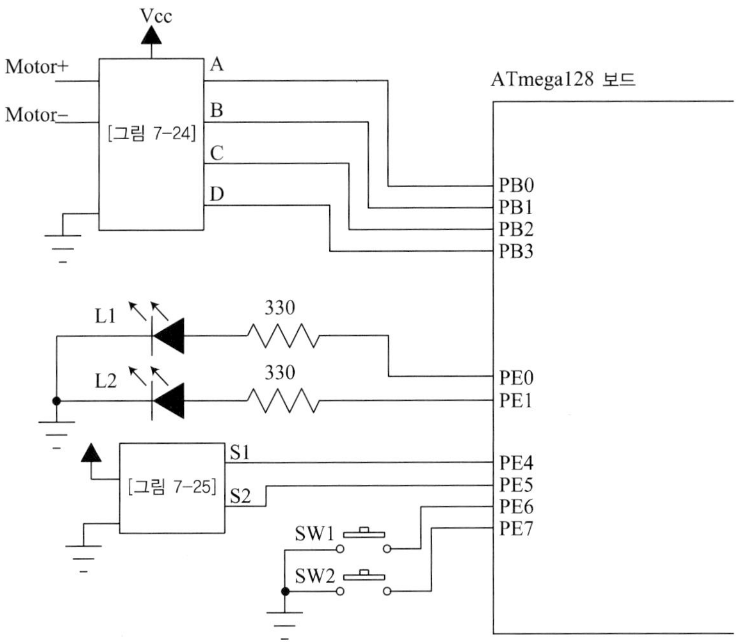

[그림 7-22] ATmega128과 외부 장치 인터페이스

(2) 실험 목적을 만족하는 개략적인 상태도를 작성하자. 이때 4개의 상태로 구분하고, 각 상태는 '1층', '상승', '2층', '하강'으로 한다. [그림 7-23]은 초기 상태에 모터를 1층으로 보내면서 작성한 개략적인 상태도다.

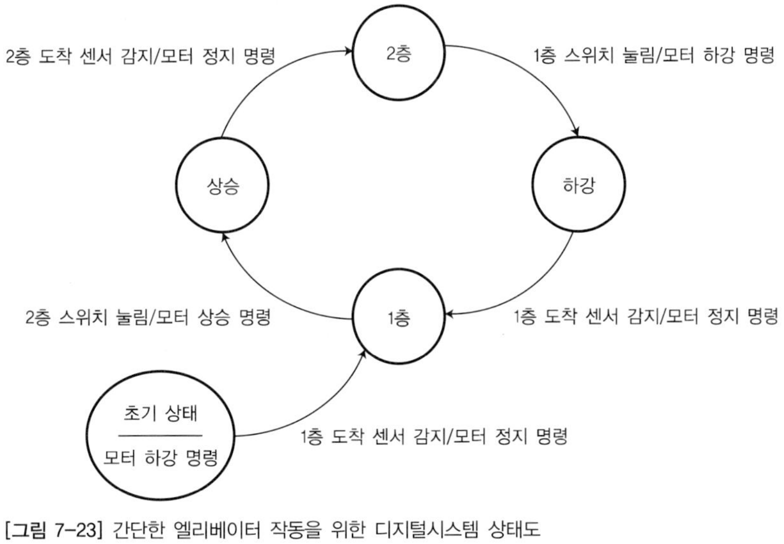

[그림 7-23] 간단한 엘리베이터 작동을 위한 디지털시스템 상태도

(3) [표 7-5]와 같이 상태 기계의 입장에서 외부 입력 신호, 내부 장치 신호, 내·외부 명령 신호, 변수를 다음과 같이 정했다.

[표 7-5] 상태도의 구체화를 위한 입력 신호, 내 · 외부 명령 신호, 변수

구분		신호명	비고
외부 입력 신호	조작 신호	SW1 SW2	PE6, #define SW1 PE6, 풀업저항 필요 PE7, #define SW2 PE7, 풀업저항 필요
	장치 신호	S1 S2	PE4, #define S1 PE4, 풀업저항 필요 PE5, #define S2 PE5, 풀업저항 필요
내부 장치 신호		없음	
외부 명령 신호		A B C D L1 L2	PB0, #define A PB0 PB1, #define B PB1 PB2, #define C PB2 PB3, #define D PB3 PE0, #define L1 PE0 PE1, #define L2 PE1
상태 변수		state	enum {INIT,FLOOR1,UP,FLOOR2,DOWN} state;
변수		f1 f2	외부 핀 인터럽트 서비스 루틴과 요청/응답 인터페이스를 위한 변수

(4) 외부 장치와 관련된 신호의 역할은 다음과 같다.

- H-브리지 모듈은 [그림 7-24]와 같고 A, B, C, D에 적당한 디지털 전압레벨을 가하면 V_{CC}와 GND 사이에 Motor+ 와 Motor− 단자를 통해 전류가 흘러 모터를 회전하게 한다.

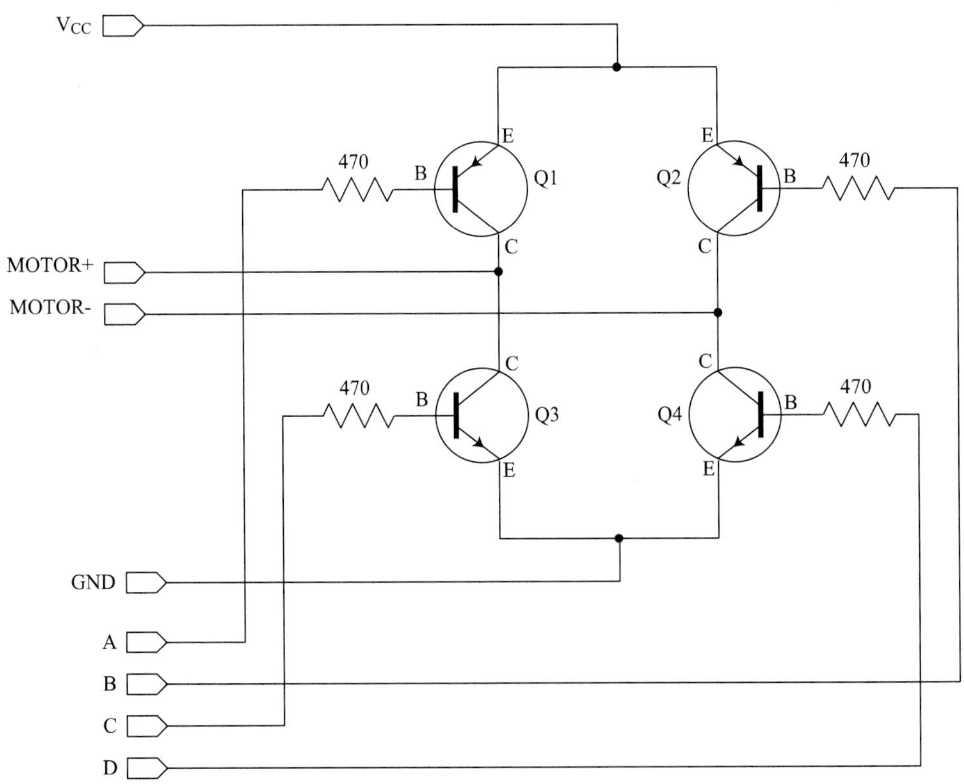

[그림 7-24] H-브리지 모듈

• 엘리베이터의 도착을 감지하는 센서 모듈은 [그림 7-25(a)]와 같은 마이크로 리미트 스위치를 이용한다. 엘리베이터가 도착하면 마이크로 리미트 스위치가 눌려 단자가 붙게 되고, S1 또는 S2 단자에 LOW 전압레벨이 감지된다.

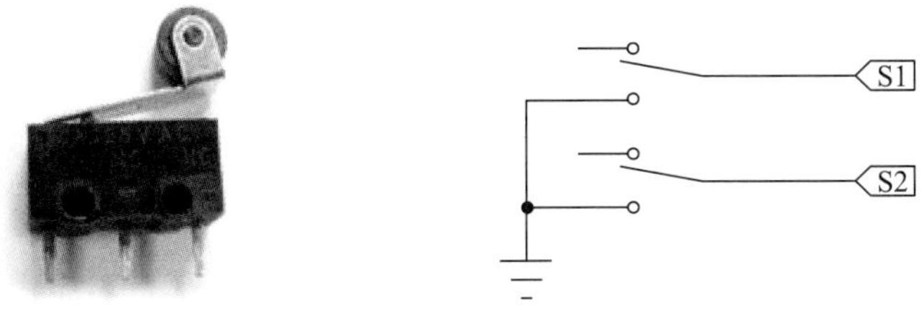

(a) 마이크로 리미트 스위치 (b) 센서 신호 S1과 S2 신호 생성 회로

[그림 7-25] 엘리베이터 층 도착 감지를 위한 센서 모듈 부품 및 회로

(5) 외부 장치의 명령 신호는 모터 장치를 위한 A, B, C, D와 층 표시 장치를 위한 L1, L2가 있다.

• 모터 동작 명령에 해당하는 H-브리지 모듈 출력 디지털 전압레벨은 [표 7-6]과 같다.

[표 7-6] 모터 동작 명령 출력 신호 디지털 전압레벨

모터 동작 명령	H-브리지 모듈 단자 출력 디지털 전압레벨				레이블
	A	B	C	D	
정지 명령	HIGH	HIGH	LOW	LOW	MOTOR_STOP
상승-정회전 명령	LOW	HIGH	LOW	HIGH	MOTOR_UP
하강-역회전 명령	HIGH	LOW	HIGH	LOW	MOTOR_DOWN

• 층을 알리는 LED 표시 명령에 해당하는 LED 출력 디지털 전압레벨은 [표 7-7]과 같다.

[표 7-7] LED 층 표시 명령 출력 신호 디지털 전압레벨

LED 층 표시 명령	LED 출력 디지털 전압레벨		레이블
	L1	L2	
1층 도착 표시 명령	HIGH	LOW	L1_ON
2층 도착 표시 명령	LOW	HIGH	L2_ON

(6) 엘리베이터의 상황을 알 수 있는 입력 신호인 장치 신호는 센서 모듈에서 입력되는 S1과 S2가 있고, 이 신호가 나타내는 의미는 [표 7-8]과 같다.

[표 7-8] 엘리베이터 센서 모듈 입력 신호 디지털 전압레벨

엘리베이터 도착 감지 상황	센서 모듈 입력 디지털 전압레벨	
	S1	S2
1층 도착 상황	LOW	–
2층 도착 상황	–	LOW

(7) 푸시버튼 스위치 SW1과 SW2는 엘리베이터 호출을 위해 조작된다. [그림 7-22]에서 SW1, SW2 스위치는 엘리베이터 호출을 위해 누르면 LOW 전압이 ATmega128 단자에 입력된다. [표 7-9]는 조작 동작에 따라 감지되는 신호를 나타낸다.

[표 7-9] 엘리베이터 호출을 위한 조작 신호

엘리베이터 호출을 위한 조작 동작	조작 스위치 입력 디지털 전압레벨	
	SW1	SW2
1층에서 엘리베이터 요청	LOW	HIGH
2층에서 엘리베이터 요청	HIGH	LOW

(8) 상태 기계와 PE7, PE6 핀의 외부핀 인터럽트 서비스 루틴은 f1, f2 변수를 이용하여 요청/응답 관계를 갖게 한다.

상태 기계가 2층에 도달하면서 f1 변수를 0으로 만든 상태에서 SW1이 눌려 인터럽트가 발생하면 인터럽트 서비스 루틴에서 f1 변수를 1로 갱신하여 SW1이 눌렸음을 알려준다.

상태 기계가 1층에 도달하면서 f2 변수를 0으로 만든 상태에서 SW2가 눌려 인터럽트가 발생하면 인터럽트 서비스 루틴에서 f2 변수를 1로 갱신하여 SW2가 눌렸음을 알려준다.

(9) [표 7-5]에 정의된 신호 이름과 변수를 사용하고 (5)~(7)에 정의된 신호 역할에 따라 구체화된 상태도를 작성해보자.

[그림 7-26]은 [표 7-5]에서 정의된 신호와 각 신호의 역할과 전압레벨을 고려하여 작성한 구체화된 상태도다. 모터에 대한 명령 신호 MOTOR_STOP, MOTOR_UP, MOTOR_DOWN은 매크로로 정의한 [표 7-6]의 모터 정지 명령, 상승-정회전 명령, 하강-역회전 명령 레이블이다. LED에 대한 명령 신호 L1_ON, L2_ON은 [표 7-7]의 1층 도착, 2층 도착을 표시하는 명령 레이블이다.

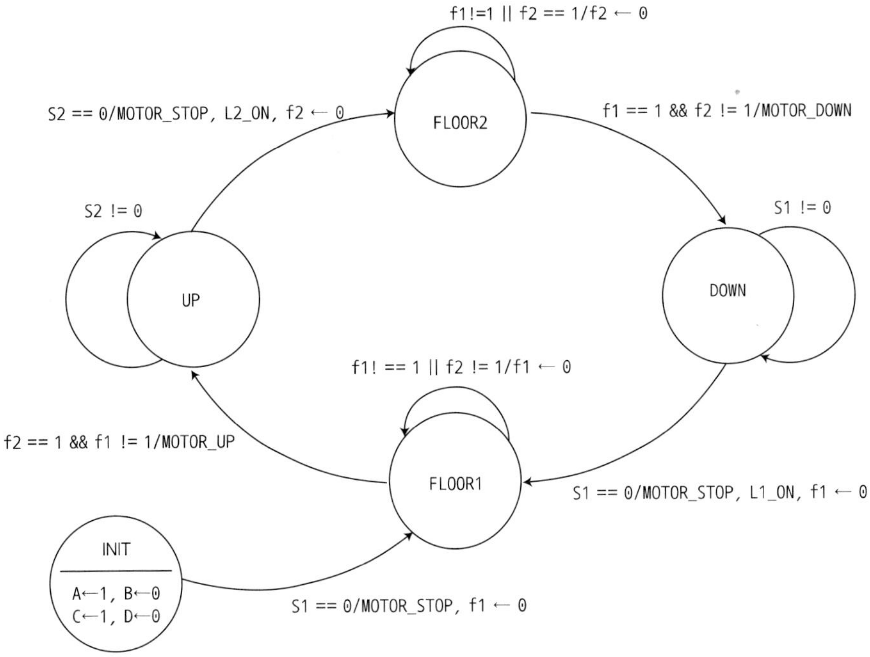

[그림 7-26] 구체화된 상태도

(10) [그림 7-26]의 구체화된 상태도를 ASM 차트로 변환하자.

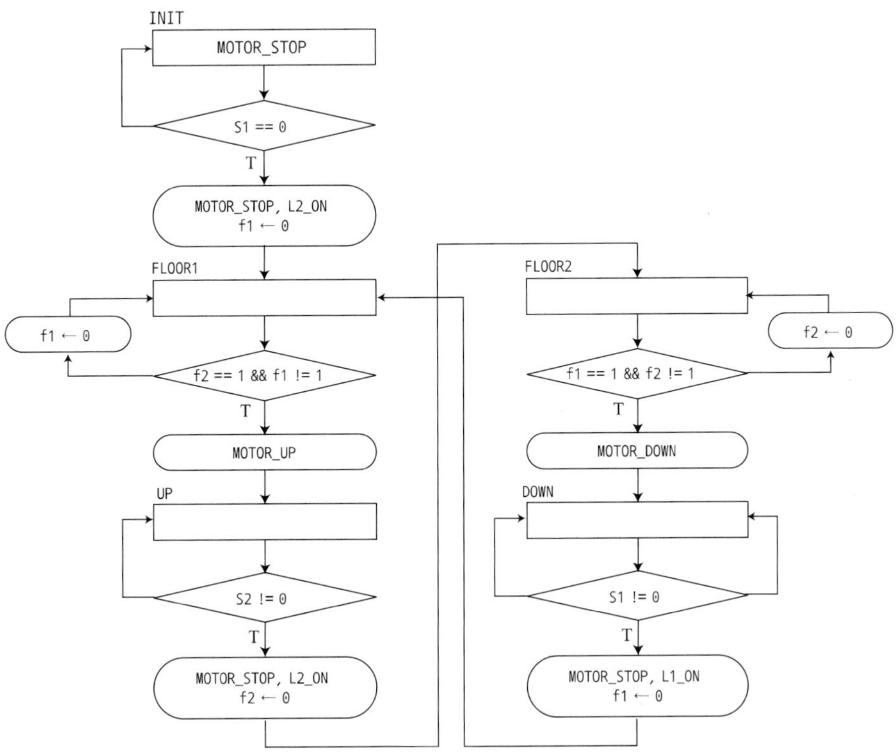

[그림 7-27] ASM 차트

(11) (선택 항목) ASM 차트는 다음 사항을 고려하여 프로그램으로 변환하라.

- 변수를 선언하고 상수를 정의한다.
- 레지스터 설정을 초기화한다.
- ASM 차트를 프로그램으로 변환한다.
- 인터럽트 서비스 루틴과 요청/응답 인터페이스를 완성한다.

[프로그램 7-9] ASM 차트 [그림 7-27]을 C 언어로 변환한 프로그램

```
#include   <avr/io.h>
#include   <avr/interrupt.h>

// 상태 기계와 인터럽트 서비스 루틴 요청-응답 변수
volatile unsigned int  f1=0, f2=0;

// 외부 명령 신호
#define TR_A    PB0
#define TR_B    PB1
#define TR_C    PB2
#define TR_D    PB3

#define L1  PE0
#define L2  PE1

// 외부 입력신호
#define S1  PE4
#define S2  PE5

#define SW1 PE6
#define SW2 PE7

// 모터 정-역-정지 명령 레이블
#define MOTOR_STOP  ((PORTB & 0xF0) | 1<<TR_A | 1<<TR_B)
#define MOTOR_UP    ((PORTB & 0xF0) | 1<<TR_B | 1<<TR_D)
#define MOTOR_DOWN  ((PORTB & 0xF0) | 1<<TR_A | 1<<TR_C)

// 1층, 2층 도착 표시 등 레이블
#define L1_ON   (( PORTE & ~(1<<L1 | 1<<L2)) | 1<<L1)
#define L2_ON   (( PORTE & ~(1<<L1 | 1<<L2)) | 1<<L2)

// 인터럽트 표시 레이블
#define SW1_INTERRUPT  INT6_vect
#define SW2_INTERRUPT  INT7_vect

ISR(SW2_INTERRUPT)
{   f2 = 1; }

ISR(SW1_INTERRUPT)
{   f1 = 1; }
```

```
//////////////////////////////////////////////////////////////
int main(void)
{   // 상태 변수
    enum    { INIT, FLOOR1, UP, FLOOR2, DOWN }state=INIT;

    // 트랜지스터 명령 신호 핀 방향 설정
    DDRB |= 1<<TR_A | 1<<TR_B | 1<<TR_C | 1<<TR_D;

    // LED 층 표시 명령 신호
    DDRE |= 1<<L1 | 1<<L2;

    // S1, S2, SW1, SW2 내부 풀업 연결
    PORTE |= 1<<S1 | 1<<S2 | 1<<SW1 | 1<<SW2;

    // PE7, PE6 외부 인터럽트 활성화
    EIMSK |= 1<<SW1 | 1<<SW2;

    sei();      // start global interrupt

    while(1){
        switch(state){
        case INIT:
            PORTB = MOTOR_DOWN;
            if( !(PINE & 1<<S1) ){
                PORTB = MOTOR_STOP;
                PORTE = L1_ON;
                f1 = 0;
                state = FLOOR1;
            }
            break;

        case FLOOR1:
            if( f2==1 && f1==0){
                PORTB = MOTOR_UP;
                state = UP;
            }else
                f1 = 0;
            break;

        case UP:
            if( !(PINE & 1<<S2) ){
                PORTB = MOTOR_STOP;
                PORTE = L2_ON;
                f2 = 0;
                state = FLOOR2;
            }
            break;

        case FLOOR2:
            if( f1==1 && f2==0){
```

```
92                  PORTB = MOTOR_DOWN;
93                  state = DOWN;
94              }else
95                  f2 = 0;
96              break;
97
98          case DOWN:
99              if( !(PINE & 1<<S1) ){
100                 PORTB = MOTOR_STOP;
101                 PORTE = L1_ON;
102                 f1 = 0;
103                 state = FLOOR1;
104             }
105             break;
106         }
107     }
108     return 0;
109 }
```

E 실험 결과 및 고찰

(1) 47~59번 라인은 외부 명령 신호와 입력 신호에 대한 핀의 신호 방향 설정, 입력 핀에 대한 내부 풀업저항 연결, 인터럽트 설정에 대한 초기화 과정이다.

(2) 68, 78, 85, 95, 102번 라인에서는 변수 f1, f2를 0으로 기록하여 스위치가 눌린 상황을 클리어시키면서 새로운 스위치가 눌리면 알려줄 것을 요청한다.

(3) 외부핀 인터럽트 서비스 루틴 ISR(SW2_INTERRUPT), ISR(SW1_INTERRUPT)은 SW2와 SW1이 눌릴 때마다 변수 f1, f2를 1로 갱신함으로써 스위치가 눌려 있다는 것을 알려준다.

(4) [그림 7-28]은 브레드 보드에 완성된 간단한 엘리베이터 제어 장치 모형이다. [그림 7-28(a)]에서 원형 레이블 A, B, C, D는 H-브리지 모듈 베이스에 인가되는 명령 신호다. L1, L2, S1, S2, SW1, SW2는 층 표시 LED, 마이크로 리미트 스위치, 층 호출 스위치를 표시한다.

(5) [그림 7-28(a)]는 소형 기어드 모터를 회로에 연결한 모습이다. 1층 상태에 멈춰 있고 L1 표시 등이 켜져 있는 상태다. [그림 7-28(b)]는 SW2 스위치가 눌려 모터가 정방향으로 회전하고 엘리베이터가 상승하는 모형을 나타낸다. 2층 도착을 감지하는 S2 센서가 눌릴 때까지 회전을 계속한다. [그림 7-28(c)]는 리미트 스위치 센서 S2가 2층에서 감지되어 모터가 회전을 멈춘 상태다. [그림 7-28(d)]는 1층에서 SW1이 눌려 모터가 역방향 회전을 하면서 엘리베이터를 하강시키는 모형이다. 1층 도착을 감지하는 S1 센서가 눌릴

때까지 회전을 계속한다.

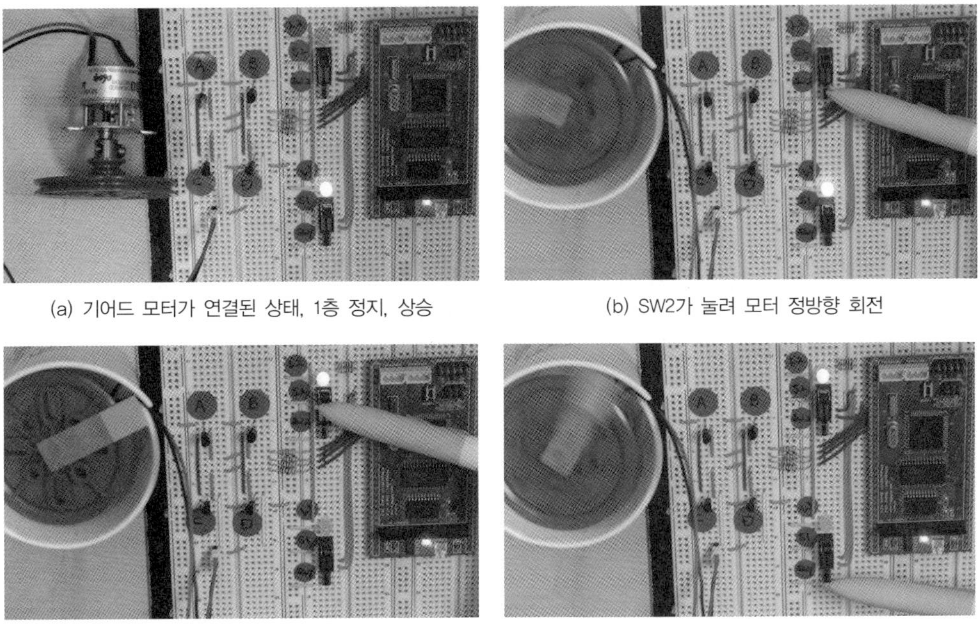

(a) 기어드 모터가 연결된 상태, 1층 정지, 상승

(b) SW2가 눌려 모터 정방향 회전

(c) 리미트 스위치 S2가 눌려 2층에 정지, 하강

(d) SW1이 눌려 모터 역방향 회전

[그림 7-28] H-브리지 회로를 이용한 DC 모터 정 · 역회전의 엘리베이터 기본 동작

(6) 이 실험을 더 현실적으로 만든다면 개선해야 할 사항이 무엇인지 토론하라.

Chapter_07 연습문제

7.1 [그림 7-29] 상태도에 대한 ASM 차트를 완성하라.

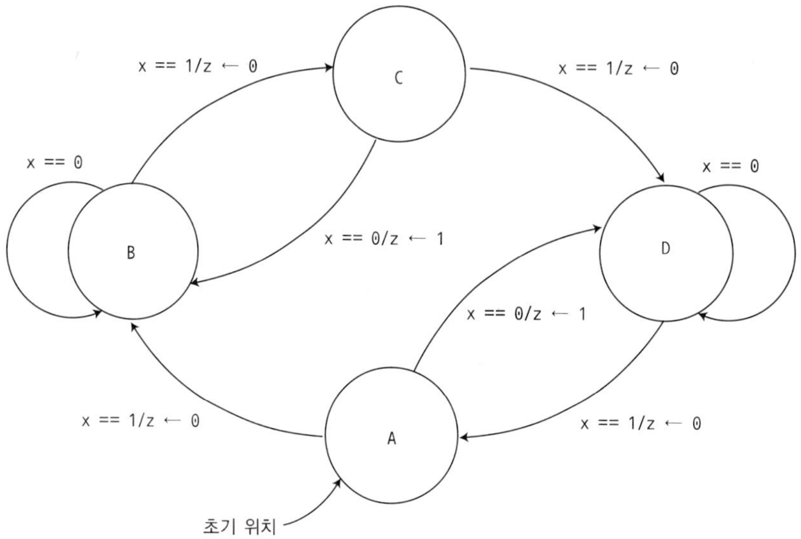

[그림 7-29] 상태도

7.2 문제 1에서 완성한 ASM 차트를 while(1) 문 안에 switch-case로 작성하라.

7.3 [그림 7-18]의 ASM 차트를 while(1) 문 안에 switch-case로 작성하라.

7.4 입력 x에 1이 연속해서 2회 이상 나타나면, 출력 y를 1로 만드는 상태도를 작성하라.

7.5 문제 4의 상태도를 ASM 차트로 변환하라.

7.6 문제 5의 ASM 차트에 대한 C 언어 코드를 while(1) 문 안에 switch-case로 작성하라.

7.7 ~ 7.9 [그림 7-30]과 같이 구성된 다음 동작을 하는 자판기 시스템을 설계하려고 한다.

- 외부 장치로 동전 투입 장치, 잔액 표시 장치, 배출 가능 상품 표시 장치, 상품 배출 장치가 있다.

- 조작 장치는 상품 선택 스위치 p1, p2가 있고, 누르면 신호 0이 입력된다.
- 100원짜리 동전만을 인식하고, 100원짜리 동전이 투입되면 coin 신호가 1이 되고, 그때마다 내부 변수 money를 100씩 증가시킨다.
- display는 출력 신호로서 변수로 정의된 money값을 출력하면 잔액이 디스플레이된다.
- A 상품은 200원, B 상품은 300원이다. 200원 이상이면 L1이 켜지고, 300원 이상이면 L2도 켜진다.
- 200원 이상일 때 p1 스위치가 눌리면 변수 money에서 200원을 제하고, product1 신호에 1을 출력시켜 A 상품을 배출시킨다.
- 300원 이상일 때 p2 스위치가 눌리면 변수 money에서 300원을 제하고, product2 신호에 1을 출력시켜 B 상품을 배출시킨다.

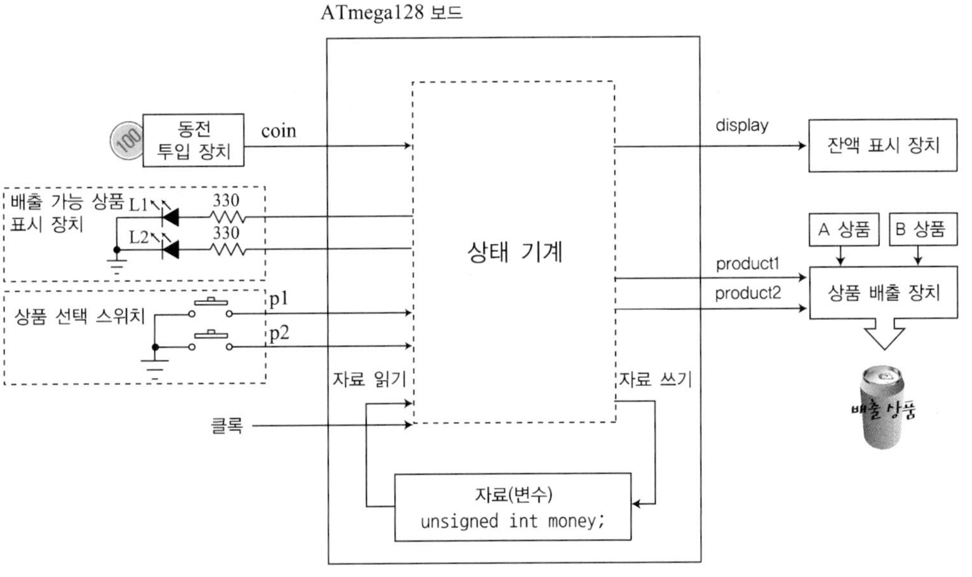

[그림 7-30] 자판기 시스템

7.7 상태도를 작성하라.

7.8 문제 6의 상태도에 해당되는 ASM 차트를 작성하라.

7.9 문제 7에 해당되는 ASM 차트에 대한 C 언어 코드를 while(1) 문 안에 switch-case로 작성하라.

Chapter

08

8비트 타이머/카운터

8bit Timer/Counter

학습목표

- 8비트 타이머/카운터의 필요성을 이해할 수 있다.
- 일반 모드, 고속 PWM 모드, 위상정정 PWM 모드, CTC 모드의 파형 발생과 비교 출력 방법을 이해할 수 있다.
- 8비트 타이머/카운터를 사용한 실험으로 타이머/카운터의 동작을 검증할 수 있다.

타이머/카운터는 마이크로컨트롤러를 효과적으로 사용하기 위해 매우 필요한 기능이다. 시간 경과를 CPU 부담 없이 알 수 있고, 외부로 주기적인 펄스 폭 조절 신호를 출력시킬 수 있다.

ATmega128에는 2개의 8비트 타이머/카운터와 2개의 16비트 타이머/카운터가 있다. 이 장에서는 8비트 타이머/카운터를 중심으로 오버플로에 대한 이해와 활용, 응용 사례와 함께 고속 PWM, 위상정정 PWM, CTC 동작 모드의 이해와 활용을 다룬다.

Section

8.1 타이머/카운터의 필요성

CPU 부담 없이 시간 경과를 알 필요가 있다

레일 위를 물건을 싣고 바퀴로 이동하는 장치를 생각해 보자. 이 장치의 응답 결과는 이동 장치에 실린 물건의 무게, 레일의 경사도, 이동 장치에 사용한 모터의 용량, 이동 장치 바퀴의 크기 등 주변의 조건과 상황에 따라 다르다. 따라서 응답 상태를 측정하고 측정된 정보를 이용한 적당한 제어 이론을 적용하여 장치 제어시스템이 운영되어야 한다. 이때 적절한 시간이 경과되었다는 것을 정확하게 감지하는 일이 매우 중요하다. 즉, 제어 시스템에서 0.01초마다 결과 정보를 측정해야 할 것인지, 5초마다 측정해야 할 것인지를 결정해야 한다. 또한 변경된 제어량을 제어 장치에 1초마다 반영해야 할 것인지, 10초마다 반영해야 할 것인지 결정해야 한다. 이때는 감지된 시간에 장치의 정보를 측정하거나 장치에 제어 명령을 알리는 동작이 진행된다.

마이크로컨트롤러는 CPU가 명령어를 수행할 때마다 시간이 소요된다. CPU 프로그램의 명령어 수행 횟수를 기준으로 시간 경과를 알 수도 있다. 앞 장에서 #include <util/delay.h>를 포함한 후 _delay_ms(double_ms), _delay_us(double_us) 함수를 이용하여 CPU 프로그램의 명령어 수행 횟수에 기초한 강제 시간 지연 기능을 사용한 바 있다. 그러나 이 방법은 CPU가 시간 지연 동작 외에는 다른 작업을 할 수 없다.

이런 문제를 해결하기 위해 ATmega128 마이크로컨트롤러 내부에 별도의 타이머/카운터 모듈을 두고 카운터의 계수 동작을 이용한다. CPU 프로그램 실행이 아닌 내장된 타이머/카운터 하드웨어에서 이진 플립플롭의 값이 자동으로 증가되므로, 정확한 시간의 경과를 보장할 수 있다. 하드웨어는 CPU 연산과 관계없이 동작되므로, 타이머/카운터 모듈에 대한 초기화와 결과를 읽어들이는 과정을 제외하면 별도의 CPU 연산 시간이 필요 없다.

CPU 부담 없이 장치 제어를 위한 주기적인 펄스 출력이 필요하다

모터, 조명 장치 등을 제어하기 위한 조작은 ON/OFF 동작만으로는 부족하다. 모터에 공급되는 에너지, 조명 장치에 공급되는 에너지를 조절할 수 있는 능력이 마이크로컨트롤러에서 필요하게 되었다. PWM(Pulse Width Modulation)의 듀티비를 이용하여 장치에 공급되는 에너지를 조절할 수 있는 원리에 대하여 알아보자.

기계에너지 장치 또는 빛에너지 장치 구동을 전기에너지로 변환하려면 적당한 전력이 공급되어야 한다. 아래 식에서 전력 p(t)는 저항 R이 일정하다고 할 때 전압의 제곱에 비례하므로 식 (8.1)과 같고, 에너지는 공급되는 전력에 시간을 곱한 것이므로 식 (8.2)와 같다.

$$p(t) = \frac{v^2(t)}{R} \tag{8.1}$$

$$E = \int p(t)dt = \int \frac{v^2(t)}{R}dt = \frac{1}{R}\int v^2(t)dt \tag{8.2}$$

크기 V_0, 주기 T_0, 듀티비 D($0 \le D \le 1$)인 주기적인 펄스에 의해 전원이 공급되면 한 주기에서 전압의 크기가 V_0로 공급되는 비율은 D × 100%가 된다. 에너지가 공급되는 전체 시간 nT_0에서 전압이 V_0일 때만 에너지가 공급된다. 결국, 식 (8.3)과 같이 듀티비 D에 비례하여 에너지 E가 공급된다.

$$E = \frac{V_0^2}{R} nT_0 \left(\int_0^D 1d\tau + \int_D^1 0d\tau \right) = \frac{V_0^2}{R} nT_0 \times D \tag{8.3}$$

일정 듀티비를 갖는 펄스로 스위칭 소자를 개폐시켜 장치에 공급되는 전류의 흐름을 조절하면 식 (8.3)과 같이 장치에 공급하는 에너지를 조절할 수 있다. 타이머/카운터를 이용하면, 원하는 주기와 듀티비를 쉽게 만들 수 있다.

ATmega128에는 TCNTn 레지스터와 OCRn 레지스터가 있어 두 값의 비교에 의해 OCn 핀에 출력되는 디지털 전압레벨을 조절할 수 있는 기능을 갖고 있다. 이 기능을 이용하여 PWM(Pulse Width Modulation)을 만들어 펄스 폭을 조절할 수 있다.

여기서 잠깐!

+ 듀티비

PWM은 1 또는 0값을 갖는 주기가 일정하게 반복되는 디지털 신호로서 펄스 폭을 변화시켜 외부 장치를 제어할 수 있다. 주기에 대한 펄스폭 비율을 듀티 사이클 또는 듀티비라 하며, 아래 식과 같이 계산된다.

$$\text{듀티비}(\%) = \frac{\text{펄스 폭 시간}}{\text{주기}} \times 100(\%)$$

외부에서 입력되는 펄스의 정확한 발생 시각을 알 필요가 있다

때로는 외부 장치가 작동하는 특정 순간을 매우 정밀하게 감지할 필요가 있다. 외부의 펄스 신호는 언제 발생할지 모르기 때문에 폴링으로 감지하기 어렵다. 더욱이 외부 인터럽트를 이용하더라도 인터럽트 서비스 루틴으로 진입하여 소프트웨어적으로 시각을 기록하면 펄스 발생 시각부터 시간 오차가 발생하게 된다.

ATmega128의 일부 타이머/카운터에는 입력 캡처 기능이 있기 때문에 외부 펄스가 발생하는 순간에 하드웨어적으로 계수되고 있는 카운터값을 저장할 수 있다. 따라서 외부 펄스의 발생 시점을 더 정확하게 제공할 수 있다.

ATmega128는 8비트 타이머/카운터 2개와 16비트 타이머/카운터 2개를 제공하고 있다. ATmega128은 클록 소스를 내부 또는 외부에서 선택할 수 있고, 다양한 타이머/카운터의 파형 발생모드를 선택할 수 있으며, 선택된 파형 발생모드에 따라 시간 경과, 주기적인 펄스 폭 조절과 신호 출력, 외부 펄스의 발생 시각 인식 방법이 다소 다르다.

8.2 8비트 타이머/카운터

ATmega128에는 2개의 8비트 타이머/카운터와 2개의 16비트 타이머/카운터가 있다. 타이머/카운터0, 타이머/카운터2는 8비트이고, 타이머/카운터1과 타이머/카운터3은 16비트다. 16비트 타이머/카운터에 대한 자세한 내용은 9장의 16비트 타이머/카운터를 참고하기 바란다.

8비트 타이머/카운터 클록은 내부 동기 클록과 외부 클록을 사용할 수 있다. 전원이 켜지는 초기에는 CPU 클록과 동일한 내부 클록으로 설정된다. 타이머/카운터0은 32.768[KHz]에 맞춰진 TOSC1, TOSC2 핀에 수정발진자를 연결하여 외부 비동기 클록을 사용할 수 있고, 타이머/카운터1~3은 Tn 핀에 외부 클록을 연결하여 사용할 수 있다.

8비트 타이머/카운터, 타이머/카운터0과 타이머/카운터2는 유사한 동작을 수행한다. 단, 외부 클록 소스가 다르고 프리스케일러에 의한 분주비가 다르다. 이하에서 사용되는 n은 0 또는 2로서 타이머/카운터0 또는 타이머/카운터2에 해당되는 내용을 나타내기로 하자.

8.2.1 8비트 타이머/카운터n 파형 발생모드의 계수

8비트 타이머/카운터n에는 4가지 서로 다른 파형 발생모드가 있다. 계수 동작은 TCCRn 레지스터의 파형 발생모드 비트(WGMn1~WGMn0) 설정에 의해 [표 8-1]의 4가지 파형 발생모드를 결정한다.

아래의 4가지 파형 발생모드는 타이머/카운터n에 인가되는 클록에 따라 TCNTn 카운터의 계수 동작을 나타낸다. 파형 발생모드에 의한 TCNTn 계수 동작으로 오버플로 인터럽트를 만들 수 있고, OCRn 레지스터와 조합하여 OCn 핀으로 주기적인 펄스 출력과 인터럽트를 발생할 수 있다.

일반 모드와 고속 PWM 모드의 계수

TCNTn 레지스터는 0부터 1씩 증가되어 8비트가 모두 1이 되는 0xFF에 도달된 후 오버플로되어 0부터 다시 증가를 반복하는 계수 동작을 한다.

위상정정 PWM 모드의 계수

TCNTn 레지스터의 카운터 계수 동작은 0부터 최댓값 FF까지 증가된 후, 다시 1씩 감소하여 0이 되는 반복적인 계수 동작을 한다.

CTC 모드의 계수

TCNTn 레지스터는 0부터 증가하다가 OCRn값과 일치하면 0으로 떨어진 후, 다시 증가하는 계수 동작을 한다.

[표 8-1] 타이머/카운터n의 파형 발생모드 비트 설정에 따른 TCNTn 계수 동작

파형 발생모드	TCCRn 레지스터		최댓값 (TOP)	TCNTn 카운터의 16진 계수 순서
	WGMn1	WGMn0		
일반 모드	0	0	FF	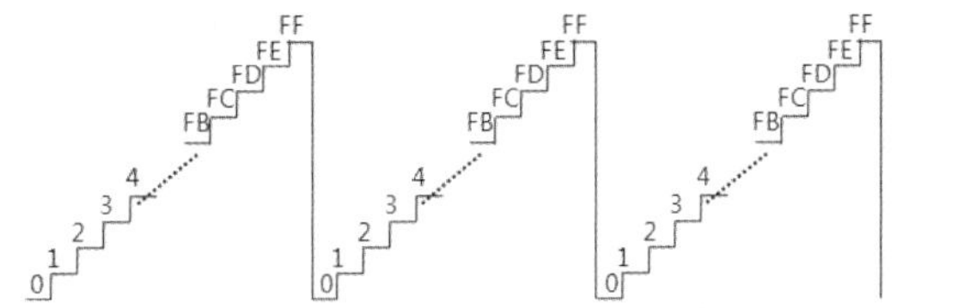
위상정정 PWM 모드	0	1	FF	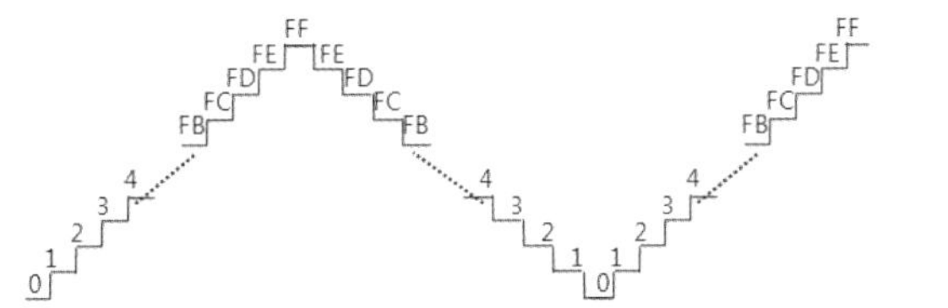
CTC 모드	1	0	OCRn	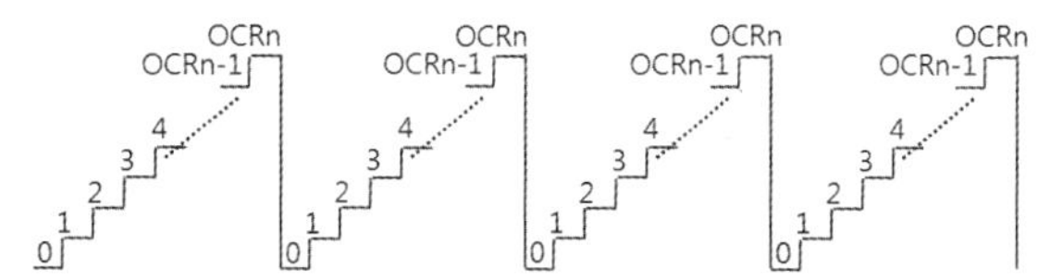
고속 PWM 모드	1	1	FF	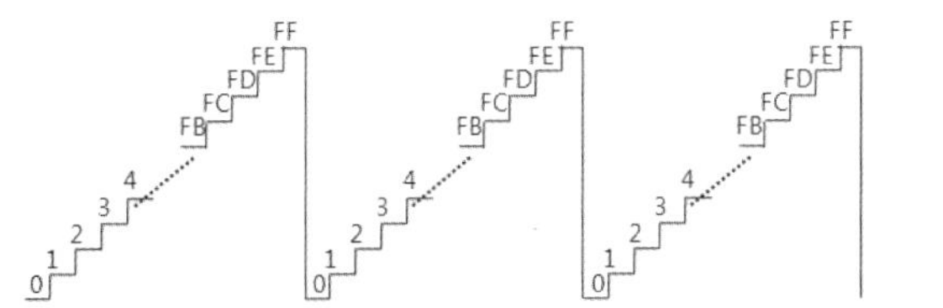

TCCRn 레지스터의 파형 발생모드 비트 WGMn1~WGMn0이 위상정정 PWM, CTC, 고속 PWM 동작으로 설정되면 OCRn값과 TCNTn값이 일치하는 순간 외부핀 OCn의 전압레벨을 바꾸는 PWM 펄스 생성 기능을 사용할 수 있다. 이 기능을 사용하여 PWM 펄스 신호를 생성시켜 외부 장치로 전류의 흐르는 구간을 스위칭시키는 신호로 활용하면 모터제어, 조명제어 등 다양한 분야에 활용할 수 있다.

8.2.2 타이머/카운터0 클록 소스

타이머/카운터0의 클록 소스는 내부 클록과 비동기 외부 클록 중 하나를 선택할 수 있다. **내부 클록**은 CPU 클록으로 3.3~5.0[V]로 작동 가능한 ATmega128(L)에서 8[MHz]까지, 5[V]로 작동 가능한 ATmega128에서 16[MHz]까지 사용할 수 있다. [그림 8-1]의 내부 클록 $CLK_{I/O}$는 ATmega128의 다양한 I/O 모듈 동작에 이용된다. 전원이 켜진 후 초기에는 내부 클록을 사용하도록 설정되어 있다. **외부 클록**은 TOSC1과 TOSC2 핀 단자에 시계용 32,768[Hz]의 수정발진자를 연결하여 정확한 1초 단위의 시간을 계수할 수 있다.

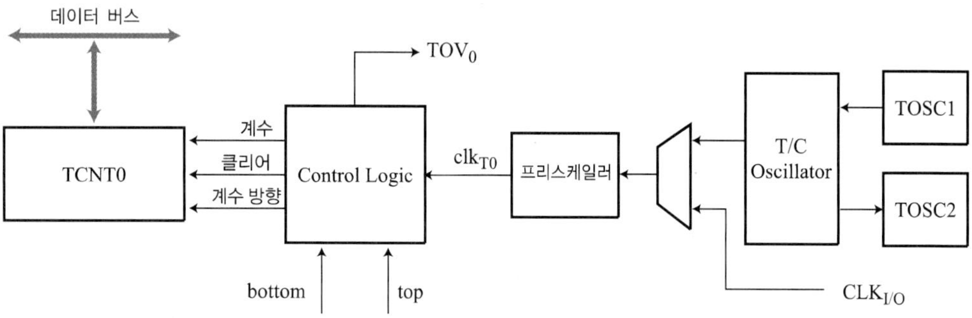

[그림 8-1] TCNT0 클록 소스 선택 블록도

타이머/카운터0 프리스케일

TCNT0 카운터는 [표 8-1]의 계수 동작과 같이 증가되던 계수값이 0으로 오버플로 발생하는 동작이 반복된다. 오버플로 주기는 시간 경과 측정의 기준이 되고, 장치 제어를 위한 PWM 신호 주기가 된다.

[그림 8-1]에 있는 프리스케일러를 사용하여 TCNT0 레지스터의 계수용 클록 clk_{T0}을 응용 상황에 맞게 조절할 수 있다. TCCR0 레지스터의 CS02~CS00 비트를 (1, 1, 0)으로 설정한 경우 내부 클록이 256번 발생할 때 16비트 타이머/카운터에 클록 clk_{T0}은 1회 발생한다.

오버플로 발생 주기를 변경하면 비교출력 핀 OCn으로 출력되는 펄스 주기를 조절할 수 있다. 오버플로 인터럽트를 활성화하는 경우 오버플로 주기가 너무 짧으면 CPU의 오버플로 인터럽트 서비스를 위한 처리 부담이 커져 일반 함수 프로그램 속도를 떨어뜨릴 염려가 있으므로 주의가 필요하다.

[표 8-2] TCNT0 계수를 위한 클록 주파수 프리스케일

TCCR0 레지스터			TCNT0 계수 클록 주파수	TCNT0 오버플로 주기(일반 모드, 고속 PWM 모드)	
CS02	CS01	CS00		내부 클록 (16[MHz] 사례)	비동기 외부 클록 32768[Hz]
0	0	0	0, TCNT0는 증가되지 않는다.	-	-
0	0	1	클록 소스와 동일	1/62500[sec]	1/128[sec]
0	1	0	클록 소스/8	1/7812.5[sec]	1/16[sec]
0	1	1	클록 소스/32	1/1953.123[sec]	1/4[sec]
1	0	0	클록 소스/64	1/976.5625[sec]	1/2[sec]
1	0	1	클록 소스/128	1/488.28125[sec]	1[sec]
1	1	0	클록 소스/256	1/244.140625[sec]	2[sec]
1	1	1	클록 소스/1024	1/61.03515625[sec]	8[sec]

[표 8-2]에서 16[MHz] 내부 클록으로 레지스터 TCCR0의 프리스케일러 비트 CS02~CS00를 (1, 1, 1)로 설정하면 일반 모드와 고속 PWM 모드인 경우 TCNT0의 오버플로 주기는 1/61.03515625초가 된다. 61회 오버플로가 발생되면 약 1초 시간이 경과되지만, 정확한 1초에서 0.03515625초의 오차가 있어 1시간 누적되면 12.65625초의 오차가 생긴다. (1, 0, 1)로 설정했다면 약 2[msec]마다 1회의 오버플로가 발생한다.

타이머/카운터0 비동기 외부 클록

32,768[KHz] **비동기 외부 클록으로 정확한 1초 오버플로 주기를 만들 수 있다.** 비동기 외부 클록을 사용하기 위해 ASSR 레지스터의 AS0 비트를 1로 설정한다. 비동기 외부 클록으로 클록 소스를 선택하면 TCNT0 레지스터에 인가되는 카운터 클록은 [그림 8-1]에서 TOSC1 핀과 TOSC2 핀에 연결된 수정발진자 클록이 선택된다. ATmega128에서는 비동기 외부 클록은 32.768[KHz] 수정발진자를 직접 TOSC1 핀과 TOSC2 핀 사이에 연결하여 작동되도록 맞춤 설계되었다.

32.768[KHz]를 사용한 외부 비동기 클록을 사용하면 [표 8-2]와 같이 TCCR0 레지스터의 프리스케일 비트 CS02~CS00를 (1, 0, 1)인 128 분주 비율로 설정하면 정확하게 1초마다 오버플로가 발생되므로 정확한 초 단위 기준 시간을 만들 수 있다. 그러나 클록 소스 주파수가 내부 클록보다 많이 떨어지므로 시간 해상도가 떨어진다.

클록 소스가 변경되면 TCNT0, OCR0, TCCR0**값이 달라질 수 있다.** ATmega128에 전원이 공급되면 초기 타이머/카운터0 클록 소스는 동기 클록 $CLK_{I/O}$으로 되어 있다. 클록 소스가 변경되면 TCNT0, OCR0, TCCR0 레지스터값이 달라질 수 있으므로, 아래 순서에 따라 변경하는 것이 바람직하다.

❶ TIMSK 레지스터의 OCIE0 비트와 TOIE0 비트를 0으로 클리어시킨다.

❷ ASSR 레지스터의 AS0 비트를 바꾼다.

❸ TCNT0, OCR0, TCCR0 레지스터값을 새로운 값으로 쓴다.

❹ 비동기 모드로 바뀔 때는 ASSR 레지스터의 TCN0UB, OCR0UB, TCR0UB 비지 비트값이 0이 될 때까지 기다린다.

❺ 타이머/카운터0 인터럽트 플래그 레지스터 TIFR의 출력 비교일치 플래그 비트 OCF0와 오버플로 플래그 TOV0에 1을 기록하여 클리어시킨다.

8.2.3 타이머/카운터2 클록 소스

타이머/카운터2의 클록 소스는 내부 클록 또는 T2 핀과 연결되는 외부 클록을 사용할 수 있다. 내부 클록은 CPU 클록으로 3.3~5.0[V]로 작동 가능한 ATmega128(L)에서 8[MHz]까지, 5[V]로 작동 가능한 ATmega128에서 16[MHz]까지 사용할 수 있다. 외부 클록은 T2 핀과 연결된 클록 신호를 사용할 수 있다.

전원이 켜진 초기 상태는 내부 클록이 타이머/카운터2의 클록 소스가 된다. T2 핀에 인가되는 클록 소스를 선택하기 위해서는 TCCR2 레지스터의 CS22~CS20의 프리스케일을 (1, 1, 0) 또는 (1, 1, 1)로 선택해야 한다.

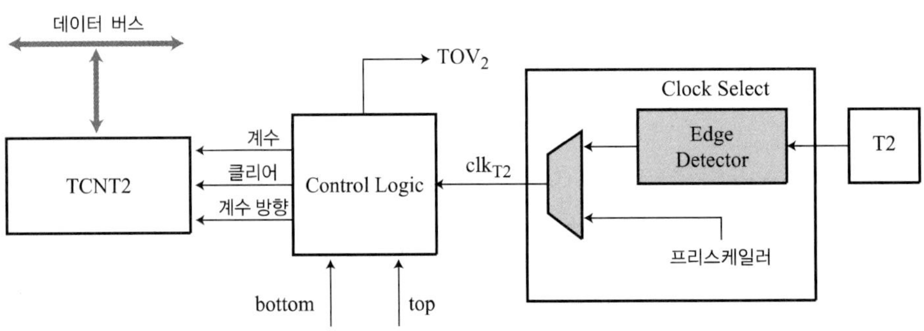

[그림 8-2] TCNT2 클록 소스 선택 블록도

타이머/카운터2 프리스케일

타이머/카운터0은 내부 클록과 비동기 외부 클록 모두에 적용되는 프리스케일 동작을 수행하지만, 타이머/카운터2는 내부클록에서만 프리스케일을 수행한다. 타이머/카운터2의 프리스케일과 타이머/카운터0의 프리스케일이 동일하지 않다.

타이머/카운터2의 프리스케일은 [표 8-3]과 같다.

[표 8-3] 타이머/카운터2 클록 소스와 프리스케일

구분	클록 소스	TCCR2			프리스케일러 주파수 분주 비율
		CS22	CS21	CS20	
타이머/카운터2	내부클록 • CPU 클록	0	0	0	타이머/카운터2 정지
		0	0	1	÷1
		0	1	0	÷8
		0	1	1	÷64
		1	0	0	÷256
		1	0	1	÷1024
	동기 외부 클록 • T2 핀	1	1	0	T2 하강에지 클록
		1	1	1	T2 상승에지 클록

8.2.4 8비트 타이머/카운터 주요 레지스터

8비트 타이머/카운터n(n은 0 또는 2) 동작과 관계된 주요 레지스터는 아래와 같고, 비트 동작은 아래 [표 8-4]와 같다.

TCNTn 레지스터

타이머/카운터 레지스터(Timer/Counter Register)라고 한다. 타이머/카운터n의 클록이 인가될 때마다 1씩 증가한다. TCCRn 레지스터에서 설정한 파형 발생모드에 따라 계수하는 동작이 달라진다.

TCNTn	비트	7	6	5	4	3	2	1	0
	비트명	MSB							LSB
	읽기/쓰기	R/W	R/W	R/W	R/W	R/W	R/W	R/W	R/W
	초깃값	0	0	0	0	0	0	0	0

TCCRn 레지스터

타이머/카운터 제어 레지스터(Timer/Counter Control Register)라고 한다. TCNTn 레지스터의 계수 동작 파형 발생모드를 설정하고, 1씩 계수될 때 소요되는 시간을 프리스케일러로 결정한다.

TCCRn	비트	7	6	5	4	3	2	1	0
	비트명	FOCn	WGMn0	COMn1	COMn0	WGMn1	CSn2	CSn1	CSn0
	읽기/쓰기	W	R/W	R/W	R/W	R/W	R/W	R/W	R/W
	초깃값	0	0	0	0	0	0	0	0

OCRn 레지스터

출력 비교 레지스터(Output Compare Register)라고 한다. TCCRn 레지스터에서 설정한 모드에 따라 TCNTn 레지스터가 계수될 때 OCRn과 일치하는 순간 OCn 핀에 디지털 전압레벨의 출력 펄스를 결정한다.

	비트	7	6	5	4	3	2	1	0
OCRn	비트명	MSB							LSB
	읽기/쓰기	R/W	R/W	R/W	R/W	R/W	R/W	R/W	R/W
	초깃값	0	0	0	0	0	0	0	0

TIMSK 레지스터

타이머/카운터 인터럽트 매스크 레지스터(Timer/Counter Interrupt Mask Register)라고 한다. 타이머 오버플로 인터럽트와 비교일치 인터럽트 활성화를 설정한다.

	비트	7	6	5	4	3	2	1	0
TIMSK	비트명	OCIE2	TOIE2	TICIE1	OCIE1A	OCIE1B	TOIE1	OCIE0	TOIE0
	읽기/쓰기	R/W	R/W	R/W	R/W	R/W	R/W	R/W	R/W
	초깃값	0	0	0	0	0	0	0	0

TIFR 레지스터

타이머/카운터 플래그 레지스터(Timer/Counter Flag Register)라고 한다. 타이머 오버플로 인터럽트와 비교일치 인터럽트가 발생되었을 때 해당 플래그가 1이 된다. 인터럽트 서비스 루틴으로 진입하면 그 비트는 자동으로 클리어된다. 1로 설정되어 대기 중인 상황에서 1을 기록하면 플래그값이 클리어되고 인터럽트 서비스 루틴으로 진입하지 않는다.

	비트	7	6	5	4	3	2	1	0
TIFR	비트명	OCF2	TOV2	ICF1	OCF1A	OCF1B	TOV1	OCF0	TOV0
	읽기/쓰기	R/W	R/W	R/W	R/W	R/W	R/W	R/W	R/W
	초깃값	0	0	0	0	0	0	0	0

[표 8-4] 타이머/카운터n과 관련된 레지스터와 비트

레지스터	비트명	속성	초깃값	비 고
TCNTn	–	R/W	0x00	파형 발생모드 설정에 따라 프리스케일된 클록에 값이 1씩 변경된다.
TCCRn	FOCn	W	0	이 비트를 1로 기록하면 PWM 모드가 아닌 파형 발생모드에서 비교일치가 발생한 것으로 간주한다. COMn1 : COMn0 비트 설정에 따라 OCn값이 반응한다. 인터럽트는 발생하지 않으며, CTC 모드인 경우 TCNTn이 클리어되지 않는다.
	WGMn1	R/W	(0,0)	파형 발생 모드 설정 비트다. (0,0) : 일반 모드 (0,1) : 위상정정 PWM 모드 (1,0) : CTC 모드 (1,1) : 고속 PWM 모드
	WGMn0	R/W		
	COMn1	R/W	(0,0)	파형 발생모드에 따라 TCNTn과 OCRn값이 OCn 핀에 출력할 디지털 전압레벨을 결정한다.
	COMn0	R/W		
	CSn2	R/W	(0,0,0)	TCNTn 클록을 선택하기 위한 프리스케일러
	CSn1	R/W		
	CSn0	R/W		
OCRn	–	R/W	0x00	TCNTn 레지스터와 일치할 때 WGMn1~WGMn0와 COMn1~COMn0 비트에 따라 OCn 핀에 펄스를 생성하기 위한 기준 데이터다.
TIMSK	OCIEn	R/W	0	비교일치 인터럽트 활성비트다. 인터럽트가 발생되면 ISR(TIMERn_COMP_vect) 인터럽트 서비스 루틴이 실행된다(n은 0 또는 2).
	TOIEn	R/W	0	타이머/카운터0 오버플로 인터럽트 활성비트다. 인터럽트가 발생되면 ISR (TIMERn_OVF_vect) 인터럽트 서비스 루틴이 실행된다(n은 0 또는 2).
TIFR	TOVn	R/W	0	오버플로가 발생되면 1로 설정된다. ISR(TIMERn_OVF_vect) 인터럽트 서비스 함수가 개시되면 0으로 클리어 된다. 만일 1로 설정된 상황에서 1을 기록하면 0으로 클리어되어 인터럽트 서비스 루틴이 실행되지 않는다.
	OCFn	R/W	0	OCRn값과 TCNTn값이 일치되면 1로 설정된다. ISR(TIMERn_COMP_vect) 인터럽트 서비스 함수가 개시되면 0으로 클리어된다. 만일 1로 설정된 상황에서 1을 기록하면 0으로 클리어되어 인터럽트 서비스 루틴이 실행되지 않는다.
SREG	I	R/W	0	전역 인터럽트 활성화 비트다.

8.3 8비트 타이머/카운터n 오버플로 인터럽트

8.3.1 8비트 타이머/카운터n 오버플로 인터럽트 초기화

타이머/카운터n(n은 0 또는 2) 오버플로는 TCNTn 레지스터값이 0이 되는 순간 오버플로가 발생된다. [표 8-5]는 TCCRn 레지스터의 파형 발생모드 비트인 WGMn1~WGMn0 비트 설정에 의한 계수 동작의 오버플로 발생되는 TCNTn값을 나타내고 있다.

[표 8-5] 파형 발생모드에 따른 TCNTn 레지스터의 오버플로 발생

파형 발생모드	레지스터 TCCRn		오버플로가 발생하는 TCNTn값
	WGMn1	WGMn0	
일반 모드	0	0	0
위상정정 PWM 모드	0	1	0
CTC 모드	1	0	없음
고속 PWM 모드	1	1	0xFF

ATmega128에서 TCNTn 레지스터값이 오버플로되는 시점에 인터럽트를 발생시킬 수 있다. 타이머/카운터n 오버플로 인터럽트 서비스 루틴에서 타이머 변수를 증가시키면 오버플로 발생 횟수를 알 수 있으므로, 시간 경과를 쉽게 계산할 수 있다.

내부 클록을 TCNTn의 클록 소스로 이용하는 타이머/카운터n 오버플로 인터럽트 사용을 위해서는 [표 8-6]과 같은 초기화가 필요하다.

[표 8-6] 타이머/카운터n 오버플로 인터럽트 사용을 위한 초기화

- #include <interrupt.h>로 매크로 정의와 함수 원형이 포함된 파일을 include한다.
- volatile unsigned long 자료형의 글로벌 변수를 타이머 변수로 선언한다.
- TCNTn 클록 소스는 내부 클록으로 초기화되어 있으므로, 클록 소스를 변경할 필요가 없다.
- ISR(TIMERn_OVF_vect){ } 에 타이머/카운터0 인터럽트 서비스 루틴을 작성한다(n은 0 또는 2).
- main( ) 함수에서 TCCRn 레지스터의 WGMn1~WGMn0 파형 발생모드 비트를 설정하여 [표 8-1]의 계수 동작을 정한다.
- main( ) 함수에서 TCCRn 레지스터의 CSn2~CSn0 비트를 설정하여 파형 발생모드에 대한 적절한 타이머/카운터n 인터럽트 발생 주기를 정한다.
- TIMSK 레지스터의 TOIEn 비트를 1로 설정함으로써, 타이머/카운터n 인터럽트를 활성화시킨다.
- main( ) 함수에서 sei( ) 명령으로 전역 인터럽트를 활성화시킨다.

8.3.2 오버플로 인터럽트 주기 계산

타이머/카운터로 필요한 시간 경과를 CPU 명령 실행에 의한 강제 시간 지연에 의하지 않고 인터럽트로 사용하기 위해서는 오버플로 인터럽트 발생을 기본 단위로 사용해야 한다. 이 절에서는 오버플로 인터럽트로 특정 시간의 경과를 계산하는 방법에 대하여 알아보자.

타이머/카운터0 오버플로 인터럽트 주기 $T_{overflow}$는 식 (8.4)와 같이 계산된다.

$$T_{overflow} = \frac{\text{오버플로 주기 펄스 수} \times \text{프리스케일}}{\text{클록 소스 주파수}} \tag{8.4}$$

따라서 아래와 같은 단계로 $T_{overflow}$ 시간을 알 수 있다.

- 1단계 : 오버플로 주기 펄스 수 결정
- 2단계 : 프리스케일 결정
- 3단계 : 클록 소스 주파수 적용
- 4단계 : $T_{overflow}$ 시간 계산

1단계 : 오버플로 주기 펄스 수 결정

타이머/카운터n의 한 오버플로 주기에 TCNTn 카운터의 계수용 클록으로 공급되는 펄스 수는 TCCRn 레지스터의 WGMn1~WGMn0에 의해 설정된 파형 발생모드에 따라 [표 8-7]과 같이 결정된다.

[표 8-7] 파형 발생모드에 따른 오버플로 발생 펄스 수

파형 발생모드	레지스터 TCCRn		한 오버플로 주기의 TCNTn에 공급되는 펄스 수
	WGMn1	WGMn0	
일반 모드	0	0	256
위상정정 PWM 모드	0	1	510
CTC 모드	1	0	OCR0 + 1
고속 PWM 모드	1	1	256

2단계 : 프리스케일 결정

프리스케일은 TCCRn 레지스터의 CSn2~CSn0의 설정에 의해 [표 8-8]과 같이 입력되는 클록 소스 주파수를 저속으로 분주하여 TCNTn의 계수용 클록으로 공급한다.

[표 8-8] TCCRn 레지스터의 타이머/카운터n 프리스케일 결정

레지스터 TCCRn			타이머/카운터0(n=0) 프리스케일 주파수 분주	타이머/카운터2(n=2) 프리스케일 주파수 분주
CSn2	CSn1	CSn0		
0	0	0	정지	정지
0	0	1	내부 클록 ÷ 1	내부 클록 ÷ 1
0	1	0	내부 클록 ÷ 8	내부 클록 ÷ 8
0	1	1	내부 클록 ÷ 32	내부 클록 ÷ 64
1	0	0	내부 클록 ÷ 64	내부 클록 ÷ 256
1	0	1	내부 클록 ÷ 128	내부 클록 ÷ 1024
1	1	0	내부 클록 ÷ 256	외부 클록 T2, 하강에지
1	1	1	내부 클록 ÷ 1024	외부 클록 T2, 상승에지

3단계 : 클록 소스 주파수 적용

선정된 내부 클록 또는 외부 클록 주파수를 적용한다. 초기는 CPU 클록과 동일한 내부 클록으로 설정되어 있다.

4단계 : $T_{overflow}$ 시간 계산

[프로그램 8-1]은 오버플로 사이클을 msec 단위의 MS_OVERFLOW_CYCLE에 매크로 식으로 정의한 것이다. PULSE_PER_OVERFLOW는 오버플로 주기에 TCNT0 타이머 클록에 인가되는 펄스 수, PRESCALE은 1, 8, 32, 64, 128, 256, 1024 중 하나다. F_CPU는 클록 소스 주파수에 해당된다. 이 값은 AVR Studio의 Project → Configuration Options에서 설정하거나 [프로그램 8-1]과 같이 #define을 사용하여 정의할 수 있다.

[프로그램 8-1] 오버플로 소요 시간 계산 매크로

```
#define F_CPU              16000000UL
#define PRESCALE           256L
#define PULSE_PER_OVERFLOW 256L
#define MS_OVERFLOW_CYCLE  ((double)(PULSE_PER_OVERFLOW * PRESCALE) \
                           /(double)((double)F_CPU/1000.0))
```

여기서 잠깐!

+ 256L

#define 매크로로서 PRESCALE과 PULSE_PER_OVERFLOW의 값으로 256L인 long형 정수 상수를 사용했다. ATmega128에서 정수형의 int는 2byte, long형은 4byte로써 long형 정수 상수를 사용하지 않으면 PULSE_PER_OVERFLOW * PRESCALE 연산에서 int형으로 계산되면 오버플로가 되어 올바른 계산이 되지 않는다.

+ **F_CPU/1000과 (double)F_CPU/1000.0**

F_CPU/1000과 (double)F_CPU/1000.0은 다른 결과값을 갖는다. 전자는 정수형/정수형 연산이므로 소수점 이하를 버린 정수값이 되고, 후자는 실수형/실수형 연산이므로 소수점 이하를 버리지 않은 실수가 된다.

8.3.3 오버플로 인터럽트를 이용한 시간 지연

오버플로를 사용과 요청/응답 인터페이스로 원하는 경과 시간을 타이머/카운터의 사용으로 알아 낼 수 있다. 다음 두 단계로 이 작업을 수행할 수 있다.

❶ 이전 절에서 계산한 $T_{overflow}$을 사용하여 지연 시간 $t_{경과\ 시간}$에 대한 오버플로 발생 횟수를 알아낸다.

$$n_{오버플로\ 발생\ 횟수} = \frac{t_{경과\ 시간}}{T_{overflow}}$$

❷ $n_{오버플로\ 발생\ 횟수}$를 요청 변수로 두고, 오버플로 인터럽트 서비스 루틴은 인터럽트마다 1씩 감소시켜 0이 되게 한다. 주 프로그램은 요청/응답 변수가 0이 되면 시간 경과가 완료되었음을 알게 된다.

[프로그램 8-2]는 타이머/카운터0에서 msec 단위의 경과 시간 ms_interval 동안 발생되어야 하는 오버플로 횟수를 계산하는 함수다. msec 단위의 ms_interval을 ms 단위의 오버플로 시간 MS_OVERFLOW_CYCLE로 나누어 계산한다. 계산된 오버플로 횟수는 타이머/카운터0 오버플로 인터럽트 서비스 루틴과 요청/응답 인터페이스하기 위한 값으로 사용할 수 있다.

[프로그램 8-2] ms_interval 시간 동안 오버플로 발생 횟수 계산

```
unsigned long  ms_req_timer0(unsigned long ms_interval)
{ return (ms_interval <= 0.0) ? 0 : \
                (unsigned long)(ms_interval / MS_OVERFLOW_CYCLE);
}
```

타이머 오버플로 인터럽트에서 요청/응답 변수를 이용하여 시간 지연을 해보자. [프로그램 8-3]은 main( ) 함수에서 100[msec] 시간 지연을 요청하고, 오버플로 서비스 루틴에서 도달을 응답하는 사례다.

타이머/카운터0 오버플로 인터럽트 서비스 루틴 ISR(TIMER0_OVF_vect)에서 오버플로마다 인터럽트가 발생되어 timer0++ 명령을 수행한다. timer0은 현재까지의 오버플로 발생 횟수를 가진다. 요청 변수와 응답 변수를 동일하게 req_timer0 변수로 이용하고 있다. main( ) 함수 14번 라인에서 100[msec] 지연 시간을 오버플로 발생 횟수로 변환하여 현재까지 요청하는 인터럽트 발생 횟수를 req_timer0값에 기록한다. 인터럽트 서비스 루틴에서는 타이머/카운터0의 오버플로마다 req_timer0값이 0보다 큰 경우에 1씩 감소한다.

16번 라인의 if( ) 문에서 req_timer0 변수가 0인 경우에 100[msec]가 경과하였으므로 do_something( ) 함수를 실행하게 한다. 100[msec]가 경과되지 않은 경우 CPU는 다른 작업을 할 수 있다.

[프로그램 8-3] main( ) 함수와 인터럽트 서비스 루틴과 요청/응답 인터페이스 사례

```
1   …
2
3   ISR(TIMER0_OVF_vect)
4   {
5       timer0++;
6       …
7       if(req_timer0 > 0)
8          req_timer0--;
9   }
10
11  int main(void)
12  {
13      …
14      req_timer0 = ms_req_timer0(100);
15
16      if(req_timer0 == 0) do_something();
17      …
18  }
```

Section

8.4 타이머/카운터0 오버플로 인터럽트

A 실험 목적

(1) 일반 모드의 타이머/카운터0 오버플로 인터럽트 설정 절차를 익힌다.
(2) 타이머/카운터0 오버플로 인터럽트 서비스 루틴 작성 방법을 익힌다.

B 실험 부품 및 장치

부품명	규격	수량	비고
핵심(기본) 부품		1개	3장 [표 3-17] 참조
LED	3[mm]	1개	
저항	330[Ω]	1개	1/8[W]

C 실험 절차

(1) [그림 8-3]과 같이 타이머/카운터0 오버플로 발생에 따라 LED를 점멸하기 위한 회로를 구성한다.

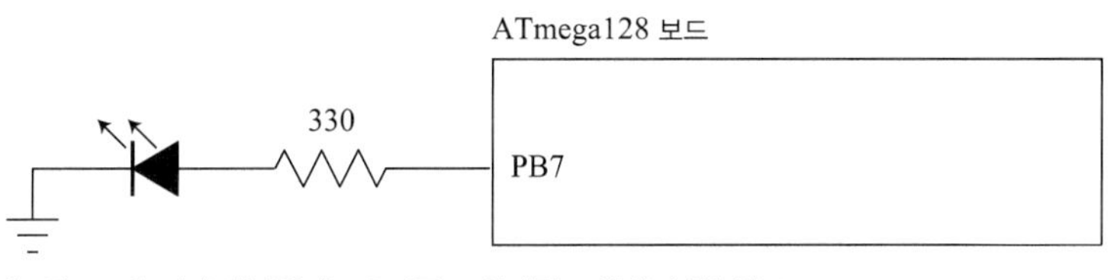

[그림 8-3] 타이머/카운터0 오버플로 인터럽트 발생 실험 회로

(2) TCNT0 레지스터에 인가되는 클록 분주비를 프리스케일러로 설정한다.
(3) TIMSK 레지스터를 설정하여 오버플로 인터럽트를 활성화한다.
(4) 100회의 오버플로 발생 시마다 LED의 점멸을 바꾼다.
(5) [프로그램 8-4]를 완성하여 컴파일하고 구성된 회로에 다운로드시켜 관찰한다.

[프로그램 8-4] 타이머/카운터0 오버플로 인터럽트 발생 및 서비스 루틴

```
1   #include      <avr/io.h>
2   #include      <avr/interrupt.h>
3
4   #define LED     PB7
5
6   volatile    unsigned    long timer0;   // 오버플로마다 1씩 증가될 변수
7
8   // 타이머/카운터0 인터럽트 서비스 루틴
9   ISR(TIMER0_OVF_vect)
10  {   timer0++;                          // 오버플로마다 1씩 증가
11
12      if( timer0 % 100 == 0)
13          PORTB ^= 1<<LED;               // PORTB의 LED 위치 비트를 반전시킴
14  }
15
16  int main(void)
17  {
18      DDRB |= 1<<LED;                    // PB7 LED 출력 핀으로 설정
19
20      TCCR0 |= 1<<CS02 | 1<<CS01;        // 256 분주 프리스케일러
21      TIMSK |= 1<<TOIE0;                 // 타이머/카운터0 인터럽트 활성화
22
23      timer0 = 0;
24      sei( );
25
26      while(1);
27      return 0;
29  }
```

D 실험 결과 및 고찰

(1) 2번 라인에 <avr/interrupt.h> 헤더 파일을 포함시킨다. 인터럽트 발생 관련 매크로를 포함하고 있다.

(2) 6번 라인의 timer0를 volatile 지시어로 선언한다. 이 변수는 오버플로 인터럽트 서비스 루틴 ISR(TIMER0_OVF_vect)에서 오버플로 인터럽트가 발생할 때마다 1씩 증가시킨다. 이 값의 크기에 오버플로 발생 주기를 곱하면 시간 경과를 알 수 있다.

(3) 18번 라인에서 매크로 LED로 정의된 PB7 핀을 출력 방향으로 설정한다.

(4) 20번 라인에서 TCCR0 레지스터의 프리스케일 비트 CS02~CS00을 (1, 1, 0)로 설정하여 CPU 클록 16[MHz]를 256 분주된 클록이 TCNT0의 클록으로 인가된다.

(5) 21번 라인에서 타이머/카운터0 오버플로 인터럽트를 활성화시키고 24번 라인에서 전역 인터럽트를 활성화한다.

(6) 12~13번 라인은 오버플로 인터럽트 서비스 루틴에서 오버플로 발생이 100회의 배수일 때마다 PORTB 레지스터의 LED(PB7) 비트값을 반전시켜 LED를 점멸시킨다.

E 실험 개선

(1) if(timer0 % 100 == 0)에서 상수값을 50, 150, 200으로 수정했을 때의 결과를 관찰하고 이유를 설명해 보자.

(2) 점멸되는 시간이 계산된 시간과 일치하는지 확인한다.

여기서 잠깐!

+ 비트 연산 PORTB ^= 1 << PB7;

비트 연산 PORTB ^= 1 << PB7; 은 PORTB = PORTB ^ 1 << PB7;과 같은 명령으로 PORTB 비트 데이터값 중 PB7 위치와 배타적 OR(XOR) 연산을 수행한다. 오른쪽 그림과 같이 1과 배타적 OR 연산된 비트값은 반전되고 0과 배타적 OR 연산된 값은 바뀌지 않는다. PORTB ^= 1 << PB7; 명령은 PORTB의 PB7 비트만을 반전시킨다.

```
     0011 0011
XOR  1111 0000
---------------
     1100 0000
     반전 비반전
```

8.5 착시를 이용한 두 자리 7-세그먼트 LED 디스플레이

A 사전 지식

7-세그먼트 LED 한 개를 켜기 위해서는 8개의 디지털 I/O 핀이 ATmega128과 연결되어야 한다. 병렬로 2개를 켜기 위해서 단순한 계산으로 16개의 디지털 I/O 핀이 사용되어야 한다. 그러나 [그림 8-4]와 같이 스위치를 ON/OFF하여 전류의 흐르는 경로를 바꿔주는 회로를 사용하면 두 개의 7-세그먼트 LED 디스플레이를 위해서 10개의 디지털 I/O 핀으로 줄일 수 있다.

[그림 8-4(a)]는 10의 자리에 7-세그먼트 LED로 전류가 흐를 수 있는 경로를 스위치로 만들고, 10자리 숫자를 LED에 출력하기 위한 데이터를 공급하면 10의 자리값이 디스플레이 된다. [그림 8-4(b)]는 1의 자리에 7-세그먼트 LED에 전류가 흐를 수 있도록 스위치로 경로를 만들고 1의 숫자를 LED에 출력하기 위한 데이터를 공급하면 1의 자리값이 디스플레이된다. 두 스위치를 초당 약 30회 번갈아가며 바꿔주면 착시 현상에 의해 서로 다른 두 숫자를 디스플레이하는 효과를 갖는다.

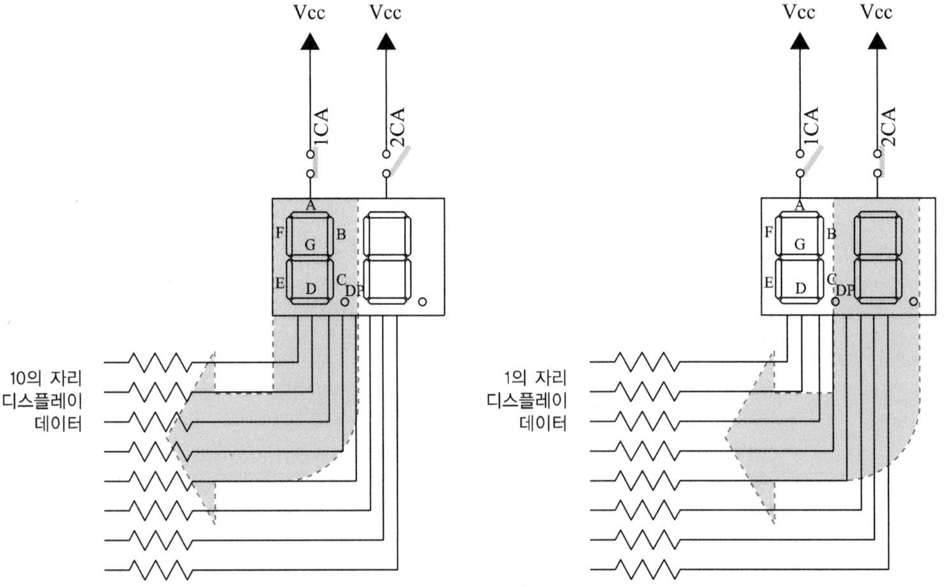

(a) 10의 자리 스위치 ON (b) 1의 자리 스위치 ON

[그림 8-4] 두 자리 7-세그먼트 LED 숫자 디스플레이 원리

B 실험 목적

(1) 타이머/카운터0 오버플로 인터럽트 사용 방법을 익힌다.

(2) 두 곳을 빠른 시간차로 번갈아가며 디스플레이하여 서로 다른 두 숫자가 동시에 보이게 하는 착시 현상으로 두 자리 숫자를 디스플레이한다. 개별적으로 2개의 7-세그먼트를 이용할 경우보다 연결되는 디지털 I/O 핀 수를 감소시키는 효과를 이해한다.

(3) 트랜지스터를 이용한 간접 구동으로 7-세그먼트 LED에 필요한 전류를 공급할 수 있음을 확인한다.

(4) 프리스케일러를 작게하여 너무 잦은 오버플로 인터럽트가 발생되면 오버플로 인터럽트가 CPU를 과도하게 차지하게 되어 주 프로그램의 동작이 정지될 수 있음을 확인한다.

C 실험 부품 및 장치

부품명	규격	수량	비고
핵심(기본) 부품		1개	3장 [표 3-17] 참조
두 자리 7-세그먼트 LED	SR-2156A 공통 애노드	1개	
저항	330[Ω] 470[Ω]	8개 2개	
트랜지스터	2N2907A	2개	

D 실험 절차

(1) [그림 8-5]와 같은 공통 애노드 두 자리 7-세그먼트 LED를 이용한 회로를 [그림 8-6]과 같이 구성한다.

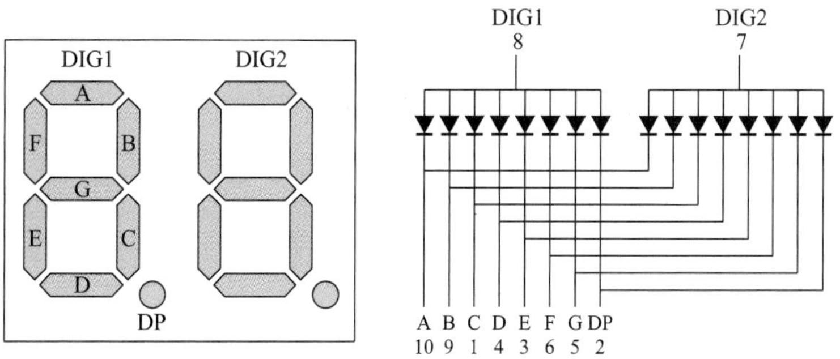

[그림 8-5] 두 자리 7-세그먼트 LED 핀 구성

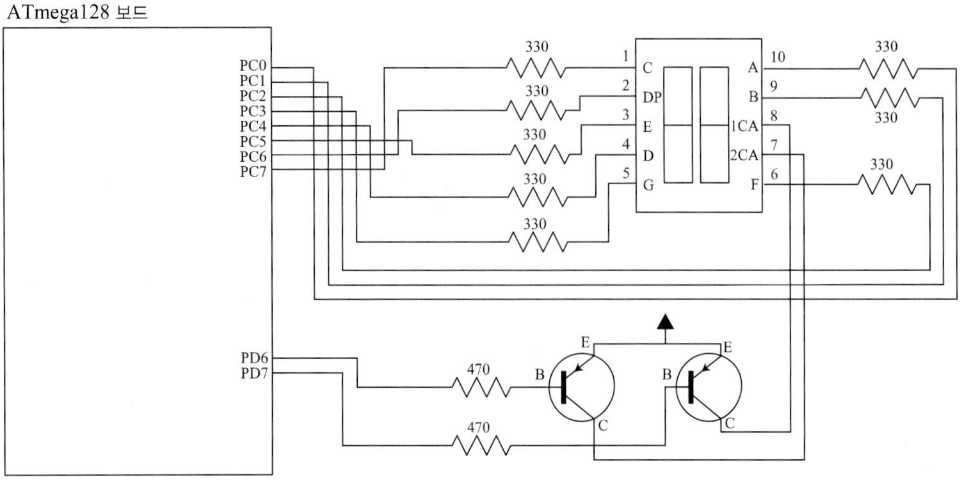

[그림 8-6] 두 자리 7-세그먼트 LED 디스플레이 회로

(2) [그림 8-6]에 연결된 C포트의 핀과 7-세그먼트 LED 핀 이름과의 연결에 따라 디스플레이 되는 모양을 만들기 위해 C포트의 PC0~PC7 핀에 출력되어야 할 논리값을 [표 8-9]와 같이 완성한다. 공통 애노드 7-세그먼트 LED이므로 공통 애노드에 5[V]가 출력되고, C포트의 LED 핀에 0이 출력될 때 해당되는 LED 램프가 켜진다.

[표 8-9] 공통 애노드에 5[V]가 공급되고 숫자 디스플레이를 위한 C포트 출력값

디스플레이 숫자		0	1	2	3	4	5	6	7	8	9
C포트 핀	LED										
PC7	C	0	0	1	0	0	0	0	0	0	0
PC6	DP	1	1	1	1	1	1	1	1	1	1
PC5	E	0	1	0	1	1	1	0	1	0	1
PC4	D	0	1	0	0	1	0	0	1	0	1
PC3	G	1	1	0	0	0	0	0	1	0	0
PC2	F	0	1	1	1	0	0	0	1	0	0
PC1	B	0	0	0	0	0	1	1	0	0	0
PC0	A	0	1	0	0	1	0	1	0	0	0
16진값		48	7D	C4	64	71	62	43	7C	40	70

(3) 7-세그먼트 LED 숫자 디스플레이를 위한 배열 led[ ]는 아래와 같이 초기화된다.

```
unsigned char led[ ]={0x48, 0x7D, 0xC4, 0x64, 0x71, 0x62, 0x43, 0x7C, 0x40, 0x70};
```

(4) [프로그램 8-5]를 작성하여 컴파일한 후, 타깃 코드를 다운로드시켜 실행한다.

[프로그램 8-5] 착시 현상을 이용한 두 자리 7-세그먼트 LED 디스플레이

```
1  #include   <avr/io.h>
2  #include   <avr/interrupt.h>
3
4  volatile    unsigned  long timer0;    // 오버플로마다 1씩 증가될 변수
5
6  volatile unsigned  int number;         // 증가되어 7-세그먼트 LED에 디스플레이될 숫자
7  unsigned char led[ ]={0x48, 0x7D, 0xC4, 0x64, 0x71, 0x62, 0x43, 0x7C, 0x40, 0x70};
8
9  // 타이머/카운터0 인터럽트 서비스 루틴
10 ISR(TIMER0_OVF_vect)
11 {
12     timer0++;                          // 오버플로마다 1씩 증가
13
14     // 오버플로 횟수가 4의 배수일 때 10자리 또는 2의 배수일 때 1자리 디스플레이
15     if(timer0 % 2 == 0){
16         PORTC = (timer0%4 == 0) ? led[(number%100) / 10] : led[number%10];
17         PORTD = (PORTD |0xC0) & ~(1<<((timer0 % 4 == 0) ? PD7 : PD6));
18     }
19 }
20
21 int main(void)
22 {
23     DDRC = 0xFF;
24     DDRD |= 1<<PD7 | 1<<PD6;          // 번갈아가며 7-세그먼트 LED를 켜기 위한 출력
25
26     TCCR0 = 1<<CS02 | 1<<CS01;        // 256 프리스케일 설정
27     TIMSK |= 1<<TOIE0;                // 타이머/카운터0 인터럽트 활성화
28
29     timer0 = 0;
30     sei( );
31
32     number = 12;
33     while(1);
34
35     return 0;
36 }
```

E 실험 결과 및 고찰

(1) 23번 라인에서 디스플레이 LED 데이터 출력용 C포트를 출력 방향으로 설정한다.

(2) 24번 라인에서 번갈아가며 5[V]를 출력시켜 전류를 공급할 PD7, PD6 핀을 출력으로 설정한다.

(3) 26번 라인에서 256 프리스케일을 설정하고, 27번 라인에서 타이머/카운터0 인터럽트를 활성화시킨다.

(4) 30번 라인에서 모든 활성화된 인터럽트를 동작되게 한다.

(5) 디스플레이될 number값을 12로 정하고, while(1); 명령으로 main( ) 함수는 실질적으로 단순 반복만 한다.

(6) 타이머/카운터0 인터럽트 서비스 루틴 ISR(TIMER0_OVF_vect)은 오버플로가 발생될 때마다 실행되고 그때마다 timer0값을 1씩 증가시켜 이 값을 보면 오버플로가 총 몇 회 발생했는지 알 수 있다.

(7) 변수 timer0은 인터럽트 서비스 함수에서만 갱신한다. 일반 함수에서 갱신하지 않고 참조만 하므로 컴파일러가 상수로 판단하여 간소화시킬 수 있다. 간소화하지 못하도록 volatile 지시어를 사용한다.

(8) number 변수는 main( ) 함수에서 갱신만 할 뿐 참조하지 않으므로 컴파일러는 불필요한 변수로 보아 없애거나 간소화시킨다. 따라서 간소화 방지를 위해 volatile 지시어가 필요하다.

(9) 15~18번 라인에서 두 자리를 번갈아가며 C포트에 디스플레이 LED값을 출력시키고 전류 공급을 위한 5[V] 전압을 PD7, PD6으로 번갈아가며 공급하여 착시 현상에 의한 두 자리 디스플레이를 한다.

(10) 10의 자리에 숫자 8을 디스플레이하여 7개의 LED를 ON시킨 후 측정한 평균 전류는 20.2[mA]이고, 1을 디스플레이하여 2개의 LED를 ON시켜 측정한 평균 전류는 7.6[mA]다. 이 측정값은 LED를 끄고 켜기를 반복해서 디스플레이되는 평균 전류이므로 ON된 순간의 전류는 2배가 된다. 순간 전류가 40.4[mA]까지 필요하므로 ATmega128 디지털 I/O 핀으로 전류를 공급하기에는 무리가 있다. 따라서 트랜지스터를 이용하여 간접 구동하는 방법이 바람직하다.

(11) 2N2907A의 40[mA] DC에 대한 전류이득 h_{FE}가 데이터시트에서 최악에는 약 50의 작은 값이므로 베이스에 인가되는 저항을 작게 해야만 쉽게 포화 동작을 만들어 스위치 ON 효과를 가진다.

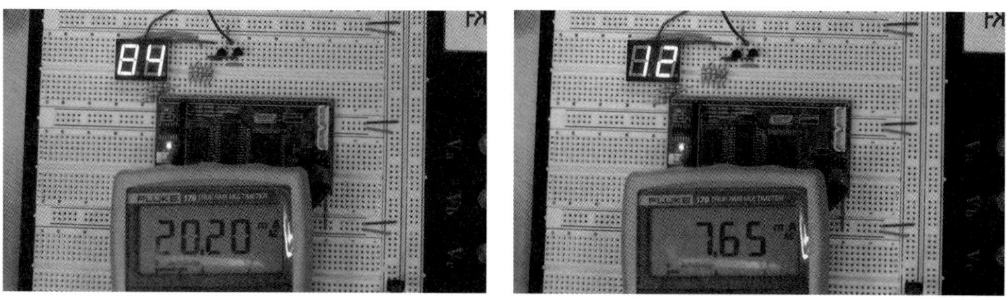

(a) 1 디스플레이 전류 (b) 8 디스플레이 전류

[그림 8-7] PD7 핀으로 간접 구동하여 공급되는 평균 전류

F 실험 개선

(1) 프리스케일러의 분주비를 작게 하면 프로그램이 동작하지 않을 수 있다. 프로그램이 정지하는 프리스케일러 분주비를 찾아라.

(2) 오버플로 인터럽트 서비스 루틴이 종료되지 않은 상황에서 또다시 오버플로 인터럽트가 반복적으로 발생되면 인터럽트 서비스 루틴이 종료되자마자 다시 인터럽트 서비스 루틴이 실행되기 때문에 일반 함수가 수행되지 못하여 프로그램이 작동되지 않는다.

(3) 다양한 인터럽트 기능이 활성화되었을 때 인터럽트 서비스 루틴에서 수행되는 명령을 줄여 시간을 최소화시키는 것이 바람직하다.

여기서 잠깐!

+ A%B 연산, A/B 연산

정수 A, B에 대한 A%B 연산은 A를 B로 나눈 나머지 값이고, A/B 연산은 정수끼리의 연산이므로 소수점 이하를 버린 몫이 된다. 숫자 365에서 10의 자리인 6만을 취하기 위해 (365%100)/10 연산을 해야 한다. 365%100 ⇒ 65가 되고 65/5 ⇒ 6을 얻는다. 단순히 365/10만으로 연산하면 36이 되어 올바른 7-세그먼트 디스플레이 데이터를 취할 수 없게 된다.

Section

8.6 요청/응답 인터페이스에 의한 LED 점멸 주기 제어

A 실험 목적

(1) 다른 주기를 갖는 LED 점등과 7-세그먼트 LED 디스플레이를 타이머/카운터0 오버플로 인터럽트 서비스와 요청/응답 변수를 사용하여 인터페이스를 수행한다.

(2) 인터럽트 서비스 루틴과 주 프로그램의 요청/응답 인터페이스를 이해하고 활용할 수 있는 능력을 갖게 한다.

B 실험 부품 및 장치

부품명	규격	수량	비고
핵심(기본) 부품		1개	3장 [표 3-17] 참조
두 자리 7-세그먼트 LED	SR-2156A 공통 애노드	1개	
저항	330[Ω] 470[Ω]	10개 2개	
LED	3[mm]	2개	
트랜지스터	2N2907A	2개	

C 실험 절차

(1) 2개의 LED 점멸과 두 자리 7-세그먼트 LED에 약 1초에 1씩 증가하는 동작을 위한 [그림 8-8]의 회로를 구성한다.

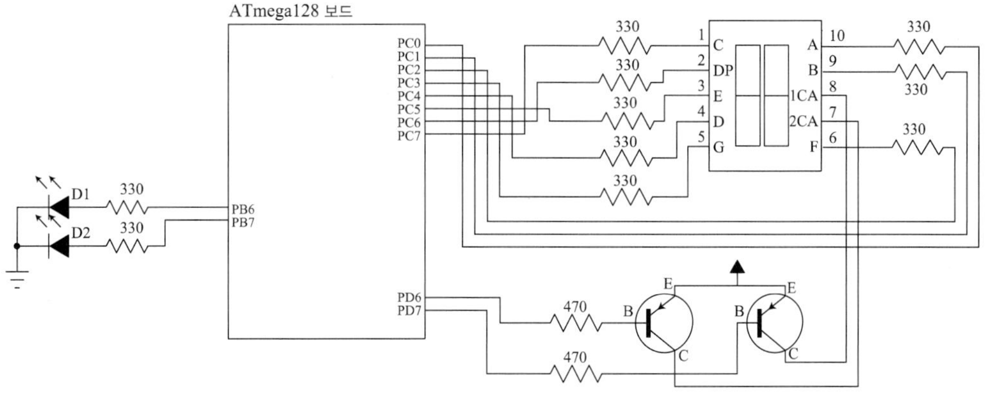

[그림 8-8] 요청/응답 인터페이스에 의한 시간 지연 LED 점멸 회로

(2) 동시에 여러 시간 지연을 처리하기 위해 요청/응답 변수를 사용한 [프로그램 8-6]을 작성하여 실행한다.

[프로그램 8-6] 여러 시간 지연을 위한 요청/응답 인터페이스 프로그램

```
#include <avr/io.h>
#include <avr/interrupt.h>

#define F_CPU                 16000000UL
#define PRESCALE              256L
#define PULSE_PER_OVERFLOW    256L
#define MS_OVERFLOW_CYCLE     ((double)(PULSE_PER_OVERFLOW * PRESCALE) \
                /(double)((double)F_CPU/1000.0))
#define NUM_REQ 3

volatile    unsigned  long timer0;      // 오버플로마다 1씩 증가될 변수
volatile    unsigned  long req_timer0[NUM_REQ] = {0, 0, 0};     // 요청 변수

volatile unsigned  int number;          // 증가되어 7-세그먼트 LED에 디스플레이될 숫자
unsigned char led[ ]={0x48, 0x7D, 0xC4, 0x64, 0x71, 0x62, 0x43, 0x7C, 0x40, 0x70};

// ms_interval 초 시간 지연을 위한 오버플로 횟수 계산 함수
unsigned long  ms_req_timer0(unsigned long ms_interval)
{   return ( ms_interval <= 0.0) ? 0 : \
            (unsigned long)(ms_interval / MS_OVERFLOW_CYCLE);
}

// 타이머/카운터0 인터럽트 서비스 루틴
ISR(TIMER0_OVF_vect)
{   int i;

    timer0++;                           // 오버플로마다 1씩 증가

    // 오버플로 횟수가 4의 배수일 때 10자리 또는 2의 배수일 때 1자리 디스플레이
    if(timer0 % 2 == 0){
```

```
        PORTC = (timer0%4 == 0) ? led[(number%100) / 10] : led[number%10];
        PORTD = (PORTD |0xC0) & ~(1<<((timer0 % 4 == 0) ? PD7 : PD6));
    }
    for(i=0; i<NUM_REQ; i++)            // 요청 시간 도달 여부 검사 및 응답
        if( req_timer0[i] > 0)
            req_timer0[i]--;
}

int main(void)
{
    DDRC = 0xFF;
    DDRD |= 1<<PD7 | 1<<PD6;            // 번갈아가며 7-세그먼트 LED를 켜기 위한 출력
    DDRB |= 1<<PB7 | 1<<PB6;            // 시간 지연에 따라 LED ON/OFF를 위한 출력

    TCCR0 = 1<<CS02 | 1<<CS01;          // 256 프리스케일 설정
    TIMSK |= 1<<TOIE0;                  // 타이머/카운터0 인터럽트 활성화

    timer0 = 0;
    sei( );

    number = 0;

    while(1){
        if( req_timer0[0] == 0){                    // 50[ms] 경과 응답 확인
            PORTB ^= 1<<PB7;                        // PB7 출력 반전
            req_timer0[0] = ms_req_timer0(50);      // 50[ms] 지연 요청
        }
        if( req_timer0[1] == 0){                    // 1000[ms] 경과 응답 확인
            PORTB ^= 1<<PB6;                        // PB6 출력 반전
            req_timer0[1] = ms_req_timer0(1000);    // 1000[ms] 지연 요청
        }
        if( req_timer0[2] == 0){                    // 1000ms 경과 응답확인
            number++;   // 7-세그먼트 LED 디스플레이용 number 증가
            req_timer0[2] = ms_req_timer0(1000); // 1000[ms] 지연 요청
        }
    }

    return 0;
}
```

여기서 잠깐!

+ DDRB = 1<<PB7 | 1<<PB6; 명령과 DDRB |= 1<<PB7 | 1<<PB6; 명령

비트 연산 명령에서 DDRB = 1<<PB7 | 1<<PB6; 명령과 DDRB |= 1<<PB7 | 1<<PB6; 명령은 다르다. 앞의 것은 DDRB의 현재 비트값 8개를 무시하고 PB7 위치와 PB6 위치 비트만을 1로 만들고 나머지 비트는 0으로 만든다. 뒤의 명령은 DDRB = DDRB | 1<<PB7 | 1<<PB6; 명령과 동일한 것으로 DDRB의 다른 비트 데이터값은 변경하지 않고, PB7 위치와 PB6 위치의 비트만을 1로 만든다.

D 실험 결과 및 고찰

(1) 7번 라인은 오버플로 인터럽트가 발생되는 주기를 msec 단위로 계산한 매크로 함수다.

$$T_{overflow} = \frac{\text{오버플로 주기 펄스 수} \times \text{프리스케일값}}{\text{클록 소스 주파수}}$$

(2) 11번 라인, 12번 라인, 14번 라인의 timer0 변수, req_timer0[NUM_REQ] 변수, number 변수는 인터럽트 서비스 루틴에서 사용하므로 volatile 지시어로 선언하였다.

(3) 일반 타이머/카운터0 계수 동작을 사용하므로 오버플로까지 256 펄스가 필요하고 CS02~CS01 비트를 (1, 1, 0)으로 설정하고 있으므로 [표 8-8]에서 프리스케일러는 256이다.

(4) 56번, 60번, 64번 라인에서 req_timer0[0]~req_timer0[2]에 msec 단위의 인터럽트 오버플로 발생 횟수를 변환 기록하여 시간 지연을 요청하고 있다.

(5) 인터럽트 서비스 루틴 34~36번 라인에서 3개의 요청 변수를 1씩 감소시키고, 요청된 시간이 경과되면 요청 변수의 값은 0이 된다.

(6) 54, 58, 62번 라인에서 rep_timer0[0~2]값이 0으로 감지되면 지연 시간이 지나갔으므로 해당 LED를 반전시키거나 number값을 증가시킨다.

(7) 30~33번 라인에서 두 개의 7-세그먼트 LED를 번갈아가며 디스플레이하게 한다.

(8) 두 자리를 번갈아가며 디스플레이 하는 속도가 빨라 육안으로 감지하기 어려운 착시 현상으로 두 자리가 항상 디스플레이되는 효과를 갖는다.

(9) 오버플로 주기 계산은 오차가 적지만 시간을 정수형인 오버플로 발생 횟수로 변환될 때 오차가 생긴다. 오차가 있는 시간 지연을 반복하므로 누적되어 시간이 많이 지나면 오차가 더 커진다.

(10) 약 5분이 경과되면 얼마 만큼 오차가 발생하는지 계산하고 결과를 관찰한다.

E 실험 개선

(1) 매크로 함수 정의 MS_OVERFLOW_CYCLE은 [프로그램 8-6] while( ) 반복문 내의 56, 60, 64번 라인에서 반복 사용되고 있다. double형에 대한 곱셈, 나눗셈을 포함하고 있어 연산량을 계산하는 데 필요한 명령이므로 새로운 변수를 선언하여 필요할 때 계산해 넣고 참조하여 사용하면 연산량을 줄일 수 있다.

(2) 오버플로 주기 시간을 double형 변수 ms_overflow로 선언하고 프로그램을 수정하여 동작시켜라.

(3) 오버플로 인터럽트 서비스 루틴에서 7-세그먼트 LED를 번갈아가며 디스플레이하는 기능과 요청/응답 기능이 추가되어 CPU의 수행 시간 중 인터럽트 서비스 루틴 수행 시간 비중이 증가했다.

(4) 프리스케일러의 분주비를 키우면 오버플로 인터럽트 발생 주기가 커지므로 인터럽트 서비스 루틴의 CPU 차지 비율이 줄지만, 두 자리 7-세그먼트 LED 디스플레이를 교체하는 시간이 길어져 깜박거리는 현상이 관측된다.

(5) 두 자리 숫자의 유연한 디스플레이를 보장하고, CPU가 차지하는 인터럽트 서비스 루틴 비율을 줄일 수 있도록 프로그램을 개선하라.

8.7 8비트 타이머/카운터 파형 발생모드와 OCn 파형 발생

8비트 타이머/카운터n(n은 0 또는 2)에는 TCNTn 레지스터와 OCRn 레지스터가 있어 두 값의 비교에 의해 OCn 핀에 출력되는 디지털 전압레벨을 조절할 수 있는 기능을 갖고 있다. 이 기능을 이용하여 PWM(Pulse Width Modulation)을 만들면 펄스 폭을 조절할 수 있다.

8.7.1 비교출력 OCn 신호 출력

[그림 8-9]는 출력 비교 장치 블록도를 나타낸다. OCn으로 출력되는 신호는 파형 발생기에서 아래의 신호 조합에 의해 펄스 형태로 출력된다.

- TCNTn 레지스터와 OCRn 레지스터의 비교일치 여부
- 파형 발생모드(WGMn1~WGMn0) 설정에 의한 TCNTn 신호 파형의 변화
- 비교일치 핀 출력 모드(COMn1~COMn0)에 의한 TCNTn가 OCRn의 비교 방법 설정
- TOP값(TCNTn이 증가할 수 있는 최댓값)
- BOTTOM값(TCNTn이 감소할 수 있는 최솟값, 0)
- FOCn값

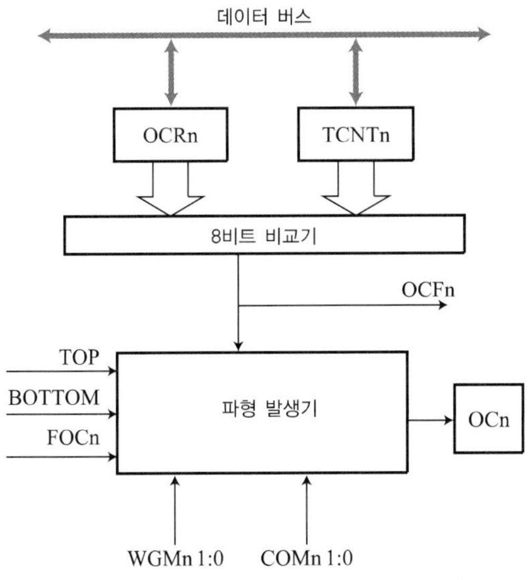

[그림 8-9] 8비트 타이머/카운터 출력 비교 장치 블록도

비교일치 조건이 만족되면 B포트의 OC0(PB4), OC2(PB7) 핀으로 해당되는 펄스 전압레벨이 출력된다. DDRB 레지스터로 해당 핀을 출력 방향으로 설정한 후, OCn 핀으로 펄스를 출력할 수 있다.

비교출력 인터럽트를 활성화하고 전역 인터럽트 비트가 활성화되어 있으면, OCFn 비교출력 인터럽트 발생 플래그가 1로 변하면서 인터럽트 발생을 요청하고, 인터럽트 서비스 루틴이 실행된다.

파형 발생모드는 WGNn1:0에 의해 아래와 같이 일반 모드, 위상정정 PWM 모드, CTC 모드, 고속 PWM 모드로 결정된다. 각 모드에서 COMn1:n0에 따라 OCRn과 관계된 OCn 핀에서 출력되는 펄스의 특징을 살펴보자.

파형 발생모드	TCCRn 레지스터		최댓값 (TOP)
	WGMn1	WGMn0	
일반 모드	0	0	FF
위상정정 PWM 모드	0	1	FF
CTC 모드	1	0	OCRn
고속 PWM 모드	1	1	FF

8.7.2 고속 PWM 모드에서 OCn 신호 출력

고속 PWM 파형은 TCCRn 레지스터의 WGMn1~WGMn0 비트가 (1, 1)로 설정될 때 발생한다. [그림 8-10]은 고속 PWM 모드의 타이밍도다. TCNTn이 0부터 최댓값인 FF까지 증가한 후 0부터 다시 증가를 반복하는 단일 경사 모양을 갖는다. 한 사이클의 주기는 TCNTn이 0부터 FF까지 총 256회의 TCNTn에 대한 프리스케일된 클록 소스 펄스가 소요되며, 주기 계산은 아래 식과 같다. 아래 식에서 $f_{clk_I/O}$는 TCNTn에 연결되는 프리스케일되기 전 클록 소스의 주파수다.

$$\text{고속 PWM 주기} = \frac{256 \times \text{프리스케일}}{f_{clk\_I/O}}$$

고속 PWM 모드는 최소 0부터 최대 255까지 단순 증가로 TCNTn이 반복하므로 증가, 감소를 반복하는 위상정정 PWM보다 짧은 주기를 갖는다. 그 결과 빠른 PWM 주기 신호를 제공할 수 있다.

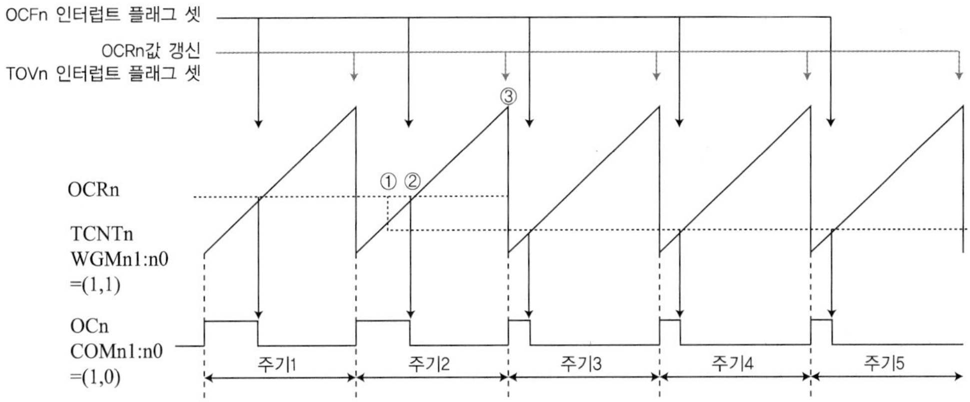

[그림 8-10] 고속 PWM 모드 TCNTn 타이밍

COMn1~COMn0 설정과 OCn 출력 극성

TCCRn 레지스터의 비교일치 출력 모드를 결정하는 COMn1~COMn0 비트 설정에 따라 고속 PWM 모드의 OCn 출력은 [표 8-10]과 같다. OCn 출력 파형 발생을 위해서 DDRB 레지스터의 OC0(PB4), OC2(PB7) 비트를 1로 설정한 후 핀의 방향을 출력으로 만들어 신호를 출력시킬 수 있게 해야 한다.

[표 8-10] 고속 PWM 파형 발생모드의 OCn의 비교일치 출력 모드

레지스터	비교일치 출력 모드 비트		내용
	COMn1	COMn0	
TCCRn	0	0	OCn 동작 없음, 일반 디지털 I/O 핀으로 동작한다.
	0	1	-
	1	0	OCRn과 TCNTn값이 일치하면 0이 되고, TCNTn이 16진수 FF가 되면 1이 된다. 즉, OCRn을 증가하면 OCn의 펄스 폭이 증가한다.
	1	1	OCRn와 TCNTn값이 일치하면 1이 되고, TCNTn이 16진수 FF가 되면 0이 된다. 즉, OCRn을 감소하면 OCn의 펄스 폭이 증가한다.

고속 PWM 모드에서 COMn1~COMn0 설정 비트를 (1, 0)으로 하면 OCn는 TCNTn가 최댓값인 16진수 FF일때 1이 되고, 0부터 다시 계수를 시작하여 TCNTn과 OCRn이 일치하면 0이 되는 동작을 반복한다.

TIMSK 레지스터의 비교일치 인터럽트 허용 비트 OCIEn이 1로 설정되면, TCNTn이 상승하는 과정에 OCRn과 값이 일치할 때 ISR(TIMERn_COMP_vect) 인터럽트가 발생된다. OCIEn를 활성화하지 않아도 OCn 핀을 출력 방향으로 설정하고 COMn1~COMn0 비트를 (1, 0) 또는 (1, 1)로 설정하면 OCn 핀에서 PWM 파형이 출력된다. COMn1~COMn0을 (1, 0)로 설정했을 때 OCRn값에 따라 듀티비는 다음과 같다.

$$\text{듀티비} = \frac{\text{OCRn} + 1}{256} \times 100(\%)$$

OCRn값 갱신 시점

고속 PWM 모드에서 사용자가 수정한 OCRn값은 버퍼에 임시 저장되었다가 TCNTn이 최댓값인 FF일 때 갱신된다. OCRn 레지스터는 계수용 TCNTn 레지스터와 값이 일치할 때 OCn 핀의 펄스 출력이 바뀌게 되므로 PWM 펄스 폭을 바꿀 수 있는 레지스터다.

[그림 8-10]의 ① 위치에서 프로그래머가 OCRn값을 수정했어도 실제 OCRn값은 ③위치에서 갱신된다. 갱신되기 전까지 평소 같이 ② 위치에서 출력 펄스를 0으로 만든다. 이 기능은 OCRn값의 변경에 따라 불규칙적인 듀티비 형성을 막고 점진적인 펄스 폭의 변화를 보장한다. 만일 OCRn값의 갱신이 사용자가 값을 바꾼 시점인 ① 위치에서 즉시 되면 1로 출력되던 OCn값은 '주기2'의 한 주기를 넘어 '주기3'의 ② 위치에서 TCNTn과 OCRn이 일치하여 0으로 바뀔 것이다. OCRn값을 감소시켰지만 펄스 폭이 늘어나는 일관성 없는 결과가 발생된다.

오버플로 발생 시점

고속 PWM 모드에서 오버플로는 TCNTn값이 최댓값인 FF일 때 발생한다. 오버플로는 동일 주기마다 발생되고 시간 경과를 계산하는 기본 시간이 된다. 오버플로 인터럽트를 활성화시켜 그 오버플로 인터럽트 서비스 루틴에서 volatile 지시어로 선언된 변수를 선언하고 0부터 증가시키면 변수값에 오버플로 발생 주기를 곱해 시간 경과를 알아낸다. 오버플로 발생을 알리는 TIFR 레지스터의 TOVn 비트가 1이 되는 시점은 TCNTn이 최댓값인 FF일 때다.

최대 또는 최솟값에서 PWM 연속 신호 보장

COMn1~COMn0이 (1, 0)으로 설정되고 OCRn이 FF면 TCNTn이 FF일 때 OCn 출력 신호 생성 약속이 충돌된다. TCNTn과 OCRn이 비교일치되었으므로 0으로 설정하려는 동작과 TCNTn이 FF일 때는 1로 설정하려는 동작이 충돌된다.

고속 PWM에서는 비교일치를 무시하고 OCn 출력을 1로 하여 글리치 없는 연속된 신호가 출력되어 100%의 듀티비를 갖는다. 그러나 OCRn값이 0일 때는 비교일치 기능이 무시되지 않으므로 $\frac{1}{256} \times 100(\%)$ 듀티비를 갖는 클록 펄스 신호가 발생된다. [그림 8-11]은 OC0 핀에서 관찰된 PWM 신호 출력이다.

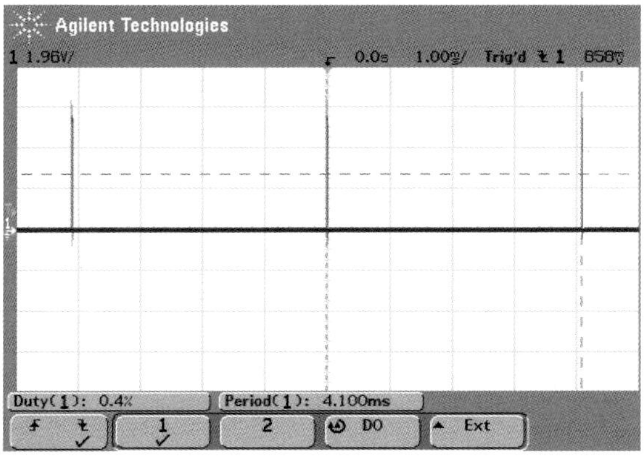

[그림 8-11] OCR0을 0으로 한 경우에 나타나는 OC0의 출력 신호

여기서 잠깐!

+ 고속 PWM 모드에서 COM01:00=(1, 0)으로 설정하는 경우

고속 PWM 모드에서 COM01:00=(1, 0)으로 설정하면 0.39%~100%의 듀티비가 만들어진다. OCR0값이 0이 되더라도 TCNT0가 FF일 때 OC0가 1이 되므로 최소의 듀티비는 0%가 아닌 0.39%가 된다. OC0가 HIGH일 때 DC 모터를 회전시킨다면 OCR0를 0으로 하더라도 평균적으로 약한 전류가 흐르게 되어 잡음이 있을 수 있다. COM01:00=(1, 1)로 설정하면 0%~99.61%의 듀티비가 만들어진다. OCR0를 16진수 FF로 하면 TCNT0가 FF일 때 OC0가 0이 되므로 듀티비를 0%로 만들 수 있다. 그러나 100% 듀티비가 되지 않는다.

8.7.3 위상정정 PWM 모드에서 OCn 신호 출력

위상정정 PWM 모드의 파형은 TCCRn 레지스터의 WGMn1~WGMn0 비트가 (0, 1) 로 설정될 때 발생한다. [그림 8-12]는 위상정정 PWM 모드의 타이밍도다. TCNTn이 0부터 FF까지 증가하는 상승 경사와 FF 이후에는 다시 감소하는 하강 경사의 2중 경사 모양을 가진다. 한 사이클의 주기는 TCNTn이 FF인 최댓값에서 하강한 후 0을 지나 다시 상승하여 FE까지 총 510회의 TCNTn에 대한 프리스케일된 클록 소스 펄스가 소요되며, 주기 계산은 아래 식과 같다. 아래 식에서 $f_{clk_I/O}$는 TCNTn에 연결되는 프리스케일 되기 전 클록 소스의 주파수다.

$$\text{위상정정 PWM 주기} = \frac{510 \times \text{프리스케일}}{f_{clk\_I/O}}$$

위상정정 PWM은 255부터 0까지 감소한 후 다시 증가하여 254까지 증가하는 계수를 반복한다. 감소와 증가를 반복하는 위상정정 PWM 주기를 제공하여 고속 PWM보다 긴 PWM 주기를 가진다.

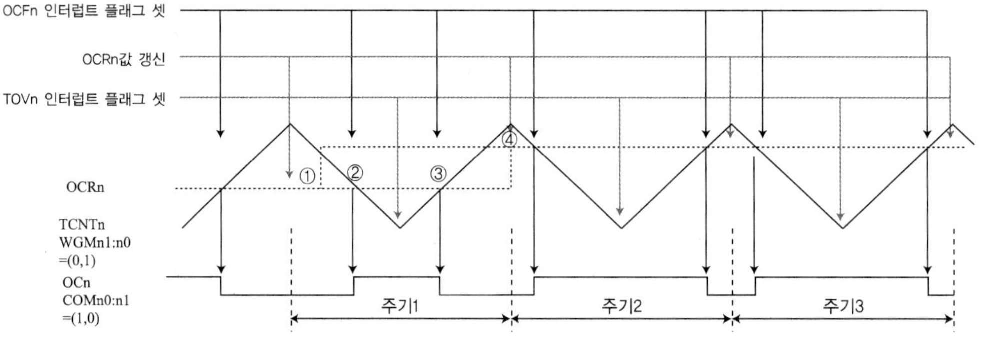

[그림 8-12] 위상정정 PWM 모드 타이밍도

COMn1~COMn0 설정과 OCn 출력 극성

TCCRn 레지스터의 비교일치 출력 모드를 결정하는 COMn1~COMn0 비트 설정에 따라 위상정정 PWM 모드의 OCn 출력은 [표 8-11]과 같다.

[표 8-11] 위상정정 PWM 파형 발생모드의 OCn의 비교일치 출력 모드

레지스터	비교일치 출력 모드 비트		내용
	COMn1	COMn0	
TCCRn	0	0	OCn 동작 없음, 일반 디지털 I/O 핀으로 동작한다.
	0	1	-
	1	0	TCNTn값이 상승할 때 OCRn과 일치하면 0이 되고, 하강할 때 일치하면 1이 된다. 즉, OCRn을 증가하면 OCn의 펄스 폭이 증가한다.
	1	1	TCNTn값이 상승할 때 OCRn과 일치하면 1이 되고, 하강할 때 일치하면 0이 된다. 즉, OCRn을 감소하면 OCn의 펄스 폭이 증가한다.

위상정정 PWM 모드에서 COM01~COM00 설정 비트를 (1, 0)으로 하면 핀의 출력 신호 OCn은 TCNTn이 하강 중에 OCRn과 일치하면 1이 되고, 상승 중에 일치하면 0이 되는 동작을 반복한다.

TIMSK 레지스터의 비교일치 인터럽트 허용 비트 OCIEn이 1로 설정되면 TCNTn이 상승, 하강할 때 OCRn과 값이 일치하면 ISR(TIMERn_COMP_vect) 인터럽트가 발생된다. OCIEn를 활성화하지 않아도 OCn 핀을 출력 방향으로 설정하고 COMn1~COMn0 비트를 (1, 0) 또는 (1, 1)로 설정하면 OCn 핀에서 PWM 파형이 출력된다. COMn1~COMn0를 (1, 0)으로 설정했을 때 OCRn값에 의한 듀티비는 다음과 같다.

$$\text{듀티비} = \frac{2 \times \text{OCRn}}{510} \times 100(\%)$$

OCRn값 갱신 시점

위상정정 PWM 모드에서 사용자 프로그래머가 OCRn값을 수정하면 임시로 버퍼에 보관되었다가 TCNTn이 FF일 때 갱신된다.

[그림 8-12] ① 위치에서 프로그래머가 OCR0값을 수정했어도 실제 OCRn은 ④ 위치에서 갱신된다. 그 동안은 평소와 같이 ②와 ③ 위치에서 출력 펄스를 만든다. TCNTn이 0인 값을 중심으로 대칭되는 신호를 보장한다. 만일 즉시 갱신된다면 ②와 ③ 구간의 펄스는 생성되지 않기 때문에 예기치 않게 펄스가 없어지거나 균형이 깨진 펄스가 발생되어 점진적인 장치 제어를 위한 PWM 신호 변화를 보장할 수 없다.

오버플로 발생 시점

오버플로 발생을 알리는 TIFR 레지스터의 TOVn 비트가 1이 되는 시점은 TCNTn이 최솟값인 0이 될 때다.

최댓값과 최솟값에서 PWM 연속 신호 보장

OCRn값이 0, FF일 때 비교일치는 무시되고 OCn을 연속 신호로 출력한다. 고속 PWM 모드에서 비교일치 출력 동작에서 OCn값이 FF일 때만 OCn 출력 신호를 연속으로 보장하지만, 위상정정 PWM 모드에서는 0과 FF 모두 비교일치 기능이 무시되고 OCn 신호가 변하지 않아 스파이크 펄스가 발생되지 않는다.

8.7.4 CTC 모드에서 OCn 신호 출력

CTC(Clear Timer on Compare Match) 모드의 파형은 TCCRn 레지스터의 WGMn1~WGMn0 비트가 (1, 0) 으로 설정될 때 발생한다. [그림 8-13]은 CTC 모드의 타이밍도다. TCNTn 레지스터는 0부터 증가되어 OCRn과 값이 일치하면 0으로 클리어된다. OCRn값은 TCNTn이 증가할 수 있는 최댓값(TOP)이 된다.

비교일치 출력 모드 COM01~COM00 설정 비트를 (0, 1)로 하면 0부터 증가하던 TCNTn이 OCRn과 일치했을 때 OCn값은 반전된다. 두 번의 반전으로 50% 듀티비의 기본 주기를 얻는다. 주기는 TCNTn이 0부터 OCRn값까지 총 OCRn + 1회의 TCNTn에 대한 프리스케일된 클록 소스 펄스가 소요되며, 아래 식과 같이 계산된다. 아래 식에서 $f_{clk_I/O}$는 TCNTn에 연결되는 프리스케일 되기 전 클록 소스의 주파수다.

$$\text{CTC 주기} = \frac{2 \times (\text{OCRn} + 1) \times \text{프리스케일}}{f_{clk\_I/O}}$$

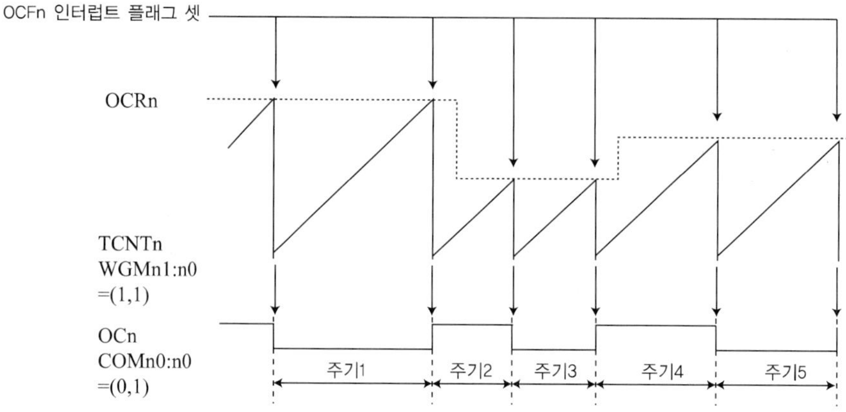

[그림 8-13] CTC 모드 타이밍도

COMn1~COMn0 설정과 OCn 출력 극성

TCCRn 레지스터의 비교일치 출력 모드를 결정하는 COMn1~COMn0 비트 설정에 따라 CTC 모드의 OCn 출력은 [표 8-12]와 같다. CTC 모드에서 COMn1:n0 비트를 (0, 1)로 하고 OCRn를 가변시키면 TCNTn과 OCRn이 일치되는 주기가 달라지므로 OCn 핀의 출력 주파수를 조정할 수 있다.

[표 8-12] CTC 파형 발생모드의 OCn 비교일치 출력 모드

레지스터	비교일치 출력 모드 비트		내용
	COMn1	COMn0	
TCCRn	0	0	OCn 동작 없음, 일반 디지털 I/O 핀으로 동작한다.
	0	1	OCRn과 TCNTn이 일치하면 반전된다.
	1	0	OCRn과 TCNTn이 일치하면 OCn은 0이 된다.
	1	1	OCRn과 TCNTn이 일치하면 OCn은 1이 된다.

TIMSK 레지스터의 비교일치 인터럽트 허용 비트 OCIEn이 1로 설정되면 TCNTn이 상승하는 과정에 OCRn과 값이 일치할 때 ISR(TIMERn_COMP_vect) 인터럽트가 발생된다. CTC 모드에서 오버플로 인터럽트는 발생되지 않는다.

OCIEn를 활성화하지 않아도 OCn 핀을 출력 방향으로 설정하고 COMn1~COMn0 비트를

(0, 1)로 설정하면 비교일치될 때마다 OCn값이 반전된다. OCRn값을 변경하면 가변되는 주파수의 출력신호를 OCn 핀에서 얻을 수 있다. 그러나 펄스 폭 변화에 의한 듀티비는 가변시킬 수 없다. COMn1:n0을 (0, 1)로 설정했을 때 듀티비는 50%가 된다.

8.7.5 일반 모드에서 비교출력 OCn 신호 출력

일반 모드는 초기에 정해진 값이며 TCCRn 레지스터의 WGMn1~WGMn0 비트가 (0, 0)으로 설정된다. TCNTn 레지스터는 0부터 FF까지 계수 동작을 반복한다.

[표 8-13] 일반 모드의 OCn 비교일치 출력모드

레지스터	비교일치 출력 모드 비트		내용
	COMn1	COMn0	
TCCRn	0	0	OCn 동작 없음, 일반 디지털 I/O 핀으로 동작한다.
	0	1	OCRn과 TCNTn이 일치하면 반전된다.
	1	0	OCRn과 TCNTn이 일치하면 OCn은 0이 된다.
	1	1	OCRn과 TCNTn이 일치하면 OCn은 1이 된다.

일반 모드의 비교출력 동작은 TCCRn 레지스터의 COMn1~COMn0 비트 설정을 (0, 1)로 했을 때 50%의 고정된 듀티비와 고정된 주파수로 OCn 비교출력 파형을 발생한다. COMn1~COMn0 비트 설정을 (1, 0) 또는 (0, 1)로 했을 경우 OCn 비교출력 파형이 생성되고, 동일한 값이 유지된다. 다시 비교출력 동작을 수행하려면, 소프트웨어적으로 TCNTn, OCRn, COMn1~COMn0 비트 등을 재설정해야 한다.

TIMSK 레지스터의 비교일치 인터럽트 허용 비트 OCIEn이 1로 설정되면 0부터 증가하는 TCNTn과 OCRn이 일치하면 ISR(TIMERn_COMP_vect)를 발생할 수 있는 OCFn 비트가 1이 된다. 일반 모드에서 오버플로는 TCNTn값이 0이 될 때 발생한다. TCNTn은 0부터 FF까지 반복되므로 오버플로 주기는 다음과 같다.

$$\text{오버플로 주기} = \frac{256 \times \text{프리스케일}}{f_{clk\_I/O}}$$

Section 8.8 고속 PWM을 이용한 DC 모터 속도제어

A 실험 목적

(1) OCR0 레지스터와 고속 PWM 펄스 폭 출력 관계를 확인한다.
(2) TCCR0 레지스터의 COM01:00 비트가 출력 극성에 주는 영향을 확인한다.
(3) TCCR0 레지스터의 CS02:00 프리스케일러 비트가 고속 PWM 주기와의 관계를 확인한다.
(4) 고속 PWM을 이용한 DC 모터의 속도를 제어한다.

B 실험 부품 및 장치

부품명	규격	수량	비고
핵심(기본) 부품		1개	3장 [표 3-17] 참조
두 자리 7-세그먼트 LED	SR-2156A 공통 애노드	1개	
저항	330[Ω] 470[Ω]	8개 3개	
트랜지스터	2N2907A 2N2222A	2개 1개	
DC 모터	3[V]~5[V]	1개	KTX-RED(low RPM) 또는 DC 기어 모터 SE-DM(뉴티씨)

C 실험 절차

(1) DC 모터 속도제어를 위한 회로 [그림 8-14]를 완성한다.

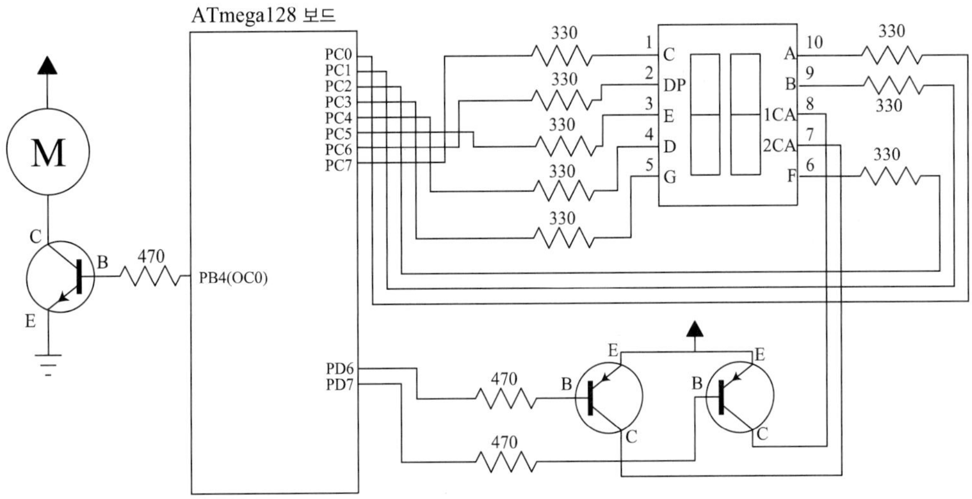

[그림 8-14] 고속 PWM을 이용한 DC 모터 속도제어 회로

(2) 7-세그먼트 LED 디스플레이를 위한 트랜지스터 설정 비트를 출력으로 만든다.

(3) OC0(PB4) 핀을 출력 핀으로 만든다.

(4) 파형 발생모드를 고속 PWM 모드로 만든다.

(5) 프리스케일러를 내부 CPU 클록의 256 분주로 설정한다.

(6) OC0 출력 극성을 COM01~COM00 TCNT0값이 FF일 때 1, 0부터 증가하여 OCR0과 일치하면 0이 되는 모드로 설정한다.

(7) 타이머 오버플로 인터럽트를 활성화한다.

(8) OCR0값을 바꾸면서 모터의 속도 변화를 관찰한다.

(9) 7-세그먼트 LED에 디스플레이되는 number에 OCR0값을 디스플레이한다.

(10) 아래의 [프로그램 8-7]을 작성하여 컴파일, 다운로드한 후 결과를 관찰하자.

[프로그램 8-7] 고속 PWM을 이용한 DC 모터 속도제어 프로그램

```
#include        <avr/io.h>
#include        <avr/interrupt.h>

#define DISP_INTERVAL       2
#define OC0                 PB4

volatile unsigned long timer0;                  // 오버플로마다 1씩 증가될 변수
volatile unsigned int  number;
unsigned    char led[ ]={0x48, 0x7D, 0xC4, 0x64, 0x71, 0x62, 0x43, 0x7C, 0x40, 0x70};

```

```
11 // 타이머/카운터0 인터럽트 서비스 루틴
12 ISR(TIMER0_OVF_vect)
13 {
14     timer0++;                          // 오버플로마다 1씩 증가
15 
16     // 두 자리7-세그먼트 LED 디스플레이
17     if( timer0 % DISP_INTERVAL == 0){
18         PORTC = (timer0 % (DISP_INTERVAL<<1) == 0) ? led[(number % 100) / 10] :
19 led[number%10];
20         PORTD = (PORTD |0xC0) & ~(1<<((timer0 % (DISP_INTERVAL<<1) == 0) ? PD7 : PD6));
21     }
22 }
23 
24 int main(void)
25 {
26     DDRC = 0xFF;
27     DDRD |= 1<<PD7 | 1<<PD6;           // 두 자리 7-세그먼트 LED를 켜기 위한 출력
28     DDRB |= 1<<OC0;                    // OC0 = PB4 출력
29 
30     TCCR0 = 1<<WGM01 | 1<<WGM00;       // 고속 PWM 파형 발생모드
31     TCCR0 |= 1<<CS02 | 1<<CS01;        // 프리스케일러 CS02:00 = (1,1,0) 256 분주
32     TCCR0 |= 1<<COM01;                 // TCNT0 0xFF에서 1, 상승 도중 OCR0와 일치하면 0
33 
34     TIMSK |= 1<<TOIE0;                 // 타이머/카운터0 인터럽트 활성화
35 
36     timer0 = 0;
37     sei( );
38 
39     OCR0 = 100;
40     number = OCR0*100/256;             // OCR0값과 number값을 일치
41 
42     while(1);                          // 무한 loop
43 
44     return 0;
45 }
```

D 실험 결과 및 고찰

(1) 4번 라인에서 두 자리 7-세그먼트 LED의 한 자리 디스플레이 ON 시간에 해당되는 오버플로 횟수를 DISP_INTERVAL로 매크로 정의한다.

(2) 28번 라인에서 OC0을 출력 핀으로 지정한다.

(3) 30~32번 라인에서 고속 PWM 신호 발생을 위한 파형 발생모드, 프리스케일러, OC0 출력 극성을 설정한다.

(4) 39번 라인에서 고속 PWM 펄스 듀티비 지정을 위한 OCR0값 100으로 지정하였다.

(5) 디스플레이 7-세그먼트 LED가 두 숫자밖에 안되므로, 0~255가 가능한 OCR0값을

0~99로 디스플레이 하기 위해 비율을 조절하였다.

(6) [그림 8-15]는 OCR0값을 100으로 설정한 DC 모터의 회전 상황을 보이고 있다.

[그림 8-15] 고속 PWM을 이용한 DC 모터 속도 조절

(7) OC0 핀에서 출력되는 펄스를 오실로스코프로 관찰한 파형은 [그림 8-16]과 같다. 주기 계산은 4.096[msec]이고, 측정된 값은 4.10[msec]로 오차가 별로 없다.

$$\frac{256 \times 256}{16000[\text{kHz}]} = 4.096[\text{msec}]$$

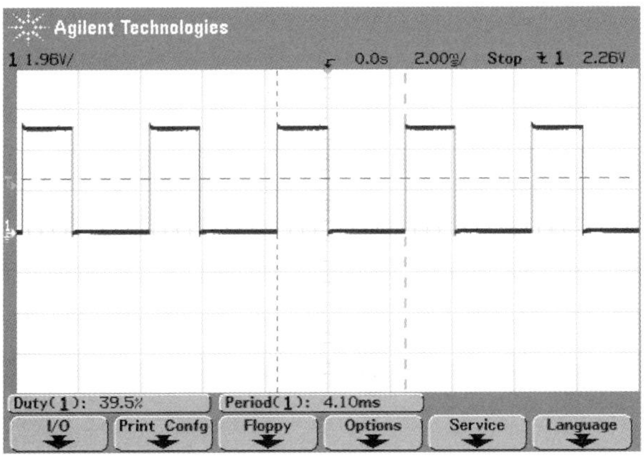

[그림 8-16] 고속 PWM 모드로 작동되는 OC0 핀 출력 측정

(8) 듀티비는 OCR0가 가질 수 있는 256 중 1로 출력되는 숫자는 TCNT0의 최댓값 FF부터 0을 지나 100까지 모두 101개이므로 계산된 듀티비는 39.453(%)이고 측정된 듀티비는 39.5(%)로 오차가 매우 적다.

$$\frac{101}{256} \times 100(\%) = 39.453(\%)$$

E 실험 개선

(1) 프리스케일값을 바꿔 적용한 후 계산된 주기와 측정된 주기가 같게 나타나는지 오실로스코프로 측정하라.

(2) OCR0값을 50, 100, 150, 200, 250으로 바꿔 동작시켜 모터의 회전 속도와 듀티비의 변화를 관찰하라.

(3) OCR0값을 255로 설정했을 때, OC0 출력에서 항상 듀티비가 100(%)인 V_{CC}가 출력되는가?

(4) OCR0값을 0으로 설정했을 때, OC0 출력에서 항상 듀티비가 0(%)인 0이 출력되는가?

8.9 위상정정 PWM을 이용한 DC 모터 속도제어

A 실험 목적

(1) Up/Down 스위치에 대한 디바운스 기능을 타이머/카운터0 오버플로를 사용하여 만든다.

(2) 위상정정 PWM 모드에서 Up/Down 스위치로 OCR0값을 조절하여 OC0 핀에서 출력되는 PWM 파형을 발생하여 DC 모터 속도제어에 활용한다.

B 실험 부품 및 장치

부품명	규격	수량	비고
핵심(기본) 부품		1개	3장 [표 3-17] 참조
두 자리 7-세그먼트 LED	SR-2156A 공통 애노드	1개	
저항	330[Ω] 470[Ω]	8개 3개	
트랜지스터	2N2907A 2N2222A	2개 1개	
DC모터	3[V]~5[V]	1개	KTX-RED(low RPM) 또는 DC 기어 모터 SE-DM(뉴티씨)
스위치	푸시버튼	2개	

C 실험 절차

(1) 스위치로 Up/Down되는 DC 모터 속도제어를 위한 회로 [그림 8-17]를 완성한다.

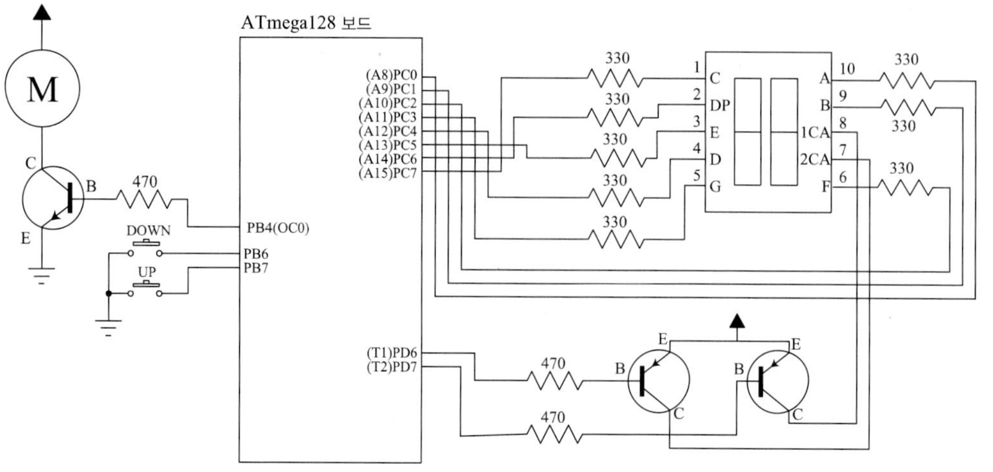

[그림 8-17] 고속 PWM를 이용한 DC 모터 속도제어 회로

(2) PB7과 PB6 핀을 입력 방향과 내부 풀업저항이 되도록 DDRB 레지스터와 PORTB레지스터를 설정한다.

(3) PB7 핀은 Up, PB6 핀은 Down 스위치로 작동시킨다.

(4) 위상정정 PWM 파형 발생을 위한 WGM01~WGM00 비트를 (0, 1)로 설정한다.

(5) 이전 절에서 실험한 2개의 요청/응답 변수를 이용하여 타이머 오버플로 인터럽트 서비스와 시간 지연 인터페이스를 수행한다.

(6) Up 스위치가 눌렸을 때는 255를 초과하지 않게, Down 스위치가 눌렸을 때는 0 미만이 되지 않게 OCR0값을 갱신한다.

(7) [프로그램 8-8]을 작성하여 컴파일하고 다운로드한 후, 동작을 관찰한다.

[프로그램 8-8] Up/Down 스위치와 고속 PWM을 이용한 DC 모터 속도제어

```
#include <avr/io.h>
#include     <avr/interrupt.h>

#define F_CPU                16000000UL
#define PRESCALE             256L
#define PULSE_PER_OVERFLOW   510L
#define MS_OVERFLOW_CYCLE    ((double)(PULSE_PER_OVERFLOW * PRESCALE) \
                             /(double)((double)F_CPU/1000.0))

#define OC0      PB4

#define UP       PB7
#define DOWN     PB6

```

```
#define NUM_REQ      2
#define REQ_UP       0
#define REQ_DOWN     1
#define DEBOUNCE_CYCLE 50

volatile   unsigned   long timer0;             // 오버플로마다 1씩 증가될 변수
volatile   unsigned   int          number;
unsigned char led[ ]={0x48, 0x7D, 0xC4, 0x64, 0x71, 0x62, 0x43, 0x7C, 0x40, 0x70};

volatile   unsigned   long req[NUM_REQ] = {0, 0};
double     ms_ov_cycle;

// 타이머/카운터0 인터럽트 서비스 루틴
ISR(TIMER0_OVF_Vect)
{   int i;

    timer0++;       // 오버플로마다 1씩 증가

    // 오버플로 횟수가 짝수일 때 10자리, 홀수일 때 1자리 디스플레이
    PORTC = (timer0 % 2 == 0) ? led[(number % 100) / 10] : led[number%10];
    PORTD = (PORTD |0xC0) & ~(1<<((timer0 % 2 == 0) ? PD7 : PD6));

    for(i=0; i<NUM_REQ; i++)
        if( req[i] > 0)      // REQ 요청이 있을 때만
            req[i]--;        // 시간 지연 경과 응답
}

// ms_interval초 시간 지연을 위한 오버플로 횟수 계산 함수
unsigned long  ms_req_timer0(unsigned long ms_interval)
{   return ( ms_interval <= 0) ? 0 : \
            + (unsigned long)(ms_interval / ms_ov_cycle);
}

int main(void)
{
    DDRC = 0xFF;
    DDRD |= 1<<PD7 | 1<<PD6;           // 두 자리 7-세그먼트 LED를 켜기 위한 출력
    DDRB |= 1<<OC0;                    // OC0 = PB4 출력
    DDRB &= ~(1<<UP | 1<<DOWN);        // UP, DOWN 스위치 위치를 입력 방향으로
    PORTB |= 1<<UP | 1<<DOWN;          // UP, DOWN 풀업저항

    TCCR0 = 1<<WGM00;                  // 위상정정 PWM 파형 발생모드
    TCCR0 |= 1<<CS02 | 1<<CS01;        // 프리스케일러 CS02:00 = (1,1,0) 256 분주
    TCCR0 |= 1<<COM01;                 // 상승 중 OCR0와 일치 0, 하강 중 일치 1

    TIMSK |= 1<<TOIE0;                 // 타이머/카운터0 인터럽트 활성화

    timer0 = 0;
    sei( );

    ms_ov_cycle= MS_OVERFLOW_CYCLE;
```

```
66
67      OCR0 = 0;
68      number = OCR0*100/256;  // OCR0값과 number값을 일치
69
70      while(1){
71        if( (req[REQ_UP] == 0) && !(PINB & (1<<UP))){ //req[UP] 응답, UP 스위치 눌림 검사
72          req[REQ_UP] = ms_req_timer0(DEBOUNCE_CYCLE);
73          OCR0 = (OCR0 == 255) ? 255 : OCR0 + 1;
74        }
75
76        if( (req[REQ_DOWN]==0) && !(PINB & (1<<DOWN))){ //req[DOWN] 응답, DOWN 스위치 검사
77          req[REQ_DOWN] = ms_req_timer0(DEBOUNCE_CYCLE);
78          OCR0 = (OCR0 == 0) ? 0 : OCR0 - 1;
79        }
80
81        number = OCR0 * 100/256;
82      }
83
84      return 0;
85  }
```

D 실험 결과 및 고찰

(1) 16[MHz] CPU 클록을 이용하여 4~8번 라인에서 오버플로 주기 시간을 매크로로 계산한다.

(2) 24번 라인에서 요청/응답 변수 2개를 매크로 상수로 이용하여 선언한다.

(3) 43~46번 라인에서 msec 단위의 지연 시간 요청을 위한 타이머 오버플로 횟수를 계산한다.

(4) 52번 라인에서 OC0 핀을 DDRB를 이용하여 출력으로 설정한다.

(5) 53, 54번 라인에서 PB7, PB6 디지털 I/O 핀에 Up/Down 스위치를 내부 풀업으로 연결할 수 있게 한다.

(6) 71~74번 라인에서 Up 스위치가 눌린 후 DEBOUNCE_CYCLE 시간 지연 후의 새로운 눌림을 검사하여 OCR0값을 255 이내에서 증가시킨다.

(7) 76~79번 라인에서 Down 스위치가 눌린 후 DEBOUNCE_CYCLE 시간 지연 후의 새로운 눌림을 검사하여 OCR0값을 0 이상에서 감소시킨다.

(8) Up/Down 스위치 누름으로 OCR0을 증가 또는 감소시키고, DC 모터의 속도가 제어되는 것을 확인한다.

(9) OCR0값의 0~255 변화량을 81번 라인에 있는 식을 이용하여 0~99의 값으로 변환하여 두 자리로 디스플레이시킨다.

E 실험 개선

(1) 18번 라인에서 DEBOUNCE_CYCLE값을 100으로 수정했을 때, 어떤 변화가 나타날것인지 토론해보고, 프로그램을 수정하여 그 결과를 관찰하라.

8.10 타이머/카운터2 고속 PWM을 이용한 RC 서보모터 구동

A 사전 지식

RC 서보모터는 [그림 8-18]과 같이 PWM 펄스 폭을 전압으로 변환시켜 기어 박스가 연결된 DC 모터를 특정 방향으로 회전시킨다. 회전축은 회전 위치 감지 센서인 포텐시오메터를 이용하여 회전 정도를 감지하고 이를 전압으로 변환시킨다. 회전을 감지한 전압이 회전을 요구한 펄스 폭을 전압으로 변환한 요구 전압과 차이가 있으면 DC 모터의 회전을 계속하는 피드백 구조를 가진다. 허용 가능한 범위로 회전축의 위치가 도달했으면 모터는 회전을 멈춘다.

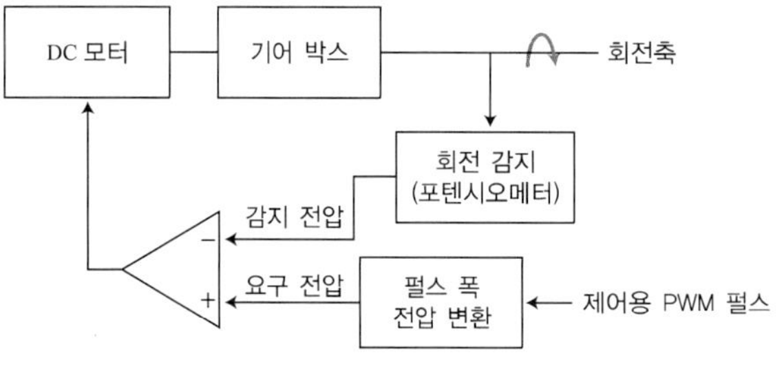

[그림 8-18] 서보모터 작동 블록도

RC 서보모터는 3개의 V_{CC}(빨강), GND(검정), 위치 제어용 PWM(노랑) 신호선을 갖는다. 12~20[msec]의 주기를 갖는 PWM 신호에서 출력을 1로 갖는 펄스 폭에 의해 0~180°의 회전 각도가 [그림 8-19]와 같이 결정된다. PWM 펄스 폭이 1.5[msec]일 때 중립 위치에 있고, 0.7[msec]일 때는 -80°, 2.3[msec]일 때는 시계 방향으로 80° 회전한다.

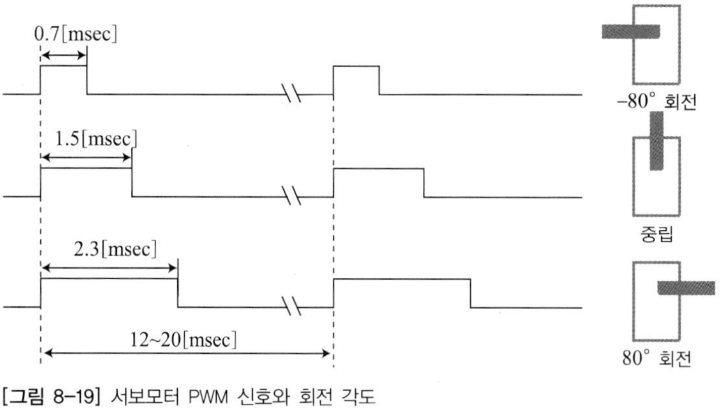

[그림 8-19] 서보모터 PWM 신호와 회전 각도

RC 서보모터의 내부 구조에 따라 구동 토크가 다르므로, 규격을 검토한 후 설계에 맞는 제품을 선택하여 응용분야에 적용한다.

B 실험 목적

(1) 타이머/카운터2의 고속 PWM을 이용하여 PB7(OC2) 핀으로 임의의 주기 신호를 만들 수 있는 능력을 갖는다.

(2) 고속 PWM의 펄스 폭을 0.7[msec]에서 2.3[msec]까지 다양한 구간을 갖는 신호를 만들 수 있는 능력을 갖는다.

(3) RC 서보모터의 동작을 확인한다.

(4) 타이머/카운터2 오버플로 인터럽트를 이용하여 두 자리 7-세그먼트 LED 디스플레이 능력을 확인한다.

C 실험 부품 및 장치

부품명	규격	수량	비고
핵심(기본) 부품		1개	3장 [표 3-17] 참조
두 자리 7-세그먼트 LED	SR-2156A 공통 애노드	1개	
저항	330[Ω] 470[Ω]	8개 2개	
트랜지스터	2N2907A	2개	
RC-서보모터	HS-311	1개	

D 실험 절차

(1) 실험을 위해 [그림 8-20]과 같은 회로를 구성한다.

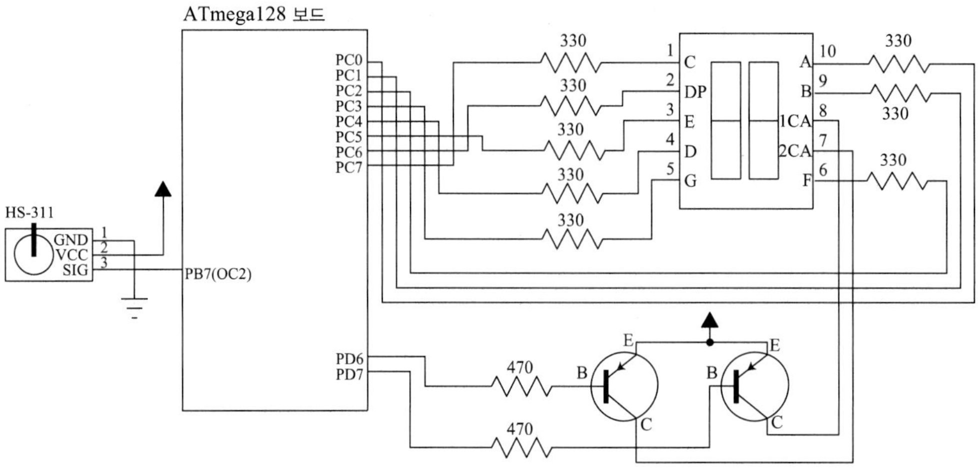

[그림 8-20] RC 서보모터 회전 회로

(2) 타이머/카운터2를 이용한 고속 PWM 파형이 발생하도록 TCCR2를 설정한다.

(3) 클록 주파수 F_CPU와 프리스케일러 설정을 이용하여 고속 PWM 주기를 12~20[msec] 안으로 설정한다.

(4) 중립 위치의 1.5[msec] 펄스 폭을 위한 OCR2값을 int형으로 얻기 위한 계산식을 세운다.

(5) 1°당 변하는 OCR2값을 double형으로 얻기 위한 계산식을 세운다.

(6) [프로그램 8-9]를 완성하여 컴파일한 후, 다운로드하여 동작을 관찰한다.

[프로그램 8-9] 타이머/카운터2의 고속 PWM을 이용한 RC 서보모터 제어

```
#include    <avr/io.h>
#include    <avr/interrupt.h>

#define F_CPU   16000000L
#define OC2     PB7

#define PRESCALE        1024L
#define OCR_NUTRAL  (int)((0.0015*F_CPU)/PRESCALE - 1)
#define OCR_PER_DEG ((double)((0.0008*F_CPU)/(double)(PRESCALE*80.0)))

volatile    unsigned    long timer2;            // 오버플로마다 1씩 증가될 변수
volatile    unsigned    int  number;
unsigned char led[ ]={0x48, 0x7D, 0xC4, 0x64, 0x71, 0x62, 0x43, 0x7C, 0x40, 0x70};

// 타이머/카운터0 인터럽트 서비스 루틴
ISR(TIMER2_OVF_vect)
{
    timer2++;                                   // 오버플로마다 1씩 증가
```

```
19
20      // 오버플로 횟수가 짝수일 때 10자리, 홀수일 때 1자리 디스플레이
21      PORTC = (timer2 % 2 == 0) ? led[(number % 100) / 10] : led[number%10];
22      PORTD = (PORTD |0xC0) & ~(1<<((timer2 % 2 == 0) ? PD7 : PD6));
23  }
24
25  int main(void)
26  {
27      DDRC = 0xFF;
28      DDRD |= 1<<PD7 | 1<<PD6;          // 두 자리 7-세그먼트 LED를 켜기 위한 출력
29      DDRB |= 1<<OC2;                   // OC2 = PB7 출력
30
31      TCCR2 = 1<<WGM21 | 1<<WGM20;      // 고속 PWM 파형 발생모드
32      TCCR2 |= 1<<CS22 | 1<<CS20;       // 프리스케일러 CS22:20 = (1,0,1) 1024 분주
33      TCCR2 |= 1<<COM01;                // TCNT2 0xFF에서 1, 상승 도중 OCR2와 일치하면 0
34
35      TIMSK |= 1<<TOIE2;                // 타이머/카운터2 인터럽트 활성화
36
37      timer2 = 0;
38      sei( );
39
40      OCR2 = OCR_NUTRAL + 0*OCR_PER_DEG;
41      number = OCR2;                    // OCR2값과 number값을 일치
42
43      while(1);                         // 무한 loop
44      return 0;
45  }
```

E 실험 결과 및 고찰

(1) 29번 라인에서 PB7번 핀인 OC2를 출력 방향으로 설정한다.

(2) 31번 라인에서 타이머/카운터2의 고속 파형 발생모드를 설정한다.

(3) 32번 라인에서 1024 프리스케일러 분주를 통해 고속 PWM 주기를 16.384[msec]가 되게 하여 12~20[msec] 범위에 있게 한다.

$$\frac{1024 \text{ 프리스케일} \times 256 \text{ 펄스}}{16[\text{MHz}]} = 16.384[\text{msec}]$$

(4) 중립 0° 위치에서의 OCR2값을 위한 계산식을 8번 라인에서 세운다. 이 값은 OCR2값과 합산될 것이므로, int형으로 계산한다.

(5) 9번 라인에서 1°당 OCR2값을 double형으로 구한다. 0.15625의 소수점이 되고, 각도와 곱해지면 정수값이 얻어질 수 있다.

$$\frac{0.0008 \times 16000000}{1024 \text{ 프리스케일} \times 80°} = 0.15625[\text{OCR2}/°]$$

(6) 40번 라인에서 회전 각도를 0도, −90도, 90도로 수정한 후 프로그램을 컴파일하여 다운로드한 결과를 관찰하라.

(7) [그림 8-21]은 RC 서보모터를 이용한 실험 결과 중립인 0°, −90°, 90°로 회전 결과를 관찰한 것이다.

(a) −90° 회전 (b) 중립(0° 위치) (c) 90° 회전

[그림 8-21] RC 서보모터 PWM 신호와 회전 각도

F 실험 개선

(1) 위 실험에 의하면 1° 당 0.15625 크기의 OCR2 변화가 필요하다. 따라서 정확한 RC 서보모터의 회전을 반영하기에 다소 부족하다. 프로그램을 개선하여 더 정밀도를 갖는 RC 서보모터 회전 프로그램을 작성하여 실험하라.

(2) 프리스케일러를 1024로 설정하였더니 오버플로 주기가 고속 PWM 주기와 동일한 16.384[msec]다. 이 속도로 두 자리를 점멸하면 잔상이 관찰되어 바람직하지 않다. 7-세그먼트 LED 디스플레이를 위해 타이머/카운터0의 오버플로 인터럽트를 사용하여 잔상을 없애도록 프로그램을 개선하라.

Chapter_08 연습문제

8.1 16[MHz] CPU 클록을 사용하는 타이머/카운터0 오버플로 인터럽트를 이용할 때 다음 질문에 답하라.

(a) 프리스케일러를 256으로 하면 매 오버플로 주기는 얼마인가?
(b) 몇 회 발생하면 1초와 오차가 가장 적은가? 또 그 오차는 얼마인가?
(c) 1000회 오버플로가 발생되었다면 누적된 오차는 얼마나 되는가?

8.2 타이머/카운터0에 비동기 외부 클록인 32.768[KHz] 수정발진기를 사용했다. 다음 질문에 답하라.

(a) 프리스케일을 몇 분주해야 정확한 1초의 오버플로 주기를 만드는가?
(b) 0.1초 단위의 시간을 계산할 수 있는가?
(c) 1초 단위로 오버플로 인터럽트를 발생하게 하고, 두 자리 7-세그먼트 LED에 분 단위로 디스플레이하는 프로그램을 작성하여 실행하라.

8.3 고속 PWM 또는 위상정정 PWM으로 DC 모터를 구동시킬 때, 일정 폭 이상 인가되어야 모터가 회전한다. 그 이유를 설명하고 실험에서 사용된 모터의 경우 OCRn값이 얼마가 되어야 모터가 회전하기 시작하는지 확인하라.

8.4 4자리 7-세그먼트 LED 디스플레이 하려 한다. 다음 질문에 답하라.

(a) 회로를 구성하라.
(b) 각 숫자당 디스플레이되는 적절한 시간을 정하고 해당되는 프리스케일값을 계산하라.
(c) 프로그램을 완성한 후 숫자 1234를 디스플레이하라.

8.5 고속 PWM을 이용한 모터 회전 실험을 수정한 후 아래 3W 전력용 LED 2개를 이용하여 밝기를 제어하고자 한다. 다음 질문에 답하라.

부품 번호	출력 색	순방향 전압[V]		광속[lm]		순방향전류 [mA]
		정상	최대	최소	정상	
LS-P3W11	백색	3.5	3.8	50	60	700

(a) 회로를 구성하라.
(b) 점멸 현상이 눈에 감지되지 않게 적당한 프리스케일러값을 찾아라.
(c) 두 개의 스위치를 이용하여 밝기를 조절할 수 있도록 프로그램하라.

8.6 ASM 설계 방법을 이용하여, 다음 DC 모터를 이용한 에스컬레이터 동작을 설계하고, 프로그램으로 완성하라.

- 6.6절에서 사용한 포토인터럽터 SG-207을 이용하여 에스컬레이터 입구에서 사람의 진입을 감지하고 출구에서 빠져나감을 감지한다고 가정하자.
- 멈춘 상태에서 사람이 진입하면 모터의 속도를 저속에서 고속으로 5초에 걸쳐 OCRn값을 0에서 FF까지 서서히 증가시킨다.
- 모터를 멈출 때는 OCRn값을 FF에서 0까지 1초 구간에 서서히 정지시킨다.
- 에스컬레이터에 진입된 사람의 수를 100명 단위로 카운팅하여 두 자리 7-세그먼트 LED에 디스플레이한다.
- 에스컬레이터에 마지막 사람이 진입하고 1분 이상 다른 사람의 진입이 없으면 멈추게 한다.

(a) 상태도를 그려라.
(b) ASM 차트를 완성하라.
(c) ASM 차트에 따라 프로그램을 완성하라.

8.7 8.10절의 RC 서보모터 회전 실험은 1° 당 0.15625 크기의 OCR2 변화가 필요하다. 따라서 정확한 RC 서보모터의 회전을 반영하기에는 다소 부족하다. 프로그램을 개선하여 더 정밀도를 갖는 RC 서보모터 회전 프로그램을 작성하여 실험하라.

Chapter

09

16비트 타이머/카운터

16bit Timer/Counter

학습목표

- 일반 모드, 고속 PWM 모드, 위상정정 PWM 모드, 위상-주파수정정 PWM 모드, CTC 모드의 파형 발생과 비교출력 방법을 이해할 수 있다.
- 16비트 타이머/카운터 파형 발생모드를 이용한 입력 캡처 기능을 이해할 수 있다.
- 16비트 타이머/카운터를 이용한 실험으로 타이머/카운터의 동작을 검증할 수 있다.
- 상태도에 기반한 실험을 16비트 타이머/카운터에 적용하여 이해할 수 있다.

ATmega128은 8비트 타이머/카운터 외에 16비트 타이머/카운터를 제공하고 있다. 16비트 타이머/카운터는 계수되는 카운터 비트 수가 많기 때문에 해상도를 높일 수 있다는 장점과 비교출력 신호 핀이 OCnA, OCnB, OCnC와 같이 3개 쌍을 갖는다는 특징이 있다.

8비트 타이머/카운터와 유사하지만, 위상-주파수정정 PWM 방식과 함께 TCNTn의 최댓값을 가변적으로 OCnA 또는 ICRn을 이용하여 변경할 수 있는 특징이 있다. 또 2개 16비트 타이머/카운터로 3쌍(A, B, C)의 OCnx 비교출력 핀을 사용할 수 있기 때문에 많은 외부 장치를 제어할 수 있다.

16비트 타이머/카운터와 연동되는 입력 캡처 기능은 신속한 타임스탬프로 정밀 시간을 감지할 수 있다.

9.1 16비트 타이머/카운터

16비트 타이머/카운터의 타이머/카운터1과 타이머/카운터3은 유사하다. 16비트 타이머/카운터 클록은 내부 동기 클록과 외부 클록을 사용할 수 있다. 전원이 켜지는 초기의 클록은 CPU 클록과 동일한 내부 클록으로 설정된다. 타이머/카운터1과 타이머/카운터3은 Tn 핀에 외부 클록을 연결하여 사용할 수 있다. 이하에 사용되는 n은 1 또는 3으로, 타이머/카운터1 또는 타이머/카운터3에 해당되는 내용을 나타내기로 하자.

9.1.1 16비트 타이머/카운터n 파형 발생모드 계수

16비트 타이머/카운터n(n은 1 또는 3)에는 5가지 다른 파형 발생모드가 있다. 계수 동작은 TCCRnA 레지스터와 TCCRnB 레지스터의 파형 발생모드 비트(WGMn3:n0) 설정에 따라 [표 9-1]의 5가지 파형 발생모드를 결정한다.

아래의 5가지 파형 발생모드는 타이머/카운터n에 인가되는 클록에 따라 TCNTn 카운터의 계수 동작을 나타낸다. 파형 발생모드에 의한 TCNTn 계수 동작으로 오버플로 인터럽트를 만들 수 있고, OCRn 레지스터와 조합하여 OCn 핀으로 주기적인 펄스 출력과 인터럽트를 발생시킬 수 있다.

일반 모드 계수

TCNTn 레지스터는 0부터 1씩 증가되어 16비트 최댓값(FFFF)에 도달된 후, 0부터 다시 증가를 반복하는 계수 동작을 한다. TCNTn의 계수가 0이 되는 순간 오버플로 플래그를 1로 셋시켜 인터럽트가 발생할 수 있다. OCRnx값은 갱신 즉시 바뀐다.

고속 PWM 모드 계수

TCNTn 레지스터는 0부터 1씩 증가되어 최댓값(TOP)에 도달되면 오버플로 플래그를 1로 셋시켜 오버플로가 발생되고 그 후 0부터 다시 증가를 반복하는 계수 동작을 한다. 최댓값은 8비트(FF), 9비트(1FF), 10비트(3FF), ICRn, OCRnA 중 하나를 선택할 수 있다. OCRnx의 갱신은 TCNTn이 최댓값(TOP)에 도달되었을 때 적용된다.

[표 9-1] 16비트 타이머/카운터 파형 발생모드와 TCNTn 계수 동작

파형 발생모드	TCCRnB 레지스터		TCCRnA 레지스터		최댓값 (TOP)	TCNTn 카운터의 16진 계수 순서
	WGMn3	WGMn2	WGMn1	WGMn0		
일반 모드	0	0	0	0	FFFF	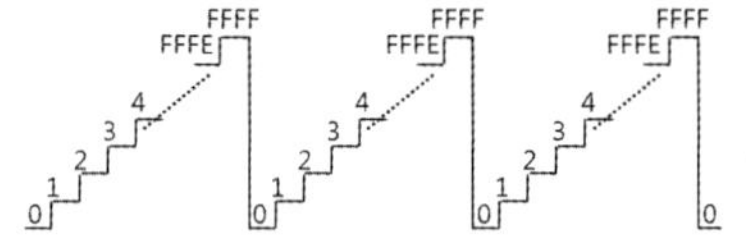
고속 PWM 모드	0	1	0	1	FF	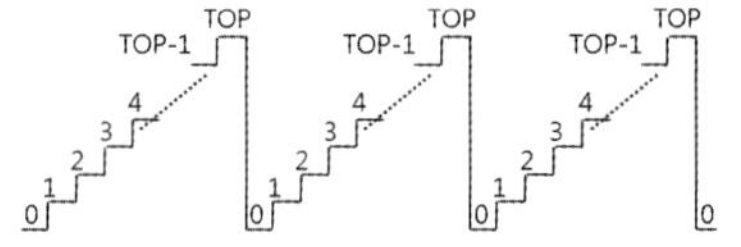
	0	1	1	0	1FF	
	0	1	1	1	3FF	
	1	1	1	0	ICRn	
	1	1	1	1	OCRnA	
위상정정 PWM 모드	0	0	0	1	FF	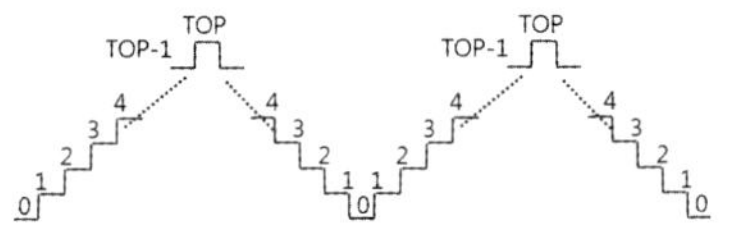
	0	0	1	0	1FF	
	0	0	1	1	3FF	
	1	0	1	0	ICRn	
	1	0	1	1	OCRnA	
위상-주파수정정 PWM 모드	1	0	0	0	ICRn	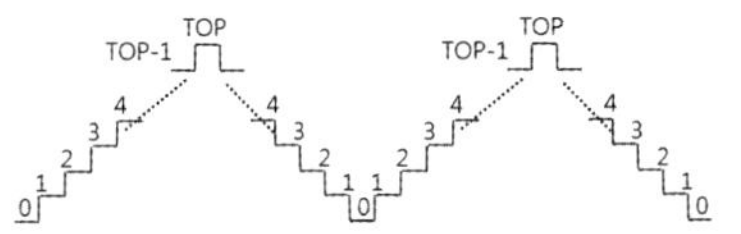
	1	0	0	1	OCRnA	
CTC 모드	0	1	0	0	OCRnA	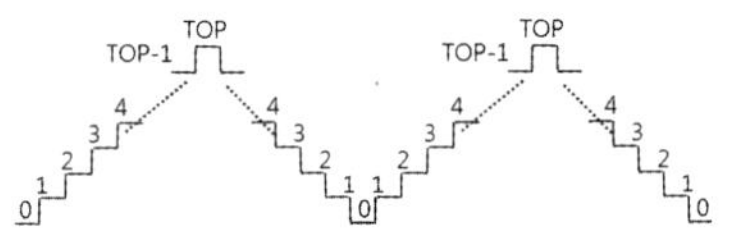
	1	1	0	0	ICRn	

위상정정 PWM 모드 계수

TCNTn 레지스터의 카운터 계수 동작은 0부터 최댓값(TOP)까지 증가된 후 다시 1씩 감소하여 0이 되는 반복적인 계수 동작을 한다. 계수값이 0이 되면 오버플로 플래그를 1로 셋시켜 오버플로가 발생된다. 계수 최댓값은 8비트(FF), 9비트(1FF), 10비트(3FF), ICRn, OCRnA 중 하나를 선택할 수 있다. OCRnx(x는 A 또는 B 또는 C) 갱신은 TCNTn이 최댓값(TOP)에 도달되었을 때 적용된다.

위상-주파수정정 PWM 모드 계수

TCNTn 레지스터의 카운터 계수 동작은 0부터 최댓값(TOP)까지 증가된 후 다시 1씩 감소하여 0이 되는 반복적인 계수 동작을 한다. 계수값이 0이 되면 오버플로 플래그를 1로 셋시켜 오버플로가 발생된다. 계수 최댓값은 ICRn, OCRnA 중 하나를 선택할 수 있다. OCRnx(x는 A 또는 B 또는 C)의 갱신은 최솟값(0)일 때 적용된다.

CTC 모드 계수

TCNTn 레지스터는 0부터 증가하다가 ICRn 또는 OCRnA값과 일치하면, 0으로 떨어진 후 다시 증가하는 계수 동작을 한다. OCRnA의 갱신은 OCRnA값을 바꾸는 순간 즉시 바뀐다.

9.1.2 16비트 타이머/카운터n 블록도와 동작

[그림 9-1]은 16비트 타이머/카운터의 블록도다. 16비트 타이머/카운터는 계수기 TCNTn을

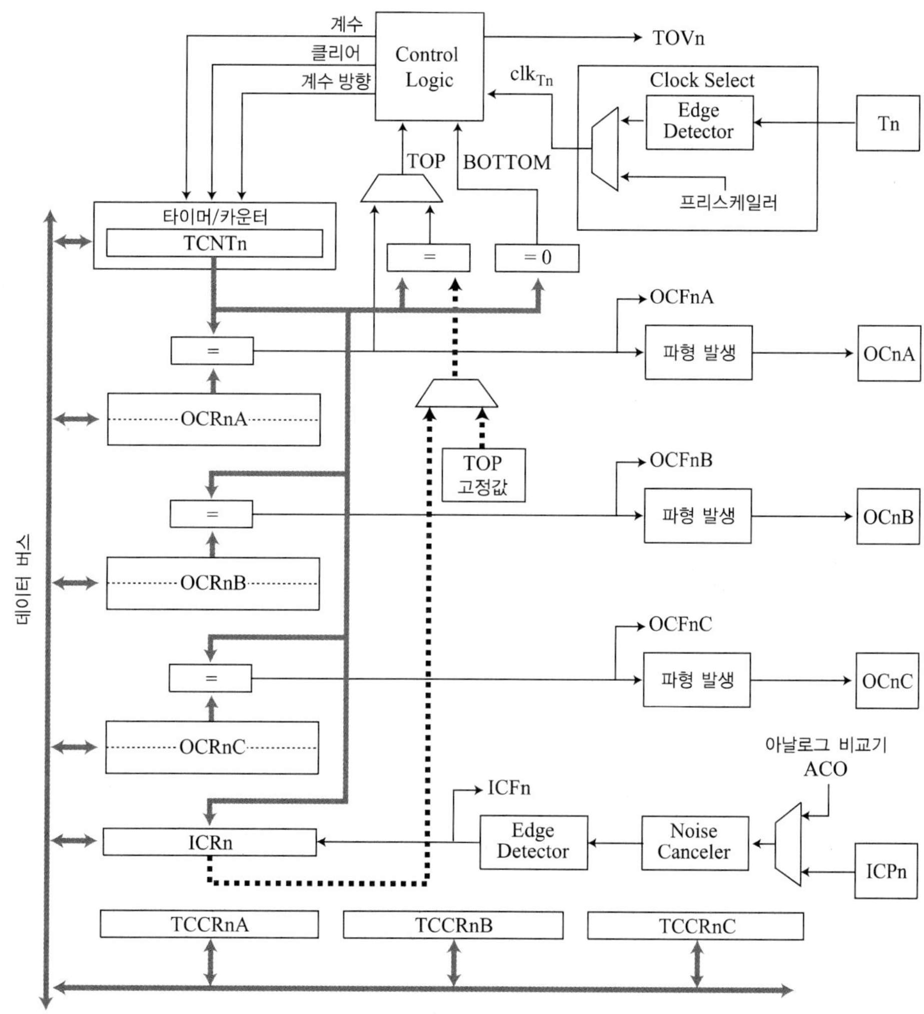

[그림 9-1] 16비트 타이머/카운터 블록도

중심으로 오버플로 발생, 파형 발생모드에 따른 OCRnx핀으로 PWM 펄스 발생을 위한 비교 일치 출력, 입력 신호 캡처 기능을 갖고 있다.

클록 소스

TCNTn의 클록 clk_{Tn}은 프리스케일된 내부 클록을 사용하거나 외부 클록 Tn의 상승 또는 하강에지 중에서 하나를 사용할 수 있다.

TCNTn의 최댓값(TOP)

16비트 타이머/카운터에서 TCNTn의 최댓값(TOP)은 WGMn3~WGMn0에 설정되는 고정값, ICRn, OCRnA 3가지 중 하나다. 최솟값은 항상 0이다.

오버플로가 발생되는 TCNTn값

16비트 타이머/카운터의 TCNTn 계수 패턴은 크게 5개 파형모드 WGMn3~WGMn0 비트 설정에 의해 15개의 상세 파형 발생모드가 정해진다. TOIEn 비트를 1로 설정하여 오버플로 인터럽트를 활성화하면 5개 파형 발생 유형에서 계수되는 TCNTn값이 [표 9-2]와 같이 될 때 인터럽트 플래그 TOVn이 1로 셋되고, 인터럽트가 발생된다.

[표 9-2] 오버플로가 발생되는 TCNTn 위치

파형 발생모드	WGMn3:n0	TOVn 비트가 1로 셋되는 TCNTn
일반 모드	0	0
고속 PWM 모드	5, 6, 7, E, F	TOP
위상정정 PWM 모드	1, 2, 3, A, B	0
위상-주파수정정 PWM 모드	8, 9	0
CTC 모드	4, C	없음.

비교일치 출력 핀의 구성

16비트 타이머/카운터는 TCNTn을 기준으로 하여 3개의 비교일치 출력 핀 OCnA, OCnB, OCnC로 서로 다른 펄스를 출력시킬 수 있다. TNCTn 레지스터와 OCRnA, OCRnB, OCRnC 레지스터와 값이 일치했을 때 파형 발생모드 설정 비트 WGMn3~WGMn0와 비교출력 모드 설정 비트 COMnA1~ COMnA0에 따라 출력 극성이 결정되어 OCnA, OCnB, OCnC 핀으로 펄스가 출력된다. OCIEnx(x는 A, B, C) 비트는 비교일치 인터럽트 활성화 비트다. 전역 인터럽트 비트가 활성화되어 있으면 TCNTn 레지스터와 OCRnx값이 일치할 때 OCFnx 플래그를 1로 셋시키고 인터럽트가 발생된다.

입력 캡처 구성

ICPn 핀 또는 아날로그 비교기의 출력 비트 ACO에서 입력에 섞인 잡음을 제거한 후 상승 또는 하강에지를 이용한 입력 캡처 기능을 갖는다. 입력 캡처 신호가 발생되는 시점의 TCNTn 레지스터값은 즉시 ICRn 레지스터로 복사된다. TICIEn 비트로 입력 캡처 인터럽트를 활성화시키고 전역 인터럽트가 활성화되어 있으면 해당 펄스 신호가 발생될 때 입력 캡처 인터럽트 발생 플래그 ICFn을 1로 셋시키고 인터럽트가 발생된다.

8비트 타이머/카운터와 16비트 타이머/카운터의 차이

16비트 타이머/카운터는 8비트 타이머/카운터와 유사하지만 다음 몇 가지 차이를 갖는다. 요약하면 [표 9-3]과 같다.

[표 9-3] 8비트 타이머/카운터와 16비트 타이머/카운터의 차이

<table>
<tr><th colspan="2">구분</th><th>8비트 타이머/카운터
(n=0 또는 2)</th><th>16비트 타이머/카운터
(n=1 또는 3)
(x=A 또는 B 또는 C)</th><th>16비트 타이머/카운터 특징</th></tr>
<tr><td colspan="2">레지스터 비트 수</td><td>8개</td><td>16개</td><td>TCNTn 비트 수가 커서 해상도를 높일 수 있음.</td></tr>
<tr><td colspan="2">파형 발생모드</td><td>일반 모드
CTC 모드
고속 PWM 모드
위상정정 PWM 모드</td><td>일반 모드
CTC 모드
고속 PWM 모드
위상정정 PWM 모드
위상-주파수정정 PWM 모드</td><td>위상-주파수정정 PWM 모드 추가</td></tr>
<tr><td rowspan="5">최댓값</td><td>일반 모드</td><td>고정값 FF</td><td>고정값 FFFF</td><td>16비트 TCNTn</td></tr>
<tr><td>고속 PWM 모드</td><td rowspan="2">고정값 FF</td><td rowspan="2">고정값 FF, 1FF, 3FF
가변값 ICRn, OCRnA</td><td rowspan="2">PWM 신호 발생을 위한 최댓값을 고정시키거나 ICRn, OCRnA를 이용하여 가변할 수 있음.</td></tr>
<tr><td>위상정정
PWM 모드</td></tr>
<tr><td>위상-주파수정정
PWM 모드</td><td>–</td><td>가변값 ICRn, OCRnA</td><td>OCRnx는 TCNTn이 0일 때 갱신되어 최댓값 변경에 의한 불규칙적 주파수 변화를 막을 수 있음.</td></tr>
<tr><td>CTC 모드</td><td>가변값 OCRn</td><td>가변값 ICRn, OCRn</td><td>ICRn 최댓값 추가</td></tr>
<tr><td colspan="2">TCNTn와 연동되는
OCRn, OCn</td><td>OCRn
OCn</td><td>OCRnx
OCnx</td><td>한 개의 TCNTn과 3개의 OCRnx 레지스터, OCnx 핀이 연동</td></tr>
<tr><td colspan="2">입력 신호 캡처</td><td>–</td><td>ICPn</td><td>입력 신호 캡처 시점의 TCNTn값을 ICRn에 캡처</td></tr>
<tr><td colspan="2">클록 소스</td><td>내부 클록 또는
비동기 외부 클록/동기
외부 클록 T2</td><td>내부 클록 또는 동기 외부
클록 Tn</td><td>타이머/카운터2의 프리스케일러와 동일</td></tr>
<tr><td rowspan="3">인터럽트
벡터</td><td>오버플로</td><td>TIMRERn_OVF_vect</td><td>TIMRERn_OVF_vect</td><td></td></tr>
<tr><td>비교일치</td><td>TIMERn_COMP_vect</td><td>TIMERn_COMPx_vect</td><td></td></tr>
<tr><td>입력 신호
캡처</td><td>–</td><td>TIMERn_CAPT_vect</td><td>16비트 타이머/카운터</td></tr>
</table>

9.1.3 16비트 카운터/타이머 주요 레지스터

16비트 타이머/카운터n(n은 1 또는 3, x는 A 또는 B 또는 C) 동작과 관계된 주요 레지스터는 아래와 같고, 비트 동작은 [표 9-4]와 같다.

TCNTn 레지스터

타이머/카운터 레지스터(Timer/Counter Register)라고 한다. TCNTnH와 TCNTnL 두 개의 8비트 레지스터로 구성되어 있지만 AVR GCC 컴파일러에서 단순히 TCNTn으로도 사용할 수 있다. 타이머/카운터n의 클록이 인가될 때마다 1씩 증가한다. TCCRn 레지스터에서 설정된 파형 발생모드에 따라 계수하는 동작이 달라진다.

	비트	15	14	13	12	11	10	9	8
TCNTnH	비트명	MSB							LSB
TCNTnL	비트명	MSB							LSB
		7	6	5	4	3	2	1	0

TCCRnx 레지스터

타이머/카운터 제어 레지스터(Timer/Counter Control Register)라고 한다. TCNTn 레지스터의 계수 동작 파형 발생모드와 비교일치 핀 출력 모드를 설정하고 1씩 계수될 때 걸리는 시간을 프리스케일러로 결정한다. 8비트 타이머/카운터에 없는 입력 캡처 기능을 설정할 수 있고, 입력 신호에 대한 잡음 제거 여부를 설정한다.

	비트	7	6	5	4	3	2	1	0
TCCRnA	비트명	COMnA1	COMnA0	COMnB1	COMnB0	COMnC1	COMnC0	WGMn1	WGMn0
	읽기/쓰기	W	R/W	R/W	R/W	R/W	R/W	R/W	R/W
	초깃값	0	0	0	0	0	0	0	0

	비트	7	6	5	4	3	2	1	0
TCCRnB	비트명	ICNCn	ICESn	-	WGMn3	WGMn2	CSn2	CSn1	CSn0
	읽기/쓰기	W	R/W	R/W	R/W	R/W	R/W	R/W	R/W
	초깃값	0	0	0	0	0	0	0	0

	비트	7	6	5	4	3	2	1	0
TCCRnC	비트명	FOCnA	FOCnB	FOCnC	-	-	-	-	-
	읽기/쓰기	W	R/W	R/W	R/W	R/W	R/W	R/W	R/W
	초깃값	0	0	0	0	0	0	0	0

OCRnx 레지스터

출력 비교 레지스터(Output Compare Register)라고 한다. OCRnxH와 OCRnxL 두 개 8비트 레지스터로 구성되어 있지만 AVR GCC 컴파일러에서 단순히 OCRnx로도 사용할 수 있다. TCCRn 레지스터에서 설정된 파형 발생모드에 따라 TCNTn 레지스터가 계수될 때 OCRnx와 일치하는 순간 OCnx 핀에 디지털 전압레벨의 출력 펄스를 결정한다.

	비트	15	14	13	12	11	10	9	8
OCRnxH	비트명	MSB							LSB
OCRnxL	비트명	MSB							LSB
		7	6	5	4	3	2	1	0

TIMSK, ETIMSK 레지스터

타이머/카운터 인터럽트 매스크 레지스터(Timer/Counter Interrupt Mask Register)와 확장 타이머/카운터 인터럽트 매스크 레지스터라고 한다. 타이머 오버플로 인터럽트, 비교일치 인터럽트, 입력 캡처 인터럽트 활성화를 설정한다.

	비트	7	6	5	4	3	2	1	0
TIMSK	비트명	OCIE2	TOIE2	TICIE1	OCIE1A	OCIE1B	TOIE1	OCIE0	TOIE0
	읽기/쓰기	R/W	R/W	R/W	R/W	R/W	R/W	R/W	R/W
	초깃값	0	0	0	0	0	0	0	0

	비트	7	6	5	4	3	2	1	0
ETIMSK	비트명	-	-	TICIE3	OCIE3A	OCIE3B	TOIE3	OCIE3C	OCIE1C
	읽기/쓰기	R/W	R/W	R/W	R/W	R/W	R/W	R/W	R/W
	초깃값	0	0	0	0	0	0	0	0

TIFR, ETIFR 레지스터

타이머/카운터 플래그 레지스터(Timer/Counter Flag Register)와 확장 타이머/카운터 플래그 레지스터라고 한다. 타이머 오버플로 인터럽트, 비교일치 인터럽트, 입력 캡처 인터럽트가 발생되었을 때 해당 플래그가 1이 된다. 인터럽트 서비스 루틴으로 진입하면 그 비트는 자동으로 클리어된다. 1로 설정되어 대기 중인 상황에서 1을 기록하면 플래그값이 클리어된다.

TIFR	비트	7	6	5	4	3	2	1	0
	비트명	OCF2	TOV2	ICF1	OCF1A	OCF1B	TOV1	OCF0	TOV0
	읽기/쓰기	R/W	R/W	R/W	R/W	R/W	R/W	R/W	R/W
	초깃값	0	0	0	0	0	0	0	0

ETIFR	비트	7	6	5	4	3	2	1	0
	비트명	-	-	ICF3	OCF3A	OCF3B	TOV3	OCF3C	OCF1C
	읽기/쓰기	R/W	R/W	R/W	R/W	R/W	R/W	R/W	R/W
	초깃값	0	0	0	0	0	0	0	0

[표 9-4] 16비트 타이머/카운터와 관련된 레지스터 비트

레지스터	비트명	속성	초깃값	비 고
TCNTn	–	R/W	0x0000	파형 발생모드 설정에 따라 프리스케일된 클록에 값이 1씩 계수됨.
TCCRnC	FOCnx	W	0	PWM 모드가 아닌 경우만 작동. 1을 기록하면 즉시 강제 비교일치로 간주(*인터럽트는 발생하지 않음.)
TCCRnA	COMnx1 COMnx0	R/W	(0,0)	OCnx 비교일치 출력 모드 파형 발생모드에 따라 다르게 작동함.
	WGMn1 WGMn0	R/W	(0,0)	WGMn3, WGMn2, WGMn1, WGMn0으로 15가지 형태의 발생 파형 결정 ([표 9-6] 참조)
TCCRnB	ICNCn	R/W	0	4회 연속 ICPn의 디지털값이 같을 때 입력 캡처로 인정
	ICESn	R/W	0	입력 캡처 신호 감지 에지 선택
	WGMn3 WGMn2	R/W	(0,0)	WGMn3, WGMn2, WGMn1, WGMn0으로 16가지 형태의 발생 파형 결정. [표 9-6] 참조
	CSn2 CSn1 CSn0	R/W	(0,0,0)	TCNTn에 사용되는 클록을 선택하는 프리스케일 (0,0,0) : 클록 없음. (0,0,1) : 클록 소스/1 (0,1,0) : 클록/8 (0,1,1) : 클록 소스/64 (1,0,0) : 클록/256 (1,0,1) : 클록 소스/1024 (1,1,0) : Tn 하강 (1,1,1) : Tn 상승
OCRnx	–	R/W	0x0000	TCNTn값이 OCRnx와 일치되면 다음 클록에 OCnx 핀 신호가 (COMnx1, COMnx0)에 의해 결정
ICRn	–	R/W	0x0000	ICPn 핀 또는 아날로그 비교기에서 신호 변화가 감지되면 TCNTn값이 즉시 ICRn 레지스터에 기록됨.
TIMSK* ETIMSK*	TICIEn	R/W	0	입력 캡처n 인터럽트 활성화 비트 ICFn이 1로 셋되면 ISR(TIMERn_CAPT_vect) 인터럽트 서비스 루틴이 실행됨.
	OCIEnx	R/W	0	비교일치 인터럽트 활성화 비트 TCNTn과 OCRnx가 일치하는 인터럽트가 발생되면 ISR(TIMERn_COMPx_vect) 인터럽트 서비스 루틴이 실행됨.
	TOIEn	R/W	0	타이머/카운터n 오버플로 인터럽트 활성화 비트 인터럽트가 발생되면 ISR(TIMERn_OVF_vect) 인터럽트 서비스 루틴이 실행됨.
TIFR** ETIFR**	ICFn	R/W	0	ICPn 핀에서 입력 캡처 사건이 발생하면 1로 설정됨. 또는 WGMn3:n0값이 8, 10, 12, 14로 설정되었을 때 TCNTn이 TOP값인 ICRn과 같아지면 1로 셋되고 ISR(TIMERn_ CAPT_vect) 인터럽트 서비스 루틴이 개시되면 0으로 클리어됨. 만일 1로 설정된 상황에서 1을 기록하면 0으로 클리어되어 인터럽트 서비스 루틴이 실행되지 않음.

레지스터	비트명	속성	초깃값	비 고
	OCFnx	R/W	0	OCRnx값과 TCNTn값이 일치되면 1로 설정됨. ISR(TIMERn_COMPx_vect) 인터럽트 서비스 루틴이 개시되면 0으로 클리어 됨. 만일 1로 설정된 상황에서 1을 기록하면 0으로 클리어되어 인터럽트 서비스 루틴이 실행되지 않음.
	TOVn	R/W	0	타이머/카운터1 오버플로가 발생되면 1로 설정됨. ISR(TIMERn_OVF_vect) 인터럽트 서비스 루틴이 개시되면 0으로 클리어됨. 만일 1로 설정된 상황에서 1을 기록하면 0으로 클리어되어 인터럽트 서비스 루틴이 실행되지 않음.
SREG	I	R/W	0	전체 인터럽트 활성화 비트

* : TIMSK 레지스터는 n=1, ETIMSK 레지스터는 n=3에 해당되는 비트 설정을 담당한다.

** : TIFR 레지스터는 n=1, ETIFR 레지스터는 n=3에 해당되는 비트 설정을 담당한다. 단, OCF1C 비트는 ETIFR 레지스터에서 담당한다.

9.1.4 16비트 타이머/카운터n 클록 소스

16비트 타이머/카운터의 클록 소스는 내부 클록 또는 Tn 핀과 연결되는 외부 클록을 사용할 수 있다. 내부 클록은 CPU 클록으로 3.3~5.0[V]로 작동할 수 있는 ATmega128(L)에서 8[MHz]까지, 5[V]로 작동 가능한 ATmega128에서 16[MHz]까지 사용할 수 있다.

[그림 9-2]는 16비트 타이머/카운터의 클록 소스 선택과 프리스케일러 연결을 나타내고 있다. 외부 클록은 Tn(n=1 또는 3) 핀과 연결된 클록 신호를 사용할 수 있다. 전원이 켜진 초기 상태는 내부 클록이 16비트 타이머/카운터의 클록 소스가 된다. Tn 핀에 인가되는 클록 소스를 선택하기 위해서는 TCCRnB 레지스터의 CSn2~CSn0의 프리스케일 설정 비트를 (1, 1, 0) 또는 (1, 1, 1)로 선택한다.

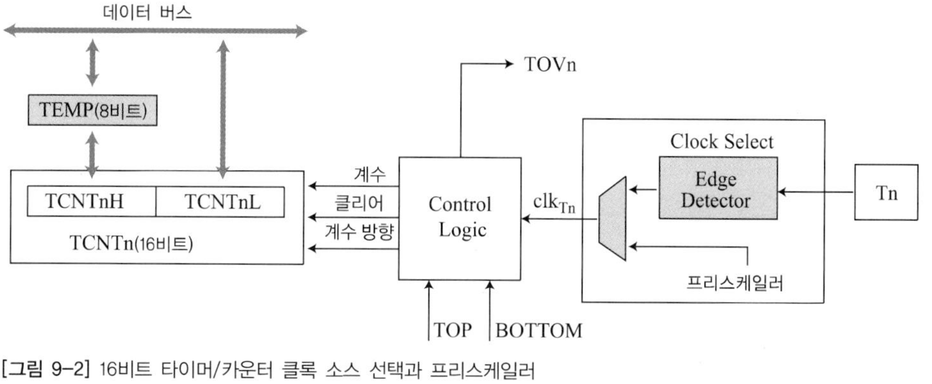

[그림 9-2] 16비트 타이머/카운터 클록 소스 선택과 프리스케일러

16비트 타이머/카운터 프리스케일

[그림 9-2]에 연결되는 프리스케일러를 사용하여 TCNTn 레지스터의 계수용 클록 clk_{Tn}을 응용상황에 맞게 조절할 수 있다. TCCRnB 레지스터의 프리스케일 설정 비트 CSn2~CSn0

을 설정하여 클록 소스를 분주하여 TCNTn 계수용 클록으로 사용한다. CSn2~CSn0을 (1, 0, 0)으로 설정했을 경우 내부 클록이 256번 발생할 때 16비트 타이머/카운터에 클록 clk_{Tn}은 1회 발생한다.

[표 9-5] TCNTn 계수를 위한 클록 주파수 프리스케일

TCCRnB 레지스터			TCNTn 계수 클록 주파수	비고
CSn2	CSn1	CSn0		
0	0	0	0, TCNTn은 계수되지 않는다.	내부 클록
0	0	1	클록 소스와 동일	
0	1	0	클록 소스/8	
0	1	1	클록 소스/64	
1	0	0	클록 소스/256	
1	0	1	클록 소스/1024	
1	1	0	Tn에서 입력되는 외부 클록 소스의 하강에지	외부 클록
1	1	1	Tn에서 입력되는 외부 클록 소스의 상승에지	

TCNTn에 대한 프리스케일을 적절히 선택하여 오버플로 발생 주기와 비교출력 핀 OCnx로 출력되는 펄스 주기를 조절할 수 있다. 입력 캡처를 이용한 외부에서 입력되는 펄스 신호의 발생 순간을 인식하는 해상도도 이에 따라 조절된다. 오버플로 인터럽트 서비스를 활성화하여 사용하는 경우 오버플로 주기가 너무 짧으면 CPU의 오버플로 인터럽트 서비스를 위한 처리 부담이 커져 일반 함수 프로그램 속도를 떨어뜨릴 염려가 있으므로 주의가 필요하다.

Section 9.2 16비트 타이머/카운터 파형 발생모드와 OCnx 신호

16비트 타이머/카운터n(n은 1 또는 3)에는 TCNTn 레지스터와 OCRnx 레지스터가 있어 두 값의 비교에 의해 OCnx 핀에 출력되는 펄스 주기와 듀티비를 조절할 수 있는 기능을 갖고 있다. 이 기능을 이용하여 PWM(Pulse Width Modulation)을 만들어 다양한 외부 장치를 제어할 수 있다.

9.2.1 비교출력 OCnx 신호 출력

[그림 9-3]은 출력 비교 장치 블록도를 나타낸다. OCnx로 출력되는 신호는 파형 발생기에서 아래의 신호 조합에 의해 펄스형태로 출력된다.

- TCNTn 레지스터와 OCRnx 레지스터의 비교일치 여부
- 파형 발생모드(WGMn3~WGMn0) 설정에 의한 TCNTn 계수 패턴
- 비교일치 핀 출력 모드(COMnx1~COMnx0)에 의한 TCNTn가 OCRnx가 일치되었을 때 OCnx 핀에 출력되는 극성
- TOP값(TCNTn이 증가할 수 있는 최댓값)

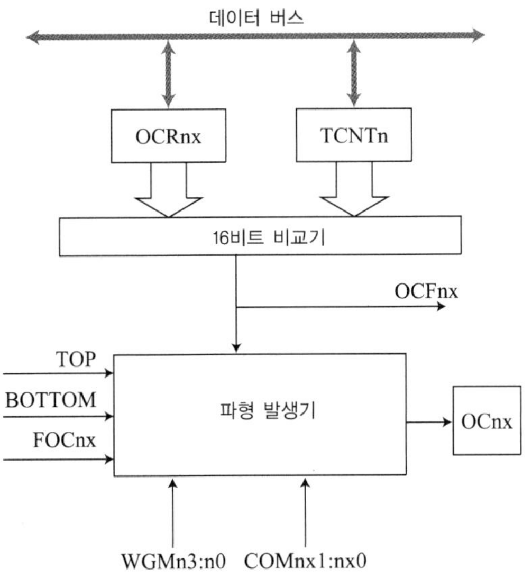

[그림 9-3] 16비트 타이머/카운터 출력 비교 장치 블록도

- BOTTOM 값(TCNTn이 감소할 수 있는 최솟값, 0)
- 비 PWM 모드에서 FOCnx를 1로 설정하여 TCNTn과 OCRnx의 비교일치가 강제로 발생된 것처럼 설정

TCNTn과 OCRnx 레지스터의 비교일치 조건이 만족되면 B포트의 OC1A(PB5), OC1B(PB6), OC1C(PB7) 핀과 E포트의 OC3A(PE3), OC3B(PE4), OC3C(PE5) 핀으로 펄스 신호가 출력된다. DDRB와 DDRE 레지스터로 해당 핀을 출력 방향으로 설정한 후, OCnx 핀으로 펄스를 출력할 수 있다.

비교출력 인터럽트를 활성화하고 전역 인터럽트 비트가 활성화되어 있으면, OCFnx 비교출력 인터럽트 발생 플래그가 1로 변하면서 인터럽트 발생을 요청한다. 인터럽트 서비스 루틴이 실행되면 OCFnx 플래그는 클리어된다. 인터럽트 서비스 루틴으로 진입하기 전에 OCFnx 비트에 강제로 1을 기록하면 클리어되고 인터럽트 서비스 루틴은 수행되지 않는다.

파형 발생모드는 [표 9-6]과 같이 WGNn3:n0에 의해 일반 모드, 고속 PWM 모드, 위상정정 PWM 모드, 위상-주파수정정 PWM 모드, CTC 모드와 같이 5가지로 결정된다. TCNTn의 최댓값을 여러 개 중에서 선택할 수 있는 다양성을 갖는다.

고속 PWM 모드와 위상정정 PWM 모드에서 ICRn 레지스터와 OCRnA 레지스터로 TOP값을 정할 수 있다. 8비트 타이머/카운터에는 없던 위상-주파수정정 PWM 모드가 있다. 위상-주파수정정 PWM 모드에서는 OCRnx 갱신 시기를 0에 실시함으로써 TCNTn 레지스터의 상승,

[표 9-6] WGMn3~WGMn0 설정에 따른 상세 발생 파형

파형 발생모드		TCCRnB		TCCRnA		TCNTn		OCRnx 갱신 시기	TOVn 발생 시기
구분	16진값	WGMn3	WGMn2	WGMn1	WGMn0	사용 비트	최댓값 (TOP)		
일반 모드	0	0	0	0	0	16	FFFF	즉시	0
고속 PWM 모드	5	0	1	0	1	8	FF	TOP	TOP
	6	0	1	1	0	9	1FF		
	7	0	1	1	1	10	3FF		
	E	1	1	1	0	가변	ICRn		
	F	1	1	1	1		OCRnA		
위상정정 PWM 모드	1	0	0	0	1	8	FF		0
	2	0	0	1	0	9	1FF		
	3	0	0	1	1	10	3FF		
	A	1	0	1	0	가변	ICRn		
	B	1	0	1	1		OCRnA		
위상-주파수정정 PWM 모드	8	1	0	0	0	가변	ICRn	0	
	9	1	0	0	1		OCRnA		
CTC 모드	C	1	1	0	0	가변	ICRn	즉시	–
	4	0	1	0	0		OCRnA	즉시	

하강 계수 구간을 동일하게 하고 반복 구간을 변하지 않는 0으로 고정함으로써 TOP 값을 가변시킬때 위상정정 PWM 모드에서 발생할 수 있는 순간적인 주파수 변화를 보정할 수 있다.

각 모드에서 COMnx1:nx0에 따라 OCRnx과 관계된 OCnx 핀에서 출력되는 펄스의 특징을 살펴보자.

9.2.2 고속 PWM 모드에서 OCn 신호 출력

고속 PWM 모드는 TCCRnA, TCCRnB 레지스터의 WGMn3~WGMn0 비트가 16진수 5, 6, 7, E, F로 설정될 때다. [그림 9-4]는 고속 PWM 모드의 타이밍도다. TCNTn이 0부터 TOP까지 증가한 후 0부터 다시 증가를 반복하는 단일 경사 모양을 갖는다. 한 사이클의 주기는 TCNTn이 0부터 TOP까지 총 TOP+1회의 TCNTn에 대한 클록 펄스가 소요되며, 주기 계산은 아래 식과 같다. 아래 식에서 $f_{clk_I/O}$는 TCNTn에 연결되는 프리스케일 되기 전 클록 소스의 주파수다.

$$\text{고속 PWM 주기} = \frac{(TOP + 1) \times \text{프리스케일}}{f_{clk\_I/O}}$$

16비트 타이머/카운터의 고속 PWM 신호의 TCNTn 최댓값은 고정과 가변 두 가지 경우를 갖는다. 고정된 경우는 TCNTn의 8비트, 9비트, 10비트만을 사용할 경우로서 최댓값이 16진수 FF, 1FF, 3FF를 갖는다. 16비트 타이머/카운터의 고속 PWM 발생 파형의 최댓값을 ICRn 레지스터 또는 OCRnA 레지스터로 가변시킬 수 있다.

[그림 9-4]는 16비트 타이머/카운터의 고속 PWM 모드 타이밍에서 TCNTn의 최댓값이

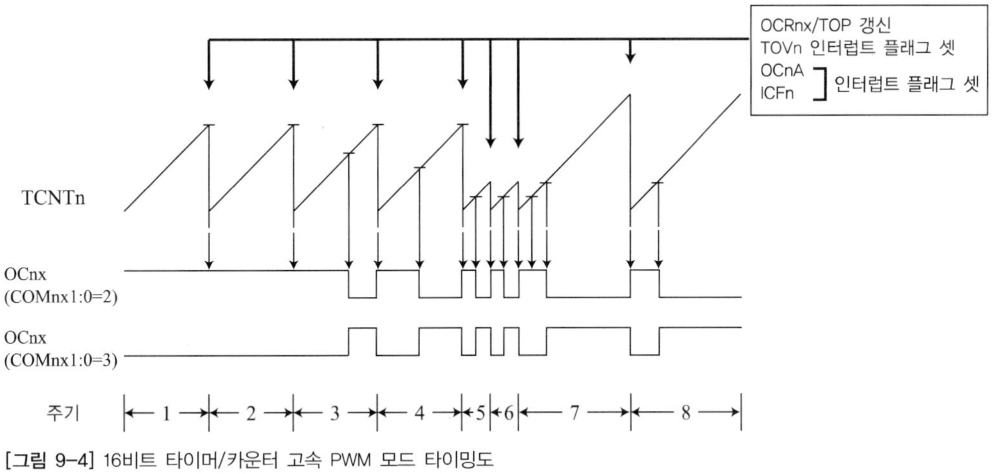

[그림 9-4] 16비트 타이머/카운터 고속 PWM 모드 타이밍도

OCRnA 또는 ICRn일 경우 레지스터의 수정으로 최댓값이 변경되는 모습을 보이고 있다. 최댓값이 변경되면 고속 PWM 주기와 주파수가 변경된다. TCNTn이 최댓값까지 계수되기 위해 사용되는 비트 수는 아래와 같이 계산된다.

$$R_{고속\ PWM} = \lceil \log_2(TOP + 1) \rceil$$

COMnx1~COMnx0 설정과 OCnx 출력 극성

TCCRnA 레지스터의 비교일치 출력 모드를 결정하는 COMnx1~COMnx0 비트 설정에 따라 고속 PWM 모드의 OCnx 출력은 [표 9-7]과 같다. OCnx 출력 파형 발생을 위해서 해당 핀의 DDRB 레지스터의 OC1A(PB5), OC1B(PB6), OC1C(PG7) 또는 DDRE 레지스터의 OC3A(PE3), OC3B(PB4), OC3C(PB5) 비트를 1로 설정하여 디지털 I/O 핀의 방향을 출력으로 만들어 신호를 출력시킬 수 있게 해야 한다.

[표 9-7] 고속 PWM 비교일치 출력 모드 비트 설정

파형 발생모드 (WGMn3:n0, TOP)	TCCRnA 레지스터 비교일치 출력 모드 비트		OCnx 신호 출력 설명
	COMnx1	COMnx0	
고속 PWM 모드 (5, 2^8-1=FF) (6, 2^9-1=1FF) (7, 2^{10}-1=3FF) (E, ICRn) (F, OCRnA)	0	0	OCnx 동작 없음. 일반 디지털 I/O 핀으로 동작한다.
	0	1	WGMn3:n0=F일 때 OCnA만 토글 동작한다. OCnA, OCnB는 일반 디지털 I/O 핀으로 동작한다. 기타 WGMn3:n0, OCnx 핀은 일반 디지털 I/O 핀으로 동작한다.
	1	0	OCRnx와 TCNTn값이 일치하면 0이 되고, TCNTn이 TOP일 때 1이 된다. 즉, OCRnx을 증가하면 OCnx 펄스 폭이 증가한다.
	1	1	OCRnx와 TCNTn값이 일치하면 1이 되고, TCNTn이 TOP일 때 0이 된다. 즉, OCRnx를 감소하면 OCnx 펄스 폭이 증가한다.

TIMSK와 ETIMSK 레지스터의 비교일치 인터럽트 활성 비트 OCIEnx가 1로 설정되면 TCNTn이 상승하는 과정에서 OCRnx와 값이 일치할 때 ISR(TIMERn_COMPx_vect) 인터럽트가 발생된다. OCIEnx를 활성화하지 않아도 OCnx 핀을 출력 방향으로 설정하는 경우 COMnx1~COMnx0 비트를 (1, 0) 또는 (1, 1)로 설정하면 OCnx 핀에서 PWM 파형이 출력된다. (0, 1)로 설정하면 WGMn3:0=F일 때 OCnA만 토글 동작한다.

OCRnx와 TOP값 갱신 시점

출력 비교일치 레지스터 OCRnx값을 수정하면 그 값은 버퍼에 임시 저장되었다가 TCNTn이 TOP일 때 실제로 갱신되어 적용된다. OCRnx 레지스터는 계수용 TCNTn 레지스터와 값이 일치할 때 OCnx 핀의 펄스 출력이 바뀌게 되므로 PWM 펄스 폭을 바꿀 수 있는 레지스터다.

WGMn3:n0=E, F일 때 OCRnA 또는 ICRn 레지스터를 수정하여 TCNTn의 TOP을 변경할 수 있다. 수정된 값은 TCNTn이 TOP일 때 실제로 갱신되어 적용된다. OCRnA로 TOP을 정할 때는 버퍼링 기능이 있어 안전하게 TOP값을 변경할 수 있다. ICRn 레지스터는 버퍼링 기능이 없다. TOP값을 낮게 변경할 때 프리스케일이 없거나 낮은 프리스케일에서 TOP 위치에서의 비교일치 동작을 실패할 수 있다. ICRn 레지스터를 사용하면 OCRnA 레지스터는 사용할 수 있기 때문에 자유스럽지만 TOP을 자주 바꾸는 응용 사례에서는 OCRnA 레지스터를 사용하는 것이 바람직하다. TOP값을 변경할 때는 OCRnx보다 높은 값으로 정해야 PWM 출력 펄스를 OCnx 핀에서 만들어 낼 수 있다.

오버플로 발생 시점

TCNTn 레지스터가 TOP에 도달된 다음 클록에 오버플로 발생 비트 TOVn을 1로 만든다. 오버플로 인터럽트 서비스 루틴으로 진입하면 TOVn 비트는 0으로 클리어된다. 이 비트에 강제로 1을 기록하면 0으로 클리어되고, 인터럽트 서비스 루틴은 실행되지 않는다.

최대 또는 최솟값에서 PWM 연속 신호 보장

COMnx1~COMnx0이 (1, 0)으로 설정되고 OCRnx가 TOP이면 TCNTn이 TOP이 되었을 때 OCnx 출력 신호 생성 약속이 충돌된다. TCNTn과 OCRnx이 비교일치되었으므로 0으로 설정하려는 동작과 TCNTn이 TOP일 때는 1로 설정하려는 동작이 충돌된다. 고속 PWM에서는 비교일치를 무시하고 OCnx 출력을 1로 하여 글리치 없는 연속된 신호가 출력되어 100%의 듀티비를 갖는다. 그러나 OCRnx값이 0일 때는 듀티비가 0%가 되지 않고 비교일치 기능이 무시되지 않으므로 T+1 클록 사이클마다 스파이크 펄스가 등장한다. COMnx1~COMnx0이 (1, 1)일 때는 반대 극성에서 동일한 현상이 나타난다.

9.2.3 위상정정 PWM 모드에서 OCnx 신호 출력

위상정정 PWM 모드는 TCCRnA, TCCRnB 레지스터의 WGMn3~WGMn0 비트가 16진수 1, 2, 3, A, B로 설정될 때 발생한다. [그림 9-5]는 위상정정 PWM 모드의 타이밍도다. TCNTn이 0부터 TOP까지 증가하는 상승 경사와 TOP 이후에는 다시 감소하는 하강 경사의 2중 경사 모양을 갖는다.

한 사이클의 주기는 TCNTn이 TOP부터 감소하고 0을 지나 다시 증가하여 TOP−1까지 총 2×TOP회의 TCNTn에 대한 클록 펄스가 소요되며, 주기 계산은 아래 식과 같다. 아래 식에서 $f_{clk_I/O}$는 TCNTn에 연결되는 프리스케일되기 전 클록 소스의 주파수다.

$$\text{위상정정 PWM 주기} = \frac{2 \times TOP \times \text{프리스케일}}{f_{clk\_I/O}}$$

16비트 타이머/카운터의 위상정정 PWM 신호의 TCNTn 최댓값은 고정과 가변, 두 가지 경우를 갖는다. 고정된 경우는 TCNTn의 8비트, 9비트, 10비트만을 사용할 경우로서 최댓값이 16진수 FF, 1FF, 3FF를 갖는다. 16비트 타이머/카운터의 고속 PWM 발생 파형의 최댓값을 ICRn 레지스터 또는 OCRnA 레지스터로 가변시킬 수 있다.

[그림 9-5]는 16비트 타이머/카운터의 위상정정 PWM 모드 타이밍에서 TCNTn의 최댓값이 OCRnA 또는 ICRn일 경우 레지스터 수정으로 최댓값이 변경되는 모습을 보이고 있다. 최댓값이 변경되면 위상정정 PWM 주기와 주파수가 변경된다. TCNTn이 최댓값까지 계수되기 위해 사용되는 비트 수는 아래와 같이 계산된다.

$$R_{\text{위상정정 PWM}} = \lceil \log_2(TOP+1) \rceil$$

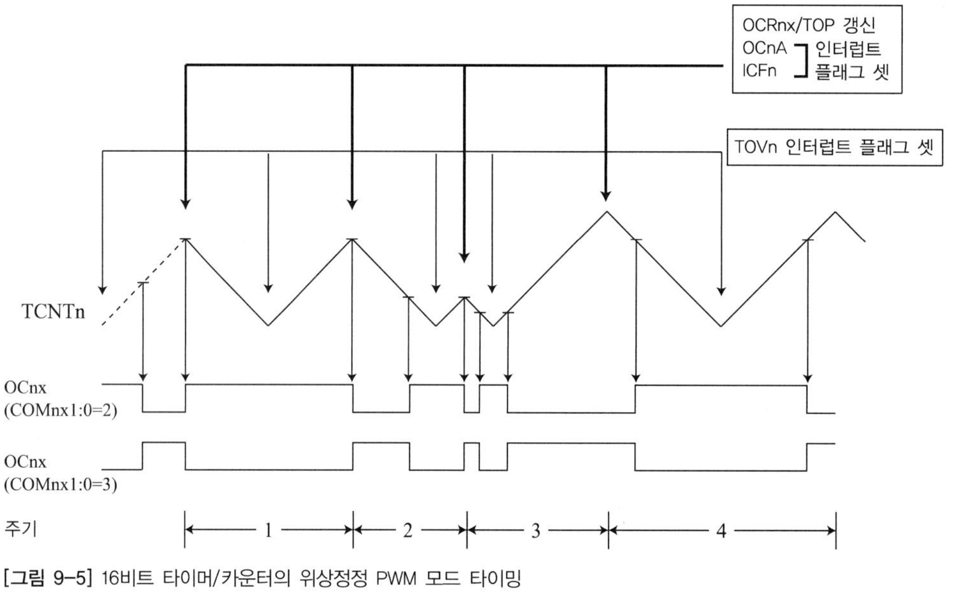

[그림 9-5] 16비트 타이머/카운터의 위상정정 PWM 모드 타이밍

COMnx1~COMnx0 설정과 OCnx 출력 극성

TCCRnA 레지스터의 비교일치 출력 모드를 결정하는 COMnx1~COMnx0 비트 설정에 따라 위상정정 PWM 모드의 OCnx 출력은 [표 9-8]과 같다.

[표 9-8] 위상정정, 위상-주파수정정 PWM 비교일치 출력 모드 비트 설정

<table>
<tr><th rowspan="2">파형 발생모드
(WGMn3:n0, TOP)</th><th colspan="2">TCCRnA 레지스터
비교일치출력
모드 비트</th><th rowspan="2">OCnx 신호출력 설명</th></tr>
<tr><th>COMnx1</th><th>COMnx0</th></tr>
<tr><td rowspan="4">위상정정 PWM 모드
(1, 2^8−1=FF)
(2, 2^9−1=1FF)
(3, 2^{10}−1=3FF)
(A, ICRn)
(B, OCRnA)

위상-주파수정정 PWM 모드
(8, ICRn)
(9, OCRnA)</td><td>0</td><td>0</td><td>OCnx 동작 없음. 일반 디지털 I/O 핀으로 동작한다.</td></tr>
<tr><td>0</td><td>1</td><td>WGMn3:0=9 또는 11일 때 OCnA만 토글 동작한다. OCnB, OCnC는 일반 디지털 I/O 핀으로 동작한다. 기타 WGMn3:n0의 설정이 9 또는 11이 아닐 경우 OCnx 핀은 일반 디지털 I/O 핀으로 동작한다.</td></tr>
<tr><td>1</td><td>0</td><td>OCRnx와 TCNTn값이 상승 시 일치하면 OCnx는 0이 되고, 하강 시 일치하면 1이 된다. 즉, OCRnx를 증가하면 OCnx의 펄스 폭이 증가한다.</td></tr>
<tr><td>1</td><td>1</td><td>OCRnx와 TCNTn값이 상승 시 일치하면 OCnx는 1이 되고, 하강 시 일치하면 0이 된다. 즉, OCRnx를 감소하면 OCnx 펄스 폭이 증가한다.</td></tr>
</table>

TIMSK와 ETIMSK 레지스터의 비교일치 인터럽트 허용 비트 OCIEnx가 1로 설정되면 TCNTn이 상승하는 과정에 OCRnx와 값이 일치할 때 ISR(TIMERn_COMPx_vect) 인터럽트가 발생된다. OCIEnx를 활성화하지 않아도 OCnx 핀을 출력 방향으로 설정하면 COMnx1~COMnx0 비트를 (1, 0) 또는 (1, 1)로 설정하면 OCnx 핀에서 PWM 파형이 출력된다. (0, 1)로 설정하면 WGMn3:0=9 또는 11일 때 OCnA만 토글 동작한다.

OCRnx와 TOP값 갱신 시점

위상정정 PWM의 OCRnx와 TOP의 갱신을 위해 수정된 값은 TCNTn이 TOP일 때 실제로 갱신된다. 위상정정 PWM 모드의 주기는 TOP → 0 → TOP−1이 된다. 따라서 TOP이 변경되면 하강 경사 구간은 앞의 TOP값에 따르고, 상승 경사 구간은 새롭게 갱신된 TOP값에 따른다.

출력 비교일치 레지스터 OCRnx값을 수정하면 그 값은 버퍼에 임시 저장되었다가 TCNTn이 TOP일 때 갱신된다. OCRnx 레지스터는 계수용 TCNTn 레지스터와 값이 일치할 때 OCnx 핀의 펄스 출력이 바뀌게 되므로 PWM 펄스 폭을 바꿀 수 있는 레지스터다.

WGMn3:n0=B, A일 때 OCRnA 또는 ICRn 레지스터를 수정하여 TCNTn의 TOP을 변경할 수 있다. OCRnA로 TOP을 수정할 때는 버퍼링 기능 때문에 안전하게 TOP값을 변경할 수 있다. ICRn 레지스터는 버퍼링 기능이 없다. TOP값을 자주 갱신하는 응용에서는 하강 경사 구간과 상승 경사 구간의 길이가 달라짐에 따라 주파수가 달리 나타날 수 있다. 상승 경사 구간과 하강 경사 구간의 길이가 같은 위상-주파수정정 PWM 모드를 사용하는 것이 바람직하다. TOP 값을 변경할 때는 OCRnx보다 높은 값으로 정해야 PWM 출력 펄스를 OCnx 핀에서 만들어 낼 수 있다.

오버플로 발생 시점

오버플로 발생 시점은 TCNTn의 최솟값인 0에 도달된 다음 클록에 오버플로 발생 비트 TOVn을 1로 만든다. 오버플로 인터럽트 서비스 루틴으로 진입하면 TOVn 비트는 0으로 클리어된다. 이 비트에 강제로 1을 기록하면 0으로 클리어되고, 인터럽트 서비스 루틴은 실행되지 않는다.

최댓값과 최솟값에서 PWM 연속 신호 보장

COMnx1~COMnx0이 (1, 0)으로 설정된 경우 OCRnx 레지스터가 BOTTOM(0)과 같으면 OCnx는 연속적으로 LOW를 출력한다. OCRnx 레지스터가 TOP과 같으면 OCnx는 연속적으로 HIGH를 출력한다. 고속 PWM 모드의 스파이크 펄스가 등장하지 않고 PWM 연속 신호를 제공한다. COMnx1~COMnx0이 (1, 0)으로 설정되면 반대 극성으로 PWM 연속 신호를 보장한다.

9.2.4 위상-주파수정정 PWM에서 OCnx 신호 출력

위상정정 PWM 모드와 위상-주파수정정 PWM 모드의 차이는 [표 9-9]와 같다. 위상정정 PWM과 위상-주파수정정 PWM은 OCRnx와 TOP값을 OCRnA 또는 ICRn 레지스터로 갱신하는 경우, 갱신 시기만 제외하고 나머지 동작은 동일하다.

[표 9-9] 위상정정 PWM 모드와 위상-주파수정정 PWM 모드의 차이

구분	위상정정 PWM 모드	위상-주파수정정 PWM 모드
OCRnx 갱신 시기 TOP 갱신 시기	TCNTn이 TOP일 때 갱신	TCNTn이 BOTTOM(0)일 때 갱신
주기 구간	TOP과 TOP 사이	BOTTOM(0)과 BOTTOM(0) 사이
상승 경사와 하강 경사 구간	하강 경사 : 직전 TOP 설정에 따름. 상승 경사 : 현재 TOP 설정에 따름. PWM 펄스가 비대칭일 수 있다.	하강 경사, 상승 경사 동일 PWM 펄스는 골을 중심으로 대칭
WGMn3~WGMn0	고정 TOP : 1, 2, 3, 가변 TOP : A, B	고정 TOP : 없음. 가변 TOP : 8, 9

위상정정 PWM 모드의 주기 구간은 OCRnx와 TOP이 갱신되는 TOP을 중심으로 하는 TOP과 TOP 사이다. OCRnA에 의해 TOP을 변경하면 직전 TOP과 변경된 TOP이 다르기 때문에 하강 경사와 상승 경사가 비대칭인 TCNTn 계수 상황에서 OCRnx 레지스터와 출력 비교가 진행된다. 그로 인해 왜곡된 펄스가 TOP값 변경 시점에 발생할 수 있다.

위상-주파수정정 PWM 모드의 주기 구간은 OCRnx와 TOP이 갱신되는 BOTTOM(0)을 중

심으로 하는 BOTTOM(0)과 BOTTOM(0) 사이이고, TOP 변경을 위해 OCRnx를 수정해도 실제 변경되는 시점은 BOTTOM(0)인 시점이므로 주기 구간의 상승 경사와 하강 경사의 길이는 동일하여 대칭을 잃지 않는다. OCRnx값이 바뀌어도 펄스 주기 동안 TCNTn의 상승 시간과 하강 시간이 항상 동일하고 골을 중심으로 대칭이 유지되므로 왜곡 펄스가 발생하지 않는다.

[그림 9-6] 위상-주파수정정 PWM 모드 타이밍을 관찰하면 2, 3 주기에서 펄스가 한가운데 고르게 출력되는 것을 알 수 있다. 반면 [그림 9-5]의 2, 3 주기에서 펄스가 한쪽으로 치우치는 바람에 2와 3주기 사이에 급격히 좁은 펄스가 등장하는 사례를 확인할 수 있다.

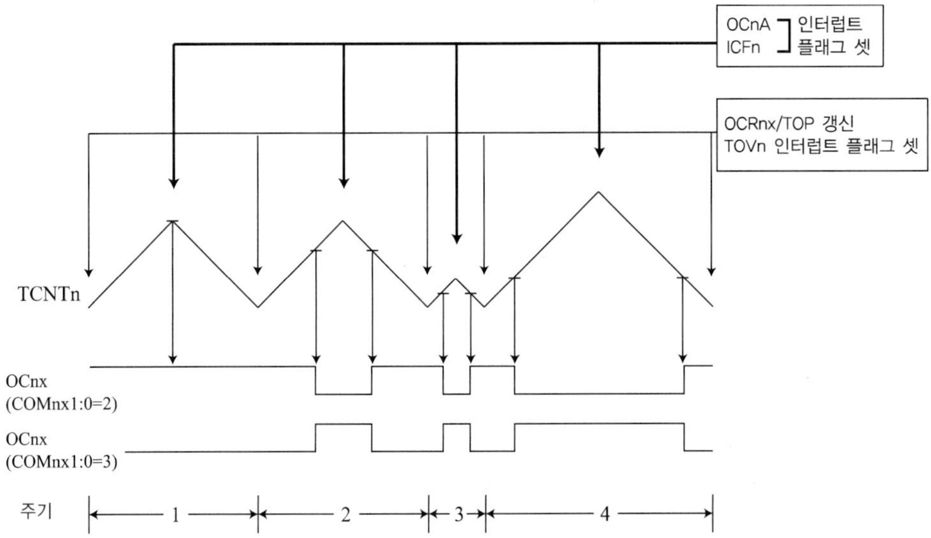

[그림 9-6] 16비트 타이머/카운터의 위상-주파수정정 PWM 모드 타이밍

PWM 펄스 주기를 수시로 변경하는 응용 사례인 경우 위상-주파수정정 PWM 모드를 사용하는 것이 바람직하다. 기타 COMnx1~COMnx0 설정과 OCnx 출력 극성, 오버플로 발생 시점, 최댓값과 최솟값에서 PWM 연속 신호 보장과 관계된 특성은 위상정정 PWM 모드와 위상-주파수정정 PWM 모드가 동일하므로 위상정정 PWM을 참고한다.

9.2.5 CTC 모드 신호 출력

CTC(Clear Timer on Compare Match) 모드는 TCCRnA, TCCRnB 레지스터의 WGMn3~WGMn0 비트가 16진수 4, C로 설정될 때 발생한다. [그림 9-7]은 CTC 모드의 타이밍도다.

TCNTn 레지스터는 0부터 증가되어 TOP과 일치하면 0으로 클리어된다. TOP은 WGMn3:

n0=C일 때 ICRn 레지스터, WGMn3:n0=4일 때 OCRnA값이다. WGMn3:n0=4일 때 비교일치 출력 모드 COMnx1~COMnx0 설정 비트를 (0, 1)로 하면 0부터 증가하던 TCNTn이 OCRnA와 일치하면 OCnx값은 반전된다. 두 번의 반전으로 50% 듀티비의 기본 주기를 얻는다. 주기는 TCNTn이 0부터 OCRnA까지 총 OCRnA+1회의 TCNTn에 대한 프리스케일된 클록 소스 펄스가 소요되며, 아래 식과 같이 계산된다. 아래 식에서 $f_{clk_I/O}$는 TCNTn에 연결되는 프리스케일 되기 전 클록 소스의 주파수다.

$$\text{CTC 주기} = \frac{2 \times (\text{OCRnA} + 1) \times \text{프리스케일}}{f_{clk\_I/O}}$$

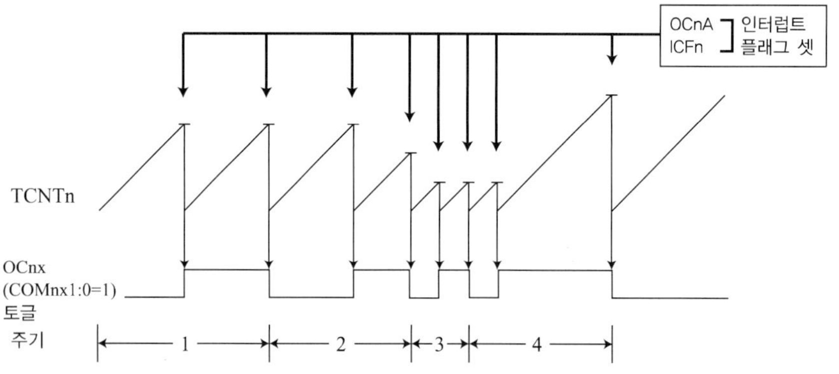

[그림 9-7] 16비트 타이머/카운터의 CTC 모드 타이밍

COMn1~COMn0 설정과 OCn 출력 극성

TCCRnA 레지스터의 비교일치 출력 모드를 결정하는 COMnx1~COMnx0 비트 설정에 따라 일반 모드와 CTC 모드의 OCnx 출력은 [표 9-10]과 같다. 특히 CTC 모드에서 COMnx1:nx0 비트를 (0, 1)로 설정하고 ICRn(WGMn3:n0=C) 또는 OCRnA(WGMn3:n0=4)를 가변시키면 TCNTn과 OCRnx가 일치되는 주기가 달라지므로, OCnx 핀의 출력 주파수가 조정된다.

[표 9-10] 일반 모드 및 CTC 모드 비교일치 출력 모드 비트 설정

파형 발생모드 (WGMn3:0, TOP)	비교일치 출력 모드 비트		OCnx 신호출력 설명
	COMnx1	COMnx0	
일반 모드 (0, 2^{16}-1=FFFF)	0	0	OCnx 동작 없음. 일반 디지털 I/O 핀으로 동작한다.
	0	1	OCRnx와 TCNTn이 일치하면 기존 값이 반전(토글)된다.
CTC 모드 (C, ICRn) (4, OCRnA)	1	0	OCRnx와 TCNTn이 일치하면 OCnx는 0이 된다.
	1	1	OCRnx와 TCNTn이 일치하면 OCnx는 1이 된다.

TIMSK와 ETIMSK 레지스터의 비교일치 인터럽트 허용 비트 OCIEnx가 1로 설정되면,

TCNTn이 상승하는 과정에 OCRnx와 값이 일치할 때 ISR(TIMERn_COMPx_vect) 인터럽트가 발생된다. OCRnx는 버퍼링되지 않고 즉시 갱신된다. CTC 모드에서 오버플로 인터럽트는 발생되지 않는다. OCIEnx를 활성화하지 않아도 OCnx 핀을 출력 방향으로 설정하고 COMnx1~COMnx0 비트를 (0, 1)로 설정하면 비교일치될 때마다 OCnx값이 반전되고 듀티비는 50%가 된다.

9.2.6 일반 모드에서 OCn 신호 출력

일반 모드는 초기에 정해진 값이며 TCCRnA, TCCRnB 레지스터의 WGMn3~WGMn0 비트가 16진수 0으로 설정된다. TCNTn 레지스터는 0부터 TOP(FFFF)까지 계수 동작을 반복한다.

TCCRnA 레지스터의 비교일치 출력 모드를 결정하는 COMnx1~COMnx0 비트 설정에 따라 OCnx 출력은 CTC 모드와 동일한 [표 9-10]과 같다. OCRnx를 변경하면 버퍼링되지 않고 즉시 갱신된다. OCIEnx를 활성화하지 않아도 OCnx 핀을 출력 방향으로 설정하고 COMnx1~COMnx0 비트를 (0, 1)로 설정하면 비교일치될 때마다 OCnx값이 반전되므로 듀티비는 50%가 된다. 일반 모드에서 오버플로는 TCNTn값이 0이 될 때 발생한다. TCNTn은 0부터 FFFF까지 반복되므로 오버플로 주기는 다음과 같다.

$$\text{오버플로 주기} = \frac{65536 \times \text{프리스케일}}{f_{clk\_I/O}}$$

9.3 16비트 타이머/카운터1 비교 출력 OC1A/B/C 파형 생성

A 실험 목적

(1) 16비트 타이머/카운터1을 이용한 고속 PWM 모드 동작을 관찰한다.

(2) 16비트 타이머/카운터1을 이용한 위상정정 PWM 모드 동작을 관찰한다.

(3) 16비트 타이머/카운터1을 이용한 CTC 모드 동작을 관찰한다.

B 실험 부품 및 장치

부품명	규격	수량	비고
핵심(기본) 부품		1개	3장 [표 3-17] 참조
스토리지 스코프	다채널	1대	

C 실험 절차

(1) TCCR1B 레지스터의 CS12~CS10 비트로 프리스케일 8을 설정한다.

(2) TCCR1A 레지스터의 COM1x1:COM1x0 비트를 모두 (1, 0)으로 하여 OCR1x가 크면 듀티비가 커지게 설정한다.

(3) OCR1B는 OCR1A의 $\frac{1}{3}$, OCR1C는 OCR1A의 $\frac{2}{3}$ 값으로 정한다.

(4) TCCR1B 레지스터의 WGM13~WGM12 비트, TCCR1B 레지스터의 WGM11~WGM10 비트를 (1, 1, 1, 1)로 설정하여 OCR1A에 의해 최댓값을 정하는 고속 PWM 모드 동작을 만든다.

(5) [프로그램 9-1]을 작성하여 컴파일, 다운로드하고 OC1B, OC1C에서 출력을 관찰한다.

[프로그램 9-1] 16비트 타이머/카운터1를 이용한 OC1A/B/C 파형 생성 프로그램

```
#include	<avr/io.h>

#define OC1A	PB5
#define OC1B	PB6
#define OC1C	PB7

```

```
7    #define TOP 2999
8
9    int main(void)
10   {
11       DDRB |= 1<<OC1A | 1<<OC1B | 1<<OC1C;       // 16bit 비교출력 신호
12
13       TCCR1B |= 1<<WGM13 | 1<<WGM12;             // WGM13:0 = (1,1,1,1) 고속 PWM, OCR1A Top
14       TCCR1A |= 1<<WGM11 | 1<<WGM10;
15       TCCR1B |= 1<<CS11;                         // CPU 클록, 8 프리스케일러
16
17       TCCR1A |= 1<<COM1A1 | 1<<COM1B1 | 1<<COM1C1; // OC1A, OC1B, OC1C
18
19       OCR1A = TOP;
20       OCR1B = (1./3.)*TOP;
21       OCR1C = (2./3.)*TOP;
22
23       while(1)
24           ;
25
26       return 0;
27   }
```

(6) TCCR1B 레지스터의 WGM13~WGM12 비트, TCCR1B 레지스터의 WGM11~WGM10 비트를 (1, 0, 1, 1)로 설정하여 OCR1A에 의해 최댓값을 정하는 위상정정 PWM 모드 동작을 만든다.

(7) [프로그램 9-1]의 7번과 13번과 14번 라인을 아래와 같이 수정하여 컴파일, 다운로드하고 OC1B, OC1C에서 출력을 관찰한다.

```
7    #define TOP     3000

13       TCCR1B |= 1<<WGM13;              // WGM13:0 = (1,0,1,1) 위상정정 PWM, OCR1A Top
14       TCCR1A |= 1<<WGM11 | 1<<WGM10;
```

(8) TCCR1B 레지스터의 WGM13~WGM12 비트, TCCR1B 레지스터의 WGM11~WGM10 비트를 (0, 1, 0, 0)으로 설정하여 OCR1A에 의해 반전 위치를 정하는 CTC 모드 동작을 만든다.

(9) [프로그램 9-1]의 7번, 13~20번 라인을 아래와 같이 수정하여 컴파일, 다운로드하고 OC1A, OC1B, OC1C에서 출력을 관찰한다.

```
7    #define TOP     2999

13       TCCR1B |= 1<<WGM12;              // WGM13:0 = (1, 0, 0, 1) CTC 모드, OCR1A Top
```

```
TCCR1B |= 1<<CS11;                   // CPU 클록, 256 프리스케일러

TCCR1A |= 1<<COM1A0 | 1<<COM1B0 | 1<<COM1C0; // OC1A, OC1B, OC1C 토글

OCR1A = TOP;                         // OCR1A 토글 및 TCNT0 최댓값
OCR1B = (2./3.)*TOP;                 // OCR1B 토글 지점
OCR1C = (1./3.)*TOP;                 // OCR1C 토글 지점
```

D 실험 결과 및 고찰

(1) 16[MHz] CPU 클록을 사용하는 고속 PWM의 한 주기 소요 시간은 1.5[msec]가 된다.

$$T_{\text{고속 PWM 주기}} = \frac{\text{오퍼플로 주기 펄스 수} \times \text{프리스케일값}}{\text{클록 소스 주파수}} = \frac{3000 \times 8}{16[\text{MHz}]} = 1.5[\text{msec}]$$

(2) OC1B의 펄스 폭은 $\frac{T_{\text{고속 PWM 주기}}}{3} = 0.5[\text{msec}]$, OC1C의 펄스 폭은 $\frac{2}{3} \times T_{\text{고속 PWM 주기}} =$ 1.0[msec]를 갖는 파형을 [그림 9-8]과 같이 확인한다. 오차가 거의 없음을 확인할 수 있다. 프로브 1번이 OC1B 펄스, 2번이 OC1C 펄스다. 주기의 시작은 두 신호 모두 1로 상승되는 시점이다.

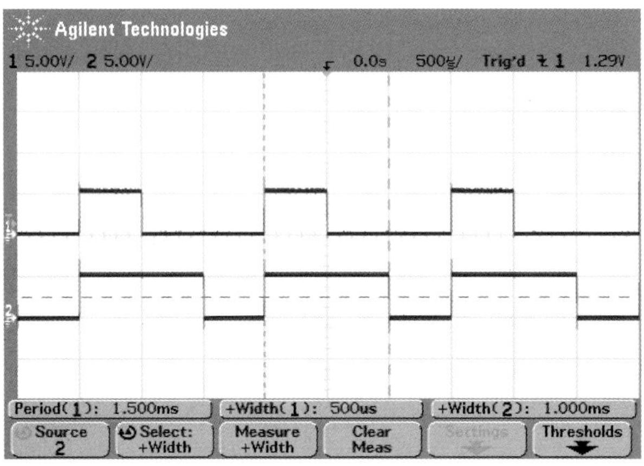

[그림 9-8] 고속 PWM 출력 파형 관찰

(3) 위상정정 PWM의 한 주기 소요 시간은 3[msec]가 된다.

$$T_{\text{위상정정 PWM 주기}} = \frac{\text{오퍼플로 주기 펄스 수} \times \text{프리스케일값}}{\text{클록 소스 주파수}} = \frac{6000 \times 8}{16[\text{MHz}]} = 3[\text{msec}]$$

(4) OC1B, OC1C의 펄스폭 파형을 [그림 9-9]와 같이 확인한다. 오차가 거의 없음을 확인

할 수 있다. 프로브 1번이 OC1B 펄스, 2번이 OC1C 펄스다. 두 신호가 가운데를 중심으로 상호 대칭 신호를 갖고 있다. 위상정정 PWM의 기본 신호인 TCNT1이 TOP값 2999에서 최솟값 0까지 하강한 후 다시 TOP까지 상승할 때 한 주기가 된다.

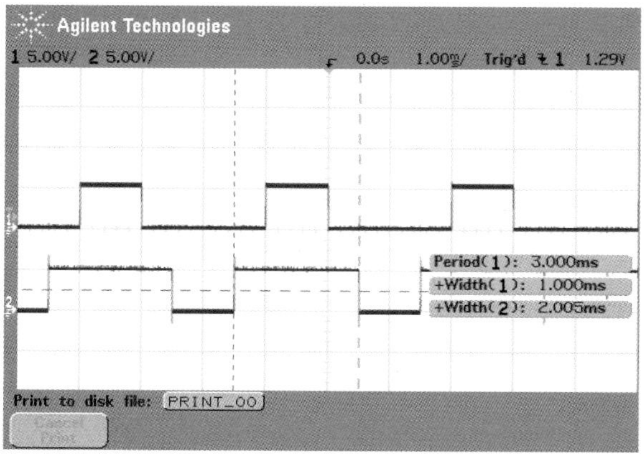

[그림 9-9] 위상정정 PWM 출력 파형 관찰

(5) 토글형 CTC 모드는 2회 TCNTn 레지스터가 최댓값까지 계수했을 때, 한 사이클 파형이 만들어진다. 토글형 CTC 모드의 한 주기 소요 시간은 3[msec]가 된다.

$$T_{\text{토글 CTC 주기}} = \frac{2 \times \text{토글 펄스 수} \times \text{프리스케일값}}{\text{클록 소스 주파수}} = \frac{2 \times (2999+1) \times 8}{16[\text{MHz}]} = 3[\text{msec}]$$

(6) [그림 9-10]은 CTC 모드에 의해 만든 OC1A, OC1B, OC1C 파형을 나타내고 있다. OC1A는 TCNT1이 2999로 설정된 OC1A, OCR1A와 일치할 때마다 토글되고, OC1B는 OCR1B와 일치할 때마다 토글된다. OCR1B는 OCR1A의 $\frac{1}{3}$값을 갖고 있으므로 $\frac{2}{3}$ 지점, OC1C는 $\frac{1}{3}$ 지점에서 토글된다. OC1C, OC1B, OC1A 순서로 앞선 파형이 관찰된다.

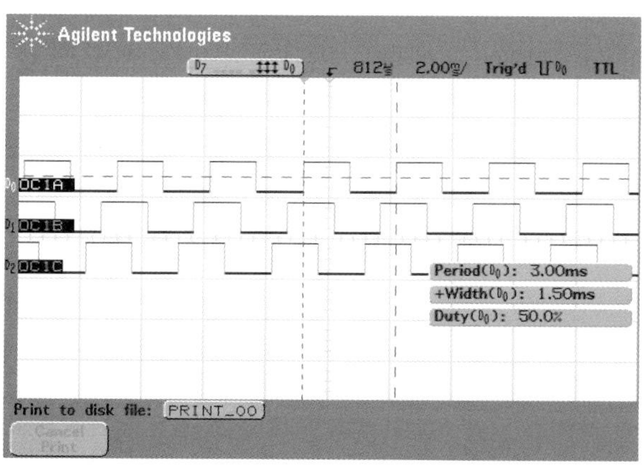

[그림 9-10] CTC 모드의 OC1A, OC1B, OC1C 3개 출력 파형 관찰

9.4 16비트 타이머/카운터와 입력 캡처

16비트 타이머/카운터에는 타임스탬프 역할을 하는 ICP1과 ICP3 두 개의 입력 캡처 기능을 TCNTn과 연결시켜 활용할 수 있다. 외부에서 발생되는 펄스 변화를 하드웨어적으로 캡처하여 정확하게 펄스의 발생 시각을 알 수 있는 기능이다.

16비트 타이머/카운터의 WGMn3~WGMn0 중 하나로 파형 발생모드를 선택하고 프리스케일러를 설정한 후 사용할 수 있다. 프리스케일러를 작게하면 더 정확한 입력 캡처 시각을 알 수 있다. 그러나 장시간에 걸쳐 관측 시간을 넓게 하려면 오버플로 인터럽트와 함께 소프트웨어적으로 타이머변수를 사용하는 것이 바람직하기 때문에 CPU의 부하를 높일 수도 있다. 입력 캡처는 [그림 9-11]과 같은 블록도를 가진다.

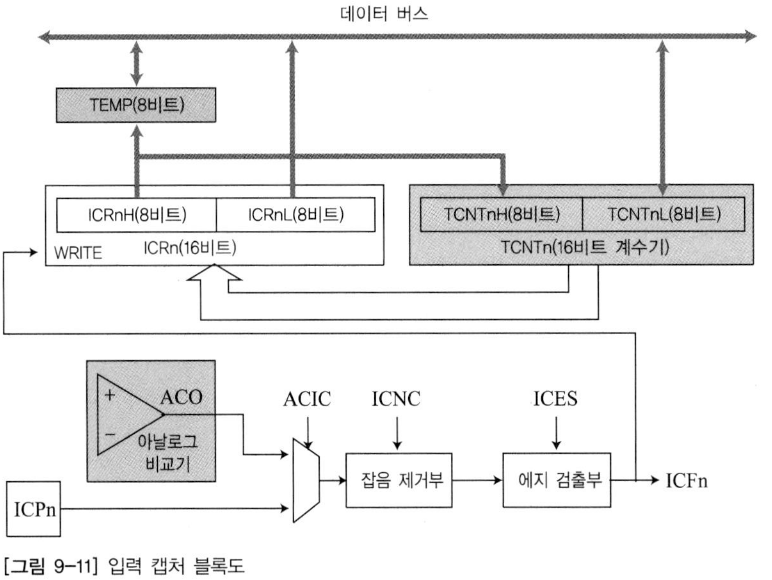

[그림 9-11] 입력 캡처 블록도

입력 캡처 신호 선택

타이머/카운터1의 경우 입력 캡처 신호 비트로 ICP1 핀 또는 ACSR 레지스터의 아날로그 비교기 출력 ACO 중 하나를 선택할 수 있다. 전원을 켠 초기 입력 캡처 신호는 ICP1 핀으로 설정되어 있다. ACO을 입력 캡처 신호로 하기 위해서는 ACSR 레지스터의 ACIC 비트를 1로 해야 한다.

입력 캡처 사건에 대한 인터럽트 처리

입력 캡처 신호가 변경되는 사건이 감지되면 CPU 프로그램의 도움없이 즉시 TCNTn의 카운터값을 16비트 ICRn 레지스터로 캡처되어 복사된다. 입력 캡처 인터럽트 활성화 비트 TICIEn을 1로 하고 전역 인터럽트 활성화 비트가 1로 되어 있으면, 입력 캡처 동작을 알리는 TIFR 레지스터의 ICFn 비트가 1로 셋되고, CPU 프로그램이 입력 캡처 인터럽트 서비스 루틴 ISR(TIMERn_CAPT_vect)로 진입되면서 ICFn은 0으로 클리어된다. 프로그래머가 소프트웨어적으로 ICFn 비트에 1을 기록하면 0으로 클리어되고, 인터럽트 서비스 루틴은 실행되지 않는다.

잡음 제거 기능과 에지 발생 인식

신호의 에지가 감지될 때 잡음에 의해 바운싱 현상이 나타날 수 있다. 잡음 제거 기능이 활성화되면 동일한 신호가 연속해서 4회 이상 CPU 클록에 의해 샘플링되었을 때 에지가 안정적으로 발생된 것으로 인식하는 기능이다.

ICPn 또는 ACO에서 들어오는 펄스를 잡음 제거부에서 TCCRnB 레지스터의 ICNCn 설정 비트를 1로 활성화시킬 수 있다. 잡음 제거 기능이 활성화되면 실제 입력 캡처 발생 순간보다 CPU 클록 4 펄스 지연되어 감지된다. 입력 신호의 상승에지 또는 하강에지 감지 선택은 TCCnB 레지스터의 ICESn 비트에 의해 설정된다.

입력 캡처 인터럽트 기능과 관계된 레지스터와 비트 설정은 [표 9-11]과 같다.

[표 9-11] 입력 캡처 인터럽트 관련 레지스터 및 비트 설정

레지스터	비트명	속성	초깃값	비 고
ICRn	–	R/W	0x0000	입력 캡처 이벤트가 발생되면 그 즉시 TCNTn값이 ICRn 레지스터로 복사된다.
TCNTn	–	R/W	0x0000	
ACSR	ACO	R	–	아날로그 비교 결과
	ACIC	R/W	0	아날로그 비교기 입력 캡처 활성비트. 1로 설정하면 타이머/카운터1의 경우 ICP1 핀 대신 ACO값으로 입력 캡처 동작을 실행한다.
TCCRnA, TCCRnB	WGMn3	R/W	(0,0)	WGMn3, WGMn2, WGMn1, WGMn0으로 16가지 형태의 발생 파형을 결정한다.
	WGMn2			
	WGMn1			
	WGMn0			
	ICNCn	R/W	0	입력 캡처 잡음 제거 활성화 비트. 1로 설정되면 CPU 클록을 사용하여 4회 연속 동일한 값에 의한 신호 변화를 감지한다.
	ICESn	R/W	0	입력 캡처 에지 선택 비트. 0인 경우 하강에지, 1인 경우 상승에지를 입력 캡처 이벤트로 처리한다. 입력 캡처 이벤트가 발생하면 ICFn 비트를 1로 셋한다.
	CSn2	R/W	(0,0,0)	TCNTn에 사용되는 클록을 선택하는 프리스케일
	CSn1			
	CSn0			

레지스터	비트명	속성	초깃값	비 고
TIMSK, ETIMSK	TICIEn	R/W	0	입력 캡처1 인터럽트 활성화 비트. ICF1이 1로 셋되면 ISR(TIMERn_CAPT_vect) 인터럽트 서비스 루틴이 실행된다.
TIFR, ETIFR	ICFn	R/W	0	ICPn 핀에서 입력 캡처 사건이 발생하면 1로 설정된다. 또는 WGMn3:n0값을 8, A, C, E로 설정하였을 때 TCNTn이 ICRn과 같아지면 1로 셋되고 ISR(TIMERn_CAPT_vect) 인터럽트 서비스 루틴이 개시되면 0으로 클리어된다. 만일 1로 설정된 상황에서 1을 기록하면 0으로 클리어되어 인터럽트 서비스 루틴이 실행되지 않는다.
SREG	I	R/W	0	전체 인터럽트 활성화 비트

Section 9.5 입력 캡처를 이용한 포토인터럽터 시간차 감지

A 실험 목적

(1) 두 개의 입력 캡처 기능을 이용하여 수십 usec 정도의 시간차를 측정한다.
(2) 입력 캡처1, 입력 캡처3 기능을 사용한다.
(3) 요청/응답을 이용하여 시간 지연과 입력 캡처 발생을 인터페이스한다.
(4) LCD 문자 디스플레이 함수와 결합에 의한 진행 정보를 디스플레이한다.
(5) 상태도에 기반한 ASM 차트를 이용하여 프로그래밍한다.

B 실험 부품 및 장치

부품명	규격	수량	비고
핵심(기본) 부품		1개	3장 [표 3-17] 참조
스토리지 스코프	다채널	1대	
저항	330[Ω]	4개	
LED	빨강, 3[mm] 녹색, 3[mm]	1개 1개	
포토인터럽터	SG-207	2개	
LCD	16x2 문자형	1개	
가변저항	50[kΩ]	1개	LCD 액정 밝기 조절용

C 실험 절차

(1) [그림 9-12]를 이용하여 매우 빠르게 지나가는 물체 통과를 감지하는 시스템을 설계한다.

(2) 두 개의 포토인터럽터 P1, P2 사이를 통과한 시각을 하나는 입력 캡처1을 사용하여 TCNT1의 값을, 다른 하나는 입력 캡처3을 사용하여 TCNT3의 값을 측정하여 시간차를 계산하고자 한다.

(3) 시간차 감지 전에 약 5초간 빨강 LED를 켜고, 준비 상태를 갖는다.

(4) 녹색 LED가 점멸되면서 물체의 통과를 기다린다.

(5) 첫 번째 위치에 물체가 통과되면 녹색 LED는 정지하고 통과 시점인 ICR1값을 LCD에 디스플레이하고, 두 번째 위치 통과까지 적색 LED를 점멸시킨다.

(6) 두 번째 센서 위치까지 물체가 통과되면 두 번째 통과 시점인 ICR2값을 LCD에 디스플레이하고 녹색 LED는 끄고, 적색 LED는 약 5초간 켜서 다음 통과 감지를 반복한다.

(7) 설계를 위한 입력 캡처를 이용한 시간차 측정 상태도는 [그림 9-13]과 같다.

(8) [그림 9-13] 상태도에 기반한 개략적인 ASM 차트는 [그림 9-14]와 같다.

(9) [그림 9-15] ASM 차트를 변환한 프로그램은 [프로그램 9-2]와 같다.

(10) 이 프로그램에서 사용한 lcd.h, lcd.c는 부록 A의 예제 소스를 참고한다.

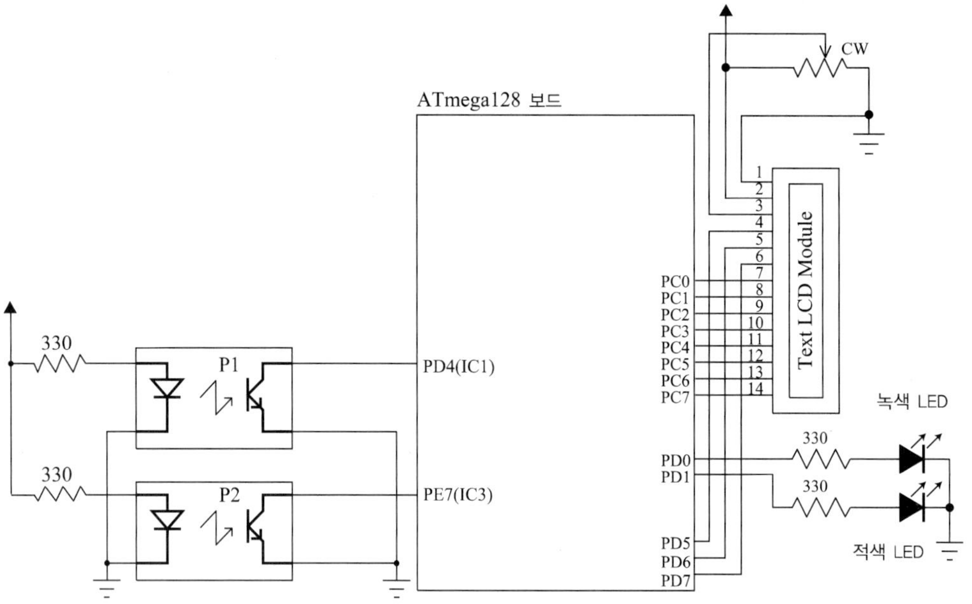

[그림 9-12] 시간차 감지를 위한 회로

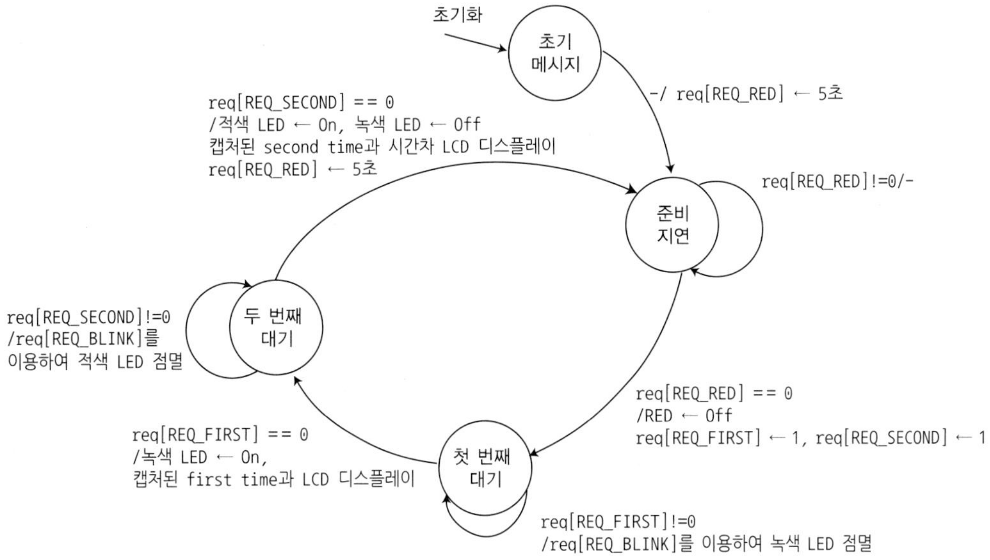

ISR(TIMER1_OVF_vect)

```
timer1++;
req[]와 timer1를 비교한 후 시간 경과된 req[] 변수 0으로 reply
```

ISR(TIMER1_CAPT_vect)

```
req[REQ_FIRST] ← 0
first_time = timer1<<10 | ICR1;
```

ISR(TIMER3_CAPT_vect)

```
req[REQ_SECOND] ← 0
sec_time = timer1<<10 | ICR3;
```

[그림 9-13] 시간차 측정을 위한 상태도

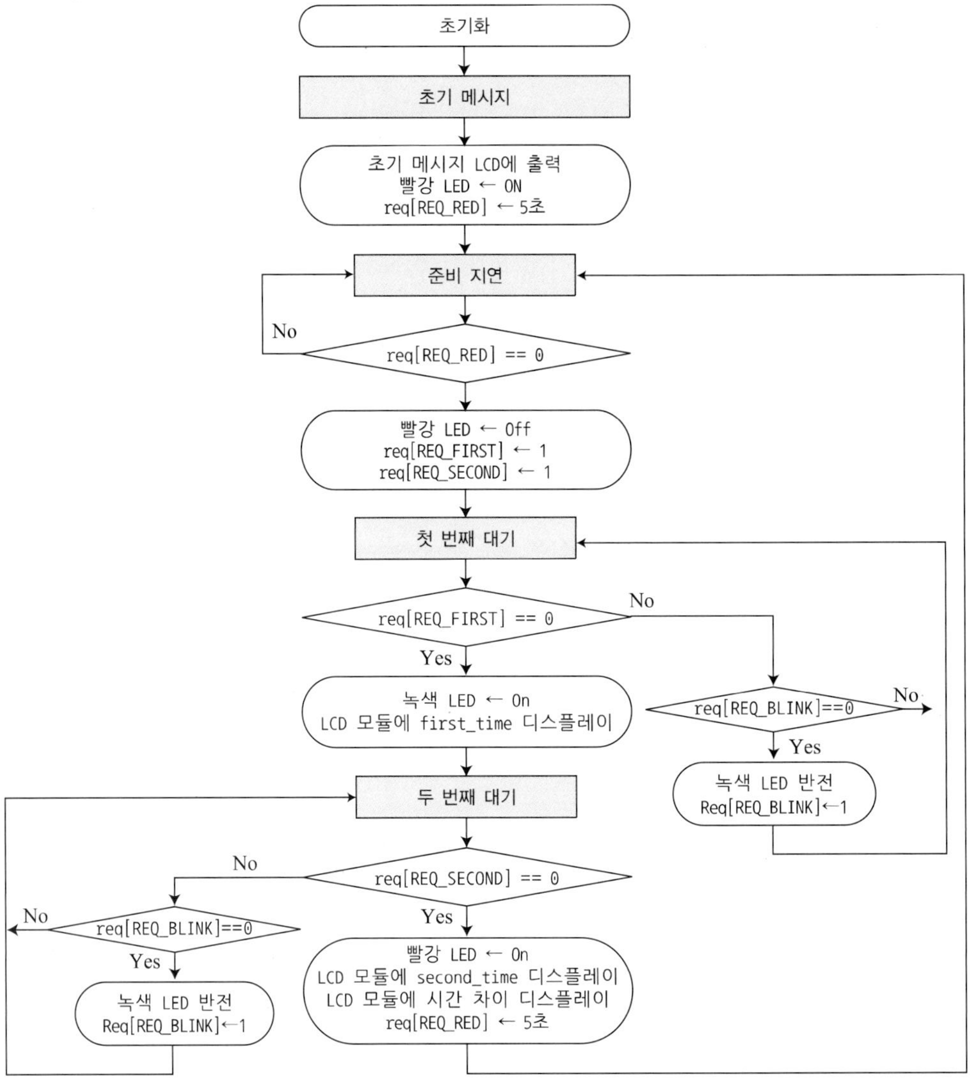

[그림 9-14] 시간차 측정 상태도에 기반한 ASM 차트

[프로그램 9-2] 입력 캡처1과 입력 캡처3을 이용한 시간차 감지 프로그램

```
#include   <avr/io.h>
#include   <avr/interrupt.h>
#include   <stdio.h>
#include   "lcd.h"

#define MAXSTRING          40

#define NUM_REQ            4
#define REQ_FIRST          0
#define REQ_SECOND         1
```

```
#define REQ_BLINK            2
#define REQ_RED              3

#define REQ_BLINK_DELAY      10UL
#define REQ_RED_DELAY        100UL

#define GREEN_LED            PD0
#define RED_LED              PD1
#define ICP1                 PD4
#define ICP3                 PE7

#define F_CPU_MHZ            16UL
#define PRESCALE             256UL
#define OVERFLOW_PULSE       1024UL
#define US_PULSE_DOUBLE      ((double)PRESCALE / (double)F_CPU_MHZ)

volatile   unsigned   long timer1 = 0;
volatile   unsigned   long req[NUM_REQ] = {0, 0, 0, 0};
volatile   unsigned   long first_time=0, sec_time=0;

ISR(TIMER1_OVF_vect)
{   timer1++;

    if(timer1 >= req[REQ_BLINK])     req[REQ_BLINK] = 0;
    if(timer1 >= req[REQ_RED])       req[REQ_RED] = 0;
}

ISR(TIMER1_CAPT_vect)
{   req[REQ_FIRST] = 0;
    first_time = timer1<<10 | ICR1;
}

ISR(TIMER3_CAPT_vect)
{   req[REQ_SECOND] = 0;
    sec_time = timer1<<10 | ICR3;
}

enum state_t { MSG, READY_WAIT, FIRST_RDY, SECOND_RDY};

int main(void)
{
    enum state_t state = MSG;
    char lcd_string[2][MAXSTRING];

    DDRD = 1<<GREEN_LED | 1<<RED_LED;

    DDRD &= ~(1<<ICP1);     // 입력 캡처1 핀 입력 방향
    PORTD |= 1<<ICP1;       // 내부에 풀업저항 연결

    DDRE &= ~(1<<ICP3);     // 입력 캡처3 핀 입력 방향
    PORTE |= 1<<ICP3;       // 내부에 풀업저항 연결
```

```

    TCCR1B |= 1<<WGM12;      // 10 비트 고속 PWM 발생 파형
    TCCR1A |= 1<<WGM11 | 1<<WGM10;
    TCCR1B |= 1<<CS12;       // 256 프리스케일
    TIMSK |= 1<<TICIE1;      // 입력 캡처1 인터럽트 활성화
    TCCR1B |= 1<<ICES1;      // 상승에지 감지

    TCCR3B |= 1<<WGM32;      // 10비트 고속 PWM 발생 파형
    TCCR3A |= 1<<WGM31 | 1<<WGM30;
    TCCR3B |= 1<<CS32;       // 256 프리스케일
    ETIMSK |= 1<<TICIE3;     // 입력 캡처3 인터럽트 활성화
    TCCR3B |= 1<<ICES3;      // 상승에지 감지

    TIMSK |= 1<<TOIE1;       // 타이머1 오버플로 인터럽트 활성화

    TCNT3 = TCNT1 = 0;       // 타이머 초기화

    sei();
    LCD_init();

    while(1){
        switch(state){
        case MSG:
            sprintf(lcd_string[0], "%-8ld%-8ld", first_time, sec_time);
            sprintf(lcd_string[1], "dt:%-9ld[us]", \
                (sec_time-first_time)*(unsigned long)US_PULSE_DOUBLE);
            LCD_str_write(0, 0, lcd_string[0]);
            LCD_str_write(1, 0, lcd_string[1]);

            PORTD |= 1<<RED_LED;
            req[REQ_RED] = timer1 + REQ_RED_DELAY;

            state = READY_WAIT;
            break;

        case READY_WAIT:
            if( !req[REQ_RED] ){
                PORTD &= ~(1<<RED_LED);
                req[REQ_FIRST] = req[REQ_SECOND] = 1;
                state = FIRST_RDY;
            }
            break;

        case FIRST_RDY:
            if( !req[REQ_FIRST] ){
                PORTD |= 1<<GREEN_LED;
                sprintf(lcd_string[0], "%-8ld", first_time);
                LCD_str_write(0, 0, lcd_string[0]);
                state = SECOND_RDY;
            }else if( !req[REQ_BLINK] ){
                PORTD ^= 1<<GREEN_LED;
```

```
113                 req[REQ_BLINK] = timer1 + REQ_BLINK_DELAY;
114             }
115             break;
116 
117         case SECOND_RDY:
118             if( !req[REQ_SECOND] ){
119                 PORTD |= 1<<RED_LED;
120                 PORTD &= ~(1<<GREEN_LED);
121 
122                 sprintf(lcd_string[0], "%-8ld", sec_time);
123                 LCD_str_write(0, 8, lcd_string[0]);
124 
125                 sprintf(lcd_string[1], \
126              "dt:%-9ld[us]", (sec_time-first_time)*(unsigned long)US_PULSE_DOUBLE);
127                 LCD_str_write(1, 0, lcd_string[1]);
128 
129                 req[REQ_RED] = timer1 + REQ_RED_DELAY;
130 
131                 state = READY_WAIT;
132             }if( !req[REQ_BLINK] ){
133                 PORTD ^= 1<<RED_LED;
134                 req[REQ_BLINK] = timer1 + REQ_BLINK_DELAY;
135             }
136             break;
137         }
138     }
139     return 0;
140 }
```

D 실험 결과 및 고찰

(1) req[RED_BLINK]와 req[RED_REQ] 요청/응답 변수를 이용한 타이머/카운터1에 대한 오버플로 인터럽트 서비스 루틴과 인터페이스하여 0.164초와 약 5초의 시간 지연을 응답받는다. 31~36번 라인의 ISR(TIMER1_OVF_vect) 함수에서 시간 지연 요청/응답을 구현한다.

(2) req[RED_FIRST]와 req[RED_SECOND] 요청/응답 변수를 이용하여 첫 번째 포토인터럽터와 두 번째 포토인터럽터를 통과할 때 발생하는 인터럽트와 인터페이스한다. 38~41번 라인과 43~46번 라인에서 첫 번째 통과 시각을 first_time에, 두 번째 통과 시각을 sec_time에 unsigned long형으로 넣는다. first_time = timer1<<10 | ICR1; 명령은 10비트 고속 PWM으로 동작되는 TCNTn의 좌측에 발생된 타이머 오버플로 횟수를 이동시켜 합하는 동작이다.

(3) 25번 라인에서 256 분주된 타이머/카운터1과 타이머/카운터3의 1펄스 소요 시간을 usec 단위로 US_PULSE_DOUBLE를 매크로 계산한다.

(4) 48번 라인에서 상태도의 상태 변수를 정의하기 위해 enum 자료형을 사용하였다.

(5) 57~61번 라인에서 입력 캡처1과 입력 캡처3으로 사용되는 핀을 입력 방향으로 설정하고 내부에 풀업저항이 연결되게 한다.

(6) 63~67번 라인에서 10비트 고속 PWM 발생 파형으로 타이머/카운터1을 작동시키고 256 프리스케일로 설정한다.

(7) 입력 캡처는 포토인터럽터가 슬릿을 막을 때 1로 상승하므로 상승에지로 활성화하였지만 잡음 제거 기능은 활성화시키지 않았다.

(8) 69~73번 라인에서 타이머/카운터3 작동을 (6), (7)과 동일하게 설정하였다.

(9) 75번 라인에서 시간 지연에 대한 요청/응답 서비스를 사용하기 위하여 타이머/카운터1 오버플로 인터럽트를 활성화하였다.

(10) TCNT3과 TCNT1을 동기화시켜 같이 동작되도록 하기 위해서는 같은 값으로 일치시켜야 한다.

(11) [그림 9-15]에 의하면 두 캡처 시점의 펄스 차는 2,815,071 − 2,815,059 = 12다. 펄스의 소요 시간은 16[MHz]를 256 프리스케일하였으므로 16[usec]다. 따라서 두 입력 캡처 사이의 시간은 12×16 = 192[usec]로 계산된 값이 LCD 모듈에 디스플레이되고 있다.

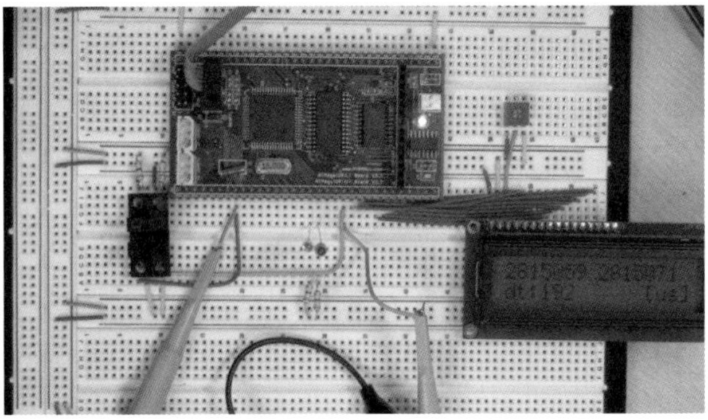

[그림 9-15] 두 포토인터럽터 사이가 동시에 막히는 순간의 감지 시각

(12) [그림 9-16]은 [그림 9-15]의 두 포토인터럽터에서 캡처되는 순간을 디지털 스코프로 측정한 순간이다. 두 파형을 겹쳐놓고 약 50% 상승 지점을 중심으로 시간 지연을 측정하니 약 208[usec]가 관찰되었다. 오차는 약 208 − 192 = 16[usec]로써 1펄스 정도의 오차가 있다. 결국 약 16[usec] 정도의 허용 오차를 갖는 시간차 측정이 입력 캡처 기능으로 구현되었다.

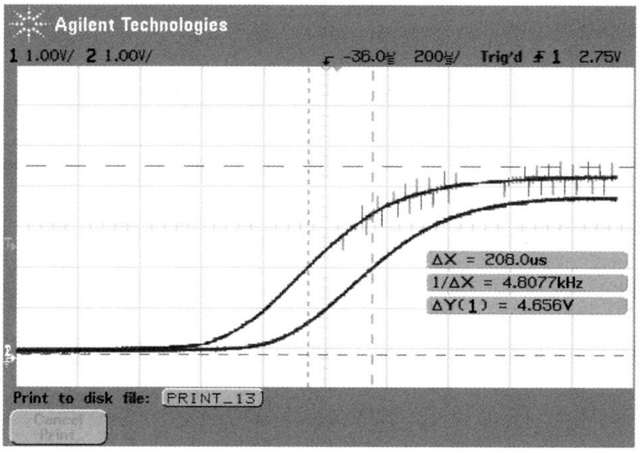

[그림 9-16] 두 포토인터럽터의 입력 캡처 순간 측정 파형

E 실험 개선

(1) 더 정확한 측정을 가능하게 하기 위해 프리스케일을 64로 프로그램을 개선하라.

(2) [그림 9-14] ASM 차트에서 '첫 번째 대기' 상태로 진입할 때 req[REQ_FIRST]와 req[REQ_SECOND] 두 개 모두 요청하였다. req[REQ_SECOND] 요청을 '두 번째 대기' 상태로 진입할 때로 옮기면 포토인터럽터 사이를 물체가 천천히 통과할 때는 무리 없이 잘 동작하지만 매우 빠르게 통과하면 알고리즘이 작동되지 않을 수 있다. 그 이유를 설명하라.

Chapter_09 연습문제

9.1 8비트 타이머/카운터와 16비트 타이머/카운터의 다른 점을 3개 이상 나열하라.

9.2 16비트 타이머/카운터의 파형 발생모드를 설명하라.

9.3 고속 PWM 모드에서 TOP값이 어떻게 결정되는지 설명하라.

9.4 주기가 약 10[msec]가 되는 PWM 펄스를 만들려고 한다.

- 고속 PWM 모드로 방법을 제시하라.
- 위상정정 PWM 모드로 방법을 제시하라.
- 위상-주파수정정 PWM 모드로 방법을 제시하라.

9.5 10개의 LED를 서로 다르게 1초, 2초, 3초, …… , 10초마다 깜박이게 하고 싶다. 타이머/카운터를 이용한 방법을 제시하라.

9.6 위상정정 PWM과 위상-주파수정정 PWM 모드의 가장 큰 차이점을 설명하라.

9.7 입력 캡처를 사용하기 위해 모터의 rpm을 측정하고 싶다. 어떤 방법을 사용하면 좋은 것인지 의견을 제시하라.

9.8 모터의 회전 방향을 입력 캡처를 사용하여 알아내기 위한 방법을 설명하라.

9.9 일반 모드에서 오버플로를 사용하여 1초 단위의 시계를 만들기 위한 방법을 제시하라.

9.10 CTC 모드를 응용한 사례를 하나 제시하라.

Chapter

10

아날로그 비교기와 A/D 변환기

Analog Comparator and Analog to Digital Converter

학습목표

- ATmega128에서 디지털 입력 핀, 아날로그 비교기, A/D 변환기 세 입력 신호의 특징을 알 수 있다.
- 아날로그 비교기의 동작 특성을 이해하고, 인터럽트를 이용한 인터페이스 방법을 알 수 있다.
- 아날로그 비교기에 적외선 포토다이오드와 포토트랜지스터를 적용하여 검정 띠를 검출하는 방법을 실험을 통해 확인할 수 있다.
- A/D 변환기의 동작 특성을 이해하고, ATmega128에서 A/D 변환기 구동을 위한 방법을 이해할 수 있다.
- A/D 변환, LCD 디스플레이, 외부핀 인터럽트를 서로 결합하여 프로그램을 개발할 수 있다.
- ASM 차트를 이용하여 상태도로부터 단일 모드와 연속 모드 동작을 수행하는 프로그램 개발 방법을 알 수 있다.

디지털 입력 핀은 디지털 전압레벨만을 논리값으로 변환시키는 제약이 있지만 아날로그 비교기는 논리값 기준 전압을 마음대로 정할 수 있기 때문에, 외부 신호를 ATmega128 내부의 논리값으로 유연하게 변환시킬 수 있다. A/D 변환기는 자연의 물리, 화학, 기계적인 자연신호를 디지털시스템에서 데이터로 사용할 수 있도록 변환한다.

디지털 입력 핀, 아날로그 비교기가 핀의 전압을 1비트로 변환하는 반면, A/D 변환기는 아날로그 신호를 정밀하게 분할하여 자연신호를 10비트 데이터로 변환할 수 있다.

Section 10.1 디지털 입력 핀, 아날로그 비교기, A/D 변환기

[그림 10-1]은 자연신호를 디지털 데이터로 변환하는 과정이다. 다양한 물리, 화학, 생물학적인 자연신호를 아날로그 전기신호로 변환한다. 디지털시스템에 활용하기 위해 아날로그 전기신호를 A/D 변환하여 디지털 데이터로 변환한다. 변환된 디지털 데이터는 디지털시스템에서 수리, 논리, 문자 자료가 된다.

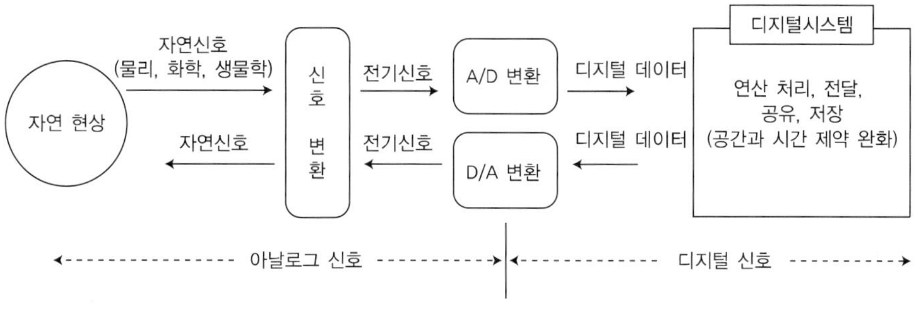

[그림 10-1] 디지털시스템에서 데이터로 사용하기 위한 자연신호의 변환

ATmega128에서는 아날로그 신호를 디지털 논리값으로 변환하기 위해, [표 10-1]과 같이 디지털 입력 핀, 아날로그 비교기, A/D 변환기를 제공하고 있다.

[표 10-1] ATmega128에서 아날로그 신호를 디지털 논리값으로 변환하는 세 가지 방법

구분	변환 비트/ 디지털 전압레벨 구간	ATmega128 입력 핀
디지털 입력 핀	1비트/고정	A포트, B포트, C포트, D포트, E포트, F포트, G포트의 53개 핀에서 입력 방향으로 설정하여 디지털 전압레벨 범위에서 한 비트(1 또는 0)로 변환된다.
아날로그 비교기	1비트/변경 가능	AIN0과 AIN1, ADC7~ADC0 핀 중 하나의 설정된 전압과 비교하여 한 비트(1 또는 0)로 변환된다.
A/D 변환기	10비트/0[V]~V_{REF}	ADC7~ADC0 핀 중 하나 또는 둘의 차에 대한 전압을 10비트 디지털 데이터로 변환한다.

디지털 입력 핀

ATmega128의 53개 I/O 핀 중에서 입력 방향으로 설정된 디지털 입력 핀은 이미 정해진 디지털 전압레벨 LOW 또는 HIGH에 해당하는 전압 구간에서, 논리값 0 또는 1로 인식된다.

단, LOW 또는 HIGH 디지털 전압레벨이 아닌, 금지 구간의 전압이 핀에 인가될 때, 인식되는 논리값은 알 수 없다. 자세한 내용은 4장 4.3절을 참고하기 바란다.

아날로그 비교기

AIN0(+ 단자) 핀과 AIN1(− 단자) 핀 사이의 전압차가 + 단자가 클 때는 논리값 1로, 작을 때는 0으로 변환된다. 한 핀의 전압을 기준으로 하여 다른 핀의 전압이 높고 낮음에 따라, 논리값 1 또는 0으로 인식하는 방법이다. 기준 전압을 변경하면, 1 또는 0으로 인식되는 전압 경계를 변경할 수 있다.

A/D 변환기

연속 근사 방식을 사용하여 아날로그 신호를 한 개의 디지털 논리값이 아닌, 여러 비트의 논리값으로 구성된 디지털 숫자 데이터로 변환한다. A/D 변환기는 특정 핀의 전압을 10비트 2진수로 읽어 정수형 숫자로 사용한다. 단일 신호 A/D 변환 결과는 10비트 양수값이 되고, 차동 신호 A/D 변환 결과는 2의 보수 수체계에 따라 A/D 변환 결과를 갖는다. 2의 보수 수체계는 3장 2.1절의 '여기서 잠깐!'을 참고하기 바란다.

10.2 아날로그 비교기

아날로그 비교기(Analog Comparator)는 두 핀의 전압 크기를 비교한다. 기준 전압을 하드웨어적으로 조절하면 비교되는 상대 전압 크기에 따라 입력되는 디지털 논리값이 달라진다. 아날로그 비교기는 독립 IC 부품으로 LM2903, LM2901, LM311N, LM339 등 여러 종류가 있다. ATmega128은 아날로그 비교기를 포함해 마이크로컨트롤러로서 응용 활용성을 높이고 있다.

10.2.1 아날로그 비교기 개요

[그림 10-2]는 아날로그 비교기의 블록도다. 아날로그 비교기는 아날로그 비교부 +, - 단자에 비교 신호 연결 기능, 아날로그 비교부의 아날로그 비교 기능, 비교 결과 인식과 인터럽트 발생 기능, 16비트 타이머/카운터1 입력 캡처 신호 비교 결과를 활용할 수 있는 기능 등 다양한 기능을 제공한다.

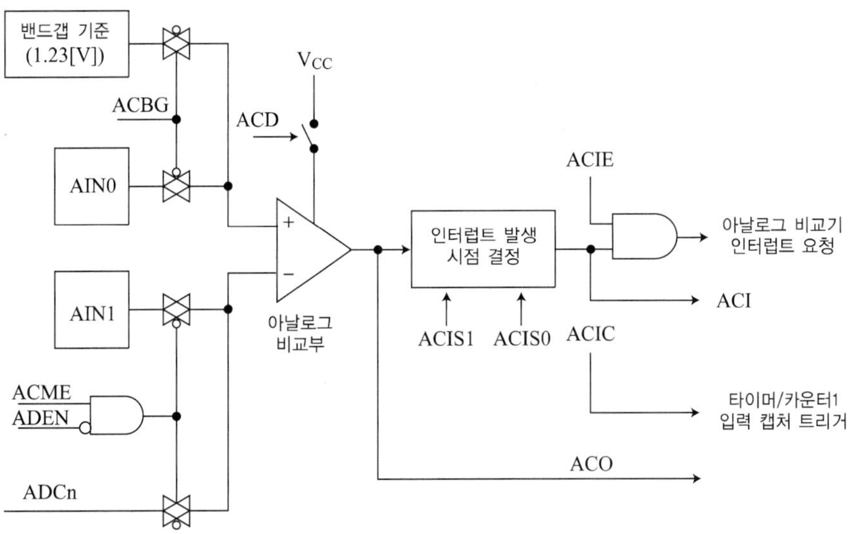

[그림 10-2] 아날로그 비교기 블록도

아날로그 비교부 +, − 단자에 비교 신호 연결

아날로그 비교부의 + 단자는 AIN0(PE2/XCK0) 핀 또는 밴드갭 기준 전압인 1.23[V] 중 선택하여 연결할 수 있다. − 단자는 AIN1(PE3/OC3A) 핀 또는 ADC 채널 핀(ADCn) 중 선택하여 연결할 수 있다.

아날로그 비교부

중심부에 있는 아날로그 비교부의 + 단자와 − 단자의 전압을 비교하여 결과 신호를 ACSR 레지스터의 ACO 비트로 출력한다. + 단자 전압이 − 단자 전압보다 크면 1, 그렇지 않으면 0이 출력된다.

디지털 입력 핀은 고정된 디지털 전압레벨에 의해 논리값 1 또는 0으로 외부의 전압을 변환하는 반면, 아날로그 비교부는 외부의 + 또는 − 단자에서 기준 전압을 0[V]~V_{CC} 사이에서 마음대로 정할 수 있기 때문에, 논리값 1과 0을 정하는 전압 경계를 가변시켜 조절할 수 있다.

아날로그 비교부 동작은 전원이 처음 켜진 초기에는 활성화되어 있다. 만약 아날로그 비교기를 사용하지 않는다면 비활성화해 전력 소비를 줄일 수 있다. ACSR 레지스터의 ACD 비트를 1로 설정하면, 아날로그 비교기는 비활성화된다.

비교 결과 인식과 인터럽트 발생

아날로그 비교부의 비교 동작은 +, − 단자에 신호가 인가되고 몇 CPU 클록 후에 나타나므로 곧바로 ACO를 읽어 프로그래밍에 사용할 수 있다. ACO가 변하는 순간을 ACSR 레지스터의 ACIS1~ACIS0 비트로 정의한다. 아날로그 비교기 인터럽트(ACIE)와 전역 인터럽트(SREG의 I 비트)를 활성화한 후, 아날로그 비교기 인터럽트 발생 설정과 일치하는 ACO 신호 변화가 감지되면 ACI 플래그 비트는 1이 된다. 아날로그 비교 인터럽트 서비스 루틴 ISR(ANALOG_COMP_vect)이 실행되면 ACI 비트는 클리어된다. 인터럽트 서비스 루틴에 진입하기 전에 ACI 플래그에 1을 기록하면 클리어되고 인터럽트 서비스 루틴은 실행되지 않는다.

16비트 타이머/카운터1 입력 캡처 신호로 연결

16비트 타이머/카운터1의 입력 캡처 신호로, 아날로그 비교부의 결과 신호 ACO를 사용할 수 있다. 아날로그 비교부의 +, − 단자와 연결될 수 있는 핀은 AIN0, AIN1 또는 ADCn 핀이다. ACO는 이 핀들의 전압 변화에 의해 값이 바뀔 수 있으므로, 타이머/카운터1의 입력 캡처 신호를 IC1 핀 외에 다양화하는 효과가 있다. 입력 캡처의 자세한 기능은 9장을 참고하기 바란다.

여기서 잠깐!

+ 아날로그 스위치

[그림 10-2] 아날로그 비교기 블록도에 있는 아래 기호는 아날로그 스위치다. 디지털 스위치는 HIGH 또는 LOW의 디지털 전압 레벨을 스위칭할 수 있는 반면 아날로그 스위치는 아날로그 신호가 스위치를 통해 전달된다. x에 LOW 또는 y에 HIGH 디지털 전압레벨이 인가되면 [그림 10-3] 스위치는 ON된다.

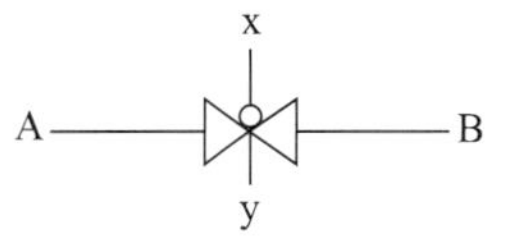

[그림 10-3] 아날로그 스위치

+ 게이트 또는 디지털 소자에 버블이 있을 때/없을 때

게이트 또는 디지털 소자에 버블이 있으면, LOW일 때 활성화된다. 버블이 없으면, HIGH일 때 활성화된다. [그림 10-3]을 보면, x 위치에 버블이 있고 y 위치에 버블이 없으므로, x가 LOW일 때 또는 y가 HIGH일 때 아날로그 스위치가 활성화된다.

오른쪽 AND 게이트를 보면, ACME 입력에는 버블이 없고, ADEN 입력에는 버블이 있다. 출력에는 버블이 없다. 따라서 ACME=HIGH(버블이 없다) 그리고 ADEN=LOW(버블이 있다)면 게이트는 HIGH를 출력(버블이 없다)한다.

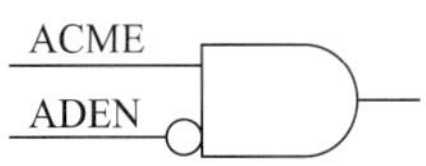

이와 같은 이유에서 [그림 10-2]의 아날로그 비교부의 - 단자에 연결되는 신호는 아래와 같다.

ACME가 HIGH이고 ADEN이 LOW이면, 아래쪽 아날로그 스위치가 ON되므로 ADCn이 - 단자에 연결된다. 그렇지 않으면 AIN1이 연결된다. HIGH를 1로 본다면, HIGH는 1로 LOW는 0으로 대치하여 생각할 수 있다.

10.2.2 아날로그 비교기 관련 레지스터

아날로그 비교기 동작을 위해 필요한 레지스터는 ACSR, SFIOR, ADMUX가 있고, 각 비트의 역할은 다음과 같다.

ACSR 레지스터

아날로그 비교기 제어 및 상태 레지스터(Analog Comparator Control and Status Register)라고 한다. [표 10-2]는 아날로그 비교기의 내부 동작을 제어하고, 동작 상태를 알리기 위한 ACSR 레지스터의 기능을 나타낸다.

	비트	7	6	5	4	3	2	1	0
ACSR	비트명	ACD	ACBG	ACO	ACI	ACIE	ACIC	ACIS1	ACIS0
	읽기/쓰기	R/W	R/W	R	R/W	R/W	R/W	R/W	R/W
	초깃값	0	0	-	0	0	0	0	0

[표 10-2] ACSR 레지스터

비트명	속성	초깃값	비 고
ACD	R/W	0	아날로그 비교기 회로 전원 차단 여부 결정 비트 • 1 : 아날로그 비교기의 동작을 중단한다. 전력 소비를 감소시킨다. 이 비트를 1로 하여 아날로그 비교기 동작을 중단하면, 아날로그 비교기 인터럽트 활성화 비트 ADIE도 해제하여, 인터럽트 발생을 방지해야 한다. • 0 : 아날로그 비교기의 동작을 시작한다. 전원이 처음 켜지면, 초깃값으로 설정된다.
ACBG	R/W	0	아날로그 비교기 밴드갭 전압 선택 아날로그 스위치를 ON/OFF시켜 비교기 + 단자에 연결되는 신호를 결정한다. • 1 : 1.23[V] 고정 전압이 + 단자로 연결된다. • 0 : AIN0 핀이 + 단자로 연결된다.
ACO	R	-	아날로그 비교 출력 아날로그 비교부의 결과를 나타낸다. 읽기 동작만 할 수 있다. 이 신호는 타이머/카운터 1의 입력 캡처 트리거 신호로 사용될 수도 있다.
ACI	R/W	0	아날로그 비교기 인터럽트 플래그 아날로그 비교기 인터럽트 모드 선택 비트 ACIS1~ACIS0 설정에 따라 아날로그 비교기 결과 사건이 발생되면 1로 셋된다. 아날로그 비교기 인터럽트 활성화 비트 ACIE가 1로 설정되고, SREG의 I 비트가 1로 설정되면, 아날로그 비교기 인터럽트 서비스 루틴 ISR(ANALOG_COMP_vect)이 실행된다. 인터럽트 서비스 루틴이 실행되면, 하드웨어적으로 ACI 비트는 0으로 클리어된다. 실행 전에 이 비트를 1로 기록하면, 0으로 클리어되고, 서비스 루틴은 실행되지 않는다.
ACIE	R/W	0	아날로그 비교기 인터럽트 활성화 비트 아날로그 비교기 인터럽트를 활성화한다. 이 비트와 SREG의 I 비트를 1로 설정한 경우, 아날로그 비교기 인터럽트가 발생하면 ISR(ANALOG_COMP_vect) 인터럽트 서비스 루틴이 실행된다.
ACIC	R/W	0	아날로그 비교기 입력 캡처 활성화 비트 이 비트를 1로 설정하면, 타이머/카운터1의 입력 캡처 트리거 신호를 ACO(Analog Comparator Output)로 사용한다.
ACIS1	R/W	(0,0)	아날로그 비교기 인터럽트 발생 모드 선택 인터럽트 발생을 위한 ACI를 1로 세트시키는 조건 선택 비트다. 이 비트를 수정할 때는, 인터럽트 활성화 비트를 0으로 클리어해야 한다. • (0,0) 토글 • (0,1) - • (1,0) 하강에지 • (1,1) 상승에지
ACIS0	R/W		

SFIOR 레지스터

특수 기능 I/O 레지스터(Special Function IO Register)라고 한다. 특정 장치에 국한되지 않고, 여러 장치의 입출력 핀에 대한 기능 설정을 담당하는 특수 레지스터다.

	비트	7	6	5	4	3	2	1	0
SFIOR	비트명	TSM	-	-	-	ACME	PUD	PSR0	PSR321
	읽기/쓰기	R/W	R	R	R	R/W	R/W	R/W	R/W
	초깃값	0	0	-	0	0	0	0	0

[표 10-3] ADC 채널을 아날로그 비교부-단자에 연결하기 위한 SFIOR 레지스터

비트명	속성	초깃값	비 고
ACME	R/W	0	아날로그 비교기 멀티플렉서 활성화 비트 아날로그 비교기 - 단자와 연결될 신호를 ADC 채널로 설정하기 위한 비트다. 이 비트를 1로 설정하면 ADEN=0일 때, ADMUX 레지스터 MUX2~MUX0에 따라 결정되는 ADCn 신호가 - 단자와 연결된다.

ADMUX 레지스터

ADC 멀티플렉서 선택 레지스터(ADC Multiplexer Selection Register)라고 한다. 아날로그 비교부의 - 단자에 연결될 A/D 변환기의 ADC 채널을 결정하는 레지스터다. ADME=1, ADEN=0으로 설정하면, 아날로그 비교부의 - 단자에 ADMUX 레지스터의 MUX4~MUX0 비트에 따라 결정되는 신호가 연결된다.

	비트	7	6	5	4	3	2	1	0
ADMUX	비트명	REFS1	REFS0	ADLAR	MUX4	MUX3	MUX2	MUX1	MUX0
	읽기/쓰기	R/W	R/W	R/W	R/W	R/W	R/W	R/W	R/W
	초깃값	0	0	0	0	0	0	0	0

[표 10-4] 아날로그 비교부-단자에 연결될 ADC 채널 선택

비트명	속성	초깃값	비 고
MUX2	R/W	(0,0,0)	ACME=1, ADEN=0일 때 MUX2:0에 따라 아날로그 비교기의 - 단자에 연결되는 신호 • (0,0,0) ADC0 • (0,0,1) ADC1 • (0,1,0) ADC2 • (0,1,1) ADC3 • (1,0,0) ADC4 • (1,0,1) ADC5 • (1,1,0) ADC6 • (1,1,1) ADC7
MUX1	R/W		
MUX0	R/W		

10.2.3 아날로그 비교부의 +, - 단자 신호 연결

[그림 10-2] 중심에 있는 아날로그 비교부의 + 단자와 - 단자에 연결되는 신호는 프로그래머가 선택하여 연결시킬 수 있다.

ACSR 레지스터와 ADCSR 레지스터의 비트 설정에 따라 [표 10-5]와 같이 연결 신호를 선택할 수 있다. 전원이 인가된 초기 상태에서 + 단자는 AIN0(PE2/XCK0) 핀, - 단자는 AIN1(AE3/OC3A) 핀으로 연결되어 있다.

[표 10-5] 아날로그 비교기 +, - 단자 신호 연결 설정

단자	연결 신호	설정	
		레지스터	비트
+ 단자	AIN0(PE2/XCK0) 핀*	ACSR	ACBG = 0
	밴드갭 기준 전압(1.23[V])		ACBG = 1
- 단자	AIN1(AE3/OC3A) 핀*	ADCSRA SFIOR	ADEN = 1 또는 ACME = 0
	ADCn 핀	ADCSRA SFIOR	ADEN = 0 그리고 ACME = 1

* 초기 설정

아날로그 비교부의 - 단자에 A/D 변환기 아날로그 신호를 연결시키기 위해서는, ADEN을 0으로 하여 A/D 변환기를 비활성화시키고, ACME를 1로 만들어야 한다. [표 10-6]은 ACME=1, ADEN=0일 때 - 단자에 연결되는 ADCn 신호를 나타낸다.

[표 10-6] 아날로그 비교부-단자에 연결되는 ADCn 설정

레지스터	SFIOR	ADCSRA	ADMUX			ADCn
비트명	ACME	ADEN	MUX2	MUX1	MUX0	
설정값과 연결 신호	1	0	0*	0*	0*	ADC0*
			0	0	1	ADC1
			0	1	0	ADC2
			0	1	1	ADC3
			1	0	0	ADC4
			1	0	1	ADC5
			1	1	0	ADC6
			1	1	1	ADC7

* 초기 설정

10.2.4 아날로그 비교기 인터럽트

ACSR 레지스터의 ACIE 비트를 1로 셋하면, 아날로그 비교기 인터럽트가 활성화된다. 전역 인터럽트(SREG의 I 비트)가 활성화되어 있으면 설정된 아날로그 비교기 인터럽트 발생 시점에 따라 아날로그 비교기 인터럽트 플래그 ACI가 1로 셋된다. 인터럽트 서비스 루틴 ISR(ANALOG_COMP_vect)이 실행되면 ACI 플래그는 0으로 클리어된다. 인터럽트 서비스 루틴이 실행되기 전에 ACI 플래그에 1을 기록하면, ACI 플래그는 클리어되고, 인터럽트 서비스 루틴은 실행되지 않는다.

아날로그 비교기 인터럽트 발생 시점 설정

+ 단자와 - 단자 사이의 전압차를 나타내는 ACO 신호의 변화 에지에 대한 인터럽트 발생

시점을 설정할 수 있다. [표 10-7]은 ACSR 레지스터의 ACIS1~ACS0 비트에 의한 인터럽트 발생 시점을 나타낸다.

[표 10-7] 아날로그 비교기 인터럽트 발생 시점

ACSR 레지스터		인터럽트 발생 시점
ACIS1	ACIS0	
0*	0*	ACO가 바뀔 때마다 인터럽트 발생 ACO값이 1→0 또는 0→1로 바뀔 때
0	1	-
1	0	ACO 하강에지에서 인터럽트 발생 ACO값이 1→0으로 바뀔 때
1	1	ACO 상승에지에서 인터럽트 발생 ACO값이 0→1로 바뀔 때

* 비트 초깃값

아날로그 비교기 인터럽트 사용을 위한 초기화

인터럽트가 발생된 아날로그 비교기를 사용하기 위한 초기화 절차는 아래와 같다. 이 절차는 상징적인 순서를 나타낸 것이며, 순서가 바뀌어도 무방하다. 단, SREG의 I 비트 활성화 명령은 다른 초기화 과정이 모두 끝난 마지막에 수행해야 한다.

❶ 아날로그 비교부의 + 단자와 - 단자 연결 신호 설정

[표 10-5]와 [표 10-6]의 아날로그 비교기 +, - 단자 연결 신호 설정 관련 표를 참조하여 + 단자와 - 단자에 연결할 신호를 결정한다. 만일 아무 설정도 하지 않는다면, 초깃값에 의해 AIN0(PE2) 핀이 +단자로, AIN1(PE3) 핀이 - 단자로 연결된다.

❷ 인터럽트가 발생되는 시점 설정

[표 10-7]의 아날로그 비교기 인터럽트 발생 시점을 참고하여 인터럽트가 발생되는 시점을 결정한다. ACSR 레지스터의 ACO 비트는 + 단자와 - 단자의 전압차에 의해 결정된다. + 단자 전압이 - 단자 전압보다 클 때 1, 그렇지 않으면 0이 된다.

❸ 아날로그 비교기 인터럽트 활성화 및 전역 인터럽트 활성화

ACSR 레지스터의 ACIE 비트를 1로 설정하여 아날로그 비교기 인터럽트를 활성화시킨다. WinAVR의 AVR GCC에서 sei(); 명령을 이용하면, SREG 레지스터의 I 비트를 1로 설정하게 되어 전역인터럽트를 활성화시킨다.

❹ 아날로그 비교기 인터럽트 서비스 루틴 작성

아날로그 비교기 인터럽트가 발생하면, 수행해야 할 명령을 아날로그 비교기 인터럽트 서비스 루틴 ISR(ANALOG_COMP_vect){ }에 작성하여 넣는다. 인터럽트 서비스 루틴에서 사용하는 모든 변수는 volatile 지시어로 선언한 후 사용한다.

10.3 적외선 포토다이오드와 포토트랜지스터 활용

10.3.1 적외선 포토다이오드와 포토트랜지스터 특성

적외선 포토다이오드와 포토트랜지스터의 동작 특성을 알아본다. 적외선 감지 회로를 구성하기 위해 보통 포토다이오드 SI3311-H(또는 EL-7L)와 포토트랜지스터 ST3811(또는 ST-7L)를 한 쌍으로 사용한다.

적외선 포토다이오드 특성

포토다이오드 SI3311-H에는 [그림 10-4]와 같은 동작 특성이 있다. [그림 10-4(a)]는 전류에 따른 순방향 전압을 나타내며, 50[mA] 전류가 흐를 때 1.3[V] 전압강하를 예측할 수 있다. [그림 10-4(b)]는 순방향 전류가 만드는 광도를 나타내며, 50[mA]일 때 약 25[mcd]의 광도가 예측된다. [그림 10-4(c)]는 가장 우세한 파장이 약 950[nm]으로서 적외선 영역에서의 빛을 방사한다.

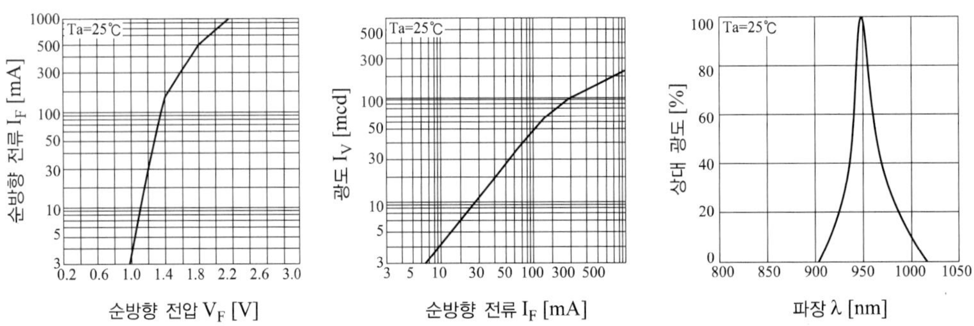

(a) 전압-전류 특성 (b) 전류-광도 특성 (c) 방사파장 특성

[그림 10-4] 포토다이오드 SI3311의 특성 [출처 : AUK Semiconductor 데이터시트]

적외선 포토트랜지스터 특성

포토트랜지스터 ST3811에는 [그림 10-5]와 같은 동작 특성이 있다. [그림 10-5(a)]와 같이 베이스에 광원이 입사되면, 단위면적당 빛의 세기에 비례하여 [그림 10-5(b)]와 같은 컬렉터-이미터 전압과 컬렉터에서 이미터로 흐르는 전류(I_{CEL}) 특성이 있다. [그림 10-5(c)]에 의하

면 적외선 영역인 약 870[nm] 파장의 빛이 상대적으로 가장 큰 밀도로 반응하는 것을 알 수 있다. 그러나 620~780[nm] 주파수의 적색광 영역에서도 상대 밀도가 50%에 달하므로, 적색광을 무시할 수 없다. 조명등과 자연광에 적색광이 포함되어 있으므로, 작업 환경에 따라 포토트랜지스터를 사용한 회로의 반응이 달라질 수 있다.

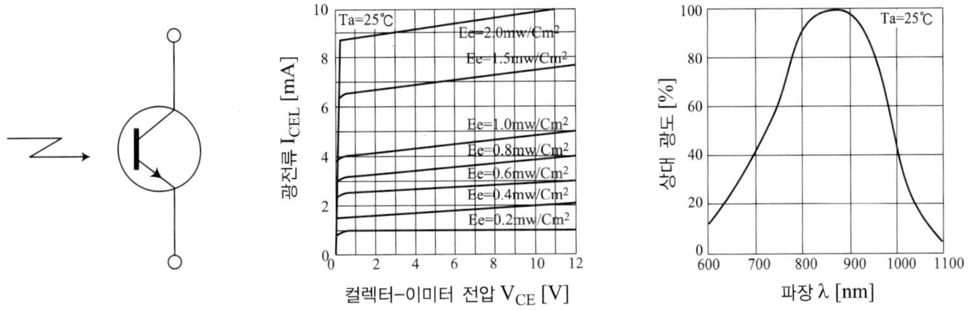

(a) 베이스 빛 주입 (b) 주입되는 빛의 세기와 전류 (c) 파장과 상대 감도곡선

[그림 10-5] 포토트랜지스터 ST3811 특성 [출처 : AUK Semiconductor 데이터시트]

10.3.2 포토다이오드와 포토트랜지스터 활용

적외선 감지 회로

포토다이오드에서 직접 또는 반사되어 포토트랜지스터의 베이스 창으로 적외선이 들어오면, [그림 10-5(a)]의 컬렉터에 흐르는 전류 I_{CEL}은 베이스에 입사하는 조도(lx)와 비례하는 cm^2 당 전력에 의해 [그림 10-5(b)]와 같이 증가한다.

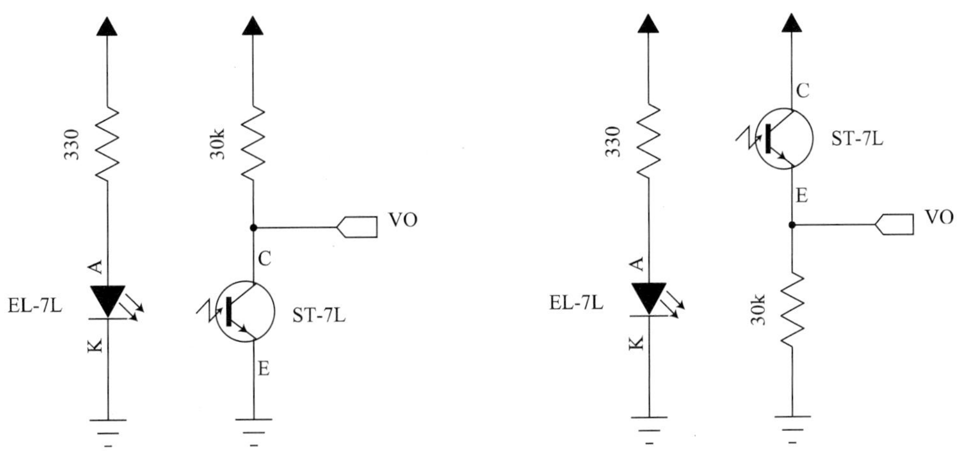

(a) 컬렉터에서 전압 측정 (b) 이미터에서 전압 측정

[그림 10-6] 포토다이오드와 포토트랜지스터를 이용한 적외선 감지 회로

[그림 10-6(a)] 회로에서 포토트랜지스터 베이스에 적외선이 많이 들어오면, I_{CEL}이 증가하게 되어 V_{CC}부터 30[KΩ] 저항의 전압강하가 커지게 되므로, VO 전압은 감소한다. [그림 10-6(b)] 회로에서 적외선이 많이 들어오면, 반대로 VO 전압은 증가한다.

디지털 입력 핀을 이용한 적외선 차단 물체 감지

포토다이오드의 한쪽에서 적외선이 방사되고, 반대쪽에서 포토트랜지스터로 빛을 감지하면, 중간에 있는 물체에 의해 빛의 차단 여부를 감지할 수 있다. 디지털 입력 핀을 사용할 수 있으며 이때는 5장에서 제시한 디지털 입력 핀의 전압레벨을 만족해야 한다. ATmega128에서 V_{CC}를 5[V]로 사용하는 경우, 적어도 3.0[V] 이상의 전압이 입력되어야만 HIGH 디지털 전압레벨로 간주되어 1로 인식된다. 0으로 인식되기 위해서는 1.0[V] 이하가 되어야 한다.

[그림 10-7]은 책에서 제공하는 PCB인 LED 보드(LED B/D), 포토트랜지스터 보드(Ph.TR/VR B/D)를 [그림 10-6(b)] 회로에 해당하는 소자를 사용하여 LED Holder 보드와 함께 조립한 모듈로 측정한 것이다. PCB에 대한 내용과 조립은 12장을 참조한다. 직선 방향으로 포토다이오드와 포토트랜지스터를 배치하고, 30[cm] 거리에서 물체가 적외선을 차단하지 않을 때와 차단할 때의 측정된 전압을 나타낸다. 차단되지 않을 때 측정된 4.3[V]는 내부에서 1로 인식될 수 있는 HIGH 디지털 전압레벨로 충분하다. 적외선이 차단되었을 때 측정된 0.587[V]는 내부에서 0으로 인식될 수 있는 LOW 디지털 전압레벨로 충분하다.

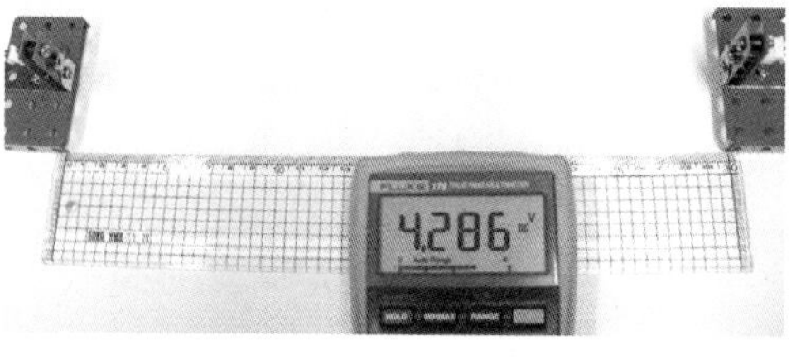

(a) 적외선이 차단되지 않을 경우

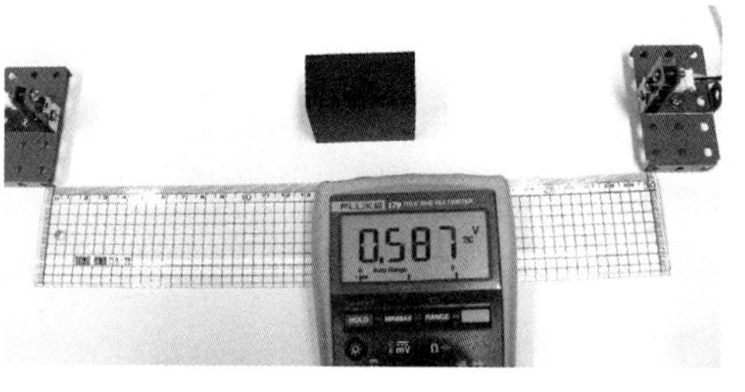

(b) 적외선이 차단될 경우

[그림 10-7] 적외선 차단 여부에 따른 30[cm] 거리에서 측정된 전압

아날로그 비교기를 이용한 검정 띠 감지

흰색 면과 검정 띠는 반사되는 적외선 양이 다르므로, 포토트랜지스터의 베이스에 입사되는 적외선의 양에 따라 [그림 10-6] 회로로 흰색 면과 검정 띠를 구별할 수 있다. [그림 10-8]은 이 책에서 제공하는 PCB인 LED B/D와 Ph. TR/VR B/D를 이용하여 만든 적외선 반사 감지 모듈이다. [그림 10-6(b)] 회로의 포토다이오드 부분은 LED B/D에 부품을 장착한 후 만들고, 포토트랜지스터 부분은 Ph. TR/VR B/D의 포토트랜지스터 회로를 사용하여 만들 수 있다. LED Holder B/D와 함께 조립시켜 만든 측정 모듈은, 안지름 3[mm] LED 홀더를

사용하여 옆으로 방사되고, 유입되는 적외선을 차단할 수 있다. [그림 10-8]의 적외선 반사 감지 모듈의 포토트다이오드와 포토트랜지스터 간격은 1.25[cm] 떨어져서 배치된다.

* 조립 부품 : 제일과학(주)의 앵글(2), 플라스틱 부싱(0.6cm)과 타사의 3mm용 LED 홀더를 사용

[그림 10-8] 적외선 반사 감지 모듈

[그림 10-9]는 5[cm] 거리에서 흰색 면과 검정 띠에서 반사한 적외선을 [그림 10-6(b)] 회로를 사용하여 반사 감지 모듈로 측정한 전압을 보이고 있다. 포토트랜지스터에서 출력되는 측정 신호를 아날로그 비교부의 - 단자에 연결하고, + 단자에 검정 띠와 흰색 면에서 감지되는 중간 전압을 기준 비교 전압으로 인가시키면, 흰색 면과 검정 띠를 구별할 수 있다.

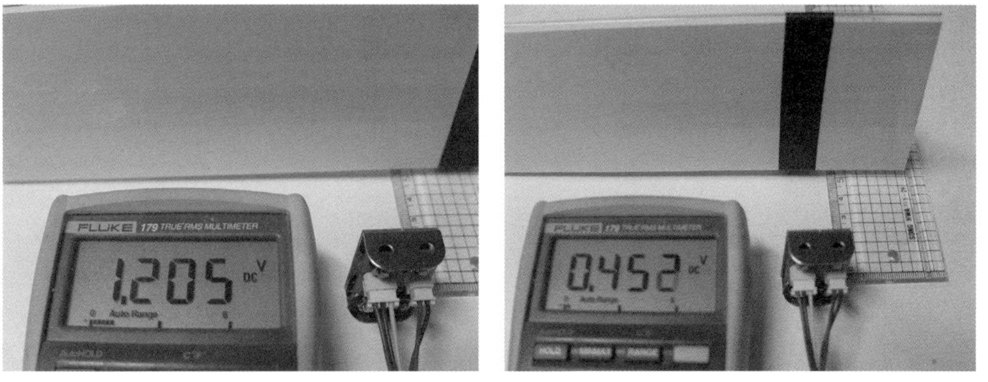

(a) 흰색 면 5[cm] 거리　　(b) 검정 띠 5[cm] 거리

[그림 10-9] 5[cm] 거리에서 측정한 반사된 적외선의 전압

아날로그 비교기 전용 입력 핀은 AIN0, AIN1이지만, [그림 10-10]과 같이 AIN0을 기준 비교전압 신호로 사용하고, AIN1 대신 ACME = 1, ADEN = 0으로 설정하여 ADCn 핀 중 하나를 선택하면 8개 핀 중 하나를 아날로그 비교기 입력으로 사용할 수 있다. 12장의 '작품 C : 검정 띠 추적 모형 자동차'에서는 ADC0(PF0) 핀과 ADC1(PF1) 핀을 타이머/인터럽트를 번갈아 사용하며, 두 곳의 검정 띠를 감지하는 방법을 사용하고 있다. 이를 참조하기 바란다.

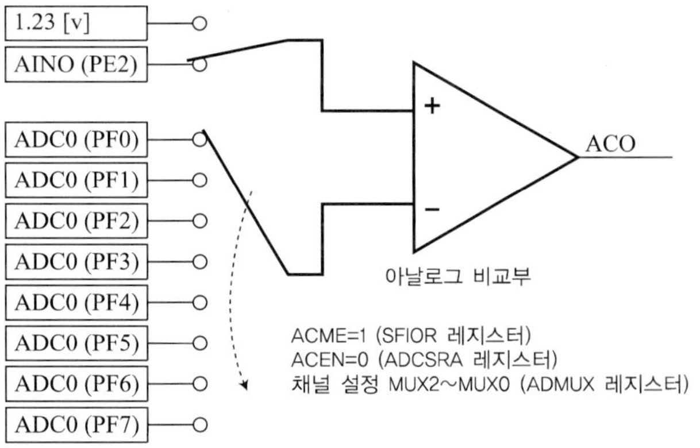

[그림 10-10] 여러 곳의 검정 띠 감지를 위한 ACDn 핀 사용

적외선 감지 회로를 이용한 흰색 면 거리 감지

[그림 10-11(a)]~[그림 10-11(c)]는 [그림 10-6(b)] 회로를 사용하고, [그림 10-8] 적외선 반사 감지 모듈로 흰색 면에 반사되는 적외선 양을 거리에 따라 변화되는 VO 전압을 측정한

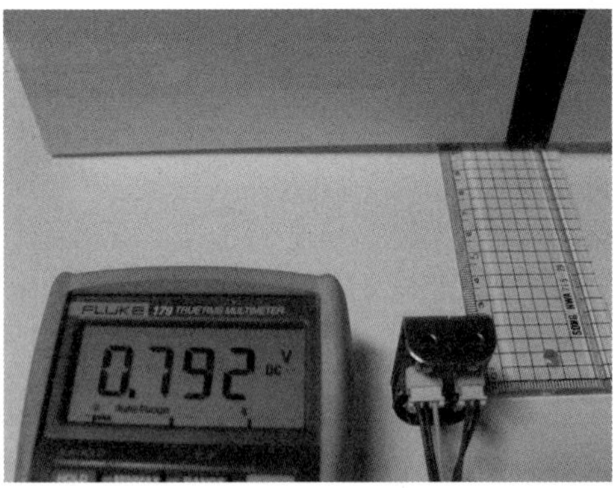

(a) 흰색 면 10[cm] 거리

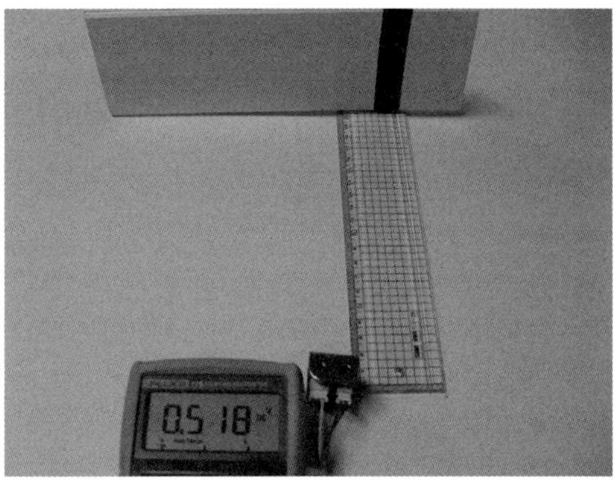

(b) 흰색 면 20[cm] 거리

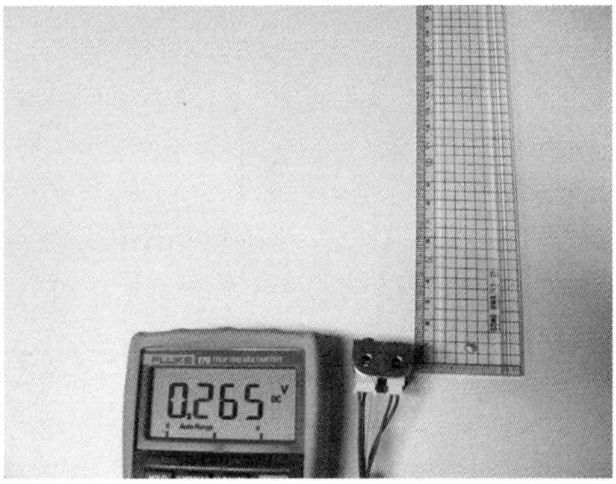

(c) 장애물 없을 때

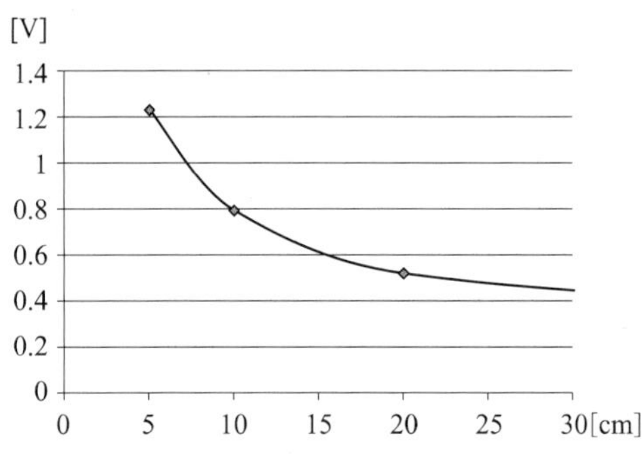

(d) 거리에 따른 측정 전압 그래프

[그림 10-11] 흰색 면의 거리에 따른 적외선 반사와 측정 전압

것이다. 거리가 멀어질수록 반사되는 적외선 양이 적어 측정 전압이 낮아진다. [그림 10-11(d)]는 흰색 면에서 5[cm] 위치부터 거리에 따라 반사하여 측정되는 적외선의 측정 전압을 그래프로 나타낸 것이다. 일정 구간에서 거리의 제곱에 반비례하는 유형을 보이고 있음을 알 수 있다.

거리에 따라 흰색 면에서 반사하는 정도를 A/D 변환기를 이용하여 측정할 수 있다. 이에 대한 내용은 10.8절 A/D 변환을 이용한 광센서 거리 측정과 상태도 기반 프로그래밍을 참고하기 바란다.

측정된 전압은 적외선 포토다이오드에 의한 영향과 조명 또는 햇빛에 의한 영향이 결합되어 있다. 거리가 멀어질수록 포토트랜지스터에 입사되는 포토다이오드에 의한 빛의 양은 줄어들고, 조명 또는 햇빛의 양은 변하지 않으므로, 주변의 빛에 의해 주로 반응하게 된다. 흰색 반사면에 그림자가 있어도 측정되는 전압은 달라진다.

Section

10.4 적외선 센서를 이용한 검정 띠 검출 문턱전압

A 실험 목적

(1) [그림 10-8] 적외선 반사 감지 모듈의 포토다이오드에서 출력되는 적외선이 흰색 면과 검은색 면에서 반사될 때, 차이가 있음을 포토트랜지스터를 이용하여 정량적으로 확인한다.

(2) 포토다이오드에서 출력되는 적외선 양이 애노드와 캐소드에 흐르는 전류에 따라 달라지는 것을 확인한다.

(3) 포토트랜지스터의 베이스 창에 투과되는 적외선의 양에 따라 컬렉터와 이미터 사이의 전류가 달라지는 것을 확인한다.

(4) 흰색 면에 검정 띠를 검출할 수 있는 회로 동작을 확인하고, 검출 거리에 따라 적당한 문턱전압을 결정하는 능력을 갖는다.

B 실험 부품 및 장치

부품명	규격	수량	비고
LED B/D	PCB 제공(12.1.2절)	1개	
Ph. TR B/D	PCB 제공(12.1.9절)	1개	
LED Holder B/D	PCB 제공(12.1.6절)	2개	
포토다이오드	SI3311-H(또는 EL-7L), 3[mm]	1개	
포토트랜지스터	ST3811(또는 ST-7L), 3[mm]	1개	
저항	R1, 계산에 의한 결정 1/8[W]	1개	
가변저항	500[kΩ], Bourns 3362P	1개	
LED 홀더	3[mm]	2개	
앵글	ㄱ 자형,	2개	㈜제일과학 부품 번호 132
플라스틱 부싱	높이 6[mm], 안지름 4[mm]	4개	㈜제일과학 부품 번호 139
모듈 고정 볼트	나사 3.5~3.9[mm], 길이 1.3[cm]	4개	㈜제일과학 부품 번호 65
너트		4개	㈜제일과학 부품 번호 42
3핀 수 커넥터	MOLEX 5267-03(2.5[mm])	1개	
2핀 수 커넥터	MOLEX 5267-02(2.5[mm])	1개	
3핀 암 커넥터	MOLEX 5264-03(2.5[mm])	1개	
2핀 암 커넥터	MOLEX 5264-02(2.5[mm])	1개	
커넥터 연결 케이블	MOLEX 5264용	2개	5264용 클립프, AWG24 전선

C 실험 절차

(1) [그림 10-4(b)]의 포토다이오드 SI3311(또는 EL-7L)에 대한 전류-광도 특성을 이용하여, 약 6[mcd] 광도를 포토다이오드에서 방출하기 위해 포토다이오드에 순방향으로 흘러야 하는 전류 IF를 찾는다.

(2) [그림 10-12] 회로에서 5[V] V_{CC}를 갖는 포토다이오드 회로부의 저항값 R1을 계산하여 회로를 완성한다.

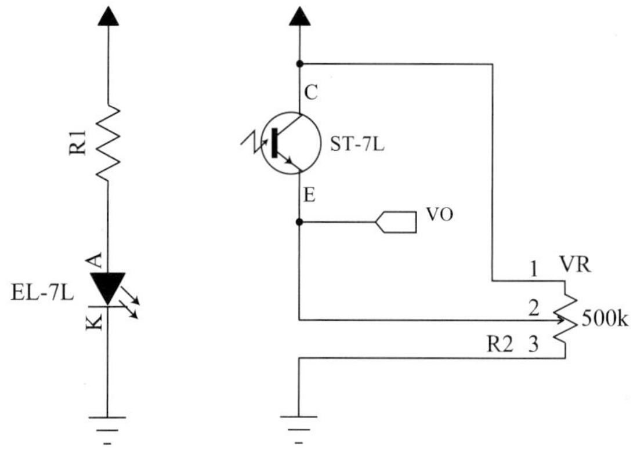

[그림 10-12] 적외선 반사 감지 모듈 회로

(3) 포토다이오드와 포토트랜지스터는 1.25[cm] 거리를 두고, 평행하게 [그림 10-8]과 같이 배치한다. 이 책에 포함된 포토다이오드 보드, LED Holder, 포토트랜지스터 보드를 이용할 수 있다. 포토트랜지스터 보드를 사용할 때는 가변저항형 회로를 사용하기를 권장한다.

(4) [그림 10-12] 회로에서 가변저항 500[K]을 연결하고, 검정 띠가 있는 흰색 용지를 포토다이오드와 포토트랜지스터 센서와 약 5[cm] 거리에서 움직이면서 전압 VO를 관찰한다. 가변저항의 중심에서 GND까지 가변된 저항값을 R2라 하자. 빛이 있을 때 포토트랜지스터의 광전류는 측정 전압 VO를 만드는 주성분이 된다.

(5) V_{CC}와 0[V] 사이의 500[kΩ] 저항으로, R2에 0.02[mA]가 추가로 흐르게 된 효과가 포함되어 VO가 측정된다.

(6) 흰색 면의 반사가 잘되는 부분에서는 VO 전압이 1.3[V] 이상, 검정 띠가 있는 부분에서는 1.3[V] 미만이 되도록 가변저항 R2를 조절한다.

(7) 3회의 실험을 실시하고, 측정한 값을 아래 [표 10-8]에 센서와의 거리, R1과 I_F, R2, 흰색 면과 검정 띠 부분에서의 VO와 I_{CEL}을 측정한다. R1은 330[Ω]을 초기에 이용한다.

[표 10-8] 옆면 빛 차단 소자를 이용한 실험 결과 측정표

측정 횟수	용지와 센서 거리	R1	I_F	R2	흰색 면		검정 띠	
					VO	I_{CEL}	VO	I_{CEL}
1								
2								
3								

D 실험 결과 및 고찰

(1) 실험 절차 (2)에서 계산으로 결정된 저항에 따라 적외선 포토다이오드에 흐르는 전류 IF와 [표 10-8]에서 측정한 I_F와의 오차율을 계산하라. 오차율 계산식은 다음과 같다.

$$오차율 = \frac{이론값 - 실험값}{이론값} \times 100(\%)$$

(2) [표 10-8] 실험 결과 측정표에서 흰색 면과 검정 띠에서 반사되어 주입되는 빛의 세기를 [그림 10-4(b)]를 이용하여 추정하라. 단위 cm^2당 몇 [mW]의 광전력이 입사되고 있는가?

(3) [표 10-8]에서 가장 적절한 고정 저항값 R2와 문턱전압을 선정하라.

(4) 결론적으로, 옆면으로 빛이 투과되지 않는 센서로 [그림 10-12]의 회로를 이용하여 흰색 면에 검정 띠를 검출하고자 할 때, 아래 [표 10-9]에 가장 적절한 값을 작성하라.

[표 10-9] 결론표

센서 위치	센서와 용지의 거리	R1	R2	VO
흰색 면				[V] 이상
검정 띠				[V] 이하

10.5 아날로그 비교기를 이용한 검정 띠 검출

A 실험 목적

(1) 아날로그 비교기 인터럽트를 이용한 프로그램 초기화 방법을 익힌다.

(2) 10.4절의 실험 결과를 이용하여 검정 띠를 프로그램으로 검출한다.

(3) 포토트랜지스터 베이스로 들어오는 적외선 양에 따라 변하는 전압을 − 단자에 연결하고, + 단자에 가변저항을 이용한 문턱전압을 만들어 연결한다.

(4) 검정 띠를 검출하여 LED에 출력하는 프로그램을 완성한다.

B 실험 부품 및 장치

부품명	규격	수량	비고
적외선 반사 감지 모듈		1개	10.4절 실험 부품 및 장치 참조
가변저항	50[kΩ], Bourns 3362P	1개	
저항	330[Ω], 1/8[W]	1개	
LED	지름 3[mm]	1개	

C 실험 절차

(1) 10.4절에서 결정한 저항 R1, R2를 이용하여, [그림 10-13] 회로를 완성한다. 이 책에 포함된 LED B/D, Ph. TR/VR B/D, LED Holder B/D를 사용하여 조립할 수 있다.

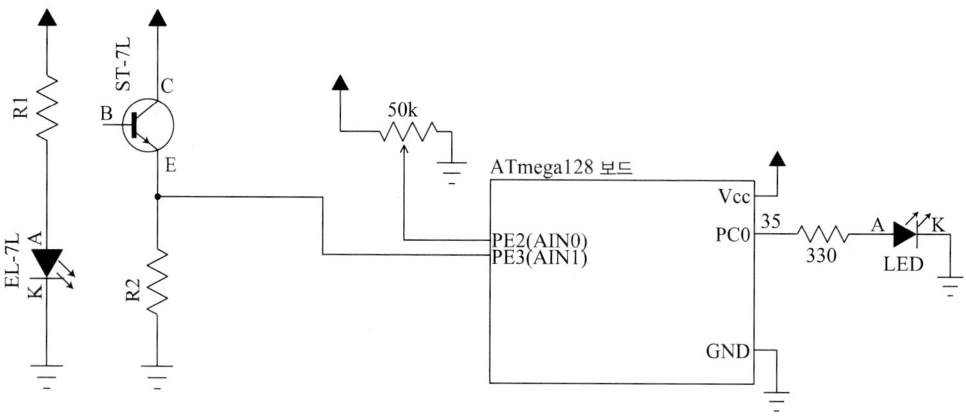

[그림 10-13] 아날로그 비교기 인터럽트를 이용한 검정 띠 검출 회로

(2) 인터럽트를 이용한 검정 띠 검출 프로그램 [프로그램 10-1]을 작성한다.

[프로그램 10-1] 검정 띠 검출 프로그램

```
#include    <avr/io.h>
#include    <avr/interrupt.h>

volatile int   ac_result=0;

ISR(ANALOG_COMP_vect)
{   ac_result = ( ACSR & (1<<ACO) ) ? 0 : 1;  }

void enable_ac(void)
{   // + 단자(AIN0/PE2) : 가변저항을 이용한 기준 전압
    // - 단자(AIN1/PE3) : 포토트랜지스터의 이미터 전압
    // 인터럽트 발생 시점 (0, 0) : VCO값이 바뀔 때마다 발생
    ACSR = 1<<ACIE;
}

int main(void)
{
    DDRC |= 1<<PC0;// PC0 핀은 출력 핀

    enable_ac();
    sei();      // start global interrupt

    while(1){
```

```
24            PORTC = (PORTC & ~(1<<PC0)) | (ac_result<<PC0);
25        }
26        return 0;
27    }
```

(3) enable_ac(void) 함수에서 ACSR 레지스터의 ACIE 비트만을 1로 설정한다. 따라서 나머지 아날로그 비교기 관련 비트는 모두 초깃값에 따르게 되므로, + 단자는 PE2 핀에, − 단자는 PE3 핀에 연결된다. 인터럽트 발생 시점은 초깃값에 따라 ACO값이 바뀔 때마다 발생한다.

(4) 아날로그 비교기 인터럽트 서비스 루틴 ISR(ANALOG_COMP_vect)에서 사용된 변수 ac_result는 main( ) 함수에서도 함께 사용되므로, 4번 라인에서 volatile 지시어로 선언하였다.

(5) 인터럽트 서비스 루틴인 7번 라인에서 ACO 비트를 검사하여 1이면, ac_result를 0으로, 1이면 ac_result를 1로 만든다.

(6) main( ) 함수 24번 라인에서 PC0 출력 핀을 지우고, ac_result값을 PC0 핀에 기록한다.

D 실험 결과 및 고찰

(1) 10.4절의 [표 10-9] 결론표에서 결정한 VO에 해당되는 전압이, AIN0(PE2) 핀에 인가되도록 가변저항을 조절한다.

(2) [그림 10-14(a)]는 적외선이 흰색 면에서 반사가 크므로, AIN1 전압이 AIN0보다 높게 되어 PC0에 연결된 LED가 ON된다. [그림 10-14(b)]는 검정 띠에서 반사가 적으므로, AIN1 전압이 AIN0보다 낮아 LED가 OFF된다.

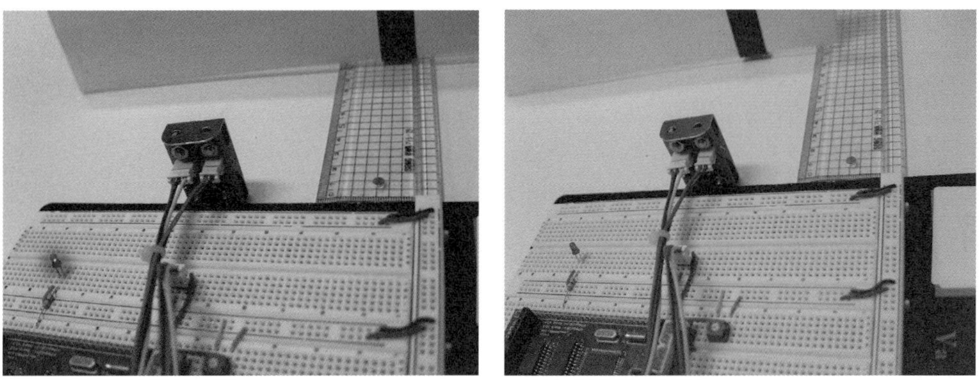

(a) 흰색 면에 적외선 반사(10[cm])　　(b) 검정 띠 검출(10[cm])

[그림 10-14] 검정 띠 검출 동작

(3) [프로그램 10-1]의 인터럽트 서비스 루틴인 7번 라인에서 ACO 비트값과 반대되는 값을 ac_result 변수에 기록하였다. 그 이유를 생각해 보자.

(4) main( ) 함수 24번 라인에서는 인터럽트 서비스 루틴에서 결정한 변수 ac_result값을 LED 출력 핀으로 while 반복문에서 반복하여 지운 후 출력시키고 있다.

(5) ac_result 변수는 아날로그 비교기 인터럽트 서비스 루틴 ISR(ANALOG_COMP_vect)에서 사용하므로, volatile 지시어를 선언한다.

(6) LED 출력 핀을 PC0에서 PC7 핀으로 이동시켰다. 하드웨어와 프로그램을 수정하여 확인해 보자.

10.6 A/D 변환기

A/D 변환기(Analog to Digital Converter)는 아날로그 전기신호를 여러 비트의 디지털 비트로 변환하는 장치로서, ATmega128에서 A/D 변환기는 아날로그 전압을 10비트 크기의 2진수로 변환한다.

이 절에서는 ATmega128에서 채택하여 사용하는 연속 근사 A/D 변환 방식을 먼저 이해하자. 그런 다음, A/D 변환기를 소프트웨어에서 사용하기 위해, 내부 블록도를 통해 동작을 이해하고, 관련 특수레지스터의 상세 역할을 알아보자. 마지막으로 A/D 변환 인터럽트를 사용하여 주 프로그램과 인터페이스하기 위한 초기화 과정을 알아보자.

ATmega128 관련 레지스터가 ADC 용어를 많이 사용하고 있으므로, 이후부터는 A/D 변환 또는 ADC 용어를 같이 사용한다.

10.6.1 연속 근사 A/D 변환 방식

[그림 10-15]에는 연속 근사(Successive Approximation) 방식을 위해, ADC 데이터 레지스터, DAC(Digital to Analog Converter), 샘플 & 홀드, 아날로그 비교기 등의 회로가 있다.

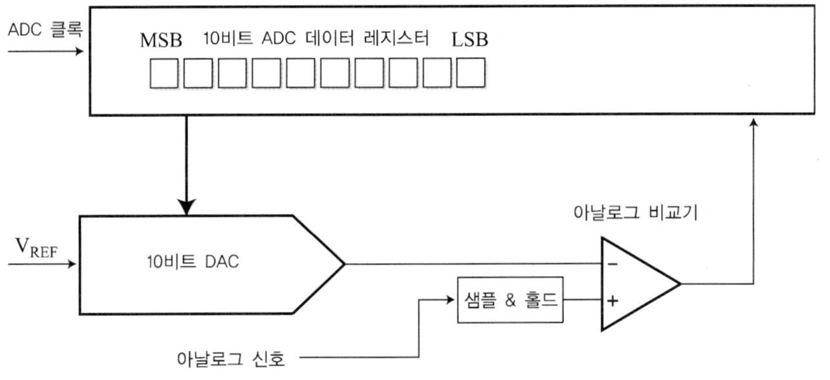

[그림 10-15] 연속 근사 방식 A/D 변환 블록도

연속 근사 A/D 변환 방식은 아래 순서와 같이 ADC 데이터 레지스터의 MSB(최상위 비트)부터 LSB(최하위 비트)까지 ADC 클록마다 한 비트씩 값을 결정해 간다.

❶ 아날로그 신호를 샘플 & 홀드 회로에서 A/D 변환이 완료될 때까지 일정하게 유지시킨다.

❷ ADC 데이터 레지스터값을 0으로 만들고, n을 9로 초기화한다. 인덱스 n은 ADC 데이터 레지스터의 n번째 비트값을 설정하는 데 사용된다.

❸ ADC 데이터 레지스터의 n번째 비트값을 1로 만들어 $ADC = ADC+2^n$이 되게 한다.

❹ n이 0이면 변환을 끝낸다. ADC 데이터 레지스터는 A/D 변환 결과를 가진다.

❺ 10비트 DAC의 신호 $V_{REF} \times \frac{ADC}{2^{10}}$는 아날로그 비교기 - 단자에 연결된다.

❻ n = n - 1로 만든다.

❼ 샘플 & 홀드 신호가 DAC 신호보다 크면, 단계 ③으로 이동하여 반복한다.

❽ 샘플 & 홀드 신호가 DAC 신호보다 작으면, ADC 데이터 레지스터의 n+1번째 비트는 0으로 만들고, n번째 비트는 1로 만들어 $ADC = ADC - 2^{n+1} + 2^n$이 되게 한다.

❾ 단계 ④로 이동하여 반복한다.

10.6.2 A/D 변환기 개요

[그림 10-16]은 A/D 변환기의 전체적인 블록도다. 연속 근사 방식을 중심으로 A/D 변환 동작과 관계된 ADC 클록, ADC 기준 전압 V_{REF}, 샘플 & 홀드 및 아날로그 비교기에 입력되는 아날로그 신호 등을 선택하는 기능을 알아보자.

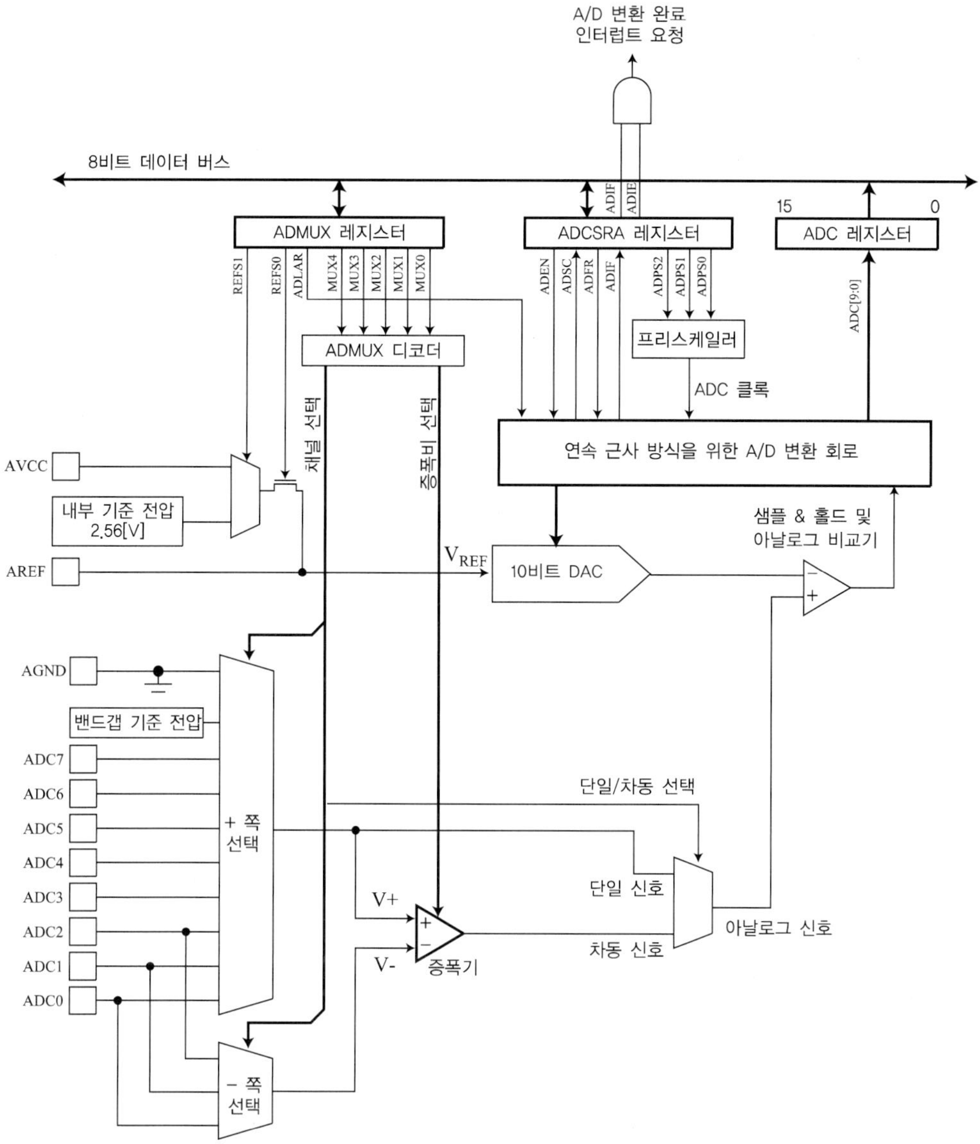

[그림 10-16] A/D 변환 동작을 위한 블록도

ADC 클록

연속 근사 방식을 사용하는 A/D 변환기는 ADC 데이터 레지스터값을 ADC 클록마다 한 비트씩 MSB부터 LSB까지 차례로 결정해 간다. 16[MHz] 또는 8[MHz]의 CPU 클록은 주기가 너무 빠르기 때문에 ADC 클록으로 사용하기 어렵다. ADC 클록으로는 50~200[kHz] 주파수의 펄스가 적절하다. 따라서 [그림 10-17]과 같이 빠른 CPU 클록을 7비트 ADC 프리스케일러로 주파수를 낮추어 사용한다. ADCSRA 레지스터의 ADPS2~ADPS0 비트로 CPU 클록을 분주시켜 ADC 클록으로 만든다.

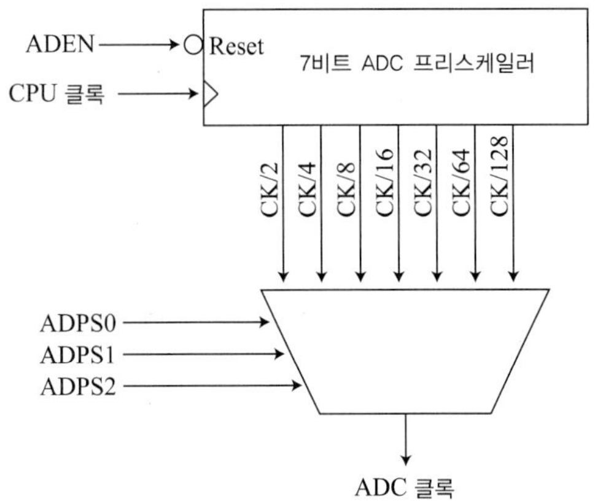

[그림 10-17] ADC 클록 생성을 위한 7비트 ADC 프리스케일러

[표 10-10]과 같이 ADCSR 레지스터의 ADPS2~ADPS0 비트를 이용하여, CPU 클록의 주파수를 분주한 신호를 선택한다.

[표 10-10] ADC 클록을 위한 CPU 클록 분주

레지스터	ADPS2	ADPS1	ADPS0	주파수 분주율
ADCSR	0	0	0	2
	0	0	1	2
	0	1	0	4
	0	1	1	8
	1	0	0	16
	1	0	1	32
	1	1	0	64
	1	1	1	128

A/D 변환 소요 시간

A/D 변환을 하려면, 아래와 같이 3단계 동작이 필요하다.

❶ A/D 변환 회로 준비 단계

ADEN에 1이 설정되면, A/D 변환 회로가 활성화되기 시작하고, CPU 클록을 분주한 프리스케일러에 의한 ADC 클록이 안정화되어야 한다. 이런 관계로 A/D 변환이 최초로 수행될 때는 더 많은 시간이 요구된다.

❷ 샘플 & 홀드 단계

연속 근사 방식에 의해 A/D 변환이 완료될 때까지, 아날로그 신호의 전압은 변동되지 않아야만 디지털값으로 잘 추적할 수 있다. 따라서 전압을 충전시키는 샘플링 시간이 요구된다. 전압이 충전되면 A/D 변환이 진행되는 동안 전압이 일정하게 유지될 수 있

도록 홀드되어야 한다.

❸ 연속 근사 방식에 의한 A/D 변환값 결정 단계
ADC 데이터 레지스터의 MSB부터 LSB까지 1비트씩 값을 결정하는 사이클이 10회 반복된다. 최소 10개의 ADC 클록이 필요하다. 정상적인 ADC 시간은 13개의 ADC 클록이 필요로 한다.

ADC 기준 전압 V_{REF}

A/D 변환 전압 범위는 GND(0[V])부터 V_{REF}까지를, 10비트의 ADC 데이터 레지스터에 0x0부터 0x3FF까지 변환시킨다. V_{REF}를 초과한 전압은 0x3FF로 변환된다.
V_{REF}는 아래 세 가지 중 하나를 선택할 수 있다.

- AVCC
- 내부 기준 전압(2.56[V])
- 외부와 연결된 AREF 핀의 전압

만일 회로에서 AREF 핀을 이용하여 외부 전압과 연결됐을 때는, 반드시 AREF 핀 전압을 V_{REF}로 사용해야 한다. [그림 10-16]의 V_{REF} 신호를 만드는 경로에서 AREF 핀이 외부 회로에 연결되어 있으면 AVCC 또는 내부 기준 전압 2.56[V]로 연결하기 위해 FET를 ON하면 신호가 충돌되는 것을 알 수 있다. AREF에 전원을 연결하고, AVCC 또는 2.56[V] 내부 기준 전압을 사용하면, 내부 회로에 영향을 미치게 되므로 올바른 A/D 변환이 되지 않는다.

A/D 변환을 위한 단일 신호, 차동 신호 선택

A/D 변환 신호는 단일 또는 차동 아날로그 신호가 될 수 있다. [그림 10-18]은 단일 신호 또는 차동 신호를 선택하여, A/D 변환기 [그림 10-16]의 샘플 & 홀드 및 아날로그 비교기에 입력되는 아날로그 신호로 만드는 경로다.

단일 신호는 ADC7~ADC0, 밴드갭 기준 전압(1.23[V]), AGND(0[V]) 신호 중 하나를 선택할 수 있다. 차동 신호는 + 단자에 ADC7~ADC0, − 단자는 ADC2~ADC0 중에서 선택된 신호 차를 증폭한 신호다. 증폭비는 1x, 10x, 100x, 200x 중 하나로 선택된다.

A/D 변환을 위한 단일 또는 차동의 아날로그 신호는 ADMUX(ADC Multiplexer Selection Register)에 의해 결정된다. 단일 신호의 경우, 0[V]~V_{REF} 전압에 대한 A/D 변환값은, V_{REF} 신호를 기준으로 0~1023에 해당되는 10비트 양의 정수다. 단일 신호 전압에 의해 변환되는 A/D 변환값은 아래와 같다.

$$\text{단일 신호 A/D 변환값} = \frac{\text{단일 신호 전압} \times 1023}{V_{REF}}$$

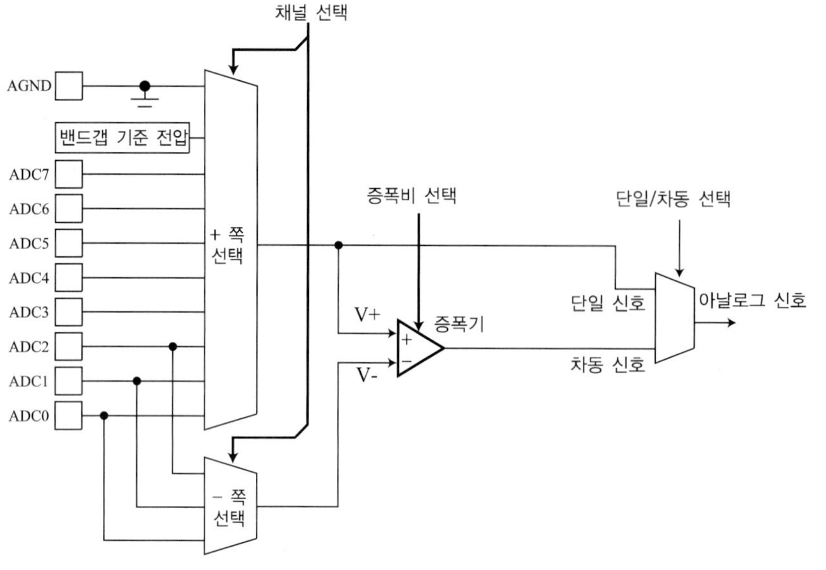

[그림 10-18] 단일/차동 아날로그 신호 선택

차동 신호 A/D 변환 결과값

+ 쪽 선택 회로와 - 쪽 선택 회로에서 선택된 신호의 전압차를 증폭한 아래 신호를, [그림 10-18]의 A/D 변환을 위한 아날로그 신호로 한다. 증폭된 차동 신호는 음수값을 가질 수 있다.

$$\text{증폭된 차동 신호} = \text{증폭비} \times (V_{+} - V_{-})$$

[그림 10-19]와 같이 증폭된 차동 신호 $-V_{REF} \sim 0[V] \sim V_{REF}$ 전압에 대한 A/D 변환 결과는 −512~0~511에 해당되는 음수를 갖는 10비트 2의 보수 수체계(2's complement number system)의 정수형 숫자로 변환된다. 16진수값으로는 −0x200~0~+0x1FF값을 가진다. 만일 16비트 정수로 변환하려면, A/D 변환 결과의 비트 9를 검사하여 0이면, 아래와 같이 나머지 상위 비트를 0으로 채워 양수로 만들고, 1이면 상위 비트를 1로 채워 음수로 만들어야 한다. ADC는 A/D 변환 결과 데이터 레지스터다.

```
adc_result = (ADC & 1<<9) ? 0b1111110000000000 | ADC : ADC;
```

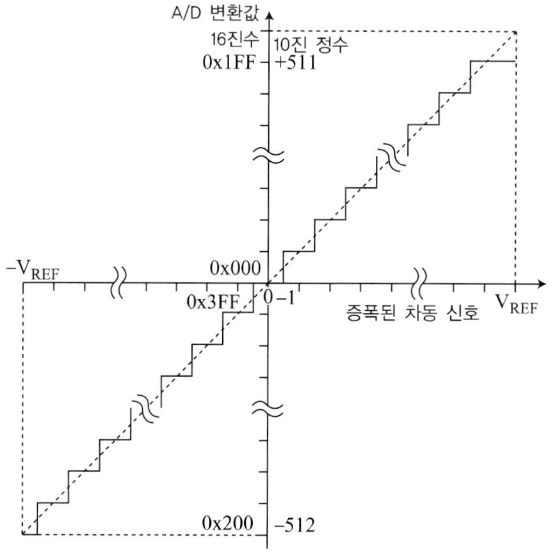

[그림 10-19] 증폭된 차동 신호에 대한 A/D 변환값

차동 신호에 의해 변환되는 A/D 변환값은 아래와 같다.

$$\text{차동 신호 A/D 변환값} = \frac{(V_{+} - V_{-}) \times \text{증폭비} \times 512}{V_{REF}}$$

단일 모드 A/D 변환과 연속 모드 A/D 변환

ADCSRA 레지스터의 ADFR 비트를 1로 셋하면, 연속 모드 A/D 변환이 설정되고, 0으로 클리어하면 단일 모드 A/D 변환으로 설정된다.

단일 모드 A/D 변환은 A/D 변환 시작을 알리는 ADCSRA 레지스터의 ADSC 비트를 1로 셋한 후, 1회의 A/D 변환이 완료된다. 연속 모드 A/D 변환은 ADFR 비트가 1이고 ADSC=1로 설정하면, A/D 변환 동작이 자동으로 반복 실행된다. ADSC 비트에 0을 기록하면, A/D 변환이 종료된다. ADIE=1로 설정되어 있으면, A/D 변환이 완료될 때마다 ADC 인터럽트가 발생한다.

잡음 줄이기

ATmega128은 내부와 외부에 다양한 회로가 작동하고 있어 잡음을 유발하는 EMI(Electro-Magnetic Interference) 문제를 A/D 변환 과정에서 최소화할 필요가 있다. 아래 방법으로 잡음을 줄일 수 있다.

- 아날로그 신호 위치부터 ATmega128 ADC 핀까지 거리를 최대한 짧게 하고, 아날로그

신호선은 아날로그 GND 면 위를 지나게 한다. 아날로그 신호선은 빠르게 스위칭하는 디지털 신호선과 멀리 떨어지게 한다.

- AVCC(Analog Vcc) 핀을 [그림 10-20]과 같이, 디지털 VCC 핀과 LC 회로로 연결하여, 디지털 전원 Vcc 변동이 A/D 변환을 위한 아날로그 전원 AVCC에 미치는 영향을 최소화시킨다.

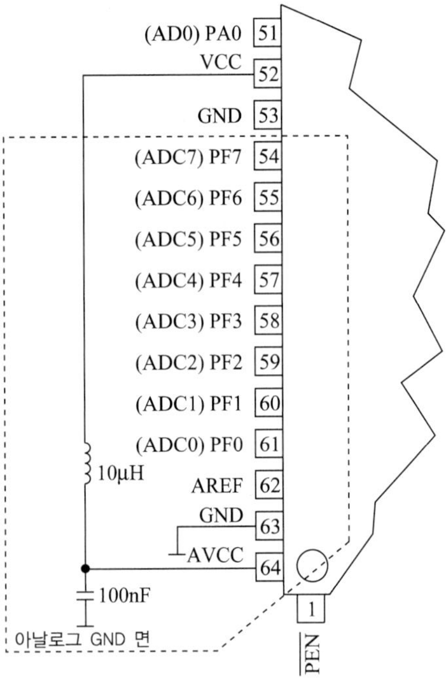

[그림 10-20] AVCC와 VCC를 LC 회로에 연결

- CPU가 실행되면서 발생하는 잡음을 줄이기 위해서는 ADC 잡음 절감 모드를 사용할 수 있다. 이 모드는 ADC 인터럽트를 활성화하고, 단일 모드 A/D 변환일 때 동작한다. MCUCR 레지스터의 SM2~SM0 비트를 (0, 0, 1)로 놓고 SLEEP 명령을 실행하면, ADC 잡음 절감 모드가 시작된다. CPU는 정지하지만, A/D 변환은 자동적으로 실행된다. A/D 변환이 완료되면, 인터럽트에 의해서 CPU는 실행되고, 잡음이 절감된 A/D 변환 결과를 얻는다.

- ADC 핀과 함께 사용하는 F포트의 다른 핀을 디지털 출력으로 사용할 경우, A/D 변환이 진행되는 동안에는 디지털 출력으로 설정된 F포트 핀의 출력값을 바꾸지 않는다.

10.6.3 A/D 변환 관련 레지스터

A/D 변환 동작을 위해 필요한 레지스터에는 ADMUX, ADCSRA, ADCL, ADCH 레지스터가 있고, 각 비트의 역할은 다음과 같다.

ADMUX 레지스터

A/D 변환 선택 레지스터(ADC Multiplexer Selection Register)라고 한다. 아날로그 채널을 선택하기 위한 특수 레지스터다. 차동 신호 모드가 선택될 때는 증폭비도 선택된다.

	비트	7	6	5	4	3	2	1	0
ADMUX	비트명	REFS1	REFS0	ADLAR	MUX4	MUX3	MUX2	MUX1	MUX0
	읽기/쓰기	R/W	R/W	R/W	R/W	R/W	R/W	R/W	R/W
	초깃값	0	0	0	0	0	0	0	0

■ REFS1, REFS0 : **ADC의 기준 전압을 선택하는 비트**

만일 AREF 핀에 외부 전압을 연결한 상태면, AVCC 또는 내부 기준 전압 2.56[V]를 사용하지 않게 한다. AVCC, 내부 2.56[V]의 V_{REF} 선택 설정은 동작하지 않을 수 있다. [표 10-11]은 ADC 기준 전압을 선택하는 표다.

[표 10-11] ADC 기준 전압 선택

REFS1	REFS0	선택되는 기준전압(V_{REF})
0※	0※	외부핀 AREF, 이 때 내부 V_{REF} 신호는 OFF 된다.
0	1	AVCC가 선택된다. 이 때 AREF 핀에 콘덴서를 연결한다.
1	0	-
1	1	내부의 2.56[V] 사용. 이 때 AREF 핀에 콘덴서를 연결한다.

※ 초깃값

■ ADLAR : **ADC 결과 좌측 정렬 비트**

ADC 결과값은 ADCH, ADCL 레지스터를 연결하여 16비트 중 10비트에 기록한다. ADLAR 비트가 0이면 오른쪽 10비트에 결과값이 저장되고, ADLAR 비트가 1이면 왼쪽 10비트에 결과값이 저장된다. 초깃값은 0이므로, 오른쪽 10비트에 결과값이 저장되고, 나머지 상위 6개 비트는 0이 기록된다.

■ MUX4~MUX0 : **아날로그 채널 및 증폭비 선택 비트**

이 비트의 설정으로 단일 신호 채널과 차동 신호 채널을 선택할 수 있다. MUX4, MUX3이 (0, 0)이면 MUX2~MUX0 비트에 의해 ADC7~ADC0 채널이 선택된다.

[표 10-12]는 입력 채널과 증폭비를 선택한 경우를 나타내고 있다.

[표 10-12] 입력 채널과 증폭비

<table>
<tr><th>MUX4..0</th><th>단일 신호</th><th>V+</th><th>V-</th><th>증폭비</th></tr>
<tr><td>00000*</td><td>ADC0</td><td colspan="3" rowspan="8">N/A</td></tr>
<tr><td>00001</td><td>ADC1</td></tr>
<tr><td>00010</td><td>ADC2</td></tr>
<tr><td>00011</td><td>ADC3</td></tr>
<tr><td>00100</td><td>ADC4</td></tr>
<tr><td>00101</td><td>ADC5</td></tr>
<tr><td>00110</td><td>ADC6</td></tr>
<tr><td>00111</td><td>ADC7</td></tr>
<tr><td>01000</td><td rowspan="21">N/A</td><td>ADC0</td><td>ADC0</td><td>10x</td></tr>
<tr><td>01001</td><td>ADC1</td><td>ADC0</td><td>10x</td></tr>
<tr><td>01010</td><td>ADC0</td><td>ADC0</td><td>200x</td></tr>
<tr><td>01011</td><td>ADC1</td><td>ADC0</td><td>200x</td></tr>
<tr><td>01100</td><td>ADC2</td><td>ADC2</td><td>10x</td></tr>
<tr><td>01101</td><td>ADC3</td><td>ADC2</td><td>10x</td></tr>
<tr><td>01110</td><td>ADC2</td><td>ADC2</td><td>200x</td></tr>
<tr><td>01111</td><td>ADC3</td><td>ADC2</td><td>200x</td></tr>
<tr><td>10000</td><td>ADC0</td><td>ADC1</td><td>1x</td></tr>
<tr><td>10001</td><td>ADC1</td><td>ADC1</td><td>1x</td></tr>
<tr><td>10010</td><td>ADC2</td><td>ADC1</td><td>1x</td></tr>
<tr><td>10011</td><td>ADC3</td><td>ADC1</td><td>1x</td></tr>
<tr><td>10100</td><td>ADC4</td><td>ADC1</td><td>1x</td></tr>
<tr><td>10101</td><td>ADC5</td><td>ADC1</td><td>1x</td></tr>
<tr><td>10110</td><td>ADC6</td><td>ADC1</td><td>1x</td></tr>
<tr><td>10111</td><td>ADC7</td><td>ADC1</td><td>1x</td></tr>
<tr><td>11000</td><td>ADC0</td><td>ADC2</td><td>1x</td></tr>
<tr><td>11001</td><td>ADC1</td><td>ADC2</td><td>1x</td></tr>
<tr><td>11010</td><td>ADC2</td><td>ADC2</td><td>1x</td></tr>
<tr><td>11011</td><td>ADC3</td><td>ADC2</td><td>1x</td></tr>
<tr><td>11100</td><td>ADC4</td><td>ADC2</td><td>1x</td></tr>
<tr><td>11101</td><td></td><td>ADC5</td><td>ADC2</td><td>1x</td></tr>
<tr><td>11110</td><td>밴디갭 기준 전압 1.23[V]</td><td colspan="3" rowspan="2">N/A</td></tr>
<tr><td>11111</td><td>0[V] (GND)</td></tr>
</table>

* 초깃값

ADCSRA 레지스터

A/D 변환 제어 및 상태 레지스터 A(ADC Control and Status egister A)라고 한다. A/D 변환 동작에 필요한 제어 설정과 A/D 변환이 진행되는 상태를 관찰하기 위한 특수 레지스터다.

	비트	7	6	5	4	3	2	1	0
ADCSRA	비트명	ADEN	ADSC	ADFR	ADIF	ADIE	ADPS2	ADPS1	ADPS0
	읽기/쓰기	R/W	R/W	R/W	R/W	R/W	R/W	R/W	R/W
	초깃값	0	0	0	0	0	0	0	0

[표 10-13] ADCSRA 레지스터

비트명	속성	초깃값	비 고
ADEN	R/W	0	ADC 활성화 비트 ADC 회로를 활성화시킬 것인지의 여부를 결정한다. • 1 : ADC 회로를 활성화한다. A/D 변환을 위해서는 1로 설정해야 한다. • 0 : ADC 회로를 사용하지 않는다. 전력 소비를 감소시킬 수 있다.
ADSC	R/W	0	A/D 변환 시작 비트 A/D 변환 시작을 명령하는 비트로서, A/D 변환이 완료되면 0이 된다. A/D 변환 중에 이 비트를 읽으면 1이 읽힌다. • 1 : A/D 변환 시작 명령 • 0 : 변화 없음
ADFR	R/W	0	연속 모드 A/D 변환(ADC Free Running Mode) A/D 변환을 1회로 끝내지 않고 A/D 변환 결과를 얻은 후, 연속적으로 다음 A/D 변환을 계속한다. • 1 : A/D 변환을 연속적으로 수행하게 한다. • 0 : A/D 변환을 한 번만 수행한다. 연속 모드 A/D 변환에서 0을 기록하면, A/D 변환을 중단시킨다.
ADIF	R/W	0	A/D 변환 인터럽트 플래그 A/D 변환이 완료되고 ADC 데이터 레지스터가 갱신된 후, 1로 셋된다. 인터럽트 서비스 루틴이 실행되기 시작하면, 이 비트는 0으로 자동 클리어된다. 만일 이 비트에 1을 기록하면, 이 비트값은 0으로 바뀌고 인터럽트 서비스 루틴은 실행되지 않는다.
ADIE	R/W	0	A/D 변환 인터럽트 활성화 비트 ADIE 비트를 1로 셋하고, SREG의 I 비트가 1로 된 상태에서 A/D 변환을 완료하면, A/D 변환 인터럽트가 발생한다.
ADPS2	R/W	(0,0,0)	A/D 변환 프리스케일러 선택 [표 10-10]과 같이 CPU 클록 속도를 낮춘 신호 중 하나로 ADC 클록을 선택한다. ADC 클록의 주파수는 최대 50~200[kHz]에서 작동될 수 있게 CPU 클록을 분주하여 사용한다.
ADPS1	R/W		
ADPS0	R/W		

ADCH와 ADCL 레지스터

A/D 변환 데이터 레지스터(ADC Data Register)라고 한다. 8비트 레지스터 ADCH와 ADCL을 연결한 16비트 중에서 10비트 위치에 A/D 변환 결과를 가진다. ADMUX 레지스터의 ADLAR 비트값에 따라 우측 정렬과 좌측 정렬값을 가질 수 있다.

■ ADLAR = 0

아래와 같이 우측 정렬된 형태로 A/D 변환 결과를 가진다. 0일 때가 초깃값이다. ADCH와 ADCL을 붙여서 16비트로 사용하면, AVR GNU 컴파일러의 16비트 정수형 변수에 대입하여 사용할 수 있다.

	비트	15	14	13	12	11	10	9	8
ADCH	비트명	0	0	0	0	0	0	ADC9	ADC8
ADCL	비트명	ADC7	ADC6	ADC5	ADC4	ADC3	ADC2	ADC1	ADC0
		7	6	5	4	3	2	1	0

■ ADLAR = 1

아래와 같이 좌측 정렬된 형태로 A/D 변환 결과를 가진다.

	비트	15	14	13	12	11	10	9	8
ADCH	비트명	ADC9	ADC8	ADC7	ADC6	ADC5	ADC4	ADC3	ADC2
ADCL	비트명	ADC1	ADC0	0	0	0	0	0	0
		7	6	5	4	3	2	1	0

10.6.4 ADC 인터럽트

ADCSRA 레지스터의 ADIE 비트를 1로 셋하면, ADC 인터럽트가 활성화된다. 전역 인터럽트(SREG의 I 비트)가 활성화되어 있으면, A/D 변환이 시작되고, A/D 변환이 완료되면, ADC 인터럽트 플래그 ACIF가 1로 셋된다. 인터럽트 서비스 루틴 ISR(ADC_vect)이 실행되면 ACIF 플래그는 0으로 클리어된다. 인터럽트 서비스 루틴이 실행되기 전에 ACIF 플래그에 1을 기록하면, ACIF 플래그는 클리어되고, 인터럽트 서비스 루틴은 실행되지 않는다.

ADC 인터럽트 사용을 위한 초기화

인터럽트가 발생된 ADC를 사용하기 위해 프로그램을 작성하는 절차는 아래와 같다. 이 절차는 상징적인 순서를 나타낸 것이며, 순서가 바뀌어도 무방하다. 단, SREG의 I 비트 활성화 명령은 다른 초기화 과정이 모두 끝난 마지막에 실행해야 한다.

❶ V_{REF} 신호 결정

V_{REF} 신호를 외부핀, AVCC, 내부 기준 전압 2.56[V] 중 하나를 선택하기 위해, [표 10-11]의 ADMUX 레지스터에 있는 REF1~REF0 비트를 설정한다.

❷ A/D 변환기 활성화

ADCSRA 레지스터의 ADEN 비트를 1로 설정하여 A/D 변환 회로를 활성화시킨다.

❸ 알맞은 ADC 클록 선택

CPU 클록을 분주하여 50~200[kHz]를 만족하는 ADC 클록 신호를 만든다. [표

10-10] ADCSRA 레지스터의 ADPS2~ADPS0 비트를 이용한다.

❹ 단일 모드 또는 연속 모드 A/D 변환 선택

단일 모드 A/D 변환(ADFR=0)에서는 A/D 변환이 완료되면, ADSC 비트도 자동으로 클리어되고, A/D 변환은 계속되지 않는다. 연속 모드 A/D 변환(ADFR=1)에서는 A/D 변환이 완료되더라도, ADSC 비트는 1로 유지되고, 새로운 A/D 변환이 연속적으로 수행된다.

❺ A/D 변환을 위한 아날로그 신호 선택

[표 10-12]처럼 ADMUX 레지스터를 이용하여, A/D 변환을 위한 아날로그 신호가 연결된 채널을 선택한다.

❻ ADC 인터럽트 활성화 및 전역 인터럽트 활성화 비트 설정

ADCSRA 레지스터의 ADIE 비트를 1로 설정하여, ADC 인터럽트를 활성화시킨다. AVR GCC에서 sei( ); 명령을 이용하면, SREG 레지스터의 I 비트를 1로 설정하게 되므로, 전역 인터럽트를 활성화시킨다.

❼ ADC 인터럽트 서비스 루틴 작성

ADC 인터럽트가 발생하면, 수행해야 할 명령을 ADC 인터럽트 서비스 루틴 ISR (ADC_vect){ }에 작성하여 넣는다. 인터럽트 서비스 루틴에서 사용하는 모든 변수는 volatile 지시어로 선언한 후 사용한다. 통합 개발 환경의 GNU C에서 ADLAR=0일 때, 예약어 ADC는 ADCH와 ADCL을 결합한 16비트 정수형 상수처럼 사용할 수 있다.

❽ A/D 변환 시작 명령

ADCSRA 레지스터의 ADSC 비트를 1로 설정하면, A/D 변환이 시작된다. 최초 A/D 변환이 실행될 때는, 25개의 ADC 클록 사이클이 소요되고, 그렇지 않은 경우에는 13.5개의 ADC 클록 사이클이 소요된다.

ADC 인터럽트 사용 시 주의 사항

연속 모드 A/D 변환(ADFR=1)인 경우, 13개의 ADC 클록 사이클마다 인터럽트가 발생되므로 ADC 인터럽트 서비스 루틴의 수행 시간을 최대한 짧게 만드는 것이 바람직하다. 그렇지 않으면 ADC 인터럽트 서비스 루틴이 끝나자마자 또다시 ADC 인터럽트 서비스 루틴이 실행되는 현상이 반복된다. CPU가 주 프로그램을 수행할 수 있는 시간이 현격하게 줄어들어 프로그램이 정상으로 동작할 수 없게 된다. 타이머/카운터 인터럽트에서도 발생 빈도가 높아지면, 타이머/카운터 인터럽트 서비스 루틴이 자주 실행되므로 주의를 요한다.

이 문제를 완화하기 위해서는 적절한 인터럽트 발생 빈도를 유지하는 것과 요청/응답 인터페

이스를 사용하는 것이 바람직하다. 주 프로그램에서 장치와 연동된 인터럽트에 기본적인 작업과 결과 회신을 변수로 요청하고, 인터럽트 서비스 루틴에서는 결과에 따른 상태 변화를 변수로 응답한다. 인터럽트 서비스 루틴의 부하가 경감되고 주 프로그램에서 응답에 대한 프로그램을 실행할 수 있는 시간을 갖게 되어 주 프로그램에서 알고리즘 수행이 정지되는 것을 완화할 수 있다. 자세한 내용은 6.5절의 주 프로그램과 인터럽트 서비스 루틴의 요청/응답 인터페이스를 참고하기 바란다.

10.7 A/D 변환과 PWM을 이용한 고휘도 LED 밝기 제어

A 실험 목적

(1) ADC 인터럽트를 이용한 연속 모드 A/D 변환 사용 방법을 익힌다.

(2) 타이머/카운터1의 위상정정 PWM의 펄스 폭을 A/D 변환으로 제어한다.

(3) 고휘도 LED 2개를 병렬로 연결한 최대 60[mA] 전류 흐름을, 트랜지스터로 스위칭한다.

B 실험 부품 및 장치

부품명	규격	수량	비고
핵심(기본) 부품		1개	3장 [표 3-17] 참조
고휘도 LED	HW321A 또는 호환	2개	
가변저항	50[kΩ]	2개	
저항	30[Ω] 470[Ω]	1개 1개	

C 실험 절차

(1) [그림 10-21]과 같이 A/D 변환과 위상정정 PWM 제어로, 고휘도 LED 2개를 병렬연결하여, 흐르는 전류를 스위칭하기 위한 회로를 구성한다.

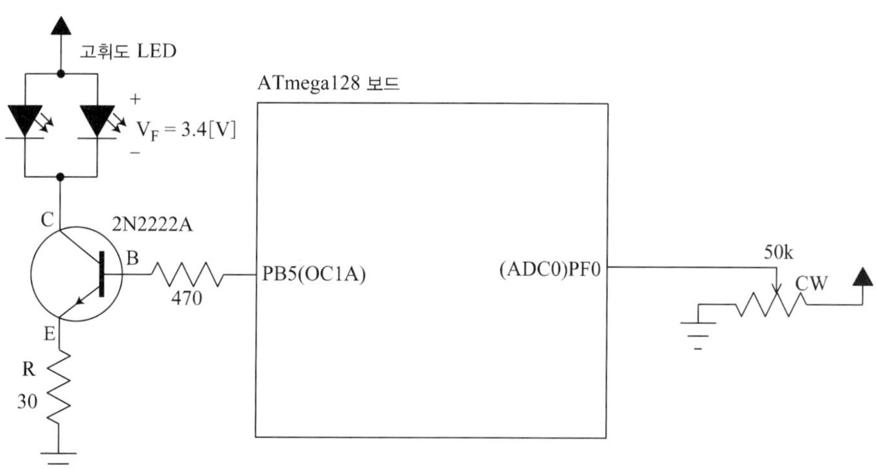

[그림 10-21] A/D 변환과 위상정정 PWM을 이용한 고휘도 LED 밝기 제어 회로

(2) 고휘도 LED 밝기 제어를 위한 [프로그램 10-2]를 완성한다.

[프로그램 10-2] A/D 변환으로 고휘도 LED 밝기 제어를 위한 프로그램

```
1   #include    <avr/io.h>
2   #include    <avr/interrupt.h>
3
4   #define OC1A    PB5                   // PB5(OC1A) 핀을 OC1A로 레이블링
5
6   ISR(ADC_vect)
7   {   OCR1A = ADC>>2; }                 // 8비트 위상정정 PWM 모드를 위해 ADC를 8비트로 변환
8
9   int main(void)
10  {
11      DDRB |= 1<<OC1A;                  // OC1A 출력 핀으로 설정
12
13      TCCR1A |= 1<<WGM10;               // 타이머/카운터1 위상정정 PWM 파형 발생모드
14      TCCR1A |= 1<<COM1A1;              // 타이머/카운터1 OCR1A와 하강일치 PWM 펄스 출력
15      TCCR1B |= 1<<CS11 | 1<<CS10;      // 타이머/카운터1 프리스케일러 분주비 = 64
16
17      // ADC 활성화, ADC 인터럽트 활성화, 연속 모드, 프리스케일러 분주비=64
18      ADCSRA |= 1<<ADEN | 1<<ADFR | 1<<ADIE | 6;
19      sei();
20
21      ADCSRA |= 1<<ADSC;                // A/D 변환 시작
22      while(1);
23
24      return 0;
25  }
```

D 실험 결과 및 고찰

(1) 13번 라인에서 타이머/카운터1를 8비트 위상정정 PWM 모드로 사용하기 위해 WGM13:10=(0,0,0,1)로 설정한다.

(2) 14번 라인에서 OC1A(PB5) 핀의 비교일치 출력을 COM1A1:A0=(1,0)로 설정한다. TCNT1가 상승할 때 OCR1A와 일치하면 HIGH → LOW로 변하고, 하강할 때 일치하면 LOW → HIGH로 변한다.

(3) 15번 라인에서 프리스케일러를 64로 설정한다. CPU 클록이 8[MHz]이면, 타이머/카운터1이 1씩 계수하는데 $\frac{64}{8} = 8$[usec]가 소요된다. 8비트 위상정정 PWM 모드에서 1주기는 $2 \times$ TOP $\times$ 8[usec] $= 2 \times 255 \times 8$[usec] $= 4.08$[msec]가 소요된다.

(4) 18번 라인에서 A/D 변환기 활성화, 인터럽트 활성화, 연속 A/D 변환 모드로 설정한다. A/D 변환용 클록은 64 프리스케일된 클록으로, 125[kHz] 주파수를 공급하게 한다. 21

번 핀에서 A/D 변환 시작을 명령한다.

(5) 타이머/카운터1의 8비트 위상정정 PWM 모드에서, OC1A 비교출력 핀을 사용하므로, 8비트 OCR1A 레지스터를 조정해야 한다. 7번 라인에서 A/D 변환이 완료될 때마다 10비트 ADC 데이터 레지스터의 하위 2비트를 버리고, 상위 8비트를 OCR1A 레지스터에 대입한다.

(6) 실험에 사용되는 LED의 순방향 전압강하가 3.4[V] 정도이므로(4장 [그림 4-20] 참조), 저항 R을 30[Ω]으로 사용하여 고휘도 LED당 최대 30[mA]가 흐르게, 2개 LED 60[mA]를 스위칭할 수 있게 한다.

(7) [그림 10-22]는 가변저항의 조절 위치에 따라 고휘도 LED에 흐르는 평균 전류를 나타낸다. [그림 10-22(a)]는 가변저항을 최대인 5[V] 위치에 두어(원 안의 확대 그림 참조) 최대 ADC값일 때, 59.56[mA] 전류가 관찰된다.

(8) [그림 10-22(b)]는 가변저항을 중간 위치에 두어 중간 ADC값일 때, 30.83[mA] 전류가 관찰된다. 7번 라인에서 A/D 변환값인 ADC 레지스터는 약 0x200이 읽히고, 두 비트 우로 천이한 값 0x80을 OCR1A 레지스터에 할당하므로, 50% 듀티비를 갖는 PWM 신호가 OC1A 핀으로 출력된다.

(a) 최대 ADC값, 평균 전류 59.56[mA]

(b) 중간 ADC값, 평균 전류 30.83[mA]

[그림 10-22] 가변저항 조절에 의한 A/D 변환과 고휘도 LED에 흐르는 평균 전류

(9) 왜 약 30[Ω]일 때, LED당 최대 30[mA]가 흐를 수 있는지 토론해 보자.

(10) 30[Ω] 저항에서 소비되는 전력은 LED에서 소비되는 전력의 몇 %에 달하는지 계산한 후 토론해 보자.

(11) 저항에서 소비되는 전력을 최소화하는 방법을 토론해 보고, 프로그램을 수정하여 구현해 보자.

10.8 A/D 변환과 LCD 인터페이스

A 실험 목적

(1) ADC 인터럽트를 이용한 인터페이스 방법을 익힌다.
(2) 외부핀 인터럽트와 연동하는 인터페이스 방법을 익힌다.
(3) 단일 모드 A/D 변환과 연속 모드 A/D 변환을 수행한다.
(4) 상태도에 기반한 ASM 차트를 이용하여 프로그램을 작성한다.
(5) A/D 변환 결과를 LCD에 디스플레이하는 능력을 키운다.

B 실험 부품 및 장치

부품명	규격	수량	비고
핵심(기본) 부품		1개	3장 [표 3-17] 참조
LCD	2x16 라인	1 개	
스위치	푸시버튼 토글	1 개 1 개	
가변저항	50[kΩ]	2 개	

C 실험 절차

(1) 아래와 같이 LCD, 모드 스위치(MODE_SW), GO 스위치(GO_SW), A/D 변환을 위한 아날로그 신호 전압을 가변저항으로 구성한 [그림 10-23] 회로를 완성한다.

(2) 회로는 다음과 같이 동작한다.

- 가변저항을 0~5[V] 사이로 전압을 변동시키고, 단일 모드 A/D 변환으로 측정한 0~1023까지의 A/D 변환 결과를 LCD에 디스플레이한다.
- 모드 스위치(MODE_SW)를 5[V] 쪽으로 이동하면 연속 모드 A/D 변환을 수행하고, 0[V] 쪽으로 이동하면 단일 모드 A/D 변환을 수행한다.
- 단일 모드 A/D 변환의 경우, GO_SW를 누를 때마다 A/D 변환을 수행한다.
- 연속 모드 A/D 변환으로 MODE_SW가 이동하면, 곧바로 A/D 변환을 연속적으로 수행한다.

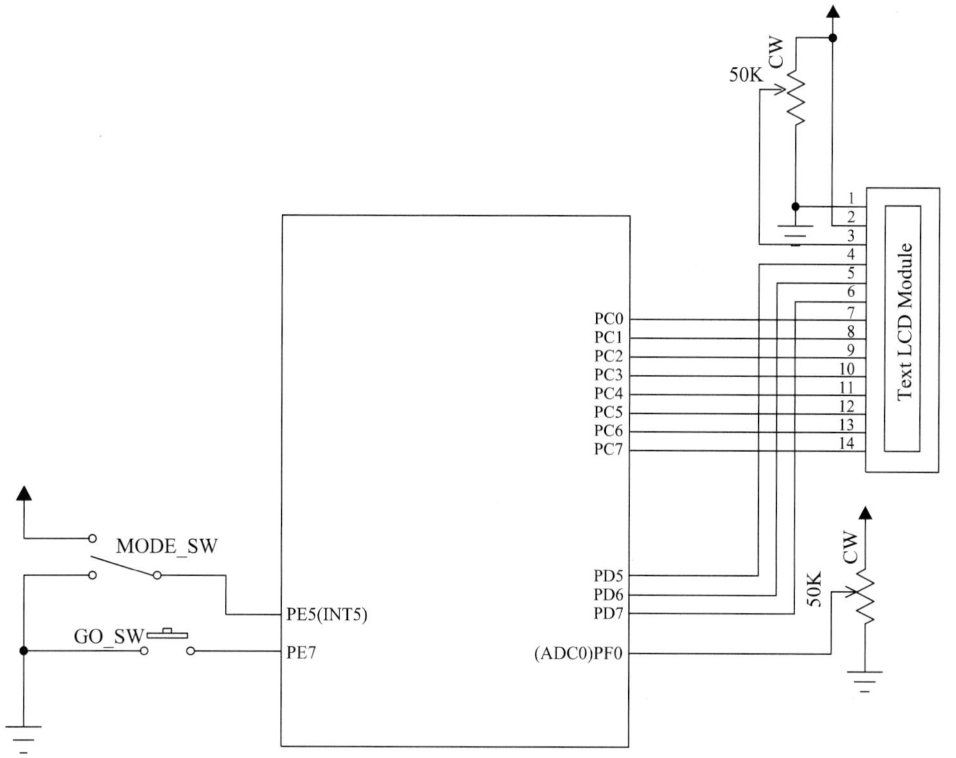

[그림 10-23] 단일/연속 모드 A/D 변환을 위한 회로

(3) 외부핀 인터럽트를 사용하여, 연속 모드 동작을 시작하게 한다.
단일 모드 A/D 변환은 모드 스위치를 연속 모드로 바꾸면, 외부핀 인터럽트를 발생하게 하여 연속 모드 A/D 변환을 시작하게 한다.

(4) 실험 동작을 위한 개략적인 상태도를 나타내면 다음과 같다.

- [그림 10-17]은 프로그램 작성을 위한 개략적인 상태도를 나타낸다.
- MODE_CONFIRM 상태에서는 모드에 따라 ADFR 모드 비트를 갱신하고, 연속 모드의 경우 A/D 변환 완료 요청 변수 adc_rq를 1로 한 후, A/D 변환 시작 비트인 ADSC 비트를 1로 셋하여 A/D 변환을 시작한다.
- ADC_START 상태에서는 SINGLE_MODE인 경우, GO_SW가 눌리는 순간 adc_rq를 1로 하여 A/D 변환 완료를 요청하고, ADSC 비트를 1로 셋하여 A/D 변환을 시작한다. 외부핀 인터럽트에 의해 모드가 연속 모드로 바뀐 경우, MODE_CONFIRM 상태로 다시 돌아간다.
- ADC_DONE 상태에서는 A/D 변환이 ADC 인터럽트 서비스 루틴에서 adc_rq 변수에 0을 기록하여 A/D 변환이 완료되었음을 알린다. A/D 변환값 ADC를 LCD에 디스플레이한다. MODE_CONFIRM 상태에서 동작을 반복한다.

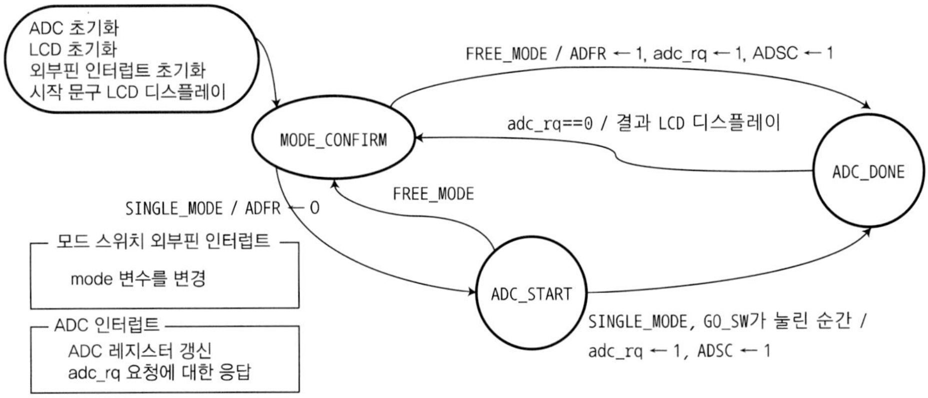

[그림 10-24] 실험 동작을 위한 개략적인 상태도

(5) [그림 10-24]의 상태도를 구체화한 [그림 10-25]의 ASM 차트로 변환한다.

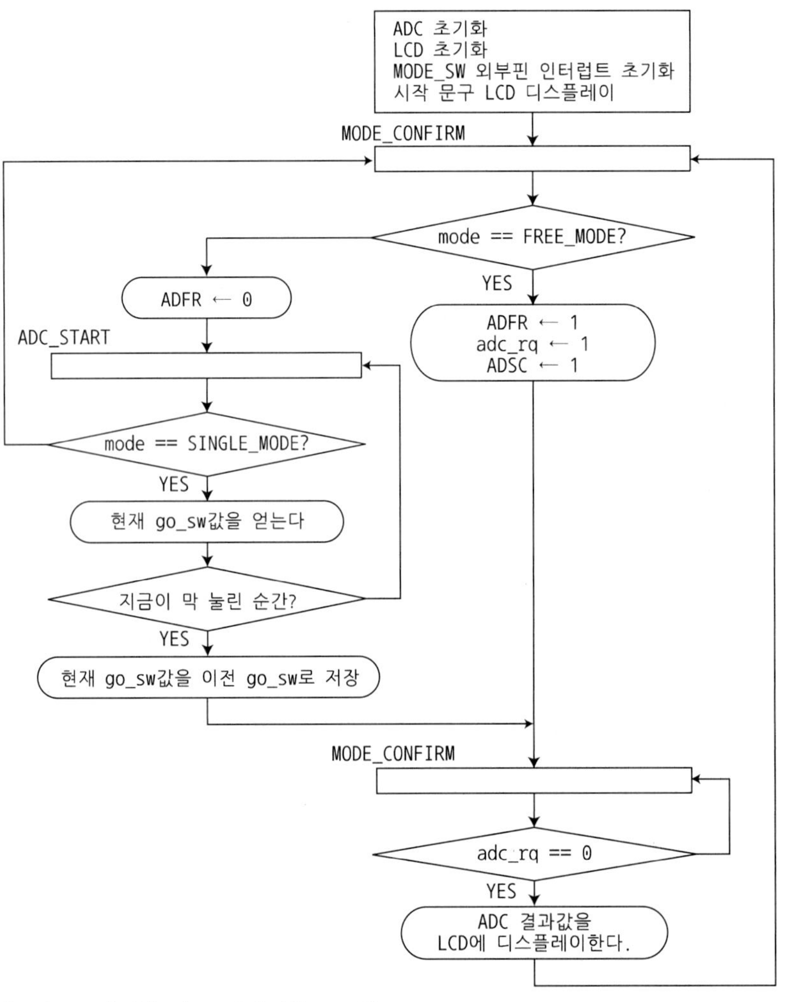

[그림 10-25] 상태도 [10-24]에 대한 ASM 차트

(6) [그림 10-25]의 ASM 차트를 [프로그램 10-3]과 같이 작성한다. LCD에 관련된 프로그램 lcd.c와 헤더 파일 lcd.h는 부록으로 제공된 프로그램을 사용한다.

[프로그램 10-3] [그림 10-25] ASM 차트를 기준으로 작성한 프로그램

```
#include    <avr/io.h>
#include    <avr/interrupt.h>
#include    <stdio.h>
#include    "lcd.h"

#define MAX_LCD_STRING 0x40

#define GO_SW       PE7      // ADC 시작 명령 스위치
#define MODE_SW     PE5      // 단일/연속 모드 선택 스위치, 1:연속 모드 0:단일 모드

#define SINGLE_MODE     0
#define FREE_MODE       1

#define PRESSED         0
#define RELEASED        1

volatile int  adc_rq=0, adc_result=0;
volatile unsigned  int  mode = SINGLE_MODE;

ISR(ADC_vect)
{   adc_result = ADC;
    adc_rq = 0;
}

ISR(INT5_vect)
{   mode = (PINE & 1<<MODE_SW) ? FREE_MODE : SINGLE_MODE;       }

void ADC_init(void)
{
    // ADC 활성화, ADC 인터럽트 활성화, 프리스케일러 CPU 분주비=64
    ADCSRA |= 1<<ADEN | 1<<ADIE | 6;

    // 외부핀 AREF 사용, ADC 채널 (0,0,0,0,0): 단일 신호 ADC0 핀
}

// row, col 위치에서 문자열 str을 LCD에 출력한다.
void   LCD_str_write(unsigned int row, unsigned int col, char *str)
{
    int i;

    set_cursor(row, col);
    for(i=0; (i+col < MAX_LCD_STRING) && (str[i] != '\0'); i++)
        LCD_data_write(str[i]);
}
```

```
enum {MODE_CONFIRM, ADC_START, ADC_DONE} state=MODE_CONFIRM;

/////////////////////////////////////////////////////////////
int main(void)
{
    unsigned   int prev_go_sw = 1, now_go_sw = 1;
    char lcd_string[2][MAX_LCD_STRING];

    ADC_init();
    LCD_init();

    EIMSK |= 1<<MODE_SW;              // MODE_SW 외부핀 인터럽트 활성화
    EICRB |= 1<<ISC50;                // (0, 1) 비트값이 토글될 때마다 인터럽트
    DDRE &= ~(1<<GO_SW | 1<<MODE_SW); // GO_SW, MODE 핀을 입력 핀으로 설정
    PORTE |= 1<<GO_SW | 1<<MODE_SW;   // GO_SW, MODE 핀에 내부 풀업저항 연결

    sprintf(lcd_string[0], " << ADC TEST >>");
    sprintf(lcd_string[1], "ADC result= ");

    LCD_str_write(0, 0, lcd_string[0]);
    LCD_str_write(1, 0, lcd_string[1]);

    sei();      // start global interrupt
    mode = (PINE & 1<<MODE_SW) ? FREE_MODE : SINGLE_MODE; //시작 전 mode 확인

    while(1){
        switch( state ){
        case MODE_CONFIRM:
            if( mode == FREE_MODE ){
                ADCSRA |= 1<<ADFR;   // 연속 모드 설정 후
                adc_rq = 1;
                ADCSRA |= 1<<ADSC;   // A/D 변환 곧바로 시작
                state = ADC_DONE;
            }else{
                ADCSRA &= ~(1<<ADFR);// 단일 모드 설정 후
                state = ADC_START;
            }
            break;

        case ADC_START:
            if( mode == SINGLE_MODE ){
                now_go_sw = (PINE & 1<<GO_SW) ? RELEASED : PRESSED;
                // 스위치가 눌린 순간 감지
                if( prev_go_sw==RELEASED && now_go_sw==PRESSED){
                    adc_rq = 1;
                    ADCSRA |= 1<<ADSC;        // A/D 변환 시작
                    state = ADC_DONE;
                }
                prev_go_sw = now_go_sw;
            }else{
```

```
                state = MODE_CONFIRM;
            }
            break;

        case ADC_DONE:
            while(adc_rq);          // ADC가 종료되기를 기다림

            sprintf(lcd_string[1], "%-4d", ADC);
            LCD_str_write(1, 12, lcd_string[1]);
            state = MODE_CONFIRM;
            break;
        }
    }
    return 0;
}
```

D 실험 결과 및 고찰

(1) GO_SW와 MODE_SW가 PE7, PE5 핀을 프로그램으로 쉽게 사용할 수 있도록 #define으로 재정의하는 방법을 익힌다.

```
#define GO_SW      PE7  // ADC 시작 명령 스위치
#define MODE_SW    PE5  // 단일/연속 모드 선택 스위치, 1:연속 모드 0:단일 모드
```

(2) 인터럽트 서비스 루틴과 main( ) 함수에서 같이 사용되는 변수는 volatile 지시어로 선언한다.

```
volatile int    adc_rq=0, adc_result=0;
volatile unsigned  int mode = SINGLE_MODE;
```

(3) ADC 인터럽트 서비스 루틴의 실행 시간을 간단히 하여 소요 시간을 최소화한다. 정수형 변수 adc_result에 A/D 변환 결과값에 해당하는 상수 ADC를 복사한다. 1로 기록된 adc_rq 요청 변수에 0을 적어, 요청/응답 인터페이스를 수행한다.

```
ISR(ADC_vect)
{   adc_result = ADC;
    adc_rq = 0;
}
```

(4) 모드 스위치가 변경되었을 때, 인터럽트 서비스 함수에서 mode를 변경시키는 방법을 익힌다. (PINE & 1<<MODE_SW) 명령은 MODE_SW 핀의 값이 1이면, 참을 만든다.

```
25  ISR(INT5_vect)
26  {   mode = (PINE & 1<<MODE_SW) ? FREE_MODE : SINGLE_MODE;       }
```

(5) ADC_init( ) 함수에서 ADEN 비트를 1로 만들어, ADC 회로를 활성화한다. ADIE 비트를 1로 만들어, ADC 인터럽트를 활성화한다. ADPS2~ADPS0에 해당되는 프리스케일러 비트를 6으로 만들어, CPU 클록을 64 분주시킨다.

CPU 클록이 8[MHz]일 때, 125[KHz]의 ADC 클록 주파수를 얻는다. 안정적인 동작 범위인 50~200[KHz]를 만족한다.

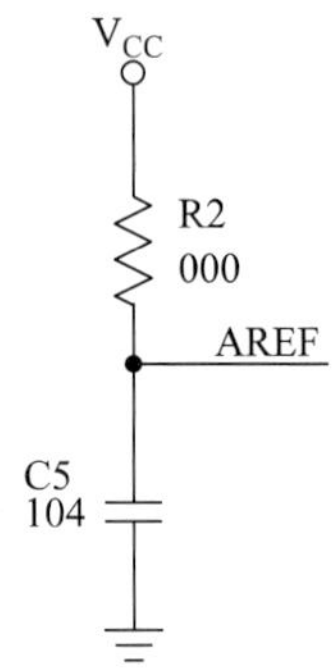

$$\text{ADC 클록 주파수} = \frac{8[\text{MHz}]}{64} = 125[\text{KHz}]$$

AREF 핀에는 오른쪽 그림과 같이 V_{CC} 전압이 연결되어 있으므로, 기준 전압 V_{REF}를 외부핀으로 선택한다. [표 10-11]에서 ADMUX 레지스터의 REFS1~REFS0 비트를 (0, 0)으로 해야 하지만, 초깃값이 0이므로 별도의 설정을 하지 않아도 된다.

PF0(ADC0) 핀을 A/D 변환용 신호 핀으로 사용하고 있으므로, [표 10-12]에 따라 ADMUX 레지스터의 MUX4~MUX0 핀을 모두 0으로 해야 하지만, 초깃값과 동일하므로 별도의 설정을 하지 않아도 된다.

```
28  void ADC_init(void)
29  {
30      // ADC 활성화, ADC 인터럽트 활성화, 프리스케일러 CPU 분주비=64
31      ADCSRA |= 1<<ADEN | 1<<ADIE | 6;
32
33      // 외부핀 AREF 사용, ADC 채널 (0,0,0,0,0): 단일 신호 ADC0 핀
34  }
```

(6) 71번 라인에서 108번 라인까지는 [그림 10-25]의 ASM 차트를 switch( )~case 문으로 변환한 것이다. 지금 막 눌린 순간을 감지하기 위해, 2개의 변수 now_go_sw와 이전 GO_SW 정보를 갖고 있는 prev_go_sw 변수를 이용하고 있다. prev_go_sw가 떨어진 상황(RELEASED)이고, now_go_sw가 눌린 상황(PRESSED)이면, 스위치가 눌린 순간이 감지된 것이다.

현재의 now_go_sw값을 다음 반복에서 prev_go_sw로 사용하기 위해 94번 라인이 필요하다.

```
        now_go_sw = (PINE & 1<<GO_SW) ? RELEASED : PRESSED;
        // 스위치가 눌린 순간 감지
        if( prev_go_sw==RELEASED && now_go_sw==PRESSED){
            adc_rq = 1;
            ADCSRA |= 1<<ADSC;    // A/D 변환 시작
            state = ADC_DONE;
        }
        prev_go_sw = now_go_sw;
```

(7) [그림 10-26(a)]는 연속 모드의 A/D 변환에서 가변저항을 0[V] 위치에 놓았을 때, 변환된 A/D 결과값 0을 보이고 있다. [그림 10-26(b)]는 가변저항을 중간 위치에 놓았을 때, 변환된 A/D 결과값 489를 보이고 있다. [그림 10-26(c)]는 가변저항을 V_{CC} 위치에 놓았을 때, 변환된 A/D 결과값 1023을 보이고 있다. [그림 10-26(d)]는 단일 모드에서 GO 스위치를 누른 순간, 변환된 A/D 결과값을 보이고 있다.

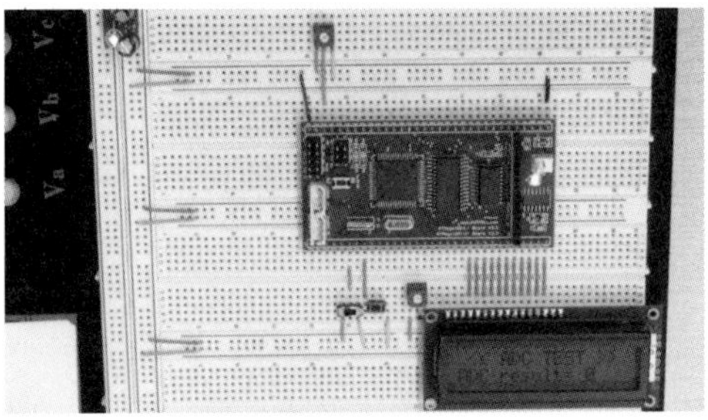

(a) 0[V] 위치 변환값 0

(b) 가변저항 중간 위치 변환값 489

(c) V_{CC} 위치 변환값 1023

(d) 단일 모드 GO 스위치 동작

[그림 10-26] 연속 모드와 단일 모드에서의 A/D 변환 결과

Section

10.9 차동 신호 A/D 변환과 광센서를 이용한 거리 측정

A 실험 목적

(1) 10.8절의 실험은 단일 신호에 대한 A/D 변환을 하였지만 이 실험은 차동 신호에 대한 A/D 변환을 실시한다.

(2) 포토다이오드와 포토트랜지스터로 반사하는 흰색 면과의 거리를 측정한다.

B 실험 부품 및 장치

부품명	규격	수량	비고
핵심(기본) 부품		1개	3장 [표 3-17] 참조
LCD	2x16 라인	1개	
스위치	푸시버튼 토글	1개 1개	
가변저항	50[kΩ]	2개	
적외선 반사 감지 모듈	적외선 포토다이오드와 포토트랜지스터로 구성	1개	[그림 10-7] 참조

C 실험 절차

(1) [그림 10-27]과 같이 LCD, 모드 스위치(MODE_SW), GO 스위치(GO_SW)와 증폭기 V+에 연결되는 신호를 위해 가변저항을 ADC0(PF0)에 연결하고, V-에 연결되는 신호는 [그림 10-8]의 적외선 반사 감지 모듈에서 출력되는 [그림 10-6(b)]의 VO 신호로 ADC1(PF1)에 연결한다.

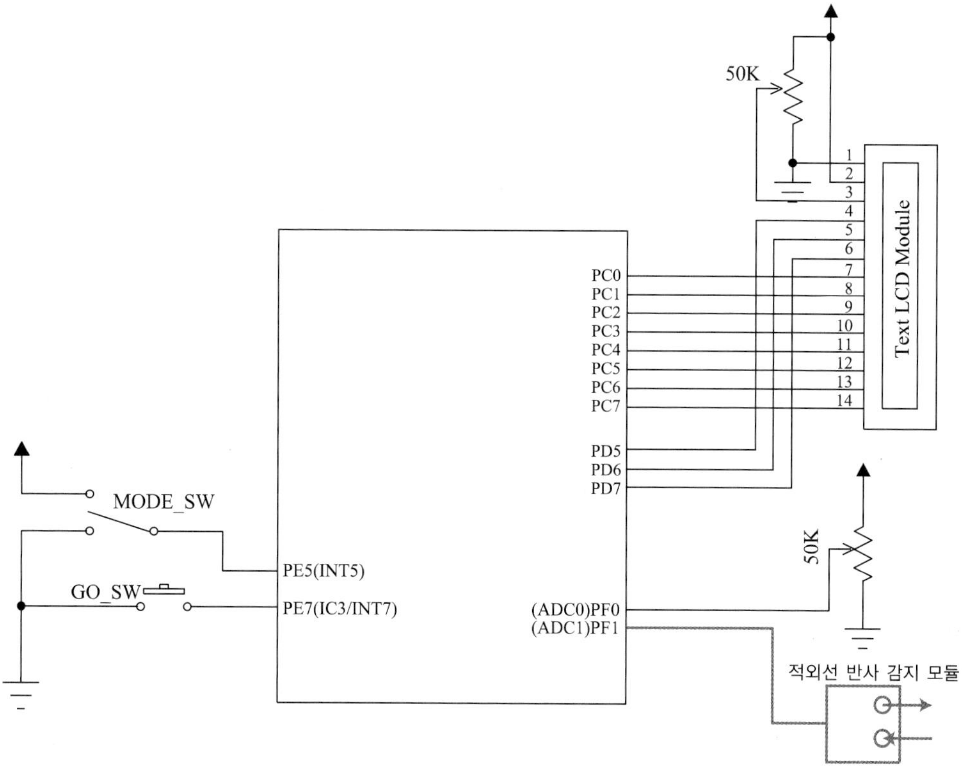

[그림 10-27] 단일/연속 모드 A/D 변환을 위한 회로

(2) 차동 신호를 이용한 A/D 변환을 위해, [프로그램 10-3] ADC_init( ) 함수를 아래와 같이 수정한다.

```
void ADC_init(void)
{
    // ADC 활성화, ADC 인터럽트 활성화, 프리스케일러 CPU 분주비=64
    ADCSRA |= 1<<ADEN | 1<<ADIE | 6;

    // 외부핀 AREF 사용, ADC 채널 (1,0,0,0,0): 차동 신호 ADC0(+), ADC1(-) 핀
    ADMUX = 0b00010000;     // + : ADC0, - : ADC1 x1
}
```

(3) 차동 신호에 대한 A/D 변환은 10비트 2의 보수 수 체계를 사용하므로, 10번째 비트를 검사하여 1이면 음수, 0이면 양수로 변환하는 식으로 ISR(ADC_vect)를 아래와 같이 수정한다.

```
ISR(ADC_vect)
{   adc_result = -1 * ((ADC & 1<<9) ? 0b1111110000000000 | ADC : ADC);
    adc_rq = 0;
}
```

(4) 30[cm] 거리에 대한 적외선 반사 감지 모듈의 전압 VO를 측정한다.

(5) 가변저항으로 V+에 인가되는 차동 신호 전압을, 측정된 VO 전압과 동일하게 조절한다.

D 실험 결과 및 고찰

(1) 30[cm] 거리에 해당되는 전압의 A/D 변환값을 0으로 설정한 효과를 갖는다.

(2) 가까운 부분은 조밀하게, 먼 부분은 덜 조밀하게 A/D 변환 결과를 측정한다.

거리														
A/D 변환 결과														

(3) 측정된 값을 그래프로 변환하여 그려보자.

(4) 거리와 A/D 변환 결과와의 관계를 토론해 보자.

(5) 실험 상황마다 결과가 조금씩 다르게 관찰되는 이유에 대해 토론해 보자.

(6) 적외선 포토다이오드에 의해서만 거리의 전압 변화를 측정하려면, 어떻게 실험 환경을 갖추는 것이 바람직한지 토론하라.

(7) [그림 10-28]은 20[cm] 거리에서, ADC0(PF0)와 ADC1(PF1)의 차동 신호 A/D 변환값이 0이 되도록, ADC0(PF0) 핀의 전압을 가변저항으로 조절한 후 측정한 결과다. [그림 10-28(a)]는 5[cm] 거리에서 A/D 변환값 68을 보이고 있으며, [그림 10-28(b)]는 10[cm] 거리에서 20을 보이고 있다.

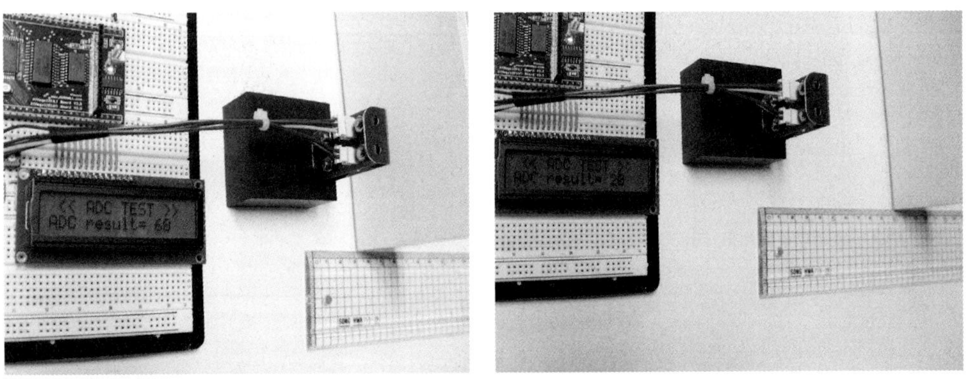

(a) 5[cm] 거리, A/D 변환값 68　　(b) 10[cm] 거리, A/D 변환값 20

[그림 10-28] 20[cm] 거리에서 A/D 변환값을 0으로 설정한 후, 측정한 차동 신호 A/D 변환 결과

Chapter_10 연습문제

10.1 ATmega128에서 아래 세 가지 유형의 핀에서 아날로그 신호를 디지털로 변환할 때 특징을 설명하라.

디지털 입력 핀, 아날로그 비교기, A/D 변환기

10.2 아날로그 비교기에서 + 단자에 내부 기준 전압 1.23[V]의 고정 전압이 입력되게 하는 방법을 설명하라.

10.3 아날로그 비교기의 ACD 비트에 의해, 아날로그 비교기 회로에 전원을 차단시킬 수 있다. 이 기능이 있는 이유를 설명하라.

10.4 아날로그 비교기의 인터럽트를 사용하기 위한 절차를 설명하라.

10.5 아날로그 비교기의 인터럽트 발생 시점을 + 단자 전압이 − 단자 전압보다 커지는 순간으로 하려 한다. 어느 레지스터를 어떻게 설정해야 하는가?

10.6 [그림 10−4]의 포토다이오드 특성곡선을 이용하여 30[mcd]의 적외선을 방출하려 한다. [그림 10−12]의 회로에서 R1값을 결정하라.

10.7 [그림 10−12] 회로에서 검정 띠가 있는 부분이, 포토트랜지스터의 베이스 창에 가까이 접근하면, VO 전압은 커지는가, 작아지는가? 그 이유를 설명하라.

10.8 10.3절과 10.4절에서 [그림 10−8]과 같이 포토다이오드와 포토트랜지스터 옆면에 LED Holder로 빛의 통과를 막게 했다. 그 이유를 설명하라.

10.9 A/D 변환을 위한 연속 근사 방식을 설명하라.

10.10 16[MHz]의 CPU 클록을 사용하고 있다. A/D 변환을 성공적으로 수행하려면 ADPS2~ADPS0을 어떻게 설정해야 하는가?

10.11 ADC 기준 전압 V_{REF}를 내부 기준 전압(2.56[V])으로 사용하려 한다. 무엇을 설정해야 하는가?

10.12 MUX4~MUX0값을 01001로 설정하고, ADC1 핀이 2.32[V], ADC0 핀이 2.43[V]라 할 때, A/D 변환 결과는 얼마인지 계산하라.

10.13 [프로그램 10-3]에서 아래 인터럽트 서비스 루틴의 역할을 설명하라.

```
ISR(INT5_vect)
{   mode = (PINE & 1<<MODE_SW) ? FREE_MODE : SINGLE_MODE;        }
```

10.14 [프로그램 10-3]에서 다음 명령의 역할을 설명하라.

```
            sprintf(lcd_string[1], "%-4d", ADC);
            LCD_str_write(1, 12, lcd_string[1]);
```

10.15 [프로그램 10-3]에서 아래 GO_SW가 눌리는 순간을 결정하는 부문이다. 동작을 설명하라.

```
        case ADC_START:
            if( mode == SINGLE_MODE ){
                now_go_sw = (PINE & 1<<GO_SW) ? RELEASED : PRESSED;
                // 스위치가 눌린 순간 감지
                if( prev_go_sw==RELEASED && now_go_sw==PRESSED){
                    ... 생략 ...
                }
                prev_go_sw = now_go_sw;
```

Chapter

11

시리얼 통신

Serial Communication

학습목표

- USART 통신과 SPI 통신 방식을 이해할 수 있다.
- 폴링을 사용한 USART 통신 방법, 인터럽트와 큐를 사용한 개선된 USART 통신 방법을 이해하고, 실험을 통해 확인할 수 있다.
- 마스터/슬레이브가 고정된 SPI 통신과 가변되는 SPI 통신을 이해하고, 실험을 통해 확인할 수 있다.

시리얼 통신은 한 가닥의 선으로 송수신할 데이터를 차례대로 전송하는 방식이다. 병렬 통신보다 통신 선로가 적기 때문에 경제적이며, 단일 칩 마이크로컨트롤러에서 주로 많이 사용하고 있다. 시리얼 통신은 통신에 필요한 선의 수가 적지만, 송신 측과 수신 측 사이에 송수신 약속이 다소 복잡해진다는 단점이 있다.

이 장에서는 주변 장치와 통신하는 방법으로 널리 사용되는 USART 통신과 SPI 통신을 알아본다. 이 두 통신 모두 ATmega128에서 제공한다. 통신 동작은 상대방과 예기치 않은 순간에 이루어지는 경우가 많으므로, 인터럽트를 사용하는 것이 효과적이다. USART 통신에서 인터럽트와 큐(Queue)를 사용하는 통신도 소개한다.

11.1 동기 및 비동기 모드 USART 통신

[그림 11-1]은 ATmega128과 다른 통신 장치가 시리얼 통신을 하기 위한 연결 사례다. USART(Universal Synchronous and Asynchronus Serial Receiver and Transmitter)는 아래 그림과 같이 두 개의 서로 다른 데이터 단말 장치 사이에서 데이터 프레임을 주고받을 수 있다. 송신과 수신을 동시에 수행할 수 있는 전이중 방식(Full-duplex)의 통신을 할 수 있다.

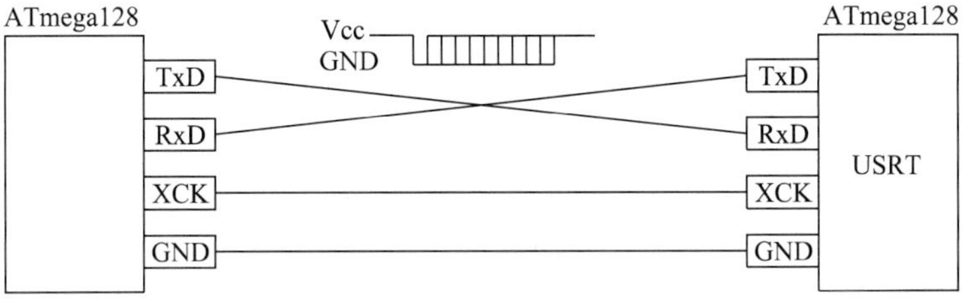

(a) ATmega128 상호 간 동기 모드 시리얼 통신

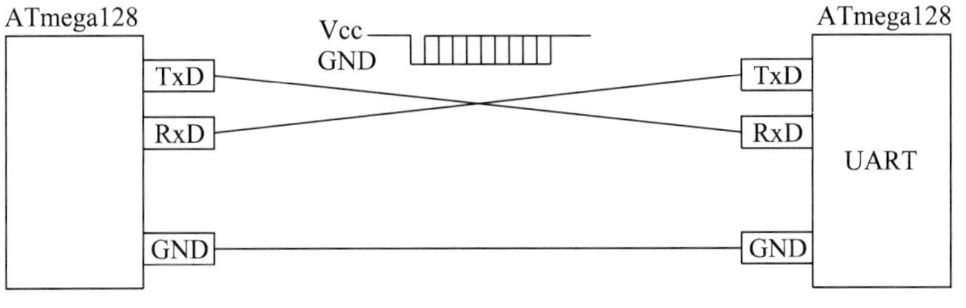

(b) ATmega128 상호 간 비동기 모드 시리얼 통신

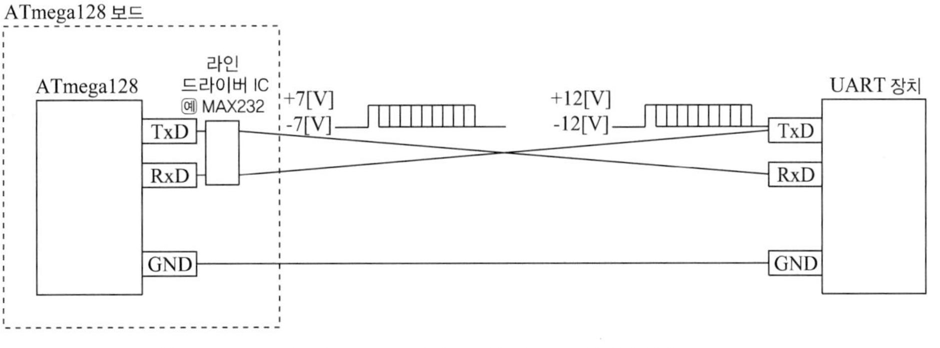

(c) ATmega128과 외부 UART 장치 간 비동기 모드 시리얼 통신

[그림 11-1] ATmega128과 다른 장치의 시리얼 통신 연결 사례

동기 통신 모드와 비동기 통신 모드

[그림 11-1(a)]는 두 개의 ATmega128을 이용하여 범용 동기 모드 시리얼 통신 방식(USRT)으로 데이터를 주고받는 사례다. 동기 통신 모드에서는 동기를 주도하는 클록 신호가 같이 전송된다. Tx 신호를 주관하는 송신 측에서 클록 XCK 신호를 출력시킨다. [그림 11-1(b)]는 범용 비동기 모드 시리얼 통신 방식(UART)으로 데이터를 주고받는 사례를 나타낸 것이다. 이 경우에는 별도의 클록 신호를 사용하지 않는다. 수신 측은 전송이 시작된 시점부터 약속한 전송 속도를 기준으로 비트 구간을 예측하여 수신값을 알아낸다.

ATmega128은 두 가지 모드를 모두 제공하고 있기 때문에 USART라는 용어를 사용하고 있지만, 실제 시리얼 통신을 할 때는 둘 중 하나를 선택해야 한다. Tx 라인은 송신 측에서 신호를 출력시키고, 수신 측은 Rx 라인으로 입력받는다. 신호 전달을 위해 Tx 라인과 Rx 라인이 연결되어야 하므로 케이블 내부에서 두 신호선이 교차되어야 한다.

ATmega128과 외부 시리얼 통신 장치의 비동기 통신

[그림 11-1(c)]는 ATmega128과 외부 UART 장치가 비동기 모드 시리얼 통신 방식(UART)으로 데이터를 주고받는 사례다. 1/0을 Vcc/GND로 사용하는 ATmega128의 USART와 외부 시리얼 장치와 연결할 때는 1969년 제정된 EIA의 RS-232 표준에 호환시켜 통신해야 한다.

ATmega128은 Vcc/GND를 1/0으로 사용하지만, RS-232에서 출력 Tx 신호는 0/1을 +12[V]/-12[V]로 사용하고, 입력 Rx 신호는 +3[V]/-3[V]일 때 0/1로 인식한다. ATmega128에서 사용하는 Tx, Rx 신호와 RS-232 표준에서 사용하는 신호는 반대 극성을 가진다.

이 책의 실험에 사용하는 ATmega128 보드에는 외부 비동기 시리얼 통신 장치를 연결하기 위해 신호 변환 라인 드라이버 IC MAX232를 사용하였으며, 5[V] V_{CC}의 사용 환경에서 Tx 신호는 ATmega128 신호를 입력받아 +7[V]~-7[V]로 변환시킨다.

11.2 USART 통신

11.2.1 USART 통신 개요

ATmega128에서 제공하는 USART 통신의 특징은 다음과 같다.

- ATmega128에는 2개의 USART가 있다.
- 송신과 수신을 동시에 수행하는 전이중 방식(Hull-Duplex)의 통신을 한다.
- 동기 통신 모드와 비동기 통신 모드를 선택할 수 있다.
- 동기 통신 모드에서 마스터 또는 슬레이브 클록을 선택할 수 있다.
- 보오레이트를 프로그래머가 결정할 수 있다.
- 5~9 데이터 비트 중 하나를 선택할 수 있다. 초깃값은 8비트다.
- 짝수, 홀수 패리티, 패리티 없음을 선택할 수 있다.
- 프레임 에러와 오버런(over run) 에러를 검출할 수 있다.
- 잡음 필터링 기능으로 잘못된 시작 비트 감지를 방지할 수 있다.
- 송신 완료 인터럽트, 수신 완료 인터럽트, 전송 데이터 레지스터 비었음 인터럽트를 지원한다.
- 멀티프로세서 통신 모드를 지원한다.
- 2배속 비동기 통신 모드를 지원한다.

USART 데이터 프레임

USART에서는 프레임 단위로 문자 데이터를 전송한다. 한 프레임은 영어 한 문자에 해당되는 크기로서 5~9 비트 중 하나로 선정할 수 있다. 초깃값은 8비트다. 데이터 프레임은 [그림 11-2]와 같이 시작 비트, 데이터 비트, 패리티 비트, 정지 비트 순서로 구성된다.

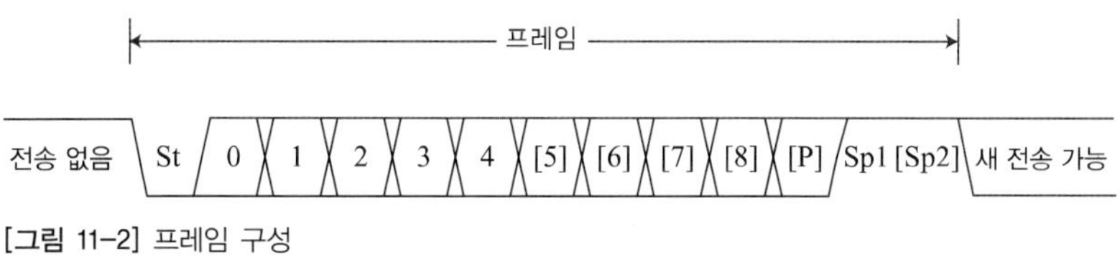

[그림 11-2] 프레임 구성

■ **시작 비트(St)**

데이터 전송이 없을 때는 Tx 신호가 1로 유지되다가 새로운 프레임 시작되면 반드시 0으로 1비트 시간만큼 등장한다.

■ **데이터 비트**

5~9 비트 시간 동안 LSB부터 MSB까지 차례대로 전송된다.

■ **패리티 비트(P)**

데이터 비트와 패리티 비트를 합쳐 1의 개수가 홀수 또는 짝수가 되도록 패리트 비트를 설정하여 전송한다. 전자를 홀수 패리티, 후자를 짝수 패리티라고 한다. 패리티 비트 없음(None)을 설정하면 송수신에 패리티 비트는 사용하지 않는다. 초기의 패리티 비트 설정은 없음(None)으로 되어 있다. 패리티 비트는 전송 중 선로의 잡음에 의해 수신값이 달라지는 전송 오류를 검출하기 위해 사용된다.

■ **정지 비트**

프레임과 프레임 사이를 구분하기 위해 정지 비트 구간을 둔다. 프레임과 프레임 사이의 데이터가 전송되지 않을 때는 1로 유지되어야 한다. 1로 유지되는 시간을 전송 속도에 해당되는 비트 수 간격으로 환산한 것을 '정지 비트'라 한다. 정지 비트는 1 또는 2일 수 있다.

USART 내부 구조

USART 기능을 위한 내부 블록도는 [그림 11-3]과 같다. 블록도는 크게 클록 생성부, 송신부, 수신부로 구분된다.

■ **클록 생성부**

동기 통신 모드의 경우 XCK 핀을 방향을 입력으로 설정하면, 슬레이브가 되고 외부에서 입력되는 XCK 신호로 송수신을 동기시킨다. 출력 방향으로 설정하면, OSC 클록으로 UBRR에 설정된 보오레이트에 의해 생성되는 클록 신호가 XCK 핀을 통해 슬레이브로 출력된다.

비동기 통신 모드일 경우 XCK를 사용하지 않고 UBRR에 설정된 보오레이트에 의해 자체적으로 송신과 수신 비트를 판정하는 데 사용한다.

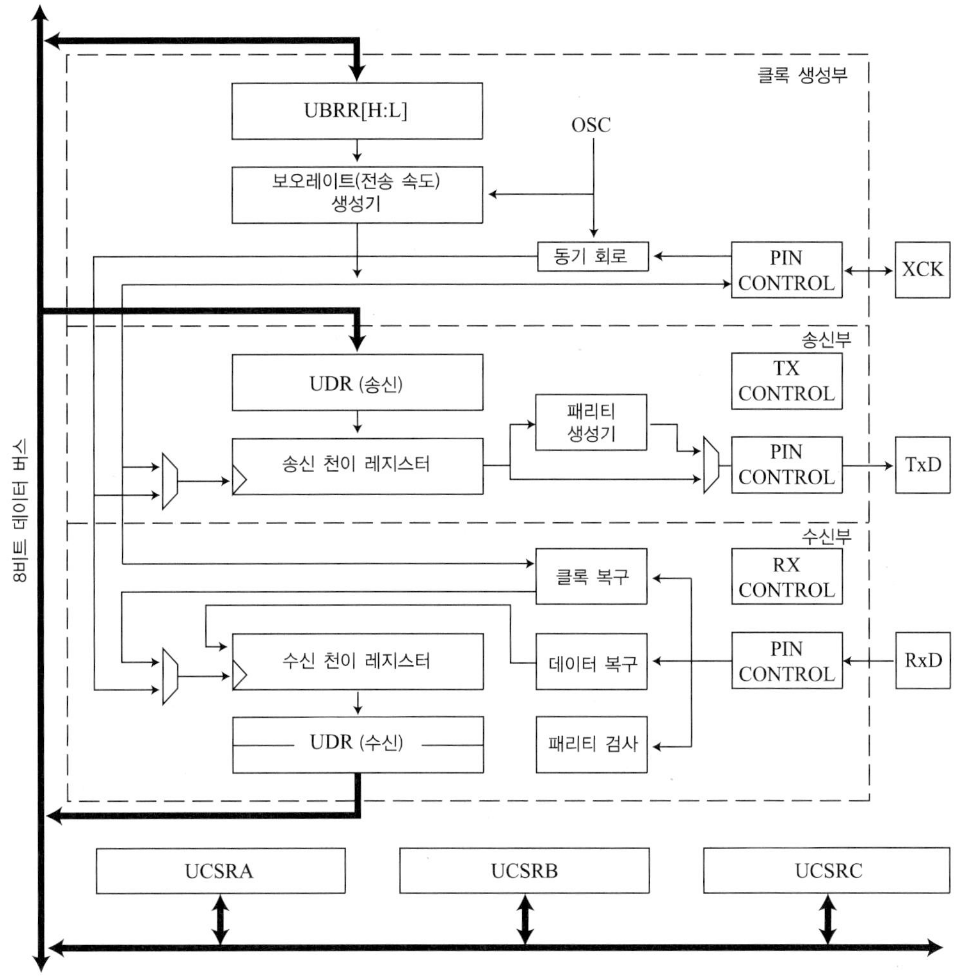

[그림 11-3] USART 내부 블록도

■ 송신부

UDR(송신)에 기록된 데이터는 송신 천이 레지스터에서 시작 비트 이후에 LSB부터 1비트씩 오른쪽으로 천이하면서 데이터 비트를 TxD 핀으로 출력한다. 데이터 비트가 송신된 후 패리티 없음이 아닌 경우 패리티 생성기에서 만든 패리티 비트를 이어 출력한다. 정지 비트가 이어서 출력된다.

■ 수신부

RxD 핀에서 입력되는 시작 비트 신호에 클록을 맞추어 연속되어 들어오는 신호를 데이터로 복구시켜 LSB 비트부터 오른쪽으로 천이하면서 수신 천이 레지스터에 입력시킨다. 데이터 비트에 이은 패리티 비트로 패리티 설정에 따라 패리티를 검사한다. 패리티 비트에 이어 정지 비트가 등장하는지의 여부를 검사한다.

11.2.2 USART 초기화 설정

USART를 사용하기 위해서는 [표 11-1]과 같이 송수신 기능을 활성화하고 사용해야 한다.

[표 11-1] USART 사용을 위한 초기 설정

설정 대상	초기 설정	설정	
		레지스터	비트명
수신 기능 활성화	비활성화	UCSRnB	RXENn
송신 기능 활성화	비활성화	UCSRnB	TXENn

* n은 0 또는 1

USCRnB 레지스터는 USART 기능 활성화 설정을 주로 담당하고 있다. USART 기능 활성화와 관련된 비트의 역할은 [표 11-2]와 같다.

UCSRnB								
비트	7	6	5	4	3	2	1	0
비트명	RXCIEn	TXCIEn	UDRIEn	RXENn	TXENn	UCSZn2	RXB8n	TXB8n
읽기/쓰기	R/W	R/W	R/W	R/W	R/W	R/W	R/W	R/W
초깃값	0	0	0	0	0	0	0	0

[표 11-2] USART 사용 설정과 관련된 비트

비트명	속성	초깃값	비 고
RXCIEn	R/W	0	이 비트를 1로 설정하고 SREG의 I 비트를 활성화하면 UDR 레지스터에 수신된 문자가 있을 때 USCRnA 레지스터의 RXC 플래그가 1이 되고 인터럽트가 발생된다.
TXCIEn	R/W	0	이 비트를 1로 설정하고 SREG의 I 비트를 활성화하면 송신이 완료될 때 USCRnA 레지스터의 TXC 플래그가 1이 되고 인터럽트가 발생된다.
UDRIEn	R/W	0	이 비트를 1로 설정하고 SREG의 I 비트를 활성화하면 송신 UDR 레지스터가 비게 될 때 USCRnA 레지스터의 UDREn 플래그가 1이 되고 인터럽트가 발생된다.
RXENn	R/W	0	이 비트를 1로 설정하면 USARTn 수신 기능을 활성화시킨다. RxDn 핀은 수신핀으로 바뀐다.
TXENn	R/W	0	이 비트를 1로 설정하면 USARTn 송신 기능을 활성화시킨다. TxDn 핀은 송신핀으로 바뀐다.

USART 송신과 수신을 위한 상세 설정을 위해서는 [표 11-3]과 같은 항목을 미리 설정해야 한다.

[표 11-3] USART 초기화 항목

설정 대상	선택 항목	초기 설정	설정	
			레지스터	비트명
통신 모드	동기 통신 모드, 비동기 통신 모드	비동기 통신 모드	UCSRnC	UMSELn
데이터 비트 수	5, 6, 7, 8, 9 비트	8비트	UCSRnB	UCSZn2
			UCSRnC	UCSZn1~UCSZn0
패리티 모드	홀수, 짝수, 없음	없음	UCSRnC	UPMn1~UPMn0
정지 비트 수	1, 2 비트	1비트	UCSRnC	USBSn
클록 샘플링 위치 (동기 통신 모드인 경우)	상승에지, 하강에지	상승에지	UCSRnC	UCPOLn
클록 마스터/슬레이브 (동기 통신 모드인 경우)	마스터/슬레이브	슬레이브	DDRE DDRD	XCK0 XCK1
전송 속도	계산식에 의해 선택	알 수 없음	UBRRnH UBRRnL	UBRRn[11:8] UBRRn[7:0]
2배속 클록 (비동기 통신 모드인 경우)	1배속, 2배속	1배속	UCSRnA	U2Xn

USCRnC 레지스터에서 통신 모드, 데이터 비트 수, 패리티 모드, 정지 비트, 클록의 샘플링 위치(동기 통신 모드인 경우)를 설정할 수 있다.

	비트	7	6	5	4	3	2	1	0
UCSRnC	비트명	-	UMSELn	UPMn1	UPMn0	USBSn	UCSZn1	UCSZn0	UCPOLn
	읽기/쓰기	R/W	R/W	R/W	R/W	R/W	R/W	R/W	R/W
	초깃값	0	0	0	0	0	1	1	0

통신 모드

UMSELn 비트 설정에 따라 동기 통신 모드 또는 비동기 통신 모드를 설정한다.

[표 11-4] 통신 모드 설정

UMSELn	통신 모드
0	비동기 통신 모드(초기 설정)
1	동기 통신 모드

데이터 비트 수

UCSRnB 레지스터와 UCSRnC 레지스터의 USCZn2~UCSZn0 비트 설정에 따라 송수신되는 프레임의 데이터 비트 수가 결정된다.

[표 11-5] 프레임의 데이터 비트 수 설정

UCSRnB	UCSRnC		프레임의 데이터 비트 수
UCSZn2	UCSZn1	UCSZn0	
0	0	0	5비트
0	0	1	6비트
0	1	0	7비트
0	1	1	8비트(초기 설정)
1	0	0	–
1	0	1	–
1	1	0	–
1	1	1	9비트

패리티 모드

송신부의 패리티 생성과 수신부의 패리티 검사를 위한 패리티 모드를 설정한다. 송신부에서는 데이터가 천이되어 출력된 후 이어 자동적으로 패리티 모드 설정에 따라 패리티 비트가 출력된다. 수신부에서는 데이터 비트와 패리티 비트가 천이되면서 XOR 검사를 통해 패리티 모드와 관련된 에러를 검출한다.

[표 11-6] 패리티 모드 설정

UPMn1	UPMn0	패리티 모드
0	0	없음(초기 설정)
0	1	–
1	0	짝수 패리티
1	1	홀수 패리티

정지 비트 수

정지 비트는 프레임과 프레임 사이를 구분하기 위한 전송이 없어야 하는 시간 구간이다. 정지 비트를 1로 하면 프레임과 프레임 사이는 적어도 1비트 시간 구간 이상 전송이 없는 구간이 있어야 하고 2로 하면 2비트 시간 구간 이상 전송이 없어야 한다.

[표 11-7] 정지 비트 설정

USBSn	정지 비트 수
0	1 정지 비트(초기 설정)
1	2 정지 비트

예제 11-1

8 데이터 비트, 홀수 패리티, 2 정지 비트, 보오레이트 115,200[bps] 전송 속도를 갖는 USART가 있다. 1초에 최대로 전송할 수 있는 문자는 얼마일까?

풀이

한 프레임에 한 개의 문자가 전송된다. 따라서 초당 전송 프레임 수를 계산하면 된다.

한 프레임당 비트 수 : 12[비트/프레임]

∵ 12 비트 = 1 시작 비트 + 8 데이터 비트 + 1 패리티 비트 + 2 정지 비트

전송 속도 = 초당 비트 수 : 115,200bps = 115,200[비트/초]

$$1\text{초당 전송 프레임} = \frac{\text{초당 프레임 수}}{\text{한 프레임당 비트 수}} = \frac{115,200[\text{비트/초}]}{12[\text{비트/프레임}]} = 9,600[\text{프레임/초}]$$

따라서 1초에 최대 9,600개의 문자를 전송할 수 있다.

클록 샘플링 위치(동기 통신 모드인 경우)

동기 통신 모드(UMSELn = 1)일 경우 XCK는 입력(슬레이브) 또는 출력(마스터)로 사용된다. XCK에 동기되는 데이터 샘플링 시점 또는 송신 및 수신 천이 레지스터의 천이 시점을 상승에지로 할 것인지, 하강에지로 할 것인지를 결정한다.

[표 11-8] 클록 샘플링 위치 설정

UCPOLn	클록 샘플링 위치
0	상승에지(초기 설정)
1	하강에지

[그림 11-4]는 XCK의 상승 또는 하강에지의 샘플링 시점을 보이고 있다.

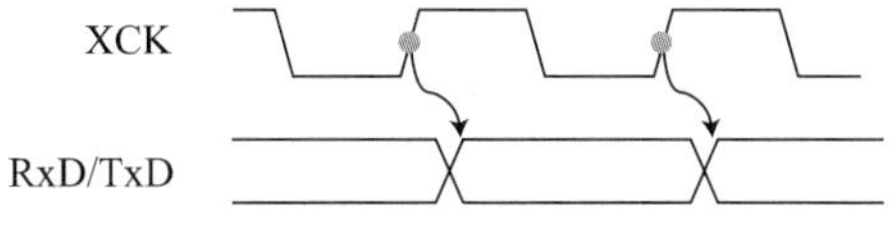

(a) 상승에지 샘플링(UCPOLn=0)

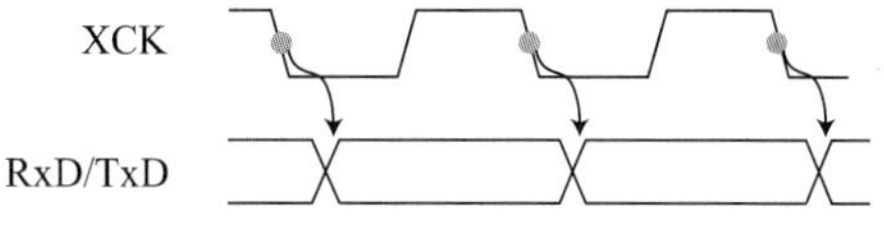

(b) 하강에지 샘플링(UCPOLn=1)

[그림 11-4] 동기 통신 모드에서 클록의 샘플링 위치

클록 마스터/슬레이브(동기 통신 모드인 경우)

동기 통신 모드인 경우 클록 XCK를 마스터로서 공급할 것인지, 슬레이브로 공급받을 것인지를 결정해야 한다. [그림 11-3]의 클록 생성부에서 클록은 자체적으로 생성하고 있다.

XCK 핀 방향을 출력으로 설정하면 마스터로서 클록을 공급하게 되고, 입력으로 설정하면 슬레이브로 클록을 공급받아 동작하게 된다.

[표 11-9] 마스터/슬레이브 클록 설정

레지스터	설정 비트		클록
DDRE	PE2(XCK0)	0	USART0 슬레이브, 클록 XCK0으로 공급받음(초기 설정)
		1	USART0 마스터, 클록 XCK0으로 제공
DDRD	PD5(XCK1)	0	USART0 슬레이브, 클록 XCK1로 공급받음(초기 설정)
		1	USART0 마스터, 클록 XCK1으로 제공

11.2.3 USART 통신 에러

프레임 설정에 따라 데이터를 수신할 때 프레임 에러, 오버런 에러, 패리티 에러가 발생하면 아래 UCSRnA 레지스터의 FEn, DORn, UPEn 비트가 1이 된다.

	비트	7	6	5	4	3	2	1	0
UCSRnA	비트명	RXCn	TXCn	UDREn	FEn	DORn	UPEn	U2Xn	MPCMn
	읽기/쓰기	R/W	R/W	R/W	R/W	R/W	R/W	R/W	R/W
	초깃값	0	0	0	0	0	0	0	0

패리티 에러 비트, UPEn

홀수 또는 짝수 패리티가 설정되면 8비트 데이터 D_7~D_0가 전송될 때 패리티 비트는 아래와 같이 계산된다. ⊕는 XOR 연산이다.

$$\text{홀수 패리티 } P_{\text{홀수}} = D_7 \oplus D_6 \oplus D_5 \oplus D_4 \oplus D_3 \oplus D_2 \oplus D_1 \oplus D_0 \oplus 1$$
$$\text{짝수 패리티 } P_{\text{짝수}} = D_7 \oplus D_6 \oplus D_5 \oplus D_4 \oplus D_3 \oplus D_2 \oplus D_1 \oplus D_0 \oplus 0$$

홀수 또는 짝수 패리티로 설정된 수신부에서 수신되는 데이터 비트 중 홀수 개의 비트가 전송 중에 변경되면 아래 계산값이 1이 된다. 이때 패리티 에러가 검출되고, UPEn 비트를 1로 만든다.

$$\text{홀수 패리티 에러 검출} = D_7 \oplus D_6 \oplus D_5 \oplus D_4 \oplus D_3 \oplus D_2 \oplus D_1 \oplus D_0 \oplus P_{\text{홀수}} \oplus 0$$
$$\text{짝수 패리티 에러 검출} = D_7 \oplus D_6 \oplus D_5 \oplus D_4 \oplus D_3 \oplus D_2 \oplus D_1 \oplus D_0 \oplus P_{\text{짝수}} \oplus 1$$

만일 짝수 개의 비트값이 변경되면 패리티 에러는 검출되지 않는다. UDRn 레지스터를 읽기 전까지 UPEn 비트는 패리티 에러 발생 여부를 확인할 수 있다. UCSRnA 레지스터에 값을 쓰면 이 비트는 0으로 초기화된다.

프레임 에러 비트, FEn

[그림 11-3]의 블록도에서 수신부에 데이터가 없을 때 RxDn 핀은 항상 1로 수신하고 있다. 수신의 시작은 시작 비트가 0으로 떨어진 순간부터 시작된다. 프레임은 시작 비트, 데이터 비트, 패리티 비트(패리티가 설정된 경우), 정지 비트 순서로 수신된다. 수신부는 마지막 정지 비트 순간에 반드시 1을 수신해야 한다. 만일 1이 수신되지 않았다면 전송 중 프레임 신호에 에러가 발생했음을 알리는 FEn 비트를 1로 만든다.

UDRn 레지스터를 읽기 전까지 FEn 비트는 프레임 에러 발생 여부를 확인할 수 있다. UCSRnA 레지스터에 값을 쓰면 이 비트는 0으로 초기화된다.

오버런 에러 비트, DORn

프레임이 정상적으로 수신되면 UDR(수신) 레지스터에 수신된 문자가 있고 프로그램에서 UDRn 레지스터를 읽어 문자를 가져간다. ATmega128 내부에는 UDR(수신) 레지스터가 2개나 있기 때문에 프로그램이 다소 늦게 문자를 읽어도 된다. 그러나 [그림 11-3]에서 2개의 UDR(수신) 레지스터와 수신 천이 레지스터가 모두 채워진 상황에서 새로운 프레임이 수신되면 마지막 수신 문자는 UDR(수신)에 보관될 수 없다. 이때 오버런 에러가 발생하고 DORn 비트를 1로 만든다.

UDRn 레지스터를 읽기 전까지 DORn 비트는 오버런 에러 발생 여부를 확인할 수 있다. UCSRnA 레지스터에 값을 쓰면 이 비트는 0으로 초기화된다.

11.2.4 전송 속도 설정

송신 장치와 수신 장치는 데이터 비트, 패리티 모드, 전송 속도가 일치해야만 서로 정확한 문자를 주고받을 수 있다. 전송 속도는 아래의 UBRRnH 레지스터와 UBRRnL 레지스터를 연결한 12비트, 클록의 2배속 사용 여부에 대한 UCSRnA 레지스터의 U2Xn 비트 설정에 따라 결정된다.

	비트	7	6	5	4	3	2	1	0
UBRRnH		-				UBRRn[11:8]			
UBRRnL		UBRRn[7:0]							
	읽기/쓰기	R/W	R/W	R/W	R/W	R/W	R/W	R/W	R/W
	초깃값	0	0	0	0	0	0	0	0

	비트	7	6	5	4	3	2	1	0
UCSRnA	비트명	RXCn	TXCn	UDREn	FEn	DORn	UPEn	U2Xn	MPCMn
	읽기/쓰기	R/W	R/W	R/W	R/W	R/W	R/W	R/W	R/W
	초깃값	0	0	0	0	0	0	0	0

[표 11-10]은 UBRR을 사용하여 전송 속도 보오레이트(Baud-Rate) 계산식과 보오레이트를 위해 UBRR값을 결정하는 식이다.

[표 11-10] 보오레이트(BAUD) 계산식과 UBRR값 결정식

통신 모드	U2X	보오레이트 계산식	UBRR값 결정식
비동기 통신 모드	0: 1 배속 클록	$BAUD = \frac{f_{OSC}}{16(UBRR+1)}$	$UBRR = \frac{f_{OSC}}{16BAUD} - 1$
	1: 2 배속 클록	$BAUD = \frac{f_{OSC}}{8(UBRR+1)}$	$UBRR = \frac{f_{OSC}}{8BAUD} - 1$
동기 통신 모드 (마스터인 경우)	-	$BAUD = \frac{f_{OSC}}{2(UBRR+1)}$	$UBRR = \frac{f_{OSC}}{2BAUD} - 1$

* f_{OSC} : 시스템 클록 주파수

[표 11-11]은 8.0[MHz] 시스템 클록과 16.0[MHz] 시스템 클록에 대한 비동기 통신 모드에서 주로 많이 사용되는 목표 보오레이트 설정을 위해 계산된 UBRR값이다. 목표 보오레이트와 설정되는 UBRR에 의한 보오레이트와의 에러는 아래 식에 의해 계산된다.

$$에러(\%) = \frac{보오레이트_{UBRR로\ 계산} - 보오레이트_{목표}}{보오레이트_{목표}}$$

[표 11-11] 주로 많이 사용되는 보오레이트 설정을 위한 UBRR

보오레이트 [bps]	f_{OSC} = 8.000[MHz]				f_{OSC} = 16.000[MHz]			
	U2X=0		U2X=1		U2X=0		U2X=1	
	UBRR	에러	UBRR	에러	UBRR	에러	UBRR	에러
2400	207	0.2%	416	-0.1%	416	-0.1%	832	0.0%
4800	103	0.2%	207	0.2%	207	0.2%	416	-0.1%
9600	51	0.2%	103	0.2%	103	0.2%	207	0.2%
14.4[k]	34	-0.8%	68	0.6%	68	0.6%	138	-0.1%

보오레이트 [bps]	f_{OSC} = 8.000[MHz]				f_{OSC} = 16.000[MHz]			
	U2X=0		U2X=1		U2X=0		U2X=1	
	UBRR	에러	UBRR	에러	UBRR	에러	UBRR	에러
19.2[k]	25	0.2%	51	0.2%	51	0.2%	103	0.2%
28.8[k]	16	2.1%	34	−0.8%	34	−0.8%	68	0.6%
38.4[k]	12	0.2%	25	0.2%	25	0.2%	51	0.2%
57.6[k]	8	−3.5%	16	2.1%	16	2.1%	34	−0.8%
76.8[k]	6	−7.0%	12	0.2%	12	0.2%	25	0.2%
115.2[k]	3	8.5%	8	−3.5%	8	−3.5%	16	2.1%
230.4[k]	1	8.5%	3	8.5%	3	8.5%	8	−3.5%
250[k]	1	0.0%	3	0.0%	3	0.0%	7	0.0%
0.5[M]	0	0.0%	1	0.0%	1	0.0%	3	0.0%
1[M]	-	-	0	0.0%	0	0.0%	1	0.0%

11.2.5 UDRn 레지스터와 데이터 송수신

데이터를 송수신할 때는 데이터 레지스터로 동일한 이름 UDRn(n=0 또는 1)을 사용한다. 프로그래머는 다음과 같은 타이밍에 UDRn 레지스터를 이용하여 문자를 보내고 받을 수 있다.

송신할 때의 UDRn 레지스터

UCSRnA 레지스터의 UDREn 비트값을 검사하여 1일 때 UDRn 레지스터에 값을 기록하면 데이터를 전송할 수 있다. 데이터 비트 수를 9로 설정한 경우 UCSRnB 레지스터의 TXB8n 비트에 9번째 비트를 먼저 기록하고 UDRn 레지스터에 나머지 8비트를 나중에 기록한다.

송신 천이 레지스터가 비어 있을 때, UDRn 레지스터에 값을 기록하면 곧바로 송신 천이 레지스터로 이동하고 UDRn 레지스터는 비어진다. 송신 천이 레지스터로 이동된 데이터는 TxDn 핀을 통해 설정된 전송 속도에 따라 LSB부터 한 비트씩 출력된다. UDRn 레지스터에 데이터를 기록할 타이밍을 결정하는 방법은 폴링과 인터럽트 두 가지다.

폴링 방법을 이용하면, 주 프로그램에서 반복해서 UDREn 비트가 1이 될 때까지 검사한 후 1이 되면 UDRn 레지스터에 전송할 문자 데이터를 기록한다. **인터럽트 방법을 이용하면**, 데이터 송신을 위해서 UDRn 빔 인터럽트를 사용한다. UDRn 레지스터가 비면 인터럽트가 발생하고, 인터럽트 서비스 루틴에서 UDRn 레지스터에 송신할 문자 데이터를 기록한다. 이 경우는 송신큐를 이용하여 효과적인 시리얼 통신 프로그램을 작성할 수 있다.

수신할 때의 UDRn 레지스터

RxDn 핀에서 성공적으로 프레임이 수신되면 수신 천이 레지스터의 데이터는 수신용 UDRn 레지스터로 옮겨진다. 수신용 UDRn 레지스터는 2개다. UDRn 레지스터를 읽으면 먼저 도달한 수신 문자를 넘겨준다. 따라서 수신부에는 2개의 UDRn 데이터에 보관된 문자와 수신 천이 레지스터에 대기된 문자 1개를 합해 최대 3개의 문자를 받을 수 있다.

UCSRnA 레지스터의 RXCn 비트를 검사하여 값이 1이면 수신된 데이터가 있음을 알 수 있다. 프로그래머가 UDRn 레지스터를 읽어 먼저 온 문자를 가져가면 수신 천이 레지스터에 있는 데이터를 UDRn로 옮겨가게 된다. 만일 수신 데이터가 꽉 찬 상태에서 또 프레임이 수신되면 최근에 수신되는 프레임의 데이터는 받을 수 없다. 이때 오버런 에러가 발생한다.

데이터 비트 수를 9로 설정한 경우 UCSRnB 레지스터의 RXB8n 비트의 9번째 비트를 먼저 읽고 나머지 8 비트는 UDRn 레지스터에서 읽는다. UDRn 레지스터에서 데이터를 읽어갈 타이밍을 결정하는 데는 폴링과 인터럽트 두 가지 방법이 있다.

폴링 방법을 이용하면, 주 프로그램에서 반복하여 RXCn 비트가 1이 될 때까지 검사한 후 1이 되면 UDRn 레지스터에서 수신된 문자 데이터를 읽는다. **인터럽트 방법을 이용하면**, 데이터 수신을 위해서 수신 완료 인터럽트를 사용한다. 수신부에서 수신을 완료하면 인터럽트가 발생하고, 인터럽트 서비스 루틴에서 수신된 문자인 UDRn 레지스터를 읽는다. 이 경우는 수신큐를 이용하여 효과적인 시리얼 통신 프로그램을 작성할 수 있다.

11.3 폴링을 이용한 문자 송수신

11.3.1 프레임 포맷 설정

송신 측과 수신 측은 USART를 통해 데이터를 에러 없이 전송하기 위해서는 비동기 통신 모드에서 [표 11-12] 프레임 포맷 항목을 반드시 일치시켜야 한다.

[표 11-12] 폴링을 이용한 송수신을 위한 설정 항목

설정 대상	선택 항목	초기 설정
통신 모드	동기 통신 모드, 비동기 통신 모드	비동기 통신 모드
데이터 비트 수	5, 6, 7, 8, 9비트	8비트
패리티 모드	홀수, 짝수, 없음	없음
정지 비트 수	1, 2 정지 비트	1 정지 비트
전송 속도	계산식에 의해 선택	알 수 없음

ATmega128에서 전원을 켜면 초기화된 설정이 이미 있으므로 변경이 필요한 부분만 설정할 수 있다. 그러나 프로그램 진행 도중에 통신 포맷을 자주 변경할 때는 [표 11-12] 항목을 모두 다 설정해야만 설정 대상을 빠뜨리지 않을 수 있다.

[프로그램 11-1]은 폴링을 이용하여 USART 통신하기 위한 프레임 포맷을 설정하는 USART_init( ) 함수다. 함수의 인수 ch는 USART0과 USART1 중 하나를 선택할 수 있다. ubrr_baud 인수는 [표 11-10]의 식을 사용하여 계산하거나 [표 11-11]을 참고하여 보오레이트에 해당되는 UBRRn값을 정수로 전달한다. [프로그램 11-1]은 USART를 처음 초기화시킬 때 통신 모드, 데이터 비트 수, 정지 비트 수는 따로 설정하지 않았으므로 초기 설정값인 비동기 통신 모드, 8비트, 패리티 없음, 1 정지 비트로 설정된다.

[프로그램 11-1] 폴링을 이용한 문자 송수신 : USART 초기화 함수

```
void USART_init(unsigned char ch, unsigned int ubrr_baud)
{
    if( ch == USART0){
        UCSR0B |= 1<<RXEN0 | 1<<TXEN0;
        UBRR0H = ubrr_baud >> 8;
        UBRR0L = ubrr_baud;
    }else if(ch == USART1){
        UCSR1B |= 1<<RXEN1 | 1<<TXEN1;
        UBRR1H = ubrr_baud >> 8;
        UBRR1L = ubrr_baud;
```

```
    }
}
```

11.3.2 문자 송수신

폴링은 주 프로그램이 소프트웨어적으로 반복하여 조건을 검사하면서 서비스 진행 여부를 판단하는 방법이다.

폴링을 이용한 문자 송신

[프로그램 11-2]는 폴링을 이용하여 문자를 USART1 채널로 송신하는 함수다. 송신 문자 data를 인수로 전달한다. UCSRnA 레지스터의 UDREn 비트를 반복 검사하여 1일 때 UDRn 레지스터에 문자 데이터 data를 기록하면 송신이 진행된다.

FILE *stream 인수는 printf( ) 함수와 연동하기 위한 인수다. 만일 printf( ) 함수를 사용할 필요가 없을 때는 FILE *stream 인수를 없애거나 호출할 때 그 위치에 0을 넣는다. USART0을 사용하면 ISP 다운로더의 연결 핀 PDI, PDO가 RxD0, TxD0 핀과 중복되어 신호가 충돌되므로, ISP 다운로드할 때 USART0 연결 케이블을 뽑아야 한다. 아래 프로그램에서는 USART1을 사용하므로 USART1 연결 케이블을 뽑지 않아도 된다.

[프로그램 11-2] 폴링을 이용한 문자 송신 함수

```
int USART1_send(char data, FILE *stream)
{
    while ( !( UCSR1A & (1<<UDRE1)) );          // UDR 레지스터가 빌 때까지 폴링
    UDR1 = data;                                // UDR 레지스터에 값을 기록
    return data;
}
```

폴링을 이용한 문자 수신

[프로그램 11-3]은 폴링을 이용하여 문자를 USART1 채널로 수신하는 함수다. UCSRnA 레지스터의 RXCn 비트를 반복 검사하여 1일 때 UDRn 레지스터값을 반환한다. FILE *stream 인수는 scanf( ) 함수와 연동하기 위한 인수다. 만일 scanf( ) 함수를 사용할 필요가 없을 때는 FILE *stream 인수를 없애거나 호출할 때 그 위치에 0을 넣는다.

[프로그램 11-3] 폴링을 이용한 문자 수신 함수

```
int USART1_receive(FILE *stream)
{
    while ( !(UCSR1A & (1<<RXC1)) ); // UDR 레지스터에 문자 수신 검사
    return UDR1;
}
```

Section

11.4 인터럽트와 큐를 이용한 문자 송수신

큐(Queue)는 [그림 11-5]와 같이 먼저 들어온 데이터를 먼저 뽑아 서비스하는 행동을 지원하기 위한 저장 공간이다. '먼저 들어온 것이 먼저 나간다'라는 뜻으로 FIFO(First In First Out)라고도 한다.

[그림 11-5] 큐의 개념도

인터럽트가 발생하면 하드웨어적으로 인터럽트 서비스 루틴이 실행되므로 주 프로그램의 반복적인 조건 검사를 위한 폴링 작업을 없앨 수 있다. 큐를 이용한 송수신 데이터 처리와 UDR 레지스터 빔 인터럽트, 수신 완료 인터럽트를 결합하여 인터럽트를 이용한 USART 송수신 함수를 완성할 수 있다.

11.4.1 프레임 포맷과 인터럽트 설정

송신 장치와 수신 장치가 USART를 통해 데이터를 에러 없이 전송하기 위해서는 비동기 통신 모드에서 [표 11-13] 프레임 포맷 항목을 반드시 일치시켜야 한다. 인터럽트를 이용하여 USART 통신을 하기 위해서는 수신 완료 인터럽트와 UDRn 빔 인터럽트를 사용해야 한다.

[표 11-13] 인터럽트를 이용한 송수신을 위한 설정 항목

설정 대상	선택 항목	초기 설정
통신 모드	동기 통신 모드, 비동기 통신 모드	비동기 통신 모드
데이터 비트 수	5, 6, 7, 8, 9비트	8비트
패리티 모드	홀수, 짝수, 없음	없음
정지 비트 수	1, 2 정지 비트	1 정지 비트
전송 속도	계산식에 의해 선택	알 수 없음
수신 완료 인터럽트	활성화(전역 인터럽트 포함)	비활성화
UDRn 빔 인터럽트	송신이 필요할 때만 활성화	비활성화

[프로그램 11-4]는 인터럽트를 이용하여 USART 통신을 하기 위한 프레임 포맷과 인터럽트 활성화를 설정하는 USART_init( ) 함수다. [프로그램 11-1]의 폴링 초기화와 비교하면 수신 완료 인터럽트가 활성화된 것이 다른 점이다.

USART를 처음 초기화시킬 때 통신 모드, 데이터 비트 수, 정지 비트 수는 따로 설정하지 않았으므로 초기 설정값인 비동기 통신 모드, 8비트, 패리티 없음, 1 정지 비트로 설정된다.

[프로그램 11-4] 인터럽트를 이용한 문자 송수신 : USART 초기화 함수

```
void USART_init(unsigned char ch, unsigned int ubrr_baud)
{
    if( ch == USART0){
        UCSR0B |= 1<<RXEN0 | 1<<TXEN0 | 1<<RXCIE0;
        UBRR0H = ubrr_baud >> 8;
        UBRR0L = ubrr_baud;
    }else if(ch == USART1){
        UCSR1B |= 1<<RXEN1 | 1<<TXEN1| 1<<RXCIE1;
        UBRR1H = ubrr_baud >> 8;
        UBRR1L = ubrr_baud;
    }
}
```

11.4.2 인터럽트를 이용한 문자 송신

인터럽트가 발생하면 하드웨어적으로 인터럽트 서비스 루틴이 실행된다. 주 프로그램이 소프트웨어적으로 반복하여 UDREn 비트가 1인지 검사할 필요가 없다. 폴링에서는 주 프로그램이 CPU보다 처리가 느린 송신부의 문자 송신을 계속 검사해야 하므로, 프로그램 수행 시간이 느려진다. 인터럽트와 큐를 사용하면 주 프로그램은 큐에만 복사하고, 인터럽트 서비스 루틴에서는 UDREn 레지스터가 비면 자동으로 채워 송신하기 때문에 CPU 부하를 줄이고 프로그램 수행 속도를 빠르게 할 수 있다.

[그림 11-6]은 문자 송신을 위해 주 프로그램이 호출하는 USART1_send( ) 함수와 UDRE1 빔 인터럽트 서비스 루틴 ISR(USART1_UDRE_vect)이 협동하는 개념도를 나타내고 있다. USART1_send( ) 함수는 LENGTH_TX_BUFFER 길이를 갖는 tx1_buffer[ ] 큐의 tx1_head 위치에 송신할 문자를 넣는다. UDR1 빔 인터럽트 서비스 루틴은 UDR1 레지스터가 비었을 때 가장 먼저 큐에 들어간 문자를 tx1_tail에서 꺼내 UDR1 레지스터에 넣는다.

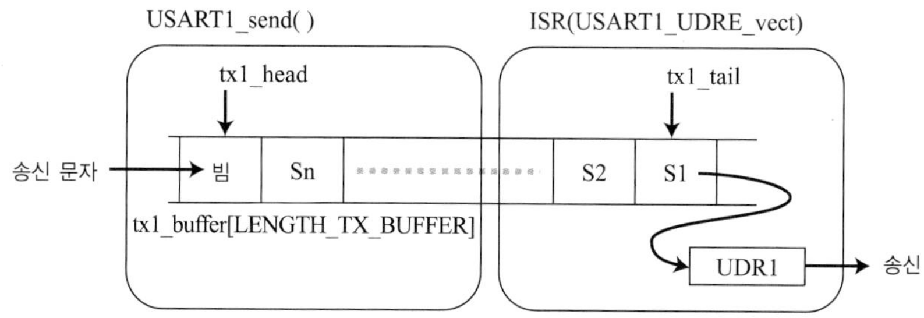

[그림 11-6] USART1_send( ) 함수와 UDRE1 빔 인터럽트의 협동 개념도

[프로그램 11-5]는 USART1_send( ) 함수다. 송신할 문자를 보관하는 큐의 tx1_buff[ ] 배열이 모두 차서 빈자리가 없으면 4번 라인에서 UDR1 빔 인터럽트 서비스 루틴이 문자 하나를 보내서 빈자리가 생길 때까지 기다린다. [프로그램 11-6] UDR1 빔 인터럽트 서비스 루틴 4번 라인에서 tx1_tail 위치를 변경하게 된다. 6, 7번 라인에서 tx1_head가 가리키는 빈 곳에 송신 문자 data를 넣고 7번 라인에서 다음 문자를 넣을 곳을 찾아 tx1_head 위치를 변경시킨다. UDR1 빔 인터럽트 발생을 위해 8번 라인에서 UDRIE1 비트를 활성화시킨다.

[프로그램 11-5] 주 프로그램이 호출하는 USART1_send( ) 함수

```
1   int USART1_send(char data, FILE *stream)
2   {
3       // tx1_buffer[]에 빈자리가 없으면 빈자리가 생길 때까지 기다림
4       while( (tx1_head+1==tx1_tail) || ((tx1_head==LENGTH_TX_BUFFER-1) && (tx1_tail==0)) );
5   
6       tx1_buffer[tx1_head] = data;
7       tx1_head = (tx1_head==LENGTH_TX_BUFFER-1) ? 0 : tx1_head+1;
8       UCSR1B = UCSR1B | 1<<UDRIE1;      // UDRE1 빔 인터럽트 활성화
9   
10      return data;
11  }
```

[프로그램 11-6]은 UDR1 빔 인터럽트 서비스 루틴이다. 3번 라인에서 가장 처음 송신이 요청된 문자를 큐 tx1_buffer[ ] 배열의 tx1_tail 위치에서 꺼내 UDR1 레지스터에 넣는다. UDR1 레지스터의 문자는 하드웨어적으로 자동 송신된다. 다음에 송신될 위치를 4번 라인에서 갱신한다. 만일 USART1_send( ) 함수에서 송신을 요청한 문자가 더는 없어 tx1_head 위치와 tx1_tail 위치가 같으면 UDR1 빔 인터럽트에 반응할 필요가 없으므로 7번 라인에서 인터럽트를 비활성화시킨다. 이 인터럽트는 [프로그램 11-5]의 USART1_send( ) 함수가 실행될 때 [프로그램 11-6]의 8번 라인에서 활성화된다.

[프로그램 11-6] UDR1 빔 인터럽트 서비스 루틴

```
ISR(USART1_UDRE_vect)
{
    UDR1 = tx1_buffer[tx1_tail];
    tx1_tail = (tx1_tail==LENGTH_TX_BUFFER-1) ? 0 : tx1_tail+1;

    if( tx1_tail==tx1_head) // 송신 문자가 없으면 UDRE1 빔 인터럽트 비활성화
        UCSR1B = UCSR1B & ~(1<<UDRIE1);
}
```

11.4.3 인터럽트를 이용한 문자 수신

인터럽트가 발생하면 하드웨어적으로 인터럽트 서비스 루틴이 실행된다. 주 프로그램이 소프트웨어적으로 반복하여 RXCn 비트가 1인지 검사할 필요가 없다. 폴링에서 USART1_receive( ) 함수 주 프로그램이 늦게 문자를 읽으면 오버런(Over run) 에러가 발생되어 최근 수신 문자를 놓칠 수 있지만, 인터럽트와 큐를 사용하면 인터럽트 서비스 루틴이 수신 문자를 미리 큐에서 읽기 때문에 수신 데이터를 놓칠 가능성이 줄어든다.

[그림 11-7]은 주 프로그램이 수신 문자를 가져가기 위해 호출하는 USART1_receive( ) 함수와 UDR1 수신 완료 인터럽트 서비스 루틴 ISR(USART1_RX_vect)이 협동하는 개념도를 나타내고 있다. UDR1 수신 완료 인터럽트 서비스 루틴은 UDR1 레지스터에 문자가 수신되었을 때 자동 실행되어 큐 rx1_buffer[ ]의 rx1_head 위치에 수신된 UDR1 문자를 넣는다. USART1_receive( ) 함수는 가장 먼저 큐에 들어간 수신 문자를 rx1_tail 위치에서 꺼내 호출한 주 프로그램에 반환하여 넘겨준다.

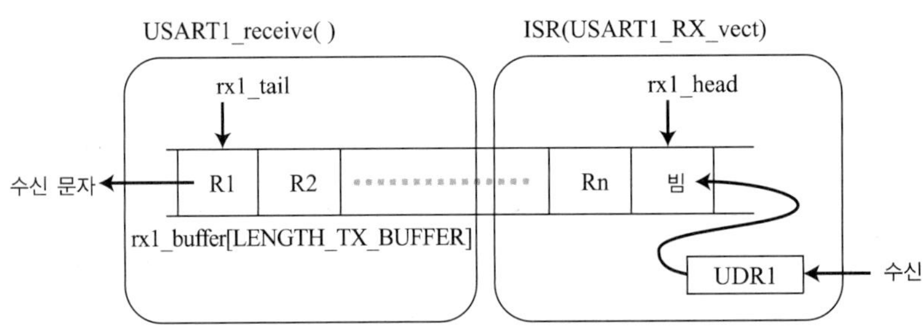

[그림 11-7] USART1_receive( ) 함수와 UDR1 수신 완료 인터럽트의 협동 개념도

[프로그램 11-7]은 USART1_receive( ) 함수다. 큐에 수신된 문자가 없으면 4번 라인에서 큐에 수신된 문자가 들어올 때까지 기다린다. [프로그램 11-8] USART1 수신 완료 인터럽트 서비스 루틴 9번 라인에서 rx1_head 위치를 변경하게 된다. [프로그램 11-7]의 USART1_ receive( ) 함수 6, 7번 라인에서 rx1_tail 위치에 수신된 문자를 data로 읽어 내고 다음 문자를 읽을 위치로 rx1_tail 위치를 변경시킨다. 9번 라인에서 읽은 data값을 주 프로그램에 반환한다.

[프로그램 11-7] 주 프로그램이 호출하는 USART1_receive( ) 함수

```
1   int USART1_receive(FILE *stream)
2   {   unsigned char data;
3
4       while( rx1_head==rx1_tail );    // 수신 문자가 없음
5
6       data = rx1_buffer[rx1_tail];
7       rx1_tail = (rx1_tail==LENGTH_RX_BUFFER-1) ? 0 : rx1_tail + 1;
8
9       return data;
10  }
```

[프로그램 11-8]은 USART1 수신 완료 인터럽트 서비스 루틴이다. 큐가 미리 받아 놓은 수신 문자로 모두 차 있는 상태에서 새로운 문자가 수신되면 그 수신 문자는 6번 라인에서 읽어버린다. 정상적인 경우는 8번 라인에서 수신 문자를 UDR1에서 읽어 큐에 해당되는 rx1_buffer[ ] 배열의 rx1_head 위치에 보관한다. 9번 라인에서 다음 수신될 문자의 보관 위치인 rx1_head값을 갱신한다. [프로그램 11-7] USART1_receive( ) 함수의 6번 라인에서 큐에 보관된 수신 문자를 읽어 USART1_receive( ) 함수를 호출한 주 프로그램에 넘겨준다.

[프로그램 11-8] USART1 수신 완료 인터럽트 서비스 루틴

```
1   ISR(USART1_RX_vect)
2   {   volatile unsigned char data;
3
4       // rx1_buffer[]에 빈자리가 없으면 지금 수신된 문자는 버린다.
5       if( (rx1_head+1==rx1_tail) || ((rx1_head==LENGTH_RX_BUFFER-1) && (rx1_tail==0)) ){
6           data = UDR1;
7       }else{
8           rx1_buffer[rx1_head] = UDR1;
9           rx1_head = (rx1_head==LENGTH_RX_BUFFER-1) ? 0 : rx1_head+1;
10      }
11  }
```

Section 11.5 문자 송수신 함수와 printf( ), scanf( ) 함수의 연결

printf( ), scanf( ) 함수는 표준 입출력 화면과 인터페이스할 수 있는 매우 유용한 함수다. 출력 포맷으로 %d, %f, %s 등을 사용할 수 있기 때문에 원격지에 정보 전달을 위한 가공함수로 특히 많이 활용될 수 있다.

[프로그램 11-9]는 10번 라인에서 FDEV_SETUP_STREAM 지시어를 이용하여 문자 송신 함수, 수신 함수와 printf( ), scanf( ) 함수를 연결한다. 첫 번째 인수에 전송 함수, 두 번째 인수에 수신 함수 명칭을 기록하고, 세 번째 인수에 연결 함수 속성에 대한 플래그를 _FDEV_SETUP_READ, _FDEV_SETUP_WRITE, _FDEV_SETUP_RW 중 하나로 선택한다.

[프로그램 11-9]에서 USART1_send 함수는 write, USART1_receive 함수는 read 기능을 가지므로 _FDEV_SETUP_RW 플래그를 사용했다. 연결이 완료되면 FILE 구조 변수 usart1_studio는 주소를 나타내는 &를 붙여 fprintf(&usart1_stdio, …), fscanf(&usart1_stdio, …)로 사용할 수 있다. 만일 단순히 printf( ), scanf( )로 사용하려면 아래 명령을 먼저 실행해야 한다.

```
stdin = stdout = stderr = &usart1_stdio;
```

[프로그램 11-9] USAR1 문자 송신, 수신 함수와 printf( ), scanf( ) 함수 연결

```
1   #include   <avr/io.h>
2   #include   <stdio.h>
3
4   int USART1_send(char data, FILE *stream)
5   { … 코드 생략 … }
6
7   int USART1_receive(FILE *stream)
8   { … 코드 생략 … }
9
10  static FILE usart1_stdio = FDEV_SETUP_STREAM(USART1_send, USART1_receive,
11  _FDEV_SETUP_RW);
12
13  int main(void)
14  {   int x;
15      … 생략 …
```

```
    USART_init(USART1, BAUD);

    fprintf(&usart1_stdio, "Hellow %s", "ATmega128");
    fscanf(&usart1_stdio, "%d", &x);
    … 생략 …
}
```

printf( ) 함수에서 부동소수점 숫자를 %f 포맷으로 출력하려면 링커 옵션을 추가해야 한다. AVR Studio에서 메뉴 project → Configuration options → [Project Options 창] Custom Options에서 아래와 같은 링커 옵션을 추가해야 한다.

```
-Wl,-u,vfprintf -lprintf_flt -lm
```

scanf( ) 함수에서 %f 포맷을 사용하려면 아래와 같은 링커 옵션을 추가해야 한다.

```
-Wl,-u,vfscanf -lscanf_flt -lm
```

USART 통신에서 폴링을 이용한 문자 송수신은 부록에 있는 usart.h, usart_polling.c를 사용할 수 있고, 인터럽트를 이용한 문자 송수신은 usart.h, usart_interrupt.c(예제 소스 참고)를 사용할 수 있다.

Section

11.6 PC와 ATmega128 보드의 비동기 USART 통신

A 실험 목적

(1) 폴링을 이용하여 PC와 비동기 통신을 위한 문자 송신, 수신 함수를 작성한다.

(2) printf( ), scanf( ) 함수와 문자 송수신 함수를 연결하여 사용한다.

(3) scanf( ) 함수로 입력받은 정수를 연산하여 LCD 창과 PC의 하이퍼 터미널 창에 출력시키는 동작을 수행한다.

(4) 부동소수점 숫자를 입력받고 연산하여 LCD 창과 PC의 하이퍼 터미널 창에 출력시키는 동작을 수행한다.

B 실험 부품 및 장치

부품명	규격	수량	비고
핵심(기본) 부품		1개	3장 [표 3-17] 참조
LCD	2 x 16 라인	1개	
가변저항	50[kΩ]	각 1개	
9핀 D-sub 연결 케이블	PC 연결용		[그림 11-8] 참조

C 실험 절차

(1) [그림 11-8]과 같이 LCD와 USART1용 RXD1, TXD1 핀에 시리얼 케이블을 PC와 연결한 회로를 완성한다.

(2) USART0에 사용되는 RXD0(PDI/PE0) 핀은 ISP 다운로드에 사용되는 PDI 핀과 같기 때문에 상대방이 데이터를 송신할 때 다운로드에 실패할 수 있다. 다운로드할 때 연결 케이블을 뽑아야 하는 불편을 줄이기 위해 USART1 핀을 사용한다.

(3) PC에서 하이퍼 터미널 창을 실행한 후, [그림 11-9]와 같이 프레임 포맷을 설정하기 위한 포트 설정 창을 띄운다. 하이퍼 터미널은 Window XP에서 '시작 → 모든 프로그램 → 보조 프로그램 → 통신 → 하이퍼 터미널'을 클릭하여 실행할 수 있다. 또 '시작 → 실행...'을 클릭하여 나타난 창에 'hypertrm'을 기록한 후 확인 버튼을 클릭하여 실행할 수도 있다.

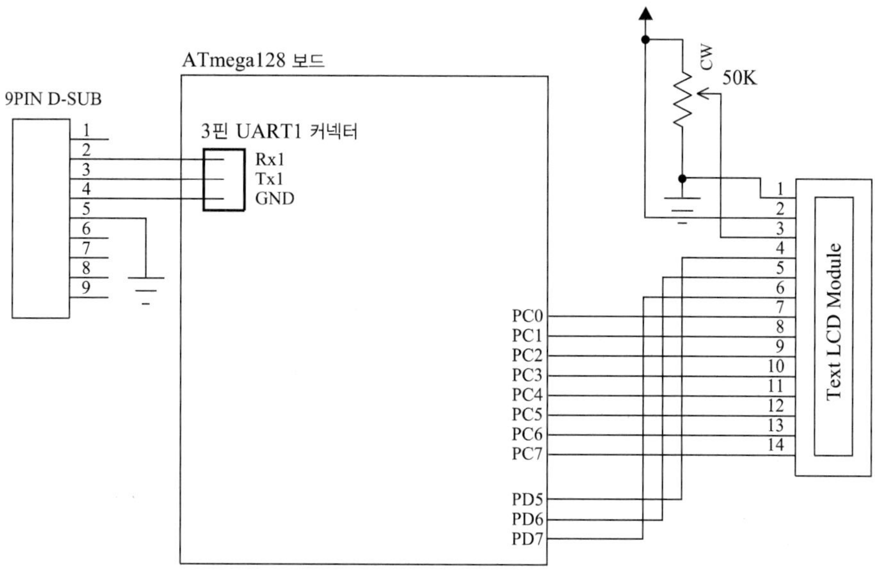

[그림 11-8] LCD 연결 회로와 PC와 시리얼 통신하기 위한 케이블 연결

전화기의 수화기가 내려진 상태에서 속성을 클릭하여 등록 정보 창을 띄운다. '연결 대상' 탭에서 케이블에 연결되는 모뎀의 포트를 설정한 후 '구성...'을 클릭하여 포트 설정 창이 나타나게 한다.

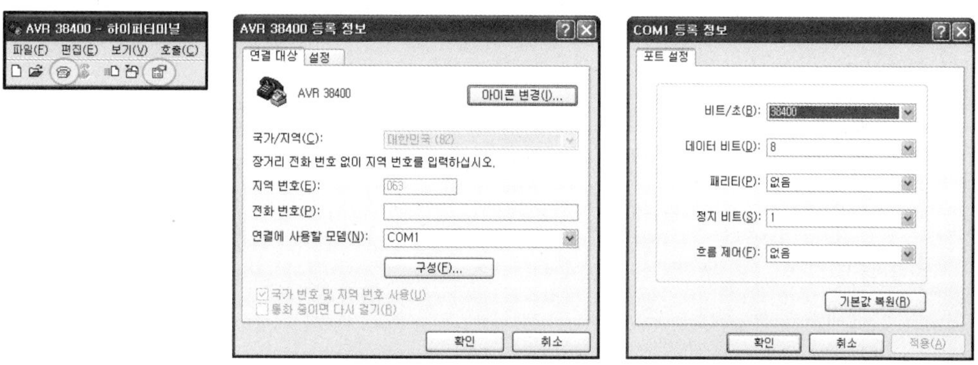

(a) 등록 정보 창 열기 (b) 시리얼 포트 모뎀 설정 (c) 프레임 포맷 설정

[그림 11-9] 하이퍼 터미널 포트 설정

(4) ATmega128 보드와 통신 설정을 동일하게 하기 위해 전송 속도를 38,400비트/초, 데이터 비트를 '8', 패리티는 '없음', 정지 비트는 '1', 흐름제어는 '없음'으로 설정한다.

(5) 전화기를 클릭하면 하이퍼 터미널과 ATmega128의 USART1 송수신 핀이 연결되므로 비동기 모드로 문자를 주고받을 수 있게 된다.

(6) [프로그램 11-10]을 완성한다. lcd.h, lcd.c, usart.h, usart_polling.c 파일은 부록을 참

조하여 프로젝트에 포함한다. usart_polling.c 파일에는 이전 절의 USART_init( ), USART1_send( ), USART1_receive( ) 함수가 정의되어 있다. usasrt.h 파일에는 USART0, USART1 상수 정의와 위 함수의 프로토타입을 선언하고 있다.

[프로그램 11-10] 폴링을 이용한 하이퍼 터미널과 USART 통신

```
1  #include   <avr/io.h>
2  #include   <stdio.h>
3  #include   "lcd.h"
4  #include   "usart.h"
5
6  static FILE usart1_stdio = FDEV_SETUP_STREAM(USART1_send, USART1_receive,
7  _FDEV_SETUP_RW);
8
9  // main 함수
10 int main(void)
11 {   char lcd_string[2][MAX_LCD_STRING];
12     int x, sum;
13
14     LCD_init();
15     USART_init(USART1, 12);                 // USART1 보오레이트 : 38400(UBRR=12)
16
17     sprintf(lcd_string[0], "   USART1 Test   ");       // LCD에 출력
18     LCD_str_write(0, 0, lcd_string[0]);
19
20     stdin = stdout = stderr = &usart1_stdio;
21     printf("%s", lcd_string[0]);                      // USART1에 테스트문자 출력
22
23     while(1){
24         printf("\r\nSumming 1~x, X=?");
25         scanf("%d", &x);    // 정수 x 입력
26
27         for(sum=0; x > 0; sum += x--);
28         sprintf(lcd_string[1], "\r\nSum = %-4d  ", sum);
29
30         printf("%s", lcd_string[1]);          // 상대방에 문자 *로 되돌려 줌
31         LCD_str_write(1, 0, lcd_string[1]);
32     }
33
34     return 0;
35 }
```

D 실험 결과 및 고찰

(1) 6번 라인에서 printf( ), scanf( ) 함수를 사용하기 위해 FDEV_SETUP_STREAM을 이용하여 '폴링을 이용한 문자 송신과 수신 함수'를 연결시킨다.

(2) 20번 라인에서 printf( ), scanf( ) 함수 형태로 사용하기 위해 표준 입출력을 위한 stdin,

stdout, stderr 변수를 28번 라인에서 연결한 FILE 자료형 변수 usart1_stdio의 주소를 취해 대입한다.

(3) sprintf( ) 함수로 lcd_string[ ] 문자열에 출력시킨 내용을 lcd_str_write( ) 함수로 LCD에 디스플레이한다. LCD 디스플레이는 6.7절을 참고한다.

(4) main( ) 함수의 while( ) 반복문 안에서 1부터 하이퍼 터미널에서 scanf( ) 함수로 입력시킨 정수까지 합을 하이퍼 터미널과 LCD 디스플레이에 출력한다.

(5) [그림 11-10(a)]는 ATmega128 보드에서 송신한 메시지를 하이퍼 터미널에 나타내고 있다.

(6) [그림 11-10(b)]는 10을 입력했을 때의 Sum = 55이고, [그림 11-10(c)]는 100을 입력했을 때의 결과 Sum = 5050을 LCD에 보여주고 있다.

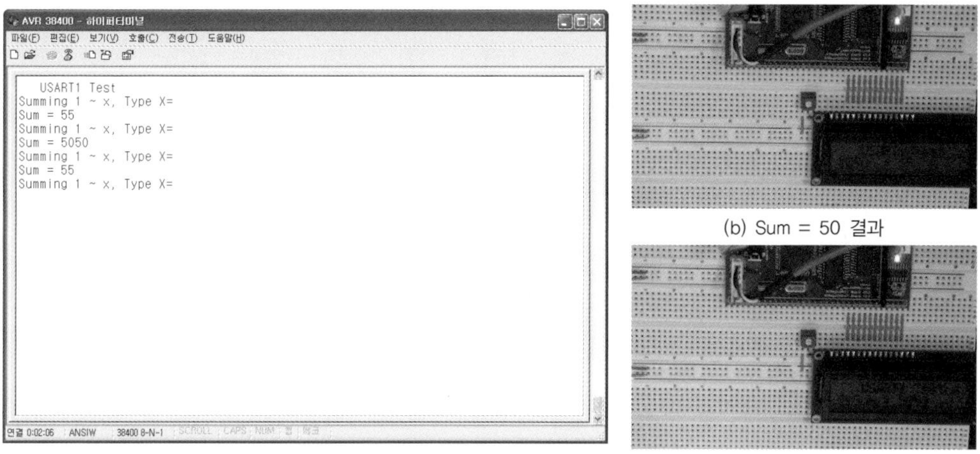

(a) 하이퍼 터미널에서 출력과 정수 입력

(b) Sum = 50 결과

(c) Sum = 5050 결과

[그림 11-10] 하이퍼 터미널과 ATmega128 보드에 연산 결과 디스플레이

(7) 부동소수점 숫자를 입력하고 간단한 연산 결과를 부동소수점 숫자로 출력할 수 있도록 [프로그램 11-10]을 수정하여 실행하라. 이때 링커 옵션을 변경해야 한다.

(8) 플래시 프로그램 메모리에 다운로드될 컴파일과 링크된 프로그램의 크기가 얼마인지 확인하고 크기가 상대적으로 큰 이유를 설명해 보자.

(9) 큐와 인터럽트를 이용한 USART 송수신 함수와 인터럽트 서비스 루틴으로 [프로그램 11-10]을 교체하라. 1번과 2번 라인 사이에 #include <avr/interrupt.h>와 16번 라인에 sei( ); 명령을 삽입하여 수정한 후 실행하라.

11.7 SPI 통신

11.7.1 SPI 마스터/슬레이브 모드 고정 동작

센서 모듈을 포함한 주변 장치는 SPI(Serial Peripheral Interface) 기능으로 마이크로컨트롤러와 데이터를 받을 수 있다. 일반적으로 주변 장치가 마스터로 동작하고 마이크로컨트롤러는 슬레이브로 동작되어 주변 장치로부터 데이터를 주기적으로 수신한다.

[그림 11-11]은 마스터와 슬레이브 사이의 SPI 통신을 위한 신호 연결을 보이고 있다.

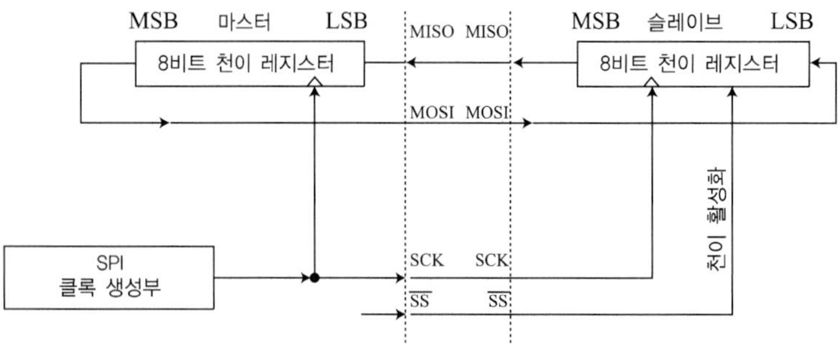

[그림 11-11] SPI 통신을 위한 마스터와 슬레이브 사이의 신호 연결

SPI에서 통신에 MISO, MOSI, SCK, /SS 신호를 사용하고 있으며, 각 신호의 역할은 [표 11-14]와 같다.

[표 11-14] SPI 신호의 역할

신호	역할
MOSI	Mater Out Slave In SCK 클록에 동기되어 마스터가 데이터 신호를 출력하고, 슬레이브는 입력받는다.
MISO	Mater In Slave Out SCK 클록에 동기되어 슬레이브가 데이터 신호를 출력하고, 마스터는 입력받는다.
SCK	Serial Clock 데이터 송수신을 위한 동기 클록으로 마스터가 제공한다. 전송 대기 시에 유지하는 전압 레벨을 HIGH 또는 LOW로 설정할 수 있다. 데이터를 샘플링하는 시점은 처음 또는 두 번째 에지 중 하나를 선택할 수 있다.
/SS	Slave Select 마스터 모드이면서 입력 핀인 /SS에 LOW가 감지되면 마스터는 슬레이브가 되고, 다른 마스터가 제공하는 SCK을 사용하여 송수신을 진행한다.

마스터는 /SS 신호를 LOW로 만들어 슬레이브와 송수신할 준비를 한다. 마스터가 제공하는 SCK에 동기되어 마스터는 MOSI 신호로 슬레이브에, 슬레이브는 MISO 신호로 마스터에 데이터를 전송한다.

[그림 11-12]는 MOSI 신호로 마스터가 슬레이브로 데이터를 전송하는 파형이다. [그림 11-12(a)]는 마스터가 /SS 신호를 0으로 떨어뜨린 후 1로 올라갈 때까지 SCK와 동기되어 5개의 데이터를 전송하고 있다. [그림 11-12(b)]는 [그림 11-12(a)]의 CLK 신호 부분을 확대한 것으로서 SCK가 평상시 HIGH였다가 클록의 상승에지에 8비트 데이터를 샘플링하는 파형이다. LSB가 먼저 전달되는 신호면 슬레이브가 수신하는 3개의 데이터는 0xA1, 0x00, 0xF2다. 마스터가 /SS 신호를 LOW로 만든 후, 일정 시간이 지나면 SCK를 제공하기 시작한다. 슬레이브가 /SS를 감지한 후, 송수신 동작을 하기까지 준비를 위한 시간 여유를 주고 있는 경우다.

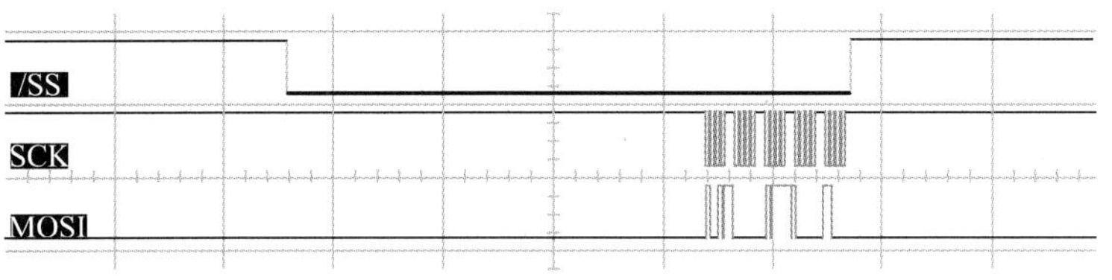

(a) 5개의 데이터 전송

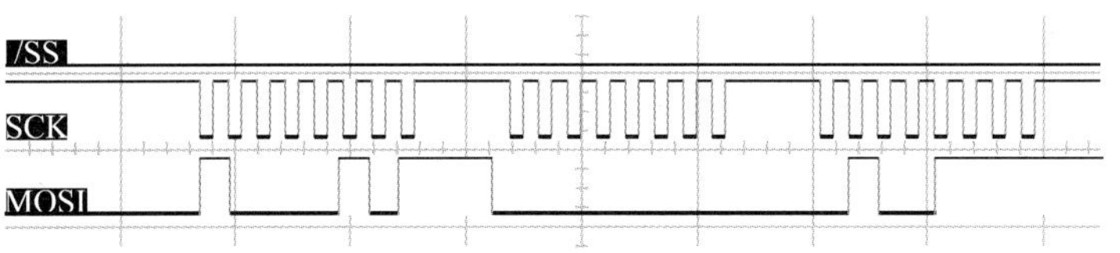

(b) 클록의 상승에지에 샘플링되는 3개의 데이터

[그림 11-12] MOSI 신호로 마스터가 슬레이브로 데이터를 전송하는 파형

[그림 11-13]은 SPI의 내부 구조를 나타내는 블록도다.

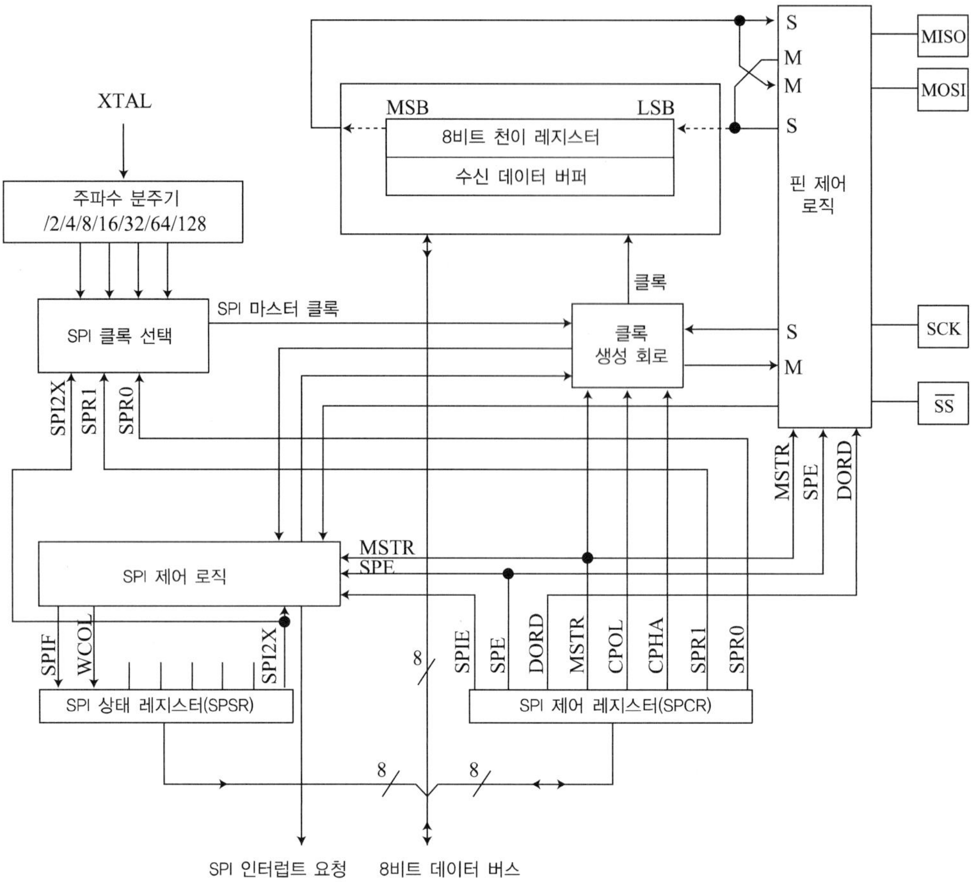

[그림 11-13] SPI 블록도

SPI 통신은 [그림 11-11]과 같이 마스터와 슬레이브 사이에 신호가 연결되어야 한다. SPI는 어느 순간 마스터 또는 슬레이브로 결정되어야 하므로, 역할에 따라 8비트 천이 레지스터에 연결되는 신호가 달라질 수 있다. [그림 11-13]의 핀 제어 로직에서 SPI의 마스터 또는 슬레이브 역할에 따라 8비트 천이 레지스터의 MSI와 LSI에 연결될 MISO와 MOSI 핀을 결정한다. 마스터와 슬레이브 역할에 따른 블록도의 기능은 아래와 같다.

마스터

마스터는 /SS 신호를 LOW로 만들어 출력하고 /SS로 LOW를 받은 SPI는 슬레이브가 되어 데이터를 받을 준비를 한다. SPI 데이터 레지스터(SPDR)에 전송할 값을 기록하면 SCK 클록이 발생하고 이 클록에 동기되어 MOSI와 MISO 신호를 통해 교환하게 된다.

SPDR 데이터는 MOSI 신호 선으로 슬레이브에 천이 출력된다. 동시에 슬레이브에서 출력하는 신호는 MISO 신호 선으로, 수신되어 수신 데이터 버퍼 레지스터에 저장된다. 이는 전이

중 방식(Full Duplex)이다. 송수신이 동시에 일어나고 8비트 천이가 완료되면 SPSR 레지스터의 SPIF 비트가 1이 된다. 송신 데이터 버퍼는 1바이트의 단일 버퍼이고, 수신 데이터 버퍼는 2바이트의 2중 버퍼다.

마스터는 수신 데이터를 읽기 전에 SPDR 레지스터에 다음 송신할 값을 기록할 수 있다. /SS 신호를 HIGH로 만들면 데이터 패킷 전송을 끝낸다. SPDR 레지스터를 읽어 수신된 데이터를 얻는다.

[프로그램 11-11]은 마스터로서 폴링을 이용하여 데이터를 출력시키기 위한 SPI 초기화 함수다. DDRB 레지스터를 사용하여 MOSI 핀과 SCK 핀을 출력으로 설정한다. SPCR 레지스터에서 9번 라인과 같이 SPI를 활성화하고, 마스터 모드로 설정한다. 주파수를 오실레이터 주파수로 64 분주한 사례다.

[프로그램 11-11] SPI 마스터 초기화 함수

```
1   #define SS   PB0
2   #define SCK  PB1
3   #define MOSI    PB2
4   #define MISO    PB3
5
6   void SPI_MasterInit(void)
7   {
8       DDRB |= 1<<MOSI | 1<<SCK;               // MOSI, SCK 핀을 출력으로 만든다.
9       SPCR = 1<<SPE | 1<<MSTR | 1<<SPR1;      // SPI 활성화, 마스터 설정, 1/64
10  }
```

[프로그램 11-12]는 폴링을 이용하여 SPI 마스터의 데이터를 전송하는 프로그램이다. 3번 라인에서 슬레이브에 /SS 신호를 LOW로 만든다. SPCR 레지스터의 MSTR 비트를 1로 만든 마스터 상태에서 SPDR 레지스터에 값을 기록하면 MOSI 핀을 통해 데이터가 출력된다. 전송이 완료되면 SPSR 레지스터의 SPIF 비트가 1이 된다. 4번 라인에서 전송 완료를 폴링으로 기다린 후 5번 라인에서 /SS 신호를 HIGH로 만들고 송신을 끝낸다. /SS 신호를 LOW로 만들고 SPDR에 데이터를 기록하기까지 약간의 시간 지연을 두어 슬레이브가 데이터를 받을 준비를 하게 하는 것이 바람직하다.

[프로그램 11-12] SPI 마스터 8비트 데이터 전송

```
1   void SPI_MasterSend(char data)
2   {
3       DDRB &= ~(1<<SS);
4       // _delay_us(500); 시간 지연이 바람직함
5       SPDR = data;                    // 데이터 전송
```

```
    while(!(SPSR & (1<<SPIF)));      // 전송 완료 기다림
    DDRB |= 1<<SS;
}
```

SPI 슬레이브

/SS 신호가 HIGH인 동안 SPI는 동작하지 않는다. MISO 신호는 고저항 상태(High impedance)가 된다. SPDR 레지스터에 값을 기록하더라도 /SS 신호가 LOW가 되기 전까지 SPDR 데이터는 천이 출력되지 않는다. /SS 신호에 LOW를 받으면 슬레이브가 되고, SPDR 데이터는 MISO 신호 선으로 마스터에 출력된다. 동시에 마스터가 출력하는 신호는 MOSI 신호 선으로 수신되어 수신 데이터 버퍼에 저장된다. 송신 데이터 버퍼는 1바이트의 단일 버퍼이고, 수신 데이터 버퍼는 2바이트의 2중 버퍼다.

슬레이브는 수신 데이터를 읽기 전에 SPDR 레지스터에 다음 송신할 값을 기록할 수 있다. 수신된 데이터는 SPDR을 읽어 가져간다. [프로그램 11-13]은 슬레이브 모드로 데이터를 MISO 핀으로 출력시킬 수 있는 초기화 함수다. 4번 라인에서 SPI를 활성화시킨다.

[프로그램 11-13] SPI 슬레이브 초기화 함수

```
1  void SPI_SlaveInit(void)
2  {
3      DDRB |= 1<<MISO;          // MISO를 출력 핀으로 설정
4      SPCR = 1<<SPE;            // SPI 활성화
5  }
```

[프로그램 11-14]는 SPSR 레지스터의 SPIF가 1인지를 검사하여 8비트 데이터 수신을 확인한 후 SPDR을 읽어 반환한다. 마스터에 클록으로 한 문자가 MOSI/MISO 핀으로 교환되면 SPIF 비트가 1로 셋된다. SPCR 레지스터의 SPIE 비트가 1로 셋된 경우 ISR(SPI_STC_vect) 인터럽트 서비스 루틴이 실행되면 SPIF 비트는 클리어된다.

[프로그램 11-14] SPI 슬레이브 8비트 데이터 수신

```
char SPI_SlaveReceive(void)
{
    while(!(SPSR & 1<<SPIF));        // 수신 완료까지 기다림
    return SPDR;                     // 데이터 반환
}
```

11.7.2 SPI 마스터/슬레이브 모드 변경 동작

ATmega128은 마스터와 슬레이브로 동작 모드를 동적으로 바꾸면서 SPI 통신을 수행할 수 있다.

SPI 핀 방향

ATmega128이 마스터 또는 슬레이브 모드가 되면 [표 11-15]와 같이 핀의 방향이 DDRB 레지스터와 상관없이 결정된다. 마스터 모드로 설정되면 MISO 핀은 입력 핀이 되고, MOSI, SCK, /SS 핀은 DDRB 레지스터의 DDB2, DDB1, DDB0 비트 설정에 따라 입력 또는 출력으로 방향이 결정된다.

SPI 슬레이브 모드로 설정되면 MOSI, SCK, /SS 핀은 DDRB 레지스터에 상관없이 입력 핀이 되고, MISO 핀은 DDRB 레지스터의 DDB3 비트 설정에 따라 입력 또는 출력으로 방향이 결정된다.

[표 11-15] SPI 핀 방향

핀	마스터	슬레이브
/SS	DDRB 레지스터 DDB0 비트로 설정	입력
SCK	DDRB 레지스터 DDB1 비트로 설정	입력
MOSI	DDRB 레지스터 DDB2 비트로 설정	입력
MISO	입력	DDRB 레지스터 DDB3 비트로 설정

마스터로서 /SS 신호를 이용한 SPI 클록 획득

SPI의 SCK 핀은 [그림 11-11]과 같이 데이터를 송수신할 때만 클록 신호가 등장한다. 마스터가 SPDR에 데이터를 기록하면 데이터를 송신하면서 SCK 클록이 발생되고, 이때 마스터는 슬레이브가 송신하는 데이터를 동시에 수신할 수 있다. 슬레이브는 마스터가 제공하는 클록에 동기되어 데이터를 송수신한다.

ATmega128은 SPI 상대방과 마스터/슬레이브를 바꾸면서 인터페이스할 수 있는 기능을 제공한다. [그림 11-14(a)]는 두 개의 ATmega128이 SPI 신호로 연결되고, 마스터 모드로 SPI 통신의 시작을 기다리고 있는 상태다. /SS와 SCK 내부에 풀업저항을 연결하여 HIGH가 입력되고 있다. [그림 11-14(b)]는 둘 중에서 SPI 클록을 획득하려는 마스터가 /SS 신호를 출력 방향으로 바꿔 LOW 신호를 인가하면 상대는 슬레이브 모드로 변환된다. /SS 신호를 LOW로 만든 마스터는 SCK 핀의 방향을 출력으로 바꿔 클록이 공급되게 해야 한다. SPI 통신을 종료하면 마스터는 [그림 11-14(a)]와 같이 핀 방향을 바꾸고 SPI 통신 대기 상태로 만들 필요가 있다.

입력 방향의 /SS 신호에서 LOW를 받은 마스터는 슬레이브로 변경된다. SPCR 레지스터의 MSTR 비트값이 0으로 바뀌고 SCK 핀과 MOSI 핀이 입력으로 바뀐다. SPSR 레지스터의 SPIF 비트도 1로 바뀐다. SPI 인터럽트가 설정되어 있으면 SPI 인터럽트 서비스 루틴이 실행된다.

슬레이브는 마스터가 제공하는 클록에 의해 SPDR 레지스터로 송신과 수신을 동시에 수행한다. 데이터 송수신이 모두 완료되면 마스터에 의해 /SS 신호가 HIGH로 바뀐다. 슬레이브가 마스터로 바뀌려면 SPCR 레지스터의 MSTR 레지스터를 1로 만들어 [그림 11-14(a)]와 같이 마스터 모드 SPI 통신 대기 상태로 만든다. 마스터로 바뀐 슬레이브는 /SS 신호를 이용하여 SPI 클록 획득을 위한 절차를 수행한다.

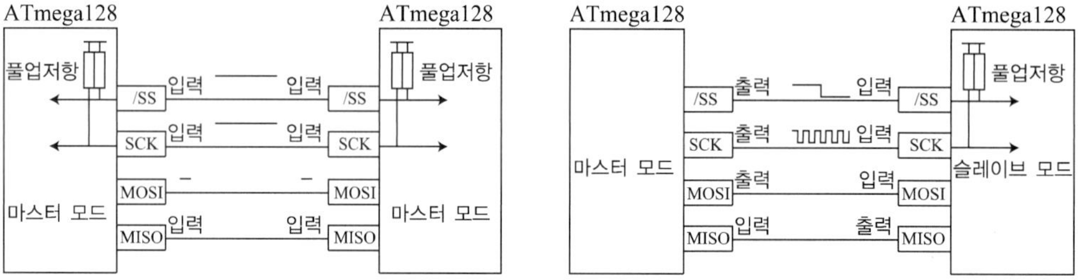

(a) 마스터 모드 SPI 통신 대기 (b) 마스터 모드 /SS로 SPI 클록 획득

[그림 11-14] 마스터 모드의 SPI 클록 획득 절차

11.8 SPI 관련 레지스터

SPI 동작을 설정하고 관리하기 위한 주요 레지스터에는 SPCR, SPSR, SPDR이 있다. 각 레지스터와 비트의 역할은 다음과 같다.

11.8.1 SPCR 레지스터

SPI 제어 레지스터(SPI Control Register)라고 한다. SPI의 동작을 설정하는 기능을 [표 11-16]과 같이 수행한다.

SPCR	비트	7	6	5	4	3	2	1	0
	비트명	SPIE	SPE	DORD	MSTR	CPOL	CPHA	SPR1	SPR0
	읽기/쓰기	R/W	R/W	R/W	R/W	R/W	R/W	R/W	R/W
	초깃값	0	0	0	0	0	0	0	0

[표 11-16] SPCR 레지스터

비트명	속성	초깃값	비 고
SPIE	R/W	0	SPI 인터럽트 활성화 비트 SPI 인터럽트를 활성화시킨다. SREG 레지스터의 I 비트가 1일 때 인터럽트가 발생되는 경우는 다음과 같이 2가지가 있다. • 8비트 데이터 전송이 완료되었을 때 • 마스터 모드에서 /SS 핀이 입력이고, LOW가 감지되었을 때
SPE	R/W	0	SPI 활성화 비트 SPI 통신을 수행하려면 이 비트를 1로 만들어야 한다.
DORD	R/W	0	데이터 전송 순서 비트 • 0 : MSB를 먼저 전송한다. • 1 : LSB를 먼저 전송한다.
MSTR	R/W	0	마스터/슬레이브 모드 선택 비트 • 0 : 슬레이브 모드를 선택했을 때 • 1 : 마스터 모드를 선택했을 때 만일 /SS 핀이 입력이고, LOW가 감지되면 0으로 바뀐다. 이때 SPSR 레지스터의 SPIF 비트가 1이 되고 SPI 인터럽트가 활성화되어 있으면 SPI 인터럽트가 발생한다.
CPOL	R/W	0	클록 극성 비트 • 0 : 데이터가 전송되지 않을 때 클록은 LOW를 유지한다. • 1 : 데이터가 전송되지 않을 때 클록은 HIGH로 유지한다.
CPHA	R/W	0	클록 위상 비트 • 0 : 클록의 앞쪽 에지에 데이터를 샘플링한다. • 1 : 클록의 뒤쪽 에지에 데이터를 샘플링한다.

비트명	속성	초깃값	비 고
			CPOL 비트와 CPHA 비트가 결합하여 데이터 셋업, 샘플링을 결정한다([표 11-17] 참조).
SPR1	R/W	0	오실레이터 클록 주파수 분주를 SPSR 레지스터 SPI2X 비트와 함께 결정한다([표 11-18] 참조).
SPR0	R/W	0	

전송 데이터 셋업과 샘플링

SPI 통신에서 MOSI, MISO 신호에 실린 데이터를 출력하기 위해서는 셋업하는 전송부와 샘플링하여 입력하는 수신부의 동기 순간이 약속되어야 한다.

[표 11-17] CPOL, CPHA에 의해 결정되는 셋업과 샘플링 위치

CPOL	CPHA	송신 데이터 셋업	수신 데이터 샘플링
0	0	하강에지	상승에지
0	1	상승에지	하강에지
1	0	상승에지	하강에지
1	1	하강에지	상승에지

[그림 11-15]는 CPOL=1이므로 클록이 평상시에 HIGH였다가 전송 중에 클록이 나타난다. CPHA=1이므로 송신 측은 하강에지에 데이터를 셋업하고, 수신 측은 상승에지에 데이터를 샘플링한다. DODR=1인 경우 LSB를 먼저 주고받으므로 MOSI 신호로 0x01, 0x02가 전송되고, MISO 신호로 0x01, 0x9B의 전송이 샘플링된다.

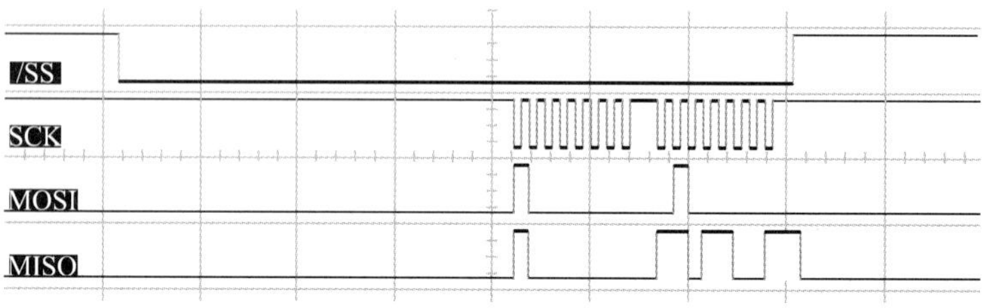

[그림 11-15] CPOL=1, CPHA=1, DODR=1 상태의 셋업과 샘플링

SPI 클록 분주

SPSR 레지스터의 SPI2X와 SPCR 레지스터의 SPR1, SPR0 비트에 의해 [표 11-18]과 같이 오실레이터 클록 주파수 f_{OSC}가 분주되어 SCK가 결정된다. SPI2X 비트는 주파수를 2배속으로 빠르게 하는 효과를 갖는다.

[표 11-18] SCK 주파수를 위한 오실레이터 주파수 분주

SPI2X	SPR1	SPR0	SCK 분주
0	0	0	$f_{OSC}/4$
0	0	1	$f_{OSC}/16$
0	1	0	$f_{OSC}/64$
0	1	1	$f_{OSC}/128$
1	0	0	$f_{OSC}/2$
1	0	1	$f_{OSC}/8$
1	1	0	$f_{OSC}/32$
1	1	1	$f_{OSC}/64$

11.8.2 SPSR 레지스터

SPI 상태 레지스터(SPI Status Register)라고 한다. SPI 통신의 상태를 나타내며, 기능은 [표 11-19]와 같다.

	비트	7	6	5	4	3	2	1	0
SPSR	비트명	SPIF	WCOL	-	-	-	-	-	SPI2X
	읽기/쓰기	R	R	R	R	R	R	R	R/W
	초깃값	0	0	0	0	0	0	0	0

[표 11-19] SPSR 레지스터

비트명	속성	초깃값	비 고
SPIF	R	0	SPI 인터럽트 플래그 이 비트가 1이 되는 경우는 두 가지가 있다. ISR(SPI_STC_vect) 인터럽트 서비스 루틴이 실행되면 이 비트는 클리어된다. 또 셋된 SPSR 레지스터를 읽은 후 SPDR 레지스터를 읽으면 클리어된다. • SPI 시리얼 전송이 완료되면 이 비트가 1이 된다. • 만일 SPCR 레지스터의 MSTR 비트가 1인 마스터 모드에서 /SS 핀이 입력일 때 /SS 핀에 LOW가 감지되면 이 비트가 1이 된다.
WCOL	R	0	충돌 플래그 기록 비트 데이터가 전송 중에 SPDR 레지스터가 기록되면 이 비트가 셋된다. 셋된 SPSR 레지스터를 읽은 후 SPDR 레지스터를 읽으면 클리어된다.
SPI2X	R/W	0	SCK 주파수 생성을 위해 오실레이터 주파수를 분주하기 위한 비트다([표 11-18] 참조).

11.8.3 SPDR 레지스터

SPI 데이터 레지스터(SPI Data Register)라고 한다. SPDR 레지스터에 데이터를 기록하면 마스터가 생성하는 클록에 동기되어 한 비트씩 천이하면서 출력된다. 이 레지스터를 읽으면 수신 천이되어 버퍼에 보관된 데이터를 얻는다.

[표 11-20]은 SPDR 레지스터를 쓰고 읽을 때 마스터와 슬레이브의 MOSI, MISO 핀과의 관계를 나타낸다.

	비트	7	6	5	4	3	2	1	0
SPDR	비트명	MSB							LSB
	읽기/쓰기	R/W	R/W	R/W	R/W	R/W	R/W	R/W	R/W
	초깃값	-	-	-	-	-	-	-	-

[표 11-20] SPDR 레지스터의 쓰기, 읽기와 마스터/슬레이브 모드

동작	DORD	마스터		슬레이브	
		핀	순서	핀	순서
쓰기	0	MOSI 출력	MSB부터 출력	MISO 출력	MSB부터 출력
	1		LSB부터 출력		LSB부터 출력
읽기	0	MISO로 입력된 값	MSB부터 입력	MOSI로 입력된 값	MSB부터 입력
	1		LSB부터 입력		LSB부터 입력

Section 11.9 고정 마스터 모드 SPI 온도센서와 인터페이스

A 실험 목적

(1) SPI 마스터 모드로 통신하는 비접촉 온도센서와 인터페이스를 수행한다.
(2) SPI 인터럽트를 사용하여 측정된 온도를 가져온다.
(3) 상용 제품의 데이터시트를 확인하여 응용프로그램을 완성한다.

B 실험 부품 및 장치

부품명	규격	수량	비고
핵심(기본) 부품		1개	3장 [표 3-17] 참조
비접촉 온도센서	DTM-M300, SPI 통신	1개	3.3[V], -35℃~300℃
LCD	2 x 16 라인	1개	
가변저항	50[kΩ]	각 1개	
LED	지름 3[mm]	1개	2[V] 전압강하

C 실험 절차

(1) [그림 11-16]과 같이 DTM-M300 모듈(이하 SPI 비접촉 온도센서)과 LCD를 이용한 회로를 구성한다. DTM-M300의 전원은 2.4~3.3[V], 4.5[mA]에서 동작되므로 5[V] V_{CC}에 순방향 전압강하 10[mA], $V_F = 2.0$[V]의 LED를 5[V] V_{CC}에 연결하여 사용하자. 안정적으로 사용하려면 레귤레이터를 사용하여 안정적인 3.3[V] 공급하는 것이 더 바람직하다. 자세한 규격은 DTM-M300 비접촉 온도센서를 참조한다.

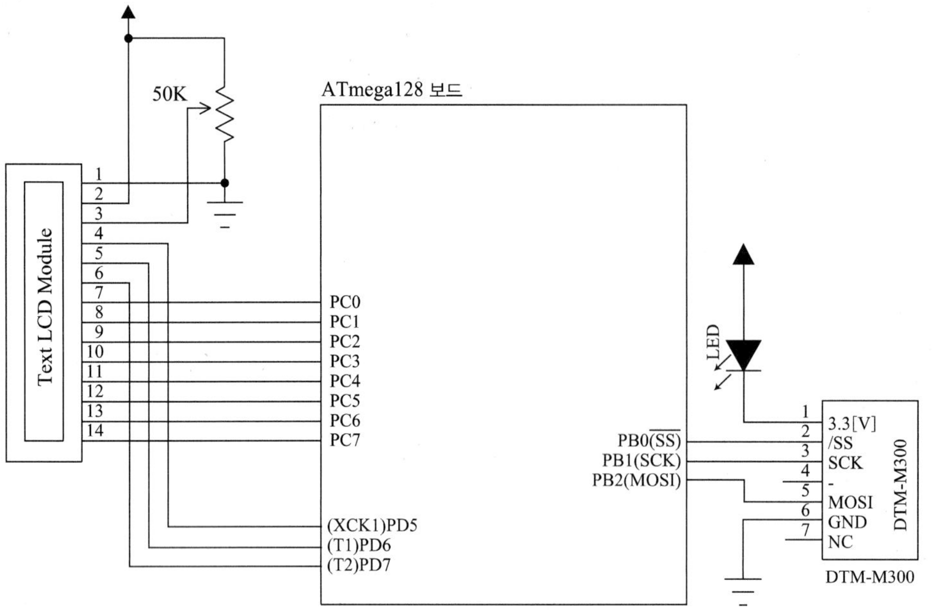

[그림 11-16] SPI를 이용한 비접촉 온도 측정 회로 구성

(2) [그림 11-17]의 SPI 비접촉 온도센서의 타이밍과 데이터 포맷을 이해한다.

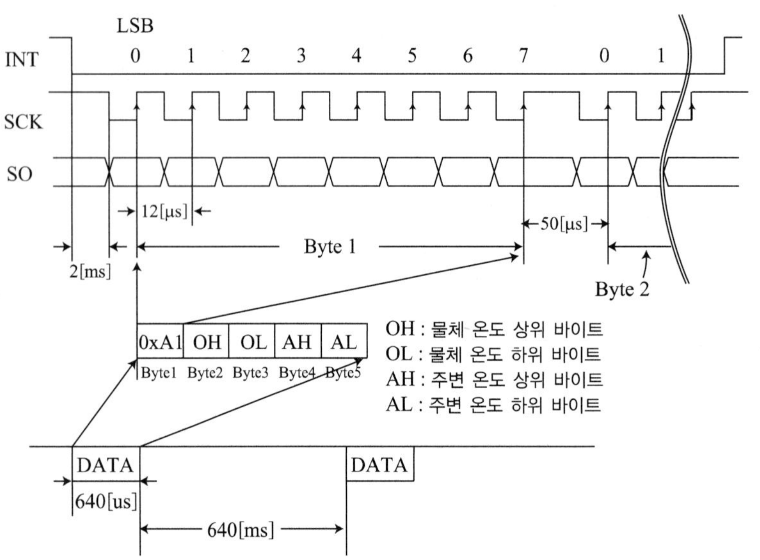

[그림 11-17] SPI 비접촉 온도센서의 타이밍과 데이터 포맷

(3) INT는 /SS 신호로 사용하고, SO는 MOSI 신호로 대치한다. SPI 비접촉 온도센서는 마스터로 동작되므로, ATmega128 보드는 슬레이브로 구성한다. SPCR 레지스터의 MSTR=0으로 사용한다.

(4) SPI 비접촉 온도센서에서 출력된 측정 파형은 [그림 11-18]과 같다.

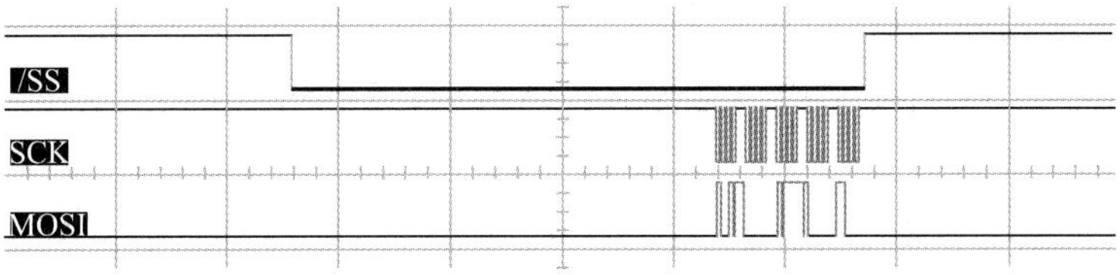

[그림 11-18] SPI 비접촉 온도센서 파형

(5) 5개의 문자가 출력되며, 순서는 다음과 같다.

0xA1	OH	OL	AH	AL

- OxA1 : 첫 전송 데이터 고정값이다.
- OH : 타깃 온도 상위 바이트다.
- OL : 타깃 온도 하위 바이트다.
- AH : 주변 온도 상위 바이트다.
- AL : 주변 온도 하위 바이트다.

(6) LSB부터 먼저 출력되므로 SPCR 레지스터의 DORD=1을 사용한다.

(7) SCK가 대기 상태에서 HIGH이므로, CPOL=1을 사용한다.

(8) 데이터 셋업 위치는 CLK의 앞부분이고, 샘플링 위치는 뒷부분이므로, CPHA=1을 사용한다.

(9) main( ) 함수는 [프로그램 11-15]와 같다. lcd.c, lcd.h는 부록을 참조한다.

[프로그램 11-15] SPI 비접촉 온도센서용 main( ) 함수

```
#include    <stdio.h>
#include    <avr/io.h>
#include    <avr/interrupt.h>
#include    <util/delay.h>
#include    "lcd.h"

// main 함수
int main(void)
{   char lcd_string[2][MAX_LCD_STRING];

    LCD_init();
    SPI_slave_init();
    sei();

```

```
    sprintf(lcd_string[0], "Object  Air     ");        // LCD 초깃값 출력
    LCD_str_write(0, 0, lcd_string[0]);

    while(1){
        _delay_ms(500);

        req_spi = 5;                // 5회 SPI 수신 요청
        SPCR |= 1<<SPIE;            // SPI 인터럽트 활성화
        while( req_spi);            // 5회 SPI 수신 완료 기다림
        SPCR &= ~(1<<SPIE);         // SPI 인터럽트 비활성화

        sprintf(lcd_string[1], "%-8.1f%-8.1f", temp_obj/10., temp_air/10.);  //온도 출력
        LCD_str_write(1, 0, lcd_string[1]);
    }

    return 0;
}
```

(10) SPI 비접촉 온도센서 슬레이브 동작을 위한 초기화와 인터럽트 서비스 루틴은 [프로그램 11-16]과 같다.

[프로그램 11-16] spi_thermometer.c

```
#include    <avr/io.h>
#include    <avr/interrupt.h>
#include    "spi_thermometer.h"

// 피사체 온도, 환경 온도
volatile    int temp_obj, temp_air;
volatile    int req_spi = 0;

ISR(SPI_STC_vect)
{   req_spi = req_spi > 0 ? req_spi - 1 : 0;  // 수신마다 1씩 감소

    if( SPDR == 0xA1 ){                        // 첫 글자
        req_spi = 4;
        return;
    }

    switch(req_spi){
        case 3:
            temp_obj = (unsigned int)SPDR << 8;
            break;

        case 2:
            temp_obj |= (unsigned int)SPDR;
            break;

```

```
        case 1:
            temp_air = (unsigned int)SPDR << 8;
            break;

        case 0:
            temp_air |= (unsigned int)SPDR;
            break;

        default: ;
    }
}

void    SPI_slave_init(void)
{
    SPCR |= 1<<SPE | 1<<DORD;          // SPI 활성화, LSB부터 먼저 처리, 슬레이브
    SPCR |= 1<<CPOL| 1<<CPHA;          // 클록 평상시 1, 상승에지에 샘플링
}
```

(11) SPI 헤더 파일 spi_thermometer.h는 [프로그램 11-17]과 같다.

[프로그램 11-17] spi_thermometer.h

```
#ifndef __SPI_THERMOMETER_H__
#define __SPI_THERMOMETER_H__

extern  volatile   int temp_obj, temp_air;
extern  volatile   int req_spi;

extern  void    SPI_slave_init(void);

#endif
```

(12) 컴파일한 후 다운로드한다. JTAG 인터페이스를 쓰지 않는 다운로더는 SPI 인터페이스로 ISP 다운로드된다. ISP 다운로드와 이 실험의 SPI 인터페이스 핀이 충돌되지 않기 위해 실험의 SPI 비접촉 온도 센서를 연결하지 않은 상태에서 다운로드한다.

D 실험 결과 및 고찰

(1) main( ) 함수 21번 라인에서 5회의 문자 수신을 요청/응답 방식으로 수행한다.

(2) main( ) 함수 22번 라인에서 SPI 인터럽트를 활성화시킨다.

(3) main( ) 함수 23번 라인에서 5회의 문자 수신이 끝나면 온도를 출력시킨다.

(4) SPI_slave_init(void) 초기화 함수에서 SPI 비접촉 센서 모듈과 인터페이스하기 위해 SPI

활성화, 슬레이브 모드, LSB부터 수신, 대기 시 SCK는 HIGH, 상승에지 샘플링으로 초기화시킨다. ATmega128은 슬레이브로 데이터를 받기만 하고 전송할 필요가 없으므로 MISO 핀을 출력으로 만들 필요가 없다.

(5) SPI 인터럽트 서비스 루틴에서 0xA1을 수신하면 강제로 4회 SPI 수신을 요청한다.

(6) 수신 개수에 따라 수신된 값을 물체 상위 바이트, 물체 하위 바이트, 대기 상위 바이트, 대기 하위 바이트에 해당되는 곳으로 18~31번 라인에서 대입시킨다.

(7) main( ) 함수에서 sprintf( ) 함수의 %f 포맷을 사용하므로 아래의 링커 옵션을 추가한다.

```
-Wl,-u,vfprintf -lprintf_flt -lm
```

(8) [그림 11-19]와 같이 앞에 물체가 없을 때는 물체 온도 20.9도, 대기 온도 20.7도를 SPI 데이터로 넘겨준다. 손을 앞에다 대면 물체 온도 31.6도로 SPI 비접촉 온도 센서의 데이터를 정상으로 넘겨주는 것을 확인할 수 있다.

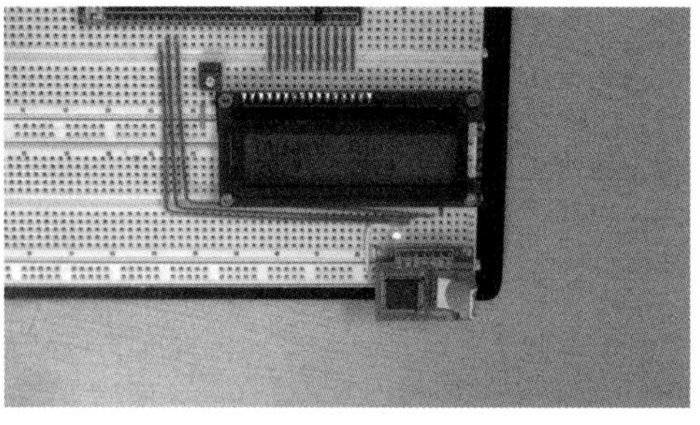

(a) 물체가 앞에 없을 때 SPI 결과

(b) 물체가 앞에 있을 때 SPI 결과

[그림 11-19] 실험 결과

(9) 문자로 수신되는 데이터를 숫자로 변환하는 과정에 대하여 토론하라.

(10) 요청/응답 방식에서 인터럽트 서비스 루틴은 어떻게 응답하는지 토론하라.

11.10 가변 마스터/슬레이브 모드 SPI 장치와 인터페이스

A 실험 목적

(1) 마스터/슬레이브 모드를 변경하면서 ATmega128 사이에 SPI 통신을 수행한다.

(2) 대기 중인 마스터가 상대방이 /SS 신호를 LOW로 출력하면서 마스터될 때 자신은 슬레이브로 변해 SPI 통신하는 동작을 실험으로 이해한다.

(3) 인터럽트 서비스 루틴에서 상태도에 따라 상태를 변경하면서 마스터 모드와 슬레이브 모드를 실행 프로그램으로 이해한다.

(4) Cds-셀은 밝을 때 작은 저항값을, 어두울 때 큰 저항값을 갖는다. 빛의 밝기를 A/D 변환하여 관찰한다.

B 실험 부품 및 장치

부품명	규격	수량	비고
ATmega128 보드	8[MHz] 또는 16[MHz]	2개	2개 조가 같이 작업
핵심(기본) 부품		조당 1개	3장 [표 3-17] 참조
LCD	2 x 16 라인	조당 1개	
가변저항	50[kΩ]	각 조당 1개	
Cds-셀		조당 1개	
저항	20[kΩ]	조당 1개	

C 실험 절차

(1) [그림 11-20]과 같이 2개 조가 한 개의 전원으로 회로를 구성하고, ATmega128 보드의 /SS, SCK, MOSI, MISO 핀을 서로 연결한다.

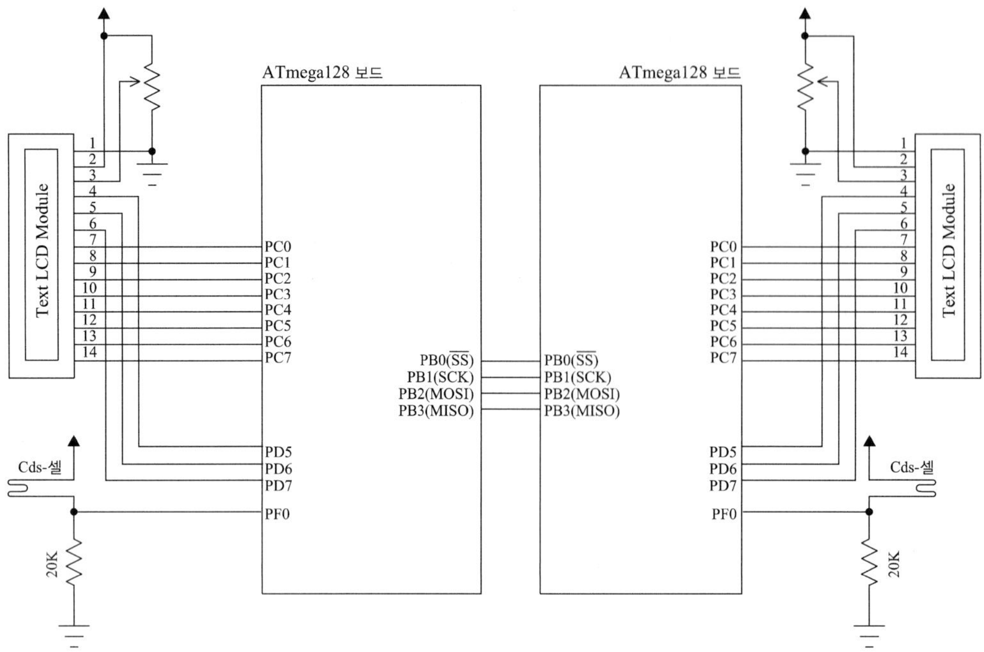

[그림 11-20] 마스터/슬레이브 모드 변환에 의한 SPI 통신 회로

(2) Cds-셀은 빛의 밝기에 따라 저항이 수백 Ω에서 크게는 수 Ω까지 가변된다. 밝을 때 저항값이 작아지므로 위 회로에서는 밝을 때 큰 A/D 변환값을 갖는다.

(3) 아래와 같이 main( ) 함수를 완성한다. lcd.c, lcd.h 파일은 부록 A를 참조한다.

[프로그램 11-18] SPI 마스터/슬레이브 모드 변경용 main( ) 함수

```
#include    <stdio.h>
#include    <avr/io.h>
#include    <avr/interrupt.h>
#include    <util/delay.h>
#include    "lcd.h"
#include    "spi_adc.h"

#define DELAY_MSEC 150
extern volatileint spi_mode;

volatile unsigned  int my_adc, remote_adc;

// A/D 변환 완료
ISR(ADC_vect)
{   my_adc = ADC;  }

// A/D 변환 초기화
void ADC_init(void)
```

```
{   // ADC 활성화, ADC 인터럽트 활성화, 프리스케일러 CPU 분주비=64
    ADCSRA |= 1<<ADEN | 1<<ADIE | 6;
}

void    display_spi_adc(void)
{   char lcd_string[2][MAX_LCD_STRING];

    sprintf(lcd_string[0], "SPI-ADC %6s", spi_mode==MASTER ? "Master" : "Slave");
    sprintf(lcd_string[1], "Me:%-4dRemo:%-4d", my_adc, remote_adc);
    LCD_str_write(0, 0, lcd_string[0]);
    LCD_str_write(1, 0, lcd_string[1]);
}

// main 함수
int main(void)
{
    ADC_init();
    LCD_init();
    SPI_init();
    sei();

    while(1){
        display_spi_adc();          // my_adc와 remote_adc 디스플레이
        _delay_ms(DELAY_MSEC);

        master_get_slave_ADC();     // 마스터로서 교신 주관

        ADCSRA |= 1<<ADSC;          // A/D 변환 시작

        display_spi_adc();          // my_adc와 remote_adc 디스플레이
        _delay_ms(DELAY_MSEC);
    }

    return 0;
}
```

(4) SPI 통신으로 마스터/슬레이브가 변동되는 spi_adc.c 프로그램을 완성한다.

[프로그램 11-19] spi_adc.c

```
#include    <avr/io.h>
#include    <avr/interrupt.h>
#include    <util/delay.h>
#include    "spi_adc.h"

extern  volatile unsigned   int      my_adc, remote_adc;

volatile int    spi_mode = MASTER;
```

```
volatile enum  { START=0x30, HIGH_BYTE, LOW_BYTE } state = START;

void   SPI_init(void);

ISR(SPI_STC_vect)
{   /* 마스터 모드에서 문자 수신이 완료된 경우 */
    if( SPCR & 1<<MSTR ){
        switch(state){
        case START:                              // START 송신 완료
                SPDR = state = HIGH_BYTE;        // HIGH_BYTE 요청 송신
                break;

        case HIGH_BYTE:                          // HIGH_BYTE 수신 완료
                remote_adc = SPDR<<8;
                SPDR = state = LOW_BYTE;         // LOW_BYTE 요청 송신
                break;

        case LOW_BYTE:                           // LOW_BYTE 수신 완료
                remote_adc |= (unsigned char)SPDR;
                SPI_init();                      // 마스터 모드 대기 상태로 초기화
                break;
        }

    /* 슬레이브 모드에서 문자 송신이 완료된 경우 */
    }else if(spi_mode == SLAVE){
        switch(SPDR){
        case START:
            SPDR = my_adc>>8;                    // 상위 바이트 준비
            break;

        case HIGH_BYTE:
            SPDR = (unsigned char)my_adc;        // 하위 바이트 준비
            break;

        case LOW_BYTE:
            break;                               // 하위 바이트 전송 완료

        default:;
        }

    /* 마스터 모드 -> 슬레이브 모드 변경 : /SS 신호가 LOW로 감지 */
    }else if(spi_mode == MASTER){
        spi_mode = SLAVE;
        DDRB = (DDRB | 1<<MISO) & ~(1<<MOSI);   // 슬레이브 포트 방향 설정
    }
}

void   SPI_init(void)
{   // SPI, 마스터, LSB 먼저, SPI 인터럽트, SCK HIGH, 상승 샘플링, 1/64 분주
    SPCR |= 1<<SPE | 1<<DORD | 1<<MSTR | 1<<SPIE | 1<<CPOL | 1<<CPHA | 1<<SPR1;
```

```
    PORTB |= 1<<SS | 1<<SCK;                        // SS, SCK 풀업저항
    DDRB &= ~(1<<SS | 1<<SCK | 1<<MOSI | 1<<MISO);  // 핀 방향 마스터 대기
}

/* 마스터가 /SS와 SCK 신호를 주관하여 SPI 통신 */
void    master_get_slave_ADC(void)
{
    spi_mode = MASTER; // 마스터 모드로 설정
    SPCR |= 1<<MSTR;
    PORTB &= ~(1<<SS); // /SS 신호 미리 LOW로 준비
    DDRB = (DDRB | 1<<SS | 1<<SCK | 1<<MOSI) & ~(1<<MISO); // 핀 방향 설정
    SPDR = state = START;   // START 전송
}
```

(5) spi_adc.h 파일을 프로젝트에 포함시킨다.

[프로그램 11-20] spi_adc.h

```
#ifndef __SPI_ADC_H__
#define __SPI_ADC_H_

#define SS      PB0
#define SCK     PB1
#define MOSI    PB2
#define MISO    PB3

#define MASTER  1
#define SLAVE   2

extern volatile int     req_sw;
extern volatile int     spi_mode;
extern volatile unsigned    int     my_adc, remote_adc;

extern void SW_init(void);
extern void SPI_init(void);
extern void master_get_slave_ADC(void);

#endif
```

D 실험 결과 및 고찰

(1) main( ) 함수에서 동작 모드를 LCD에 디스플레이하기 위해 시간 지연을 두 번하고 있다.

(2) master_get_slave_ADC( ) 함수는 마스터로서 상대방을 슬레이브로 만들고 상대방의 A/D 변환 결과를 얻는 과정을 시작하는 함수다.

(3) main( ) 함수의 46번 라인에서 주기적으로 A/D 변환을 실행시키고, A/D 변환이 완료되면 15번 라인의 ADC 인터럽트 서비스 루틴에서 결과를 my_adc 변수에 저장한다.

(4) spi_adc.c 파일의 SPI_init(void) 함수에서 SPI를 초기화한다. SPI 활성화, LSB부터 먼저 전송, 마스터 모드, SPI 인터럽트 활성화, 평상시 SCK는 HIGH로 대기, 두 번째 클록 에지에 데이터 샘플링, SCK는 오실레이터의 $\frac{1}{64}$ 분주 주파수 사용으로 설정한다.

/SS와 SCK 핀을 내부 풀업저항을 연결하기 위해 59번 라인에서 미리 1로 만든다. 그 후 /SS, SCK, MOSI, MISO는 마스터 대기 상태에서 모두 입력으로 설정한다.

(5) master_get_slave_ADC(void)와 인터럽트 서비스 루틴 ISR(SPI_STC_vect)에서 마스터가 슬레이브와 교신을 주관하는 절차를 수행한다. [그림 11-21] 상태도에 따라 마스터 모드는 SPI 통신을 주관한다.

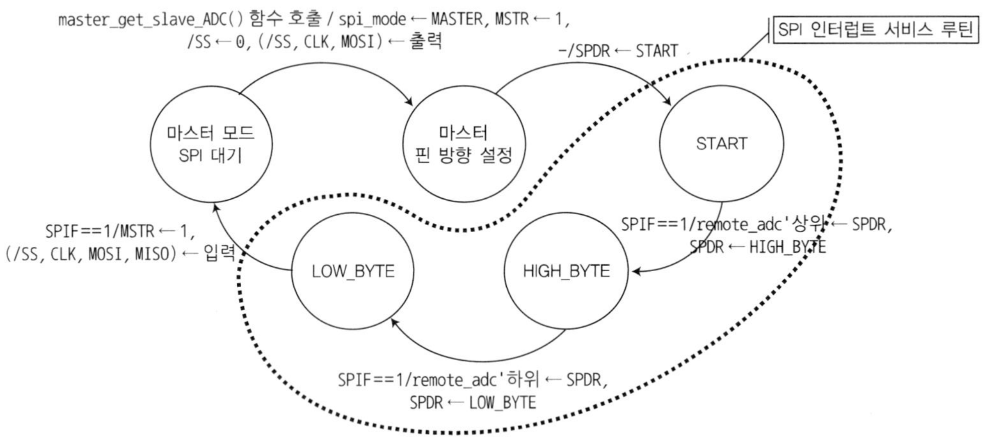

[그림 11-21] 마스터 모드가 SPI 통신을 주관하는 상태 천이도

(6) 마스터 모드 SPI 대기 단계에서 master_get_slave_ADC(void) 함수의 호출에 의해 마스터 핀 방향을 설정한다. 마스터 핀 방향이 설정되면 SPDR 레지스터에 START 데이터를 기록하여 SPI 통신을 개시시킨다. 인터럽트 서비스 루틴에서는 START, HIGH_BYTE, LOW_BYTE 상태를 거치면서 마스터는 3개의 문자 START, HIHG_BYTE, LOW_BYTE를 전송하고 전송이 완료될 때 슬레이브에서 전달받은 2회의 데이터로 remote_adc값을 상위 바이트부터 갱신한다. ISR(SPI_STC_vect)의 15~30번 라인은 [그림 11-21]의 점선에 해당되는 상태천이부를 코딩한 것이다.

(7) [그림 11-22]는 슬레이브 모드에서 마스터와 데이터를 인터페이스하는 동작을 나타낸 것이다.

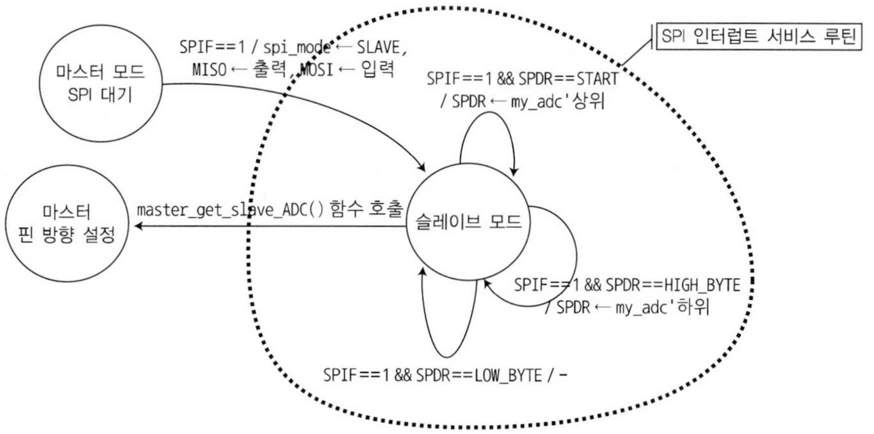

[그림 11-22] 슬레이브 모드 인터럽트 서비스 루틴에서 마스터와 인터페이스

(8) 마스터 모드 SPI 대기 단계에서 /SS 신호에 LOW가 감지되면서 슬레이브 모드로 변경되고 인터럽트가 발생한다. MISO, MOSI 핀의 방향을 설정한다. 마스터에 SPDR 레지스터에서 기록한 문자 전송이 종료되면 슬레이브는 마스터가 보낸 문자에 따라 응답한다. START를 수신받았으면 my_adc 변수의 상위 바이트를 SPDR에 기록한다. HIGH_BYTE를 수신받으면 상위 바이트의 전송이 끝났음을 알리는 것이고, my_adc 변수의 하위 바이트를 SPDR에 기록한다. LOW_BYTE를 수신받으면 하위 바이트의 전송이 완료된 것이다.

(9) spi_adc() 함수의 50~52번 라인은 마스터 모드 SPI 대기 단계에서 /SS 핀이 LOW 신호를 감지한 조건에 대한 동작이다.

(10) 33~47번 라인에서 마스터가 보낸 SPDR값에 따라 슬레이브는 다음 교신에 마스터에게 넘겨줄 데이터를 SPDR 레지스터에 기록한다.

(11) [그림 11-23]은 Cds-셀을 이용한 A/D 변환값을 SPI 통신을 통해 주고받은 결과다. [그림 11-23(a)]는 위쪽 Cds-셀이 어둡게 가려 있다. 위쪽 ATmega128 보드는 마스터 모드이고, 아래쪽 ATmega128 보드는 슬레이브 모드다. 위쪽 ATmega128 보드에서는 Me가 어두운 값에 해당되는 48을, 다른 ATmega128의 A/D값은 Remo값으로 밝은 값인 868을 디스플레이하고 있다. 아래쪽 ATmega128 보드는 반대로 디스플레이하고 있다. 값이 약간 다르게 디스플레이되는 이유는 원격지에서 가져오는 데이터가 시간 지연이 있기 때문이다. [그림 11-23(b)]는 아래쪽 Cds-셀을 어둡게 가리고 있다. 아래쪽 ATmega128의 Cds-셀에 대한 A/D 변환값은 작고, 빛을 많이 받는 위쪽 Cds-셀에 대한 A/D 변환값은 864로 크게 나타내고 있다. 위쪽 ATmega128이 디스플레이하는 LCD는 반대의 결과를 디스플레이하고 있다.
[그림 11-23]은 마스터와 슬레이브 모드로 번갈아가며 데이터를 교신하고 있는 모습을 나타내고 있다.

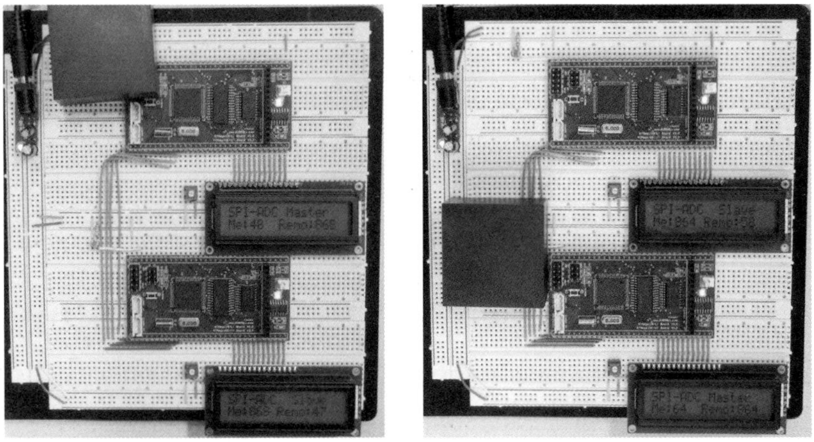

(a) 위쪽 Cds-셀이 어두운 경우　　　(b) 아래쪽 Cds-셀이 경우

[그림 11-23] 마스터와 슬레이브 모드를 번갈아가며 자신과 원격지의 Cds-셀 A/D 변환값을 SPI 통신으로 공유

Chapter_11 연습문제

11.1 동기 모드와 비동기 모드 시리얼 통신의 차이점은 무엇인가?

11.2 다음 비트의 역할을 설명하라.

(a) 시작 비트
(b) 패리티 비트
(c) 정지 비트

11.3 USART에서 다음 에러를 설명하라.

(a) 패리티 에러
(b) 플레임 에러
(c) 오버런 에러

11.4 8 데이터 비트, 패리티 없음, 보오레이트 115,200[bps]일 때 1초에 최대로 전송 가능한 문자를 계산하라.

11.5 ATmega128에서는 범용으로 사용되는 printf( ) 함수에서 부동소수점 숫자에 대한 출력 포맷 %f를 지원하지 않는다.

(1) 이유를 설명하라.
(2) %f 포맷을 지원하게 하려면 어떻게 해야 하는가?

11.6 USART의 문자 송신 함수와 문자 수신 함수를 사용하여 printf( )와 scanf( )의 표준 문자 출력과 표준 문자 입력으로 연결하려 한다. 이 방법을 설명하라.

11.7 USART에서 큐와 인터럽트를 이용한 문자 송수신 방법을 설명하라.

11.8 SPI 통신에서 SCK 클록이 발생되는 시점은 언제인가?

Chapter 12

작품 제작을 위한 PCB와 작품 소개

PCB for DIY(Do It Yourself) and Examples

학습목표

- 스스로 작품을 만들기 위해 제공되는 PCB의 사용 방법을 이해할 수 있다.
- 세 가지 작품(A, B, C)을 통해 스스로 작품을 제작할 수 있는 능력을 배양할 수 있다.
- 컨베이어 이송 시스템을 이해하고, 응용 작품에 활용할 수 있다.
- PID 제어에 의한 속도 조절 시스템을 이해하고, 응용 작품에 활용할 수 있다.
- 검정 띠 추적 모형 자동차를 이해하고, 응용 작품에 활용할 수 있다.

이 책에서는 각 장에서 소개한 기능들을 구현할 수 있는 15종의 소형 PCB를 제공하고 있다. PCB에 필요한 부품과 부품이 장착된 각 모듈의 기능을 12.1절에서 소개하고 있다. 이 장에서는 제공되는 PCB에 부품을 장착한 모듈과 지지용 기구물을 사용한 세 가지 예제 작품을 소개한다. 세 가지 예제 작품은 디지털 I/O, 외부핀 인터럽트, 타이머/카운터, 입력 캡처, 아날로그 비교기, USART 통신, DC 모터 제어 등 다양한 기본 지식을 결합하고 있다.

컨베이어 이송 시스템과 검정 띠 추적 모형 자동차는 7장에서 소개한 ASM 차트를 사용한 프로그래밍 기법으로 작품이 설계되었다. 검정 띠 추적 모형 자동차는 2개의 포토다이오드와 포토트랜지스터로 검정 띠의 위치를 추적 주행하기 위해 DC 모터와 RC 서보모터를 PWM으로 구동한다. PID 제어에 의한 모터 속도 조절 시스템은 입력 캡처 기능으로 모터의 RPM 측정 방법을 소개하고, 타이머/카운터의 PWM을 이용한 PID 제어로 모터의 속도를 제어한다. PC의 응용프로그램과 USART 통신하면서 PID 제어의 비례상수, 적분상수, 미분상수를 수정하면 모터의 속도 변화를 그래프로도 관찰할 수 있다.

이 장을 통해 개인 또는 팀을 구성하여 창의적인 다양한 작품 구현함으로써, 마이크로컨트롤러 활용 기술을 높일 수 있기를 바란다.

12.1 작품 제작을 위한 PCB 소개

이 책에는 각 장에서 소개한 내용 일부를 제작할 수 있도록 PCB(Printed Circuit Board, 회로 기판)를 제공하고 있다. 이 책에 포함된 PCB는 [그림 12-1(a)]와 같이 전체가 하나로 연결되어 있지만 V-컷팅(V-cutting)되어 있으므로 [그림 12-1(b)]와 같이 잘라서 작은 PCB로 사용할 수 있다.

(a) 연결된 PCB

(b) 잘라서 사용할 수 있는 작은 PCB

[그림 12-1] 책에 포함된 PCB

잘라서 사용할 수 있는 작은 PCB

잘린 PCB는 PWR B/D(전원 연결 보드)를 제외하고는 모두 약 4mm 지름의 홀을 갖고 있다. 잘라서 사용할 수 있는 작은 크기의 PCB는 아래 [표 12-1]과 같이 여러 종류를 포함한다.

[표 12-1] 잘라서 사용할 수 있는 작은 크기의 PCB

번호	작은 PCB 명칭	수량	기능
1	PWR B/D	1	5[V] 어댑터를 브레드 보드에 연결하기 위한 보드
2	LED B/D	2	1개의 LED를 연결
3	SW B/D	2	스위치를 연결하기 위한 보드
4	Micro DC Motor B/D	2	H-브리지 회로가 포함된 보드
5	LCD Module B/D	1	LCD를 연결하기 위한 보드
6	LED Holder B/D	3	LED, 적외선 다이오드, 포토트랜지스터 덮개 보드
7	Relay B/D	1	JS1 릴레이와 터미널을 고정하기 위한 보드
8	Dual 7-Segement LED B/D	1	두 자리 7-세그먼트 LED를 디스플레이하기 위한 보드
9	Ph. TR/VR B/D	2	포토트랜지스터 또는 가변저항을 연결하기 위한 보드

번호	작은 PCB 명칭	수량	기능
10	Ph. Int. B/D	1	포토인터럽터를 연결하기 위한 보드
11	High-Flux LED B/D	1	고휘도 LED 4개를 병렬로 연결한 보드
12	Micro Geared Motor Support	2	소형 DC 기어드 모터를 지지하기 위한 보드
13	만능 기판	1	필요에 따라 회로를 구성하여 사용하기 위한 보드
14	커넥터 보드 6핀	3	6핀 듀얼 커넥터를 연결하기 위한 보드
15	커넥터 보드 14핀	3	14핀 듀얼 커넥터를 연결하기 위한 보드

사용 시 주의사항

책에 포함된 PCB를 사용할 때는 다음과 같은 사항을 주의해야 한다.

- 잘린 PCB에 부품을 실장하고 납땜하여 사용하는 경우, PCB 뒷면에 리드선같이 튀어나온 도체를 니퍼 등으로 반드시 잘라낸다.
- 홀을 이용하여 기구물에 부착하여 사용하는 경우, 전기가 통하지 않는 부도체 기구물을 사용하는 것이 바람직하다.
- 기구물이 도체인 경우, PCB 뒷면의 납 또는 리드선과 도체 기구물이 쇼트되지 않도록 아래 그림과 같이 PCB와 기구물 사이에 반드시 플라스틱 부싱같은 절연체를 두어 합선되지 않도록 절연시킨다. 플라스틱 부싱의 안지름은 4[mm], 높이는 6[mm]가 적합하다.
- 기구물에 고정하기 위한 PCB의 홀의 지름은 4[mm](반지름 2[mm])이고, 홀과 홀의 간격은 12.7[mm]의 배수 단위로 위치한다.

〈플라스틱 부싱을 사용하여 부착〉
[출처 : 제일과학(주)]

〈플라스틱 부싱〉

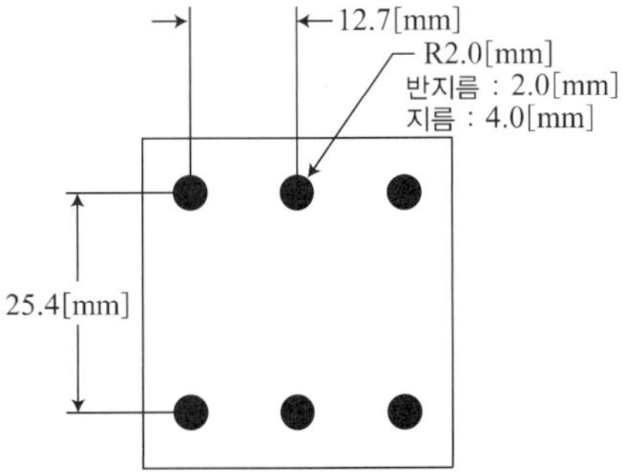

〈PCB 홀 크기와 홀 간격〉

12.1.1 PWR B/D

PWR B/D(전원 연결 보드)는 ATmega128을 이용한 실험을 진행할 때, 5[V] 어댑터를 사용하여 브레드 보드에 전원을 공급하기 위해 사용된다.

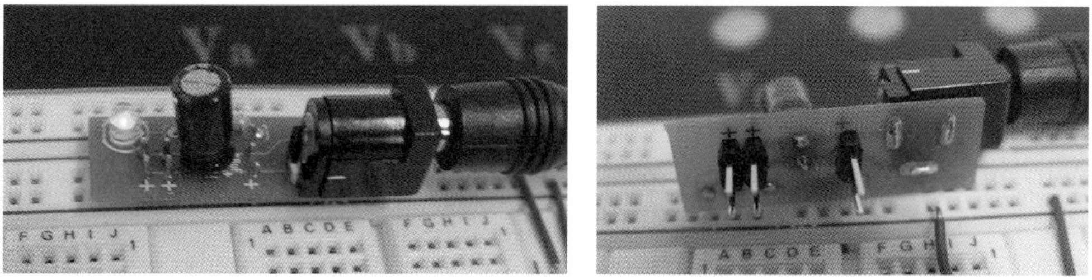

(a) 배선이 없는 곳에 쇼트되지 않게 연결 (b) 납이 묻은 부품과 배선이 쇼트되지 않게 주의

[그림 12-2] 전원 연결 보드의 안전한 사용

사용 방법

PWR B/D를 사용하는 방법은 다음과 같다.

- 5[V], 2[A] 미만의 안지름 2[mm]의 어댑터를 브레드 보드로 연결할 수 있다.
- 브레드 보드에 연결하기 전에 전압계로 반드시 정상으로 전압이 출력되는지 확인한 후 사용한다.
- [그림 12-2(a)]와 같이 브레드 보드에 연결하여 사용할 수 있다. + 표시가 있는 곳이 5[V]가 출력되는 곳이다. 브레드 보드와 연결할 때 항상 극성을 확인하고, 바르게 꽂아 사용한다.
- 전해 콘덴서는 극성이 바뀌지 않게 연결한다. 극성을 다르게 연결하면 콘덴서가 파괴되므로, 상해 사고가 날 수 있다.
- 반드시 [그림 12-2(a)]와 같이 다른 선이 배선되지 않은 곳에 전원 연결 보드를 꽂아 사용한다. 어댑터 연결용 소켓은 납땜 후 튀어나온 다리를 반드시 잘라 사용한다.
- [그림 12-2(b)]의 전원 연결 보드 아랫면은 납땜이 드러나 있어 다른 극성의 전원과 쇼트나기가 매우 쉽다. 브레드 보드에 연결할 때는 인접한 도체에 합선되지 않도록 조심해야 한다.

부품 리스트

PWR B/D에 사용되는 부품은 다음과 같다.

번호 또는 부품명	부품명	규격	주의 사항
R1	저항	470[Ω], 1/8[W]	
LED	LED	3[mm]	
소켓	DC 파워 잭	DC POWER JACK(DC-005) 안지름 2[mm]	
콘덴서	전해 또는 탄탈 콘덴서	48[uF], 25[V]	절대로 +, - 극을 바꿔 연결하지 않는다.
핀헤더	핀헤더	브레드 보드 연결을 위해 잘라 사용한다.	부품 반대쪽에 연결한다.

12.1.2 LED B/D

LED B/D(LED 보드)는 ATmega128에서 출력되거나 ATmega128로 들어가는 전류에 한정하여 사용하되, LED 정격에 맞게 사용해야 한다.

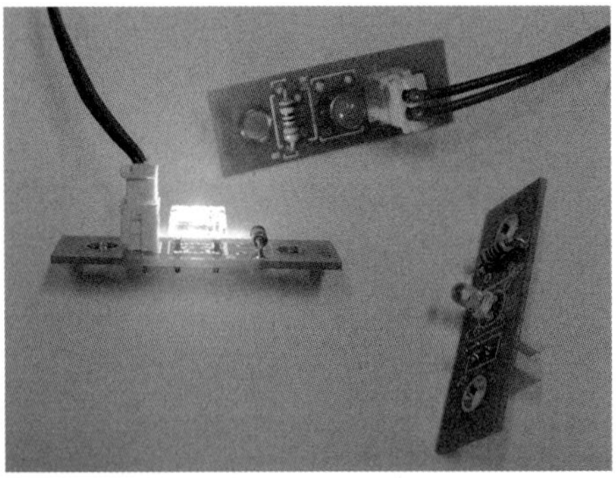

[그림 12-3] LED B/D와 적외선 다이오드의 연결

사용 방법

LED B/D를 사용하는 방법은 다음과 같다.

- [그림 12-3]과 같이 LED 또는 적외선 다이오드를 연결하여 사용할 수 있다. 연결할 때 애노드와 캐소드를 구별하여 연결한다. A는 애노드, K는 캐소드 쪽을 나타낸다.
- ATmega128이 구동하는 출력 핀으로만 LED B/D에 전류를 흐르게 제한하고, J1 커넥터 두 단자 사이에 5[V] 이하의 전압을 사용한다.
- 적외선 다이오드를 사용할 때 커넥터를 뒷면에 연결하면 앞으로 적외선이 발광하게 하고 뒷면에서 배선할 수 있다.
- 홀 위치에 맞는 평판 LED를 연결할 수 있다.

부품 리스트

LED B/D에 사용되는 부품은 다음과 같다.

번호 또는 부품명	부품명	규격	주의 사항
R1	저항	330[Ω], 1/8[W]	필요에 따라 저항값을 조절하여 사용한다.
D1	LED	3[mm], 5[mm] 평판 LED	애노드와 캐소드를 확인하고 연결한다.
J1	커넥터 2핀	MOLEX 5267-02(2.5[mm])	+ 쪽에 높은 전압이 인가되어야 LED가 켜진다. 5[V] 이하 전압을 사용한다.

12.1.3 SW B/D

SW B/D(스위치 보드)는 ATmega128의 입력 핀으로 스위치의 ON/OFF를 감지하기 위해 사용한다. [그림 12-4]는 스위치 보드에 연결된 스위치를 나타내고 있다.

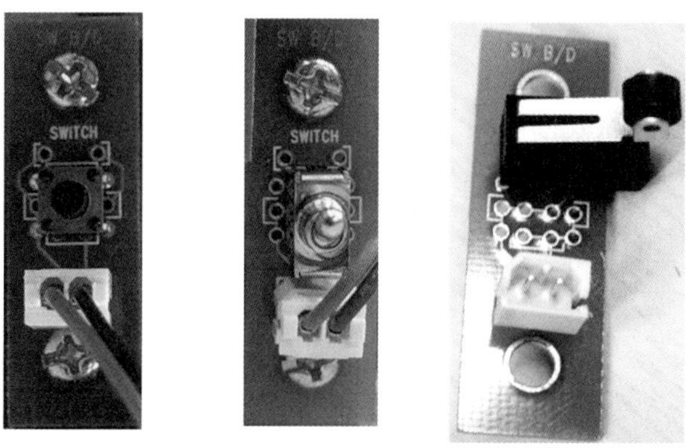

[그림 12-4] SW B/D

사용 방법

SW B/D를 사용하는 방법은 다음과 같다.

- ATmega128의 디지털 입력으로 연결되는 스위치 외에는 다른 목적으로 사용하지 않는다.
- 스위치 보드의 두 접점을 붙일 수 있는 홀 위치와 크기에 맞는 스위치를 연결할 수 있다.
- 저항을 연결하지 않았으므로 한 쪽은 GND에 연결하고, 다른 한 쪽은 ATmega128의 입력으로 설정된 핀에 연결하여 사용한다.
- 입력 핀은 내부에서 풀업저항을 연결해야 스위치의 동작을 정상으로 사용할 수 있다.

부품 리스트

SW B/D에 사용되는 부품은 다음과 같다.

번호 또는 부품명	부품명	규격	주의 사항
SWITCH	스위치	홀과 핀 간격이 맞는 택트, 토글 등의 스위치를 사용한다.	홀과 핀 간격을 확인한 후, 사용하기 바란다.
J1	커넥터 2핀	MOLEX 5267-02 (2.5[mm])	한 쪽은 GND, 다른 한쪽은 ATmega128의 입력 핀에 연결한다. 입력 핀은 내부에 풀업저항을 연결하여 사용한다.

12.1.4 Micro DC Motor B/D

Micro DC Motor B/D(마이크로 DC 모터 보드)는 ATmega128에서 소형 마이크로 DC 모터를 H-브리지 회로로 제어하기 위해 사용한다.

[그림 12-5] Micro DC Motor B/D의 조립 형태

사용 방법

Micro DB Motor B/D를 사용하는 방법은 다음과 같다.

- PWM 신호를 인가하면 회전 속도를 조절할 수 있다.
- ATmega128의 출력 핀으로만 제어하고 +5 연결 핀에는 3~5[V] 전원만을 사용한다. 매우 낮은 전력으로 구동되므로, 큰 전압을 연결하여 큰 전류가 흐르면 소자가 타버릴 수 있다.
- 3~5[V]로 구동되는 KTX(GM24-2412-0670)(motorbank) 또는 DC 기어드 모터 SE-DM(뉴티씨)에 사용할 수 있다.

• AC, BD 신호에 따라, 아래와 같은 방향으로 모터 회전을 위한 전류가 흐른다.

연결 신호			모터 회전을 위한 전류 방향
PWM	AC	BD	
LOW	–	–	–
PWM 펄스가 인가될 때	입력 핀 연결	입력 핀 연결	5[V]와 GND 사이에 트랜지스터를 통해 쇼트된다. 부품이 파손될 수 있다.
	LOW	LOW	–
	HIGH	HIGH	–
	HIGH	LOW	M+ → M–
	LOW	HIGH	M+ ← M–

• PWM 펄스가 인가될 때 AC, BD 핀이 입력 방향으로 설정되어 있으면, 트랜지스터를 통해 5[V]와 GND가 쇼트되고, 트랜지스터로 많은 전류가 흘러 부품이 파손될 수 있으므로 주의한다.

• [그림 12-5]는 Micro DC Motor B/D를 조립한 형태를 나타내고 있다.

• 모터 제어 신호가 정상적으로 출력되는지 여부를 테스터기로 확인한 후, Micro DC Motor로 커넥터를 연결한다.

부품 리스트

Micro DC Motor B/D에 사용되는 부품은 다음과 같다.

번호 또는 부품명	부품명	규격	주의 사항
J1	6핀 커텍터	듀얼 핀헤더 2x3(2.5[mm])	플랫 케이블로 연결할 수 있다.
J2	2핀 커넥터	MOLEX 5267-02(2.5[mm])	Micro DC Motor를 연결할 수 있다.
R1	저항	470[Ω], 1/8[W]	
R2	저항	470[Ω], 1/8[W]	
R3	저항	470[Ω], 1/8[W]	
R4	저항	470[Ω], 1/8[W]	
R5	저항	470[Ω], 1/8[W]	
QA	2N2907A	PNP 트랜지스터	
QB	2N2907A	PNP 트랜지스터	
QC	2N2222A	NPN 트랜지스터	
QD	2N2222A	NPN 트랜지스터	
Q1	2N2222A	NPN 트랜지스터	

12.1.5 LCD Module B/D

LCD Module B/D(LCD 모듈 보드)는 문자형 LCD를 기구물에 부착하기 위해 사용한다.

[그림 12-6] LCD Module B/D를 연결한 디스플레이

사용 방법

LCD Module B/D를 사용하는 방법은 다음과 같다.

- 14핀 IDC 커넥터와 플랫 케이블로 연결할 수 있다.
- [그림 12-6]은 기구물에 부착된 LCD Module B/D를 나타내고 있다.
- LCD Module B/D는 아래와 같은 핀 구조를 갖는 16×2 문자형 LCD에 사용할 수 있다. Vo는 백라이트 밝기 조절 전압, BLA는 백라이트 애노드, BLK는 백라이트 캐소드 신호를 나타낸다.

핀 번호	1	2	3	4	5	6	7	8	9	10	11	12	13	14	15	16
명칭	Vss	Vdd	Vo	RS	R/W	E	D0	D1	D2	D3	D4	D5	D6	D7	BLA	BLK

부품 리스트

LCD Module B/D에 사용되는 부품은 다음과 같다.

번호 또는 부품명	부품명	규격	주의 사항
LCD	문자형 LCD	문자형 16×2	예 LMB162ADC-3-D
VR	가변저항	50[kΩ]	Buorns 3362P 시리즈
J1	14핀 커넥터	듀얼 핀헤더 2x7(2.54[mm])	

12.1.6 LED Holder B/D

LED Holder(LED 홀더) B/D는 지름 3[mm]의 LED, 적외선 다이오드, 포토트랜지스터를 지지해 주기 위한 PCB다.

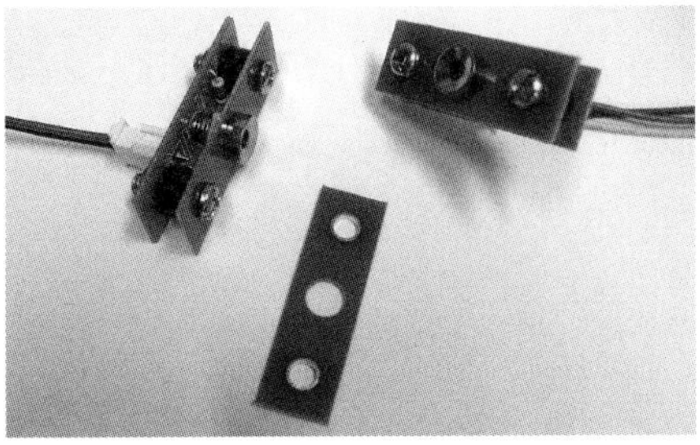

[그림 12-7] LED Holder를 연결한 적외선 다이오드와 포토트랜지스터 보드

사용 방법

LED Holder B/D를 사용하는 방법은 다음과 같다.

- [그림 12-7]은 LED Holder B/D를 연결한 적외선 다이오드와 포토트랜지스터 보드다. 적외선이 직진으로 입사할 수 있게 보조한다.
- 적외선 다이오드 EL-7L과 적외선 포토트랜지스터 ST-7L은 측면이 투명하여 옆의 광원에 대한 영향이 크게 작용한다. LED 홀더로 옆의 빛 입사를 차단할 수 있기 때문에 센서 감지에 매우 효과적이다.
- LED Holder B/D의 높이를 일정하게 지지하기 위해 안지름 4[mm], 높이 6[mm]의 플라스틱 부싱과 바깥지름 약 3.8[mm], 길이 1.3[cm]의 볼트를 사용하면 효과적이다.

부품 리스트

LED Holder B/D에 사용되는 부품은 다음과 같다.

번호 또는 부품명	부품명	규격	주의 사항
LED 홀더	LED 홀더	지름 3[mm]	전체 높이 10.15[mm] 나사부 높이 7.0[mm]

12.1.7 Relay B/D

Relay B/D(릴레이 보드)는 ATmega128의 디지털 출력 핀에서 트랜지스터를 사용하여 릴레이를 구동하기 위해 사용한다. [그림 12-8]은 Relay B/D를 연결한 모습을 나타내고 있다.

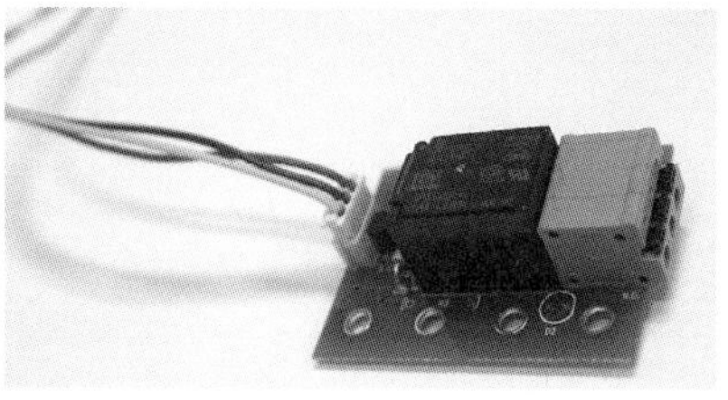

[그림 12-8] Relay B/D

사용 방법

Relay B/D를 사용하는 방법은 다음과 같다.

- 5[V]형 릴레이 JS1-5V 중에서 1 Form C(c-type) 모델을 대상으로 사용할 수 있다.
- 터미널 단자는 원터치형 BR-500SL(3핀, 비룡전자)을 사용할 수 있다.
- J1 커넥터의 Sig 핀에 인가되는 디지털 전압레벨에 따라 아래와 같이 터미널 단자 가운데 핀과 인접 핀이 연결된다.

Sig 핀	터미널 단자 가운데 핀과 연결되는 핀
개방, 고저항	N.C. 핀
LOW	N.C. 핀
HIGH	N.O. 핀

부품 리스트

Relay B/D에 사용되는 부품은 다음과 같다.

번호 또는 부품명	부품명	규격	주의 사항
J1	3핀 커넥터	MOLEX 5267-03(2.5[mm])	
R1	저항	470[Ω], 1/8[W]	
Q1	트랜지스터	2N2222A	
D1	다이오드	1N4001	
Relay JS1	릴레이	JS1-5V, 1Form C(c-type)	5[V] 이상에서 사용하지 않는다.
터미널	터미널	BR-500SL(3핀), 비룡전자	

12.1.8 Dual 7-Segment LED B/D

Dual 7-Segment LED B/D(두 자리 7-세그먼트 LED 보드)는 두 자리 7-세그먼트 LED를 디스플레이 하기 위해 사용한다.

사용 방법

Dual 7-Segment LED B/D를 사용하는 방법은 다음과 같다.

- 두 자리 7-세그먼트 LED SR-2156을 사용할 수 있다.
- 공통 애노드(SR-2156A)을 사용할 때는 [그림 12-9(a)]와 같이 PNP 트랜지스터를 연결하여 사용하고, 공통 캐소드(SR-2156K)을 사용할 때는 [그림 12-9(b)]와 같이 NPN 트랜지스터를 연결하여 사용한다.

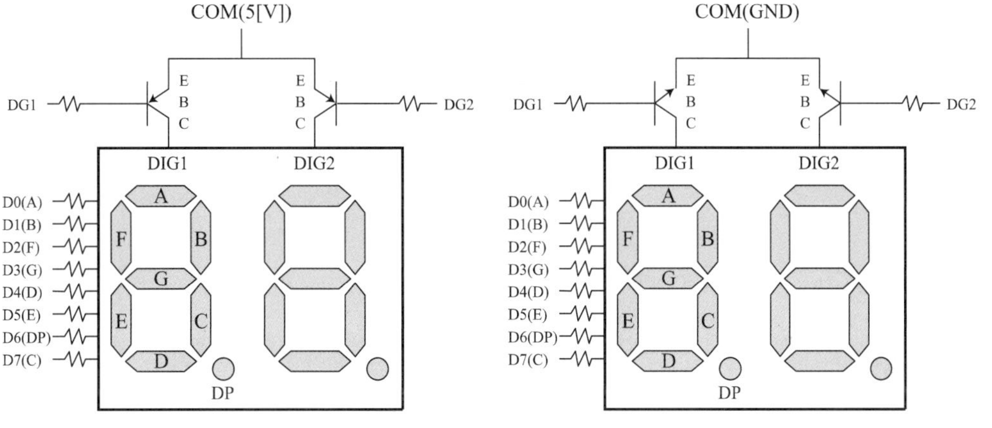

(a) 공통 애노드(DG1, 2 LOW일 때 ON)　　(b) 공통 캐소드(DG1, 2 HIGH일 때 ON)

[그림 12-9] 공통 애노드, 공통 캐소드 7-세그먼트 LED를 사용하기 위한 연결 사례

- [그림 12-10]은 7-세그먼트 LED로 숫자 16을 디스플레이하는 사례다.

[그림 12-10] 7-세그먼트 LED 숫자 디스플레이 사례

부품 리스트

Dual 7-Segment LED B/D에 사용되는 부품은 다음과 같다.

번호 또는 부품명	부품명	규격		주의 사항
J1	14핀 커넥터	듀얼 핀헤더 2x7(2.54[mm])		
R1	저항	330[Ω], 1/8[W]		
R2	저항	330[Ω], 1/8[W]		
R3	저항	330[Ω], 1/8[W]		
R4	저항	330[Ω], 1/8[W]		
R5	저항	330[Ω], 1/8[W]		
R6	저항	330[Ω], 1/8[W]		
R7	저항	330[Ω], 1/8[W]		
R8	저항	470[Ω], 1/8[W]		
R9	저항	330[Ω], 1/8[W]		
R10	저항	470[Ω], 1/8[W]		
FND	7-세그먼트 LED	SR-2156A	SR-2156K	애노드형 : COM에 5[V] 연결 캐소드형 : COM에 GND 연결
Q1	트랜지스터	2N2907A	2N2222A	
Q2	트랜지스터	2N2907A	2N2222A	

12.1.9 Ph. TR/VR B/D

Ph. TR/VR B/D(포토트랜지스터와 가변저항용 범용 보드)은 포토트랜지스터와 가변저항 보드 중 하나를 선택하여 사용할 수 있도록 [그림 12-11]과 같이 회로가 구성되어 있다.

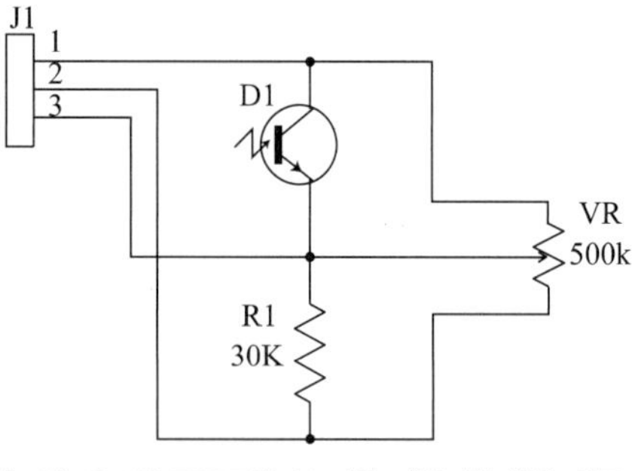

[그림 12-11] 포토트랜지스터와 가변저항 범용 회로

Ph. TR B/D

Ph. TR B/D(포토트랜지스터 보드)로 사용하는 방법은 다음과 같다.

- 적외선 다이오드에서 발광되는 빛을 수광할 때 사용한다.
- +5로 표시된 핀에 5[V]를 초과하는 전압을 연결하지 않는다.
- [그림 12-12(a)]는 [그림 12-11]에서 가변저항을 제거한 고정저항형 회로, [그림 12-12(b)]는 고정저항을 제거한 가변저항형 회로로 사용할 수 있다.

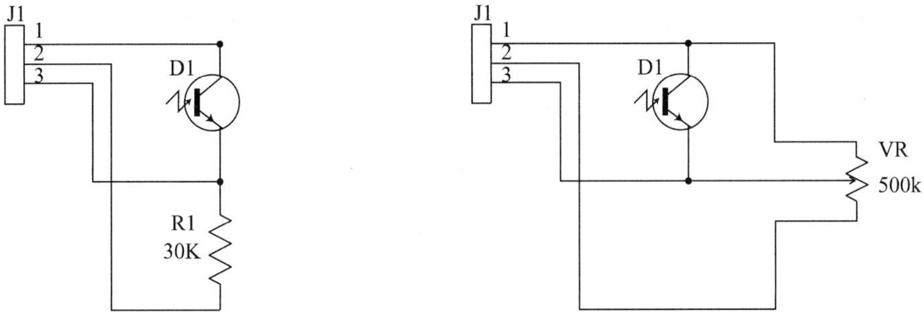

(a) 고정저항형 회로 (b) 가변저항형 회로

[그림 12-12] 포토트랜지스터 적용 회로

- 저항값은 LED 홀더를 씌웠을 때를 고려하여 제시된 저항값이다. 응용분야에 따라 실험을 통해 적합한 저항값을 찾아 사용하기 바란다.
- [그림 12-13(a)]는 고정저항형 회로로 구성한 포토트랜지스터 보드이고, [그림 12-13(b)]는 LED 홀더를 플라스틱 부싱을 사용하여 결합한 모습이다. LED 홀더를 결합하기 위해서 커넥터를 뒤쪽에 연결하였다.

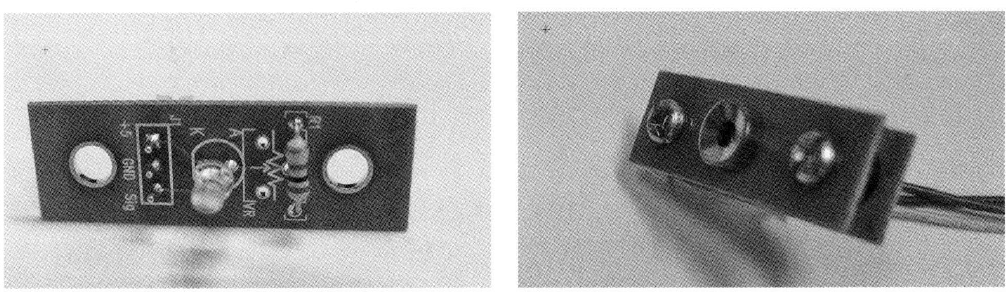

(a) 고정저항형 포토트랜지스터 보드 (b) LED Holder를 플라스틱 부싱을 이용하여 결합

[그림 12-13] 포토트랜지스터 보드

- Ph. TR B/D에 사용되는 부품은 다음과 같다.

번호 또는 부품명	부품명	규격	주의 사항
J1	3핀 커넥터	MOLEX 5267-03(2.5[mm])	
D1	포토트랜지스터	ST-7L	적외선 다이오드 EL-7L과 함께 사용
R1	저항	30[kΩ], 1/8[W]	고정저항형[그림 12-13(a)]로 사용할 때
VR	가변저항	500[kΩ], Bourns 3362P	가변저항형[그림 12-13(b)]로 사용할 때

VR B/D

VR B/D(가변저항 보드)로 사용하는 방법은 다음과 같다.

- 가변저항이 필요한 경우가 많이 있어 Ph. TR/VR 보드에서 가변저항만을 연결할 수 있다.
- [그림 12-14(a)]와 같이 커넥터와 VR만을 연결하여 사용한다. [그림 12-14(b)]는 가변저항이 부착된 모습이다.

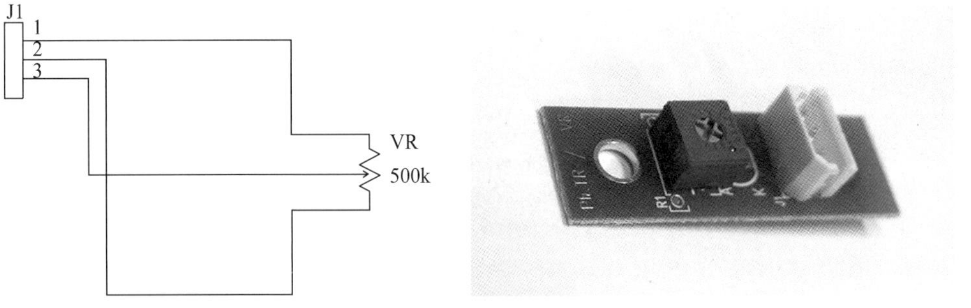

(a) 가변저항 보드 회로 (b) 가변저항이 부착된 보드

[그림 12-14] 가변저항 보드

- VR B/D에 사용되는 부품은 다음과 같다.

번호 또는 부품명	부품명	규격	주의 사항
J1	3핀 커넥터	MOLEX 5267-03(2.5[mm])	
VR	가변저항	Bourns 3362P 시리즈	목적에 맞는 가변저항을 선택한다.

12.1.10 Ph. Int. B/D

Ph. Int. B/D(포토인터럽터 보드)는 포토인터럽터 사이로 지나는 불투명 물체를 감지하기 위해 사용한다.

사용 방법

Ph. Int. B/D를 사용하는 방법은 다음과 같다.

- +5로 표시된 핀에 5[V]를 초과하여 공급하지 않는다.
- 모터의 회전 수를 측정하기 위해 사용할 수 있으며, 홀이 있는 바퀴가 포토인터럽터 사이를 지날 때 지난 홀의 개수를 측정할 수 있다.
- [그림 12-15(a)]는 조립된 포토인터럽터 보드이고, [그림 12-15(b)]는 모터의 RPM을 측정하기 위해 축에 홀이 있는 바퀴가 지날 수 있도록 연결한 모습이다.
- [그림 12-15(a)]와 같이 저항은 PCB에 밀착 고정하여 회전 장치가 홈을 지날 때 걸리지 않게 한다.

(a) 포토인터럽터 보드

(b) 모터 RPM 측정을 위해 연결한 모습

[그림 12-15] 포토인터럽터 보드

부품 리스트

Ph. Int. B/D에 사용되는 부품은 다음과 같다.

번호 또는 부품명	부품명	규격	주의 사항
J1	3핀 커넥터	MOLEX 5267-03(2.5[mm])	
Photo Int.	포토인터럽터	SG-207	
R1	저항	330[Ω], 1/8[W]	

12.1.11 High-Flux LED B/D

High-Flux LED B/D(고휘도 LED 보드)는 고휘도 LED 최대 4개를 병렬로 연결하여 트랜지스터로 구동하고 밝은 빛을 낼 수 있다.

사용 방법

High-Flux LED B/D를 사용하는 방법은 다음과 같다.

- PWM 제어로 4개 고휘도 LED의 밝기를 조절할 수 있다.
- +5로 표시된 핀에 5[V]를 초과하여 공급하지 않는다.
- 5[V]로 구동되고 LED에 최대 3.4[V], 30[mA]까지 허용되는 HW321A 또는 호환되는 고휘도 LED 4개를 병렬로 구동한다.
- 트랜지스터로 연결된 PWM 신호에 PWM 펄스를 인가하면, LED의 밝기를 조절할 수 있다.
- 강한 빛이 방사되므로 직접 바라보는 것을 삼간다.
- 장시간 최대 밝기로 ON시키면 열이 많이 방출되고, 방열 장치가 고휘도 LED 보드에 없으므로 가능하면 1시간 이상 ON하지 않는다.
- [그림 12-16]은 빛을 발하고 있는 고휘도 LED 보드다.

(a) 빛을 발하고 있는 고휘도 LED 보드

(b) 4개의 고휘도 LED가 장착된 보드

[그림 12-16] 고휘도 LED 보드

부품 리스트

High-Flux LED B/D에 사용되는 부품은 다음과 같다.

번호 또는 부품명	부품명	규격	주의 사항
J1	3핀 커넥터	MOLEX 5267-03(2.5[mm])	
R1	저항	12[Ω], 1/4[W]	최대 120[mA]까지 흐를 수 있으므로, 1/4[W] 저항을 사용한다.
R2	저항	470[Ω], 1/8[W]	
Q1	트랜지스터	2N2222A	
L1	고휘도 LED	HW321A 또는 호환	4개 고휘도 LED가 병렬로 밀접하게 연결되어 있고, 방열 장치가 없으므로 오랜 시간 ON하지 않는다.
L2	고휘도 LED	HW321A 또는 호환	
L3	고휘도 LED	HW321A 또는 호환	
L4	고휘도 LED	HW321A 또는 호환	

12.1.12 Micro Geared Motor Support

Micro Geared Motor Support(마이크로 기어드 DC 모터 지지용 PCB)는 소형(마이크로) 기어드 DC 모터를 고정하기 위한 지지용 PCB다.

사용 방법

Micro Geared Motor Support를 사용하는 방법은 다음과 같다.

- [그림 12-17]과 같이 소형(마이크로) 기어드 DC 모터를 고정할 수 있다. 모터의 위치는 파여진 홀의 적당한 위치에 맞춰 고정한다.
- 고정이 용이한 소형(마이크로) 기어드 모터는 KTX-OPEN GEAR MOTOR(motorbank), DC 기어드 모터 SE-DM(뉴티씨) 등이 있다.

[그림 12-17] 마이크로 기어드 DC 모터 지지용 PCB

12.1.13 만능 기판

만능 기판은 사용자에게 필요한 회로를 구성하여 부품을 배치하고, 연결하기 위해 사용한다. 아래 그림과 같이 구멍이 뚫린 동판에 부품을 꽂은 후 납땜하고, 배선도 납땜한다. 4[mm] 크기의 홀이 있어 기구물에 장착할 수 있다.

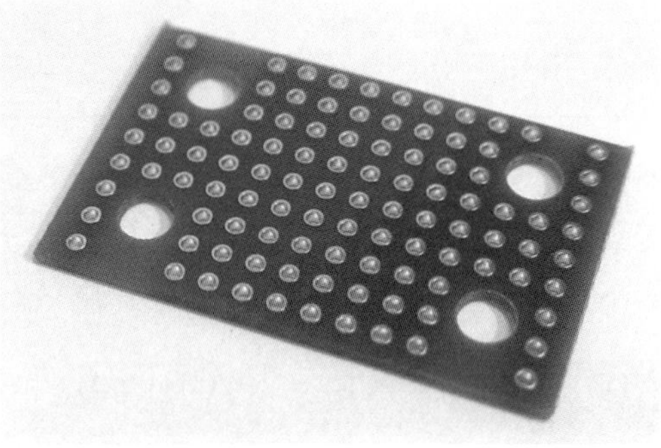

[그림 12-18] 만능 기판

12.1.14 커넥터 보드 6핀, 14핀

[그림 12-19]와 같은 커넥터 보드는 2줄 6핀, 14핀 핀헤더 커넥터를 만능 기판에서 부착하기 위해 사용한다. 6핀, 14핀 커넥터를 갖는 다른 모듈 보드와 IDC 커넥터와 플랫 케이블을 사용하여 연결한다.

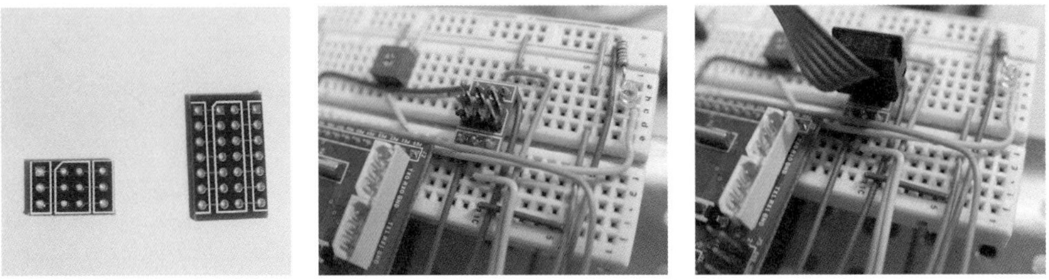

(a) 6핀 14핀 커넥터 보드 (b) 브레드 보드에 연결 (c) IDC 커넥터 케이블과 연결

[그림 12-19] 커넥터 보드

부품 리스트

커넥터 보드에 사용되는 부품은 다음과 같다.

번호 또는 부품명	부품명	규격	주의 사항
커넥터	6핀 커넥터	듀얼 핀헤더 2x3(2.54[mm])	
커넥터	14핀 커넥터	듀얼 핀헤더 2x4(2.54[mm])	

12.1.15 PCB 연결에 사용되는 커넥터와 케이블

책에 포함된 PCB는 2핀과 3핀의 Molex 커넥터 5267-02([그림 12-4] 참조)와 5267-03([그림 12-15(a)] 참조)을 사용할 수 있다. 이 숫커넥터와 연결할 수 있는 암커넥터는 2핀 또는 3핀용인 Molex 커넥터 5264-02와 5264-03이다. 5264 커넥터와 케이블을 연결하기 위해서는 [그림 12-20]과 같이 5264용 클립프와 전선을 연결하여 사용하거나 시중에서 판매하는 케이블을 사용할 수 있다. 5264 클립프에 연결하기 적당한 케이블은 AWG24번을 사용할 수 있다.

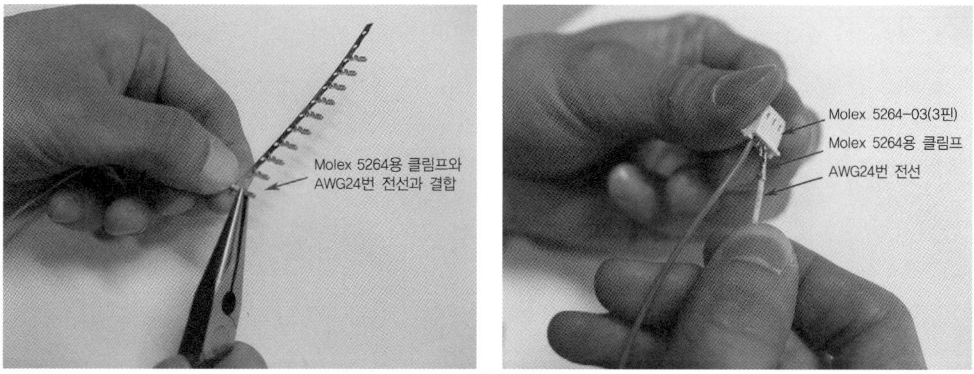

(a) AWG24번 전선과 클립프의 연결 (b) 클립프가 연결된 전선을 5264 커넥터에 연결

[그림 12-20] Molex 5264 커넥터와 전선의 연결

12.2 작품 A : 컨베이어 이송 시스템

이 절에서는 컨베이어 벨트가 있는 상품 생산 공정에서 사용할 수 있는 간단한 컨베이어 이송 시스템을 설계해 보자. 컨베이어 이송 시스템을 설계하는 방법은 아래 절차와 같이 7장에서 소개한 상태도와 ASM 차트를 이용하여 완성하자.

❶ 상태도 개략 설계(12.2.3절)
❷ 상태도 상세 설계(12.2.4절)
❸ ASM 차트 변환 및 제어 프로그램 완성(12.2.5절)

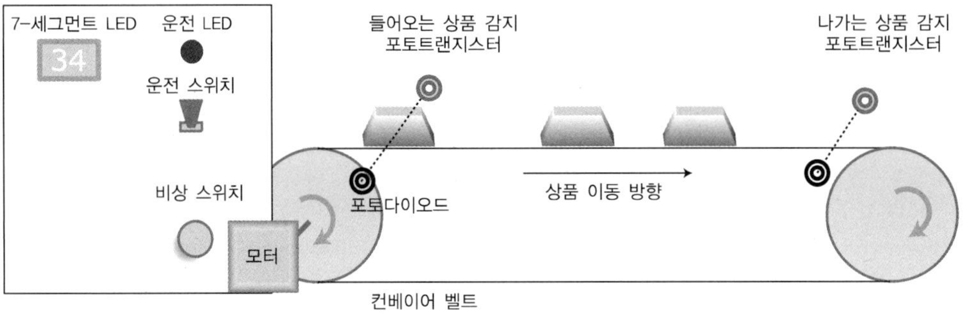

[그림 12-21] 컨베이어 이송 시스템 개념도

12.2.1 동작 개요

컨베이어 이송 시스템이 동작되는 주요 내용을 [그림 12-21] 개념도를 이용하여 설명하면 다음과 같다.

- 운전 스위치를 ON하면 이송 시스템의 컨베이어가 상품을 이송시킬 준비를 시작하고, 운전 LED가 켜진다. 7-세그먼트 LED에 생산 출하된 상품 개수를 0으로 만든다.
- 상품이 컨베이어 벨트에 들어오면, 포토다이오드와 포토트랜지스터 사이에 상품이 빛을 막아 포토트랜지스터 광센서가 상품을 감지한다.
- 제어시스템은 모터를 회전시켜 상품을 이송시킨다. 여러 개의 상품이 컨베이어에 있을 수 있다.

- 상품이 컨베이어 마지막 부분에서 포토트랜지스터 광센서를 지나 감지되면 생산 상품 개수를 증가시킨다.
- 마지막 광센서를 지나면서 컨베이어에 더는 이동 중인 상품이 없다고 판단되면 모터의 회전을 멈춰 컨베이어 벨트를 정지시킨다.
- 상품 이동 중 긴급 상황이 발생하면 운전자는 비상 스위치를 눌러 컨베이어를 정지시키고 운전 LED를 점멸시킨다.
- 긴급 멈춤 상태에서 문제를 해결하고 비상 스위치를 다시 누르면 컨베이어 이동이 계속되고 LED 점멸은 해제시킨다.
- 새로운 상품이 들어올 때마다 상품이 들어온 시간을 기억하게 한다. 마지막 상품이 들어온 시각부터 10초 이상 지나면 컨베이어에 상품이 없다고 판단하여 모터의 회전을 멈춘다. 긴급 상황으로 모터 회전을 멈춰 정지된 시간은 경과 시간에서 제외한다.
- 가변저항에 인가되는 전압을 A/D 변환하여 컨베이어의 회전 속도를 조절한다.

12.2.2 하드웨어와 회로 구성

[그림 12-22]는 컨베이어 이송 시스템의 하드웨어 구성을 나타낸다. [그림 12-22(a)]는 앞에서 본 전체 모습이고, [그림 12-22(b)]는 위에서 본 모습이며, [그림 12-22(c)]는 사용된 모듈 보드다.

(a) 앞에서 본 모습　(b) 위에서 본 모습　(c) 사용된 모듈

[그림 12-22] 컨베이어 이송 시스템의 하드웨어 구성

컨베이어 이송 시스템에 사용된 모듈 보드는 [표 12-2]와 같다.

[표 12-2] 컨베이어 이송 시스템에 사용된 모듈 보드

번호	보드 명칭	수량	용도
1	PWR B/D	1	AVR 보드에 전원 공급
2	Micro DC Motor B/D	1	마이크로 모터 PWM 제어
3	Micro Geared Motor Support	1	마이크로 모터 지지용
4	LED B/D	1	운전 ON/OFF LED
5	LED B/D	2	상품 출입을 감지하기 위한 적외선 포토다이오드 발광용
6	Ph. TR/VR B/D	2	상품 출입을 감지하기 위한 적외선 포토트랜지스터 수광용
7	Dual 7-Segment LED B/D	1	생산 출하된 상품 개수 표시용
8	LED Holder B/D	4	적외선 포토다이오드와 포토트랜지스터 고정용
9	SW B/D	1	운전 ON/OFF 스위치
10	SW B/D	1	비상 스위치
11	만능 기판	1	A/D 변환용 중형 가변저항
12	커넥터 보드 14핀	1	Dual 7-Segment LED B/D와 플랫 케이블 연결용
13	커넥터 보드 6핀	1	Micro DC Motor B/D와 플랫 케이블 연결용

[그림 12-23]은 모듈 보드와 ATmega128 보드와의 회로 연결을 나타내고 있다. 5개의 LED는 컨베이어 이송 시스템의 상태를 디스플레이하기 위해 연결하였다.

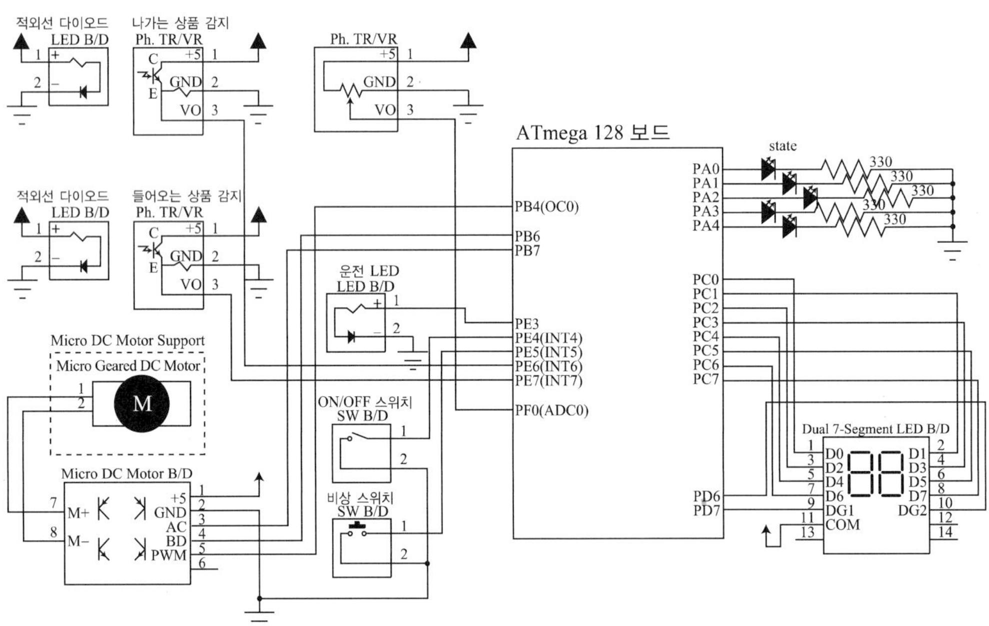

[그림 12-23] 모듈 보드와 ATmega128 보드와의 회로 연결

12.2.3 상태도 개략 설계

컨베이어 이송 시스템의 상태를 제어시스템 초기화, 작업 OFF 상태, 준비 상태, 작업 상태, 상품 출하 상태, 비상 상태로 정의하자. 각 상태의 천이는 [그림 12-24]와 같이 정의하자.

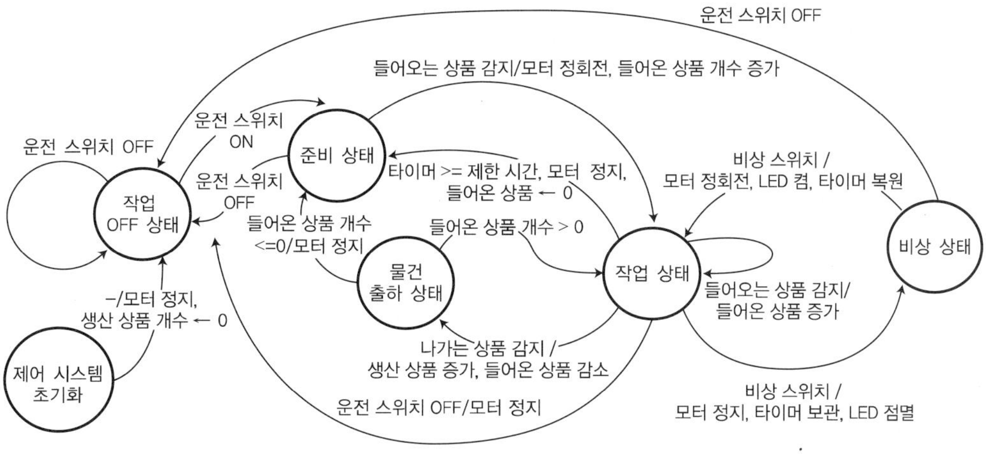

[그림 12-24] 컨베이어 이송 시스템의 개략적인 상태도

각 상태에서는 입력 신호에 따라 출력 명령을 내고 다음 상태로 천이한다.

상태별로 동작을 설명하면 다음과 같다.

제어시스템 초기화

전원이 켜지면 조건 없이 주변 장치를 대상으로 초기화 명령을 실행한다. 아래와 같이 입력 신호 조건 없이 작업 OFF 상태로 천이한다.

입력 신호 조건	출력 명령	다음 상태
-	• 7-세그먼트 LED 디스플레이와 두 자리 7-세그먼트 LED를 번갈아 켜기 위한 트랜지스터 제어핀을 출력 방향으로 설정한다. • 운전 표시 LED 연결 핀을 출력 방향으로 설정한다. • 입력 감지와 출력감지 포토트랜지스터 센서 핀을 입력 방향으로 설정한다. • 외부 핀 인터럽트를 설정한다. • 타이머/카운터를 초기화한다. • 모터를 정지시켜 작업이 진행되지 않게 한다. • 생산 출하된 상품 개수를 0으로 초기화한다.	작업 OFF 상태

작업 OFF 상태

초기화가 끝난 후 운전 스위치가 ON되기를 기다리는 상태다. 아래와 같이 입력 신호 조건에 따라 반응한다.

입력 신호 조건	출력 명령	다음 상태
운전 스위치 ON	LED를 켜서 운전 중이라는 사실을 알게 한다.	준비 상태
–	–	전원 OFF 상태

준비 상태

준비 상태는 아직 상품이 들어오지 않은 상태다. 아래와 같이 입력 신호 조건에 따라 반응한다.

입력 신호 조건	출력 명령	다음 상태
들어오는 상품 감지	모터를 정회전시켜 상품을 이송한다.	작업 상태
운전 스위치 OFF	LED를 꺼서, 운전 스위치가 OFF되었음을 알린다.	작업 OFF 상태
–	–	준비 상태

작업 상태

상품이 이송 중인 상태다. 아래와 같이 입력 신호 조건에 따라 출력 명령과 다음 상태 이동으로 반응한다.

입력 신호 조건	출력 명령	다음 상태
들어오는 상품 감지	들어온 상품 개수를 증가시켜 컨베이어 위에 있는 상품 개수 정보를 저장한다.	작업 상태
비상 스위치 눌림	• 모터를 정지시켜 비상 점검을 할 수 있게 한다. • LED를 점멸 상황으로 만든다. • 비상 상태에서 경과되는 시간은 마지막 상품이 들어온 시각에서 제한 시간 경과 계산을 제외하기 위해 비상 스위치가 눌린 시각을 저장한다.	비상 상태
나가는 상품 감지	• 생산 상품 개수를 증가시켜 나가는 상품은 생산된 상품 실적으로 만든다. • 컨베이어 위의 상품이 나갔으므로 들어온 상품 개수를 한 개 감소시킨다.	상품 출하 상태
마지막 들어온 상품 이후 제한 시간 경과	• 컨베이어에서 작업자가 수작업으로 이동시켰거나 특별한 상황에 의해 들어온 상품이 컨베이어 끝에 도달할 시간이 훨씬 지난 경우이므로 모터를 정지시킨다. • 컨베이어 위에는 더 이상 상품이 없으므로 들어온 상품 개수를 0으로 만든다.	준비 상태
운전 스위치 OFF	LED를 꺼서, 운전 스위치가 OFF되었음을 알린다.	작업 OFF 상태
–	–	작업 상태

상품 출하 상태

컨베이어 마지막 부분의 포토트랜지스터 광센서에 상품이 빠져나간 신호를 감지하여 천이된 상태다. 컨베이어에 남아 있는 상품 개수에 따라 출력 명령과 다음 상태가 달라진다.

입력 신호 조건	출력 명령	다음 상태
들어온 상품 개수가 1개 이상일 때	없다. 컨베이어 위에는 1개 이상의 상품이 있고 이송 중이다.	작업 상태
들어온 상품 개수가 0개 이하일 때	컨베이어 위에 상품이 하나도 없으므로 모터를 정지시킨다.	준비 상태

비상 상태

작업 상태에서 비상 스위치가 눌려 천이된 상태다. 모터는 정지되어 있고, LED는 점멸하고 있으며, 비상 스위치가 눌린 타이머 시각이 저장되어 있다. 운전자가 비상 상태에 대한 조치를 끝내고 비상 스위치를 다시 누르면 작업 상태로 환원하게 된다.

입력 신호 조건	출력 명령	다음 상태
비상 스위치 눌림	• 다시 작업 상태로 환원시키기 위해 모터를 정회전시킨다. • 점멸 중인 LED를 지속적으로 켜지게 바꾼다. • 비상 스위치가 눌린 시각에 저장된 타이머값을 복원시켜 비상 스위치가 눌린 시각에서 작업 상태를 시작하게 한다. 제한 시간을 계산할 때 비상 상태에서 정지된 시간은 제외하는 효과가 있다.	작업 상태
운전 스위치 OFF	LED를 꺼서, 운전 스위치가 OFF되었음을 알린다.	작업 OFF 상태
–	–	비상 상태

12.2.4 상태도 상세 설계

마이크로컨트롤러는 [그림 12-25]와 같은 추상화된 구성을 가진다. CPU에 해당되는 상태 기계는 조작 신호, 내부 장치, 외부 장치, 자료(변수), 인터럽트 서비스 루틴과 인터페이스하면서 상태도에 기반을 둔 제어 프로그램을 수행한다(7.2절 참조).

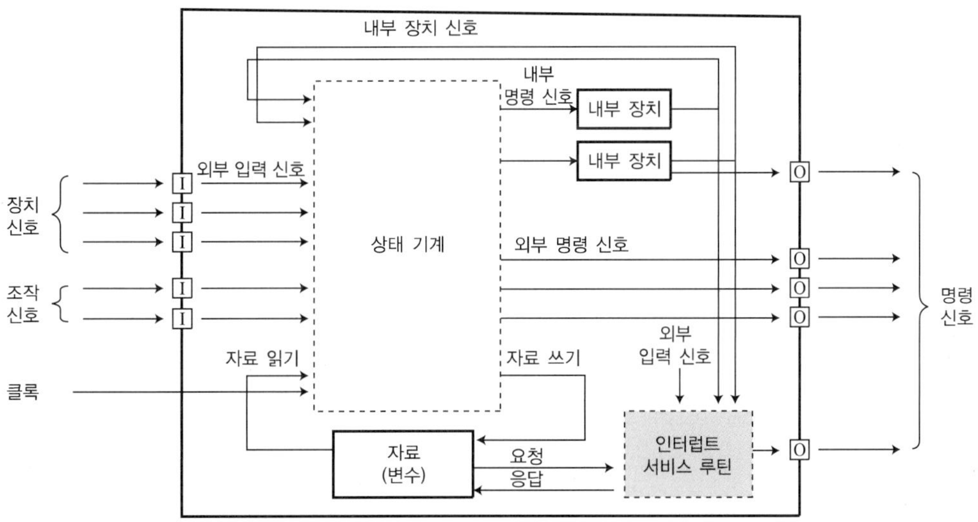

[그림 12-25] 마이크로컨트롤러를 상태 기계 관점에서 추상화한 구성

제어 프로그램부에 해당되는 [그림 12-26] 상태 기계는 외부 인터페이스로 입력 신호, 출력 신호를 갖고 내부에는 상태와 조합 논리를 가진다. 조합 논리는 입력 신호와 현재 상태 신호의 조합으로 다음 상태를 결정하는 신호와 출력 신호를 만든다. 클록은 while( ) 반복문에

대응되고, 사이클마다 반복하면서 상태와 출력 신호를 갱신하며, 상태 기계가 동작하면서 제어 프로그램을 수행한다.

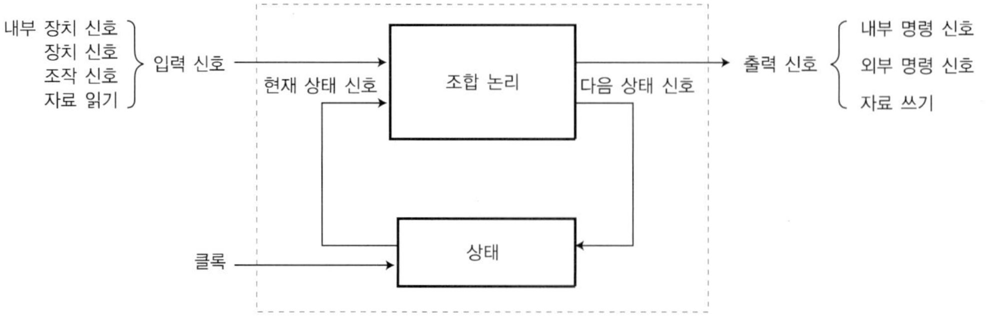

[그림 12-26] 상태 기계 구성도

제어 프로그램으로 작성될 상태 기계에서 사용하는 입력 신호, 출력 신호, 상태를 구체화하자.

입력 신호

출력 명령과 상태에 영향을 줄 수 있는 입력 신호는 내부 장치 신호, 장치 신호, 조작 신호, 자료(변수) 읽기가 있다. 각 신호를 구분하여 나열하고 구체화해보자.

■ 조작 신호

① 운전 스위치(PE4) : 디지털 입력 PE4 핀을 ONOFF_SW 스위치로 사용하자.

② 비상 스위치(PE5) : 디지털 입력 PE5 핀을 EMERGENCY_SW 푸시버튼 스위치로 사용하자. 비상 스위치를 누르는 시간이 짧아 감지하기 어려울 수 있으므로 인터럽트 서비스 루틴과 요청/응답 인터페이스한다. 요청(emer_req)을 주 프로그램에서 1로 설정한 상태에서 스위치가 눌리면 인터럽트 서비스 루틴에서 0으로 클리어시키는 응답값을 이용하여 인터페이스한다.

③ A/D 변환을 위한 가변저항의 전압 신호(PF0) : ADC0 채널에 연결된 가변저항의 전압값을 A/D 변환하여 모터 속도 제어를 위한 PWM 펄스 폭을 변화시킨다.

■ (외부) 장치 신호

① 들어오는 상품 감지 신호(PE7) : 디지털 입력 PE7 핀을 IN_SENSOR라 하자. 적외선 다이오드와 포토트랜지스터 사이에 들어오는 물건을 감지한다. 감지되는 순간이 짧아 폴링으로 검사하기 어려우므로 외부핀 인터럽트 서비스 루틴을 이용하여 요청/응답 인터페이스한다. 요청(in_req=1)을 주 프로그램에서 1로 설정한 상태에서 물건이 들어오

는 것이 감지되면 외부핀 인터럽트 서비스 루틴을 갱신하고 (변수)(in_req = = 0) 주 프로그램이 읽어 확인한다.

② **나가는 상품 감지 신호**(PE6) : 디지털 입력 PE6 핀을 OUT_SENSOR라 하자. 적외선 다이오드와 포토트랜지스터 사이에 나가는 물건을 감지한다. 감지되는 순간이 짧아 폴링으로 검사하기 어려우므로 외부핀 인터럽트 서비스를 이용하여 요청/응답 인터페이스한다. 주 프로그램의 요청(out_req=1)이 있을 때 물건이 나가는 것이 감지되면 외부핀 인터럽트 서비스 루틴이 갱신한 자료(변수)(out_req = = 0)를 주 프로그램이 다시 읽어 확인한다.

■ 내부 장치 신호

① **A/D 변환 결과 신호**(ADC) : A/D 변환이 완료되면 ADC값을 읽어 사용할 수 있다.

■ 자료(변수) 읽기

자료는 읽고 기록할 수 있는 데이터로서 변수로 선언된다. 입력 신호로서의 자료는 변수에 대한 읽기 동작에 해당된다.

① **들어온 상품 변수**(on_product) : 컨베이어 위에 있는 상품 수를 갖게 한다. 들어오는 상품 감지 응답이 있으면 1 증가한다. 나가는 상품 감지 응답이 있으면 1 감소한다.

② **출하 상품 변수**(out_product) : 컨베이어에서 나간 상품 수를 갖게 한다. 나가는 상품 감지 응답이 있으면 1 증가한다.

③ **들어오는 상품 감지 요청 변수**(in_req) : INT7 외부핀 인터럽트 서비스 루틴과 요청/응답 인터페이스한다.

④ **나가는 상품 감지 요청 변수**(out_req) : INT6 외부핀 인터럽트 서비스 루틴과 요청/응답 인터페이스한다.

⑤ **비상 스위치 누름 감지 요청 변수**(emer_req) : INT5 외부핀 인터럽트 서비스 루틴과 요청/응답 인터페이스한다.

⑥ **작업 상태 제한 시간 경과 검사 변수**(timer0) : 작업 상태에 있는 상품의 컨베이어 위에 머무르는 제한 시간을 알 수 있게 한다. 타이머/카운터 내부 장치의 인터럽트 서비스 루틴과 timer0 변수로 요청/응답 인터페이스한다. 작업 상태에 진입하면 timer0값을 0으로 초기화시켜 서비스 요청을 갱신하고 타이머/카운터는 오버플로마다 1씩 증가시켜 시간 경과를 응답한다. 이 응답은 상태 기계에서 타이머/카운터 인터럽트 서비스 루틴이 갱신한 자료(변수)(timer0 = = TIMEOUT_INTERVAL)를 읽어 제한 시간 경과를 확인한다.

⑦ 비상 스위치 디바운싱 시간 경과 요청 변수(debounce_req) : 비상 스위치 바운싱 방지를 위해 스위치가 눌린 후부터 일정 시간 디바운싱 보장 시간 경과를 알리게 한다. 타이머/카운터 내부 장치의 인터럽트 서비스 루틴과 debounce_req 변수로 요청/응답 인터페이스한다. 디바운싱 요청(debounce_req=1)이 된 순간부터 타이머/카운터 인터럽트 서비스 루틴은 debounce_timer를 0으로 초기화시키고 타이머/카운터 오버플로마다 1씩 증가시킨다. 정해진 디바운싱 시간(debounce_timer = = DEBOUNCE_INTERVAL)이 경과하면 디바운싱 시간이 경과했음을 알리는 응답 변수를 갱신한다. 이 응답은 상태 기계에서 타이머/카운터 인터럽트 서비스 루틴이 갱신한 자료(변수)((debounce_req = = 1))를 읽어 비상 스위치 디바운싱 시간 경과를 확인한다.

⑧ 비상 상태 천이 시점 임시 타이머(imsi_timer) : 비상 스위치가 눌려 비상 상태로 천이하기 전에 타이머/카운터의 timer0값을 imsi_timer에 보관시킨 후 비상 상태에서 다시 한 번 비상 스위치가 눌리면 보관된 imsi_timer를 timer0으로 복사시켜 비상 스위치가 눌린 순간의 작업 상태 timer0값으로 환원시킨다.

출력 신호

출력 신호는 상태 기계와 인터럽트 서비스 루틴에서 내부 장치와 외부 장치에 대한 명령 신호를 포함하고, 자료(변수)에 대한 쓰기 명령으로 구성된다.

■ 외부 장치에 대한 출력 명령 신호

① 운전 LED ON/OFF 출력 신호(PE3) : 디지털 출력 PE3 핀을 LED 출력으로 사용하자.

② 모터 제어 출력 신호(PE7, PE6) : H-브리지 회로로 모터를 순방향, 역방향, 정지 동작을 명령하기 위해 디지털 출력 PE7을 AC에 해당되는 신호, PE6을 BD에 해당되는 신호로 사용하자.

③ PWM 제어 출력 신호(PB4) : 타이머/카운터의 비교 출력 OCn에 해당되는 핀 PB4를 사용하자. 이 신호는 상태 기계에서 출력하지 않고 타이머/카운터가 자동으로 출력시킨다.

④ 7-세그먼트 LED 디스플레이 데이터 출력 신호(PC0~PC7) : 디지털 출력 핀 PC0~PC를 7-세그먼트 LED 데이터 핀으로 사용하자.

⑤ 7-세그먼트 LED 디스플레이 자리 선택 신호(PD6, PD7) : 10의 자리에 7-세그먼트 LED를 디스플레이하기 위해 디지털 출력 PD6 핀을 사용하고, 1의 자리에 디스플레이하기 위해 PD7 핀을 출력으로 사용하자. 잔상 효과를 위해 주기적으로 전류가 흐르는 LED 자리 위치를 변경시켜준다. 타이머/카운터 인터럽트 서비스 루틴에서 초기화된 특정 시간 SEVEN_SEG_INTERVAL마다 번갈아 ON되는 출력 핀의 선택을 바꾼다.

■ 내부 장치에 대한 명령 신호

① 내부 장치 초기화 신호 : 타이머/카운터, A/D 변환, 외부 인터럽트 설정, 디지털 입출력 핀 설정 등이 내부 장치에 대한 초기화 신호에 해당된다.

② PWM 펄스 폭 변경 신호(OCR0) : A/D 변환기 채널0에 연결된 가변저항 전압값에 대한 A/D 변환이 완료되면 그 변환값으로 OCR0값을 갱신시켜 타이머/카운터0의 PWM 펄스 폭을 바꾼다.

③ 내부 상태 관찰 신호(PA0~PA4) : state 변수로 정의한 내부 상태를 LED로 모니터링하기 위해 출력시킨다.

■ 자료(변수) 쓰기

자료(변수)로 읽을 수 있는 대상은 대부분 쓰기 변수와 같이 사용된다. 읽기 자료(변수)와 동일한 것은 입력 신호의 자료(변수) 읽기를 참조한다.

① 들어온 상품 변수(on_product)
② 출하 상품 변수(out_product)
③ 들어오는 상품 감지 요청 변수(in_req)
④ 나가는 상품 감지 요청 변수(out_req)
⑤ 비상 스위치 누름 감지 요청 변수(emer_req)
⑥ 작업 상태 제한 시간 경과 검사 변수(timer0)
⑦ 비상 스위치 디바운싱 시간 경과 요청 변수(debounce_req)
⑧ 비상 상태 천이 시점 임시 타이머(imsi_timer)
⑨ LED 점멸 요청 변수(blink_req) : 비상 상태에서 LED가 점멸을 위해 타이머/카운터 인터럽트 서비스 루틴과 blink_req 변수로 요청/응답 인터페이스한다. 비상 상태에 진입하면서 점멸 요청(blink_req=1)이 된 순간부터 타이머/카운터 인터럽트 서비스 루틴은 오버플로마다 증가하는 timer0 변수가 정해진 점멸 시간의 배수가 되면(timer0 % BLINK_INTERVAL == 0) 응답한다. LED 점멸은 단순한 On/Off 동작이므로 타이머/카운터 인터럽트 서비스 루틴에서 직접 LED 출력 동작을 수행한다.

상태

[그림 12-24]의 개략적인 상태도의 상태를 아래 상태로 대응시키고, 아래와 같이 열거 자료형으로 선언하고 초기화된 처음 상태를 OFF로 한다.

```
enum { OFF, READY, WORKING, OUT, EMERGENCY } state = OFF;
```

① 작업 OFF 상태(OFF) : 전원이 켜진 후 초기화 과정을 거친 운전 스위치가 아직 ON되지 않은 상태다. 운전 스위치를 올린 입력에 해당되는 명령 신호 출력과 다음 상태 천이가 발생한다.

② 준비 상태(READY) : 운전 스위치가 ON된 상태로서 아직 상품이 들어오지 않은 상태다. in_req 응답, OFF 스위치가 눌림 입력에 해당되는 명령 신호 출력과 다음 상태 천이가 발생한다.

③ 작업 상태(WORKING) : 상품이 들어오는 것이 감지되어 상품이 이송되고 있는 상태다. in_req 응답, emer_req 응답, out_req 응답, timer0 제한 시간 경과, OFF 스위치 눌림 입력에 해당되는 명령 신호 출력과 다음 상태 천이가 발생한다.

④ 상품 출하 상태(OUT) : 상품이 나가는 것이 감지된 상태다. on_product 수량에 해당되는 명령 신호 출력과 다음 상태 천이가 발생한다.

⑤ 비상 상태(EMERGENCY) : 작업자가 비상 스위치를 눌러 천이된 상태다. emer_req 응답 입력에 해당되는 명령 신호 출력과 다음 상태 천이가 발생한다.

구체화된 상태도

정의된 입력 신호, 출력 신호, 상태에 의해 구체화된 상태도는 [그림 12-27]과 같다.

상태도의 / 기호 왼쪽은 입력 신호 또는 자료(변수) 조건에 해당된다. / 기호 오른쪽은 출력 명령에 해당된다.

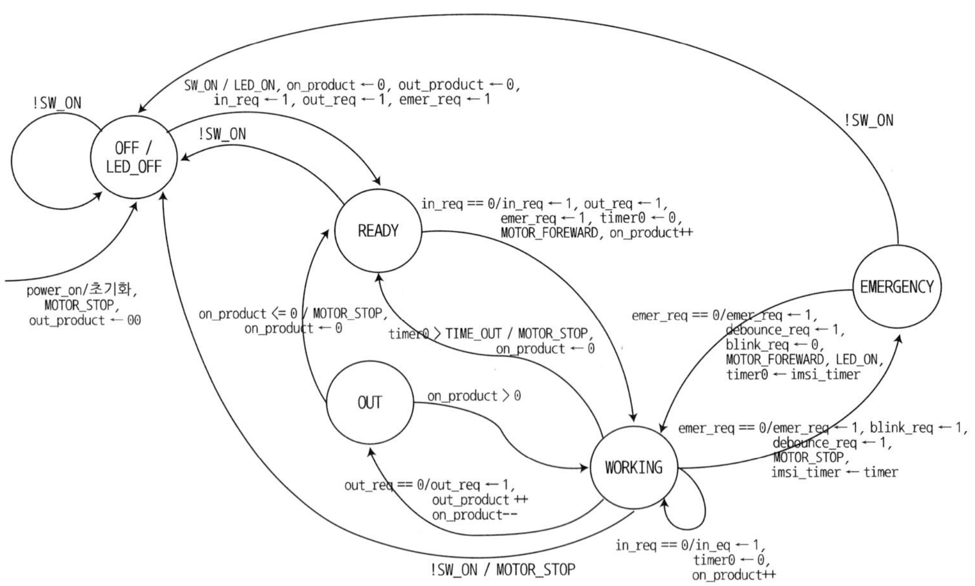

[그림 12-27] 컨베이어 이송 시스템의 구체화된 상태도

상태 기계와 인터럽트 서비스 루틴과 요청/응답 인터페이스 자료(변수)

상태 기계와 인터럽트 서비스 루틴 사이에 변수를 사용하면, [표 12-3]과 같이 요청/응답 인터페이스 동작이 이뤄진다.

[표 12-3] 요청/응답 인터페이스가 수행되는 상태와 인터럽트 서비스 루틴

요청 변수	요청 조건 (상태, 입력)	응답 확인 위치	인터럽트 서비스 루틴	내용	응답 결과
in_req=1	(OFF, SW_ON)	READY	INT7 외부핀	INT7 외부핀 인터럽트 발생을 확인하여 응답 결과를 기록한다.	in_req=0
	(READY, in_req==0)	WORKING			
out_req=1	(OFF, in_req==0)	WORKING	INT6 외부핀	INT6 외부핀 인터럽트 발생을 확인하여 응답 결과를 기록한다.	out_req=0
emer_req=1	(OFF, in_req==0)	WORKING	INT5 외부핀	INT5 외부핀 인터럽트 발생을 확인하여 응답 결과를 기록한다.	emer_req=0
	(WORKING, emer_req==0)	EMERGENCY			
	(EMERGENCY, emer_req==0)	WORKING			
blink_req=1	(WORING, emer_req==0)	타이머/카운터0	타이머/카운터0	BLINK_INTERVAL마다 LED 점멸을 확인한다.	–
debounce_req=1	(WORING, emer_req==0) (EMERGENCY, emer_req==0)	타이머/카운터0	타이머/카운터0	요청 순간부터 debounce_timer값을 증가시켜 DEBOUNCE_INTERVAL 시간 경과를 확인하여 응답 결과를 기록한다.	debounce_req=0
timer=0	(WORKING, in_req==0)	WORKING	타이머/카운터0	오버플로 발생 시마다 1씩 증가시킨다.	timer0값
–	–	타이머/카운터0	타이머/카운터0	SEVEN_SEG_INTERVAL마다 7-세그먼트 디스플레이 자리를 변경하며 자리에 맞는 LED 데이터를 출력한다.	7-세그먼트 LED 착시에 의한 디스플레이

12.2.5 ASM 차트 변환 및 제어 프로그램 완성

ASM 차트 변환

[그림 12-28]은 [그림 12-27]의 구체화된 상태도를 ASM 차트로 변환한 것이다.

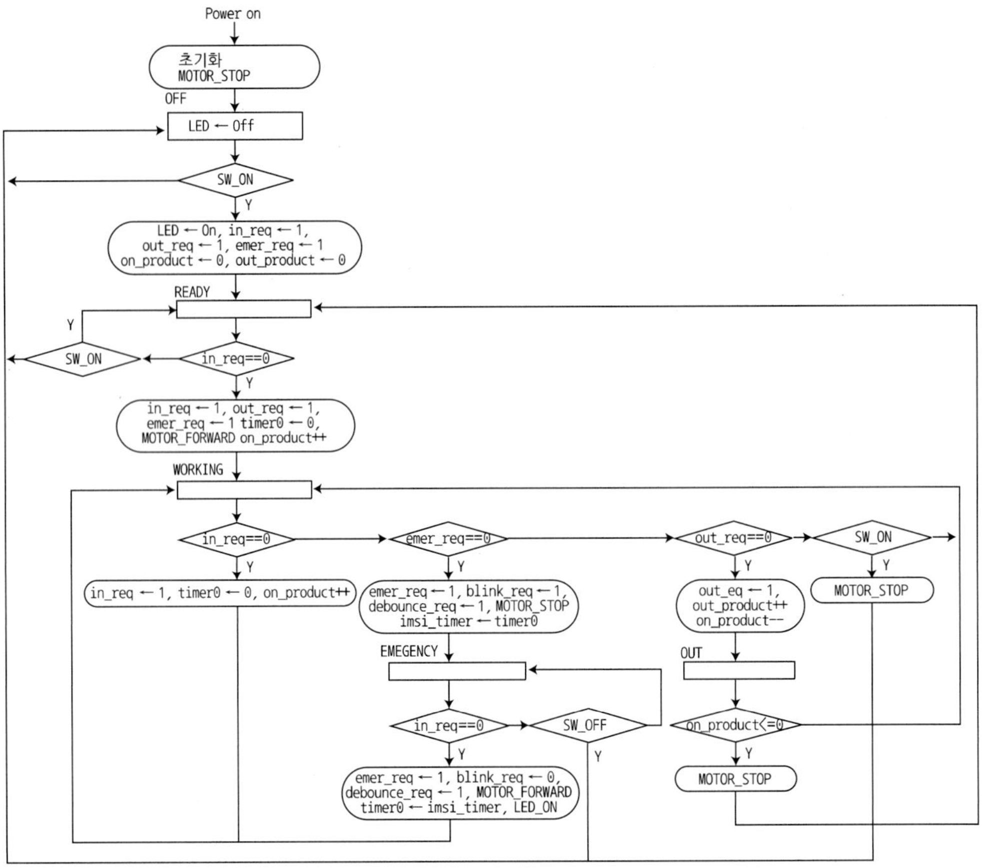

[그림 12-28] [그림 12-27] 상태도에 대한 ASM 차트

제어 프로그램 완성

[프로그램 12-1]은 초기화 과정을 거친 후, [그림 12-27]에 대한 ASM 차트를 제어 프로그램으로 바꾼 것이다. 31~33번 라인은 모터에 대한 방향을 매크로로 정의한 것이다.

[프로그램 12-1] [그림 12-28]에 대한 제어 프로그램

```
1   #include    <avr/io.h>
2   #include    <avr/interrupt.h>
3
4   // 인터럽트 벡터 레이블링
5   #define     INT_IN          INT7_vect
6   #define     INT_OUT         INT6_vect
7   #define     INT_EMERGENCY   INT5_vect
8
9   // 입력 : 센서 및 스위치 신호 레이블링
10  #define     IN_SENSOR       PE7
```

```
#define     OUT_SENSOR      PE6
#define     EMERGENCY_SW    PE5
#define     ONOFF_SW        PE4
#define     SW_ON           (!(PINE & 1<<ONOFF_SW))

// 출력 : LED 신호 레이블링
#define     LED         PE3
#define     LED_PORT    PORTE
#define     LED_DDR     DDRE
#define     LED_ON      (LED_PORT |= 1<<LED)
#define     LED_OFF     (LED_PORT &= ~(1<<LED))

// 출력 : 모터 제어 신호 레이블링
#define     AC          PB7
#define     BD          PB6
#define     MOTOR_PORT  PORTB
#define     MOTOR_DDR   DDRB
#define     CLAER       (MOTOR_PORT & 0x3F)

// 모터 동작 매크로 정의
#define     MOTOR_FOREWARD  (MOTOR_PORT = (MOTOR_PORT & CLAER) | 1<<AC)
#define     MOTOR_BACKWARD  (MOTOR_PORT = (MOTOR_PORT & CLAER) | 1<<BD)
#define     MOTOR_STOP      (MOTOR_PORT = (MOTOR_PORT & CLAER) | 1<<AC | 1<<BD)

// 출력 PWM 신호 레이블링
#define     OC0 PB4

// 상수 정의
#define     BLINK_INTERVAL          100UL
#define     SEVEN_SEG_INTERVAL      2UL
#define     DEBOUNCE_INTERVAL       50UL
#define     TIMEOUT_INTERVAL        2000UL

#define     DIGIT_TEN   PD7         // 7-세그먼트 디스플레이 10의 자리 레이블링
#define     DIGIT_ONE   PD6         // 7-세그먼트 디스플레이 1의 자리 레이블링

unsigned char led[] = {0x48, 0x7D, 0xC4, 0x64, 0x71, 0x62, 0x43, 0x7C, 0x40, 0x70};

volatile unsigned char in_req=0, out_req=0, emer_req=0;    // 요청/응답 인터페이스 변수
volatile unsigned char  blink_req=0, debounce_req=0;

volatile unsigned  long   timer0=0, debounce_timer=0;      // 타이머 오버플로 사용 변수

// 작업 중인 상품 수, 작업이 완료되어 나간 상품 수
volatile int on_product=0, out_product=0;

ISR(INT_IN)         {  in_req = 0;  }          // 상품 들어옴
ISR(INT_OUT)        {  out_req = 0; }          // 상품 나감
ISR(INT_EMERGENCY) {  if(debounce_req==0) emer_req = 0;       }    // 비상 스위치 눌림

ISR(ADC_vect)
```

```
{   OCR0 = ADC >> 2;    }    // 10비트 ADC값을 8비트로 축소


// 타이머/카운터0 인터럽트 서비스 루틴
ISR(TIMER0_OVF_vect)
{
    timer0++;       // 오버플로마다 1씩 증가

    // 오버플로 횟수 4의 배수일 때 10자리, 그렇지 않은 2의 배수일 때 1자리 디스플레이
    if(timer0 % SEVEN_SEG_INTERVAL == 0){
        PORTC = (timer0%(2*SEVEN_SEG_INTERVAL) == 0) ? led[(out_product%100) / 10] : led[out_product%10];
        PORTD = (PORTD |0xC0) & ~(1<<((timer0 % (2*SEVEN_SEG_INTERVAL) == 0) ? DIGIT_TEN : DIGIT_ONE));
    }

    // blink_req이면 LED를 BLINK_INTERVAL마다 점멸
    if(blink_req)
        if(timer0 % BLINK_INTERVAL == 0)
            LED_PORT ^= 1<<LED;                 // LED값을 반대로 바꿈

    // debounce_req이면 DEBOUNCE_INTERVAL 시간까지 스위치 변경 인식 방지
    if(debounce_req==1){
        debounce_req = 2;
        debounce_timer = 0;                // debounce_timer를 0으로 초기화
    }else if(debounce_req==2){
        debounce_timer++;
        if(debounce_timer >= DEBOUNCE_INTERVAL){
            debounce_timer = 0L;
            debounce_req = 0;
        }
    }
}

enum { OFF, READY, WORKING, OUT, EMERGENCY } state = OFF;       // 열거형 상태 변수 선언

int main(void)
{   unsigned long imsi_timer=0;

    DDRA = 0xFF;                        // 상태 모니터용 LED
    DDRC = 0xFF;                        // 7-세그먼트 출력 포트
    DDRD |= 1<<PD7 | 1<<PD6;            // 번갈아 가며 7-세그먼트 LED를 켜기 위한 출력

    MOTOR_DDR |= 1<<AC | 1<<BD;         // 모터 제어 포트의 AC, BD 핀 출력 방향

    LED_DDR |= 1<<LED;                  // 출력 신호
    PORTE |= 1<<EMERGENCY_SW | 1<<ONOFF_SW;             // 스위치 입력 풀업저항 연결

    EIMSK |= 1<<IN_SENSOR | 1<<OUT_SENSOR | 1<<EMERGENCY_SW;  // 외부핀 인터럽트
    EICRB = 0b10111000;     // 인터럽트 발생 시점(INT7, INT6, INT5, INT4) : 하강, 상승, 하강, 변경
```

```
    // OC0 PWM 사용
    DDRB |= 1<<OC0;                    // OC0 출력 설정
    TCCR0 = 1<<WGM01 | 1<<WGM00;       // 고속 PWM 파형 발생모드
    TCCR0 |= 1<<COM01 | 1<<COM00;      // TCNT0 TOP에서 0, 상승 도중 OCR0와 일치하면 1
    TCCR0 |= 1<<CS02 | 1<<CS00;        // 128 프리스케일 설정
    TIMSK |= 1<<TOIE0;                 // 타이머/카운터0 인터럽트 활성화

    // ADC 활성화, ADC 인터럽트 활성화, 연속 모드, AD 시작, 프리스케일러 CPU 분주비=64
    ADCSRA |= 1<<ADEN | 1<<ADIE | 1<<ADFR | 1<<ADSC | 6;
    sei( );

    MOTOR_STOP;
    out_product = 0;
    while(1){
      PORTA = 1<<state;                         // 상태 정수값을 PA0~PA4 LED에 출력하여 관찰
      switch(state){
        case OFF:                               // 처음 상태
            LED_OFF;
            if(SW_ON){                          // 운전 스위치 ON
                LED_ON;
                out_product = 0;
                in_req = out_req = emer_req = 1;
                state = READY;
            }
            break;

        case READY:
            if(in_req==0){                      // 상품 들어옴
                in_req = out_req = emer_req = 1;
                timer0 = 0UL;
                MOTOR_FOREWARD;
                on_product++;
                state = WORKING;
            }else if(!SW_ON)                    // 운전 스위치 OFF
                state = OFF;
            break;

        case WORKING:
            if(in_req==0){                      // 상품 들어옴
                in_req = 1;
                timer0 = 0UL;
                on_product++;
            }else if(emer_req==0){ // 비상 스위치 눌림
                emer_req = blink_req = debounce_req = 1;
                MOTOR_STOP;
                imsi_timer = timer0;
                state = EMERGENCY;
            }else if(out_req==0){  // 상품 나감
                out_req = 1;
                out_product++;
                on_product--;
```

```
164                 state = OUT;
165             }else if(timer0 >= TIMEOUT_INTERVAL){  // 상품이 컨베이어에서 시간 경과
166                 MOTOR_STOP;
167                 on_product = 0;
168                 state = READY;
169             }else if(!SW_ON){                // 운전 스위치 OFF
170                 MOTOR_STOP;
171                 state = OFF;
172             }
173             break;
174 
175         case OUT:
176             if(on_product <= 0){             // 상품이 컨베이어에서 모두 나감
177                 MOTOR_STOP;
178                 on_product = 0;
179                 state = READY;
180             }else                            // 상품이 아직 컨베이어에 남아 있음
181                 state = WORKING;
182             break;
183 
184         case EMERGENCY:
185             if(emer_req==0){                 // 비상 스위치가 다시 눌림
186                 emer_req = debounce_req = 1;
187                 blink_req = 0;
188                 timer0 = imsi_timer;
189                 LED_ON;
190                 MOTOR_FOREWARD;
191                 state = WORKING;
192             }else if(!SW_ON)                 // 운전 스위치 OFF
193                 state = OFF;
194             break;
195         default: break;
196       }
197     }
198 
199     return 0;
200 }
```

컨베이어 이송 시스템 동작 결과

[그림 12-29(a)]는 모터 회전에 의해 컨베이어 위에 실려 상품이 이동하기 시작하는 모습을 보이고 있다. 상품의 숫자는 13에서 상품이 지나간 후 [그림 12-29(b)]에서 두 자리 7-세그먼트 LED의 숫자가 증가한 상태를 보이고 있다. PA0~PA4에 연결된 LED로 현재의 state 값을 127번 라인에서 출력한다. 상품이 이동할 때와 출하한 후의 LED ON 위치가 WORKING 상태를 알리는 PA2에서 READY 상태를 알리는 PA1 위치로 바뀌고 있다.

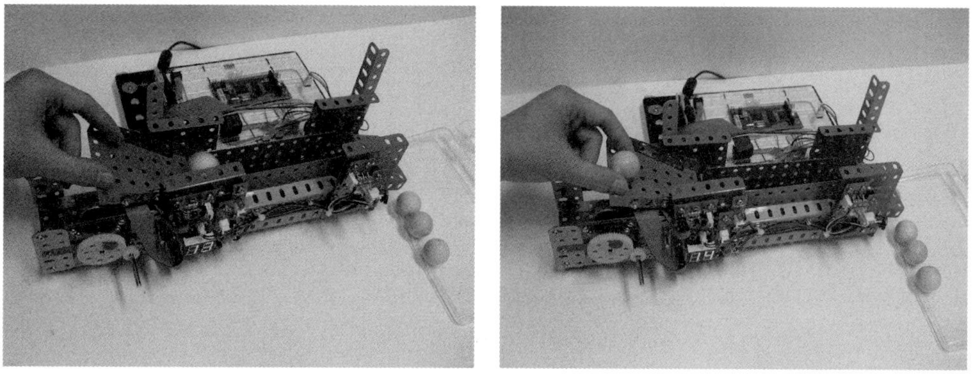

(a) 상품이 들어와서 컨베이로 이동

(b) 상품이 출하되어 출하 개수가 증가

[그림 12-29] 컨베이어 이송 시스템 동작 사례

Section

12.3 작품 B : PID 제어에 의한 속도 조절 시스템

이 절에서는 모듈 보드를 사용하여 DC 모터로 분당 회전수(RPM : Revolution Per Minute)를 측정하는 작품을 만든 후, LabVIEW를 사용하여 만든 PC의 응용프로그램과 PID 제어 장치와 시리얼 통신으로 인터페이스되는 속도 조절 시스템을 만들어보자.

응용프로그램에서는 목표 RPM을 PID 제어 장치에서 가변저항으로 직접 조절하거나 PC에서 제어를 선택할 수 있다. PC가 제어권을 가지면, 그래픽 인터페이스를 통해 목표 RPM, 비례상수, 적분상수, 미분상수 등을 변경하고 응답을 그래프로 관찰할 수 있다. 작품 완성을 위해서는 먼저 RPM 측정 프로그램을 완성하고, PID 제어를 사용한 모터의 속도 조절 시스템을 완성한다.

12.3.1 동작 개요

PID 제어에 의한 속도 조절 시스템이 동작되는 주요 내용을 설명하면 다음과 같다.

PID 제어와 응용프로그램 인터페이스

PID 제어는 목표치 달성을 위해 목표치와 측정치의 오차에 대한 비례(Prorotional), 적분(Integral), 미분(Differential) 성분의 조합으로 제어 신호를 만드는 방법이다.

- 비례상수(K_p), 적분상수(K_i), 미분상수(K_d)와 목표 회전수를 변화시킴에 따라 모터의 성능 변화에 대한 결과를 관측할 수 있게 한다.
- 시리얼 통신으로 PC와의 통신 기능을 통해 LabVIEW를 사용하여 작성된 응용 프로그램과 연동시켜 결과를 관측한다.
- 제어권을 PC 또는 로컬 장치로 전환할 수 있다. 제어권이 로컬 장치일 경우 목표 RPM을 로컬 장치에서 설정할 수 있고, PC일 경우 PC에서 K_p, K_i, K_d와 목표 RPM을 설정할 수 있다.

포토인터럽터를 이용한 DC 모터 RPM 측정

H-브리지 회로를 갖는 Micro DC Motor B/D에 모터 회전 방향 신호와 PWM 펄스를 인가하면 모터는 회전한다. PWM 듀티비에 따라 모터의 회전 속도는 바뀌게 되고 목적하는 회전 속도를 만들기 위해 현재의 RPM을 측정할 수 있어야 한다.

- 회전축에 연결된 홀 있는 원판 디스크를 Ph. Int B/D의 포토인터럽터 사이로 회전시켜 홀 사이로 적외선 관통 여부를 전기적인 펄스 신호로 변환시킨다.
- 입력 캡처 기능으로 적외선이 관통되는 펄스 수와 타이머/카운터로 경과된 시간을 알아내 RPM을 계산한다.

12.3.2 하드웨어와 회로 구성

[그림 12-30]은 PID 제어를 위한 작품의 하드웨어 구성이다. 하드웨어 작품(이하 PID 제어 장치)의 가변저항을 사용하여 목표 RPM을 설정하고 제어 결과를 관찰할 수 있다. LabVIEW를 사용하여 만든 인터페이스 프로그램을 사용하여 목표 RPM과 상수 K_p, K_i, K_d값을 PC에서 변경할 수 있고 결과를 파형으로 관찰할 수 있다.

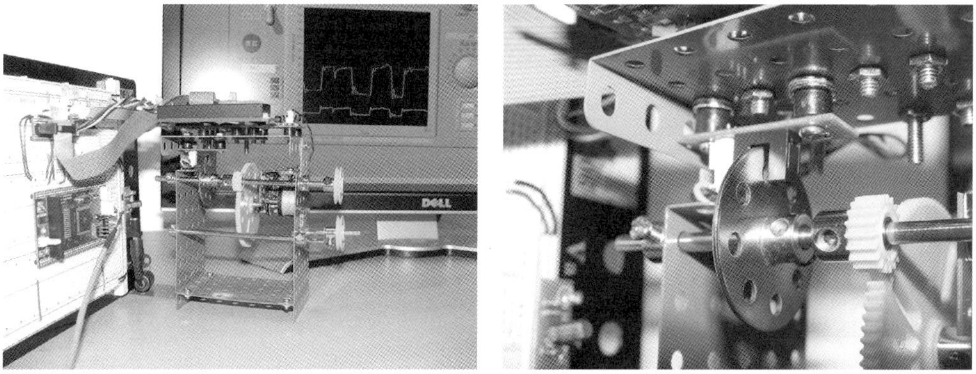

(a) PID 제어 작품과 LabVIEW

(b) 포토인터럽터와 홀이 있는 원판

[그림 12-30] PID 제어 작품의 하드웨어 구성

[그림 12-31]은 PID 제어 작품에 사용된 모듈 보드와 ATmega128 보드와의 회로 연결을 나타내고 있다.

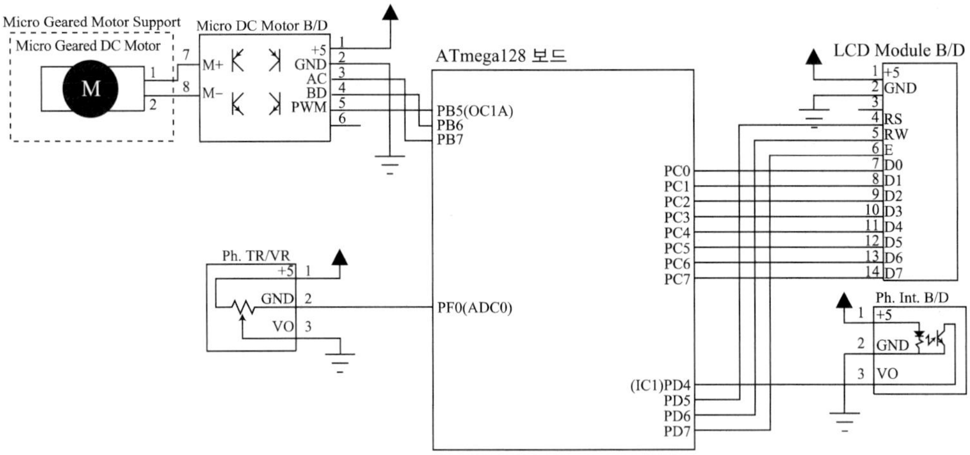

[그림 12-31] PID 제어를 위한 모듈 보드와 ATmega128 보드와의 회로 연결

PID 제어에 의한 속도 조절 시스템에 사용된 모듈 보드는 [표 12-4]와 같다.

[표 12-4] PID 제어에 의한 속도 조절 시스템에 사용된 모듈 보드

번호	보드 명칭	수량	용도
1	PWR B/D	1	AVR 보드에 전원 공급
2	Micro DC Motor B/D	1	마이크로 모터 PWM 제어
3	Micro Geared Motor Support	1	마이크로 모터 지지용
4	Ph. Int. B/D	1	홀이 있는 원판 회전 감지용 포토인터럽터
5	LCD Module B/D	1	결과 디스플레이를 위한 LCD 모듈
6	Ph. TR/VR B/D	1	PWM 펄스 폭 조절을 위한 A/D 변환용 전압 제공
7	커넥터 보드 14핀	1	LCD 디스플레이를 위한 플랫 케이블 연결용
8	커넥터 보드 6핀	1	Micro DC Motor B/D와 플랫 케이블 연결용

12.3.3 RPM 측정을 위한 프로그램

RPM 계산을 위한 유도식과 매크로 정의

[그림 12-30(b)]와 같이 디스크의 홀이 Ph. Int B/D의 포토인터럽터를 지나게 함으로써 타이머/인터럽트를 사용하여 일정 주기마다 RPM을 계산한다. RPM은 다음과 같이 계산한다.

$$RPM = \frac{N_{회전수}}{T_{rpm측정주기}} \times 60[sec]/[min]$$

$N_{회전수}$: 측정주기에 회전한 모터 회전 수

$T_{rpm측정주기}$: RPM 측정주기(단위는 [sec])

타이머/오버플로를 사용할 때 RPM 측정주기($T_{rpm측정주기}$)는 아래와 같이 계산된다.

$$T_{rpm측정주기} = N_{ovf\_num\_for\_rpm} \times T_{ovf}$$

$$T_{ovf} = N_{ovf\_tcount} \times T_{tcnt\_clock}$$

$$T_{tcnt\_clock} = \frac{Prescale_{tcnt}}{F_{CPU}}$$

$N_{ovf\_num\_for\_rpm}$: RPM 측정주기 사이에 발생되는 오버플로 개수
T_{ovf} : 오버플로 주기
N_{ovf_tcount} : 오버플로 주기에 발생되는 타이머/카운터 클록 개수
T_{tcnt_clock} : 타이머/카운터 한 클록 시간
$Prescale_{tcnt}$: 타이머/카운터 한 클록 발생을 위해 필요한 CPU 클록 수
F_{CPU} : CPU 클록 주파수

RPM 측정주기($T_{rpm측정주기}$)에 측정된 **모터 회전수**($N_{회전수}$)는 아래와 같이 계산된다. 홀이 포토인터럽터를 지날 때마다 한 개의 펄스가 발생한다.

$$N_{회전수} = \frac{N_{pulse}}{N_{pulse\_cycle}}$$

$$N_{pulse\_cycle} = N_{hole\_cycle} \times R_{gear}$$

$$R_{gear} = \frac{G_{disk}}{G_{motor}}$$

N_{pulse} : 측정주기 사이에 관찰된 펄스 수
N_{pulse_cycle} : 모터 축이 한 바퀴 회전할 때 포토인터럽터 사이를 지나가는 홀 수
N_{hole_cycle} : 홀이 있는 원판이 한 바퀴 회전할 때 포토인터럽터를 지나는 홀 수
R_{gear} : 모터 축에 대한 포토인터럽터를 지나는 원판의 기어비
G_{disk} : 홀이 있는 원판 축의 기어 톱니 수
G_{motor} : 모터 축의 기어 톱니 수

홀이 포토인터럽터 사이를 지나갈 때 발생되는 펄스 신호를 타이머/카운터의 입력 캡처 핀에 연결한다. 이 펄스 신호에 의해 입력 캡처 인터럽트가 발생할 때마다 펄스 수를 1씩 증가시켜 RPM 측정주기에 발생되는 펄스 수 N_{pulse}를 알 수 있다.

위와 같은 계산식에 따라 [프로그램 12-2]와 같이 RPM_BY_PULSE 매크로로 RPM을 정할 수 있다.

[프로그램 12-2] RPM 계산을 위한 매크로 정의 파일 : rpm.h

```
#ifndef __RPM_H__
#define __RPM_H__

#define F_CPU                 8000000UL                   // F_CPU

#define PULSE_ARRAY           2                           // 평균 RPM 계산을 위한 배열 수
#define OVF_NUM_FOR_RPM       20                          // N_ovf_num_for_rpm
#define MAX_TCNT_BITS         10
#define OVF_TCOUNT            (1<<MAX_TCNT_BITS)          // N_ovf_tcount
#define TCNT_PRESCALE         256                         // Prescale_tcnt
#define SEC_TCNT_CLOCK        ((double)TCNT_PRESCALE/(double)F_CPU)           // T_tcnt_clock
#define SEC_RPM_INTERVAL      (OVF_NUM_FOR_RPM*OVF_TCOUNT*SEC_TCNT_CLOCK)  // T_rpm측정주기

#define PULSE_PER_CYCLE       8                                     // N_hole_cycle
#define MOTOR_GEAR            95                                    // G_motor
#define DISK_GEAR             19                                    // G_disk
#define GEARRATIO   ((double)MOTOR_GEAR/(double)DISK_GEAR)          // R_gear

// rpm
#define RPM_BY_PULSE(pulse)  (60.*pulse/(double)(SEC_RPM_INTERVAL*GEARRATIO*PULSE_PER_CYCLE))
```

타이머/카운터1 초기화와 인터럽트 서비스 루틴

TCNT1_PWM_10bit_init(void)( ) 함수에서 아래와 같이 타이머/카운터1을 초기화한다.

- 타이머/카운터1을 10비트 고속 PWM 모드로 동작시키자.
- 프리스케일을 256으로 설정하자.
- 타이머/카운터1 오버플로 인터럽트와 입력 캡처 인터럽트를 활성화하자.
- 입력 캡처 신호에 대한 노이즈를 캔슬링시키고 펄스가 상승에지에 감지되게 하자.
- OC1A을 비교 출력 핀으로 설정하고 TCNT1 레지스터가 증가될 때 OCR1 레지스터와 일치되면 0, 최댓값일 때 1이 출력되는 PWM 펄스 동작모드로 설정하자.

입력 캡처 기능을 활성화하기 위해 ICP1(PD4) 핀을 ICP1_input_capture_init( ) 함수에서 입력 방향으로 설정하고 포토인터럽터의 컬렉터에 풀업저항이 연결되게 한다. 입력 캡처 인터럽트 서비스 함수 ISR(TIMER1_CAPT_vect)에서는 홀이 포토인터럽터를 지날 때마다 펄스 신호가 감지되므로 pulse 변수를 1 증가시킨다.

[프로그램 12-3] RPM 측정 프로그램 : rpm.c

```
#include    <avr/io.h>
#include    <avr/interrupt.h>
#include    "rpm.h"

```

```
#define ICP1    PD4     // 입력 캡처 신호 레이블링
#define OC1A    PB5     // 비교출력1 핀 레이블링

//----------- 변수 선언 --------------------------------
// 입력 캡처 발생 정보 기록 변수
volatile long int  timer1 = 0, pid_timer = 0;
volatile long int  pulse = 0, pulse_array[PULSE_ARRAY], pulse_idx = 0;

// 타이머/카운터1 입력 캡처 인터럽트 발생
ISR(TIMER1_CAPT_vect){ pulse++;      }

//--------- RPM 계산 관련 변수 ----------
volatile   double  rpm;

// 타이머/카운터1 오버플로 인터럽트 발생
ISR(TIMER1_OVF_vect)
{   int i;

    timer1++;
    if(timer1 == OVF_NUM_FOR_RPM){                              // RPM 계산 주기가 되었을 때
        pulse_array[pulse_idx] = pulse;                         // pulse를 저장
        pulse_idx = (pulse_idx + 1 >= PULSE_ARRAY) ? 0 : pulse_idx + 1; // 저장 위치 수정
        for(i=0, pulse=0; i<PULSE_ARRAY; i++) pulse +=pulse_array[i];  // 펄스 합
        rpm = RPM_BY_PULSE( pulse ) / PULSE_ARRAY;         // 중첩된 주기에 대한 평균 RPM 계산

        pulse = 0;
        timer1 = 0;
    }
}

// 입력 캡처 초기화
void    ICP1_input_capture_init(void)
{
    DDRD &= ~(1<<ICP1);     // 입력 캡처1 핀 입력 방향
    PORTD |= 1<<ICP1;       // 내부에 풀업저항 연결
}

// 타이머/카운터1 10bit OC1A PWM 초기화
void    TCNT1_PWM_10bit_init(void)
{
    // TCNT1 10비트 고속 PWM 파형 발생모드
    TCCR1B |= 1<<WGM12;               // 10비트 고속 PWM 발생 파형
    TCCR1A |= 1<<WGM11 | 1<<WGM10;
    TCCR1B |= 1<<CS12;                // 256 프리스케일
    TIMSK |= 1<<TOIE1 | 1<<TICIE1;    // 타이머/카운터1 오버플로, 입력 캡처 인터럽트 활성화
    TCCR1B |= 1<<ICNC1 | 1<<ICES1;    // 노이즈 캔슬링, 상승에지 감지

    // OC1A PWM 사용
    DDRB |= 1<<OC1A;                  // OC1A 출력 설정
    TCCR1A |= 1<<COM1A1;              // TCNT1 최댓값일 때 1, 상승 도중 OCR1A와 일치하면 0
}
```

평균 RPM 계산 방법

RPM 측정주기가 짧으면 펄스가 한 두 개만 변해도 급격하게 RPM이 변화되고, 측정주기가 길면 측정 결과를 얻기까지 시간이 오래 걸리는 단점이 있다. 이 두 가지를 혼합한 방법을 소개한다.

모터 1회전에 1개의 펄스가 출력된다고 가정하면, [그림 12-32(a)]는 단일 측정주기 간격으로 RPM을 계산하는 방법이고, [그림 12-32(b)]는 중첩된 3개의 측정주기에 대한 평균을 계산하는 방법이다. 두 방법 모두 같은 시간 간격으로 RPM 결과를 얻지만, 반면 중첩된 주기를 이용한 평균 RPM 계산 방식은 측정 구간을 늘리는 효과를 가진다.

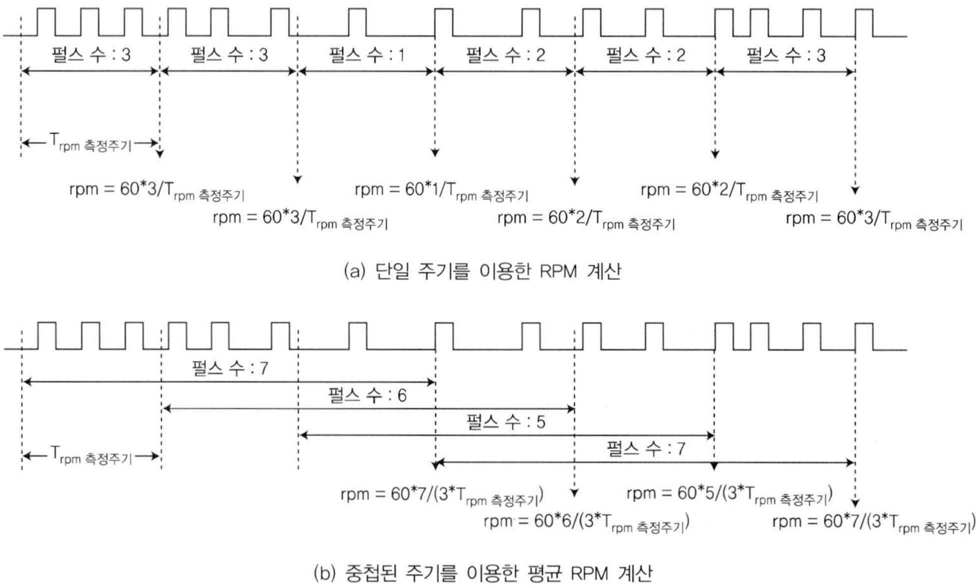

[그림 12-32] 단일 주기와 중첩된 주기를 이용한 평균 RPM 계산

[프로그램 12-3] 타이머/카운터1 오버플로 인터럽트 서비스 루틴 ISR(TIMER1_OVF_vect)의 24~32번 라인을 보면, OVF_NUM_FOR_RPM 회의 오버플로 발생 시간을 측정주기로 하고, pulse_array[PULSE_ARRAY] 크기를 갖는 배열에 구간마다 펄스 수를 기록하고 28번 라인에서 중첩된 주기에 대한 평균 RPM을 계산하고 있다.

RPM 측정 main( ) 함수

[프로그램 12-4]는 RPM 측정을 디스플레이하는 main( ) 함수다. 6장 6.9절의 H-브리지 모터 AC, BD 신호에 PB7, PB6번 핀을 통해 디지털 전압레벨을 출력시켜 모터의 회전 방향을 결정한다.

[프로그램 12-3] 타이머/카운터1 인터럽트 서비스 루틴 30번 라인에서 측정주기마다 timer1 값을 0으로 클리어시키므로 [프로그램 12-4]의 main( ) 함수 43번 라인에서 검사한 후 A/D 변환을 시작하게 하고 결과를 디스플레이한다. 가변저항을 이용한 A/D 변환 결과를 A/D 변환 인터럽트 서비스 루틴 ISR(ADC_vect)에서 10비트 OCR1A값에 할당시켜 PWM 기준값을 변동시킨다. PWM 신호는 rpm.c의 6번 라인에서 정의된 OC1A(PB5)번 핀을 통해 출력된다. lcd.c, lcd.h 파일은 부록을 참조한다.

[프로그램 12-4] main( ) 함수

```
1   #include   <stdio.h>
2   #include   <string.h>
3   #include   <avr/io.h>
4   #include   <avr/interrupt.h>
5   #include   "lcd.h"
6   #include   "rpm.h"
7
8   // 출력 : 모터 제어 신호 레이블링
9   #define AC  PB7
10  #define BD  PB6
11  #define MOTOR_PORT  PORTB
12  #define MOTOR_DDR   DDRB
13  #define CLAER   (MOTOR_PORT & 0x3F)
14
15  // 모터 동작 매크로 정의
16  #define MOTOR_FOREWARD (MOTOR_PORT = (MOTOR_PORT & CLAER) | 1<<AC)
17  #define MOTOR_BACKWARD (MOTOR_PORT = (MOTOR_PORT & CLAER) | 1<<BD)
18  #define MOTOR_STOP      (MOTOR_PORT = (MOTOR_PORT & CLAER) | 1<<AC | 1<<BD)
19
20  // OCR1값에 A/D 변환 결과 직접 대입
21  ISR(ADC_vect)
22  {   OCR1A = ADC;    }
23
24  //-------------- main() 함수 ------------------------------
25  int main(void)
26  {   char    lcd_string[2][MAX_LCD_STRING];
27
28      LCD_init?;                      // LCD 초기화
29      ICP1_input_capture_init?;       // ICP1 핀으로 입력 캡처 초기화
30      TCNT1_PWM_10bit_init?;          // 타이머/카운터1 10bit OC1A PWM 초기화
31
32      MOTOR_DDR |= 1<<AC | 1<<BD;     // 모터 제어 포트의 AC, BD 핀 출력 방향
33
34      // ADC 활성화, ADC 인터럽트 활성화, 연속 모드, A/D 시작, 프리스케일러 CPU 분주비=64
35      ADCSRA |= 1<<ADEN | 1<<ADIE | 1<<ADSC | 6;
36      sei();
37
38      sprintf(lcd_string[0], " < RPM Display > ");
39      LCD_str_write(0, 0, lcd_string[0]);
```

```
    MOTOR_BACKWARD;
    while(1){
        while(timer1);

        ADCSRA |= 1<<ADIE | 1<<ADSC;         // A/D 변환 시작

        sprintf(lcd_string[1], "PWM:%-4d RPM:%-3d ", OCR1A,(int)rpm); // PWM, RPM 출력
        LCD_str_write(1, 0, lcd_string[1]);
    }
}
```

RPM 측정 결과

[그림 12-33(a)]는 OCR1A 레지스터에 출력된 PWM 기준값과 RPM값을 나타내고 있으며, [그림 12-33(b)]는 RPM 측정을 위해 홈이 있는 원판이 포토인터럽터의 홈 사이를 회전하는 모습을 나타내고 있다.

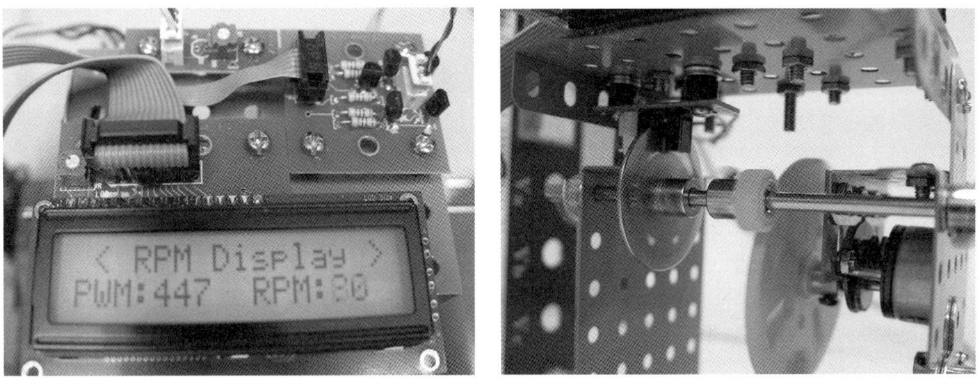

(a) OCR1A 447, 80 RPM 측정 (b) 포토인터럽터를 사이를 회전하는 원판

[그림 12-33] OCR1A 레지스터에 출력되는 PWM 기준값에 대한 RPM 측정

12.3.4 PID 제어 장치와 응용프로그램 인터페이스

PID 기본 이론

모터의 특정 RPM을 목표로 하는 PID 제어시스템은 [그림 12-34]와 같은 블록도를 가진다. 조작량 u(t)는 목표 RPM과 측정 RPM의 에러(e(t))에 대한 비례(Propotional)항, 적분(Integral)항, 미분(Differential)항의 합으로 이뤄진다. 각 항에 비례상수(K_p), 적분상수(K_i), 미분상수(K_d)를 사용한다. 조작량 u(t)는 연속 신호로서 아래 식 (12.1)과 같다.

$$u(t) = K_p e(t) + K_i \int_0^t e(\tau)d\tau + K_d \frac{de(t)}{dt} \qquad (12.1)$$

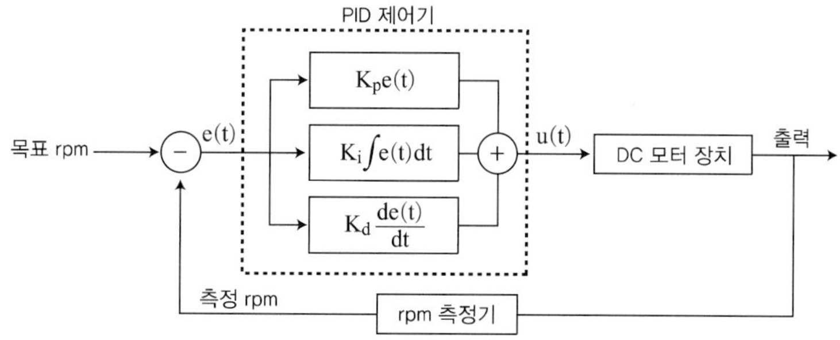

[그림 12-34] PID 제어시스템 블록도

마이크로컨트롤러를 사용한 PID 제어기는 특정 주기를 갖는 불연속 신호를 사용하게 되므로 식 (12.1)을 불연속 신호로 변경시킨다. 조작량 u_n은 n번째 RPM 측정값으로 계산된 에러 e_n을 사용하여 만든 제어 신호다. Δt는 마이크로컨트롤러로 RPM을 측정하고 조작량을 인가하는 주기를 나타낸다.

$$u_n = K_p e_n + K_i \sum_{i=0}^{n} e_i \Delta t + K_d \frac{e_n - e_{n-1}}{\Delta t} \qquad (12.2)$$

PID 제어 프로그램 핵심부

식 (12.2)를 적용한 핵심 반복문은 [프로그램 12-5]와 같다. PID 제어 프로그램 핵심부에서 변수는 식 (12.2)에서 [표 12-5]와 같이 대응된다.

[표 12-5] PID 제어 프로그램 핵심부와 식 (12.2)의 대응 관계

변수명	식 (12.2) 대응 식	변수명	식 (12.2) 대응 식
e	e_n	prev_e	e_{n-1}
u	u_n	esum	$\sum_{i=0}^{n} e_i$

[프로그램 12-5] PID 제어 프로그램 핵심부

```
esum = 0;
while(1){
      if(pid_req==0){                        // 타이머/카운터1에서 PID 제어 주기 경과 응답
        pid_req = 1;                         // 또 요청

```

```
        e = target_rpm - rpm;                // e : error
        esum = esum + e;                     // esum : error 누적
        dedt = (double)(e - prev_e) / dt;    // de/dt : 에러 미분

        u = kp * e + ki * esum * dt + kd * (e - prev_e)/dt;      // u : 제어 조작량
        prev_e = e;
    }
}
```

타이머/카운터1과 pid_req 변수로 요청/응답 인터페이스한다. 타이머/카운터1이 pid_req값을 0으로 갱신하여 PID 제어 주기 Δt가 경과했음을 응답하게 한다. [프로그램 12-3] rpm.c 파일의 타이머/카운터1 오버플로 인터럽트 서비스 루틴에서 아래 코드를 추가하여 pid_req에 응답하게 수정되어야 한다. 이때 필요한 pid_timer, pid_req 변수와 PID 제어를 위한 오버플로 주기 상수 OVF_NUM_FOR_PID_dT는 미리 선언 또는 정의되어야 한다.

```
ISR(TIMER1_OVF_vect)
{
    // ... 생략 ...
    pid_timer++;
    if(pid_timer == OVF_NUM_FOR_PID_dT){
        pid_timer = 0;
        pid_req = 0;
    }
}
```

PC와 LabVIEW 응용프로그램의 인터페이스 프로토콜

PID 제어 장치와 응용프로그램 사이에 주고받는 명령 프로토콜에 대한 약속이 필요하다. [표 12-6]은 송수신 명령에 대한 문자열, 수신 장치의 동작, PC 응용프로그램의 명령 또는 표시 위치를 나타낸다. 명령어 문자열의 마지막은 Enter↵ 로 표시된 16진수 0xA를 송신한다.

[표 12-6] PC 응용프로그램과 PID 제어용 작품과의 명령 프로토콜

발생 장치	명령 문자열	명령 수신 장치 동작	명령/표시 위치
PC	GO Enter↵	PID 제어 동작을 시작한다.	PID 스위치
	STOP Enter↵	PID 제어 동작을 멈추고 esum, target_rpm을 0으로 만든다.	
	PC Enter↵	PC 설정 목표 RPM, K_p, K_i, K_d에 의해 PID 제어가 시작된다.	제어권 스위치
	LOCAL Enter↵	작품의 가변저항을 사용하여 목표 RPM을 변경할 수 있게 한다.	
	PC_RPM #.# Enter↵	PC는 목표 RPM값 #.#를 전달한다. 장치는 목표 RPM을 변경한다.	목표 RPM 다이얼
	KP #.# Enter↵	PC는 K_p값 #.#를 전달한다. 장치는 K_p를 변경한다.	Kp

발생 장치	명령 문자열	명령 수신 장치 동작	명령/표시 위치
	KI #.# [Enter↵]	PC는 K_i값 #.#를 전달한다. 장치는 K_i를 변경한다.	Ki
	KD #.# [Enter↵]	PC는 K_d값 #.#를 전달한다. 장치는 K_d를 변경한다.	Kd
제어 장치	PWM:# Tgt:# RPM:# [Enter↵]	제어 장치에서 PC로 PWM값(0~100), 목표 RPM, 측정 RPM을 전달한다. PC 응용프로그램은 값을 그래프로 디스플레이한다.	수신 메시지

: 정수값

PID 제어 main( ) 함수

여기서는 PID 제어를 위한 main( ) 함수의 전체적인 흐름을 소개한다. main.c 프로그램 전체와 RPM 계산을 위한 rpm.h, rpm.c 파일은 이 책이 제공하는 온라인 자료에서 확인할 수 있다.

[프로그램 12-6] PID 제어와 PC 응용프로그램과 인터페이스 파일 : main.c

```
// #include (생략)
// 출력 : 모터 제어 신호 레이블링 (생략)
// 모터 동작 매크로 정의 (생략)
// Kp, Ki, Kd 초깃값 정의 (생략)
// 통신 프로토콜 상수 정의 (생략)
// usart1 printf(), scanf() 함수 사용 연결 (생략)
// kp, ki, kd  변수 선언 (생략)
// 타깃 RPM 변수(local, pc, target) 선언 (생략)
// PID 제어를 위한 변수 선언 (생략)
int  control = LOCAL_CONTROL;         // 제어권 변수 선언

// 제어권이 LOCAL일 때 A/D 변환 결과를 local 타깃 변수에 대입
ISR(ADC_vect)  {   local_target_rpm = (long)MAX_RPM * ADC / 1024.0;      }

// 문자가 수신 검사, 문자 수신이 있으며 문자열 명령을 command[]에 읽어낸다.
int get_command(char command[])
{   int flag;
    if( (flag = USART1_rx_check?) ) scanf("%s", command);
    return flag;
}

//------------- main() 함수 ----------------------------
int main(void)
{   // 지역 변수 선언 (생략)

    LCD_init?;                // LCD 초기화
    ICP1_input_capture_init?;         // ICP1 핀으로 입력 캡처 초기화
    TCNT1_PWM_10bit_init?;            // 타이머/카운터1 10bit OC1A PWM 초기화
    USART_init(USART1, 12);           // USART1 보오레이트 : 38400(UBRR=12) at 8MHz 클록

    ADCSRA |= 1<<ADEN | 1<<ADIE | 1<<ADSC | 6; // LOCAL 타깃 RPM을 위한 A/D 변환 설정
    stdin = stdout = stderr = &usart1_stdio;  // printf(), scanf()를 usart1_stdio로 사용
```

```
33      sei();
34
35      // 모터 제어 포트의 AC, BD 핀과 회전 방향 설정(생략)
36      // LCD 초기 디스플레이(생략)
37
38      esum = 0;                        // esum을 0으로 초기화
39      pid_req = 1;                     // 타이머/카운터1 인터럽트 서비스 루틴에게 PID 요청
40      while(1){
41          flag = get_command(command); // 수신 명령이 있는지 검사
42          if(flag){
43              // 수신 명령이 있으면 프로토콜에 따라 변수값 갱신(생략)
44          }
45
46          if(pid_req==0){              // 타이머/카운터1 인터럽트 서비스 루틴의 PID 시간 간격 응답
47             pid_req = 1;              // 또 요청
48             if(run==GO){              // 시작
49              // LOCAL, PC 제어 여부에 따라 target_rpm 선택, A/D 변환 시작
50              target_rpm = (control == PC_CONTROL) ? pc_target_rpm : local_target_rpm;
51              ADCSRA |= (control == PC_CONTROL) ? 0 : (1<<ADIE | 1<<ADSC);
52
53              // PID 제어 프로그램 핵심부의 조작량 u 계산(생략)
54              // OCR1A에 조작량 u에 따라 0~(OVF_TCOUNT-1) 사이로 설정
55              OCR1A = (u>=(unsigned long)(OVF_TCOUNT-1)) ? (unsigned int)(OVF_TCOUNT-1)
56                    : (u == (unsigned long)0) ? 0 : (unsigned int)u;
57
58              // 결과 LCD 출력 (생략)
59              printf("%s %s\r\n", lcd_string[0], lcd_string[1]);  // PC로 시리얼 출력
60             }else{             // 일시 정지, OCR1A에 의한 PWM 출력 0
61              OCR1A = 0;
62              esum = 0;
63             }
64          }
65      }
66  }
```

[프로그램 12-6]의 주요 라인의 동작은 아래와 같다.

(13) 제어권이 LOCAL일 때 A/D 변환 결과값 ADC로 로컬 목표 RPM 변수 local_target_rpm을 0~MAX_RPM 사이로 스케일링하여 설정한다.

(16~20) PC로부터 명령어 수신이 있는지 검사한 후 명령어를 command[ ] 배열에 scanf( )하여 넣는다.

(26~29) ATmega128 내부 장치에 대한 초기화를 수행한다.

(43) PC에서 수신된 명령에 따라 목표 rpm, kp, ki, kd, control 변수를 갱신한다.

(50) 제어권 변수 control값에 따라 목표 RPM을 PC 또는 로컬에서 선택한다.

(51) 제어권이 PC_CONTROL이 아닐 때 로컬 목표 RPM을 알기 위해 하드웨어 작품의 Ph. TR/VR B/D의 가변저항에 인가되는 전압에 대하여 A/D 변환을 시작한다.

(54) [프로그램 12-5] PID 제어 프로그램 핵심부를 수행한다. 측정된 RPM은 12.3.3에서 설명한 방법으로 rpm.c 파일에서 계산된다.

(55) 조작량 u값을 OCR1A의 범위인 0~(OVF_TCOUNT-1)값으로 설정한다.

(59) 시리얼 통신으로 printf( ) 명령을 이용하여 목표 PWM을 위해 OCR1A로 설정한 값을 0~100으로 스케일링한 값, 목표 RPM, 측정 RPM을 전송한다.

PID 제어에 의한 속도 조절 시스템 동작 결과

[그림 12-35]는 PC에서 LabVIEW를 이용하여 제작된 응용프로그램의 인터페이스 창을 나타내고 있다. PC와 PID 제어 장치는 시리얼 통신으로 연결된다.

제어 장치에서 목표 RPM, 측정 RPM, PWM 듀티비를 수신 받아 그래프에 디스플레이 한다. PC에서 PID 스위치, 제어권 스위치, 목표 RPM 다이얼, K_p, K_i, K_d 숫자 등을 변경할 때마다 명령이 제어 장치로 전달되고 제어 장치는 명령에 해당되는 동작을 수행한다. 응용프로그램은 이 책이 제공하는 온라인 자료에서 다운로드하여 사용할 수 있다.

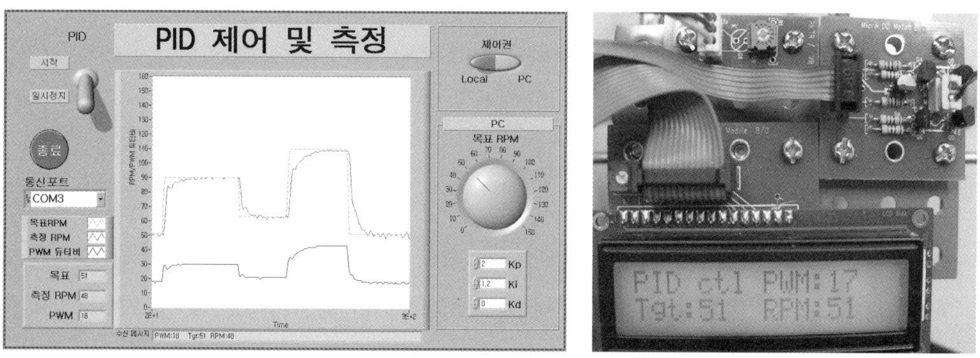

(a) 응용프로그램 제어 신호 디스플레이 (b) PID 제어 장치 디스플레이

[그림 12-35] PC 응용프로그램과 PID 제어 장치의 인터페이스 동작 결과

Section

12.4 작품 C : 검정 띠 추적 모형 자동차

이 절에서는 DC 모터와 RC 서보모터를 이용하여 적외선 센서가 부착된 모형 자동차로 라인 트레이서 작품을 만들어 보자. 라인 트레이서는 검정 띠의 위치를 적외선 센서가 감지하여 모터의 속도와 방향을 조절하면서 선을 따라 주행하게 하는 모형 자동차다.

12.4.1 동작 개요

검정 띠 추적 모형 자동차의 주요 동작은 다음과 같다.

- 2개의 DC 모터는로 회전되는 옆 바퀴는 모형 자동차의 전진, 후진, 방향 전환을 위한 회전을 담당한다.
- RC 서보모터는 뒷바퀴에 연결되고 옆 바퀴에 의해 방향 전환을 할 때 몸체가 같이 회전할 수 있게 보조한다.
- 모형 자동차 앞부분에는 LED 홀더와 적외선 발광다이오드, 적외선 수광 포토트랜지스터로 구성된 센서 2개 조가 있어 주행 중 검정 띠를 검출하여 추적할 수 있게 한다.
- 두 개의 센서에 감지되는 검정 띠의 위치에 따라 두 옆 바퀴의 회전 방향과 회전 RPM, 꼬리 바퀴의 회전 방향을 조합하여 추적하는 프로그램을 완성한다.

12.4.2 하드웨어와 회로 구성

[그림 12-36]은 DC 모터와 RC 서보모터를 이용한 검정 띠 추적 모형 자동차 작품의 하드웨어 구성이다.

(a) 커넥터 연결 전 위쪽 구성

(b) 모터와 센서가 부착된 아래쪽 구성

[그림 12-36] 모형 자동차

[그림 12-36]에서 Micro DC Motor Support에 고정된 DC 모터는 옆 바퀴와 연결되고 마이크로 DC 모터 보드(Micro DC Motor B/D)를 이용하여 전진과 후진을 할 수 있고 PWM 펄스 신호로 회전 속도를 조절할 수 있다. 뒷바퀴에 있는 RC 서보모터는 몸체의 조향을 담당한다. 두 옆 바퀴의 조합으로 모형 자동차가 방향 전환할 때 몸체 뒷부분이 끌리지 않고 저항 없이 돌아가도록 몸체의 방향을 바꾸는 역할을 한다. RC 서보모터 제어 신호는 ATmega128에서 PWM 펄스로 직접 구동된다.

[그림 12-36(b)]의 앞부분에 적외선 다이오드와 적외선 포토트랜지스터가 쌍으로 구성된 적외선 센서 2개를 위치시킨다. 검정 띠를 두 센서 사이에 두고 주행하게 한다. 전원은 주행을 위해 3.7[V], 1000[mAh] 리튬폴리머 배터리를 사용할 수 있다.

[그림 12-37]은 검정 띠 추적 모형 자동차 작품에 사용된 모듈 보드와 ATmega128 보드와의 회로 연결을 나타낸다.

검정 띠 추적 모형 자동차 작품을 위해 사용된 모듈 보드는 [표 12-7]과 같다.

[표 12-7] 검정 띠 추적 모형 자동차에 사용된 모듈 보드

번호	보드 명칭	수량	용도
1	PWR B/D	1	AVR 보드에 전원 공급
2	Micro DC Motor B/D	2	왼쪽과 오른쪽 바퀴용 마이크로 DC 모터 구동
3	Micro DC Motor Support	2	바퀴용 마이크로 모터 지지용
4	LED B/D	2	적외선 다이오드의 발광용 LED
5	Ph. TR/VR B/D	2	적외선 반사에 의한 검정 띠 감지
6	LCD Module B/D	1	결과 디스플레이를 위한 LCD 모듈
7	커넥터 보드 14핀	1	LCD 디스플레이를 위한 플랫 케이블 연결용
8	커넥터 보드 6핀	2	모터 제어 보드

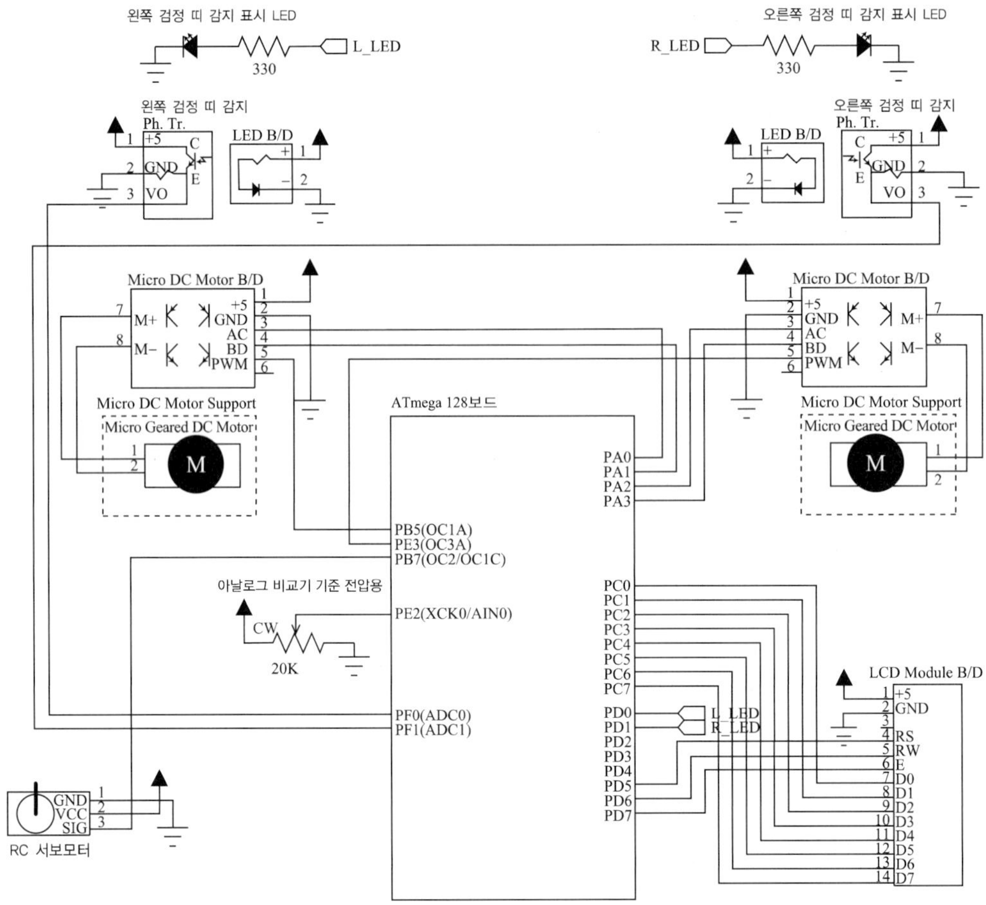

[그림 12-37] 검정 띠 추적 모형 자동차 작품 회로 구성도

12.4.3 검정 띠 추적을 위한 요소 기술

검정 띠 감지 방법

[그림 12-38]은 두 개의 적외선 수광센서를 이용하여 흰색 바탕에 있는 검정 띠를 감지하기 위한 블록도다. Ph. Tr/VR 보드에서 들어오는 수광센서 신호와 아날로그 비교기의 AIN0(PE2) 핀에 연결된 기준 전압과 비교되어 ACSR 레지스터의 ACO 비트로 결과를 알 수 있다. 흰색에 적외선 반사가 많으면 높은 전압이 수광센서에서 출력되고 검정 띠에서 반사가 적으면 낮은 전압이 출력된다. 따라서 검정 띠가 감지될 때와 흰색일 때 PF0, PF1에서 측정되는 전압 사이의 중간 전압으로 PE2 전압이 되도록 아날로그 비교기 기준 전압용 가변저항을 조절하여 맞추어야 한다. [그림 12-37]의 PD0, PD1을 출력 핀으로 설정하여 검정 띠 감지 상태를 LED에 출력시키고 있다.

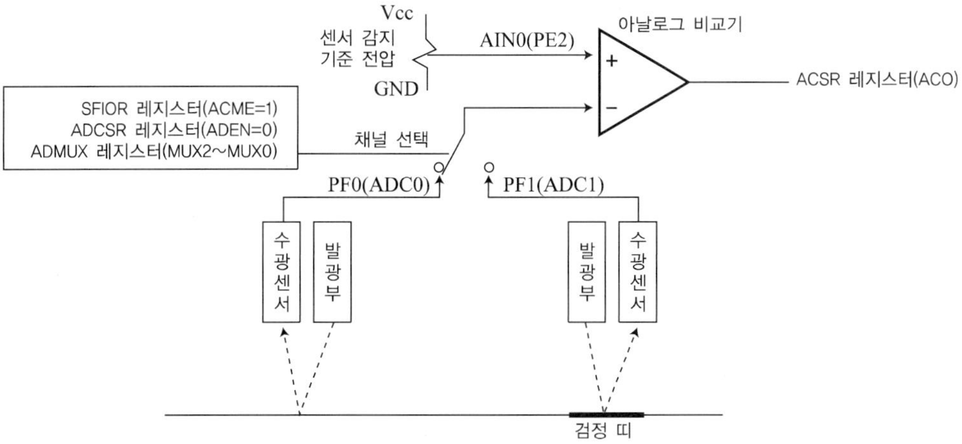

[그림 12-38] 두 개의 센서로 검정 띠 감지를 위한 아날로그 비교기 사용

모형 자동차의 왼쪽과 오른쪽에 연결된 두 개의 수광센서 신호를 번갈아 선택하기 위해 ADEN=0, ACME=1로 설정한 후 ADMUX 레지스터의 MUX2~MUX0값을 '000'과 '001'로 바꾼다. 아날로그 비교기 – 단자에 PF0과 PF1 핀의 센서 신호로 교대로 연결할 수 있다. 두 개의 센서가 같은 시간으로 주기적으로 검정 띠 감지 여부를 확인하기 위해 타이머/카운터 0 인터럽트를 사용한다. 약 1[msec] 간격으로 다른 위치의 센서값을 확인한다.

서로 다른 두 바퀴의 회전 방향과 회전 속도를 조절하는 방법

ATmega128의 16비트 타이머/카운터1과 타이머/카운터3을 DC 모터의 바퀴 회전과 연동시켜 작동시킨다. H-브리지 회로를 사용한 마이크로 DC 모터 보드(Micro DC Motor B/D)에 인가되는 신호에 따라 소형 DC 모터의 회전 속도는 아래와 같다(5장 5.9절 참조).

신호			모터 회전을 위한 전류 방향	회전 속도
AC	BD	PWM 듀티비(%)		
–	–	0	–	–
1	1	–	–	–
0	0	–	–	–
1	0	100 ≥ 듀티비 > 0	M+ → M–	듀티비가 클수록 회전 속도 증가
0	1	100 ≥ 듀티비 > 0	M+ ← M–	

RC 서보모터에 8비트 타이머/카운터를 사용한 PWM 신호를 인가시켜 축의 회전각을 만들 수 있다. 0°일 때 펄스 폭이 1.5[msec], –90°와 90°일 때 0.8[msec] 차가 있으므로 아래와 같이 회전각에 필요한 OCRn값을 RC_PWM_DEGREE(x) 매크로로 계산하여 사용할 수 있다(8장 8.10절 참조).

```
#define TCNT2_PRESCALE 1024L
#define RC_PWM_NUTRAL   (int)((0.0015*F_CPU)/TCNT2_PRESCALE - 1)
#define RC_PWM_PER_DEG ((double)((0.0008*F_CPU)/(double)(TCNT2_PRESCALE*90.0)))
#define RC_PWM_DEGREE(degree)         (RC_PWM_NUTRAL + degree*RC_PWM_PER_DEG)
```

검정 띠를 센서가 감지했을 때 정상 주행으로 복원시키기 위해 앞바퀴와 뒷바퀴에 대한 일정 시간 보정 작업이 필요하다. [표 12-8]은 검정 띠가 감지된 경우 보정 작업을 위한 옆바퀴와 뒷바퀴의 회전 방향과 크기를 제시하고 있다. 모형 자동차가 주행하는 모습을 위에서 본 그림이다.

[표 12-8] 검정 띠 감지에 대한 옆바퀴와 뒷바퀴의 회전 방향과 크기

검정 띠 감지	정상 주행		왼쪽 센서 감지		오른쪽 센서 감지	
위에서 본 자동차 모양	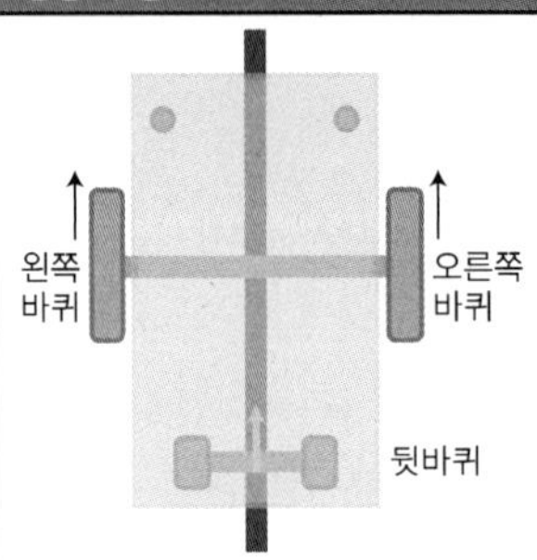		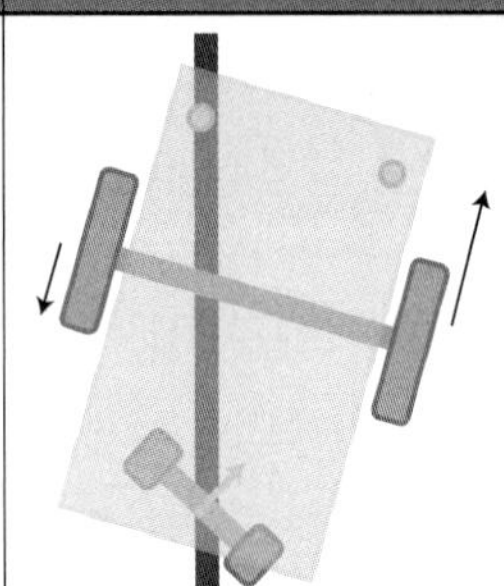		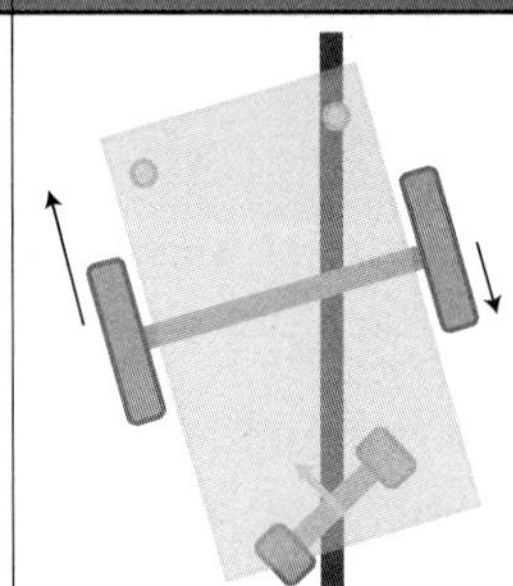	
보정 작업	없음		좌로 회전		우로 회전	
회전 / 바퀴	방향	크기	방향	크기	방향	크기
왼쪽 바퀴	전진	보통	후진	보통~크게	전진	크게
오른쪽 바퀴	전진	보통	전진	크게	후진	보통~크게
뒷바퀴	앞으로	0°	오른쪽	45°~90°	왼쪽	45°~90°

전진 중에 검정 띠를 감지하게 되므로 모형 자동차는 관성이 있어 계속 전진고자 하는 성질을 가진다. 관성을 극복하기 위해 일정 시간 감지된 쪽의 바퀴를 역방향으로 회전시키고, 다른 바퀴는 회전을 더 크게 하여 다른 바퀴가 탈선하기 전에 속도를 줄이고 정상 주행 상태로 복구시키는 것이 바람직하다. 뒷바퀴는 모형 자동차 몸체의 회전이 원활하도록 회전하는 방향으로 RC 서보모터의 방향을 바꿔야 한다.

[표 12-8]에서 제시한 바퀴의 회전 방향과 크기는 참고용으로 제시한 것이다. 센서의 간격, 검정 띠의 두께, 바퀴의 간격, 주행 자동차의 무게, 주행 속도 등의 상황에 따라 회전 방향과 크기가 다를 수 있으므로 상황에 맞게 수정하여 사용해야 한다.

12.4.4 검정 띠 추적 주행 자동차 실행 프로그램

타이머/카운터 초기화

타이머/카운터를 아래와 같이 초기화한다.

- 두 개의 DC 모터 속도 조절을 위해 16비트 타이머/카운터1과 타이머/카운터3를 사용한다.
- 두 타이머/카운터는 10비트 고속 PWM 모드와 256 프리스케일로 설정하고, OCRnx를 증가시키면 펄스 폭이 커지게 설정한다.
- OCnA에서 PWM 펄스 출력을 위해 OC1A(PB5), OC3A(PE3) 핀을 출력 방향으로 설정한다.
- RC 서보모터는 8비트 타이머/카운터2를 사용하자. 고속 PWM 모드와 1024 프리스케일로 설정하고 OCR2를 증가시키면 펄스 폭이 커지게 설정한다.
- 두 센서에서 정해진 시간에 주기적으로 검정 띠를 감지하기 위해 타이머/카운터0 오버플로 인터럽트를 사용한다. 약 1.2[msec] 간격으로 PF0, PF1와 아날로그 비교기의 - 단자를 번갈아 가며 연결하고 센서값을 읽게 한다. 시간 간격은 작품 크기에 따라 달라질 수 있다.
- 보정을 위한 지속 시간을 계수하기 위해 타이머/카운터0 오버플로 인터럽트를 사용하고, req_delay 변수로 요청/응답 인터페이스한다.

검정 띠 감지에 따른 주행 상태도

[그림 12-39]는 서로 다른 주행 상태에서 [표 12-8]의 검정 띠 감지 입력 조건에 따라 옆바퀴와 뒷바퀴의 회전 방향과 지속 시간을 명령하는 상태도다. x___은 왼쪽에서 검정 띠를 감지한 경우, ___x는 오른쪽에서, x__x는 양쪽에서, ____은 감지되지 않은 경우를 나타낸다.

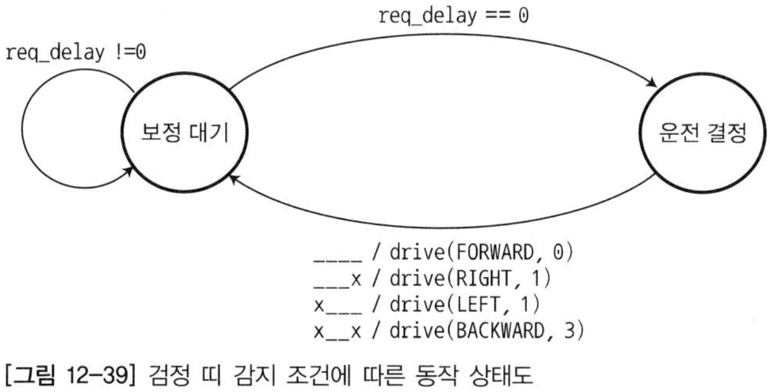

[그림 12-39] 검정 띠 감지 조건에 따른 동작 상태도

보정 대기 상태는 보정 명령에 의한 모터 동작이 일정 시간 유지되게 기다리는 상태다. 모터

는 기계 장치이므로 전기신호 명령을 하달해도 관성에 따라 즉시 반응하지 않고 지연 시간이 있게 된다. 따라서 회전 동작을 일정 시간 유지시켜야 한다. 운전 결정 상태에서 센서에서 감지된 검정 띠의 위치에 따라 주행 방향을 결정한다.

[그림 12-40]은 상태도를 ASM 차트로 변환한 그림이다.

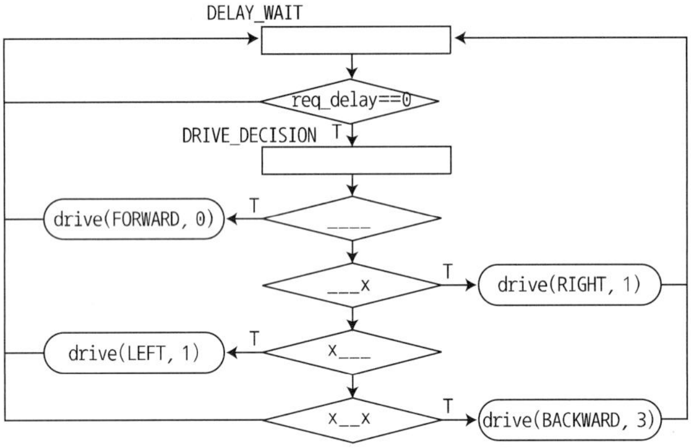

[그림 12-40] 상태도에 대한 ASM 차트

[프로그램 12-7]은 LCD 디스플레이를 제외한 전체 프로그램으로, main( ) 함수를 포함하여 중요한 부분만을 남겨놓은 코드다. 전체 예제 소스 코드는 온라인 자료에서 다운로드하여 사용할 수 있다.

ISR(TIMER0_vect) 인터럽트 서비스 루틴에서는 약 일정 간격으로 왼쪽과 오른쪽 센서값을 sensor 변수에 검정 띠 감지 위치 모양으로 정의된 레이블로 대응시킨다. drive( ) 함수는 주행 방향, 회전 속도, 보정 시간으로 옆바퀴의 구동과 뒷바퀴의 회전 각도를 결정한다. delay 인수를 받아 타이머/카운터0 인터럽트 서비스 루틴과 req_delay 변수로 보정 시간 유지를 위한 요청/응답 인터페이스한다. 보정 간격은 작품 상황에 따라 달라질 수 있다.

main( ) 함수는 초기화 과정을 거친 후, [그림 12-40] ASM 차트를 while( )~switch( ) 문으로 변환하여 완성한다.

[프로그램 12-7] 간략화한 검정 띠 추적 모형 자동차 프로그램

```
// #include (생략)
#define F_CPU    8000000L

// RC 모터 제어 신호 레이블링 및 매크로 식(생략)
// 센서 측정주기 결정용 레이블링과 매크로 정의
#define SENOR_READ_INTERVAL         0.0012          // sec
#define MOTOR_RETAIN_INTERVAL       0.15            // sec
```

```
// 시간 간격 계산을 위한 임시 매크로(생략)
// 센서 측정 간격과 보정시간 간격 계산 매크로
#define NUM_TIMER0_OVF_FOR_SENSOR  (int)NUM_TIMER0_OVF_FOR_INERVAL(SENOR_READ_INTERVAL)
#define NUM_TIMER0_OVF_FOR_RETAIN  (int)NUM_TIMER0_OVF_FOR_INERVAL(MOTOR_RETAIN_INTERVAL)
// RC 모터 회전 각도 레이블링(생략)
// 출력 : 왼쪽(Left) 모터 제어 신호 레이블링 및 모터 동작 매크로(생략)
// 출력 : 오른쪽(Right) 모터 제어 신호 레이블링 및 모터 동작 매크로(생략)

#define L_PWM_OCR1A OCR1A             // 왼쪽 PWM OCR1A 레지스터로 지정
#define R_PWM_OCR3A OCR3A             // 오른쪽 PWM OCR3A 레지스터로 지정
#define AC_IRBL PF0                   // 오른쪽 적외선 센서 검정 띠 감지 채널 지정
#define AC_IRBR PF1                   // 왼쪽 적외선 센서 검정 띠 감지 채널 지정

// DC 모터 바퀴 속도 레이블링(생략)
// 검정 띠 감지 sensor 해당 값
#define ____    0  // 감지되지 않음
#define ___X    1  // 오른쪽 센서 검정 띠 감지
#define X___    2  // 왼쪽 센서 검정 띠 감지
#define X__X    3  // 양쪽 센서 검정 띠 감지

//----- 타이머/카운터 인터럽트와 관련 변수(생략)

//----- 타이머/카운터0 오버플로 인터럽트
ISR(TIMER0_OVF_vect)
{
    timer0++;
    if( timer0 % NUM_TIMER0_OVF_FOR_SENSOR == 0){        // 센서 읽을 시간 검사
        if( test_sensor == SENSOR_LEFT){                 // 왼쪽 읽을 차례 ?
            irbl = ACSR & 1<<ACO;                        // 왼쪽 적외선 센서 결과 : 1 or 0
            // 왼쪽 센서에서 검정 띠 감지여부 LED 출력
            PORTD = irbl ? (PORTD | 1<<LED_BLACK_AT_LEFT) : (PORTD & ~(1<<LED_BLACK_AT_LEFT));
            ADMUX = (ADMUX & ~0x1F) | AC_IRBR; // 다음 읽을 센서 위치를 오른쪽 AC_IRBR 채널로 변경
            test_sensor = SENSOR_RIGHT;                  // 다음 측정 센서 지정
        }else{
            // 오른쪽 적외선 센서 측정 및 다음 측정 센서 지정(생략)
        }
        sensor = 2*(irbl || 0) + (irbr || 0); // 읽은 센서값을 ____, ___X, X___, X__X 로 변환
    }

    // req_delay 시간 감소로 요청/응답 인터페이스
    if(req_delay > 0)  req_delay--;
}

// 바퀴의 회전 방향, 크기, 보정 시간을 이용한 모터 구동
#define STRENGTH    0x200
void    drive(enum direction_t direction, int delay)
{
    req_delay = NUM_TIMER0_OVF_FOR_RETAIN * delay; // 보정 시간 결정(MOTOR_RETAIN_INTERVAL의 배수)

    switch( direction ){
    case FORWARD:                                        // 정상 주행
```

```
        L_MOTOR_FORWARD;    R_MOTOR_FORWARD;
        L_PWM_OCR1A = MID_SPEED;                          // 왼쪽 바퀴 PWM 신호 출력
        R_PWM_OCR3A = MID_SPEED;                          // 오른쪽 바퀴 PWM 신호 출력
        RC_PWM_OCR2 = RC_PWM_DEGREE(DEG_ZERO);            // 뒷바퀴 PWM 회전신호
        break;

    case LEFT:              // (생략)
    case RIGHT:             // (생략)
    case BACKWARD:          // (생략)
    case ROTATE_LEFT:       // (생략)
    case ROTATE_RIGHT:      // (생략)
    default:                // STOP (생략)
    }
}

void    DC_MOTOR_PIN_init(void)     // DC 모터 트랜지스터 방향 제어 핀(생략)
void    DC_MOTOR_PWM_init(void)     // 타이머/카운터1, 3으로 10비트 고속 PWM 초기화(생략)
void    RC_MOTOR_PWM_init(void)     // RC 모터 PWM 초기화 타이머/카운터2, 고속 PWM(생략)
void    TIMER0_init()               // 주기적 센서 검사, 보정 시간 요청/응답 인터페이스(생략)

//---- main() 함수
int main(void)
{   char lcd_string[2][MAX_LCD_STRING];

    LCD_init();
    DC_MOTOR_PIN_init();
    DC_MOTOR_PWM_init();
    RC_MOTOR_PWM_init();
    TIMER0_init();

    DDRD |= 1<<LED_BLACK_AT_LEFT | 1<<LED_BLACK_AT_RIGHT;       // 검정 띠 감지 표시 LED
    SFIOR |= 1<<ACME;               // 아날로그 비교기 입력 AIN1(- 단자) PF0, PF1 사용
    ADMUX = 1<<REFS0 | AC_IRBL;     // Vmax = AVCC, 왼쪽 센서부터 읽음
    sei();

    sprintf(lcd_string[0], "Black Line Trace"); LCD_str_write(0, 0, lcd_string[0]);
    while(1){
        switch(state){                          // ASM 차트를 코드로 변환
        case DELAY_WAIT:
            while(req_delay);                   // delay
            state = DRIVE_DECISION;
            break;

        case DRIVE_DECISION:
            if( sensor == ____)      drive(FORWARD, 0);
            else if(sensor == ___X)  drive(RIGHT, 1);
            else if(sensor == X___)  drive(LEFT, 1);
            else                     drive(BACKWARD, 3);
            state = DELAY_WAIT;
            break;
        }
```

```

        // 결과 LCD 디스플레이
        sprintf(lcd_string[1], "L:%-3X R:%-3X B:%-2X", L_PWM_OCR1A, R_PWM_OCR3A, RC_PWM_OCR2);
        LCD_str_write(1, 0, lcd_string[1]);
    }
    return 0;
}
```

검정 띠 추적 모형 자동차 동작 결과

[그림 12-41]은 검정 띠 추적 모형 자동차의 구성과 주행 중인 모습을 나타낸다.

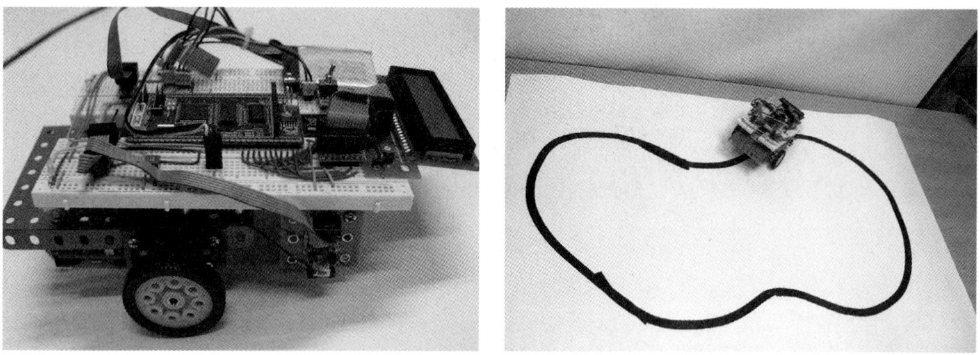

(a) 모형 자동차 구성　　(b) 검정 띠를 추적 중인 모형 자동차

[그림 12-41] 검정 띠 추적 모형 자동차의 외형과 추적 동작

[그림 12-42(a)]는 왼쪽 센서가 검정 띠를 감지하여 왼쪽으로 회전 방향을 보정하는 동작이고, [그림 12-42(b)]는 오른쪽 센서가 검정 띠를 감지하여 오른쪽으로 회전 방향을 보정하는 동작이다. 뒷바퀴의 RC 서보모터를 왼쪽 방향으로 틀어 검정 띠가 두 센서 사이로 들어올 수 있게 옆바퀴의 회전과 함께 방향 전환을 돕고 있다. 조명에 의해 그림자가 짙을 때 센서가 반사되는 적외선 감지에 차이를 보일 수 있다. [그림 12-37]의 AIN0에 연결되는 가변저항을 조절하여 아날로그 비교기의 센서 감지용 기준 전압을 적절하게 설정해야 한다.

(a) 왼쪽 센서 검정 띠 감지와 보정 동작　　(b) 오른쪽 센서 검정 띠 감지와 보정 동작

[그림 12-42] 검정 띠 감지와 추적을 위한 보정 동작

부록

Appendix

예제 소스

Example Source

다음은 본문에서 사용한 C 언어 프로그램 예제 소스를 정리한 표다.

장.절	연동 프로그램	lcd.h	lcd.c	main_3_8.c	usart.h	usart_polling.c
3.8		O	O	O		
9.5	[프로그램 9-2]	O	O			
10.8	[프로그램 10-3]	O	O			
11.6	[프로그램 11-10]	O	O		O	O
11.9	[프로그램 11-15]	O	O			
11.10	[프로그램 11-18]	O	O			
12.3.3	[프로그램 12-4] main.c	O	O			

1. <lcd.h>

```
#ifndef       __LCD_H__
#define       __LCD_H_

#define       MAX_LCD_STRING      0x40

extern void   gen_E_strobe(void);
extern void   wait_BusyFlag(void);
extern void   LCD_command(unsigned char data);
extern void   LCD_data_write(unsigned char data);
extern void   LCD_init(void);
extern void   set_cursor(unsigned int row, unsigned int col);
extern void   LCD_str_write(unsigned int row, unsigned int col, char *str);
#endif
```

2. <lcd.c>

```
#include   <avr/io.h>
#include   "lcd.h"

#define RS  PD5 // LCD 문자 디스플레이에 연결된 D포트의 핀 번호
#define RW  PD6
#define E   PD7

void    gen_E_strobe(void)
```

```
{   volatile   int i;

    PORTD |= 1<<E;            // E 신호를 High로
    for(i=0; i<10; i++);      // E 스트로브 신호를 일정 기간 High로 유지
    PORTD &= ~(1<<E);         // E 신호를 Low로
}

void    wait_BusyFlag(void)
{   volatile int        i;
    unsigned char       bf;

    DDRC = 0x0;                               // C포트를 입력핀으로 설정
    PORTD = (PORTD & ~(1<<RS)) | 1<<RW;       // RS <- Low, RW <- High
    do{
        PORTD |= 1<<E;                        // E 신호를 High로
        for(i=0; i<10; i++);                  // E 스트로브 신호를 일정 기간 High로 유지
        bf = PINC & 1<<PC7;                   // busy flag 읽어냄
        PORTD &= ~(1<<E);                     // E 신호를 Low로
    }while( bf );                             // bf 값이 0이 아니면 busy, 0일 때까지 반복
}

void    LCD_command(unsigned char data)
{   wait_BusyFlag();                          // busy flag가 0이 될 때까지 대기
    DDRC = 0xFF;                              // C포트를 출력핀으로 설정
    PORTC = data;                             // data 출력
    PORTD &= ~(1<<RS | 1<<RW);                // RS <- 0, RW <-0
    gen_E_strobe();                           // E 스트로브 신호 만들기
}

void    LCD_data_write(unsigned char data)
{   wait_BusyFlag();
    DDRC = 0xFF;
    PORTC = data;
    PORTD = (PORTD | 1<<RS) & ~(1<<RW);       // RS <- 1, RW <-0
    gen_E_strobe();
}

void    LCD_init(void)
{
    DDRD |= 1<<RS | 1<<RW | 1<<E;             // RS, RW, E 핀을 출력핀으로 설정

    PORTD &= ~(1<<RS | 1<<E | 1<<RW);         // 초기에 RS, E, RW <- 0

    LCD_command(0x3C);
    LCD_command(0x02);
    LCD_command(0x01);
    LCD_command(0x06);
    LCD_command(0x0F);
}
```

```
void    set_cursor(unsigned int row, unsigned int col)
{
    LCD_command(0x80 + (row % 2) * 0x40 + (col % 0x40));
}

// 함수 정의 : row, col 위치에서 문자열 str을 LCD에 출력한다.
void    LCD_str_write(unsigned int row, unsigned int col, char *str)
{
    int i;

    set_cursor(row, col);
    for(i=0; (i+col < MAX_LCD_STRING) && (str[i] != '\0'); i++)
        LCD_data_write(str[i]);
}
```

3. <main_3_8.c>

```
#include    <stdio.h>
#include    <avr/io.h>

#define F_CPU   8000000
#include    <util/delay.h>
#include    "lcd.h"

// 전역 변수 선언
long    a = 0, b = 0;
double  x = 0., y = 0.;

//////////////////////////////////////////////////////////////////
int main(void)
{   // 지역 변수 선언
    char lcd_string[2][MAX_LCD_STRING];

    LCD_init();

    while(1){
        a = a + 1;
        b = b + 2;

        x += 0.1;
        y += 0.2;

        sprintf(lcd_string[0], "A=%-5ld B=%-5ld", a, b);
```

```
        LCD_str_write(0, 0, lcd_string[0]);

        sprintf(lcd_string[1], "X=%-5.1f Y=%-5.1f   ", x, y);
        LCD_str_write(1, 0, lcd_string[1]);
        _delay_ms(1000);
    }
    return 0;
}
```

4. <usart.h>

```
#ifndef __USART_H__
#define __USART_H__
#include    <stdio.h>

#define USART0  ((unsigned char)0)
#define USART1  ((unsigned char)1)

extern  void USART_init(unsigned char ch, unsigned int ubrr_baud);
extern  int USART1_send(char data, FILE *stream);
extern  int USART1_receive(FILE *stream);

#endif
```

5. <usart_polling.c>

```
#include    <avr/io.h>
#include    "usart.h"

// 폴링 USART 초기화
void USART_init(unsigned char ch, unsigned int ubrr_baud)
{
    if( ch == USART0){
        UCSR0B |= 1<<RXEN0 | 1<<TXEN0;
        UBRR0H = ubrr_baud >> 8;
        UBRR0L = ubrr_baud;
    }else if(ch == USART1){
        UCSR1B |= 1<<RXEN1 | 1<<TXEN1;
        UBRR1H = ubrr_baud >> 8;
```

```
        UBRR1L = ubrr_baud;
    }
}

// 폴링을 이용한 문자 전송
int USART1_send(char data, FILE *stream)
{
    while ( !( UCSR1A & (1<<UDRE1)) );        // UDR 레지스터가 빌 때까지 폴링한다.
    UDR1 = data;                              // UDR 레지스터에 값을 기록한다.
    return data;
}

// 폴링을 이용한 문자 수신
int USART1_receive(FILE *stream)
{
    while ( !(UCSR1A & (1<<RXC1)) );          // UDR 레지스터에 문자 수신 검사
    return UDR1;
}
```

기호

숫자

가

나

다

라

마

바

사

R

S

T

U

V~X